Coleção
Preparando
para concursos

Questões **objetivas** comentadas

Organizadores: **Leonardo Garcia** e **Roberval Rocha**

por carreira

MP-MG

Promotor de Justiça do Estado de Minas Gerais

Coleção
Preparando *para concursos*

Questões **objetivas** comentadas

Organizadores: **Leonardo Garcia** e **Roberval Rocha**

por carreira

Coordenadores
Leonardo Barreto Moreira Alves
Alcione Ferreira

MP-MG

Promotor de Justiça do Estado de Minas Gerais

4ª edição
Revista, atualizada e ampliada

2021

EDITORA *Jus*PODIVM
www.editorajuspodivm.com.br

EDITORA *Jus*PODIVM
www.editorajuspodivm.com.br

Rua Canuto Saraiva, 131 – Mooca – CEP: 03113-010 – São Paulo – São Paulo
Tel: (11) 3582.5757
• Contato: https://www.editorajuspodivm.com.br/sac

Copyright: Edições *Jus*PODIVM

Diagramação: Ana Paula Lopes Corrêa *(aninha_lopescorrea@hotmail.com)*

Capa: Ana Caquetti

ISBN: 978-65-5680-628-0

APRESENTAÇÃO DA COLEÇÃO

A Coleção ***PREPARANDO PARA CONCURSOS***, conhecida do público pela forma sistematizada e direcionada de estudos por meio de questões dos principais certames do país, agora apresenta mais um novo projeto: livros contendo questões objetivas selecionadas ***por carreira específica*** e comentadas por membros de carreiras jurídicas e excelentes professores.

Por meio destas obras, os leitores estudarão as questões comentadas, muitas vezes de difícil acesso, focando em apenas uma carreira – o que possibilita visão mais ampla a respeito de como os conteúdos dessa determinada carreira têm sido cobrados nas provas de concursos públicos.

As questões foram selecionadas e catalogadas criteriosamente no intuito de oferecer aos concursandos o melhor panorama de como o conteúdo é exigido nas provas dos concursos públicos.

Com as ***QUESTÕES OBJETIVAS COMENTADAS POR CARREIRA***, o candidato terá condições de se preparar de maneira direcionada para as etapas subsequentes às provas objetivas, analisando quais temas já foram cobrados, as recorrências, o foco explorado pela Banca, entre outros aspectos.

Além disso, de maneira inédita e visando a oferecer a mais precisa metodologia de estudos, os profissionais e professores não somente comentam as questões como se estivessem fazendo a prova, mas também discorrem sobre os tópicos que devem ser abordados nas respostas, quais os cuidados a serem tomados na redação, qual, enfim, o melhor caminho a ser trilhado.

Esperamos que gostem desta nova proposta apresentada na Coleção.

Boa sorte e bons estudos. Contem conosco!

Organizadores

Roberval Rocha | Leonardo Garcia

@professorleonardogarcia

APRESENTAÇÃO

A presente obra visa preparar os seus leitores para o concurso de Promotor de Justiça Substituto do Ministério Público de Minas Gerais, por meio de comentários acurados às provas de primeira fase dos últimos 8 (oito) certames.

Em tais comentários, há o registro das leis aplicáveis às respectivas questões, bem como menção a entendimentos jurisprudenciais e doutrinários pertinentes à matéria. Nesse sentido, é realizada profunda análise de posicionamentos sustentados por membros da banca examinadora deste concurso, inclusive com indicação de trabalhos por eles publicados que merecem ser lidos.

As questões estão separadas por disciplina e conforme pontos do edital do concurso, o que facilita sobremaneira o aprendizado.

Finalmente, há, no início de cada disciplina, informação sobre quantas questões cobraram determinado tema, o que possibilita um estudo escalonado na reta final da preparação para a prova preambular.

Boa sorte, futuros colegas!

Belo Horizonte (MG), em maio de 2021.

Leonardo Barreto Moreira Alves

Coordenador e Promotor de Justiça do MPMG

Redes sociais:

Instagram (professor.leonardobarreto); Twitter (@leonardobmalves);

Facebook (www.facebook.com/leonardobarretomalves)

SOBRE COORDENAÇÃO E AUTORIA

COORDENADORES

Leonardo Barreto Moreira Alves

Promotor de Justiça do Ministério Público do Estado de Minas Gerais. Bacharel em Direito pela Universidade Federal da Bahia (UFBA). Especialista em Direito Civil pela PUC/MG. Mestre em Direito Privado pela PUC/MG. Professor de Direito Processual Penal dos cursos Fundação Escola Superior do Ministério Público de Minas Gerais (FESMPMG) e CP IURIS. Membro do Conselho Editorial do Ministério Público do Estado de Minas Gerais. Membro do Conselho Editorial da Revista de Doutrina e Jurisprudência do Tribunal de Justiça do Distrito Federal e dos Territórios. Redes sociais: Instagram (professor.leonardobarreto); Twitter (*@leonardobmalves*); Facebook *(*www.facebook.com/leonardobarretomalves*)*.

Alcione Ferreira

Assessora Jurídica no Ministério Público de Minas Gerais. Ex-coordenadora Pedagógica Adjunta do Curso Preparatório para Ingresso na Carreira do Ministério Público, na Fundação Escola Superior do Ministério Público de Minas Gerais (FESMPMG). Graduada em Direito pelo Centro Universitário de Patos de Minas (UNIPAM). Especialista em Direito Público pela FUMEC em parceria com a FESMPMG e em Direito Tributário pela Universidade de Santa Catarina (UNISUL).

AUTORES

Alcione Ferreira – Direito Civil

Assessora Jurídica no Ministério Público de Minas Gerais. Ex-coordenadora Pedagógica Adjunta do Curso Preparatório para Ingresso na Carreira do Ministério Público, na Fundação Escola Superior do Ministério Público de Minas Gerais (FESMPMG). Graduada em Direito pelo Centro Universitário de Patos de Minas (UNIPAM). Especialista em Direito Público pela FUMEC em parceria com a FESMPMG e em Direito Tributário pela Universidade de Santa Catarina (UNISUL).

Ana Paula Martins Costa – Direito Processual Civil

Assessora Jurídica no juízo de admissibilidade dos recursos especiais e extraordinários da 3ª Vice-Presidência do Tribunal de Justiça do Estado de Minas Gerais. Bacharel em Direito pela Pontifícia Universidade Católica de Minas Gerais. Pós-Graduada em Direito do Trabalho e Processo do Trabalho pela Faculdade de Direito Damásio de Jesus. Pós-Graduada em Direito Público pela FUMEC em parceria com a Fundação Escola Superior do Ministério Público de Minas Gerais.

Claudia Cristina Vieira Cançado – Direito Tributário, Financeiro e Eleitoral

Assistente Técnico-Administrativa da Receita Federal do Brasil. Bacharel em Direito pela Universidade Federal de Minas Gerais (UFMG). Pós-Graduada em Mediação e Gestão de Conflitos pela Faculdade Arnaldo em parceria com a Fundação Escola Superior do Ministério Público de Minas Gerais.

Gustavo Vilaça de Carvalho – Direito Processual Penal

Graduado pela Universidade Federal de Minas Gerais. Pós-graduado em direito público pela FUMEC. Ex-Oficial Juciciário do Tribunal de Justiça do Estado de Minas Gerais. Ex-

-Assessor Judiciário do Tribunal de Justiça de Minas Gerais. Ex-Analista judiciário do Ministério Público de Minas Gerais. Colaborador dos cursos preparatórios oferecidos pela Fundação Escola Superior do Ministério Público de Minas Gerais (FESMPMG). Promotor de Justiça do Ministério Público do Estado de Minas Gerais.

Jorge Arbex Bueno – Direito Administrativo

Juiz de Direito no Tribunal de Justiça de Minas Gerais. Bacharel em Direito pela Faculdades Metropolinas Unidas (UniFMU). Especialista em Direito Público pela Escola Paulista de Direito (EPD). Pós-graduado em Direito Coletivo pela Escola Superior do Ministério Público do Estado de São Paulo (ESMP/SP). Aprovado nos concursos para os cargos de Juiz de Direito do Tribunal de Justiça de Minas Gerais (TJMG) e Analista Jurídico do Ministério Público de São Paulo (MPSP). Autor de artigos jurídicos e do livro "Teoria da Ação de Improbidade Administrativa".

José Francisco Tudéia Júnior – Direito Penal e Criminologia

Advogado Criminalista. Pós-graduado em Ciências Criminais pela PUC-Minas. Palestrante e Professor de curso preparatório. Idealizador do site Questão de Informativo (www.questaodeinformativo.com).

Pâmella Ferreira Freitas – Direito Constitucional

Advogada. Bacharel em Direito pela Faculdades Integradas de Caratinga (FIC). Aprovada no concurso para o cargo de Analista Jurídico do Ministério Público de São Paulo – MPSP.

Thiago Diniz Moura – Direito Material e Processual Coletivo

Promotor de Justiça do MPMG, Ex-Analista do MPMG. Graduado em Direito pela Universidade Federal de Minas Gerais.

SUMÁRIO

ABREVIATURAS

STF	-	Supremo Tribunal Federal.
STJ	-	Superior Tribunal de Justiça.
RHC	-	Recurso em *habeas corpus*.
Art.	-	Artigo.
CF/88	-	Constituição Federal de 1988.
CPP	-	Código de Processo Penal.
CP	-	Código Penal.
CDC	-	Código de Defesa do Consumidor.
CC/02	-	Código Civil.
CTN	-	Código Tributário Nacional.
P.U	-	Parágrafo único.
APP	-	área de preservação permanente.
RL/RLs	-	Reserva Legal.
CC	-	Conflito de competência.
c/c	-	cominado com.
LACP	-	Lei 7347/85 (Lei de ação civil pública).
LEP	-	Lei nº 7.210/84 (Lei de Execução Penal).
CDC	-	Código de Defesa do Consumidor.
CPC/73	-	Antigo CPC.
CPC/15 ou NCPC	-	Novo CPC
CTB	-	Código de Trânsito Brasileiro.
MP	-	Ministério Público.
IP	-	Inquérito Policial.
HC	-	*Habeas corpus*.
ADIN	-	Ação Direta de Inconstitucionalidade.

DIREITO CONSTITUCIONAL

Autora: Pâmella Ferreira Freitas

DIREITO CONSTITUCIONAL	Legislação	Doutrina	Jurisprudência
1. Indivíduo, sociedade, nação, cidadão, Estado e governo.			
2. Teoria da Constituição.		2010: 01 2017: 04 2019: 01	
3. Constitucionalismo.		2017: 03	
4. Conceito e classificação das Constituições.			
5. Do poder constituinte: originário, derivado e decorrente.			
6. Princípios constitucionais.		2017: 01	
7. Da interpretação e aplicabilidade da norma constitucional. Constitucionalização do direito.		2017: 01	
8. Do controle de constitucionalidade	2010: 02 2011: 03 2012: 01 2013: 02 2014: 01 2018: 05	2011: 01 2014: 01 2017: 01	2011: 01 2012: 01 2014: 01 2017: 01
9. Dos princípios fundamentais previstos nas Constituições brasileiras, notadamente na Constituição da República Federativa do Brasil.	2010: 02 2019: 01	2017: 01	

DIREITO CONSTITUCIONAL	Legislação	Doutrina	Jurisprudência
10. Dos direitos e garantias fundamentais. Histórico. Conceito, ideologia e distinção. Classificação. Funções. Aplicação dos direitos fundamentais nas relações privadas. Garantias constitucionais. Deveres fundamentais e deveres constitucionais. Âmbito de proteção dos direitos fundamentais e núcleo essencial.	2010: 02 2011: 01 2013: 03 2014: 01 2017: 01 2018: 02 2019: 01	2013: 01 2017: 03 2019: 01	2013: 02 2017: 01
11. Da organização do Estado brasileiro na história das Constituições.	2010: 02 2011: 03 2012: 01 2013: 04 2019: 01	2013: 01 2014: 01	2011: 01 2013: 01 2019: 01
12. Da organização dos Poderes.	2010: 04 2011: 01 2013: 03 2014: 03 2018: 01 2019: 01	2014: 01	2012: 01 2013: 01 2014: 02
13.Do Ministério Público: organização, princípios, funções, garantias e vedações. As Leis Orgânicas do Ministério Público: Lei Orgânica Nacional do Ministério Público (Lei n.º 8.625/93), Lei Orgânica do Ministério Público da União (Lei Complementar Federal n.º 75/93), Lei Orgânica do Ministério Público do Estado de Minas Gerais (Lei Complementar n.º 34/94).	2010: 02 2012: 01 2013: 01 2014: 03 2017: 02 2018: 02		2012: 01 2017: 01
14. Da defesa do Estado e das instituições democráticas.	2017: 01 2019: 01	2017: 01	
15. Jurisdição constitucional. Histórico. Modelos. Controle constitucional e critérios de valoração das disposições legislativas e constitucionais.			

DIREITO CONSTITUCIONAL	Legislação	Doutrina	Jurisprudência
16. O processo de julgamento das ADIns e ADCs perante o STF (Lei Federal n. 9.868/99).			
17. O processo de julgamento das ADIns e ADCs perante o Tribunal de Justiça de Minas Gerais.			
18. A arguição de descumprimento de preceito fundamental (Lei Federal n. 9.882/99).			
19. O processo de reclamação (Regimento Interno do STF).			
20. Controle de convencionalidade.			
21. Constituição da República Federativa do Brasil até a Emenda Constitucional nº 101/2019	2010: 01 2014: 01 2017: 01 2018: 01 (ordem econômica)		
22. Da organização do Estado de Minas Gerais, com destaque para a organização dos Poderes (Constituição do Estado de Minas Gerais).	2010: 01 2012: 01 2013: 01 2014: 01		
23. Súmulas Vinculantes. Precedentes constitucionais. Transconstitucionalismo e Constituição transversal.	2012: 02		

1. INDIVÍDUO, SOCIEDADE, NAÇÃO, CIDADÃO, ESTADO E GOVERNO

2. TEORIA DA CONSTITUIÇÃO

*MPMG 2010 (**Concurso L**). Questão 2. Direito Constitucional / Teoria da Constituição / Princípios de Interpretação Constitucional / Doutrina.*

Quando se afirma que a interpretação constitucional deve submeter-se ao princípio da perfeita ou ótima concretização da norma, tal NÃO significa dizer

A) *que a interpretação adequada é aquela que consegue concretizar, com excelência, o sentido da proposição normativa dentro das condições reais dominantes numa determinada situação.*

B) *que semelhante princípio só pode ser aplicado com base nos meios fornecidos pela subsunção lógica e pela construção conceitual.*

C) *que visa, como corolário lógico, estabelecer a hierarquia dos valores tutelados no ordenamento constitucional, de molde a compatibilizá-los na dimensão objetiva e aplicá-los a situações concretas.*

D) *que, com esse postulado, é possível também resolver os entraves teóricos contidos no binômio jurídico valor e norma.*

Comentários

(A): Correta – O princípio da perfeita ou ótima concretização da norma é verificado no método hermenêutico-concretizador (concretista) de Konrad Hesse, o qual preconiza que a Constituição não está desvinculada da realidade histórica do período, dessa forma, sendo possível a compreensão da norma apenas em face do problema concreto.

(B): Incorreta – Pelo princípio mencionado, a interpretação adequada é aquela que consegue concretizar, de forma excelente, o sentido da proposição normativa dentro das condições reais dominantes numa determinada situação. Assim, não se pode aplicar esse princípio com base nos meios fornecidos pela subsunção lógica e pela construção conceitual.

(C): Correta – A interpretação e a compreensão da norma só são possíveis em face do problema concreto, sendo, assim, necessária a compatibilização do sentido da proposição com a aplicação no caso concreto.

(D): Correta – Por buscar uma interpretação que compatibilize o que está prescrito na norma com a realidade concreta, o princípio da ótima concretização da norma permite a resolução dos problemas contidos na análise do binômio valor e norma.

Resposta: Letra B

MPMG 2017 (Concurso LV). *Questão 03. Direito Constitucional / Teoria da Constituição / Constitucionalismo/ Doutrina.*

Quanto à teoria do conhecimento constitucional, e mais especificamente da ontologia das regras constitucionais, observe:

I. As regras de direito constitucional integram a constituição escrita, rígida e dotada de supremacia. São regras-gênero, das quais derivam as regras ônticas, as regras técnicas e as regras deônticas.

II. As regras constitucionais ônticas são aquelas que criam e estruturam o ser constitucional e, portanto, qualificadas como diretas e posteriores à ação.

III. As regras técnicas definem procedimentos ou meios necessários para alcançar os fins propostos. A regra de competência se inclui entre as regras técnicas.

IV. Regras deônticas exprimem modais de obrigação, permissão ou proibição. São necessariamente normas jurídico-constitucionais, pois definem direitos e obrigações das pessoas e entidades e disciplinam o comportamento ético dos sujeitos.

A partir das proposições acima, assinale a opção com as alternativas INCORRETAS:

A) I e II.

B) III e IV.

C) I e IV.

D) II e III.

Comentários

Análise das alternativas

I – Correta – Conforme a doutrina de José Afonso da Silva e Gregório Robles. Regras ônticas indicam os elementos prévios necessários à ação, possuindo caráter convencional e arbitrário. Regras técnicas decorrem de uma regra ôntica e se relacionam ao procedimento, que é condição necessária da realização da ação. Regras deônticas (normas) são regras diretas da ação e estabelecem um dever, que pode ser positivo ou negativo – dever de agir ou omitir. Podem ser descumpridas, porquanto tratam de deveres.

II – Incorreta – Regras ônticas são indiretas e prévias.

III – Incorreta – A competência é uma regra ôntica.

IV – Correta – Conforme explicação da alternativa I.

(A): Correta – As alternativas II e III são incorretas.

(B): Correta – As alternativas II e III são incorretas.

(C): Correta – As alternativas II e III são incorretas.

(D): Incorreta – As alternativas II e III são incorretas.

Resposta: Letra D

MPMG 2017 (Concurso LV). *Questão 09. Direito Constitucional / Teoria da Constituição. / Constitucionalismo / doutrina.*

Sobre a teorização constitucional:

I. O fenômeno da constitucionalização simbólica com a padronização de um simbolismo jurídico invariavelmente fomenta o surgimento do Estado Vampiro.

II. A teoria da graxa sobre rodas valoriza a corrupção como um aspecto positivo, com a possibilidade de implemento do crescimento econômico.

III. A teoria discursiva do direito procura equacionar o discurso de fundamentação e o de aplicação do direito, de modo a colocar no primeiro o ponto final de equilíbrio do sistema dentro da solução dos conflitos.

IV. A concepção de justiça formatada a partir do véu da ignorância rompe o vínculo de equidade entre os atores de um discurso jurídico.

Somente é CORRETO o que se afirma em:

A) I e II.

B) I.

C) II.

D) III e IV.

Comentários

ANULADA – CNMP

***MPMG 2019 (CONCURSO LVII)**. QUESTÃO 2. Direito Constitucional / Teoria da Constituição / História Constitucional Brasileira / Doutrina.*

Em qual Constituição o Presidente da República poderia submeter novamente ao exame do Poder Legislativo lei declarada inconstitucional pelo Supremo Tribunal Federal?

A) 1824

B) 1967

C) 1946

D) 1937

Comentários

(A): Incorreta. A Constituição de 1824, chamada de Constituição Política do Império do Brasil, inspirada em ideias francesas e inglesas e com influências da Constituição portuguesa, tem como principais características: 1) governo pela monarquia hereditária; 2) quanto a estabilidade, trata-se da única Constituição brasileira semirrígida (ou flexível); 3) quanto a extensão, prolixa; 4) Estado confessional; 5) Presença de quatro podes (executivo, legislativo, judiciário e moderador); 6) voto censitário; 7) eleição direta e 8) território dividido em províncias. Ressalta-se que foi a Constituição mais duradoura do Brasil, com 67 anos.

(B): Incorreta. A Constituição de 1967 sofreu influências da Constituição de 1937, apresentando como principais características: 1) outorgada; 2) representava os ideais e princípios do Golpe Militar; 3) preocupação com a "segurança nacional"; 4) conferiu amplos poderes ao Presidente e à União; 5) eleições indiretas.

(C): Incorreta. A Constituição de 1946 tem como principais características: 1) promulgada; 2) aumento da autonomia dos Estados e Municípios; 3) garantia da liberdade de opnião e pensamento; 4) voto universal e obrigatório; 5) eleições diretas; 6) EC 04/61 – introduziu o parlamentarismo; 7) EC 06/63 – retornou com o presidencialismo; 8) EC 16/65 – introduziu o controle abstrato; 9) restabeleceu o mandado de segurança e a ação popular; 10) vedou a pena de morte, de banimento, confisco e de caráter perpéputo e 11) reconheceu o direito de greve.

(D): Correta. Conhecida como Constituição Polaca, diante das semelhanças com a Constituição autoritária da Polônia de 1935, a Constituição de 1937 tem como principais características: 1) outorgada; 2) inspiração fascista e Estado autoritário; 3) tinha como condição para sua entrada em vigor de um "plebiscito nacional" (constituição cesarista), que nunca foi realizado; 4) direitos fundamentais enfraquecidos; 5) eleições voltaram a ser indiretas; 6) suprimiu os partidos políticos; 7) previsão de pena de morte; 8) não previu o mandado de segurança e nem a ação popular; 9) política populista, consolidou a CLT e importantes direitos sociais, como o salário mínimo; 10) quanto aos direitos sociais, proibiu a greve e o *lock-out* (paralisação feita pelos empregadores); 11) censura prévia aos meios de comunicação e 12) o Presidente poderia submeter a declaração de inconstitucionalidade de uma lei ao exame do Parlamento que, por 2/3 dos votos, em cada Câmara, poderia tornar sem efeito a decisão do Judiciário.

Resposta: Letra D

3. CONSTITUCIONALISMO

MPMG 2017 (Concurso LV). *Questão 01. Direito Constitucional / Teoria da Constituição / Constitucionalismo/ Doutrina.*

A respeito do constitucionalismo estrito, é INCORRETO dizer:

A) O constitucionalismo social é caracterizado pelo protagonismo da representatividade partidária e dos grupos organizados, ambos dotados de programas apresentados e negociados junto ao parlamento, recebendo influências no plano internacional de documentos normativos importantes, como a Declaração Universal dos Direitos do Homem (1948) e o Pacto Internacional dos Direitos Sociais, Econômicos e Sociais (1966).

B) A Constituição Americana de 1787, com inspiração em Locke, não significou pacto entre governantes e povo, senão acordo celebrado pelo próprio povo a fim de criar e constituir governo vinculado à Lei fundamental, com clara distinção entre poder constituinte e poderes constituídos, supremacia da Constituição sobre o restante da ordem jurídica, equilíbrio entre funções estatais, forma federativa de Estado, forma republicana de governo, regime político democrático e Poder Judiciário forte.

C) *Embora haja evoluído do Estado estamental para o Estado constitucional representativo, a Inglaterra consolidou-se pela Constituição não escrita, onde vicejam as características da supremacia do parlamento, monarquia parlamentar, responsabilidade parlamentar do governo, independência do Poder Judiciário, carência de sistema positivo de direito administrativo, possibilidade de modificações constitucionais tácitas pelas convenções constitucionais e costume.*

D) *A Constituição Francesa de 1791 foi exaltada e utilizada como instrumento político, estruturante da forma de governo, síntese dos valores éticos e objetivos do povo em oposição à classe parasitária e detentora de privilégios, como era a nobreza. Há, nesta perspectiva, destaque ao paradoxo entre eficácia e legicentrismo.*

Comentários

ANULADA

4. CONCEITO E CLASSIFICAÇÃO DAS CONSTITUIÇÕES

5. DO PODER CONSTITUINTE: ORIGINÁRIO, DERIVADO E DECORRENTE

6. PRINCÍPIOS CONSTITUCIONAIS

MPMG 2017 (Concurso LV). Questão 04. Direito Constitucional / *Dos princípios fundamentais na Constituição da República Federativa do Brasil. / Dos direitos e garantias fundamentais. Âmbito de proteção dos direitos fundamentais e núcleo essencial / Doutrina.*

Quanto aos direitos fundamentais, assinale a alternativa INCORRETA:

A) *A Constituição Federal não dispõe sobre o início da vida humana e, por isso, a capacidade para ser titular de direitos fundamentais é informada pela lei civil.*

B) *É admissível a renúncia ao exercício dos direitos fundamentais como corolário do livre desenvolvimento da personalidade.*

C) *A necessidade é um dos elementos que compõem o princípio da proporcionalidade, tendo por critérios o interesse público e a promoção do bem comum.*

D) *O princípio da proporcionalidade, amplamente utilizado na jurisdição constitucional, liga-se ao preceito da finalidade legítima, bem como é critério definidor daquilo que compõe o núcleo essencial de um direito fundamental.*

Comentários

(A): Correta – resposta da banca: A Constituição Federal no parágrafo 1º do art. 5º indica de forma clara que a aplicação dos direitos fundamentais é direta e imediata, entretanto tal dispositivo é norma jurídico-constitucional com escopo de declarar eficácia dos direitos fundamentais, não a indicar o início da vida humana. Basta observar que a CF nada regulou sobre nascituro ou feto. O ponto titularidade, para o feto ou nascituro, aos direitos fundamentais foi justamente a previsão contida no art. 2º do Código Civil, segunda parte. Diga-se, com clareza de propósito, que o STF na ADIn 3.510-08 ao julgar a constitucionalidade das pesquisas com células tronco embrionárias firmou posição no sentido de que a CF não indica o início da vida humana, deixando isso a cargo da legislação infraconstitucional. Vale o excerto do voto do Min. Carlos Ayres, inclusive a indicar o 'mutismo constitucional', *in verbis*:

"O Magno Texto Federal não dispõe sobre o início da vida humana ou o preciso instante em que ela começa. Não faz de todo e qualquer estádio da vida humana um autonomizado bem jurídico, mas da vida que já é própria de uma concreta pessoa, porque nativiva (teoria "natalista", em contraposição às teorias "concepcionista" ou da "personalidade condicional"). E quando se reporta a "direitos da pessoa humana" e até dos "direitos e garantias individuais" como cláusula pétrea está falando de direitos e garantias do indivíduo-pessoa, que se faz destinatário dos direitos fundamentais "à vida, à liberdade, à igualdade, à segurança e à propriedade", entre outros direitos e garantias igualmente distinguidos com o timbre da fundamentalidade (como direito à saúde e ao planejamento familiar). Mutismo constitucional hermeneuticamente significante de transpasse de poder normativo para a legislação ordinária".

A doutrina caminha no mesmo sentido, indicando o início e o fim da capacidade para a titularidade de direitos fundamentais:

"nesse passo, revela com plenitude de sentido seguir a lógica do direito civil na acepção de que a capacidade para ser titular de direitos fundamentais começa com nascimento com vida, sendo que a constituição põe a salvo, desde a concepção os direitos do nascituro [...] O entendimento acima esposado vale também para o final da capacidade jurídica para ser titular de direitos fundamentais. Em alusão, à legislação civil, essa capacidade finda, em geral, com a morte do titular. Aqui, o campo de contato com a eficácia dos direitos fundamentais nas relações privadas é mais evidente. Isto porque determinados direitos fundamentais podem gerar efeitos em favor do seu titular mesmo depois de sua morte", cf. DUQUE, Marcelo Schenk, Direitos fundamentais: teoria e prática. São Paulo: RT, p. 58/59.

Como referida ADIn foi proposta pelo PGR era dever do candidato ter compreensão da matéria.

(B): Correta – resposta da banca: Os recursos se baseiam na formulação acadêmica de que os direitos fundamentais, dentre outras características (universais, morais, prioritários, formal e materialmente fundados) são irrenunciáveis. Ocorre que a alternativa tratou da renúncia ao 'exercício' dos direitos fundamentais. A atenta doutrina indica as diferenças entre perda, renúncia e o não exercício dos direitos fundamentais:

"Na renúncia o particular vincula-se juridicamente a não invocar um seu direito fundamental perante as entidades públicas, nomeadamente, compromete-se, em geral, a não exercer, temporária ou pontualmente, algumas das pretensões, faculdades ou poderes que integram esse direito. Na perda de um direito fundamental, verifica-se também um enfraquecimento da posição jurídica individual tutelada por uma norma de direito fundamental, mas, diferentemente do que acontece na renúncia, esse enfraquecimento – na sua causa e na sua medida – é determinado, não já pela vontade concordante do interessado, mas pela ordem jurídica com base na verificação de certos pressupostos de facto. Por sua vez, no mero não exercício verifica-se uma situação distinta: o particular tem uma posição jurídica que a ordem jurídica lhe permite exercer ou não exercer, sendo que ambas as possibilidades podem ser configuradas como exercício, em sentido lato, do direito fundamental em causa. Assim, se um cidadão é admito num estágio remunerado de formação profissional, sob a condição de, nos três anos seguintes, exercer exclusivamente a profissão no serviço público que financiou a sua formação, ele está juridicamente a renunciar, caso tenha consentindo, ao seu direito de livre escolha da profissão durante esse período. Se é a ordem jurídica que determina que quem violar o dever legal de prestar trabalho durante certo tempo na instituição onde recebeu formação profissional fica impedido de exercer a mesma profissão noutro local durante três anos, então verifica-se uma situação de perda de liberdade de escolha de profissão. Se, diferentemente, o mesmo cidadão foi admitido incondicionalmente ao mesmo estágio e decide, depois livremente, exercer a profissão nesse serviço público nos três anos seguintes, está simplesmente não mudando de profissão durante esse período, a exercer". Temos, pois, que no primeiro caso – o da renúncia – há uma decisão voluntária do particular que produz consequências jurídicas na sua própria esfera jurídica (o enfraquecimento de uma sua posição jurídica tutelada por uma norma de direito fundamental) e na esfera da entidade pública (a correspondente ampliação dos poderes de intervenção estatal na esfera protegida ao particular). No segundo tipo, as mesmas consequências jurídicas são heteronomamente determinadas. No terceiro – o não exercício – não há em geral, quaisquer dessas consequências: o facto de um cidadão não impugnar, por exemplo, a aplicação ilegal de um imposto, não afecta em nenhuma medida o seu direito a não pagar impostos ilegais", Novais, Jorge Reis, Direitos fundamentais: trunfos contra a maioria. Coimbra: Editora Coimbra, 2006, p. 221/222.

Também no direito brasileiro é possível ler: "Um outro quadro onde a questão da renúncia ao exercício de direito fundamentais é corrente diz respeito às relações de consumo [...] um consumidor bem informado sobre os diferentes produtos e serviços que lhe são oferecidos, inclusive no que diz respeito aos riscos a ele inerentes, protegido contra publicação enganosa e abusiva ou contra métodos comerciais coercitivos ou desleais, dificilmente precisará abrir mão do exercício de um direito fundamental, vale dizer da sua proteção garantida pela constituição para obter o que deseja. Contudo, nada impede que venha a fazê-lo, desde que se façam presentes os requisitos mínimos para a tomada de decisão autônoma, que afasta a conformidade jurídica de toda sorte de manipulação de um contrato pela parte mais forte da relação. Um consumidor que tem plena ciência de uma loja cobra um preço excessivo por uma mercadoria ou que ela não fornece uma informação adequada e clara sobre os diferentes produtos por ela comercializados, mas que apesar de tudo permanece lá comprando, por ser amigo do proprietário, por exemplo, não pode ser impedido de fazê-lo". DUQUE, Marcelo Schenk, Direitos fundamentais: teoria e prática. São Paulo: RT, p. 58/59.

Para concluir é importante relembrar que a renúncia aos direitos fundamentais é aceita desde que observados os seguintes pressupostos: i) declaração de vontade dirigida e apta para produção do enfraquecimento de uma posição jurídica protegia por norma de direito fundamental; ii) que essa declaração de vontade seja consciente e voluntária em situação plena de avaliação pelo titular e livre de ameaças, coações e constrangimentos; c) ausência de restrição legal.

(C): Incorreta – resposta da banca: Na obra Curso de direitos fundamentais, teoria e prática, Marcelo Schenck Duque, ao tratar das restrições aos direitos fundamentais e eventuais conflitos entre essa categoria normativa, apresenta como subprincípios que integram o princípio (preceito) da proporcionalidade: i) a finalidade legítima (legitimer Zweck); ii) a adequação (Geeignetheit, Eignung); iii) necessidade (Erforderlichkeit); iv) proporcionalidade em sentido estrito (Proportionalität). O autor explica: "há, nesse prisma, uma sequência de análise que foi longamente trabalhada pela doutrina e jurisprudência, que passa a ser demonstrada. Essa sequência estabelece um critério voltado ao exame da finalidade legítima, da adequação, da necessidade e, enfim, da proporcionalidade em sentido estrito da medida restritiva de um direito fundamental", p. 394.

Quanto à necessidade como subprincípio da proporcionalidade, o mesmo autor leciona: "necessária é a medida cujo resultado mostra-se menos lesivo aos direitos fundamentais em questão [...], a medida tem que ser indispensável para atingir o fim que se destina". Portanto, o critério é a indispensabilidade da medida. No mesmo sentido, Carlos Bernal Pulido (O direito dos direitos, p. 66): "segundo este subprincípio, toda intervenção nos direitos fundamentais deve ser realizada por meio da medida mais favorável para o direito restringido". De outro lado, como se verá na análise da alternativa abaixo, os critérios interesse público e promoção do bem comum compõe o subprincípio da finalidade legítima.

(D): Correta – resposta da banca: Explorando o princípio da proporcionalidade, a questão se divide em duas assertivas: ligação com a finalidade legítima; ligação com o núcleo essencial. Observe que a finalidade legítima, como visto, é subprincípio da proporcionalidade. Nas palavras de Marcelo Schenck Duque (Curso de direitos fundamentais, teoria e prática, p. 395): "O exame da finalidade da medida restritiva configura-se como uma espécie de pré-passo aos níveis de exame clássicos do preceito da proporcionalidade haja vista que adequação, necessidade e proporcionalidade em sentido estrito devem ser examinadas em face da medida relativa a um fim legítimo do ponto de vista jurídico [...] Frente a normas jurídicas, a questão relativa à sua finalidade é averiguada por meio da interpretação, sendo decisiva, aqui não a vontade subjetiva do legislador, mas sim a finalidade da norma reconhecível objetivamente, onde a presença de interesse público e promoção do bem comum adquire destaque". Ainda no mesmo livro o autor indicado explicita a ligação da proporcionalidade com o núcleo essencial ao tratar do âmbito de proteção dos direitos fundamentais. *In verbis*:

"Essa construção demonstra, de forma nítida, que o preceito da proporcionalidade está intimamente conectado à teoria relativa, tendo em vista a sua ligação com a necessidade de ponderação de bens e interesses opostos. O seu sentido em determinado direito fundamental (finalidade perseguida pelo legislador), se essa intervenção atingiu ou não o seu conteúdo essencial, é o que é feito em atenção ao preceito da proporcionalidade. Isso resulta da observação que a garantia de inviolabilidade do conteúdo essencial resulta da tarefa de concordância prática: viola-se o conteúdo essencial, quando um direito fundamental foi limitado por motivo insuficiente ou de modo desproporcional". (Curso de direitos fundamentais, teoria e prática, p. 291)

Resposta: Letra C

7. DA INTERPRETAÇÃO E APLICABILIDADE DA NORMA CONSTITUCIONAL. CONSTITUCIONALIZAÇÃO DO DIREITO

MPMG 2017 (Concurso LV)*. Questão 2. Direito Constitucional / Da interpretação e aplicabilidade da norma constitucional. Constitucionalização do direito / Doutrina.*

A hermenêutica da concretude, voltada à metódica constitucional, abrange modalidades de efetividade da norma e realizabilidade do direito. Projetando-se além do modelo clássico de interpretação savigniano, pressupõe argumentos de teoria do Estado, teoria do direito, teoria constitucional (domínio dogmático, elementos de técnica de solução de conflitos), bem como o caráter estruturante da norma jurídica. Quanto à última modalidade (norma jurídica), indique abaixo a alternativa INCORRETA:

A) *O teor literal da norma refere-se à ordem jurídica manifestada.*

B) *O programa normativo regulamenta o caso jurídico concreto, assegurando a necessária implementação fática.*

C) *O âmbito normativo caracteriza-se pelos elementos e dados não linguísticos.*

D) *Além de permitir a diferenciação entre neoconstitucionalismo e pós-positivismo, a teoria estruturante expõe a insuficiência do método subsuntivo, visto que a problematização surge antes da norma.*

Comentários

(A): Correta – De acordo com o método normativo-estruturante de Müller, a norma jurídica é o resultado de um processo de concretização, não havendo similitude entre ela e o texto, que é apenas o início do programa normativo. Para se chegar a norma jurídica, soma-se o programa normativo ao âmbito normativo.

(B): Incorreta – Enquanto o programa normativo relaciona-se ao conjunto de domínios linguísticos, o âmbito normativo relaciona-se ao conjunto de domínios reais fáticos.

(C): Correta – Conforme justificativa da letra B.

(D): Correta – A Teoria estruturante de Müller tem bases pós positivistas, uma vez que aproxima os fatos da norma. Assim, supera-se o método subsuntivo para dar lugar ao método indutivo, invertendo o raciocínio.

Resposta: Letra B

8. DO CONTROLE DE CONSTITUCIONALIDADE

MPMG 2010 (Concurso L)*. Questão 4. Direito Constitucional / Controle de Constitucionalidade / Arguição de Descumprimento de Preceito Fundamental – ADPF / Legislação.*

Considerando o que a Lei n. 9.882/99 estipulou expressamente ao dispor sobre o processo e julgamento da arguição de descumprimento de preceito fundamental (art. 102, § 1º/CF), assinale a alternativa INCORRETA.

A) *A decisão que julgar procedente ou improcedente o pedido em arguição de descumprimento de preceito fundamental pode ser objeto de ação rescisória.*

B) *A decisão tomada em sede de arguição de descumprimento de preceito fundamental terá eficácia contra todos e efeito vinculante relativamente aos demais órgãos do Poder Público.*

C) *O Ministério Público, nas arguições que não houver formulado, terá vista do processo, por cinco dias, após o decurso do prazo para informações.*

D) *Não será admitida arguição de descumprimento de preceito fundamental quando houver qualquer outro meio eficaz de sanar a lesividade.*

Comentários

(A): Incorreta – De acordo com o artigo 12, da Lei nº 9.882/99, a decisão é irrecorrível, não podendo ser objeto de ação rescisória.

(B): Correta – Artigo 10, § 3º, da Lei nº 9.882/99.

"§3º. A decisão terá eficácia contra todos e efeito vinculante relativamente aos demais órgãos do Poder Público."

(C): Correta – Artigo, 7º, parágrafo único, da Lei nº 9.882/99.

"Parágrafo único. O Ministério Público, nas argüições que não houver formulado, terá vista do processo, por cinco dias, após o decurso do prazo para informações."

(D): Correta – Artigo 4º, § 1º, da Lei nº 9.882/99.

"§ 1º. Não será admitida argüição de descumprimento de preceito fundamental quando houver qualquer outro meio eficaz de sanar a lesividade."

Resposta: Letra A

MPMG 2010 (Concurso L). *Questão 70. Direito Constitucional / Controle de Constitucionalidade – Ação Direta de Inconstitucionalidade / Legislação.*

Analise a seguinte proposição e assinale a alternativa INCORRETA em relação ao enunciado. Em ação direta de inconstitucionalidade, proposta pelo Procurador-Geral da República, em face da Lei estadual que diminui a extensão das áreas de preservação permanente às margens dos cursos d'água de domínio do Estado, caso o Supremo Tribunal Federal declare a inconstitucionalidade da norma estadual, observa-se-á o seguinte:

A) *terá eficácia imediata quando o STF, por maioria de dois terços dos seus membros, tendo em vista razões de segurança jurídica ou de excepcional interesse social, assim o declarar, afastando-se, no caso, a necessidade de trânsito e julgado da decisão;*

B) *terá efeito vinculante em relação aos órgãos da administração ambiental federal, dos estados e dos municípios;*

C) *somente será declarada inconstitucional a norma estadual se, pelo menos, seis Ministros tiverem manifestações nesse sentido. Não atingindo a maioria, em caso de ausência, será suspenso o julgamento até que atinja o número necessário à declaração de inconstitucionalidade;*

D) *a declaração de inconstitucionalidade pelo STF terá eficácia erga omnes. Devem ser observadas as formalidades legais, inclusive a comunicação à autoridade ou órgão responsável pela expedição do ato, no caso, os representantes legais dos Poderes Executivo e Legislativo do Estado.*

Comentários

(A): Incorreta – A regra geral em uma decisão de ADIN é a eficácia imediata, não sendo necessário o *quorum* de 2/3 dos membros do STF. O artigo 27, da Lei nº 9.868/99, prevê a necessidade do *quorum* de 2/3 dos ministros para se fixar outro marco inicial de incidência da decisão, afastando a regra geral.

(B): Correta – Artigo 28, parágrafo único, da Lei nº 9.868/99.

"Parágrafo único. A declaração de constitucionalidade ou de inconstitucionalidade, inclusive a interpretação conforme a Constituição e a declaração parcial de inconstitucionalidade sem redução de texto, têm eficácia contra todos e efeito vinculante em relação aos órgãos do Poder Judiciário e à Administração Pública federal, estadual e municipal."

(C): Correta – Artigo 23, *caput* e parágrafo único, da Lei nº 9.868/99.

"Art. 23. Efetuado o julgamento, proclamar-se-á a constitucionalidade ou a inconstitucionalidade da disposição ou da norma impugnada se num ou noutro sentido se tiverem manifestado pelo menos seis Ministros, quer se trate de ação direta de inconstitucionalidade ou de ação declaratória de constitucionalidade.

Parágrafo único. Se não for alcançada a maioria necessária à declaração de constitucionalidade ou de inconstitucionalidade, estando ausentes Ministros em número que possa influir no julgamento, este será suspenso a fim de aguardar-se o comparecimento dos Ministros ausentes, até que se atinja o número necessário para prolação da decisão num ou noutro sentido."

(D): Correta – Artigos 25 e 28, parágrafo único, da Lei nº 9.868/99.

"Art. 25. Julgada a ação, far-se-á a comunicação à autoridade ou ao órgão responsável pela expedição do ato."

"Art. 28. Parágrafo único. A declaração de constitucionalidade ou de inconstitucionalidade, inclusive a interpretação conforme a Constituição e a declaração parcial de inconstitucionalidade sem redução de texto, têm eficácia contra todos e efeito vinculante em relação aos órgãos do Poder Judiciário e à Administração Pública federal, estadual e municipal."

Resposta: Letra A

***MPMG – 2011 (Concurso LI)**. Questão 01. Direito Constitucional / Constituição Federal / Controle de Constitucionalidade / Legislação.*

Assinale a alternativa CORRETA.

A) Compete ao Supremo Tribunal Federal, precipuamente, a guarda da Constituição, cabendo-lhe processar e julgar, originariamente, entre outras, a ação direta de inconstitucionalidade de lei ou ato normativo federal, estadual ou municipal e a ação declaratória de constitucionalidade de lei ou ato normativo federal.

B) Declarada a inconstitucionalidade por omissão de medida para tornar efetiva norma constitucional, será dada ciência ao Poder competente para a adoção das providências necessárias e, em se tratando de órgão administrativo, para fazê-lo em noventa dias.

C) O Procurador-Geral da República deverá ser previamente ouvido nas ações de inconstitucionalidade e em todos os processos de competência do Supremo Tribunal Federal.

D) As decisões definitivas de mérito, proferidas pelo Supremo Tribunal Federal, nas ações diretas de inconstitucionalidade e nas ações declaratórias de constitucionalidade produzirão eficácia contra todos e efeito vinculante, apenas em relação aos demais órgãos do Poder Executivo.

Comentários

a) Errada – Art. 102, I, a, CF/88. Não compete ao STF julgar ADI em face de lei municipal.

b) Errada – Art. 103, § 2°, CF/88. O prazo correto para providências é de 30 dias.

c) Correta – Artigo 103, § 1°, CF/88. "§1°. O Procurador-Geral da República deverá ser previamente ouvido nas ações de inconstitucionalidade e em todos os processos de competência do Supremo Tribunal Federal."

d) Errada – Artigo 102, § 2°, CF/88. Não é apenas em relação aos demais órgãos do Poder Executivo. O efeito vinculante atinge os demais órgãos do Poder Judiciário e Poder Executivo, porém não vincula o plenário do Supremo Tribunal Federal e o Poder Legislativo em sua atividade legiferante.

Resposta certa: C

***MPMG – 2011 (Concurso LI)**. Questão 05. Direito Constitucional / Lei 9868.99 / Controle de Constitucionalidade / Legislação.*

Consoante a Lei n.º 9.868/99, que dispõe sobre o processo e julgamento da ação direta de inconstitucionalidade e da ação declaratória de constitucionalidade perante o Supremo Tribunal Federal, é CORRETO afirmar que

A) a petição inicial da ação direta de inconstitucionalidade inepta, não fundamentada e a manifestamente improcedente serão liminarmente indeferidas pelo relator, em decisão irrecorrível.

B) proposta a ação direta de inconstitucionalidade, o proponente poderá, a qualquer tempo, desistir.

C) no processo de ação direta de inconstitucionalidade, admite-se a intervenção de terceiros.

D) a decisão sobre a constitucionalidade ou a inconstitucionalidade da lei ou ato normativo somente será tomada se presentes na sessão pelo menos oito Ministros.

Comentários

a) Incorreta – Art. 4º, parágrafo único, Lei 9868/99. Da decisão que indeferir a inicial cabe recurso de agravo.

b) Incorreta – Art. 5º, Lei 9868/99. Uma vez proposta a ação direta, não se admite desistência.

c) Incorreta – Art. 7º, Lei 9868/99. O art. 7º é imperativo ao dispor que "não se admitirá intervenção de terceiros no processo de ação direta de inconstitucionalidade", tornando a assertiva errada. Entretanto, em uma questão dissertativa será oportuno mencionar que o § 2º do mesmo dispositivo admite *amicus curiae* que foi enumerado como uma hipótese de intervenção de terceiros pelo art. 138 do Código de Processo Civil de 2015.

d) Correta – Art. 22, Lei 9868/99. Trata-se do quórum de deliberação. Lembrando que o quórum de julgamento é de 06 (seis) Ministros, sendo que para modular efeitos exige-se 2/3 dos membros.

Resposta certa: D

MPMG – 2011 (Concurso LI). *Questão 06. Direito Constitucional / Lei 9882.99 / Controle de Constitucionalidade / Doutrina / Jurisprudência / Legislação.*

Examine as afirmativas abaixo.

I. É inadmissível a propositura de ação direta de inconstitucionalidade que tenha por objeto lei ou ato normativo editado anteriormente à Constituição ou à Emenda Constitucional invocada como paradigma.

II. É admissível a propositura de ação direta de inconstitucionalidade que tenha por objeto atos estatais de efeitos concretos.

III. É inadmissível a propositura de ação direta de inconstitucionalidade que tenha por objeto emenda à Constituição.

IV. É admissível a propositura de arguição de descumprimento de preceito fundamental quando for relevante o fundamento da controvérsia constitucional sobre lei ou ato normativo federal, estadual ou municipal, incluídos os anteriores à Constituição.

Somente está CORRETO o que se afirma em:

A) I e II.

B) II e IV.

C) I e IV.

D) II e III.

Comentários

I) Correta – ADI 02/DF. Com a adoção de uma nova Constituição, a lei anterior poderá ser compatível e permanecer em vigor, ou incompatível com ela e, com isso, revogada. Trata-se de juízo de não-recepção.

II) Incorreta – ADI 4048/DF. Assertiva considerada incorreta pela banca examinadora. No entanto, é bom lembrar e ter atenção no concurso público, na medida em que em 2008 o STF revisitou o tema, passando a exigir apenas uma controvérsia suscitada em abstrato, independente do caráter geral ou específico, concreto ou abstrato do seu objeto.

III) Incorreta – ADI 2135/DF. Emenda Constitucional é manifestação de Poder Constituído e, portanto, pode ser objeto de controle de constitucionalidade, seja para análise de vício de inconstitucionalidade formal seja material.

IV) Correta – Art. 1º, parágrafo único, Lei 9882/99. ADPF tem duas peculiaridades: i) pode ter por objeto norma anterior ao advento da CF/88; ii) o legitimado poderá insurgir contra ato normativo municipal.

Resposta certa: C

MPMG – 2012 (LII Concurso) *Questão 04 Direito Constitucional – Controle de Constitucionalidade – Legislação – Jurisprudência.*

Analise as seguintes assertivas em relação ao controle incidental de constitucionalidade:

I. Do acórdão proferido por órgão especial do Tribunal que decide incidente de inconstitucionalidade, cabe recurso para os Tribunais superiores.

II. A cláusula de reserva de plenário não poderá ser dispensada em nenhuma hipótese, sob pena de violação da Súmula Vinculante n.º 10.

III. O Ministério Público, as pessoas jurídicas responsáveis pela edição do ato e os legitimados à propositura da ação direta de inconstitucionalidade poderão se manifestar nos incidentes de inconstitucionalidade.

IV. O controle incidental de constitucionalidade pode ser exercido em relação a normas emanadas dos três níveis de poder, de qualquer hierarquia, inclusive as anteriores à Constituição vigente.

Somente está CORRETO o que se afirma em:

A) I e II.
B) I e III.
C) II e IV.
D) III e IV.

Comentários

I. Incorreta. **Não cabe recurso para os Tribunais superiores.** Súmula 513/STF: A decisão que enseja a interposição de recurso ordinário ou extraordinário não é a do plenário (ou órgão especial), que resolve o incidente de inconstitucionalidade, mas a do órgão (câmaras, grupos ou turmas) que completa o julgamento do feito.

II. Incorreta. **Pode ser dispensada nas hipóteses do artigo 949, parágrafo único, do CPC/2015** (481, parágrafo único, do CPC/1973): "Os órgãos fracionários dos tribunais não submeterão ao plenário ou ao órgão especial a arguição de inconstitucionalidade quando já houver pronunciamento destes ou do plenário do Supremo Tribunal Federal sobre a questão."

III. Correta. Artigo 482, §§ 1º e 2º, do CPC/1973, vigente à época da prova. Correspondente: Artigo 950 §§ 1º e 2º, do CPC/2015.

"§ 1º As pessoas jurídicas de direito público responsáveis pela edição do ato questionado poderão manifestar-se no incidente de inconstitucionalidade se assim o requererem, observados os prazos e as condições previstos no regimento interno do tribunal.

§ 2º A parte legitimada à propositura das ações previstas no art. 103 da Constituição Federal poderá manifestar-se, por escrito, sobre a questão constitucional objeto de apreciação, no prazo previsto pelo regimento interno, sendo-lhe assegurado o direito de apresentar memoriais ou de requerer a juntada de documentos."

IV. Correta. Trata-se de hipótese de controle difuso, feito em um caso concreto, por qualquer juiz, em qualquer grau de jurisdição, podendo ter como objeto de controle norma federal, estadual, distrital ou municipal, anterior ou posterior a Constituição (FERNANDES, 2016, p. 1334).

Resposta: letra D.

MPMG – 2013 (CONCURSO LIII) *Questão 8. Direito Constitucional. Controle de Constitucionalidade/ Direitos Fundamentais/ Organização do Estado. Constituição Federal e Lei.*

Assinale a alternativa ***INCORRETA:***

A) Ao declarar a inconstitucionalidade de lei ou ato normativo, no processo de arguição de descumprimento de preceito fundamental, e tendo em vista razões de segurança jurídica ou de excepcional interesse social, poderá o Supremo Tribunal Federal, por maioria de dois terços de seus membros, restringir os efeitos daquela declaração ou decidir que ela só tenha eficácia a partir de seu trânsito em julgado ou de outro momento que venha a ser fixado.

B) O direito de reunião poderá sofrer restrição em caso de estado de defesa, ainda que exercido no seio das associações, e poderá ser suspenso, em caso de estado de sítio.

C) A decisão proferida pelo Tribunal de Justiça que julga procedente ou improcedente o pedido da representação interventiva em Município tem natureza político-administrativa e dela cabe recurso extraordinário ao Supremo Tribunal Federal.

D) É da competência comum da União, dos Estados, do Distrito Federal e dos Municípios, entre outras, estabelecer e implantar política de educação para a segurança do trânsito.

Comentários

A) Correta. Nos exatos termos do artigo 11 a Lei 9.882/99.

"Art. 11. Ao declarar a inconstitucionalidade de lei ou ato normativo, no processo de argüição de descumprimento de preceito fundamental, e tendo em vista razões de segurança jurídica ou de excepcional interesse social, poderá o Supremo Tribunal Federal, por maioria de dois terços de seus membros, restringir os efeitos daquela declaração ou decidir que ela só tenha eficácia a partir de seu trânsito em julgado ou de outro momento que venha a ser fixado."

B) Correta. No estado de defesa, há restrição ao direito de reunião, ainda que exercida no seio das associações, conforme CR/88 (art. 136. § 1º, inciso I, a). Já no estado de sítio, a CR/88 prevê a suspensão da liberdade de reunião, (art.139, IV da CR/88).

C) Incorreta. Não cabe recurso extraordinário contra intervenção estadual em município, conforme Súmula 637 do STF.

D) Correta. Conforme artigo 23, inciso XII, da CR/88, a competência dos entes federados é comum para estabelecer e implantar a política de educação para segurança no trânsito.

Resposta: Letra C

MPMG 2014 (Concurso LIV)*. Questão 06. Direito Constitucional / Constituição Federal e Estadual / Controle de constitucionalidade / Doutrina, jurisprudência e legislação.*

Analise as seguintes assertivas em relação ao controle de constitucionalidade:

I. A inconstitucionalidade formal ocorre quando o conteúdo das leis ou atos emanados dos poderes públicos contraria uma norma constitucional de fundo, que estabelece direitos e deveres.

II. Os Poderes Executivo e Legislativo exercem o controle de constitucionalidade preventivo e repressivo. Por seu turno, o Poder Judiciário exerce tão-somente o controle repressivo.

III. A inconstitucionalidade reflexa ou por via oblíqua resulta da violação de uma norma infraconstitucional interposta entre o ato questionado e a Constituição.

IV. No âmbito do Estado de Minas Gerais, admite-se a ação direta de inconstitucionalidade por omissão.

Somente está CORRETO o que se afirma em:

A) I e II;

B) I e IV;

C) II e III;

D) III e IV.

Comentários

I. Errado – O conceito mencionado é da inconstitucionalidade material. Na inconstitucionalidade formal, o ato legislativo foi criado em desconformidade com normas de competência e os procedimentos estabelecidos para o seu devido ingresso no ordenamento jurídico.

II. Errado – O Poder Judiciário também exerce o controle preventivo de constitucionalidade, isso quando julga mandado de segurança impetrado por parlamentar com a finalidade de coibir atos praticados no processo de aprovação de lei ou emenda constitucional incompatíveis com disposições constitucionais que disciplinam o processo legislativo (STF- MS 32.033).

III. Correta. A inconstitucionalidade reflexa ou por via oblíqua, trata-se de inconstitucionalidade indireta, visto que para verificação de sua compatibilidade com a Constituição deve-se, primeiramente, compará-lo com o ato normativo do qual ele extrai o seu fundamento de validade. É o caso de um decreto que viola a lei que se presta a regulamentar. Vale lembrar que, conforme o STF, tal hipótese trata-se de caso de ilegalidade e não inconstitucionalidade.

IV. Correta. Art. 118, § 4°, da Constituição do Estado de Minas Gerais – Reconhecida a inconstitucionalidade por omissão de medida para tornar efetiva norma desta Constituição, a decisão será comunicada ao Poder competente para adoção das providências necessárias à prática do ato ou início do processo legislativo, e, em se tratando de órgão administrativo, para fazê-lo em trinta dias, sob pena de responsabilidade.

Resposta certa: D

***MPMG 2018. (CONCURSO LVI)** QUESTÃO 15. Direito Constitucional. Controle de Constitucionalidade. Lei Seca: CRFB/88.*

Podem propor a ação direta de inconstitucionalidade e a ação declaratória de constitucionalidade de acordo com o artigo 103 da CR/88, EXCETO:

A) o Presidente da República.

B) a Mesa da Câmara dos Deputados.

C) político com representação no Congresso Nacional.

D) confederação sindical ou entidade de classe de âmbito regional.

Comentários

A questão foi anulada por possuir duas alternativas corretas.

A) INCORRETA. De fato, a teor do Art. 103, I, da CRFB/88, o Presidente da República possui legitimidade para propor a ação direta de inconstitucionalidade e a ação declaratória de constitucionalidade.

B) INCORRETA. De fato, a teor do Art. 103, III, da CRFB/88, a Mesa da Câmara dos Deputados possui legitimidade para propor a ação direta de inconstitucionalidade e a ação declaratória de constitucionalidade.

C) CORRETA. Não consta do Art. 103 da CRFB/88 político com representação no Congresso Nacional como legitimado para propor a ação direta de inconstitucionalidade e a ação declaratória de constitucionalidade. Na realidade, referido dispositivo prevê, em seu inciso VIII, a legitimidade de partido político com representação no Congresso Nacional.

D) CORRETA. Não consta do Art. 103 da CRFB/88 entidade de classe de âmbito regional como legitimado para propor a ação direta de inconstitucionalidade e a ação declaratória de constitucionalidade. Na realidade, referido dispositivo prevê, em seu inciso IX, a legitimidade de confederação sindical ou entidade de classe de âmbito nacional.

Resposta: Anulada.

***MPMG 2018. (CONCURSO LVI)** QUESTÃO 16. Direito Constitucional. Controle de Constitucionalidade. ADPF e ADI. Lei Seca: CRFB/88.*

É CORRETO afirmar que:

A) a arguição de descumprimento de preceito fundamental, decorrente da Constituição, será apreciada pelo Supremo Tribunal Federal, na forma da lei complementar.

B) as decisões definitivas de mérito, proferidas pelo Supremo Tribunal Federal, nas ações diretas de inconstitucionalidade e nas ações declaratórias de constitucionalidade, produzirão eficácia contra todos e efeito vinculante, relativamente aos demais órgãos do Poder Judiciário e à administração pública direta e indireta, nas esferas federal, estadual e municipal.

C) o Procurador-Geral de Justiça deverá ser previamente ouvido nas ações de inconstitucionalidade e em todos os processos de competência do Supremo Tribunal Federal.

D) declarada a inconstitucionalidade por omissão de medida para tornar efetiva norma constitucional, será dada ciência ao Poder competente para a adoção das providências necessárias e, em se tratando de órgão legislativo, para fazê-lo em trinta dias.

Comentários

A) INCORRETA. A teor do art. 102, § 1º, da CRFB/88, "A arguição de descumprimento de preceito fundamental, decorrente desta Constituição, será apreciada pelo Supremo Tribunal Federal, na forma da lei." Ou seja, o dispositivo constitucional não exige a edição de lei complementar para tratar da ADPF.

B) CORRETA. É o que dispõe o § 2º do art. 102 da CRFB/88: "§ 2º As decisões definitivas de mérito, proferidas pelo Supremo Tribunal Federal, nas ações diretas de inconstitucionalidade e nas ações declaratórias de constitucionalidade produzirão eficácia contra todos e efeito vinculante, relativamente aos demais órgãos do Poder Judiciário e à administração pública direta e indireta, nas esferas federal, estadual e municipal. "Portanto, os efeitos das decisões proferidas pelo STF em sede de controle de constitucionalidade não vinculam o Poder Legislativo na atividade legiferante, sua função típica, sob pena de violação ao princípio da separação dos poderes e fossilização do ordenamento jurídico. Em outras palavras, é possível ao Poder Legislativo editar lei, ato normativo ou emenda constitucional contrários a entendimento do STF. Trata-se do chamado *override*, ativismo congressual ou superação legislativa. Contudo, segundo a Suprema Corte, isso não pode ocorrer por simples irresignação parlamentar com a decisão. No âmbito da ADI nº 5105, restou assentado que lei infraconstitucional com idêntico conteúdo a outra reputada inconstitucional pelo STF nasce com presunção relativa de inconstitucionalidade. Para superar a presunção, deve o legislador demonstrar mudanças contextuais em termos jurídicos, políticos, históricos, sociais ou econômicos que façam com que os fundamentos de sua inconstitucionalidade mereçam ser revistos. Há, portanto, um ônus argumentativo ao Poder Legislativo no sentido de embasar sua contrariedade ao que foi decidido pela Suprema Corte. Lado outro, se o *override* se dá por meio de emenda constitucional, não há que se falar em presunção de inconstitucionalidade. Isso porque o parâmetro é outro em relação ao que decidido anteriormente pelo STF em sede de controle de constitucionalidade. Com efeito, a norma ganha status constitucional, e só será reputada inconstitucional caso fira cláusula pétrea.

C) INCORRETA. A teor do art. 103, § 1º, da CRFB/88, "O Procurador-Geral da República deverá ser previamente ouvido nas ações de inconstitucionalidade e em todos os processos de competência do Supremo Tribunal Federal. " Portanto, é do PGR a atribuição de oficiar como fiscal da ordem jurídica na Suprema Corte.

D) INCORRETA. A teor do art. 103, § 2º, da CRFB/88, " Declarada a inconstitucionalidade por omissão de medida para tornar efetiva norma constitucional, será dada ciência ao Poder competente para a adoção das providências necessárias e, em se tratando de órgão administrativo, para fazê-lo em trinta dias."

Resposta: Letra B.

MPMG 2018. (CONCURSO LVI) QUESTÃO 19. Direito Constitucional. Controle de Constitucionalidade. ADI. Lei Seca: Lei nº 9.868/99.

De acordo com a Lei nº 9.868/99, é CORRETO afirmar:

A) a medida cautelar, na Ação Direta de Inconstitucionalidade, será dotada de eficácia contra todos, e concedida com efeito ex nunc, salvo se o Tribunal entender que deva conceder-lhe eficácia retroativa.

B) ao declarar a inconstitucionalidade de lei ou ato normativo, e tendo em vista razões de segurança jurídica ou de excepcional interesse social, poderá o Supremo Tribunal Federal, por maioria de três quintos de seus membros, restringir os efeitos daquela declaração ou decidir que ela só tenha eficácia a partir de seu trânsito em julgado ou de outro momento que venha a ser fixado.

C) havendo pedido de medida cautelar na Ação Direta de Inconstitucionalidade, o relator, em face da relevância da matéria e de seu especial significado para a ordem social e a segurança jurídica, poderá, após a prestação das informações, no prazo de dez dias, e a manifestação do Advogado-Geral da União e do Procurador-Geral da República, sucessivamente, no prazo de cinco dias, submeter o processo diretamente ao Tribunal, que deverá julgar definitivamente a ação.

D) a concessão da medida cautelar na Ação Direta de Inconstitucionalidade não repristina a legislação anterior acaso existente, salvo expressa manifestação em sentido contrário.

Comentários

A) CORRETA. A Medida Cautelar em Ação Direta de Inconstitucionalidade tem eficácia contra todos e, em regra, efeito *ex nunc*, podendo lhe ser atribuído efeito retroativo (*ex tunc*), conforme disposto no art. 11, § 1º, da Lei 9.868/99: "A medida cautelar, dotada de eficácia contra todos, será concedida com efeito ex nunc, salvo se o Tribunal entender que deva conceder-lhe eficácia retroativa."

B) INCORRETA. Na realidade, o quórum para modulação de efeitos de decisão que declara a inconstitucionalidade de lei ou ato normativo estabelecido na Lei nº 9.868/99, em seu art. 27, é de dois terços. Confira-se: "Art. 27. Ao declarar a inconstitucionalidade de lei ou ato normativo, e tendo em vista razões de segurança jurídica ou de excepcional interesse social, poderá o Supremo Tribunal Federal, por maioria de dois terços de seus membros, restringir os efeitos daquela declaração ou decidir que ela só tenha eficácia a partir de seu trânsito em julgado ou de outro momento que venha a ser fixado."

C) INCORRETA. É verdade que o processo com requerimento de medida cautelar poderá ser julgado definitivamente – em cognição exauriente – pelo Tribunal, se a ele submetido pelo relator, considerando a relevância da matéria e de seu especial significado para a ordem social e a segurança jurídica, nos termos do art. 12 da Lei nº 9.868/99. Contudo, o julgamento definitivo é uma faculdade da Suprema Corte, e não uma imposição legal. Nesse sentido, estipula o citado dispositivo que: "Art. 12. Havendo pedido de medida cautelar, o relator, em face da relevância da matéria e de seu especial significado para a ordem social e a segurança jurídica, poderá, após a prestação das informações, no prazo de dez dias, e a manifestação do Advogado-Geral da União e do Procurador-Geral da República, sucessivamente, no prazo de cinco dias, submeter o processo diretamente ao Tribunal, que terá a faculdade de julgar definitivamente a ação."

D) INCORRETA. É exatamente o oposto, conforme preceitua o § 2º do art. 11 da Lei nº 9.868/99: "A concessão da medida cautelar torna aplicável a legislação anterior acaso existente, salvo expressa manifestação em sentido contrário. " O efeito repristinatório é a regra em sede de controle de constitucionalidade. Assim sendo, em regra, quando uma norma é declarada inconstitucional, aquela que porventura foi por ela revogada volta a vigorar, e, se em decorrência da concessão de medida cautelar, com efeitos ex nunc, salvo disposição em contrário, a teor do § 1º do citado dispositivo. Lado outro, caso o efeito repristinatório se origine de decisão definitiva em sede de controle de constitucionalidade, a regra é que se manifeste com efeitos ex tunc, salvo modulação em sentido contrário, conforme art. 27 da Lei nº 9.868/99. Isso porque a inconstitucionalidade é caracterizada como ab ovo. Ou seja, uma norma inconstitucional já nasce contrária à Constituição, sendo todos os seus efeitos, em regra, inválidos, e a decisão de inconstitucionalidade meramente declaratória. Essa máxima pode ser excepcionada pela modulação de efeitos, por razões de segurança jurídica ou de excepcional interesse social. Vale registrar que em sede de sucessão de leis no tempo, a repristinação é a exceção, conforme dispõe o § 3º do art. 2º da Lei de Introdução às normas do Direito Brasileiro: "§ 3º Salvo disposição em contrário, a lei revogada não se restaura por ter a lei revogadora perdido a vigência."

Resposta: Letra A

MPMG 2018. (CONCURSO LVI) *QUESTÃO 20. Constitucional. Controle de Constitucionalidade Estadual. Lei seca: CE/MG.*

À luz do que dispõe a Constituição do Estado de Minas Gerais, é CORRETO afirmar:

A) declarada a inconstitucionalidade de lei municipal, a decisão será comunicada à Assembleia Legislativa e à Câmara Municipal.

B) as decisões definitivas de mérito proferidas pelo Tribunal de Justiça nas ações diretas de inconstitucionalidade e nas ações declaratórias de constitucionalidade produzirão eficácia contra todos e efeito vinculante relativamente aos demais órgãos do Poder Judiciário e à administração pública direta e indireta nas esferas estadual e municipal.

C) na Ação Direta de Inconstitucionalidade em relação à lei ou ato normativo municipal, perante o Tribunal de Justiça, pode-se utilizar como parâmetro a Constituição da República e a Constituição do Estado.

D) as decisões definitivas de mérito proferidas pelo Tribunal de Justiça nas ações diretas de inconstitucionalidade e nas ações declaratórias de constitucionalidade produzirão eficácia contra todos e efeito vinculante relativamente aos demais órgãos do Poder Judiciário, ao Poder Legislativo e à administração pública direta e indireta nas esferas estadual e municipal.

Comentários

A) INCORRETA. A teor do art. 118, § 3º, da Constituição Estadual de Minas Gerias, declarada a inconstitucionalidade, a decisão será comunicada à Assembleia Legislativa ou à Câmara Municipal. Daí se conclui, a partir de uma interpretação lógica, que, em se tratando da inconstitucionalidade de norma municipal, a decisão será comunicada somente à Câmara Municipal responsável pela edição da norma.

B) CORRETA. Assim dispõe o art. 118, § 7º, da Constituição Estadual de Minas Gerais: "As decisões definitivas de mérito proferidas pelo Tribunal de Justiça nas ações diretas de inconstitucionalidade e nas ações declaratórias de constitucionalidade produzirão eficácia contra todos e efeito vinculante relativamente aos demais órgãos do Poder Judiciário e à administração pública direta e indireta nas esferas estadual e municipal."

C) INCORRETA. A Constituição da República não é parâmetro para declarar lei ou ato normativo municipal inconstitucional. O que pode ocorrer são normas de reprodução obrigatória – portanto, que necessariamente compõe a Constituição Estadual, mesmo que não expressamente – servindo de parâmetro. Nesse sentido, decidiu o STF: Tribunais de Justiça podem exercer controle abstrato de constitucionalidade de leis municipais utilizando como parâmetro normas da Constituição Federal, desde que se trate de normas de reprodução obrigatória pelos estados.

STF. Plenário. RE 650898/RS, rel. orig. Min. Marco Aurélio, red. p/ o ac. Min. Roberto Barroso, julgado em 1º/2/2017 (repercussão geral) (Info 852). Portanto, a assertiva é incorreta, eis que afirma em abstrato que a Constituição da República é parâmetro de controle de constitucionalidade para normas municipais.

D) INCORRETA. Conforme ressaltado nos comentários da alternativa B da Questão 16, não há vinculação imposta ao Poder Legislativo, sob pena de engessamento do ordenamento jurídico. Nesse sentido, não há referência ao Poder Legislativo no § 7º do art. 118 da Constituição Estadual de Minas Gerais: "§ 7º – As decisões definitivas de mérito proferidas pelo Tribunal de Justiça nas ações diretas de inconstitucionalidade e nas ações declaratórias de constitucionalidade produzirão eficácia contra todos e efeito vinculante relativamente aos demais órgãos do Poder Judiciário e à administração pública direta e indireta nas esferas estadual e municipal."

Resposta: Letra B.

9. DOS PRINCÍPIOS FUNDAMENTAIS PREVISTOS NAS CONSTITUIÇÕES BRASILEIRAS, NOTADAMENTE NA CONSTITUIÇÃO DA REPÚBLICA FEDERATIVA DO BRASIL

MPMG 2010 (Concurso L). *Questão 12. Direito Constitucional / Forma, Sistema e Fundamentos da República / Princípios Fundamentais da República / Legislação.*

Entre os fundamentos da República Federativa do Brasil, NÃO se pode incluir

A) a Soberania.
B) o Pluralismo político.
C) o trabalho e a livre iniciativa.
D) a cidadania.

Comentários

(A): Correta – Artigo 1º, inciso I, da CF/88: "a soberania".

(B): Correta – Artigo 1º, inciso V, da CF/88: "o pluralismo político".

(C): Incorreta – Os fundamentos são os valores sociais do trabalho e da livre concorrência – Artigo 1º, inciso IV, da CF/88.

(D): Correta – Artigo 1º, inciso II, da CF/88 "a cidadania".

Resposta: Letra C

MPMG 2010 (Concurso L). *Questão 14. Direito Constitucional / Direitos Políticos / Legislação.*

Dentre as formas diretas de exercício da soberania popular, podemos apontar, EXCETO,

A) a reclamação constitucional.

B) o plebiscito.

C) o referendo.

D) a iniciativa popular.

Comentários

(A): Incorreta – A reclamação constitucional é uma ação autônoma que tem por objetivo preservar a competência e garantir a autoridade das decisões dos tribunais – Artigo 102, inciso I, alínea "l", da CF/88.

(B): Correta – Artigo 14, inciso I, da CF/88.

(C): Correta – Artigo 14, inciso II, da CF/88.

(D): Correta – Artigo 14, inciso III, da CF/88.

Art. 14. A soberania popular será exercida pelo sufrágio universal e pelo voto direto e secreto, com valor igual para todos, e, nos termos da lei, mediante:

I - plebiscito;

II - referendo;

III - iniciativa popular.

Resposta: Letra A

***MPMG – 2011 (Concurso LI)**. Questão 07. Direito Constitucional / Constituição Federal / Direitos e Garantias Fundamentais /Legislação.*

Considerando o que dispõe o artigo 5º da Constituição da República, que disciplina os direitos e deveres individuais e coletivos, assinale a alternativa CORRETA.

A) A prática do racismo e as ações de grupos armados, civis ou militares, contra a ordem constitucional e o Estado Democrático de Direito, constituem crimes inafiançáveis e imprescritíveis.

B) A lei considerará crimes inafiançáveis e imprescritíveis, insuscetíveis de graça ou anistia a prática de tortura, o tráfico ilícito de entorpecentes e drogas afins, o terrorismo e os definidos como crimes hediondos, por eles respondendo os mandantes, os executores e os que, podendo evitá-los, se omitirem.

C) Em relação à instituição do júri, com a organização que lhe der a lei, são assegurados a plenitude de defesa, o sigilo das votações, a soberania dos veredictos e a competência para o julgamento dos crimes dolosos e culposos contra a vida.

D) *O preso será informado de seus direitos, entre os quais o de permanecer calado, sendo-lhe assegurada, somente após o interrogatório judicial, a assistência da família e de advogado.*

Comentários

a) Correta. Art. 5º, XLII e XLIV, CF/88. São os únicos crimes imprescritíveis. Método mnemônico – RAG (**R**acismo e **A**ções de **G**rupos Armados).

b) Incorreta. Art. 5º, XLIII, CF/88. Não são crimes imprescritíveis.

c) Incorreta. Art. 5º, XXXVIII, "d", CF/88. O Tribunal do júri não julga crimes culposos contra a vida, mas apenas os dolosos.

d) Incorreta. Art. 5º, LXIII, CF/88. Os direitos do preso são informados imediatamente e não apenas após o interrogatório judicial que é o último ato da instrução processual.

Resposta certa: A

MPMG – 2011 (Concurso LI). *Questão 08. Direito Constitucional / Constituição Federal / Organização do Estado / jurisprudência.*

A teor do que dispõe o artigo 30 da Constituição da República, a competência legislativa dos Municípios caracteriza-se pelo princípio da predominância do interesse local. Assim, é INCORRETO afirmar que compete ao Município legislar sobre:

A) *plano diretor.*

B) *horário de funcionamento do comércio local.*

C) *horário de funcionamento das agências bancárias locais.*

D) *tempo máximo de atendimento ao público nas agências bancárias locais.*

Comentários

a) Correta. Art. 182, § 1º, CF/88. Compete ao município. "Art.182, § 1º: O plano diretor, aprovado pela Câmara Municipal, obrigatório para cidades com mais de vinte mil habitantes, é o instrumento básico da política de desenvolvimento e de expansão urbana".

b) Correta. Súmula 645 do STF – "É ***competente o Município*** *para fixar o horário de funcionamento de estabelecimento comercial.*" (destacamos).

c) Incorreta. Súmula 19 do STJ – "A fixação do horário bancário, para atendimento ao público, é da **competência da União**." (destacamos).

d) Correta. STF, RE 432789/SC. O tempo máximo para atendimento ao público se relaciona ao interesse local e não às atividades-fim das instituições financeiras.

Resposta certa: C

MPMG – 2011 (Concurso LI)*. Questão 09. Direito Constitucional / Constituição Federal / Processo Legislativo / Legislação.*

À luz do que dispõe o artigo 60 da Constituição da República, a Constituição pode ser emendada mediante proposta:

I. do Procurador-Geral da República, após colhida a manifestação de todos os Procuradores-Gerais de Justiça dos Estados.

II. do Presidente da República.

III. dos cidadãos, cuja iniciativa poderá ser exercida pela apresentação à Câmara dos Deputados de projeto subscrito por, no mínimo, dez por cento do eleitorado nacional, distribuído pelo menos por quatro Estados, com não menos de três décimos por cento dos eleitores de cada um deles.

IV. de mais da metade das Assembleias Legislativas das unidades da Federação, manifestando-se, cada uma delas, pela maioria relativa de seus membros.

Somente está CORRETO o que se afirma em:

A) I e II.

B) II e III.

C) II e IV.

D) III e IV.

Comentários

Segundo o disposto no art. 60 da CF/88, a Constituição poderá ser emendada mediante proposta:

a) de um terço, no mínimo, dos membros da Câmara dos Deputados ou do Senado Federal;

b) do Presidente da República;

c) de mais da metade das Assembleias Legislativas das unidades da Federação, manifestando-se, cada uma delas, pela maioria relativa de seus membros.

I) Incorreta. Conforme o artigo supracitado, não há previsão de proposta de emenda por parte do Procurador-Geral da República. Vale lembrar que, em caso de Projeto de Lei, a proposta por parte do Procurador-Geral da República será admitida (art. 61, CF/88).

II) Correta. Art. 60, II, CF/88.

III) Incorreta. Consoante art. 60, CF/88, não há tal previsão. Oportuno ressaltar que alguns estados federativos trazem previsão do cidadão como um dos legitimados para propor alteração em suas constituições estaduais, mas não é o caso do Estado de Minas Gerais consoante art. 118, da carta estadual.

IV) Correta. Art. 60, III, CF/88.

Resposta certa: C

MPMG – 2011 (Concurso LI). *Questão 04. Direito Constitucional / Constituição Federal / Direitos Políticos /Legislação.*

Assinale a alternativa ***INCORRETA.***

A) Para concorrerem a outros cargos, o Presidente da República, os Governadores de Estado e do Distrito Federal e os Prefeitos devem renunciar aos respectivos mandatos até seis meses antes do pleito.

B) O mandato eletivo poderá ser impugnado ante a Justiça Eleitoral no prazo de trinta dias contados da diplomação, instruída a ação com provas de abuso do poder econômico, corrupção ou fraude.

C) São inelegíveis, no território de jurisdição do titular, o cônjuge e os parentes consanguíneos ou afins, até o segundo grau ou por adoção, do Presidente da República, de Governador de Estado ou Território, do Distrito Federal, de Prefeito ou de quem os haja substituído dentro dos seis meses anteriores ao pleito, salvo se já titular de mandato eletivo e candidato à reeleição.

D) A ação de impugnação de mandato tramitará em segredo de justiça, respondendo o autor, na forma da lei, se temerária ou de manifesta má-fé.

Comentários

a) Correta. Art. 14, § 6º, CF/88. Lembrando que não haverá tal exigência quando concorrerem para o mesmo cargo.

b) Incorreta. Art. 14, § 10, CF/88. O prazo para impugnar o mandato eletivo é de 15 (quinze) dias contados da diplomação, com provas do abuso do poder econômico, da corrupção ou da fraude.

c) Correta. Art. 14, § 7º, CF/88: "§ 7º São inelegíveis, no território de jurisdição do titular, o cônjuge e os parentes consangüíneos ou afins, até o segundo grau ou por adoção, do Presidente da República, de Governador de Estado ou Território, do Distrito Federal, de Prefeito ou de quem os haja substituído dentro dos seis meses anteriores ao pleito, salvo se já titular de mandato eletivo e candidato à reeleição."

d) Correta. Art. 14, § 11º, CF: "§ 11 - A ação de impugnação de mandato tramitará em segredo de justiça, respondendo o autor, na forma da lei, se temerária ou de manifesta má-fé."

Resposta certa: B

MPMG – 2012 (LII Concurso) *Questão 03 Direito Constitucional – Processo Legislativo – Jurisprudência.*

Examine as afirmativas abaixo:

I. Lei municipal, de iniciativa parlamentar, que altera a jornada de trabalho de servidores públicos do Poder Executivo padecerá de inconstitucionalidade formal, por desrespeito à prerrogativa de iniciar o processo legislativo.

II. Nos projetos de leis de iniciativa privativa ou reservada do Poder Executivo, o poder de emenda do Poder Legislativo é ilimitado.

III. Lei estadual, de iniciativa parlamentar, que concede isenção de pagamento de taxa de inscrição em concurso público, padecerá de inconstitucionalidade formal, por desrespeito à prerrogativa de iniciar o processo legislativo.

IV. A iniciativa privativa ou reservada para a deflagração do processo legislativo, por ter caráter excepcional, não se presume e nem comporta interpretação extensiva.

A análise permite concluir que:

A) apenas as afirmativas I e II estão CORRETAS.
B) apenas as afirmativas I e IV estão CORRETAS.
C) apenas as afirmativas II e III estão CORRETAS.
D) apenas as afirmativas III e IV estão CORRETAS.

Comentários

I. Correta. **Trata-se de inconstitucionalidade formal por v**ício de iniciativa. Conforme o art. 61, § 1º, II, "c" da CF/88 é de competência do Chefe do Poder Executivo a iniciativa de lei que trate sobre os direitos e deveres dos servidores públicos da União. Essa regra também é aplicada no âmbito estadual e municipal por força do princípio da simetria (STF. Plenário. RE 590829/MG, Rel. Min. Marco Aurélio, julgado em 5/3/2015).

II. Incorreta. O **poder de emenda do Poder Legislativo é limitado**. "A jurisprudência do Supremo Tribunal Federal é firme no sentido de que o Poder Legislativo pode emendar projeto de iniciativa privativa do chefe do Poder Executivo, desde que não ocorra aumento de despesa e haja estreita pertinência das emendas com o objeto do projeto encaminhado ao Legislativo, mesmo que digam respeito à mesma matéria." (ADI 3655, Rel. Min. ROBERTO BARROSO, Tribunal Pleno, julgado em 03/03/2016). Vide artigo 63, I, da CRFB/1988:

"Art. 63. Não será admitido aumento da despesa prevista:

I - nos projetos de iniciativa exclusiva do Presidente da República, ressalvado o disposto no art. 166, § 3º e § 4º;".

III. Incorreta. "O diploma normativo em causa, que estabelece isenção do pagamento de taxa de concurso público, não versa sobre matéria relativa a servidores públicos (§ 1º do art. 61 da CF/88). Dispõe, isto sim, sobre condição para se chegar à investidura em cargo público, que é um momento anterior ao da caracterização do candidato como servidor público. **Inconstitucionalidade formal não configurada**". (ADI 2672, Rel. p/ Acórdão: Min. CARLOS BRITTO, Tribunal Pleno, julgado em 22/06/2006).

IV. Correta. "**A iniciativa reservada, por constituir matéria de direito estrito, não se presume e nem comporta interpretação ampliativa**, na medida em que, por implicar limitação ao poder de instauração do processo legislativo, deve necessariamente derivar de norma constitucional explícita e inequívoca." (ADI 724 MC, rel. min. Celso de Mello, j. 7-5-1992, P, DJ de 27-4-2001) (RE 590.697 ED, rel. min. Ricardo Lewandowski, j. 23-8-2011, 2ª T, DJE de 6-9-2011).

Observação: todas as assertivas foram formuladas com base nos comentários ao artigo 61 da CRFB encontrados em "A Constituição e o Supremo" – site do STF.

Resposta: letra B

MPMG 2019 (CONCURSO LVII). QUESTÃO 1. Direito Constitucional / Princípios Fundamentais/ Legislação.

De acordo com a Constituição de 1988, a República tem como fundamento, exceto:

A) a soberania

B) o pluralismo político

C) a livre iniciativa

D) a cidadania

Comentários

Conforme o artigo 1º da CF/88, a República Federativa do Brasil tem como fundamentos:

"I- a soberania;

II- a cidadania;

III- a dignidade da pessoa humana;

IV- os valores sociais do trabalho e da livre iniciativa;

V- o pluralismo político".

A dica para decorar os fundamentos é a utilização do minemônico: SO-CI-DI-VA-PLU.

(A): Correto. Art.1º, inciso I, CF/88.

(B): Correto. Art.1º, inciso V, CF/88.

(C): Incorreto. Conforme o inciso IV do art.1º, a Constituição tem como fundamento os valores sociais da livre iniciativa.

(D): Correto. Art.1º, inciso II, CF/88.

Resposta: Letra C

10. DOS DIREITOS E GARANTIAS FUNDAMENTAIS. HISTÓRICO. CONCEITO, IDEOLOGIA E DISTINÇÃO. CLASSIFICAÇÃO. FUNÇÕES. APLICAÇÃO DOS DIREITOS FUNDAMENTAIS NAS RELAÇÕES PRIVADAS. GARANTIAS CONSTITUCIONAIS. DEVERES FUNDAMENTAIS E DEVERES CONSTITUCIONAIS. ÂMBITO DE PROTEÇÃO DOS DIREITOS FUNDAMENTAIS E NÚCLEO ESSENCIAL

__MPMG 2010 (Concurso L)__. Questão 13. Direito Constitucional / Direitos Sociais / Legislação.

Constituem direitos sociais previstos na Constituição da República, EXCETO

A) alimentação.

B) atividade sexual.

C) proteção à maternidade.

D) trabalho.

Comentários

"Art. 6º São direitos sociais a educação, a saúde, a alimentação, o trabalho, a moradia, o transporte, o lazer, a segurança, a previdência social, a proteção à maternidade e à infância, a assistência aos desamparados, na forma desta Constituição. (Redação dada pela Emenda Constitucional nº 90, de 2015)"

(A): Correta – Artigo 6º da CF/88.

(B): Incorreta – A atividade sexual não é um direito social – Artigo 6º da CF/88.

(C): Correta – Artigo 6º, da CF/88.

(D): Correta – Artigo 6º, da CF/88.

Resposta: Letra B – Gabarito

__MPMG 2010 (Concurso L)__. Questão 10. Direito Constitucional / Direitos Sociais / Saúde / Ordem Social / Legislação.

Segundo a Constituição Federal de 1988, é INCORRETO afirmar que

A) a assistência à saúde é livre à iniciativa privada.

B) é facultada a destinação de recursos públicos para auxílios ou subvenções às instituições privadas com fins lucrativos.

C) as instituições privadas poderão participar de forma complementar do sistema único de saúde, segundo diretrizes deste, mediante contrato de direito público ou convênio.

D) *é vedada a participação direta ou indireta de empresas ou capitais estrangeiros na assistência à saúde no País, salvo nos casos previstos em lei.*

Comentários

(A): Correta – Artigo 199, *caput*, da CF/88: "Art. 199. A assistência à saúde é livre à iniciativa privada".

(B): Incorreta – A destinação de recursos públicos às instituições privadas é vedada – Artigo 199, § 2º, da Constituição Federal.

(C): Correta – Artigo 199, § 1º, da CF/88: "§ 1º - As instituições privadas poderão participar de forma complementar do sistema único de saúde, segundo diretrizes deste, mediante contrato de direito público ou convênio, tendo preferência as entidades filantrópicas e as sem fins lucrativos".

(D): Correta – Artigo 199, § 3º, da CF/88: "§ 3º É vedada a participação direta ou indireta de empresas ou capitais estrangeiros na assistência à saúde no País, salvo nos casos previstos em lei".

Resposta: Letra B

MPMG – 2013 (CONCURSO LIII) *Questão 2. Direito Constitucional/ Direitos Fundamentais/ Da Nacionalidade/ Constituição Federal/ Legislação.*

O brasileiro naturalizado pode ocupar os seguintes cargos, ***EXCETO*** *o de:*

A) *Presidente do Conselho Nacional de Justiça.*

B) *Presidente do Banco Central do Brasil.*

C) *Prefeito e Vice-Prefeito.*

D) *Governador e Vice-Governador de Estado e do Distrito Federal.*

Comentários

A) Incorreta. O Presidente do CNJ é o Presidente do STF (artigo 103-B, §1º, CR/88) e, nos termos do artigo 12, §§ 3º, inciso IV, CR/88, o cargo de presidente do STF é privativo de brasileiro nato, logo a alternativa A é a exceção exigida pela questão.

B) Correta. Não há óbice ao brasileiro naturalizado para exercer o cargo de Presidente do Banco Central. Conforme CR/88, art. 12, § 3º: São privativos de brasileiro nato os cargos: I – de Presidente e Vice-Presidente da República; II – de Presidente da Câmara dos Deputados; III – de Presidente do Senado Federal; IV – de Ministro do Supremo Tribunal Federal; V – da carreira diplomática; VI – de oficial das Forças Armadas; VII – de Ministro de Estado da Defesa.

C) Correta. Não há impedimento ao brasileiro naturalizado para exercer o cargo de Prefeito e Vice-Prefeito, consoante art. 12, § 3º, da CR/88.

D) Correta. O brasileiro naturalizado pode exercer o cargo de Governador e Vice-Governador de Estado e do Distrito Federal, conforme art. 12, § 3º, da CR/88.

Resposta: Letra A

MPMG – 2013 (CONCURSO LIII) *Questão 4. Direito Constitucional/ Direitos Fundamentais/Direitos Políticos/ Inelegibilidade. Legislação CR/88 e LC 64/90/ Doutrina e Jurisprudência.*

Examine as afirmativas abaixo:

I. Brasileiro naturalizado, com 32 anos de idade, pode se candidatar a Vice-Presidente da República.

II. O Supremo Tribunal Federal decidiu ser inelegível para o cargo de Prefeito de município resultante de desmembramento territorial o irmão do atual chefe do Poder Executivo do "município-mãe".

III. As inelegibilidades legais sujeitam-se à preclusão se não forem arguidas na fase de registro de candidatura, eis que, ultrapassado esse momento, não mais poderão ser discutidas, salvo se supervenientes.

IV. São inelegíveis para qualquer cargo os que forem declarados indignos do oficialato, ou com ele incompatíveis, pelo prazo de 4 (quatro) anos.

Está ***CORRETO*** *somente o que se afirma em:*

A) I e II.

B) II e III.

C) I e III.

D) III e IV.

Comentários

(QUESTÃO DESATUALIZADA)*, tendo em vista a alteração jurisprudencial quanto ao item III.*

I) **Incorreta.** Nos termos do artigo 12, §3º, I da CR/88, o cargo de Vice-Presidente da República é privativo de brasileiro nato.

II) **Correta**. "É inelegível para o cargo de prefeito de Município resultante de desmembramento territorial o irmão do atual chefe do Poder Executivo do município-mãe. O regime jurídico das inelegibilidades comporta interpretação construtiva dos preceitos que lhe compõem a estrutura normativa. Disso resulta a plena validade da exegese que, norteada por parâmetros axiológicos consagrados pela própria Constituição, visa a impedir que se formem grupos hegemônicos nas instâncias políticas locais. O primado da ideia republicana – cujo fundamento ético--político repousa no exercício do regime democrático e no postulado da igualdade

– rejeita qualquer prática que possa monopolizar o acesso aos mandatos eletivos e patrimonializar o poder governamental, comprometendo, desse modo, a legitimidade do processo eleitoral." (STF. RE 158.314, rel. min. Celso de Mello, j. 15-12-1992, 1ª T, DJ de 12-2-1993).

III) **DESATUALIZADA**. A lei 9.504/97 dispõe em seu art. 11, § 10: "As condições de elegibilidade e as causas de inelegibilidade devem ser aferidas no momento da formalização do pedido de registro da candidatura, ressalvadas as alterações, fáticas ou jurídicas, supervenientes ao registro que afastem a inelegibilidade". No mesmo sentido, a súmula 11 do TSE: "No processo de registro de candidatos, o partido que não o impugnou não tem legitimidade para recorrer da sentença que o deferiu, salvo se se cuidar de matéria constitucional." Entretanto, o Plenário do STF, no ARE 728188/RJ, julgado em 18/12/2013, asseverou que o Ministério Público Eleitoral possui legitimidade para recorrer de decisão que deferiu registro de candidatura, ainda que não tenha apresentado impugnação ao pedido inicial desse registro. O art. 127 da CR/88, ao estabelecer ao Ministério Público a defesa da ordem pública e do regime democrático, atribui ao Parquet a possibilidade de recorrer, como custos legis, contra o deferimento de registros, ainda que não tenha impugnado o pleito original, por se tratar de matéria de ordem pública. Portanto, a aplicação da súmula 11 do TSE ao Ministério Público, violaria o disposto na Carta Magna. Ressalta-se que este entendimento foi modulando, valendo a partir das eleições de 2014.

IV) **Incorreto**. O prazo de inelegibilidade para os declarados indignos do oficialato é de 8 anos, nos termos do artigo 1°, I, "f", da LC 64/90.

Resposta: Letra B

MPMG – 2013 (CONCURSO LIII) Questão 6. Direito Constitucional / Mandado de Injunção / Jurisprudência.

Sobre o mandado de injunção, analise as questões abaixo:

I. O Supremo Tribunal Federal, em reiterados julgados, a fim de impedir o desprestígio da Constituição, admitiu a concessão de medida cautelar em mandado de injunção.

II. O Supremo Tribunal Federal admite a impetração de mandado de injunção coletivo e, nessa hipótese, aplica, por analogia, as normas atinentes ao mandado de segurança coletivo.

III. A legitimidade passiva é atribuída ao órgão ou autoridade estatal que tenha o dever de elaborar a norma regulamentadora, admitindo-se o litisconsórcio passivo entre particulares e entes estatais.

IV. A legitimidade ativa é atribuída ao titular de um direito constitucionalmente assegurado, cujo exercício esteja inviabilizado pela ausência da norma infraconstitucional regulamentadora.

Somente está CORRETO o que se afirma em:

A) I e II.

B) I e III.

C) II e III.

D) II e IV.

Comentários

Questão anterior ao surgimento da Lei do Mandado de Injunção (nº 13.300/16), mas em consonância com entendimento jurisprudencial e com o próprio teor da referida lei.

I) **Incorreta**. Não há previsão de medida cautelar na lei do MI. Em alguns julgados, o STF se manifestou contrário à concessão de medida cautelar, sob o fundamento de que ela não deveria ser utilizada nos mandados de injunção processados e julgados no STF, visto que o provimento provisório (da liminar) iria além (ultrapassaria) dos limites da decisão final prolatada no mandado de injunção (MI 342/SP; 530-3/SP; 536-2/MG).

II) **Correta**. Na ocasião da questão (2013), o STF admitia a impetração do mandado de injunção coletivo (MI 689/PB, Pleno, STF, 07.06.2007). A lei do MI prevê a figura do MI coletivo em seu artigo 12.

III) **Incorreta**. Conforme entendimento majoritário no STF no momento da elaboração da presente questão (MI 502-8) e agora presente na Lei 13.300/16, a legitimidade passiva será somente da autoridade ou órgão responsável pela omissão legislativa e encarregada pela viabilização (normativa) de direitos previstos na Constituição da República de 1988.

IV) **Correta**. De acordo com a Lei do MI, art. 3º: "São legitimados para o mandado de injunção, como impetrantes, as pessoas naturais ou jurídicas que se afirmam titulares dos direitos, das liberdades ou das prerrogativas referidos no art. 2º e, como impetrado, o Poder, o órgão ou a autoridade com atribuição para editar a norma regulamentadora.".

Resposta: Letra D, itens II e IV estão corretos.

MPMG 2014 (Concurso LIV)*. Questão 10. Direito Constitucional / Constituição Federal, lei das Eleições (lei 9.504/87) e Lei das inelegibilidades (LC 64/90) / Direitos políticos e propaganda eleitoral / Legislação.*

Quanto às afirmações que se seguem:

I. O Presidente da República, os Governadores de Estado e do Distrito Federal, os Prefeitos e quem os houver sucedido ou substituído no curso dos mandatos poderão ser reeleitos para um único período subsequente.

II. O Tribunal Superior Eleitoral elegerá seu Presidente, o Vice-Presidente e o Corregedor Eleitoral dentre os Ministros do Supremo Tribunal Federal.

III. São inelegíveis, para qualquer cargo, os que forem condenados, em decisão transitada em julgado ou proferida por órgão judicial colegiado, desde a condenação até o transcurso do prazo de 8 (oito) anos após o cumprimento da pena, por crimes de ação penal privada.

IV. Nas árvores e nos jardins localizados em áreas públicas, bem como em muros, cercas e tapumes divisórios, não é permitida a colocação de propaganda eleitoral de qualquer natureza, mesmo que não lhes cause dano.

É INCORRETO o que se afirma em:

A) I e II.
B) II e III.
C) II e IV.
D) III e IV.

Comentários

I. Correto – Art. 14, § 5º, CR/88. § 5º O Presidente da República, os Governadores de Estado e do Distrito Federal, os Prefeitos e quem os houver sucedido, ou substituído no curso dos mandatos poderão ser reeleitos para um único período subsequente.

II. Errado – Art. 119, parágrafo único, da CR/88 – O Tribunal Superior Eleitoral elegerá seu Presidente e o Vice-Presidente dentre os Ministros do Supremo Tribunal Federal, e o Corregedor Eleitoral dentre os Ministros do Superior Tribunal de Justiça.

III. Errado – Art. 1º, I e § 4º, da LC 64/90 (Lei das Inelegibilidades). § 4º A inelegibilidade prevista na alínea e do inciso I deste artigo não se aplica aos crimes culposos e àqueles definidos em lei como de menor potencial ofensivo, nem aos crimes de ação penal privada.

IV. Correto – Art. 37, § 5º, Lei 9.504/97 (Lei das Eleições). § 5º Nas árvores e nos jardins localizados em áreas públicas, bem como em muros, cercas e tapumes divisórios, não é permitida a colocação de propaganda eleitoral de qualquer natureza, mesmo que não lhes cause dano.

Resposta: B

MPMG 2017 (Concurso LV). *Questão 10. Direito Constitucional / Dos direitos e garantias fundamentais. Garantias constitucionais/ jurisprudência e legislação.*

Em relação ao Habeas Data, é CORRETO o que se afirma em:

A) O Habeas Data pode ser utilizado para a obtenção de cópia de processo administrativo.

B) *Pessoa física estrangeira não tem legitimidade para impetrar Habeas Data.*

C) *O Habeas Data não pode ser impetrado com a finalidade de obter dados referentes ao pagamento de tributos do próprio contribuinte constantes de sistemas informatizados de apoio à arrecadação dos órgãos tributários da administração fazendária dos entes estatais.*

D) *O Habeas Data, assim como o Mandado de Segurança, não prevê fase probatória e, portanto, não pode ser impetrado quando controversa a matéria.*

Comentários

(A): Incorreta – Tal remédio não se presta a tal mister, mas sim o Mandado de Segurança ou direito de petição comum. Nesse sentido: STF, HD 90, Relª. Min. EIIEN GRACIE, J. em 18/02/2010; STF, HD: 92 DF, Relator: Min. GILMAR MENDES, J. em 30/06/2010, Data de Publicação; STJ, REsp: 904447 RJ 2006/0257403-6, Relator: Ministro TEORI ALBINO ZAVASCKI, j. em 08/05/2007, 1ª T.)

(B): Incorreta – Tratando-se de garantia constitucional, não há óbice à sua utilização por pessoas estrangeiras. Nesse sentido, a ementa do RE 673707/MG, rel. Min. Luiz Fux, 17.6.2015: "A *legitimatio ad causam* para interpretação de Habeas Data estende-se às pessoas físicas e jurídicas, nacionais e estrangeiras, porquanto garantia constitucional aos direitos individuais ou coletivas".

(C): Incorreta – Conforme a tese fixada em repercussão geral no RE 673707/MG, rel. Min. Luiz Fux, 17.6.2015: "O Habeas Data é garantia constitucional adequada para a obtenção dos dados concernentes ao pagamento de tributos do próprio contribuinte constantes dos sistemas informatizados de apoio à arrecadação dos órgãos da administração fazendária dos entes estatais."

(D): Correta – Resposta da banca, em síntese: I – Não cabe a extensão da súmula 625 do STF ao processo jurisdicional do Habeas Data, porque essa ação constitucional tem regramento próprio; II – O art. 8º da Lei n.º 9.507/97 traz a previsão de prova pré-constituída; III – Corrobora a tese o entendimento de Hely Lopes Meirelles e os seguintes julgados: TJMG, APELAÇÃO CÍVEL Nº 445.594-7, Des. GUILHERME LUCIANO BAETA NUNES- j. 07.05.2005; STJ, HD: 160 DF 2007/0232664-4, Relatora Ministra DENISE ARRUDA, j. em 27/08/2008, S1 – PRIMEIRA SEÇÃO, Data de Publicação: DJe 22/09/2008; STF, RHD 22, rel. p/ o ac. min. Celso de Mello, j. 19.9.1991, P, DJ de 1º-9-1995.; STF, HD 87 AgR, rel. min. Cármen Lúcia, j. 25-11-2009, P, DJE de 5-2-2010; IV – Ainda que se pudesse estender a aplicação da mencionada Súmula, o enunciado continuaria correto, porque a única interpretação possível e razoável seria a de que a controvérsia ali apontada diz respeito à matéria fática, uma vez que se afirmou não ser possível a dilação probatória, razão pela qual fica subtendido que a controvérsia a que se referiu diz respeito à produção de provas.

Resposta: Letra D

***MPMG 2018. (CONCURSO LVI)** QUESTÃO 5. Dos direitos e garantias fundamentais. Garantias constitucionais/ Mandado de Segurança. Lei Seca: CRFB/88 e Lei nº 12.016/09.*

Assinale a alternativa INCORRETA:

A) Conceder-se-á mandado de segurança para proteger direito líquido e certo, não amparado por habeas corpus ou habeas data, sempre que, ilegalmente ou com abuso de poder, qualquer pessoa física ou jurídica sofrer violação ou houver justo receio de sofrê-la por parte de autoridade, seja de que categoria for e sejam quais forem as funções que exerça, incluídos os administradores de empresas públicas, de sociedade de economia mista e de concessionárias de serviço público, nos atos de gestão comercial.

B) Equiparam-se às autoridades, para os efeitos de mandado de segurança, os representantes ou órgãos de partidos políticos e os administradores de entidades autárquicas, bem como os dirigentes de pessoas jurídicas ou as pessoas naturais no exercício de atribuições do poder público, somente no que disser respeito a essas atribuições.

C) O direito de requerer mandado de segurança extinguir-se-á decorridos 120 (cento e vinte) dias, contados da ciência, pelo interessado, do ato impugnado.

D) O mandado de segurança coletivo pode ser impetrado por partido político com representação no Congresso Nacional, na defesa de seus interesses legítimos relativos a seus integrantes ou à finalidade partidária, ou por organização sindical, entidade de classe ou associação legalmente constituída e em funcionamento há, pelo menos, 1 (um) ano, em defesa de direitos líquidos e certos da totalidade, ou de parte, dos seus membros ou associados, na forma dos seus estatutos e desde que pertinentes às suas finalidades, dispensada, para tanto, autorização especial.

Comentários

A) INCORRETA. Nos termos do art. 5º, LXIX, da CRFB/88, o mandado de segurança se presta à proteção de direito líquido e certo face a ilegalidade ou abuso de poder praticado por autoridade pública ou agente de pessoa jurídica no exercício de atribuições do Poder Público. Portanto, não é cabível o mandado de segurança para impugnação de atos gestão. A Lei nº 12.016, que disciplina o mandado de segurança, expressamente veda esta hipótese, no § 2º de seu art. 1º.

B) CORRETA. Assim dispõe o § 1º do art. 1º da Lei nº 12.016: "§ 1º Equiparam-se às autoridades, para os efeitos desta Lei, os representantes ou órgãos de partidos políticos e os administradores de entidades autárquicas, bem como os dirigentes de pessoas jurídicas ou as pessoas naturais no exercício de atribuições do poder público, somente no que disser respeito a essas atribuições."

C) CORRETA. Trata-se do prazo decadencial para utilização do procedimento mais célere do mandado de segurança. Ele foi estabelecido no art. 23 da Lei nº 12.016, e reputado constitucional pelo Supremo Tribunal Federal, a teor do que dispõe sua Súmula nº 632: "É constitucional lei que fixa o prazo de decadência para a impetração de mandado de segurança."

D) CORRETA. Assim estabelece o art. 21, *caput*, da Lei nº 12.016: "Art. 21. O mandado de segurança coletivo pode ser impetrado por partido político com representação no Congresso Nacional, na defesa de seus interesses legítimos relativos a seus integrantes ou à finalidade partidária, ou por organização sindical, entidade de classe ou associação legalmente constituída e em funcionamento há, pelo menos, 1 (um) ano, em defesa de direitos líquidos e certos da totalidade, ou de parte, dos seus membros ou associados, na forma dos seus estatutos e desde que pertinentes às suas finalidades, dispensada, para tanto, autorização especial."

Resposta: Letra A

MPMG 2019 (CONCURSO LVII)*. QUESTÃO 4. Direito Constitucional / Nacionalidade / Legislação.*

Consoante o que dispõe a Constituição de 1988, são privativos de brasileiro nato os cargos, exceto:

A) de Ministro do Supremo Tribunal Federal

B) de Ministro de Estado da Justiça

C) da carreira diplomática

D) de Presidente da Câmara dos Deputados

Comentários

Conforme art.12 §3º, da CF/88: "São privativos de brasileiro nato os cargos: I - de Presidente e Vice-Presidente da República; II - de Presidente da Câmara dos Deputados; III - de Presidente do Senado Federal; IV - de Ministro do Supremo Tribunal Federal; V - da carreira diplomática; VI - de oficial das Forças Armadas. VII - de Ministro de Estado da Defesa.

Vale lembrar que, apesar de não estarem previstos no art.12, §3º, também são privativos de brasileiro nato os cargos de Presidente do CNJ e Presidente do TSE, visto que são cargos ocupados por Ministro do Supremo Tribunal Federal (artigos 103-B, §1º e art. 119, parágrafo único, ambos da CF/88).

(A): Correta. Inciso IV do artigo supracitado.

(B): Incorreta. Conforme inciso VII do artigo supracitado, trata-se de cargo de Ministro de Estado da Defesa e não de Justiça.

(C): Correta. Inciso V do artigo supracitado.

(D): Correta. Inciso II do artigo supracitado.

Resposta: Letra B

***MPMG 2019 (CONCURSO LVII)**. QUESTÃO 7. Direito Constitucional / Ordem social/ Direito à educação.*

O dever do Estado em relação à educação, consoante a Constituição de 1988, será efetivado mediante a garantia de, exceto:

A) progressiva universalização do ensino médio gratuito.

B) atendimento educacional especializado aos portadores de deficiência, preferencialmente na rede regular de ensino.

C) educação infantil, em creche e pré-escola, às crianças de até 6 (seis) anos de idade.

D) acesso aos níveis mais elevados do ensino, da pesquisa e da criação artística, segundo a capacidade de cada um.

Comentários

(A): Correta. Conforme o art.208, inciso II da CF/88: "II - progressiva universalização do ensino médio gratuito".

(B): Correta. Consoante o art.208, inciso III da CF/88: "II - atendimento educacional especializado aos portadores de deficiência, preferencialmente na rede regular de ensino".

(C): Incorreta. Prevê o art.208, inciso IV da CF que a educação infantil, em creche e pré-escola, será para as crianças de até 5 anos (e não 6 anos).

(D): Correta. De acordo com o art.208, inciso V da CF/88: "V - acesso aos níveis mais elevados do ensino, da pesquisa e da criação artística, segundo a capacidade de cada um".

Resposta: Letra C

***MPMG 2019 (CONCURSO LVII)**. QUESTÃO 61.*

A propósito do direito ao reconhecimento, leia o texto a seguir:

"É possível falar em um direito fundamental ao reconhecimento, que é um direito ao igual respeito da identidade pessoal. Trata-se de um direito que tem tanto uma faceta negativa como outra positiva. Em sua faceta negativa ele veda as práticas que desrespeitam as pessoas em sua identidade, estigmatizando-as. Na dimensão positiva, ele impõe ao Estado a adoção de medidas voltadas ao combate dessas práticas e à superação de estigmas existentes." (SARMENTO, Daniel. Dignidade da pessoa humana. 2. ed. Belo Horizonte: Fórum, 2016. p. 257).

De acordo com o posicionamento doutrinário acima, as assertivas seguintes harmonizam-se com o direito ao reconhecimento, exceto:

A) *As liberdades públicas são incondicionais, por isso devem ser exercidas de maneira absoluta, observadas as diretrizes definidas na própria Constituição Federal.*

B) *Há que se distinguir entre o discurso religioso (que é centrado na própria crença e nas razões da crença) e o discurso sobre a crença alheia, especialmente quando feito com o intuito de atingi-la, rebaixá-la ou desmerecê-la (ou a seus seguidores).*

C) *Para o transexual, ter uma vida digna importa em ver reconhecida a sua identidade sexual, sob a ótica psicossocial, a refletir a verdade real por ele vivenciada e que se reflete na sociedade.*

D) *Toda a axiologia constitucional é tutelar de segmentos sociais brasileiros historicamente desfavorecidos, culturalmente sacrificados e até perseguidos, como, por exemplo, o segmento dos negros e dos índios. Não por coincidência, os que mais se alocam nos patamares patrimonialmente inferiores da pirâmide social.*

Comentários

(A): Incorreta. A correta compreensão do enunciado proposto parte da premissa de que **não há direitos fundamentais absolutos**. Nesse contexto, como o próprio enunciado indica, o direito ao reconhecimento integra o plexo mais amplo e abrangente de vetores que compõem as liberdades públicas, que também se qualificam como direitos fundamentais. Desse modo, conjugando-se as proposições anteriores, chega-se à conclusão de que as liberdades públicas não são incondicionais, absolutas ou ilimitadas, submetendo-se à **técnica de ponderação** de interesses em caso de conflito observado diante de um caso concreto.

(B): Correta. De fato, não se confundem, submetendo-se a consequências jurídicas distintas, o discurso religioso proferido pela pessoa que professa a sua própria crença e o discurso cujo alvo e objeto é a crença alheia. De um lado, assegura-se ao cidadão o direito de professar sua própria crença, admitindo-se a prática de discursos que busquem enaltecê-la e valorizá-la, inclusive com o objetivo de obter o maior número de fiéis (proselitismo religioso). Por outro lado, a mesma realidade não se observa quando o discurso dirige-se tão somente à crença alheia, sobretudo com o intuito de desmerecê-la, sem guardar nexo mínimo de pertinência com a própria religião professada por quem o profere. Nesse sentido, confira-se o entendimento veiculado no Informativo 893 do STF: **A incitação ao ódio público contra quaisquer denominações religiosas e seus seguidores não está protegida pela cláusula constitucional que assegura a liberdade de expressão.** STF. 2ª Turma. RHC 146303/RJ, rel. Min. Edson Fachin, red. p/ o ac. Min. Dias Toffoli, julgado em 6/3/2018.

(C): Correta. A tutela jurídica do transexual tem sido objeto de recentes e importantes julgados dos Tribunais Superiores, tendo o STF firmado entendimento no sentido de que todo o regime de proteção decorre dos princípios da dignidade da pessoa humana, da personalidade e da isonomia, vista sempre sob a perspectiva material. Ademais, cumpre registrar que toda a tutela jurídica do transexual parte do chamado **direito ao reconhecimento**, do qual decorrem importantes consequências, a exemplo da possibilidade de alteração do prenome e do gênero, independentemente da cirurgia de transgenitalização.

(D): Correta. Tratra-se de uma faceta da concretização da igualdade material, em especial no âmbito de ações afirmativas (discriminação positiva), isto é, políticas que buscam favorecer pessoas que são integrantes de grupos historicamente subordinados e vulneráveis. Oportuno rememorar que o direito ao reconhecimento é um dos componentes da Dignidade da Pessoa humana que traz a importância do olhar do outro sobre nós, como uma construção intersubjetiva da identidade.

Resposta: Letra A

MPMG 2019 (CONCURSO LVII). *QUESTÃO 8. Direito Constitucional / Direitos Fundamentais / Legislação.*

Em conformidade com a Constituição vigente, incumbe ao poder público, para assegurar a efetividade do direito ao meio ambiente ecologicamente equilibrado, exceto:

A) *preservar e restaurar os processos ecológicos essenciais e prover o manejo ecológico das espécies e ecossistemas.*

B) *facultar, na forma da lei, para instalação de obra ou atividade potencialmente causadora de significativa degradação do meio ambiente, estudo prévio de impacto ambiental, a que se dará publicidade.*

C) *promover a educação ambiental em todos os níveis de ensino e a conscientização pública para a preservação do meio ambiente.*

D) *proteger a fauna e a flora, vedadas, na forma da lei, as práticas que coloquem em risco sua função ecológica, provoquem a extinção de espécies ou submetam os animais a crueldade.*

Comentários

(A): Correta. Conforme art.225, §1°, inciso I da CF/88, incumbe ao Poder Público: "I - preservar e restaurar os processos ecológicos essenciais e prover o manejo ecológico das espécies e ecossistemas".

(B): Incorreta. O estudo prévio de impacto ambiental para instalação de obra ou atividade potencialmente causadora de significativa degradação do meio ambiente não é uma faculdade do Poder Público, mas sim um dever, conforme a previsão do art.225, §1°, IV da CF/88.

(C): Correta. Nesse sentido dispõe o art.225, §1º, inciso VI da CF/88: "VI - promover a educação ambiental em todos os níveis de ensino e a conscientização pública para a preservação do meio ambiente".

(D): Correta. Dispõe o art.225, §1º, inciso VII da CF/88: "VII - proteger a fauna e a flora, vedadas, na forma da lei, as práticas que coloquem em risco sua função ecológica, provoquem a extinção de espécies ou submetam os animais a crueldade".

Resposta: Letra B

11. DA ORGANIZAÇÃO DO ESTADO BRASILEIRO NA HISTÓRIA DAS CONSTITUIÇÕES

***MPMG 2010 (Concurso L)**. Questão 15. Direito Constitucional / Federalismo Brasileiro / Organização Político-Administrativa do Estado / Legislação.*

Segundo a Constituição da República de 1988,

A) o Distrito Federal é a Capital Federal.

B) o Rio de Janeiro é a Capital em casos urgentes e de calamidade pública.

C) Brasília é a Capital Federal.

D) Goiás é a Capital em casos urgentes e de calamidade pública.

Comentários

(A): Incorreta – O Distrito Federal é a unidade federativa na qual está localizada a capital federal, que é Brasília.

(B): Incorreta – Cabe ao Congresso Nacional, com a sanção do Presidente da República, dispor sobre a transferência temporária da sede do Governo Federal – Artigo 48, inciso VII, da CF/88.

(C): Correta – Artigo 18, § 1º, da CF/88.

(D): Incorreta – Cabe ao Congresso Nacional, com a sanção do Presidente da República, dispor sobre a transferência temporária da sede do Governo Federal – Artigo 48, inciso VII, da CF/88.

Resposta: Letra C

***MPMG 2010 (Concurso L)**. Questão 16. Direito Constitucional / Organização Político-Administrativa do Estado / Municípios / Legislação.*

Consoante o que dispõe o texto constitucional de 1988 em vigor, assinale a afirmativa CORRETA.

A) *Os subsídios do Prefeito, Vice-Prefeito e dos Secretários Municipais serão fixados por lei de iniciativa do Poder Executivo, observado o que dispõem os arts. 37, IX, 39, § 4º, 150, II, 153, III, e 153, § 2º, I.*

B) *Os subsídios dos Secretários Municipais serão fixados por lei de iniciativa do Poder Executivo, observado o que dispõem os arts. 37, IX, 39, § 4º, 150, II, 153, III, e 153, § 2º, I.*

C) *O subsídio dos Vereadores será fixado pelas respectivas Câmaras Municipais em cada legislatura para a subsequente, observado o que dispõe a Constituição.*

D) *O subsídio dos Vereadores será fixado pelas respectivas Câmaras Municipais em cada legislatura para a subsequente, por lei de iniciativa do Poder Executivo, observado o que dispõe a Constituição.*

Comentários

(A): Incorreta – A lei que fixa os subsídios do Prefeito, Vice-Prefeito e dos Secretários Municipais é de iniciativa da Câmara Municipal. Artigo 29, inciso V, da CF/88.

(B): Incorreta – A lei que fixa os subsídios dos Secretários Municipais é de iniciativa da Câmara Municipal – Artigo 29, inciso V, da CF/88.

(C): Correta – Artigo 29, inciso VI, da CF/88.

(D): Incorreta – O subsídio dos Vereadores é fixado pela Câmara Municipal, observado o que dispõe a Constituição e a respectiva Lei Orgânica, sem a necessidade de lei de iniciativa do Poder Executivo – Artigo 29, inciso VI, da CF/88.

Resposta: Letra C

***MPMG – 2011 (Concurso LI)**. Questão 02. Direito Constitucional / Constituição Federal / Organização do Estado / Legislação.*

Examine as afirmativas abaixo relativas aos Estados Federados.

I. São reservadas aos Estados as competências que não lhes sejam vedadas pela Constituição da República.

II. Os Estados organizam-se e regem-se pelas Constituições e leis que adotarem, observados os princípios da Constituição da República.

III. O número de Deputados à Assembléia Legislativa corresponderá ao dobro da representação do Estado na Câmara dos Deputados e, atingido o número de trinta e seis, será acrescido de tantos quantos forem os Deputados Federais acima de doze.

IV. Os Estados poderão, mediante medida provisória, instituir regiões metropolitanas, aglomerações urbanas e microrregiões, constituídas por agrupamentos de Municípios limítrofes, para integrar a organização, o planejamento e a execução de funções públicas de interesse comum.

A análise permite concluir que estão CORRETAS apenas as afirmativas

A) I e II.

B) II e IV.

C) I e III.

D) II e III.

Comentários

I) Correta. Art. 25, § 1º, CF/88: "§ 1º São reservadas aos Estados as competências que não lhes sejam vedadas por esta Constituição".

II) Correta. Art. 25, *caput*, CF/88: "Art. 25. Os Estados organizam-se e regem-se pelas Constituições e leis que adotarem, observados os princípios desta Constituição."

III) Incorreta. Art. 27, *caput*, CF/88. Não é o dobro, mas o triplo da representação na Câmara dos Deputados. Lembrando, no tocante ao número de **Deputados Federais**, a representação será estabelecida por **Lei Complementar**, sendo proporcional à população, entre 08 (oito) e 70 (setenta), conforme art. 45, § 1º, CF/88.

IV) Incorreta. Art. 25, § 3º, CF/88. Mediante Lei Complementar.

Resposta certa: A

MPMG – 2011 (Concurso LI)*. Questão 03. Direito Constitucional / Constituição Federal / Organização do Estado / Atribuições do Congresso Nacional / Legislação.*

Em relação à fixação dos subsídios dos agentes políticos, é ***CORRETO*** *afirmar que*

A) os subsídios do Presidente e do Vice-Presidente da República e dos Ministros de Estado serão fixados pela Mesa do Senado Federal, observado o que dispõem os arts. 37, XI, 39, § 4º, 150, II, 153, III, e 153, § 2º, I.

B) os subsídios dos Deputados Estaduais serão fixado por Lei de iniciativa do Governador do Estado, na razão de, no máximo, setenta e cinco por cento daquele estabelecido, em espécie, para os Deputados Federais, observado o que dispõem os arts. 39, § 4º, 57, § 7º, 150, II, 153, III, e 153, § 2º, I.

C) os subsídios do Governador, do Vice-Governador e dos Secretários de Estado serão fixados por lei de iniciativa do Presidente da República, observado o que dispõem os arts. 37, XI, 39, § 4º, 150, II, 153, III, e 153, § 2º, I.

D) os subsídios do Prefeito, do Vice-Prefeito e dos Secretários Municipais serão fixados por lei de iniciativa da Câmara Municipal, observado o que dispõem os arts. 37, XI, 39, § 4º, 150, II, 153, III, e 153, § 2º, I.

Comentários

a) Incorreta. Art. 49, VIII, CF/88. Trata-se de competência exclusiva do Congresso Nacional.

b) Incorreta. Art. 27, § 2°, CF/88. Será fixado por lei de iniciativa da Assembleia Legislativa.

c) Incorreta. Art. 28, § 2°, CF/88. Fixado por lei de iniciativa da Assembleia Legislativa.

d) Correta. Art. 29, V, CF/88: "V - subsídios do Prefeito, do Vice-Prefeito e dos Secretários Municipais fixados por lei de iniciativa da Câmara Municipal, observado o que dispõem os arts. 37, XI, 39, § 4°, 150, II, 153, III, e 153, § 2°, I;".

Resposta certa: D

MPMG - 2012 (LII Concurso) - Questão 01 - Direito Constitucional / Constituição Federal / Organização do Estado /Municípios /Legislação.

Examine as afirmativas abaixo, relativas aos municípios:

I. As receitas dos Estados, do Distrito Federal e dos Municípios destinadas à seguridade social constarão dos respectivos orçamentos, não integrando o orçamento da União.

II. O plano diretor, aprovado pela Câmara Municipal, obrigatório para cidades com mais de vinte mil habitantes, é o instrumento básico da política de desenvolvimento e de expansão urbana.

III. Os Municípios atuarão prioritariamente no ensino fundamental e médio.

IV. Apenas os Municípios com população superior a vinte mil habitantes poderão constituir guardas municipais destinadas à proteção de seus bens, serviços e instalações, conforme dispuser a lei.

A análise permite concluir que:

A) apenas as afirmativas I e II estão CORRETAS.

B) apenas as afirmativas II e IV estão CORRETAS.

C) apenas as afirmativas I e III estão CORRETAS.

D) apenas as afirmativas II e III estão CORRETAS.

Comentários

I. Correta. Artigo 195, § 1°, da CRFB/88: "As receitas dos Estados, do Distrito Federal e dos Municípios destinadas à seguridade social constarão dos respectivos orçamentos, não integrando o orçamento da União."

II. Correta. Artigo 182, § 1°, da CRFB/88: "O plano diretor, aprovado pela Câmara Municipal, obrigatório para cidades com mais de vinte mil habitantes, é o instrumento básico da política de desenvolvimento e de expansão urbana."

III. Incorreta. Art. 211, § 2º, da CRFB/88: "Os Municípios atuarão prioritariamente no ensino fundamental e na educação **infantil**."

IV. Incorreta. Artigo 144, § 8º, da CRFB/88. Não há referência ao número mínimo de habitantes.

Resposta: letra A

MPMG - 2013 (CONCURSO LIII) Questão 15. Direito Constitucional/ Organização do Estado/ Organização Político-Administrativa/ Constituição Federal/ Legislação.

*A Constituição da República de 1988 destinou capítulo à Administração Pública, estabelecendo diretrizes em diversas áreas. Dentre as afirmativas abaixo, indique a **CORRETA**:*

A) *Os Estados podem incorporar-se entre si, subdividir-se ou desmembrar-se para se anexarem a outros, ou formarem novos Estados ou Territórios Federais, mediante aprovação da população diretamente interessada, através de plebiscito, e do Congresso Nacional, por Emenda à Constituição.*

B) *A criação, a incorporação, a fusão e o desmembramento de Municípios, far-se-ão por lei estadual, dentro do período determinado pela Emenda à Constituição, e dependerão de consulta prévia, mediante plebiscito, às populações dos Municípios envolvidos, após divulgação dos Estudos de Viabilidade Municipal, apresentados e publicados na forma da lei.*

C) *É vedado à União, aos Estados, ao Distrito Federal e aos Municípios recusar fé aos documentos públicos.*

D) *O número de Deputados à Assembleia Legislativa corresponderá ao dobro da representação do Estado na Câmara dos Deputados e, atingido o número de trinta e seis, será acrescido de tantos quantos forem os Deputados Federais acima de doze.*

Comentários

A) Incorreta. O artigo 18, parágrafo 3º, da CR/88 dispõe que: § 3º Os Estados podem incorporar-se entre si, subdividir-se ou desmembrar-se para se anexarem a outros, ou formarem novos Estados ou Territórios Federais, mediante aprovação da população diretamente interessada, através de plebiscito, e do Congresso Nacional, por lei complementar.

B) Incorreta. O período é determinado por Lei Complementar Federal, nos termos do artigo 18, parágrafo 4º, da CR/88: § 4º A criação, a incorporação, a fusão e o desmembramento de Municípios, far-se-ão por lei estadual, dentro do período determinado por Lei Complementar Federal, *e dependerão de consulta prévia, mediante plebiscito, às populações dos Municípios envolvidos, após divulgação dos Estudos de Viabilidade Municipal, apresentados e publicados na forma da lei.*

C) Correta. Artigo 19, II, da CR/88: "Art. 19. É vedado à União, aos Estados, ao Distrito Federal e aos Municípios: II - recusar fé aos documentos públicos;".

D) Incorreta. De acordo com o artigo 27 da CR/88, o número de deputados corresponderá ao triplo da representação na Câmara dos Deputados e, atingido o número de trinta e seis, será acrescido de tantos quantos forem os Deputados acima de doze.

Resposta: Letra C

MPMG – 2013 (CONCURSO LIII) Questão 5. Direito Constitucional/ Organização do Estado. Poder legislativo. Município. Lei orgânica. Separação de Poderes/ Doutrina e Jurisprudência.

*Assinale a alternativa **CORRETA**:*

A) É constitucional preceito inserido em Lei Orgânica Municipal que permite a reeleição da Mesa Diretora da Câmara de Vereadores.

B) É constitucional preceito inserido em Constituição Estadual que impõe ao Prefeito o dever de comparecimento à Câmara de Vereadores.

C) É constitucional preceito inserido em Lei Orgânica Municipal que prevê a autorização prévia e necessária da Câmara de Vereadores para o Prefeito e o Vice-Prefeito se ausentarem do território nacional por qualquer período, sob pena de perda do cargo.

D) É constitucional preceito inserido em Constituição Estadual que condiciona a escolha dos presidentes de sociedades de economia mista e de empresas públicas locais à prévia aprovação da Assembleia Legislativa.

Comentários

A) Correta. A alternativa traz a discussão se o § 4º do artigo 57 da CR/88 é de reprodução obrigatória, impedindo a previsão de reeleição da mesa diretora no âmbito dos outros entes da federação. Segundo entendimento do prof. Bernardo Fernandes (FERNANDES, 2017, p. 926-927), [...]" o princípio da simetria determina que o dever constituinte estadual, ou mesmo do legislador infraconstitucional dos entes federativos, respeitar de forma rigorosa e fiel (tanto quanto possível) as opções de organização e de relacionamento entre os Poderes alocados na Constituição da República de 1988. Porém o próprio STF já deixou assente que o princípio da simetria não pode ser entendido e interpretado de forma absoluta. Nesse sentido, ele existe como "norte" vinculante mas pode ser relativizado (excepcionado) em algumas situações. Como exemplo, temos a ADI 792 que declarou a constitucionalidade de norma da Constituição de Rondônia, que estabelece a reeleição na Mesa da Assembleia Legislativa do Estado. Essa Norma, apesar de contrariar o art. 57, § 4º da CR/88, não foi declarada inconstitucional. Nesse caso o STF entendeu que não havia usurpação da Constituição da República não devendo ser desenvolvida a lógica da simetria". Desse modo, o Estado agrega à sua Constituição se assim o desejar, não sendo os mesmos obrigados a proibir a reeleição das Mesas".

B) Incorreta. Segundo STF: "Constituição estadual e autonomia do Município. A Constituição estadual não pode impor, ao Prefeito municipal, o dever de comparecimento perante a Câmara de Vereadores, pois semelhante prescrição normativa, além de provocar estado de submissão institucional do chefe do Executivo ao Poder Legislativo municipal (sem qualquer correspondência com o modelo positivado na Constituição da República), transgredindo, desse modo, o postulado da separação de poderes, também ofende a autonomia municipal, que se qualifica como pedra angular da organização político-jurídica da Federação brasileira [...]" (destacamos). (ADI 687, Rel. Min. Celso de Mello, julgamento em 2-2-1995, Plenário, DJ de 10-2-2006.).

C) Incorreta. "AÇÃO DIRETA DE INCONSTITUCIONALIDADE. PREFEITO. AUSÊNCIA DO PAÍS POR QUALQUER PERÍODO. LICENÇA DA CÂMARA DE VEREADORES. IMPOSIÇÃO PELA LEI ORGÂNICA. DESCABIMENTO. DESRESPEITO AO MODELO CONSTITUCIONAL FEDERAL E ESTADUAL (ARTS. 49 E 83 DA CR/88 E ARTS. 40 E 70 DA CE/89). PRECEDENTES DO STF E DESTA CORTE. PEDIDO PROCEDENTE. [...] Precedente desta Corte: "'Prefeito municipal. Ausência do país. Necessidade de licença prévia da Câmara Municipal, qualquer que seja o período de afastamento, sob pena de perda do cargo. Inadmissibilidade. Ofensa aos arts. 49, III, e 83, cc. art. 29, *caput*, da CF. Normas de observância obrigatória pelos estados e municípios. Princípio da simetria". (STF, RE 317574/MG. Relator: Min. Cezar Peluso. Data: 01/12/2010).

D) Incorreta. STF: "[...]. A Corte já pacificou o entendimento de que não padece de nenhum vício constitucional a previsão de participação do Poder Legislativo na nomeação de dirigentes de autarquias ou fundações públicas. Trata-se de aplicação aos estados-membros do parâmetro de simetria constante do art. 52, III, f, da Constituição Federal, que submete ao crivo do Senado Federal a aprovação prévia dos indicados para ocupar determinados cargos definidos por lei. [...] 2. Situação diversa, entretanto, ocorre em relação à intervenção parlamentar no processo de provimento dos cargos de direção das empresas públicas e das sociedades de economia mista da administração indireta dos estados, por serem pessoas jurídicas de direito privado, que, nos termos do art. 173, § 1º, da Constituição Federal, estão sujeitas ao regime jurídico próprio das empresas privadas, o que obsta a exigência de manifestação prévia do Poder Legislativo estadual. Precedentes." (destacamos). (ADI 2225, Relator(a): Min. DIAS TOFFOLI, Tribunal Pleno, julgado em 21/08/2014, ACÓRDÃO ELETRÔNICO DJe-213 DIVULG 29-10-2014 PUBLIC 30.10.2014).

Resposta: Letra A

***MPMG 2014 (Concurso LIV)**. Questão 05. Direito Constitucional / Constituição / Federalismo / Doutrina.*

Assinale a afirmativa INCORRETA:

A) O federalismo por agregação surge quando Estados soberanos cedem uma parcela de sua soberania para formar um ente único.

B) O federalismo dualista caracteriza-se pela sujeição dos Estados federados à união.

C) O federalismo centrípeto se caracteriza pelo fortalecimento do poder central decorrente da predominância de atribuições conferidas à União.

D) No federalismo atípico, constata-se a existência de três esferas de competências: União, Estados e Municípios.

Comentários

(A): Correta – No federalismo por agregação os Estados soberanos cedem uma parcela de sua soberania para formar um ente único (Estado perfeito, Estado por associação ou Estado por aglutinação). Há um movimento centrípeto, no qual os Estados integrantes passam a ter apenas autonomia. Ex: Estados Unidos, a Alemanha e a Suíça.

(B) Errado – O federalismo dualista caracteriza-se pela rígida separação de competências entre a entidade central, representada pela União, e os demais entes federados, como se verifica nos Estados Unidos.(C): Correta – Quanto a concentração de poder, por ser um federalismo centrípeto (centralizador), há um fortalecimento excessivo do poder central, decorrente da predominância de atribuições a União.

(D): Correta – No federalismo atípico (tridimensional, tripartite ou de terceiro grau) se verifica a existência de três esferas de competência: a central (União), a regional (Estados-membros) e a local (Municípios). Nesse sentido, a Constituição brasileira de 1988 adota o federalismo atípico, pois embora o Distrito Federal também seja ente federativo, suas competências são as mesmas titularizadas por Estados e Municípios (art. 32, § 1º, CF).

Resposta certa: B

***MPMG 2019 (CONCURSO LVII)**. QUESTÃO 5. Direito Constitucional / Organização Político-Administrativa do Estado / Repartição de Competências Constitucionais / Legislação.*

De acordo com a Constituição de 1988, compete privativamente à União legislar sobre, exceto:

A) desapropriação

B) trânsito e transporte

C) *produção e consumo*

D) *seguridade social*

Comentários

(A): Correta. Conforme o art.22, inciso II da CF/88, à União compete privativamente legislar sobre desapropriação.

(B): Correta. Diante do art.22, inciso XI da CF/88, à União compete privativamente legislar sobre trânsito e transporte.

(C): Incorreta. A competência para legislar sobre produção e consumo é concorrente entre a União, Estados e Distrito Federal, conforme o art.24, inciso V da CF/88.

(D): Correta. Conforme o art.22, inciso XXIII da CF/88, à União compete privativamente legislar sobre seguridade social. Cuidado para não confundir com a competência concorrente para legislar sobre previdência social (art.24, inciso XII da CF/88).

Resposta: Letra C

MPMG 2019 (CONCURSO LVII). Direito Constitucional / Organização Político-Administrativa do Estado / Repartição de Competências Constitucionais / Jurisprudência.

Assinale a assertiva verdadeira:

A) *A lei municipal que regulamenta o horário de funcionamento dos estabelecimentos comerciais padece de inconstitucionalidade formal derivada da imprópria ingerência da Administração Pública em atividade privada.*

B) *Ofende o direito á livre concorrência a lei municipal que possibilita à Administração Pública impedir a instalação de estabelecimentos comerciais do mesmo ramo em determinada área.*

C) *Os estabelecimentos comercias, por força da diretriz da livre iniciativa, não podem sofrer restrições de direitos pela Administração Pública municipal, excetuando-se nas matérias tributárias e na temática de vigilância sanitária.*

D) *O horário de funcionamento dos estabelecimentos comerciais e as restrições ao seu funcionamento não representam assunto de interesse local e, portanto, podem sofrer interferências pelo Prefeito apenas nas situações estritas autorizadas pela legislação estadual, conforme o direito à livre iniciativa.*

Comentários

(A): Incorreta. De acordo com a Súmula Vinculante nº 38, o Município possui competência para fixar o horário de funcionamento de estabelecimento comercial.

(B): Correta. Prevê a Súmula Vinculante nº 49 que: "ofende o princípio da livre concorrência lei municipal que impede a instalação de estabelecimentos comerciais do mesmo ramo em determinada área". De igual modo prevê a Súmula nº 646 do STF.

(C): Incorreta. Conforme visto na primeira alternativa, a Administração Pública municipal possui competência para restringir outros direitos além dos relacionados a tributos e vigilância sanitária.

(D): Incorreta. Conforme visto na primeira alternativa, trata-se de assunto de interesse local, podendo sofrer interferências pelo município sem que haja necessidade de autorização em lei estadual.

Resposta: Letra B

12. DA ORGANIZAÇÃO DOS PODERES

MPMG 2010 (Concurso L). *Questão 5. Direito Constitucional / Intervenção Federal e Estadual / Organização Político-Administrativa do Estado / Legislação.*

Sobre o Instituto da Intervenção, previsto nos artigos 34, 35 e 36, da Constituição Federal, assinale a afirmativa INCORRETA.

A) *Não obstante tratar-se de ato eminentemente de natureza política, a intervenção pode sujeitar-se ao controle jurisdicional.*

B) *O decreto de intervenção, que especificará a amplitude, o prazo e as condições de execução e que, se couber, nomeará o interventor, será submetido à apreciação do Congresso Nacional ou da Assembleia Legislativa do Estado.*

C) *A União não intervirá nos Estados nem no Distrito Federal, exceto para, e também, pôr termo a grave comprometimento da ordem pública.*

D) *Cessados os motivos da intervenção, as autoridades afastadas de seus cargos a estes voltarão, em qualquer hipótese.*

Comentários

(A): Correta – O Instituto da Intervenção é prerrogativa dos Chefes dos Executivos federal e estadual, para os quais são levadas em consideração a oportunidade e a conveniência. Embora seja caracterizado pela discricionariedade, só pode ser executado para a obtenção de fins constitucionais, permitindo-se, assim, o controle jurisdicional, exceto em relação ao mérito da ação ou omissão.

(B): Correta – Artigo 36, § 1º, da CF/88: "§ 1º O decreto de intervenção, que especificará a amplitude, o prazo e as condições de execução e que, se couber, nomeará o interventor, será submetido à apreciação do Congresso Nacional ou da Assembléia Legislativa do Estado, no prazo de vinte e quatro horas".

(C): Correta – Artigo 34, inciso III, da CF/88: "Art. 34. A União não intervirá nos Estados nem no Distrito Federal, exceto para: III - pôr termo a grave comprometimento da ordem pública;".

(D): Incorreta – O artigo 36, § 4º, da CF/88 prevê que as autoridades afastadas só retornarão a seus cargos se não houver impedimento legal.

Resposta: Letra D

MPMG 2010 (Concurso L)*. Questão 17. Direito Constitucional / Poder Legislativo / Tribunal de Contas da União / Fiscalização ContábII e Financeira / Legislação.*

Segundo previsão expressa constitucional, compete ao Tribunal de Contas da União, EXCETO,

A) julgar as contas prestadas anualmente pelo Presidente da República, mediante parecer prévio que deverá ser elaborado em sessenta dias a contar de seu recebimento;

B) julgar as contas dos administradores e demais responsáveis por dinheiros, bens e valores públicos da administração direta e indireta, acrescentadas as fundações e sociedades instituídas e mantidas pelo Poder Público federal, e as contas daqueles que derem causa a perda, extravio ou outra irregularidade de que resulte prejuízo ao erário público;

C) apreciar, para fins de registro, a legalidade dos atos de admissão de pessoal, a qualquer título, na administração direta e indireta, acrescentadas as fundações instituídas e mantidas pelo Poder Público, excetuadas as nomeações para cargo de provimento em comissão, bem como a das concessões de aposentadorias, reformas e pensões, ressalvadas as melhorias posteriores que não alterem o fundamento legal do ato concessório;

D) fiscalizar as contas nacionais das empresas supranacionais de cujo capital social a União participe, de forma direta ou indireta, nos termos do tratado constitutivo;

Comentários

(A): Incorreta – O julgamento das contas prestadas pelo Presidente da República é de competência exclusiva do Congresso Nacional, conforme artigos 49, inciso IX, e 71, inciso I, da CF/88.

"Art. 49. É da competência exclusiva do Congresso Nacional: IX - julgar anualmente as contas prestadas pelo Presidente da República e apreciar os relatórios sobre a execução dos planos de governo;

Art. 71. O controle externo, a cargo do Congresso Nacional, será exercido com o auxílio do Tribunal de Contas da União, ao qual compete: I - apreciar as contas prestadas anualmente pelo Presidente da República, mediante parecer prévio que deverá ser elaborado em sessenta dias a contar de seu recebimento;"

(B): Correta – Artigo 71, inciso II, da CF/88: "II - julgar as contas dos administradores e demais responsáveis por dinheiros, bens e valores públicos da administração direta e indireta, incluídas as fundações e sociedades instituídas e mantidas pelo Poder Público federal, e as contas daqueles que derem causa a perda, extravio ou outra irregularidade de que resulte prejuízo ao erário público;".

(C): Correta – Artigo 71, inciso III, da CF/88: "III - apreciar, para fins de registro, a legalidade dos atos de admissão de pessoal, a qualquer título, na administração direta e indireta, incluídas as fundações instituídas e mantidas pelo Poder Público, excetuadas as nomeações para cargo de provimento em comissão, bem como a das concessões de aposentadorias, reformas e pensões, ressalvadas as melhorias posteriores que não alterem o fundamento legal do ato concessório;".

(D): Correta – Artigo 71, inciso V, da CF/88: "V - fiscalizar as contas nacionais das empresas supranacionais de cujo capital social a União participe, de forma direta ou indireta, nos termos do tratado constitutivo;".

Resposta: Letra A

MPMG 2010 (Concurso L). *Questão 18. Direito Constitucional / Poder Executivo / Presidente da República, Vice-Presidente e Ministros de Estado / Legislação.*

De acordo com as hipóteses previstas na Constituição da República, é CORRETO afirmar que o Presidente da República

A) *poderá expedir decreto autônomo para regulamentar leis, tendo por fim sua fiel execução.*

B) *nunca poderá expedir decreto autônomo.*

C) *poderá expedir decreto autônomo tendo em vista a organização e funcionamento da administração federal, quando não implicar aumento de despesa nem criação ou extinção de órgãos públicos, bem como extinção de funções ou cargos públicos, quando vagos.*

D) *poderá expedir decreto autônomo para regulamentar medidas provisórias, quando o seu texto sofrer modificação no Congresso Nacional.*

Comentários

(A): Incorreta – Apesar de competir privativamente ao Presidente da República expedir decretos para regulamentar leis, conforme o artigo 84, inciso IV, da CF/88, tais decretos não são autônomos, pois não podem inovar no ordenamento jurídico.

(B): Incorreta – O Presidente da República pode expedir decreto autônomo, nos termos do artigo 84, inciso VI, da CF/88.

(C): Correta – Artigo 84, inciso VI, da CF/88: "VI - dispor, mediante decreto, sobre: a) organização e funcionamento da administração federal, quando não implicar aumento de despesa nem criação ou extinção de órgãos públicos; b) extinção de funções ou cargos públicos, quando vagos;".

(D): Incorreta – A regulamentação das Medidas Provisórias alteradas no Congresso Nacional se dá por Decreto Legislativo – Artigo 62, § 3º, da CF/88: "§ 3º As medidas provisórias, ressalvado o disposto nos §§ 11 e 12 perderão eficácia, desde a edição, se não forem convertidas em lei no prazo de sessenta dias, prorrogável, nos termos do § 7º, uma vez por igual período, devendo o Congresso Nacional disciplinar, por decreto legislativo, as relações jurídicas delas decorrentes".

Resposta: Letra C

***MPMG 2010 (Concurso L)**. Questão 20. Direito Constitucional / Poder Executivo / Presidente, Vice-Presidente e Ministros de Estado / Legislação.*

Quanto ao Poder Executivo da União, é CORRETO afirmar que

A) é exercido pelo Presidente da República e pelos Ministros de Estado.

B) é exercido pelo Presidente da República e pelos congressistas escolhidos por aquele.

C) é exercido pelo Presidente da República, auxiliado pelos Ministros de Estado.

D) é exercido pelo Presidente da República, auxiliado pelo Congresso Nacional.

Comentários

(A): Incorreta – O Poder Executivo é exercido pelo Presidente da República, auxiliado pelos Ministros de Estado – Artigo 76 da CF/88.

(B): Incorreta – Além do fato de o Presidente ser auxiliado pelos Ministros de Estado e não pelos congressistas, estes não são escolhidos pelo Presidente e sim pelo povo – Artigo 76 da CF/88.

(C): Correta – Artigo 76 da CF/88.

(D): Incorreta – O Presidente é auxiliado pelos Ministros de Estado e não pelo Congresso Nacional – Artigo 76 da CF/88.

Resposta: Letra C

***MPMG – 2012 (LII Concurso)** Questão 6 Direito Constitucional – Constituição Federal – Poder Executivo – Legislação.*

Assinale a alternativa INCORRETA:

A) *Compete privativamente ao Presidente da República dispor, mediante decreto sobre a organização e funcionamento da administração federal, inclusive para criação ou extinção de órgãos públicos e extinção de funções ou cargos públicos, quando vagos.*

B) *Substituirá o Presidente da República, no caso de impedimento, e suceder-lhe-á, no de vaga, o Vice-Presidente, que, além de outras atribuições que lhe forem conferidas por lei complementar, auxiliará o Presidente, sempre que por ele convocado para missões especiais.*

C) *Compete ao Conselho da República, órgão superior de consulta do Presidente da República, pronunciar-se sobre intervenção federal, estado de defesa, estado de sítio e sobre as questões relevantes para a estabilidade das instituições democráticas.*

D) *Admitida a acusação contra o Presidente da República, por dois terços da Câmara dos Deputados, será ele submetido a julgamento perante o Supremo Tribunal Federal, nas infrações penais comuns, ou perante o Senado Federal, nos crimes de responsabilidade.*

Comentários

A) Incorreta. Art. 84, VI da CRFB/1988: "Compete privativamente ao Presidente da República: VI – dispor, mediante decreto, sobre: a) organização e funcionamento da administração federal, quando não implicar aumento de despesa nem criação ou extinção de órgãos públicos."

B) Correta. Artigo 79 da CRFB/1988: "Art. 79. Substituirá o Presidente, no caso de impedimento, e suceder-lhe-á, no de vaga, o Vice-Presidente. Parágrafo único. O Vice-Presidente da República, além de outras atribuições que lhe forem conferidas por lei complementar, auxiliará o Presidente, sempre que por ele convocado para missões especiais".

C) Correta. Artigo 89, *caput*, c/c art. 90, ambos da CRFB/1988:

"Art. 89. O Conselho da República é órgão superior de consulta do Presidente da República, e dele participam:"

"Art. 90. Compete ao Conselho da República pronunciar-se sobre: I - intervenção federal, estado de defesa e estado de sítio; II - as questões relevantes para a estabilidade das instituições democráticas".

D) Correta. Artigo 86 da CRFB/1988: "Art. 86. Admitida a acusação contra o Presidente da República, por dois terços da Câmara dos Deputados, será ele submetido a julgamento perante o Supremo Tribunal Federal, nas infrações penais comuns, ou perante o Senado Federal, nos crimes de responsabilidade".

Resposta: letra A.

***MPMG - 2013 (CONCURSO LIII)** Questão 1. Organização do Estado / Constituição da República / Legislação.*

*É **INCORRETO** afirmar que compete privativamente ao Senado Federal:*

A) Processar e julgar o Presidente e o Vice-Presidente da República nos crimes de responsabilidade, bem como os Ministros de Estado e os Comandantes da Marinha, do Exército e da Aeronáutica nos crimes da mesma natureza conexos com aqueles.

B) Avaliar periodicamente a funcionalidade do Sistema Tributário Nacional, em sua estrutura e seus componentes, e o desempenho das administrações tributárias da União, dos Estados e do Distrito Federal e dos Municípios.

C) Dispor sobre limites e condições para concessão de garantia da União em operações de crédito externo e interno e estabelecer limites globais e condições para o montante da dívida mobiliária dos Estados, do Distrito Federal e dos Municípios.

D) Proceder à tomada de contas do Presidente da República, quando não apresentadas ao Congresso Nacional dentro de sessenta dias após a abertura da sessão legislativa.

Comentários

As competências privativas do Senado Federal estão previstas no artigo 52 da CR/88. Já as competências da Câmara dos Deputados, encontram-se listadas no artigo 51 da CR/88. A questão mistura tais atribuições e exige a indicação da alternativa que não se enquadra dentro daquelas estabelecidas ao Senado Federal.

A) Correta. Nos exatos termos do artigo 52, I, da CR/88: "Art. 52. Compete privativamente ao Senado Federal: I - processar e julgar o Presidente e o Vice-Presidente da República nos crimes de responsabilidade, bem como os Ministros de Estado e os Comandantes da Marinha, do Exército e da Aeronáutica nos crimes da mesma natureza conexos com aqueles".

B) Correta. Conforme a literalidade do artigo 52, XV, da CR/88: "XV - avaliar periodicamente a funcionalidade do Sistema Tributário Nacional, em sua estrutura e seus componentes, e o desempenho das administrações tributárias da União, dos Estados e do Distrito Federal e dos Municípios".

C) Correta. De acordo com o artigo 52, VII e VIII, da CR/88: "VII - dispor sobre limites globais e condições para as operações de crédito externo e interno da União, dos Estados, do Distrito Federal e dos Municípios, de suas autarquias e demais entidades controladas pelo Poder Público federal; VIII - dispor sobre limites e condições para a concessão de garantia da União em operações de crédito externo e interno".

D) Incorreta. Trata-se de competência da Câmara dos Deputados, nos termos do artigo 51, II, da CR/88: "Compete à Câmara dos Deputados: II. proceder à tomada de contas do Presidente da República, quando não apresentadas ao Congresso Nacional dentro de sessenta dias após a abertura da sessão legislativa.".

Resposta: Letra D

MPMG - 2013 (CONCURSO LIII) *Questão 9 Direito Constitucional. Constituição Federal / Processo Legislativo / Legislação.*

Assinale a alternativa ***CORRETA:***

A) *Em caso de relevância e urgência, o Presidente da República poderá adotar medidas provisórias, com força de lei, devendo submetê-las, até trinta dias após sua edição, ao Congresso Nacional.*

B) *A discussão e votação dos projetos de lei de iniciativa do Presidente da República, do Supremo Tribunal Federal e dos Tribunais Superiores terão início no Senado Federal.*

C) *No processo legislativo sumário, a apreciação do projeto de lei deverá ocorrer no prazo máximo de noventa dias, podendo ser ampliado por mais dez, caso haja emenda do Senado Federal.*

D) *As leis delegadas serão elaboradas pelo Presidente da República, que deverá solicitar a delegação à Mesa da Câmara dos Deputados.*

Comentários

A) Incorreta. Em caso de relevância e urgência, o Presidente deverá submeter, de imediato, as medidas provisórias ao Congresso Nacional, conforme dispõe o artigo 62 da CR/88.

B) Incorreta. O início da discussão e votação dos projetos serão da Câmara dos Deputados, nos termos do artigo 64 da CR/88.

C) Correta. Em se tratando de urgência solicitada pelo Presidente da República, para apreciação dos seus projetos, cada casa terá até 45 dias sucessivos para apreciação (art. 64, §§ 1° e 2°, da CR/88). As emendas do Senado serão apreciadas pela Câmara dos Deputados no prazo de dez dias (art. 64, § 3°, da CR/88).

D) Incorreta. Art. 68 CF. As leis delegadas serão elaboradas pelo Presidente da República, que deverá solicitar a delegação ao Congresso Nacional.

Observação: Com relação ao tema das Medidas Provisórias, constantemente cobrado na prova do MPMG, faz-se necessário lembrar que em 2017 o STF restringiu o alcance do artigo 62, § 6° da CR/88 acerca de quais deliberações serão sobrestadas pela inércia do Poder Legislativo: *Precedente não vinculante – O STF (...) denegou a ordem em mandado de segurança impetrado por parlamentares contra decisão* *do presidente da Câmara dos Deputados em questão de ordem. No ato coator, foi fixada a orientação de que a interpretação adequada do art. 62, § 6º, da CF implicaria o sobrestamento apenas dos projetos de lei ordinária, apesar de o dispositivo prever o sobrestamento de todas as deliberações legislativas da Casa em que estiver tramitando medida provisória não seja apreciada em 45 dias (...). O Colegiado entendeu que a interpretação emanada do presidente da Câmara dos Deputados reflete, com fidelidade, solução jurídica plenamente compatível com o modelo teórico da separação de poderes. Tal interpretação revela fórmula hermenêutica capaz de assegurar, por meio da preservação de adequada relação de equilíbrio entre instâncias governamentais (o Poder Executivo e o Poder Legislativo), a própria integridade da cláusula pertinente à divisão do poder. Nesse contexto, deu interpretação conforme ao* § 6º do art. 62 da CF, na redação resultante da EC 32/2001, para, sem redução de texto, restringir-lhe a exegese. ***Assim, afastada qualquer outra possibilidade interpretativa, fixou-se entendimento de que o regime de urgência previsto no referido dispositivo constitucional – que impõe o sobrestamento das deliberações legislativas das Casas do Congresso Nacional – refere-se apenas às matérias passíveis de regramento por medida provisória. Excluem-se do bloqueio, em consequência, as propostas de emenda à Constituição e os projetos de lei complementar, de decreto legislativo, de resolução e, até mesmo, de lei ordinária, desde que veiculem temas pré-excluídos do âmbito de incidência das medidas provisórias (...).*** *[MS 27.931, rel. min. Celso de Mello, j. 29-6-2017, P, Informativo 870.]*

Resposta: Letra C

***MPMG 2014 (Concurso LIV)**. Questão 01. Direito Constitucional / Constituição / Processo Legislativo / Doutrina, legislação e jurisprudência.*

Analise as seguintes assertivas relativas ao processo legislativo estabelecido na Constituição da República de 1988:

I. A iniciativa do processo legislativo pode ser concorrente ou geral e reservada ou exclusiva.

II. As regras do processo legislativo, em especial as concernentes à iniciativa legislativa, em razão da autonomia dos Estados, Distrito Federal e Municípios, não são de observância-obrigatória para esses entes federativos.

III. O processo legislativo previsto no art. 59 compreende a elaboração de decretos legislativos, leis delegadas, resoluções e portarias.

IV. São fases do processo legislativo ordinário: a iniciativa, discussão, votação, sanção ou veto, promulgação e publicação.

Somente está CORRETO o que se afirma em:

A) I e II,

B) I e IV;

C) II e III;

D) II e IV.

Comentários

I. Correto – Iniciativa exclusiva (reservada ou privativa): é aquela em que a faculdade é atribuída a uma pessoa ou ente com a exclusão dos demais. Ex.: Art. 61, § 1º, da CR/88 (presidente). Iniciativa comum (geral ou concorrente): é aquela em que a faculdade é atribuída a mais de um ente em concorrência. Ex.: art. 61, *caput*, da CR/88.

II. Errado – são de observância obrigatória – ADI 4211 / SP.

III. Errado – o art. 59 da CR/88 não prevê portarias. "Art. 59. O processo legislativo compreende a elaboração de: I - emendas à Constituição; II - leis complementares; III - leis ordinárias; IV - leis delegadas; V - medidas provisórias; VI - decretos legislativos; VII – resoluções".

IV. Correto – Fases do processo legislativo: Iniciativa: faculdade atribuída a pessoas ou órgãos para apresentarem projetos legislativos; Discussão ou emendas parlamentares: propositura de emendas/alterações ao projeto; votação: decisão sobre o projeto; sanção ou veto: exclusivo do Presidente da República; promulgação e publicação: condições de vigência e aplicabilidade da lei.

Resposta certa: B

***MPMG 2014 (Concurso LIV)**. Questão 02. Direito Constitucional / Constituição / Dos Deputados e Senadores / Legislação e jurisprudência.*

Assinale a alternativa CORRETA:

A) Os Deputados Federais, Estaduais e Distritais, Senadores e Vereadores gozam de imunidade material e imunidade formal.

B) Os Deputados e Senadores, desde a expedição do diploma, serão submetidos a julgamento perante o Supremo Tribunal Federal. Essa prerrogativa alcança também os suplentes, diplomados ou não, independentemente de terem assumido o cargo, definitiva ou provisoriamente.

C) As imunidades de Deputados e Senadores subsistirão durante o estado de sitio, só podendo ser suspensas mediante o voto de dois terços dos membros da Casa respectiva, nos casos de atos praticados fora do recinto do Congresso Nacional, que sejam incompatíveis com a execução da medida.

D) A incorporação às Forças Armadas de Deputados e Senadores, embora militares, dependerá de prévia licença da Casa respectiva, exceto em tempo de guerra.

Comentários

(A) Errado – conforme art. 29, VIII da CF, os vereadores gozam apenas de imunidade material, desde que relacionada ao mandato e por manifestações promovidas dentro do Município.

(B) Errado – Art. 53, § 1º, da CR/88: "§ 1º Os Deputados e Senadores, desde a expedição do diploma, serão submetidos a julgamento perante o Supremo Tribunal Federal". Conforme o STF, no Inq. 2.453, "o gozo das prerrogativas ligadas ao exercício da atividade legislativa dar-se-á apenas no tocante àquele que efetivamente exerce o cargo, em caráter interino ou permanente, não se estendendo aos suplentes, salvo quando no efetivo exercício da função".

(C) Correto – Art. 53, § 8º, CR/88: "§ 8º As imunidades de Deputados ou Senadores subsistirão durante o estado de sítio, só podendo ser suspensas mediante o voto de dois terços dos membros da Casa respectiva, nos casos de atos praticados fora do recinto do Congresso Nacional, que sejam incompatíveis com a execução da medida".

(D) Errado – Art. 53, § 7º, CR/88 – ainda que em tempo de guerra.

Resposta certa: C

***MPMG 2014 (Concurso LIV)**. Questão 04. Direito Constitucional / Constituição / Do Poder Judiciário / Legislação.*

Assinale a alternativa CORRETA:

A) As decisões administrativas dos tribunais serão motivadas e em sessão pública, sendo as disciplinares tomadas pelo voto da maioria simples de seus membros.

B) A atividade jurisdicional será ininterrupta, sendo vedado férias coletivas nos juízos e em todos os tribunais do País, funcionando nos dias em que não houver expediente forense normal, juízes em plantão permanente.

C) A distribuição de processos será imediata, apenas nos juízos de primeiro grau de jurisdição.

D) Os servidores receberão delegação para a prática de atos de administração e atos de mero expediente sem caráter decisório.

Comentários

(A) Errado – maioria absoluta – Artigo 93, X, da CR/88;

(B) Errada – sendo vedado férias coletivas nos juízos e tribunais de segundo grau. Art. 93, XII, da CR/88;

(C) Errada – em todos os graus de jurisdição – Art. 93, XV, da CR/88;

(D) Correta – Art. 93, XIV, da CR/88: "XIV os servidores receberão delegação para a prática de atos de administração e atos de mero expediente sem caráter decisório".

Resposta certa: D

MPMG 2010 (Concurso L). Questão 19. Direito Constitucional / Responsabilidade do Presidente da República / Crimes de Responsabilidade / Legislação.

São crimes de responsabilidade do Presidente da República os atos que atentem

A) contra a lei orçamentária.

B) contra os partidos políticos.

C) contra as leis e as decisões administrativas.

D) contra a improbidade na administração.

Comentários

(A): Correta – Artigo 85, inciso VI, da CF/88. "Art. 85. São crimes de responsabilidade os atos do Presidente da República que atentem contra a Constituição Federal e, especialmente, contra: I - a existência da União; II - o livre exercício do Poder Legislativo, do Poder Judiciário, do Ministério Público e dos Poderes constitucionais das unidades da Federação; III - o exercício dos direitos políticos, individuais e sociais; IV - a segurança interna do País; V - a probidade na administração; VI - a lei orçamentária;"

(B): Incorreta – Os atos do Presidente que atentem ao exercício dos direitos políticos é que são considerados crimes de responsabilidade e não os que atentem contra os partidos políticos – Artigo 85 da CF/88.

(C): Incorreta – Apenas os atos do Presidente que atentem contra a lei orçamentária é que são considerados crimes de responsabilidade – Artigo 85 da CF/88.

(D): Incorreta – Crimes de responsabilidade do Presidente são os atos que atentem contra a probidade, e não a improbidade, administrativa – Artigo 85, inciso V, da CF/88.

Resposta: Letra A

MPMG 2018. (CONCURSO LVI) QUESTÃO 11. Direito Constitucional. Poder Executivo. Lei Seca: CRFB/88.

São crimes de responsabilidade os atos do Presidente da República, na dicção do art. 85 da CR/88, EXCETO:

A) que atentem contra o exercício dos direitos políticos, individuais e sociais.

B) que atentem contra a lei orçamentária.

C) que atentem contra os partidos políticos.

D) que atentem contra a existência da União.

Comentários

Art. 85. São crimes de responsabilidade os atos do Presidente da República que atentem contra a Constituição Federal e, especialmente, contra: I - a existência da União; II - o livre exercício do Poder Legislativo, do Poder Judiciário, do Ministério Público e dos Poderes constitucionais das unidades da Federação; III - o exercício dos direitos políticos, individuais e sociais; IV - a segurança interna do País; V - a probidade na administração; VI - a lei orçamentária; VII - o cumprimento das leis e das decisões judiciais.

A) CORRETA. Art. 85, inciso III, da CRFB/88.

B) CORRETA. Art. 85, inciso VI, da CRFB/88.

C) INCORRETA. Não consta do art. 85 da CRFB/88 como crime de responsabilidade atos do Presidente da República que atentem contra partidos políticos.

D) CORRETA. Art. 85, inciso I, da CRFB/88.

Resposta: Letra C.

MPMG 2018. (CONCURSO LVI) QUESTÃO 14. Direito Constitucional. Processo Legislativo. Lei Seca: CRFB/88.

São espécies normativas previstas no artigo 59 da CR/88:

A) leis ordinárias, leis delegadas, decretos.

B) decretos legislativos, portarias, emendas à Constituição.

C) resoluções, decretos-leis, decretos legislativos.

D) medidas provisórias, leis complementares, resoluções.

Comentários

Art. 59. O processo legislativo compreende a elaboração de: I - emendas à Constituição; II - leis complementares; III - leis ordinárias; IV - leis delegadas; V - medidas provisórias; VI - decretos legislativos; VII - resoluções.

A) INCORRETA. Não constam do rol do art. 59 da CRFB/88 decretos.

B) INCORRETA. Não constam do rol do art. 59 da CRFB/88 portarias.

C) INCORRETA. Não constam do rol do art. 59 da CRFB/88 decretos-leis.

D) CORRETA. Medidas provisórias, leis complementares e resoluções fazem parte do rol art. 59 da CRFB/88, juntamente com emendas à Constituição, leis ordinárias, leis delegadas e decretos legislativos.

Resposta: Letra D

MPMG 2019 (CONCURSO LVII). QUESTÃO 6. Direito Constitucional / Organização dos Poderes / Processo Legislativo / Legislação.

Marque a alternativa incorreta, à luz do que determina a Constituição de 1988:

A) A emenda à Constituição será sancionada pelo Presidente da República e promulgada pelas Mesas da Câmara dos Deputados e do Senado Federal, com o respectivo número de ordem.

B) A proposta será discutida e votada em cada Casa do Congresso Nacional, em dois turnos, considerando-se aprovada se obtiver, em ambos, três quintos dos votos dos respectivos membros.

C) A Constituição não poderá ser emendada na vigência de intervenção federal, de estado de defesa ou de estado de sítio.

D) A matéria constante de proposta de emenda rejeitada ou havida por prejudicada não pode ser objeto de nova proposta na mesma sessão legislativa.

Comentários

(A): Incorreta. Conforme o art.60, §3º da CF/88, a EC será promulgada pelas Mesas da Câmara dos Deputados e do Senado Federal, com o respectivo número de ordem. Contudo, o Presidente da República não veta ou sanciona emenda à Constituição.

(B): Correta. Conforme o art.60, §2º da CF/88: "§ 2º A proposta será discutida e votada em cada Casa do Congresso Nacional, em dois turnos, considerando-se aprovada se obtiver, em ambos, três quintos dos votos dos respectivos membros".

(C): Correta. Conforme o art.60, §1º da CF/88: "§ 1º A Constituição não poderá ser emendada na vigência de intervenção federal, de estado de defesa ou de estado de sítio".

(D): Correta. Conforme o art.60, §5º da CF/88: "§ 5º A matéria constante de proposta de emenda rejeitada ou havida por prejudicada não pode ser objeto de nova proposta na mesma sessão legislativa".

Resposta: Letra A

13. DO MINISTÉRIO PÚBLICO: ORGANIZAÇÃO, PRINCÍPIOS, FUNÇÕES, GARANTIAS E VEDAÇÕES. AS LEIS ORGÂNICAS DO MINISTÉRIO PÚBLICO: LEI ORGÂNICA NACIONAL DO MINISTÉRIO PÚBLICO (LEI N.º 8.625/93), LEI ORGÂNICA DO MINISTÉRIO PÚBLICO DA UNIÃO (LEI COMPLEMENTAR FEDERAL N.º 75/93), LEI ORGÂNICA DO MINISTÉRIO PÚBLICO DO ESTADO DE MINAS GERAIS (LEI COMPLEMENTAR N.º 34/94)

MPMG 2010 (Concurso L). Questão 3. Direito Constitucional / Ministério Público / Funções Essenciais à Justiça / Legislação.

Segundo dicção expressa da Constituição Federal, compete ao Conselho Nacional do Ministério Público:

I. o controle da atuação administrativa e financeira do Ministério Público e do cumprimento dos deveres funcionais de seus membros;

II. rever mediante provocação, exclusivamente, os processos disciplinares de membros do Ministério Público da União ou dos Estados julgados há menos de um ano;

III. receber e conhecer as reclamações contra membros ou órgãos do Ministério Público da União ou dos Estados, inclusive contra seus serviços auxiliares, apenas no caso de omissão do órgão correicional da instituição;

IV. zelar pela autonomia funcional e administrativa do Ministério Público, podendo expedir atos regulamentares, no âmbito de sua competência, ou recomendar providências.

Está CORRETO o que se afirma

A) apenas em I e III.

B) apenas em II.

C) apenas em I e IV.

D) apenas em II e III.

Comentários

(I): Correta – Artigo 130-A, § 2º, da CF/88: "§ 2º Compete ao Conselho Nacional do Ministério Público o controle da atuação administrativa e financeira do Ministério Público e do cumprimento dos deveres funcionais de seus membros, cabendo lhe:".

(II): Incorreta – A revisão pode ocorrer tanto de ofício como mediante provocação. – Artigo 130-A, § 2º, inciso IV da CF/88.

(III): Incorreta – A atribuição do Conselho Nacional do Ministério Público para receber e conhecer as reclamações independe e ocorre sem prejuízo da competência correicional da instituição. – Artigo 130-A, inciso III, do § 2º, da CF/88. "§ 2º Compete ao Conselho Nacional do Ministério Público o controle da atuação administrativa e financeira do Ministério Público e do cumprimento dos deveres funcionais de seus membros, cabendo lhe: III - receber e conhecer das reclamações contra membros ou órgãos do Ministério Público da União ou dos Estados, inclusive contra seus serviços auxiliares, sem prejuízo da competência disciplinar e correicional da instituição, podendo avocar processos disciplinares em curso, determinar a remoção ou a disponibilidade e aplicar outras sanções administrativas, assegurada ampla defesa;"

(IV): Correta – Artigo 130-A, § 2º, inciso I da CF/88: "I – zelar pela autonomia funcional e administrativa do Ministério Público, podendo expedir atos regulamentares, no âmbito de sua competência, ou recomendar providências".

Resposta: Letra C

MPMG 2010 (Concurso L). *Questão 6. Direito Constitucional / Ministério Público / Funções Essenciais à Justiça / Legislação.*

Analise as afirmativas abaixo relacionadas com o Ministério Público, a Constituição Federal de 1988 e a Emenda Constitucional n. 45/2004.

I. Os Procuradores-Gerais nos Estados e no Distrito Federal e Territórios poderão ser destituídos por deliberação da maioria absoluta do Poder Legislativo, na forma da lei complementar respectiva.

II. Leis complementares da União e dos Estados, cuja iniciativa é exclusiva dos respectivos Procuradores-Gerais, estabelecerão a organização, as atribuições e o estatuto de cada Ministério Público.

III. O membro do Ministério Público tem a garantia da inamovibilidade, salvo por motivo de interesse público, mediante decisão do órgão colegiado e competente da Instituição, pelo voto da maioria absoluta de seus membros, assegurada ampla defesa.

IV. Durante a execução orçamentária do exercício, não poderá haver a realização de despesas ou a assunção de obrigações que extrapolem os limites estabelecidos na lei de diretrizes orçamentárias, mesmo se ocorrer prévia autorização.

A análise permite concluir que

A) apenas as afirmativas I e III estão corretas.

B) apenas as afirmativas I e II estão corretas.

C) apenas a afirmativa IV está correta.

D) todas as afirmativas estão corretas.

Comentários

(I): Correta – Artigo 128, § 4º, da CF/88: "§ 4º Os Procuradores-Gerais nos Estados e no Distrito Federal e Territórios poderão ser destituídos por deliberação da maioria absoluta do Poder Legislativo, na forma da lei complementar respectiva".

(II): Incorreta – A iniciativa é facultada aos respectivos Procuradores-Gerais – Artigo 128, § 5º, da CF/88.

(III): Correta – Artigo 128, § 5º, inciso I, alínea "b", da CF/88: "b) inamovibilidade, salvo por motivo de interesse público, mediante decisão do órgão colegiado competente do Ministério Público, pelo voto da maioria absoluta de seus membros, assegurada ampla defesa".

(IV): Incorreta – A realização de despesas ou a assunção de obrigações pode extrapolar os limites da LDO se houver autorização prévia, com a abertura de créditos suplementares ou especiais – Artigo 127, § 6º, da CF/88.

Resposta: Letra A

MPMG – 2012 (LII Concurso) *Questão 7 Direito Constitucional – Constituição Federal – Ministério Público – Legislação Institucional e Jurisprudência.*

Assinale a alternativa CORRETA:

A) O Ministério Público da União tem por chefe o Procurador-Geral da República, nomeado pelo Presidente da República dentre integrantes da carreira, maiores de trinta e cinco anos, após a aprovação de seu nome pela maioria do Congresso Nacional, para mandato de dois anos, permitida a recondução.

B) O Conselho Nacional do Ministério Público, cujo presidente será o Procurador-Geral da República, compõe-se de dezesseis membros nomeados pelo Presidente da República, depois de aprovada a escolha pela maioria absoluta do Senado Federal, para um mandato de dois anos, admitida uma recondução.

C) Ao Colégio de Procuradores de Justiça compete, segundo a Lei n.º 8.625/93, entre outras funções, a destituição do Corregedor-Geral do Ministério Público, pelo voto de dois terços de seus membros, em caso de abuso de poder, conduta incompatível ou grave omissão nos deveres do cargo, por representação do Procurador-Geral de Justiça ou da maioria de seus integrantes, assegurada ampla defesa.

D) Os Ministérios Públicos dos Estados e do Distrito Federal e Territórios formarão lista tríplice dentre integrantes da carreira, na forma da lei respectiva, para escolha de seu Procurador-Geral que será nomeado pelo Chefe do Poder Executivo, após a aprovação de seu nome pela maioria absoluta da Assembleia Legislativa, para mandato de dois anos, permitida a recondução.

Comentários

A) Incorreta. Artigo 128, § 1º, da CRFB/1988 (...) após a aprovação de seu nome pela maioria absoluta dos membros do Senado Federal.

B) Incorreta. São 14 membros. Artigo 130-A da CRFB/198.

C) Correta. Artigo 12, inciso VI, da Lei 8.625/1993.

D) Incorreta. Conforme ADI 3727, julgada em 12/05/2010, a escolha do PGR deve ser aprovada pelo Senado (CF, art. 128, § 1º). Já a nomeação do procurador-geral de Justiça dos Estados não está sujeita à aprovação da assembleia legislativa. Competindo ao governador nomeá-lo dentre lista tríplice composta de integrantes da carreira (CF, art. 128, § 3º). Não há aplicação do princípio da simetria.

Resposta: letra C.

MPMG – 2013 (CONCURSO LIII) *Questão 7. Lei orgânica do Ministério Público de Minas Gerais/ LC 34/94. Legislação.*

Em relação à atividade funcional dos membros do Ministério Público do Estado de Minas Gerais, assinale a alternativa ***INCORRETA****:*

A) As inspeções extraordinárias serão realizadas pela Corregedoria-Geral do Ministério Público, independentemente de prévia designação.

B) As inspeções permanentes serão exercidas pelos Procuradores de Justiça e pela Corregedoria-Geral do Ministério Público.

C) A Corregedoria-Geral do Ministério Público realizará, anualmente, correições ordinárias em 1/3 (um terço) das Promotorias de Justiça, no mínimo.

D) As inspeções ordinárias em Procuradorias de Justiça serão realizadas pelo Corregedor-Geral do Ministério Público ou pelos Subcorregedores-Gerais, na forma do regimento interno.

Comentários

A) Correta. Conforme artigo 204 da Lei Orgânica do MPMG (Lei Complementar nº 34/94): "art. 204 - As inspeções extraordinárias serão realizadas pela Corregedoria-Geral do Ministério Público, independentemente de prévia designação".

B) Incorreto. Nos termos do art. 203 da Lei Orgânica do MPMG, as inspeções permanentes serão exercidas pelos Procuradores de Justiça, na forma prevista no art. 73 desta lei. "Art. 73 – Os Procuradores de Justiça, nos autos em que oficiem, exercerão inspeção permanente nos serviços dos Promotores de Justiça, remetendo relatório à Corregedoria-Geral do Ministério Público, observado o disposto no art. 39, § 1º, II, e § 2º".

C) Correta. Conforme artigo 205, § 1º, da Lei Orgânica do MPMG: "§ 1º - A Corregedoria-Geral do Ministério Público realizará, anualmente, correições ordinárias em 1/3 (um terço) das Promotorias de Justiça, no mínimo".

D) Correto. De acordo com o artigo 205, § 2º, da Lei Orgânica do MPMG: § 2º - As inspeções ordinárias em Procuradorias de Justiça serão realizadas pelo Corregedor-Geral do Ministério Público ou pelos Subcorregedores-Gerais, na forma do regimentointerno".

Resposta: Letra B

MPMG 2014 (Concurso LIV). *Questão 03. Direito Constitucional / Constituição / Das funções essenciais à justiça – Do Ministério Público / Legislação.*

O Conselho Nacional do Ministério Público (CNMP) foi introduzido em nosso ordenamento jurídico pela Emenda Constitucional n.° 45, de 8 de dezembro de 2004.

Analise as seguintes assertivas sobre sua composição e atribuições:

I. O Conselho Nacional do Ministério Público é composto por quatorze membros nomeados pelo Presidente da República, depois de aprovada a escolha pela maioria absoluta do Congresso Nacional, para mandato de dois anos, admitida uma recondução.

II. O Conselho Nacional do Ministério Público é presidido pelo Procurador-Geral da República, e o Presidente do Conselho Federal da Ordem dos Advogados oficiará junto ao Conselho.

III. Ao Conselho Nacional do Ministério Público compete rever, de ofício ou mediante provocação, os processos disciplinares de membros do Ministério Público da União ou dos Estados julgados há menos de um ano.

IV. Entre os seus integrantes, estão três membros do Ministério Público dos Estados e três juízes, dois indicados pelo Supremo Tribunal Federal e outro pelo Superior Tribunal de Justiça.

Está INCORRETO o que se afirma em:

A) I e II;

B) I e III;

C) I e IV;

D) II e IV.

Comentários

Cuidado com esse tipo de questionamento, uma vez que deve buscar a assinalar as incorretas.

I. Incorreto. A escolha é aprovada pela maioria absoluta do Senado Federal, conforme art.130-A *caput*, CR/88.

II. Correto. Conforme art.130-A, inciso I e §4º da CF: "I o Procurador-Geral da República, que o preside" e "§ 4º O Presidente do Conselho Federal da Ordem dos Advogados do Brasil oficiará junto ao Conselho".

III. Correto. Conforme art.130-A, inciso I e §4º da CF: "IV rever, de ofício ou mediante provocação, os processos disciplinares de membros do Ministério Público da União ou dos Estados julgados há menos de um ano".

IV. Conforme art.130-A da CF, o CNMP é composto pelo PGR, que o preside; quatro membros do MPU, assegurada a representação de cada uma de suas carreiras; três membros do MPE; dois juízes, indicados um pelo STF e outro pelo STJ; dois advogados, indicados pelo Conselho Federal da OAB; dois cidadãos de notável saber jurídico e reputação ilibada, indicados um pela Câmara dos Deputados e outro pelo Senado Federal.

Resposta certa: C

MPMG 2014 (Concurso LIV). *Questão 07. Direito Constitucional / Lei Complementar nº34/94 / Ministério Público de Minas Gerais / Legislação.*

Conforme a Lei Complementar n.° 34, de 12 de setembro de 1994 (Lei Orgânica do Ministério Público do Estado de Minas Gerais), são deveres dos membros do Ministério Público, entre outros:

I. Atender aos interessados, a qualquer momento nos casos urgentes, ou quando necessária a intervenção de membro do Ministério Público, e guardar sigilo profissional.

II. Encaminhar, durante o estágio probatório, à Corregedoria-Geral do Ministério Público relatórios trimestrais de atividades, instruídos com até 10 (dez) trabalhos, abrangendo as diversas áreas de atuação, na forma que dispuser o regulamento respectivo.

III. Fiscalizar, trimestralmente ou quando conveniente, as cadeias públicas, os estabelecimentos prisionais e os que abriguem idosos, crianças, adolescentes, incapazes ou pessoas portadoras de deficiência, registrando em livro próprio da Promotoria de Justiça as observações que julgar pertinentes e as providências efetivadas.

IV. Declarar-se suspeito ou impedido, nos termos da lei, devendo comunicar os motivos, de forma reservada, ao Corregedor-Geral do Ministério Público, no prazo de 10 (dez) dias.

Somente está CORRETO o que se afirma em:

A) I e II;

B) I e III;

C) II e III;

D) III e IV.

Comentários

I. Correto – Artigo 110, incisos XIV e XVI, da Lei Complementar nº 34/94: "XIV - atender aos interessados, a qualquer momento nos casos urgentes, ou quando necessária a intervenção de membro do Ministério Público" e, "XVI - guardar sigilo profissional".

II. Correto – Artigo 171, *caput*, da Lei Complementar nº 34/94. **Atenção:** o Art. 171 foi alterado e atualmente possui a seguinte redação: "O membro do Ministério Público encaminhará à Corregedoria-Geral do Ministério Público relatórios de atividades, na forma que dispuser o regulamento respectivo" (*caput* com redação dada pelo art. 17 da Lei Complementar nº 136, de 27/6/2014.)

III. Errado – Artigo 110, XXVII, da Lei Complementar nº 34/94. Fiscalizar, mensalmente;

IV. Errado – Artigo 110, VIII, da Lei Complementar nº 34/94. O prazo é de 5 dias.

Resposta certa: D

***MPMG 2014 (Concurso LIV)**. Questão 17. Direito Constitucional / Lei Complementar nº34/94 - Lei Orgânica do Ministério Público de Minas Gerais / Ministério Público de Minas Gerais / Legislação.*

É INCORRETO afirmar:

A) *São inelegíveis para o cargo de Procurador-Geral de Justiça os membros do Ministério Público que estiverem afastados do exercício do cargo para desempenho de função junto à associação de classe.*

B) *A destituição do Procurador-Geral de Justiça prescinde de autorização da Assembleia Legislativa, desde que ocorra a expedição de expressa resolução pelo Colégio de Procuradores de Justiça nesse sentido.*

C) *Os órgãos do Ministério Público têm asseguradas instalações privativas nos edifícios onde exerçam suas funções, especialmente nos Tribunais e nos fóruns, cabendo-lhes a respectiva administração.*

D) *Poderá o Ministério Público expedir notificações para colher depoimento ou esclarecimento, facultando ao seu membro, em caso de desatendimento injustificado, requisitar condução coercitiva quer pela Polícia Civil ou Polícia Militar, ressalvadas as prerrogativas previstas em lei.*

Comentários

(A) Correto – Art. 7º, VI, LC 34/94: "VI - estiverem afastados do exercício do cargo para desempenho de função junto a associação de classe".

(B) Incorreto – Art. 12 LC 34/94. "**Art. 12.** A destituição do Procurador-Geral de Justiça será precedida de autorização da Assembleia Legislativa".

(C) Correto – Art. 2º, § 2º, LC 34/94: "§ 2º - Os órgãos do Ministério Público têm asseguradas instalações privativas nos edifícios onde exerçam suas funções, especialmente nos Tribunais e nos fóruns, cabendo-lhes a respectivaadministração".

(D) Correto – Art. 67, I, "a", LC 34/94: "Art. 67 - No exercício de suas funções, o Ministério Público poderá: I - instaurar inquéritos civis e outros procedimentos administrativos pertinentes e, para instruí-los: a) expedir notificações para colher depoimento ou esclarecimento e, em caso de desatendimento injustificado, requisitar condução coercitiva pela Polícia Militar ou Civil, ressalvadas as prerrogativas previstas em lei".

Resposta certa: B

***MPMG 2017 (Concurso LV)**. Questão 07. Direito Constitucional / Do Ministério Público: organização, princípios, funções, garantias e vedações. Lei Orgânica do Ministério Público do Estado de Minas Gerais/ Jurisprudência e legislação.*

O Ministério Público é instituição permanente, essencial à função jurisdicional do Estado, incumbindo-lhe a defesa da ordem jurídica, do regime democrático e dos interesses sociais e individuais indisponíveis (art. 127 da Constituição da República). Partindo dessas premissas, analise as assertivas abaixo:

I. O Ministério Público não tem legitimidade para pleitear, em ação civil pública, a indenização decorrente do DPVAT em benefício do segurado.

II. O Ministério Público tem legitimidade para promover ação civil pública cujo fundamento seja a ilegalidade de reajuste de mensalidades escolares.

III. Nas hipóteses de grave violação de direitos humanos, o Procurador-Geral da República, com a finalidade de assegurar o cumprimento de obrigações decorrentes de tratados internacionais de direitos humanos dos quais o Brasil seja parte, poderá suscitar, perante o Superior Tribunal de Justiça, em qualquer fase do inquérito ou processo, incidente de deslocamento de competência para a Justiça Federal.

IV. Em caso de aproveitamento insuficiente no estágio de orientação e preparação, o Promotor de Justiça Substituto do Estado de Minas Gerais permanecerá, pelo prazo máximo de 60 (sessenta) dias, à disposição do Centro de Estudos e Aperfeiçoamento Funcional para aprimoramento, podendo o seu diretor, a qualquer tempo, de ofício ou mediante provocação do corpo docente, impugnar a permanência na carreira à Corregedoria-Geral do Ministério Público do Estado de Minas Gerais.

Está CORRETO somente o que se afirma em:

A) I, II, III e IV.

B) I, II e III.

C) I, III e IV.

D) II, III e IV.

Comentários

Análise das afirmativas:

I – Errada – A súmula 470 do STJ, a qual continha previsão similar à alternativa, foi cancelada após o julgamento pelo STF do RE 631.111/GO, Rel. Min. Teori Zavascki, julgado em 06 e 07/08/2014. Conforme o informativo 563 do STJ: O Ministério Público tem legitimidade para ajuizar ACP em defesa dos direitos individuais homogêneos dos beneficiários do seguro DPVAT.

II – Correta – Conforme enunciado da Súmula 643 do STF: "o Ministério Público tem legitimidade para promover ação civil pública cujo fundamento seja a ilegalidade de reajuste de mensalidades escolares".

III - Correta – Conforme redação do art.109, § 5º, da CF/88: "§ 5º Nas hipóteses de grave violação de direitos humanos, o Procurador-Geral da República, com a finalidade de assegurar o cumprimento de obrigações decorrentes de tratados internacionais de direitos humanos dos quais o Brasil seja parte, poderá suscitar, perante o Superior Tribunal de Justiça, em qualquer fase do inquérito ou processo, incidente de deslocamento de competência para a Justiça Federal".

IV – Correta – Conforme redação do art. 168 da LC 34/1994: "Art. 168 - Em caso de aproveitamento insuficiente no estágio de orientação e preparação, o Promotor de Justiça Substituto permanecerá, pelo prazo máximo de 60 (sessenta) dias, à disposiçãodo Centro de Estudos e Aperfeiçoamento Funcional para aprimoramento, podendo seu diretor, a qualquer tempo, de ofício ou mediante provocação do corpo docente, impugnar a permanência na carreira àCorregedoria-Geral do Ministério Público".

Resposta: Letra D

MPMG 2018. (CONCURSO LVI) *QUESTÃO 17. Órgãos do MPMG. Legislação Orgânica do MP. Lei Seca: Lei Complementar estadual nº 34/1994, do Estado de Minas Gerais.*

Segundo a Lei Complementar estadual nº 34/1994, são órgãos da Administração Superior do Ministério Público, EXCETO:

A) o Centro de Estudos e Aperfeiçoamento Funcional.

B) a Procuradoria-Geral de Justiça.

C) o Colégio de Procuradores de Justiça.

D) o Conselho Superior do Ministério Público.

Comentários

A) CORRETA. Conforme art. 82 da Lei Complementar estadual nº 34/1994, o Centro de Estudos e Aperfeiçoamento Funcional é órgão auxiliar do Ministério Público, e não órgão da Administração Superior.

B) INCORRETA. A Procuradoria-Geral de Justiça consta da Seção I do Capítulo II – Dos Órgãos da Administração Superior – do Título II – Da Organização do Ministério Público – da Lei Complementar estadual nº 34/1994 como sendo um órgão da Administração Superior do Ministério Público do Estado de Minas Gerais.

C) INCORRETA. O Colégio de Procuradores de Justiça consta da Seção II do Capítulo II – Dos Órgãos da Administração Superior – do Título II – Da Organização do Ministério Público – da Lei Complementar estadual nº 34/1994 como sendo um órgão da Administração Superior do Ministério Público do Estado de Minas Gerais.

D) INCORRETA. O Conselho Superior do Ministério Público consta da Seção III do Capítulo II – Dos Órgãos da Administração Superior – do Título II – Da Organização do Ministério Público – da Lei Complementar estadual nº 34/1994 como sendo um órgão da Administração Superior do Ministério Público do Estado de Minas Gerais.

Resposta: Letra A.

MPMG 2018. (CONCURSO LVI) *QUESTÃO 18. Organização do MPMG. Câmara de Procuradores de Justiça. Legislação Orgânica do MP. Lei Seca: Lei Complementar estadual nº 34/1994, do Estado de Minas Gerais.*

Sobre a Câmara de Procuradores de Justiça é CORRETO afirmar:

A) é composta pelos 10 (dez) Procuradores de Justiça mais antigos no cargo e por 10 (dez) Procuradores de Justiça eleitos pelo Colégio de Procuradores, para mandato de 3 (três) anos.

B) compete-lhe representar ao Procurador-Geral de Justiça acerca da instauração de processo disciplinar administrativo contra membro do Ministério Público e recomendar a realização de inspeções e correições.

C) são seus membros natos o Procurador-Geral de Justiça, o Diretor do Centro de Estudos e Aperfeiçoamento Funcional e um Promotor de Justiça de entrância especial.

D) aprova o regulamento do concurso para ingresso na carreira do Ministério Público e o do Centro de Estudos e Aperfeiçoamento Funcional.

Comentários

A Câmara de Procuradores é o órgão especial do Colégio de Procuradores, nos termos do art. 20 da LC estadual nº 34/94.

A) INCORRETA. O prazo do mandato é de 2 anos, conforme art. 23 da LC 34/94: "A Câmara de Procuradores de Justiça, presidida pelo Procurador-Geral de Justiça, é composta pelos 10 (dez) Procuradores de Justiça mais antigos no cargo e por 10 (dez) Procuradores de Justiça eleitos pelo Colégio de Procuradores, para mandato de 2 (dois) anos."

B) INCORRETA. A representação para instauração do processo administrativo disciplinar contra membro do MP é dirigida ao Corregedor-Geral do MP, nos termos do art. 24 da LC estadual nº 34/94: "Compete à Câmara de Procuradores de Justiça: IV – representar ao Corregedor-Geral do Ministério Público acerca da instauração de processo disciplinar administrativo contra membro do Ministério Público e recomendar a realização de inspeções e correições;".

Essa atribuição compete à Câmara de Procuradores (art. 24, IV da LC estadual nº 34/94) e também ao Conselho Superior (art. 33, XIV LC estadual nº 34/94).

C) INCORRETA. A Câmara de Procuradores não tem a participação de promotores. Seus Membros natos são o Procurador-Geral de Justiça e o Corregedor-Geral do Ministério Público, conforme preceitua o art. 23, § 5º, da LC estadual nº 34/94: "O Procurador-Geral de Justiça e o Corregedor-Geral do Ministério Público são membros natos da Câmara de Procuradores de Justiça."

D) CORRETA. De fato, a teor do art. 24, inciso XVII, da LC estadual nº 34/94, compete à Câmara de Procuradores de Justiça aprovar o regulamento do concurso para ingresso na carreira do Ministério Público e o do Centro de Estudos e Aperfeiçoamento Funcional.

Resposta: Letra D

14. DA DEFESA DO ESTADO E DAS INSTITUIÇÕES DEMOCRÁTICAS

MPMG 2017 (Concurso LV). *Questão 6. Direito Constitucional / Da defesa do Estado e das instituições democráticas/ Jurisprudência e legislação.*

Em relação à intervenção federal, é CORRETO o que se afirma em:

A) A decretação e execução da intervenção federal é competência privativa do Presidente da República, que, em alguns casos, atua ex officio e, em ambas as hipóteses, deverá ouvir o Conselho da República e o Conselho de Defesa Nacional, obrigando-se a acolher o parecer que for exarado por esses órgãos.

B) O Supremo Tribunal Federal será competente para apreciar o pedido de intervenção, se a decisão desrespeitada foi proferida em causa que tiver conteúdo constitucional. Se a decisão se fundou em normas infraconstitucionais, a competência será do Superior Tribunal de Justiça.

C) A intervenção é medida excepcional, e, em razão disso, as autoridades que tiverem comportamento destoante das disposições constitucionais serão afastadas definitivamente de seus cargos.

D) A intervenção federal somente pode recair sobre Estado-membro, Distrito Federal ou Municípios integrantes de território federal ou dos Estados-membros. Em relação aos Municípios integrantes de Estado-membro, a intervenção é cabível quando a medida for requerida em razão de desrespeito, por parte do Município, de decisões de tribunais federais.

Comentários

(A): Incorreta. A intervenção federal é matéria que diz respeito à competência da União (art.21, V, CF/88), sendo atribuição privativa do Presidente da República a sua decretação e execução (art.84, X, CF/88). Conforme o disposto nos artigos 90, inciso I e 91 §1º, inciso II, da CF, compete ao Conselho da República pronunciar-se sobre a intervenção federal e ao Conselho de Defesa Nacional opinar sobre sua decretação. Apesar da previsão de consulta aos referidos órgãos, o Presidente da República não fica vinculado aos pareceres por eles emitidos, visto que são meramente opinativos.

(B): Correta – De acordo com o art.36, II, da CF/88, a decretação da intervenção dependerá no caso de desobediência a ordem ou decisão judiciária, de requisição do STF, STJ ou TSE. Ainda que haja requisição, há de ser feita uma análise da questão de fundo pelo correspectivo Tribunal. Ver ainda:

Compete ao STJ julgar pedido de intervenção federal baseado no descumprimento de ordem de reintegração de posse de imóvel rural ocupado pelo MST expedida por Juiz Estadual e fundada exclusivamente na aplicação da legislação infraconstitucional civil possessória. Isso porque a decisão descumprida analisou tema relacionado com direito civil privado, não tendo feito considerações sobre questões constitucionais. Logo, o eventual recurso contra a decisão, quando o processo superasse as instâncias ordinárias e chegasse aos Tribunais Superiores, seria apreciado pelo STJ em sede de recurso especial. Não caberia, no caso, recurso extraordinário ao STF, razão pela qual esta Corte não seria competente para julgar o pedido de intervenção relacionada com o desatendimento da decisão. Quanto ao mérito, no caso concreto, o STJ julgou improcedente o pedido de intervenção federal. Afirmou-se que, como já se passaram muitos anos desde que a decisão judicial foi descumprida, a remoção das diversas famílias que vivem no local se fosse feita hoje iria causar um enorme conflito social, até mesmo porque não existe lugar para acomodar de imediato, de forma digna, essas pessoas. Logo, apesar de tecnicamente, a situação se enquadrar em uma hipótese de intervenção federal, esta não deveria ser decretada, devendo se considerar que as fazendas ocupadas foram afetadas ao interesse público e que a questão deverá ser resolvida em reparação a ser buscada via ação de indenização (desapropriação indireta) promovida pelo interessado. STJ. Corte Especial. IF 111-PR, Rel. Min. Gilson Dipp, julgado em 1º/7/2014 (Info 545).

(C): Incorreta – Não há afastamento definitivo das autoridades, conforme artigo 36, § 4º, da CF/88.

(D): Incorreta – A intervenção federal só ocorre em municípios que se localizem em território federal, conforme artigos 34 e 35 da CF/88.

Resposta: Letra B

MPMG 2019 (CONCURSO LVII). QUESTÃO 3. Direito Constitucional / Defesa do Estado e das Instituições Democráticas / Legislação.

Assinale a opção correta, segundo a Constituição de 1988:

A) O Presidente da República pode, ouvidos o Conselho da República e o Conselho de Defesa Nacional, solicitar ao Congresso Nacional autorização para decretar o estado de sítio nos casos de comoção grave de repercussão nacional ou ocorrência de fatos que comprovem a ineficácia de medida tomada durante o estado de defesa.

B) O Presidente da República pode, ouvidos o Conselho da República e o Conselho de Defesa Nacional, sem autorização do Congresso Nacional, decretar o estado de sítio nos casos de comoção grave de repercussão nacional ou ocorrência de fatos que comprovem a ineficácia de medida tomada durante o estado de defesa.

C) O Presidente da República pode, ouvidos o Conselho da República e o Conselho de Defesa Nacional, decretar o estado de sítio nos casos de declaração de estado de guerra ou resposta a agressão armada estrangeira.

D) O Presidente da República pode, ouvidos o Conselho da República e o Conselho de Defesa Nacional, sem autorização do Congresso Nacional, decretar o estado de sítio nos casos de declaração de estado de guerra ou resposta a agressão armada estrangeira.

Comentários

Dica Mnemônica: Estado de **S**ítio = **S**olicita / Estado de **D**efesa = **D**ecreta.

(A): Correta. Conforme art.137 da CF/88: "Art. 137. O Presidente da República pode, ouvidos o Conselho da República e o Conselho de Defesa Nacional, solicitar ao Congresso Nacional autorização para decretar o estado de sítio nos casos de: I - comoção grave de repercussão nacional ou ocorrência de fatos que comprovem a ineficácia de medida tomada durante o estado de defesa; II - declaração de estado de guerra ou resposta a agressão armada estrangeira".

(B): Incorreta. Conforme fundamentação supra.

(C): Incorreta. Conforme fundamentação supra.

(D): Incorreta. Conforme fundamentação supra.

Resposta: Letra A

15. JURISDIÇÃO CONSTITUCIONAL. HISTÓRICO. MODELOS. CONTROLE CONSTITUCIONAL E CRITÉRIOS DE VALORAÇÃO DAS DISPOSIÇÕES LEGISLATIVAS E CONSTITUCIONAIS

*MPMG 2017 (**Concurso LV**). Questão 8. Direito Constitucional / Teoria da Constituição / Controle de constitucionalidade / Dos direitos e garantias fundamentais / Jurisprudência e doutrina.*

Analise as seguintes assertivas relativas ao preâmbulo da Constituição da República Federativa do Brasil de 1988 (CR/88):

I. O preâmbulo da CR/88 não pode, por si só, servir de parâmetro de controle da constitucionalidade de uma norma.

II. A invocação de Deus no preâmbulo da CR/88 torna o Brasil um Estado confessional.

III. O preâmbulo traz em seu bojo os valores, os fundamentos filosóficos, ideológicos, sociais e econômicos e, dessa forma, norteia a interpretação do texto constitucional.

IV. A invocação de Deus no preâmbulo da CR/88 é norma de reprodução obrigatória nas Constituições Estaduais.

Está CORRETO somente o que se afirma em:

A) I e II.

B) I e III.

C) II e III.

D) III e IV.

Comentários

Análise das afirmativas:

I – Correta – VIDE ADI 2076: o preâmbulo não é norma constitucional e tem natureza política e não jurídica. Assim, não pode ser usado como parâmetro no controle de constitucionalidade. STF adota a tese da irrelevância jurídica.

II – Incorreta – VIDE ADI 2076: O Brasil não é um Estado Confessional, ou seja, não adota religião oficial. Como não é norma jurídica, o preâmbulo não possui tal competência.

III – Correta – VIDE ADI 2076 e ADI 3510: A despeito de não ser parâmetro de constitucionalidade, pode ser utilizado com vetor interpretativo das normas constitucionais.

IV – Incorreta – VIDE ADI 2076: Por não ser norma central e por não ter força normativa, não se trata de norma de reprodução obrigatória.

Resposta: Letra B

16. O PROCESSO DE JULGAMENTO DAS ADINS E ADCS PERANTE O STF (LEI FEDERAL N. 9.868/99)

17. O PROCESSO DE JULGAMENTO DAS ADINS E ADCS PERANTE O TRIBUNAL DE JUSTIÇA DE MINAS GERAIS

18. A ARGUIÇÃO DE DESCUMPRIMENTO DE PRECEITO FUNDAMENTAL (LEI FEDERAL N. 9.882/99)

19. O PROCESSO DE RECLAMAÇÃO (REGIMENTO INTERNO DO STF)

20. CONTROLE DE CONVENCIONALIDADE

21. CONSTITUIÇÃO DA REPÚBLICA FEDERATIVA DO BRASIL ATÉ A EMENDA CONSTITUCIONAL N. 101/2019

***MPMG 2010 (Concurso L)**. Questão 9. Direito Constitucional / Política Urbana / Ordem Econômica e Financeira / Legislação.*

O artigo 182, da Constituição Federal, assevera expressamente que "[...] a política de desenvolvimento urbano, executada pelo Poder Público municipal, conforme diretrizes gerais fixadas em lei, tem por objetivo ordenar o pleno desenvolvimento das funções sociais da cidade e garantir o bem-estar de seus habitantes". Considere, portanto, as seguintes afirmativas.

I. A propriedade urbana cumpre sua função social quando atende às exigências fundamentais de ordenação da cidade expressas no plano diretor.

II. O plano diretor, aprovado pela Câmara Municipal, obrigatório para cidades com mais de vinte mil habitantes, é o instrumento básico da política de desenvolvimento e de expansão urbana.

III. É facultado ao Poder Público municipal, mediante lei específica para área incluída no plano diretor, exigir, nos termos da lei federal, do proprietário do solo urbano não edificado, subutilizado ou não utilizado, que promova seu adequado aproveitamento.

IV. Aquele que possuir como sua área urbana de até duzentos e cinquenta metros quadrados, por cinco anos, ininterruptamente e sem oposição, utilizando-a para sua moradia ou de sua família, adquirir-lhe-á o domínio, desde que não seja proprietário de outro imóvel urbano ou rural; certo, também, que o respectivo título de domínio e a concessão de uso serão conferidos ao homem ou à mulher, ou a ambos, independentemente do estado civil.

A esse respeito, pode-se concluir que

A) *apenas a afirmativa I está correta.*

B) *apenas as afirmativas I e II estão corretas.*

C) *apenas a afirmativa II está correta.*

D) *todas as afirmativas estão corretas.*

Comentários

(I): Correta – Artigo 182, § 2º, da CF/88: "§ 2º A propriedade urbana cumpre sua função social quando atende às exigências fundamentais de ordenação da cidade expressas no plano diretor".

(II): Correta – Artigo 182, § 1º, da CF/88: "§ 1º O plano diretor, aprovado pela Câmara Municipal, obrigatório para cidades com mais de vinte mil habitantes, é o instrumento básico da política de desenvolvimento e de expansão urbana".

(III): Correta – Artigo 182, § 4º, da CF/88: "§ 4º É facultado ao Poder Público municipal, mediante lei específica para área incluída no plano diretor, exigir, nos termos da lei federal, do proprietário do solo urbano não edificado, subutilizado ou não utilizado, que promova seu adequado aproveitamento, sob pena, sucessivamente, de: I - parcelamento ou edificação compulsórios; II - imposto sobre a propriedade predial e territorial urbana progressivo no tempo; III - desapropriação com pagamento mediante títulos da dívida pública de emissão previamente aprovada pelo Senado Federal, com prazo de resgate de até dez anos, em parcelas anuais, iguais e sucessivas, assegurados o valor real da indenização e os juros legais".

(IV): Correta – Artigo 183, *caput* e § 1º, da CF/88: "Art. 183. Aquele que possuir como sua área urbana de até duzentos e cinqüenta metros quadrados, por cinco anos, ininterruptamente e sem oposição, utilizando-a para sua moradia ou de sua família, adquirir-lhe-á o domínio, desde que não seja proprietário de outro imóvel urbano ou rural. § 1º O título de domínio e a concessão de uso serão conferidos ao homem ou à mulher, ou a ambos, independentemente do estado civil".

Resposta: Letra D

MPMG – 2012 (LII Concurso) Questão 8 Direito Constitucional – Da Previdência Social e Assistência Social – Legislação.

Sobre a previdência e a assistência social, assinale a alternativa CORRETA:

A) Para efeito de aposentadoria, é vedada a contagem recíproca do tempo de contribuição na administração pública e na atividade privada, rural ou urbana.

B) A gratificação natalina dos aposentados e pensionistas terá por base o valor dos proventos do mês de novembro de cada ano.

C) Os ganhos habituais do empregado, a qualquer título, serão incorporados ao salário para efeito de contribuição previdenciária e consequente repercussão em benefícios, nos casos e na forma da lei.

D) A assistência social será prestada a quem dela necessitar, observando-se o tempo mínimo de doze meses de contribuição à seguridade social.

Comentários

DESATUALIZADA devido a entrada em vigor da EC nº103 de 12-11-2019, que trouxe a chamada Reforma da Previdência.

A) Incorreta. Art. 201, § 9º, da CRFB/1988. É assegurada a contagem recíproca do tempo de contribuição.

B) Incorreta. Art. 201, § 6º, da CRFB/1988. Terá por base o valor dos proventos do mês de dezembro de cada ano.

C) Correta. Artigo 201, § 11, da CRFB/1988: "§ 11. Os ganhos habituais do empregado, a qualquer título, serão incorporados ao salário para efeito de contribuição previdenciária e conseqüente repercussão em benefícios, nos casos e na forma da lei".

D) Incorreta. Art. 203 da CRFB/1988. A assistência social será prestada a quem dela necessitar, independentemente de contribuição à seguridade social.

Normas correspondentes após a EC 103:

"Art. 201. A previdência social será organizada sob a forma do Regime Geral de Previdência Social, de caráter contributivo e de filiação obrigatória, observados critérios que preservem o equilíbrio financeiro e atuarial, e atenderá, na forma da lei, a:

(...)

§ 6º A gratificação natalina dos aposentados e pensionistas terá por base o valor dos proventos do mês de dezembro de cada ano. (Redação dada pela Emenda Constitucional nº 20, de 1998)

(...)

§ 9º Para fins de aposentadoria, será assegurada a contagem recíproca do tempo de contribuição entre o Regime Geral de Previdência Social e os regimes próprios de previdência social, e destes entre si, observada a compensação financeira, de acordo com os critérios estabelecidos em lei. (Redação dada pela Emenda Constitucional nº 103, de 2019)

§ 9º-A. O tempo de serviço militar exercido nas atividades de que tratam os arts. 42, 142 e 143 e o tempo de contribuição ao Regime Geral de Previdência Social ou a regime próprio de previdência social terão contagem recíproca para fins de inativação militar ou aposentadoria, e a compensação financeira será devida entre as receitas de contribuição referentes aos militares e as receitas de contribuição aos demais regimes. (Incluído pela Emenda Constitucional nº 103, de 2019)

(...)

§ 11. Os ganhos habituais do empregado, a qualquer título, serão incorporados ao salário para efeito de contribuição previdenciária e conseqüente repercussão em benefícios, nos casos e na forma da lei. (Incluído dada pela Emenda Constitucional nº 20, de 1998)."

Resposta: letra C.

MPMG – 2013 (CONCURSO LIII) *Questão 3. Direito Constitucional. Direitos Sociais. Constituição Federal. Legislação.*

Analise as seguintes assertivas, relativas à cultura e ao desporto:

I. O Estado protegerá as manifestações das culturas populares, indígenas e afrobrasileiras, e das de outros grupos participantes do processo civilizatório nacional, e a lei disporá sobre a fixação de datas comemorativas de alta significação para os diferentes segmentos étnicos nacionais.

II. É facultado aos Estados e ao Distrito Federal vincular a fundo estadual de fomento à cultura até dez décimos por cento de sua receita tributária líquida, para o financiamento de programas e projetos culturais, permitindo-se a aplicação desses recursos inclusive para o pagamento de despesas com pessoal e encargos sociais e serviços de dívida.

III. O Poder Judiciário só admitirá ações relativas à disciplina e às competições desportivas após esgotarem-se as instâncias, reguladas em lei, da justiça desportiva, a qual terá o prazo máximo de sessenta dias, contados da instauração do processo, para proferir decisão final.

IV. A Constituição Federal brasileira prevê expressamente que ficam tombados todos os documentos e os sítios paleontológicos e os detentores de reminiscências históricas dos antigos quilombos.

*Somente é **CORRETO** o que se afirma em:*

A) I e II.

B) I e III.

C) I e IV.

D) II e IV.

Comentários

I) **Correta.** Nos exatos termos dos parágrafos 1º e 2º do artigo 215 da CR/88: "Art. 215. O Estado garantirá a todos o pleno exercício dos direitos culturais e acesso às fontes da cultura nacional, e apoiará e incentivará a valorização e a difusão das manifestações culturais. § 1º O Estado protegerá as manifestações das culturas populares, indígenas e afro-brasileiras, e das de outros grupos participantes do processo civilizatório nacional. § 2º A lei disporá sobre a fixação de datas comemorativas de alta significação para os diferentes segmentos étnicos nacionais".

II) Incorreta. A faculdade de vincular a fundo estadual de fomento à cultura é de até **cinco décimos** por cento de sua receita tributária líquida dos Estados e DF, nos termos do art. 216, § 6º, da CR/88, sendo vedada a aplicação desses recursos no pagamento de despesas I) com pessoal e encargos sociais; II) serviço da dívida; III) qualquer outra despesa corrente não vinculada diretamente aos investimentos e ações apoiados.

III) Correta. Há um comandando constitucional de que as ações relativas à disciplina e às competições desportivas serão admitidas pelo Poder Judiciário após o esgotamento das instâncias da Justiça Desportiva, que terá o prazo máximo de sessenta dias, contados da instauração do processo, para proferir decisão final (parágrafos 1º e 2º do artigo 217 da CR/88.

IV) Incorreta. O artigo 216, § 5º, da CR/88 não faz menção aos sítios paleontológicos: "Ficam tombados todos os documentos e os sítios detentores de reminiscências históricas dos antigos quilombos.".

Resposta: Letra B

MPMG 2014 (Concurso LIV). Questão 16. Direito Constitucional / Constituição / Da Ordem Econômica e Financeira / Legislação.

Relativamente ao tratamento que a Constituição Federal conferiu às restrições do Estado sobre a propriedade privada, é INCORRETO afirmar:

A) O Poder Público, com a colaboração da comunidade, promoverá e protegerá o patrimônio cultural brasileiro, por meio de inventários, registros, vigilância, tombamento e desapropriação, e de outras formas de acautelamento e preservação.

B) Estão tombados todos os documentos e os sítios detentores de reminiscências históricas dos antigos quilombos.

C) O decreto que garantir tratamento especial à propriedade produtiva também fixará normas para o cumprimento dos requisitos relativos à sua função social.

D) São isentas de impostos federais, estaduais e municipais as operações de transferência de imóveis desapropriados para fins de reforma agrária.

Comentários

(A) Correto – Art. 216, § 1º, CR/88: "§ 1º O Poder Público, com a colaboração da comunidade, promoverá e protegerá o patrimônio cultural brasileiro, por meio de inventários, registros, vigilância, tombamento e desapropriação, e de outras formas de acautelamento e preservação".

(B) Correto – Art. 216, § 5º, CR/88: "§ 5º Ficam tombados todos os documentos e os sítios detentores de reminiscências históricas dos antigos quilombos".

(C) Errado – Art. 185, parágrafo único, CR/88: "A lei garantirá tratamento especial à propriedade produtiva e fixará normas para o cumprimento dos requisitos relativos a sua função social."

(D) Correto – Art. 184, § 5º, CR/88: "§ 5º São isentas de impostos federais, estaduais e municipais as operações de transferência de imóveis desapropriados para fins de reforma agrária".

Resposta certa: C

MPMG 2018. (CONCURSO LVI) QUESTÃO 13. Direito Constitucional. Ordem Econômica. Lei Seca: CRFB/88.

São princípios gerais da Atividade Econômica, previstos no art. 170 da CR/88, EXCETO:

A) *soberania nacional.*

B) *pleno emprego.*

C) *defesa do consumidor.*

D) *função social da propriedade.*

Comentários

A) INCORRETA. De fato, a teor do Art. 170, I, da CRFB/88, a soberania nacional é um dos princípios gerais da Atividade Econômica.

B) CORRETA. A Constituição de maneira enfática afirma em seu art. 170, inciso VIII, que possui como norma programática a "busca do pleno emprego". Devemos nos atentar que a busca do pleno emprego é diferente de garantir o pleno emprego. A garantia efetiva do pleno emprego a todos os cidadãos seria uma promessa constitucional inconsequente, geradora de irreais expectativas.

C) INCORRETA. De fato, a teor do Art. 170, V, da CRFB/88, a defesa do consumidor é um dos princípios gerais da Atividade Econômica.

D) INCORRETA. De fato, a teor do Art. 170, III, da CRFB/88, a função social da propriedade é um dos princípios gerais da Atividade Econômica.

Resposta: Letra B.

MPMG 2017 (Concurso LV)*. Questão 05. Direito Constitucional / Constituição da República Federativa do Brasil até a Emenda Constitucional nº 99/2017/ Legislação.*

Sobre a pesquisa, ciência, tecnologia e inovação, previstas na Constituição Federal, é INCORRETO dizer:

A) *O Estado promoverá e incentivará o desenvolvimento científico, a pesquisa, a capacitação científica e tecnológica e a inovação.*

B) *A pesquisa científica básica e tecnológica receberá tratamento prioritário do Estado, tendo em vista o bem público e o progresso da ciência, tecnologia e inovação.*

C) *A pesquisa de inovação voltar-se-á preponderantemente para a solução dos problemas brasileiros e para o desenvolvimento do sistema produtivo nacional e regional.*

D) *É facultado aos Estados e ao Distrito Federal vincular parcela de sua receita orçamentária a entidades públicas de fomento ao ensino e à pesquisa científica e tecnológica.*

Comentários

(A): Correta– Art. 218 da CF/88: "Art. 218. O Estado promoverá e incentivará o desenvolvimento científico, a pesquisa, a capacitação científica e tecnológica e a inovação".

(B): Correta – Art.218, § 1º, da CF/88: "§ 1º A pesquisa científica básica e tecnológica receberá tratamento prioritário do Estado, tendo em vista o bem público e o progresso da ciência, tecnologia e inovação".

(C): Incorreta – Art. 218, § 2º, da CF/88: trocou-se *pesquisa de inovação* por *pesquisa tecnológica.*

(D): Correta – Art. 218, § 5º, da CF/88: "§ 5º É facultado aos Estados e ao Distrito Federal vincular parcela de sua receita orçamentária a entidades públicas de fomento ao ensino e à pesquisa científica e tecnológica".

Resposta: Letra C

22. DA ORGANIZAÇÃO DO ESTADO DE MINAS GERAIS, COM DESTAQUE PARA A ORGANIZAÇÃO DOS PODERES (CONSTITUIÇÃO DO ESTADO DE MINAS GERAIS)

MPMG 2010 (Concurso L). *Questão 11. Direito Constitucional / Constituição do Estado de Minas Gerais / Legislação Estadual.*

Dentre os princípios norteadores da Administração Pública, a Constituição do Estado de Minas Gerais prevê

A) lealdade.

B) imediatidade.

C) legitimidade.

D) razoabilidade.

Comentários

(A): Incorreta – Os princípios previstos são legalidade, impessoalidade, moralidade, publicidade, eficiência e razoabilidade. – Artigo 13 da Constituição do Estado de Minas Gerais.

(B): Incorreta – Os princípios previstos são legalidade, impessoalidade, moralidade, publicidade, eficiência e razoabilidade. – Artigo 13 da Constituição do Estado de Minas Gerais.

(C): Incorreta – Os princípios previstos são legalidade, impessoalidade, moralidade, publicidade, eficiência e razoabilidade. – Artigo 13 da Constituição do Estado de Minas Gerais.

(D): Correta – Artigo 13 da Constituição do Estado de Minas Gerais.

Resposta: Letra D.

MPMG – 2012 (LII Concurso) *Questão 05 Direito Constitucional / Constituição Federal/ Constituição do Estado de Minas Gerais /Legislação.*

Examine as afirmativas abaixo:

I. Segundo a Constituição do Estado de Minas Gerais, a atividade de administração pública dos Poderes do Estado e a de entidade descentralizada se sujeitarão aos princípios da legalidade, impessoalidade, moralidade, publicidade, eficiência e razoabilidade.

II. O prazo de validade do concurso público será de até dois anos, prorrogável por duas vezes, por igual período e, durante o prazo improrrogável previsto no edital de convocação, aquele aprovado em concurso público de provas ou de provas e títulos será convocado com prioridade sobre novos concursados para assumir cargo ou emprego, na carreira.

III. Os gestores locais do sistema único de saúde poderão admitir agentes comunitários de saúde e agentes de combate às endemias por meio de processo seletivo público, de acordo com a natureza e complexidade de suas atribuições e requisitos específicos para sua atuação.

IV. Os acréscimos pecuniários percebidos por servidor público serão computados e acumulados para fins de concessão de acréscimos ulteriores, e os vencimentos dos cargos do Poder Legislativo e do Poder Executivo não poderão ser superiores aos pagos pelo Poder Judiciário.

A análise permite concluir que:

A) *apenas as afirmativas I e II estão CORRETAS.*

B) *apenas as afirmativas I e III estão CORRETAS.*

C) *apenas as afirmativas I e IV estão CORRETAS.*

D) *apenas as afirmativas II e IV estão CORRETAS.*

Comentários

I. Correta. Artigo 13 da Constituição do Estado de Minas Gerais de 1989: "Art. 13 – A atividade de administração pública dos Poderes do Estado e a de entidade descentralizada se sujeitarão aos princípios de legalidade, impessoalidade, moralidade, publicidade, eficiência e razoabilidade".

II. Incorreta. O prazo pode ser **prorrogado uma vez.** Artigo 37, incisos III e IV, da CRFB/1988.

III. Correta. Artigo 198, § 4º, da CRFB/1988: "§ 4º Os gestores locais do sistema único de saúde poderão admitir agentes comunitários de saúde e agentes de combate às endemias por meio de processo seletivo público, de acordo com a natureza e complexidade de suas atribuições e requisitos específicos para sua atuação".

IV. Incorreta. "os acréscimos pecuniários percebidos por servidor público **não serão computados nem acumulados para fins de concessão de acréscimos ulteriores**" (...) "os vencimentos dos cargos do Poder Legislativo e **do Poder Judiciário não poderão ser superiores aos pagos pelo Poder Executivo.**" Artigo 37, incisos XII e XIV, da CRFB/1988.

Resposta: letra B

MPMG – 2013 (CONCURSO LIII) *Questão 16. Direito Constitucional/ Ordem Social/ Direito à Saúde/ Constituição Federal/ Constituição Estadual de MG/ Lei 8.080/90.*

O serviço de SAÚDE no Brasil desde o período colonial cabia às instituições religiosas e de caráter filantrópico, bem como aos hospitais militares. Após a Proclamação da República, foi aprovado pelo Senado Federal, em 1893, lei que estabeleceu a criação de serviços públicos civis de assistência individual, dando origem à participação e responsabilidade do Estado nesta atividade. A Carta da República de 1988 ampara conceito amplo de responsabilidade estatal e tornou-se marco importante na evolução da legislação brasileira sobre o setor, dando origem às Leis Orgânicas da Saúde 8080/90 e 8142/90 que estabeleceram o Sistema Único de Saúde (SUS).

Assinale a alternativa ***INCORRETA****.*

A) *O Estado não intervirá em seus Municípios, nem a União nos Municípios localizados em Território Federal, exceto quando não tiver sido aplicado o mínimo exigido da receita municipal na manutenção e desenvolvimento do ensino e nas ações e serviços públicos de saúde.*

B) *Ao Sistema Único de Saúde compete, além de outras atribuições, nos termos da lei, fiscalizar e inspecionar alimentos, compreendido o controle de seu teor nutricional, bem como bebidas e águas para consumo humano.*

C) *Compete ao Estado, no âmbito do Sistema Único de Saúde, além de outras atribuições previstas em lei federal, garantir o atendimento prioritário nos casos legais de interrupção da gravidez.*

D) *À direção estadual do Sistema Único de Saúde compete, em caráter exclusivo, formular, executar, acompanhar e avaliar a política de insumos e equipamentos para a saúde.*

Comentários

A) Correta. A não aplicação do mínimo exigido da receita municipal com a saúde implica em intervenção estadual em seus municípios, nos termos do artigo 35, III da CR/88.

B) Correta. Lei 8.080/90, artigo 6º, incisos IV e VIII. IV Art. 6º Estão incluídas ainda no campo de atuação do Sistema Único de Saúde (SUS): IV – a vigilância nutricional e a orientação alimentar; VIII – a fiscalização e a inspeção de alimentos, água e bebidas para consumo humano;

C) Correta. Conforme artigo 190, inciso X da Constituição do Estado de Minas Gerais: "X – garantir o atendimento prioritário nos casos legais de interrupção da gravidez".

D) Incorreta. Nos termos do inciso X do artigo 16 da Lei 8.080/90 **compete a direção nacional do Sistema Único da Saúde (SUS)** formular, avaliar, elaborar normas e participar na execução da política nacional e produção de insumos e equipamentos para a saúde, em articulação com os demais órgãos governamentais; logo, não se trata de caráter exclusivo.

Resposta: Letra D

MPMG 2018. (CONCURSO LVI) QUESTÃO 6. Direito Constitucional. Ordem Social. Patrimônio cultural. Direito Administrativo. Intervenção do Estado na Propriedade Privada. Doutrina/Lei Seca: CRFB/88.

Assinale a alternativa INCORRETA:

A) O patrimônio cultural brasileiro é constituído pelos bens de natureza material e imaterial, tomados individualmente ou em conjunto, portadores de referência à identidade, à ação, à memória dos diferentes grupos formadores da sociedade brasileira.

B) São formas de promoção e de proteção do patrimônio cultural brasileiro o inventário, o registro, a vigilância, o tombamento e a desapropriação, sem prejuízo de outras formas de acautelamento e preservação.

C) O tombamento, a desapropriação, a ocupação temporária e a limitação administrativa são formas de intervenção do Estado na propriedade privada, que se perfazem mediante prévia e justa indenização ao proprietário.

D) A servidão administrativa é ônus real de uso, imposto pela Administração Pública à propriedade privada, para assegurar a realização de obra ou serviço de utilidade pública, mediante indenização dos prejuízos efetivamente suportados pelo proprietário.

Comentários

A) CORRETA. Assim está disposto no art. 216, *caput*, da CRFB/88: "Art. 216. Constituem patrimônio cultural brasileiro os bens de natureza material e imaterial, tomados individualmente ou em conjunto, portadores de referência à identidade, à ação, à memória dos diferentes grupos formadores da sociedade brasileira (...)".

B) CORRETA. Assim está disposto no § 1º do art. 216, da CRFB/88: "§ 1º O Poder Público, com a colaboração da comunidade, promoverá e protegerá o patrimônio cultural brasileiro, por meio de inventários, registros, vigilância, tombamento e desapropriação, e de outras formas de acautelamento e preservação".

C) INCORRETA. O tombamento e a limitação administrativa são modalidades de intervenção branda na propriedade privada por parte do Estado. Assim sendo, não suprimem a propriedade e, portanto, em regra, não geram direito à indenização. A exceção é quando acarretem dano, a teor do art. 37, § 6º, da CRFB/88. Contudo, a indenização prévia não é um de seus pressupostos. A seu turno, a ocupação temporária pode ser conceituada genericamente como a utilização temporária, por parte do Poder Público, de imóvel de propriedade privada, para fins de utilidade ou necessidade pública. No ordenamento jurídico brasileiro, o instituto pode ser identificado no art. 5º, XXV, da CRFB/88, no art. 36 do Decreto-lei nº 3.365, no art. 13 da Lei nº 3.924, no art. 58, V, da Lei nº 8.666/93 (artigo 104, inciso V da Nova Lei de Licitações , nº 14.133/21), e no art. 35, §§ 2º e 3º, da Lei nº 8.987/95. Em nenhum dos mencionados casos a indenização prévia é um de seus requisitos, nem quando tratada pelo Decreto-lei nº 3.365, que regulamenta a desapropriação por utilidade pública.

D) CORRETA. Esta é a definição dada pela doutrina. Nesse sentido, Maria Sylvia Zanella Di Pietro (2018, p. 183) leciona que "Servidão administrativa é o direito real de gozo, de natureza pública, instituído sobre imóvel de propriedade alheia, com base em lei, por entidade pública ou por seus delegados, em favor de um serviço público ou de um bem afetado a fim de utilidade pública." Vale ressaltar que só há direito a indenização em relação aos danos efetivamente suportados, a teor do art. 37, § 6º, da CRFB/88, conforme exposto na assertiva.

Resposta: Letra C.

***MPMG 2014 (Concurso LIV)**. Questão 08. Direito Constitucional / Constituição do Estado de Minas Gerais / Poder Legislativo / Legislação.*

Quanto às disposições da Constituição do Estado de Minas Gerais, é INCORRETO afirmar que:

A) No caso de perda de mandato do deputado estadual em razão de procedimento declarado incompatível com o decoro parlamentar, a perda será decidida pela Assembleia Legislativa por voto secreto e maioria absoluta de seus membros, por provocação da Mesa ou de partido político representado na Assembleia Legislativa, assegurada ampla defesa.

B) As Comissões Parlamentares de Inquérito, observada a legislação específica, no que couber, terão poderes de investigação próprios das autoridades judiciárias, além infrator de outros previstos no Regimento Interno, e serão criadas a requerimento de um terço dos membros da Assembleia Legislativa, para apuração de fato determinado e por prazo certo, e suas conclusões, se for o caso, serão encaminhadas ao Ministério Público, ou a outra autoridade competente, para que se promova a responsabilidade civil, criminal ou administrativa do infrator.

C) *Compete privativamente ao Governador do Estado remeter mensagem e planos de governo à Assembleia Legislativa, quando da reunião inaugural da sessão legislativa ordinária, expondo a situação do Estado.*

D) *O Tribunal de Justiça Militar, com sede na Capital e jurisdição em todo o território do Estado, compõe-se de juízes Oficiais da ativa, do mais alto posto da Polícia Militar ou do Corpo de Bombeiros Militar, e de juízes civis, em número ímpar, fixado na Lei de Organização e Divisão Judiciárias, excedendo o número de juízes Oficiais ao de juízes civis em uma unidade.*

Comentários

(A) Errado – artigo 58, § 2º, da Constituição do Estado de MG. "§ 2º – Nos casos dos incisos I, II e VI, a perda de mandato será decidida pela Assembleia Legislativa pelo voto da maioria de seus membros, por provocação da Mesa ou de partido político representado na Assembleia Legislativa, assegurada ampla defesa. "

(B) Correto – artigo 60, § 3º, da Constituição do Estado de MG: "§ 3º – As Comissões Parlamentares de Inquérito, observada a legislação específica, no que couber, terão poderes de investigação próprios das autoridades judiciárias, além de outros previstos no Regimento Interno, e serão criadas a requerimento de um terço dos membros da Assembleia Legislativa, para apuração de fato determinado e por prazo certo, e suas conclusões, se for o caso, serão encaminhadas ao Ministério Público, ou a outra autoridade competente, para que se promova a responsabilidade civil, criminal ou administrativa do infrator".

(C) Correto – artigo 90, X, da Constituição do Estado de MG: "X – remeter mensagem e planos de governo à Assembleia Legislativa, quando da reunião inaugural da sessão legislativa ordinária, expondo a situação do Estado".

(D) Correto – artigo 110 da Constituição do Estado de MG: "Art. 110 – O Tribunal de Justiça Militar, com sede na Capital e jurisdição em todo o território do Estado, compõe-se de juízes Oficiais da ativa, do mais alto posto da Polícia Militar ou do Corpo de Bombeiros Militar, e de juízes civis, em número ímpar, fixado na Lei de Organização e Divisão Judiciárias, excedendo o número de juízes Oficiais ao de juízes civis em uma unidade".

Resposta certa: A

23. SÚMULAS VINCULANTES. PRECEDENTES CONSTITUCIONAIS. TRANSCONSTITUCIONALISMO E CONSTITUIÇÃO TRANSVERSAL

MPMG – 2012 (LII Concurso) *– Questão 02 Direito Constitucional – Súmulas Vinculantes – Legislação/ Jurisprudência.*

Assinale a alternativa CORRETA em relação às Súmulas Vinculantes:

A) Qualquer cidadão, representado por advogado, poderá pleitear a aprovação, revisão ou cancelamento de Súmula.

B) O Supremo Tribunal Federal poderá, de ofício ou por provocação, após reiteradas decisões sobre matéria constitucional, mediante decisão de um terço de seus membros, editar Súmula Vinculante.

C) A Súmula Vinculante, a partir da data da sessão em que for aprovada, terá efeito vinculante em relação aos demais órgãos do Poder Judiciário e à administração pública direta e indireta, nas esferas federal, estadual e municipal.

D) O Procurador-Geral de Justiça do Estado de Minas Gerais, ao verificar que acórdão do Tribunal de Justiça local contraria determinada Súmula Vinculante, dispõe, ele próprio, de legitimidade para ajuizar reclamação, em sede originária, perante o Supremo Tribunal Federal, independentemente da ratificação do Procurador-Geral da República.

Comentários

A) Incorreta. Artigo 3º da Lei 11.417/2006. O cidadão não tem legitimidade.

B) Incorreta. Artigo 2º, *caput* e § 3º, da Lei 11.417/2006 e Artigo 103-A da CRFB/1988. *Quórum* de aprovação 2/3 dos membros do Supremo Tribunal Federal.

C) Incorreta. Artigo 2º, *caput*, da Lei 11.417/2006 e Artigo 103-A da CRFB/1988. O efeito vinculante ocorre a partir da publicação da súmula na imprensa oficial.

D) Correta. O Ministério Público Estadual possui legitimidade autônoma para propor reclamação perante o STF (Rcl 7358, Rel. Min. ELLEN GRACIE, Tribunal Pleno, julgado em 24/02/2011).

Resposta: Letra D

MPMG – 2012 (LII Concurso) *Questão 53 Súmula Vinculante – Legislação.*

São legitimados a propor a edição, a revisão ou o cancelamento de enunciado de Súmula Vinculante, EXCETO:

A) o Procurador-Geral da República.

B) a Mesa da Assembleia Legislativa ou da Câmara Legislativa do Distrito Federal.

C) o Defensor Público-Geral da União.

D) o Procurador-Geral de Justiça.

Comentários

Conforme o art.3º da Lei 11.417/2006, "são legitimados a propor a edição, a revisão ou o cancelamento de enunciado de súmula vinculante: I - o Presidente da República; II - a Mesa do Senado Federal; III – a Mesa da Câmara dos Deputados; IV – o Procurador-Geral da República; V - o Conselho Federal da Ordem dos Advogados do Brasil; VI - o Defensor Público-Geral da União; VII – partido político com representação no Congresso Nacional; VIII – confederação sindical ou entidade de classe de âmbito nacional; IX – a Mesa de Assembléia Legislativa ou da Câmara Legislativa do Distrito Federal; X - o Governador de Estado ou do Distrito Federal; XI - os Tribunais Superiores, os Tribunais de Justiça de Estados ou do Distrito Federal e Territórios, os Tribunais Regionais Federais, os Tribunais Regionais do Trabalho, os Tribunais Regionais Eleitorais e os Tribunais Militares".

A) Correto. Artigo 3º, IV, da Lei 11.417/2006.

B) Correto. Artigo 3º, IX, da Lei 11.417/2006.

C) Correto. Artigo 3º, VI, da Lei 11.417/2006.

D) Incorreto. Procurador-Geral de Justiça não está no rol de legitimados previsto no artigo 3º da Lei 11.417/2006.

Resposta: letra D.

DIREITO ELEITORAL

Autora: Claudia Cristina Vieira Cançado

DIREITO ELEITORAL	Legislação	Doutrina	Jurisprudência
1. Lei nº 4.737/1965	2019: 01		
2. Lei Complementar nº 64/1990.	2013: 01	2013: 01	
3. Lei 9.096/95			
3.1. Lei nº 9.504/1997	2011: 01 2013: 01 1 (Propaganda. Eleitoral) 2014: 01		2013: 01 1 (Propaganda. Eleitoral)
4. Lei nº 11.300/2006. 5. Lei nº 12.034/2009. 6. Lei n.º 12.891/2013. 7. Lei n.º 13.165/2016.			
8. Crimes Eleitorais.	2012: 01		2012: 01
9. Processo Penal Eleitoral.			
10. Ministério Público Eleitoral: legitimidade, funções, preferências e impedimentos.	2010: 01 2012: 01		

1. LEI Nº 4.737/1965 E ATUALIZAÇÕES LEGISLATIVAS OCORRIDAS ATÉ A DATA DA PUBLICAÇÃO DO PRESENTE EDITAL

MPMG 2019 (CONCURSO LVII). QUESTÃO 17. Direito Eleitoral / Ações Especiais Eleitorais / Lei nº 9.504/97 / Código Eleitoral (Lei nº 4.737/65) / Lei da Inelegibilidade (LC nº 64/90) / Legislação.

Acerca das ações eleitorais e suas finalidades, assinale a alternativa incorreta:

A) *Poderá o Ministério Público Eleitoral propor investigação judicial eleitoral, após o deferimento do registro de candidatura, por atos ilícitos decorrentes de abuso do poder econômico e/ou político. Nesse caso, se o pedido final importar em cassação do registro, diploma ou mandato, haverá litisconsórcio passivo necessário entre o titular e o vice da chapa majoritária.*

B) *A ação de impugnação a mandato eletivo poderá ser proposta pelo Ministério Público Eleitoral ou por qualquer candidato, partido ou coligação, visando a cassação do diploma de candidatos eleitos que tenham agido com abuso do poder político ou econômico, dentre outros. No caso de eleição majoritária, julgada procedente a AIME, os votos do candidato eleito serão considerados nulos, e automaticamente será diplomado o segundo colocado no certame, em virtude do efeito imediato das decisões da Justiça Eleitoral em ações dessa natureza.*

C) *O recurso contra expedição de diploma caberá somente nos casos de inelegibilidade infraconstitucional superveniente, inelegibilidade de natureza constitucional e falta de condição de elegibilidade. Na primeira hipótese, não basta que a inelegibilidade seja desconhecida, é preciso que seja superveniente ao processo de registro de candidatura.*

D) *As representações eleitorais baseadas na Lei n° 9.504/97 têm por finalidade, em regra geral, garantir a lisura do pleito e do exercício do voto, ensejando a aplicação de multa àqueles que incidirem em infrações às normas eleitorais. Excepcionalmente, a representação eleitoral por captação ilícita de sufrágio, prevista no art. 41-A da Lei n° 9.504/97, em caso de procedência, ensejará a aplicação de multa e a cassação do registro de candidatura.*

Comentários

(A) Correta: Art. 22 da Lei de Inelegibilidade e súmula TSE nº 38. "Art. 22. Qualquer partido político, coligação, candidato ou Ministério Público Eleitoral poderá representar à Justiça Eleitoral, diretamente ao Corregedor-Geral ou Regional, relatando fatos e indicando provas, indícios e circunstâncias e pedir abertura de investigação judicial para apurar uso indevido, desvio ou abuso do poder econômico ou do poder de autoridade, ou utilização indevida de veículos ou meios de comunicação social, em benefício de candidato ou de partido político (...)." Súmula TSE nº 38: "Nas ações que visem à cassação de registro, diploma ou mandato, há litisconsórcio passivo necessário entre o titular e o respectivo vice da chapa majoritária."

(B) Incorreta: Art. 22 da Lei de Inelegibilidade e art. 224, § 3º, do Código Eleitoral. Segundo o Código Eleitoral, a decisão da Justiça Eleitoral que importe o indeferimento do registro, a cassação do diploma ou a perda do mandato de candidato eleito em pleito majoritário acarreta a realização de novas eleições, independentemente do número de votos anulados, e não a diplomação automática do segundo colocado no pleito.

(C) Correta: Art. 262, do Código Eleitoral e súmula TSE nº 47. "Art. 262. O recurso contra expedição de diploma caberá somente nos casos de inelegibilidade superveniente ou de natureza constitucional e de falta de condição de elegibilidade." Súmula TSE nº 47: "A inelegibilidade superveniente que autoriza a interposição de recurso contra expedição de diploma, fundado no art. 262 do Código Eleitoral, é aquela de índole constitucional ou, se infraconstitucional, superveniente ao registro de candidatura, e que surge até a data do pleito."

(D) Correta: Art. 41-A da Lei 9.504/97: "Ressalvado o disposto no art. 26 e seus incisos, constitui captação de sufrágio, vedada por esta Lei, o candidato doar, oferecer, prometer, ou entregar, ao eleitor, com o fim de obter-lhe o voto, bem ou vantagem pessoal de qualquer natureza, inclusive emprego ou função pública, desde o registro da candidatura até o dia da eleição, inclusive, sob pena de multa de mil a cinquenta mil Ufir, e cassação do registro ou do diploma, observado o procedimento previsto no art. 22 da Lei Complementar nº 64, de 18 de maio de 1990." REPRESENTAÇÃO. ART. 30-A DA LEI Nº 9.504/97. CAPTAÇÃO E GASTOS ILÍCITOS DE RECURSOS PARA FINS ELEITORAIS. REJEIÇÃO DAS CONTAS DE CAMPANHA. ILICITUDES GRAVES. RELEVÂNCIA JURÍDICA. CASSAÇÃO DO DIPLOMA. PROCEDÊNCIA DO PEDIDO. A representação fundada no artigo 30-A da Lei nº 9.504/97 visa a assegurar não só a moralidade e a lisura do pleito eleitoral, como também a igualdade entre os candidatos. (...) Pedido julgado procedente, cassado o diploma e, por consequência, o mandato de deputado distrital do representado. (REPRESENTAÇÃO LEI 9.504 nº 443482, Acórdão nº 4643 de 13/04/2012, Relator(a) SEBASTIÃO COELHO DA SILVA, Publicação: DJE - Diário de Justiça Eletrônico do TRE-DF, Tomo 083, Data 04/05/2012, Página 03). REPRESENTAÇÃO. CONDUTA VEDADA. ART. 73, INCISO III, DA LEI N.º 9.504/97. PRESIDENTE DA REPÚBLICA. PARTICIPAÇÃO EM CAMPANHA ELEITORAL. AGENTE POLÍTICO. JORNADA DE TRABALHO FIXA. NÃO CARACTERIZAÇÃO DA CONDUTA VEDADA. REPRESENTAÇÃO JULGADA IMPROCEDENTE. 1. As condutas vedadas nos incisos do art. 73 da Lei nº 9.504/97, radicadas nos princípios da moralidade, da probidade administrativa e da igualdade, tem por objetivo resguardar o equilíbrio dos candidatos na disputa eleitoral. (...) (Representação Lei 9.504 nº.329595, Acórdão nº. 4531, em 04/08/2011, Relatora: Desa. Nilsoni de Freitas Custódio, Publicação: DJE - Diário de Justiça Eletrônico do TRE-DF, Data 18/08/2011, fls. 2).

Resposta: Letra B

2. LEI COMPLEMENTAR Nº 64/1990 E ATUALIZAÇÕES LEGISLATIVAS OCORRIDAS ATÉ A DATA DA PUBLICAÇÃO DO PRESENTE EDITAL

3. LEI 9.096/95 E ATUALIZAÇÕES LEGISLATIVAS OCORRIDAS ATÉ A DATA DE PUBLICAÇÃO DO PRESENTE EDITAL LEI Nº 9.504/1997 E ATUALIZAÇÕES LEGISLATIVAS OCORRIDAS ATÉ A DATA DA PUBLICAÇÃO DO PRESENTE EDITAL

MPMG – 2011 (Concurso LI). *Questão 10. Direito Eleitoral / Lei 9504.1997/ Da propaganda Eleitoral em Geral / Legislação.*

Analise as seguintes assertivas a respeito da propaganda eleitoral.

I. É permitida, no dia das eleições, a manifestação individual e silenciosa da preferência do eleitor por partido político, coligação ou candidato, revelada exclusivamente pelo uso de bandeiras, broches, dísticos e adesivos.

II. É permitida na campanha eleitoral a confecção, utilização, distribuição por comitê, candidato, ou com a sua autorização, de camisetas, chaveiros, bonés, canetas, brindes, cestas básicas ou quaisquer outros bens ou materiais que possam proporcionar vantagem ao eleitor.

III. É permitida a realização de showmício e de evento assemelhado para promoção de candidatos, bem como a apresentação, remunerada ou não, de artistas com a finalidade de animar comício ou reunião eleitoral.

IV. Serão permitidos, até às vinte e duas horas do dia que antecede a eleição, a distribuição de material gráfico, caminhada, carreata, passeata ou carro de som que transite pela cidade divulgando jingles ou mensagens de candidatos.

Pode-se concluir que somente estão CORRETAS as assertivas

A) I e II.

B) II e III.

C) III e IV.

D) I e IV.

Comentários

I) Correta. Art. 39-A da Lei 9504/97. "É permitida, no dia das eleições, a manifestação individual e silenciosa da preferência do eleitor por partido político, coligação ou candidato, revelada exclusivamente pelo uso de bandeiras, broches, dísticos e adesivos." Ressalta-se que no dia do pleito, até o término das votações, não é permitido aglomerações de pessoas com vestuário padronizado, ou com os objetos mencionados da assertiva.

II) Incorreta. Art. 39, § 6º, da Lei 9504/97. "É vedada na campanha eleitoral a confecção, utilização, distribuição por comitê, candidato, ou com a sua autorização, de camisetas, chaveiros, bonés, canetas, brindes, cestas básicas ou quaisquer outros bens ou materiais que possam proporcionar vantagem ao eleitor."

III) Incorreta. Art. 39, § 7º, da Lei 9504/97. "É proibida a realização de *showmício* e de evento assemelhado para promoção de candidatos, bem como a apresentação, remunerada ou não, de artistas com a finalidade de animar comício e reunião eleitoral."

IV) Correta. Art. 39, § 9º, da Lei 9504/97. "Até as vinte e duas horas do dia que antecede a eleição, serão permitidos distribuição de material gráfico, caminhada, carreata, passeata ou carro de som que transite pela cidade divulgando jingles ou mensagens de candidatos."

Resposta certa: D

***MPMG – 2013 (CONCURSO LIII)** Questão 10. Direito Eleitoral. Propaganda Eleitoral. Legislação/Lei. 9504/97/Jurisprudência.*

*Assinale a alternativa **INCORRETA**:*

A) *Ao postulante a candidatura a cargo eletivo é permitida a realização, na quinzena anterior à escolha pelo partido, de propaganda intrapartidária com vista à indicação de seu nome, vedado o uso de rádio, televisão e outdoor.*

B) *Na seara eleitoral, são inaplicáveis as regras dos artigos 188 e 191 do Código de Processo Civil, que duplicam ou quadruplicam os prazos do Ministério Público, da Fazenda Pública e de litisconsortes com diferentes procuradores.*

C) *Os feitos eleitorais, no período entre o registro das candidaturas até cinco dias após a realização do segundo turno das eleições, terão prioridade para a participação do Ministério Público e dos Juízes de todas as Justiças e instâncias, ressalvados os processos de habeas corpus e mandado de segurança.*

D) *Depende da obtenção de licença municipal e de autorização da Justiça Eleitoral a veiculação de propaganda eleitoral para distribuição de folhetos, volantes e outros impressos, os quais devem ser editados sob a responsabilidade do partido, coligação ou candidato.*

Comentários

A) Correta. A propaganda intrapartidária é prevista no art. 36, § 1º, da lei 9.504/97, segundo o qual é permitida a sua realização, na quinzena anterior à escolha pelo partido, de propaganda intrapartidária com vista à indicação de seu nome, vedado o uso de rádio, televisão e *outdoor*.

B) Correta. Entendimento do TSE na vigência do CPC/73 ("Agravo de instrumento. Representação. Propaganda irregular. Recurso contra sentença interposto pelo Ministério Público. Prazo de 24 horas. Paragrafo 8º do art. 96 da lei n. 9.504/97. Não aplicação do art. 188 do CPC". – TSE – AGRAVO DE INSTRUMENTO nº 1945 – /MG) e também do CPC/15, conforme Resolução nº 23.478, de 10 de maio de 2016, artigo Art. 7º ("O disposto no art. 219 do Novo Código de Processo Civil não se aplica aos feitos eleitorais.").

C) Correta. Artigo 94 da lei 9.504/97. "Os feitos eleitorais, no período entre o registro das candidaturas até cinco dias após a realização do segundo turno das eleições, terão prioridade para a participação do Ministério Público e dos Juízes de todas as Justiças e instâncias, ressalvados os processos de *habeas corpus* e mandado de segurança."

D) Incorreta. Não há exigência de licença para a veiculação de propaganda eleitoral, conforme o artigo 38 da Lei 9.504/97. A redação atual do referido artigo incluiu os adesivos: "Art. 38. Independe da obtenção de licença municipal e de autorização da Justiça Eleitoral a veiculação de propaganda eleitoral pela distribuição de folhetos, adesivos, volantes e outros impressos, os quais devem ser editados sob a responsabilidade do partido, coligação ou candidato." (Redação dada pela Lei nº 12.891, de 2013).

Resposta: Letra D

***MPMG 2014 (Concurso LIV)**. Questão 09. Direito Eleitoral / Lei das Eleições (Lei 9.504/97) e Código Eleitoral / Propaganda eleitoral / Legislação.*

Com relação às seguintes alternativas:

I. Não serão consideradas propaganda antecipada e poderão ter cobertura dos meios de comunicação social, inclusive via internet, a manifestação e o posicionamento pessoal sobre questões políticas nas redes sociais.

II. Nos bens cujo uso dependa de cessão ou permissão do Poder Público, ou que a ele pertençam, e nos de uso comum, inclusive postes de iluminação pública e sinalização de tráfego, viadutos, passarelas, pontes, paradas de ônibus e outros equipamentos urbanos, é vedada a veiculação de propaganda de qualquer natureza, inclusive pichação, inscrição a tinta, fixação de placas, estandartes, faixas, cavaletes e assemelhados.

III. A veiculação de propaganda eleitoral em bens particulares deve ser espontânea e gratuita, sendo vedado qualquer tipo de pagamento em troca de espaço para esta finalidade.

IV. Sem a prova de que votou na última eleição, pagou a respectiva multa ou de que se justificou devidamente, em regra, não poderá o eleitor obter passaporte ou mesmo a carteira de identidade.

É CORRETO somente o que se afirma em:

A) I e III.

B) I e II.

C) I, II e III.

D) I, II, III e IV.

Comentários

I. Correto – Art. 36-A da Lei 9.504/97 (Lei das Eleições). "Não configuram propaganda eleitoral antecipada, desde que não envolvam pedido explícito de voto, a menção à pretensa candidatura, a exaltação das qualidades pessoais dos pré-candidatos e os seguintes atos, que poderão ter cobertura dos meios de comunicação social, inclusive via internet."

II. Correto – Art. 37, da Lei 9.504/97 (Lei das Eleições). "Nos bens cujo uso dependa de cessão ou permissão do poder público, ou que a ele pertençam, e nos bens de uso comum, inclusive postes de iluminação pública, sinalização de tráfego, viadutos, passarelas, pontes, paradas de ônibus e outros equipamentos urbanos, é vedada a veiculação de propaganda de qualquer natureza, inclusive pichação, inscrição a tinta e exposição de placas, estandartes, faixas, cavaletes, bonecos e assemelhados."

III. Correto – Art. 37, § 8º, da Lei 9.504/97 (Lei das Eleições). "Nos bens cujo uso dependa de cessão ou permissão do poder público, ou que a ele pertençam, e nos bens de uso comum, inclusive postes de iluminação pública, sinalização de tráfego, viadutos, passarelas, pontes, paradas de ônibus e outros equipamentos urbanos, é vedada a veiculação de propaganda de qualquer natureza, inclusive pichação, inscrição a tinta e exposição de placas, estandartes, faixas, cavaletes, bonecos e assemelhados."

IV. Correta – Art. 7º, § 1º, V, e § 4º do Código Eleitoral. De acordo com o inciso V do § 1º do art. 7º do Código Eleitoral, a regra é que sem a prova de que votou na última eleição, pagou a respectiva multa ou de que se justificou devidamente, não poderá o eleitor obter passaporte ou carteira de identidade. O § 4º do mesmo artigo apresenta uma exceção, dispondo que o inciso V do § 1º não se aplica ao eleitor no exterior que requeira novo passaporte para identificação e retorno ao Brasil.

Resposta certa: D

4. LEI Nº 11.300/2006

5. LEI Nº 12.034/2009

6. LEI Nº 12.891/2013

7. LEI Nº 13.165/2016

8. CRIMES ELEITORAIS

MPMG – 2012 (LII Concurso) *Questão 10 Direito Eleitoral – Crimes Eleitorais – Legislação e Jurisprudência.*

Analise as seguintes assertivas em relação aos crimes eleitorais, previstos no Código Eleitoral, e assinale a alternativa CORRETA:

A) Os crimes eleitorais são de ação penal pública condicionada à representação do ofendido.

B) Os crimes eleitorais praticados por Governadores de Estado e do Distrito Federal são de competência do Tribunal Superior Eleitoral.

C) Os crimes eleitorais praticados por prefeitos municipais são processados e julgados pelo Tribunal Regional Federal.

D) Os crimes eleitorais praticados por juízes eleitorais são processados e julgados pelo Tribunal Regional Eleitoral.

Comentários

A) Incorreta. Art. 355 do Código Eleitoral: As infrações penais definidas neste Código são de ação pública.

B) Incorreta. Competência do Superior Tribunal de Justiça. Art. 105, I, "a", da CF/88.

C) Incorreta. O STF e o TSE possuem precedentes no sentido de que a competência é do Tribunal Regional Eleitoral. Vide: Ac. de 8.4.2014 no HC nº 42907, rel. Min. Gilmar Mendes/ TSE.

D) Correta. Art. 29, inciso I, alínea "d", do Código Eleitoral. Compete aos Tribunais Regionais processar e julgar originariamente os crimes eleitorais cometidos pelos juízes eleitorais.

Resposta: letra D

9. PROCESSO PENAL ELEITORAL

10. MINISTÉRIO PÚBLICO ELEITORAL: LEGITIMIDADE, FUNÇÕES, PREFERÊNCIAS E IMPEDIMENTOS

MPMG 2010 (Concurso L). Questão 1. Direito Eleitoral / Princípios e Fontes, Direitos Políticos / Inelegibilidade / Princípios e Fontes / Desincompatibilização e Reeleição / Legislação.

Analise as afirmativas abaixo.

I. A lei que alterar o processo eleitoral entrará em vigor na data de sua publicação, não se aplicando à eleição que ocorra até um ano da data de sua vigência (princípio da anualidade).

II. São inelegíveis, no território de jurisdição do titular, o cônjuge e os parentes consanguíneos ou afins, até o segundo grau ou por adoção, do Presidente da República, de Governador de Estado ou Território, do Distrito Federal, de Prefeito ou de quem os haja substituído dentro dos seis meses anteriores ao pleito, salvo se já titular de mandato eletivo e candidato à reeleição.

III. Para concorrerem a outros cargos, faculta-se ao Presidente da República, aos Governadores de Estado e do Distrito Federal e aos Prefeitos, renunciar aos seus respectivos mandatos até seis meses antes do pleito.

IV. Não obstante a garantia da presunção de não culpabilidade, a norma inscrita no artigo 14, § 9º/CF autoriza restringir o direito fundamental à elegibilidade, em reverência aos postulados da moralidade e da probidade administrativas.

É INCORRETO o que se afirma

A) apenas em I.

B) apenas em I e II.

C) apenas em III.

D) apenas em III e IV.

Comentários

(I): Correta – Artigo 16 da CF/88. "A lei que alterar o processo eleitoral entrará em vigor na data de sua publicação, não se aplicando à eleição que ocorra até um ano da data de sua vigência."

(II): Correta: Artigo 14, § 7º, da CF/88. "São inelegíveis, no território de jurisdição do titular, o cônjuge e os parentes consangüíneos ou afins, até o segundo grau ou por adoção, do Presidente da República, de Governador de Estado ou Território, do Distrito Federal, de Prefeito ou de quem os haja substituído dentro dos seis meses anteriores ao pleito, salvo se já titular de mandato eletivo e candidato à reeleição."

(III): Incorreta – A renúncia aos mandatos não é facultativa. – Artigo 14, § 6º, da CF/88.

(IV): Correta – O artigo 14, § 9º, da CF/88 prevê a possibilidade do estabelecimento de outros casos de inexigibilidade e os prazos de cessação por lei complementar.

Resposta: Letra C

***MPMG – 2012 (LII Concurso)** Questão 9 Direito Eleitoral – Ministério Público Eleitoral – Legislação.*

O Ministério Público Eleitoral exerce suas funções perante os órgãos da Justiça Eleitoral, incumbindo-lhe atuar nas causas de sua competência, velar pela fiel observância da legislação eleitoral e partidária e promover a ação penal nos casos de crimes eleitorais.

Assim, assinale a alternativa INCORRETA:

A) O Promotor de Justiça, no exercício de suas funções eleitorais, atua na primeira instância e perante o Tribunal Regional Eleitoral e poderá, ainda, ser designado pelo Procurador-Geral Eleitoral, por necessidade de serviço, para oficiar, sob sua coordenação, perante o Tribunal Superior Eleitoral.

B) O Promotor de Justiça, no exercício de suas funções eleitorais, tem atribuição para propor ação de investigação judicial eleitoral (AIJE), a qual poderá ser ajuizada até a data da diplomação dos eleitos e intervirá como autor ou custos legis nas representações por propaganda eleitoral ilícita.

C) O Promotor de Justiça, no exercício de suas funções eleitorais, tem atribuição para propor, no prazo de quinze dias contados da diplomação, a ação de impugnação ao mandato eletivo, que tramitará em segredo de justiça e será instruída com provas do abuso do poder econômico, corrupção ou fraude.

D) O Promotor de Justiça, no exercício de suas funções eleitorais, tem atribuição para propor ação de impugnação de registro de candidatura no prazo de cinco dias, contados da publicação do pedido do registro.

Comentários

A) Incorreta: Artigos 74, parágrafo único, e 78 da LC 75, de 1993. Promotor de Justiça, no exercício de suas funções eleitorais, atua somente na primeira instância. O Procurador-Geral poderá designar, por necessidade de serviço, membros do Ministério Público Federal para oficiarem, com sua aprovação, perante o Tribunal Superior Eleitoral.

B) Correta. Artigos 22 da LC 64, de 1990, e 30-A, da lei 9.504, de 1997. "Art. 22. Qualquer partido político, coligação, candidato ou Ministério Público Eleitoral poderá representar à Justiça Eleitoral, diretamente ao Corregedor-Geral ou Regional, relatando fatos e indicando provas, indícios e circunstâncias e pedir abertura de investigação judicial para apurar uso indevido, desvio ou abuso do poder econômico ou do poder de autoridade, ou utilização indevida de veículos ou meios de comunicação social, em benefício de candidato ou de partido político, obedecido o seguinte rito:" "Art. 30-A. Qualquer partido político ou coligação poderá representar à Justiça Eleitoral, no prazo de 15 (quinze) dias da diplomação, relatando fatos e indicando provas, e pedir a abertura de investigação judicial para apurar condutas em desacordo com as normas desta Lei, relativas à arrecadação e gastos de recursos."

C) Correta. Artigo 14, §§ 10 e 11, da CF/88. "§ 10 - O mandato eletivo poderá ser impugnado ante a Justiça Eleitoral no prazo de quinze dias contados da diplomação, instruída a ação com provas de abuso do poder econômico, corrupção ou fraude." "§ 11 - A ação de impugnação de mandato tramitará em segredo de justiça, respondendo o autor, na forma da lei, se temerária ou de manifesta má-fé."

D) Correta. Artigo 3°, § 1°, da LC 64, de 1990. "Caberá a qualquer candidato, a partido político, coligação ou ao Ministério Público, no prazo de 5 (cinco) dias, contados da publicação do pedido de registro do candidato, impugná-lo em petição fundamentada."

Resposta: letra A.

DIREITO ADMINISTRATIVO

Autor: Jorge Arbex Bueno

DIREITO ADMINISTRATIVO	Legislação	Doutrina	Jurisprudência
1. O Direito administrativo e suas fontes.			
2. Administração Pública: conceito; elementos; Poderes do Estado; organização política e administrativa do Estado; administração pública e governo; entidades políticas e administrativas; órgãos e agentes públicos; natureza e fins da administração pública.	2012: 01	2012: 01	
3. O direito fundamental à boa administração. Governança pública e *accountability*.		2019: 01	
4. Supremacia do interesse público e direitos fundamentais.			
5. Privatização, descentralização e publicização de prestação de serviços.			
6. Administração indireta: autarquias, fundações públicas; empresas públicas e de economia mista; agências executivas e reguladoras; consórcio público; contratos de gestão.			
7. Servidores públicos.	2011: 01 2012: 01 2013: 01 2014: 03 2018: 01		2019: 02

DIREITO ADMINISTRATIVO	Legislação	Doutrina	Jurisprudência
8. Princípios da administração pública e princípios de direito administrativo.		2014: 02	
9. Poderes e deveres da administração pública.	2017: 01	2011: 01 2017: 01 2018: 01	2011: 01 2019: 01
10. Atos administrativos e atividade administrativa.	2011: 01 2018: 01	2011: 01 2017: 03	2017: 01
11. Processo e procedimento administrativo.	2012: 01 2013: 01		2012: 01
12. Lei Orgânica Nacional do Ministério Público (Lei n.º 8.625/1993) e Lei Orgânica do Ministério Público do Estado de Minas Gerais: regime, órgãos, carreira, processos e procedimentos; o Procon Estadual de Minas Gerais.			
13. Contratos administrativos.	2011: 01 2014: 01 2017: 01	2017: 01	
14. Licitação, Serviços públicos, Obra pública e regime diferenciado de contratação (Lei Federal n.º 14.133/2021, Lei Federal nº 8.666/1993, Lei Federal n.º 8.987/1995, Lei Federal nº 10.520/2002, Decreto Federal nº 7.892/2013, Lei Estadual n.º 14.167/2002, Lei Estadual n.º 13.994/2001, Lei Estadual n.º 13.209/1999).	2011: 01 2012: 01 (8.666) 2013: 01 (8.666) 2012: 01 (10.520) 2014: 01 2018: 01 2019: 01	2018: 01	2019: 01
15. Parceria público-privada.	2012: 01 2013: 01 2019: 01		

DIREITO ADMINISTRATIVO	Legislação	Doutrina	Jurisprudência
16. Direito regulatório; regime jurídico das concessões e permissões do serviço público.	2012 01 (8.987) 2013: 01 (8.987)		
17. Intervenção do Estado no domínio econômico e social.	2017: 01	2017: 01	2019: 01
18. Restrições do Estado sobre a propriedade privada: tombamento, servidões administrativas e desapropriação.	2013: 01 2017: 01 2018: 01	2017: 01	2013: 01
19. Bens públicos, bens fundamentais e patrimônio público (acervo, formação, afetação e direitos).	2017: 01 2018: 01	2017: 01 2018: 01	
20.Controles da administração pública e a luta contra as imunidades do poder; tipos de controle; controles preventivos.	2013: 01	2013: 01	
21. Improbidade administrativa, corrupção, atos lesivos à administração pública, responsabilização individual e coletiva (Leis 4.717/65; 8.429/92; 12.846/13).	2010: 05 2017: 01 2018: 01	2018: 01	2011: 01
22. Tratados internacionais de combate à corrupção.			
23. Responsabilidade administrativa por infrações.			
24. Responsabilidade civil do Estado.		2012: 02 2013: 01	2013: 01
25. Prescrição e decadência.			

1. O DIREITO ADMINISTRATIVO E SUAS FONTES

2. ADMINISTRAÇÃO PÚBLICA: CONCEITO; ELEMENTOS; PODERES DO ESTADO; ORGANIZAÇÃO POLÍTICA E ADMINISTRATIVA DO ESTADO; ADMINISTRAÇÃO PÚBLICA E GOVERNO; ENTIDADES POLÍTICAS E ADMINISTRATIVAS; ÓRGÃOS E AGENTES PÚBLICOS; NATUREZA E FINS DA ADMINISTRAÇÃO PÚBLICA

MPMG – 2012 (LII Concurso) *Questão 20 Direito Administrativo / Organização da Administração Pública e Poderes administrativos / Legislação – Doutrina.*

Analise as assertivas abaixo:

I. As sociedades de economia mista são pessoas jurídicas de direito privado e integram a Administração Pública indireta.

II. As empresas públicas são pessoas jurídicas de direito privado, têm capital inteiramente público e podem ser organizadas sob qualquer forma admitida em Direito (civil ou comercial).

III. O poder de polícia não pode ser exercido pelas agências reguladoras por se tratar de prerrogativa indelegável e exclusiva dos entes da Administração Pública direta.

IV. Quarentena é o mecanismo pelo qual o ex-dirigente de uma agência reguladora, seu cônjuge, companheiro ou parente em linha reta, colateral ou por afinidade, até o terceiro grau, inclusive, ficam impedidos de desempenhar funções públicas, pelo período de quarenta dias a contar da data de sua exoneração.

Pode-se afirmar que:

A) apenas as assertivas I e II estão CORRETAS.

B) apenas as assertivas II e III estão CORRETAS.

C) apenas as assertivas III e IV estão CORRETAS.

D) apenas as assertivas I e IV estão CORRETAS.

Comentários

I. Correta. Art. 5º, inciso III, do Decreto-Lei 200 de 1967.

II. Correta. Art. 5º, inciso II, do Decreto-Lei 200 de 1967.

Atualmente os conceitos estão previstos nos artigos 3º e 5º, da Lei 13.303/2015:

Art. 3º Empresa pública é a entidade dotada de personalidade jurídica de direito privado, com criação autorizada por lei e com patrimônio próprio, cujo capital social é integralmente detido pela União, pelos Estados, pelo Distrito Federal ou pelos Municípios.

Art. 4º O § 5º do art. 71 da Consolidação das Leis do Trabalho - CLT, aprovada pelo Decreto-Lei nº 5.452, de lº de maio de 1943 , passa a vigorar com a seguinte redação:

"Art. 71. ....

....

§ 5º O intervalo expresso no caput poderá ser reduzido e/ou fracionado, e aquele estabelecido no § 1º poderá ser fracionado, quando compreendidos entre o término da primeira hora trabalhada e o início da última hora trabalhada, desde que previsto em convenção ou acordo coletivo de trabalho, ante a natureza do serviço e em virtude das condições especiais de trabalho a que são submetidos estritamente os motoristas, cobradores, fiscalização de campo e afins nos serviços de operação de veículos rodoviários, empregados no setor de transporte coletivo de passageiros, mantida a remuneração e concedidos intervalos para descanso menores ao final de cada viagem." (NR)

Atenção: A lei Nº 13.848, DE 25 DE JUNHO DE 2019 é novidade e normativiza as relações jurídicas das agências reguladoras. O artigo 8º foi alterado e passou dispor da seguinte redação: "Art. 8º Os membros do Conselho Diretor ou da Diretoria Colegiada ficam impedidos de exercer atividade ou de prestar qualquer serviço no setor regulado pela respectiva agência, por período de 6 (seis) meses, contados da exoneração ou do término de seu mandato, assegurada a remuneração compensatória."

Resposta: letra A.

3. O DIREITO FUNDAMENTAL À BOA ADMINISTRAÇÃO. GOVERNANÇA PÚBLICA E *ACCOUNTABILITY*

MPMG 2019 (CONCURSO LVII). QUESTÃO 9. Direito Administrativo / O Direito Fundamental a boa administração / Administração pública, boa governança (nacional/internacional) e accountability / Doutrina.

Assinale a afirmativa incorreta à luz da ordem jurídica brasileira:

A) *Não existe no ordenamento a previsão normativa expressa do direito à boa administração ou à boa governança.*

B) *Uma das dimensões de accountability consiste no dever de prestação de contas dos resultados das ações dos administradores públicos, garantindo a transparência da gestão e das políticas públicas adotadas, em sintonia com o modelo democrático.*

C) *O planejamento administrativo, compreendido como poder de produzir ou obter determinado conteúdo planejador estratégico, tático ou operacional na Administração Pública, consubstancia-se em faculdade jurídica do gestor público, funcionando como antecedente da eficiência administrativa.*

D) *A melhor articulação e a integração entre os ocupantes de cargos públicos, as pessoas que exercem funções públicas, os funcionários terceirizados e o Terceiro Setor não são satisfeitas por meio da teoria weberiana, revelando, num ângulo, a rede complexa de obrigações do governante para a realização de direitos fundamentais na sociedade contemporânea.*

Comentários

(A): **Correta.** A banca de concurso entendeu a assertiva em análise como correta, isto é, que não há previsão normativa expressa do direito à boa administração ou à boa governança. Na CF/88 é possível inferir a previsão implícita no *caput* do artigo 37 e no artigo 40, §22, inciso VII.

(B): **Correta.** Accountability envolve, principalmente, transparência, responsabilização, comunicação e prestação sistemática de contas. Os responsáveis pela política pública devem primar por esses aspectos, de forma a possibilitar a análise e o escrutínio do comportamento e do desempenho dos diversos atores responsáveis pela implementação. Um arcabouço de accountability prevê, ainda, mecanismos de incentivo e sanção aos responsáveis pelo alcance dos objetivos da política, bem como 66 instrumentos de imposição de medidas corretivas. A responsabilização é especialmente importante em regimes democráticos (AUCOIN e HEINTZMAN, 2000 apud PETERS, 2013).

(C): **Incorreta**. Não se trata de uma faculdade do gestor público. Traduz em um imperativo constitucional, pois conforme previsão no artigo 174, o planejamento é determinante para o setor público. "*Art. 174. Como agente normativo e regulador da atividade econômica, o Estado exercerá, na forma da lei, as funções de fiscalização, incentivo e planejamento, sendo este determinante para o setor público e indicativo para o setor privado.*"

(D): **Correta.** A Teoria Weberiana consiste em uma forma burocrática e formalista. O administrador, por vezes, permanece engessado pela excessiva normatização, priorizando o processo e não os resultados. Nesse contexto, a administração é formalizada por meio de documentos, que acabam por regular a conduta e as atividades das pessoas.

Resposta: C

4. SUPREMACIA DO INTERESSE PÚBLICO E DIREITOS FUNDAMENTAIS

5. PRIVATIZAÇÃO, DESCENTRALIZAÇÃO E PUBLICIZAÇÃO DE PRESTAÇÃO DE SERVIÇOS

6. ADMINISTRAÇÃO INDIRETA: AUTARQUIAS, FUNDAÇÕES PÚBLICAS; EMPRESAS PÚBLICAS E DE ECONOMIA MISTA; AGÊNCIAS EXECUTIVAS E REGULADORAS; CONSÓRCIO PÚBLICO; CONTRATOS DE GESTÃO

7. SERVIDORES PÚBLICOS

MPMG – 2011 (Concurso LI). *Questão 20. Direito Administrativo / Constituição Federal / Servidores Públicos /Legislação.*

Assinale a alternativa CORRETA.

A) São estáveis após três anos de exercício, incluindo-se os períodos de férias e afastamentos legais, os servidores nomeados para cargo de provimento efetivo em virtude de concurso público. Uma vez adquirida a estabilidade, o servidor somente poderá perder o cargo em virtude de decisão judicial confirmada em duplo grau de jurisdição.

B) Em caso de aposentadoria compulsória, os proventos do servidor público, por ocasião de sua concessão, serão fixados segundo o valor da remuneração do cargo efetivo de hierarquia imediatamente superior àquele que vinha sendo exercido, acrescido de 11% a título de abono de permanência, sem prejuízo dos demais adicionais e vantagens pessoais então percebidos pelo servidor, inclusive em razão do exercício de cargos ou funções comissionadas.

C) O prazo de validade do concurso público será de até dois anos, admitidas sucessivas prorrogações por igual período, desde que devidamente justificadas pelo órgão interessado.

D) A União, os Estados e o Distrito Federal manterão escolas de governo para a formação e o aperfeiçoamento dos servidores públicos, constituindo-se a participação nos cursos um dos requisitos para a promoção na carreira, facultada, para isso, a celebração de convênios ou contratos entre os entes federados.

Comentários

a) Incorreta. Art. 41 CF/88. O art. 41 não menciona que o prazo de 03 anos para aquisição de estabilidade incluirá férias e afastamentos legais. Ademais, o servidor estável poderá perder o cargo em virtude de sentença judicial, ainda que de 1º grau (bastando que haja trânsito em julgado), ou por processo administrativo ou procedimento de avaliação de desempenho na forma de lei complementar.

b) Incorreta. Art. 40, § 1º, II, CF/88, com redação dada pela Emenda Constitucional 88 de 2015. A aposentadoria compulsória ocorre aos 70 anos de idade, ou aos 75 anos de idade, na forma de lei complementar. Quanto à fixação dos proventos, equívoco da alternativa, será fixado proporcionalmente ao tempo de contribuição.

c) Incorreta. Art. 37, III, CF/88. O prazo de validade será de até 02 (dois) anos com única prorrogação por igual período.

d) Correta. Art. 39, § 2º, CF/88. É oportuno consignar que o dispositivo não inclui os Municípios. "§ 2º A União, os Estados e o Distrito Federal manterão escolas de governo para a formação e o aperfeiçoamento dos servidores públicos, constituindo-se a participação nos cursos um dos requisitos para a promoção na carreira, facultada, para isso, a celebração de convênios ou contratos entre os entes federados."

Resposta certa: D

MPMG – 2012 (LII Concurso) *Questão 17 Direito Administrativo / Servidores Públicos / Constituição Federal / Legislação.*

Em razão de previsão expressa do Texto Constitucional Federal em vigor, aplicam-se aos servidores ocupantes de cargos públicos os seguintes direitos dos trabalhadores urbanos e rurais, EXCETO:

A) *Adicional de remuneração para as atividades penosas, insalubres ou perigosas, na forma da lei.*

B) *Remuneração do trabalho noturno superior à do diurno.*

C) *Gozo de férias anuais remuneradas com, pelo menos, um terço a mais do que o salário normal.*

D) *Remuneração do serviço extraordinário superior, no mínimo, em cinquenta por cento à do normal.*

Comentários

A) Incorreta. Refere-se a direito previsto no artigo 7º, inciso XXIII, da CRFB/1988 que não consta no rol do artigo 39, § 3º, da CRFB/1988. "XXIII - adicional de remuneração para as atividades penosas, insalubres ou perigosas, na forma da lei;"

B), C) e D) Corretas. Artigo 7º, incisos IX, XVI, XVII, da CRFB/1988.

"IX - remuneração do trabalho noturno superior à do diurno;"

"XVI - remuneração do serviço extraordinário superior, no mínimo, em cinqüenta por cento à do normal;

XVII - gozo de férias anuais remuneradas com, pelo menos, um terço a mais do que o salário normal;"

O artigo 39, § 3º, da CRFB/1988 dispõe que: "Aplica-se aos servidores ocupantes de cargo público o disposto no art. 7º, IV, VII, VIII, **IX**, XII, XIII, XV, **XVI, XVII,** XVIII, XIX, XX, XXII e XXX, podendo a lei estabelecer requisitos diferenciados de admissão quando a natureza do cargo o exigir." (destacamos).

Resposta: Letra A

MPMG – 2013 (CONCURSO LIII) *Questão 19. Direito Administrativo/ Servidores Públicos/ Legislação: CR/88 e Lei 8.112/90.*

Todas as pessoas que servem ao poder público, de forma transitória ou definitiva, remuneradas ou não, são consideradas servidores públicos. Assim, há no ordenamento jurídico brasileiro disposição normativa que dispõe desde a nomeação ou contratação e a exoneração ou dispensa.

Dentre as assertivas abaixo, qual está **CORRETA**?

A) As funções de confiança, exercidas exclusivamente por servidores ocupantes de cargo efetivo, e os cargos em comissão, a serem preenchidos por servidores de carreira nos casos, condições e percentuais mínimos previstos em lei, destinam-se apenas às atribuições de direção, chefia e assessoramento.

B) A aquisição de estabilidade aos servidores nomeados para cargo de provimento efetivo em virtude de concurso público dá-se pelo efetivo exercício de 2 anos e avaliação especial de desempenho por comissão constituída para essa finalidade.

C) Há exigência constitucional a que recebam por meio de subsídios os membros do Poder Judiciário, Ministério Público, detentores de cargos eletivos, membros do Corpo de Bombeiros Militar.

D) Na aplicação de penalidades, após sindicância e o devido processo administrativo disciplinar, serão consideradas a natureza e a gravidade da infração cometida, sendo que a advertência e a suspensão terão seus registros cancelados após o decurso de dois e cinco anos de efetivo exercício, respectivamente, se o servidor não houver, nesse período, praticado nova infração disciplinar.

Comentários

A) Correta. Nos exatos termos do inciso V do artigo 37, da CR/88. " V - as funções de confiança, exercidas exclusivamente por servidores ocupantes de cargo efetivo, e os cargos em comissão, a serem preenchidos por servidores de carreira nos casos, condições e percentuais mínimos previstos em lei, destinam-se apenas às atribuições de direção, chefia e assessoramento;"

B) Incorreta. A estabilidade é alcançada após 3 anos de efetivo exercício, nos termos do art. 41, *caput*, da CR/88: "São estáveis após três anos de efetivo exercício os servidores nomeados para cargo de provimento efetivo em virtude de concurso público.". A avaliação de desempenho é condição para aquisição da estabilidade, conforme § 4º do art. 41 da CR/88. O STF entendeu que: *A estabilidade funcional não subsiste no caso de vínculo estabelecido com a Administração Pública mediante contrato temporário. [RE 1.043.653 AgR, rel. min. Marco Aurélio, j. 5-9-2017, 1ª T, DJE de 9-11-2017.]*

C) Incorreta. O recebimento por meio de subsídio é obrigatório e exclusivo para membro de poder, detentor de mandato eletivo, ministro de Estado, Secretários Estaduais e Municipais, membros do Poder Judiciário e do Ministério Público (art. 38, § 4º, da CR/88). A questão está incorreta porque inseriu o corpo de bombeiros militar, servidores públicos organizados em carreira, cuja remuneração poderá ser exclusivamente fixada por subsídio (§ 8 do artigo 39 da CR/88) ou por meio de vencimentos que consistem em parcela fixa (vencimento) acrescida de parcela variável (indenizações, gratificações, adicionais). Com relação a acumulação de cargos e o teto remuneratório, o STF decidiu em sede de repercussão geral reconhecida com mérito julgado: Nas situações jurídicas em que a CF autoriza a ***acumulação de cargos, o teto remuneratório é considerado em relação à remuneração de cada um deles***, e não ao somatório do que recebido. [RE 612.975 e RE 602.043, rel. min. Marco Aurélio, j. 27-4-2017, P, DJE de 8-9-2017, Temas 377 e 384.]

D) Incorreta. O prazo de cancelamento dos registros de advertência e de suspensão será **de 3 e 5 anos**, de acordo com o artigo 131 da lei 8.112/90.

"Art. 131. As penalidades de advertência e de suspensão terão seus registros cancelados, após o decurso de 3 (três) e 5 (cinco) anos de efetivo exercício, respectivamente, se o servidor não houver, nesse período, praticado nova infração disciplinar. Parágrafo único. O cancelamento da penalidade não surtirá efeitos retroativos."

Resposta: Letra A

MPMG 2014 (Concurso LIV)*. Questão 11. Direito Administrativo / Constituição / Servidor Público e Administração Indireta / Legislação.*

São disposições genéricas da administração pública brasileira:

I. A legislação reservará percentual dos cargos e empregos públicos para as pessoas portadoras de deficiência e definirá os critérios de sua admissão; estabelecerá os casos de contratação por tempo determinado para atender a necessidade temporária de excepcional interesse público.

II. A proibição de acumulação remunerada estende-se a empregos e funções e abrange autarquias, fundações, empresas públicas, sociedades de economia mista, suas subsidiárias, e sociedades controladas, direta ou indiretamente, pelo poder público.

III. Poderá ser criada mediante decreto do Executivo autarquia e autorizada a instituição de empresa pública, de sociedade de economia mista e de fundação, cabendo à lei, neste último caso, definir as áreas de sua atuação.

IV. A autonomia gerencial, orçamentária e financeira dos órgãos e entidades da administração direta e indireta poderá ser ampliada mediante contrato, a ser firmado entre seus administradores e o poder público, que tenha por objeto a fixação de metas de desempenho para o órgão ou entidade.

É CORRETO o que se afirma em:

A) I, II e IV

B) III

C) I, III e IV

D) I e III

Comentários

I. Correto – Art. 37, VIII e IX, CR/88.

"VIII - a lei reservará percentual dos cargos e empregos públicos para as pessoas portadoras de deficiência e definirá os critérios de sua admissão;"

"IX - a lei estabelecerá os casos de contratação por tempo determinado para atender a necessidade temporária de excepcional interesse público;"

II. Correto – Art. 37, XVII, CR/88.

III. Errado – Art. 37, XVII, CR/88 – **somente por lei específica** poderá ser criada autarquia e autorizada a instituição de empresa pública, de sociedade de economia mista e de fundação, **cabendo à lei complementar**, neste último caso, definir as áreas de sua atuação;

IV. Correto – Art. 37, § 8º, CR/88.

"§ 8º A autonomia gerencial, orçamentária e financeira dos órgãos e entidades da administração direta e indireta poderá ser ampliada mediante contrato, a ser firmado entre seus administradores e o poder público, que tenha por objeto a fixação de metas de desempenho para o órgão ou entidade, cabendo à lei dispor sobre: (Incluído pela Emenda Constitucional nº 19, de 1998) (Regulamento) (Vigência)

I - o prazo de duração do contrato; (Incluído pela Emenda Constitucional nº 19, de 1998)

II - os controles e critérios de avaliação de desempenho, direitos, obrigações e responsabilidade dos dirigentes; (Incluído pela Emenda Constitucional nº 19, de 1998)

III - a remuneração do pessoal."

Resposta certa: A

***MPMG 2014 (Concurso LIV)**. Questão 13. Direito Administrativo / Constituição / Servidor Público / Legislação.*

Assinale a alternativa CORRETA:

Ao servidor público da administração direta, autárquica e fundacional, no exercício de mandato eletivo, aplicam-se as seguintes disposições, a saber:

A) Em qualquer caso que exija o afastamento para o exercício de mandato eletivo, seu tempo de serviço será contado para todos os efeitos legais, exceto para promoção por merecimento.

B) *Investido no mandato de Vereador, não havendo compatibilidade, perceberá as vantagens de seu cargo, emprego ou função, sem prejuízo da remuneração do cargo eletivo.*

C) *Investido no mandato de Prefeito, será afastado do cargo, emprego ou função, sendo-lhe obrigado optar pela sua remuneração.*

D) *Tratando-se de mandato eletivo federal, estadual ou distrital, facultar-se-á ao servidor o afastamento de seu cargo, emprego ou função.*

Comentários

(A) Correto – Art. 38, IV, CR/88. "Art. 38. Ao servidor público da administração direta, autárquica e fundacional, no exercício de mandato eletivo, aplicam-se as seguintes disposições:" "IV - em qualquer caso que exija o afastamento para o exercício de mandato eletivo, seu tempo de serviço será contado para todos os efeitos legais, exceto para promoção por merecimento;"

(B) Errado – Art. 38, III, CR/88 – Havendo compatibilidade. "III - investido no mandato de Vereador, havendo compatibilidade de horários, perceberá as vantagens de seu cargo, emprego ou função, sem prejuízo da remuneração do cargo eletivo, e, não havendo compatibilidade, será aplicada a norma do inciso anterior;"

(C) Errado – Art. 38, II, CR/88 – sendo-lhe facultado; "II - investido no mandato de Prefeito, será afastado do cargo, emprego ou função, sendo-lhe facultado optar pela sua remuneração;"

(D) Errado – Art. 38, I, CR/88 – ficará afastado. "I - tratando-se de mandato eletivo federal, estadual ou distrital, ficará afastado de seu cargo, emprego ou função;"

Resposta certa: A

MPMG 2014 (Concurso LIV)*. Questão 14. Direito Administrativo / Constituição / Servidor Público e Administração Indireta / Legislação.*

No que diz respeito à aquisição de estabilidade e a perda do cargo pelo servidor público, avalie o seguinte:

I. O procedimento de avaliação periódica de desempenho é indispensável, na forma de lei complementar, sendo desnecessária, por isso mesmo, a ampla defesa.

II. A perda do cargo dar-se-á em virtude de sentença judicial, ainda que facultado o aviamento de recursos especial e/ou extraordinário.

III. Invalidada por sentença judicial a demissão do servidor estável, será ele reintegrado, e o eventual ocupante da vaga, se estável, reconduzido ao cargo de origem, sem direito a indenização, aproveitado em outro cargo ou posto em disponibilidade com remuneração proporcional ao tempo de serviço.

IV. Como condição para a obtenção da estabilidade pelo servidor, é obrigatória a avaliação especial de desempenho por comissão instituída para essa finalidade.

É CORRETO o que se afirma em:

A) I e III

B) II e III

C) II

D) III e IV

Comentários

I. Errado – Art. 41, § 1º, III, CR/88 – Assegurada a ampla defesa. "III - mediante procedimento de avaliação periódica de desempenho, na forma de lei complementar, assegurada ampla defesa."

II. Errado – Art. 41, § 1º, I, CR/88 – não faz parte do inciso "ainda que facultado o aviamento de recursos especial e/ou extraordinário"; "Art. 41. São estáveis após três anos de efetivo exercício os servidores nomeados para cargo de provimento efetivo em virtude de concurso público. § 1º O servidor público estável só perderá o cargo: I - em virtude de sentença judicial transitada em julgado;"

III. Correto – Art. 41, § 2º, CR/88; "§ 2º Invalidada por sentença judicial a demissão do servidor estável, será ele reintegrado, e o eventual ocupante da vaga, se estável, reconduzido ao cargo de origem, sem direito a indenização, aproveitado em outro cargo ou posto em disponibilidade com remuneração proporcional ao tempo de serviço."

IV. Correto – Art. 41, § 4º, CR/88. "§ 4º Como condição para a aquisição da estabilidade, é obrigatória a avaliação especial de desempenho por comissão instituída para essa finalidade."

Resposta certa: D

MPMG 2018. (CONCURSO LVI) QUESTÃO 7. Direito Administrativo. Servidores Públicos. Lei Seca: CRFB/88.

Assinale a alternativa INCORRETA:

A) Os cargos, empregos e funções públicas, da Administração Pública direta e indireta de qualquer dos Poderes da União, dos Estados, do Distrito Federal e dos Municípios, são acessíveis aos brasileiros que preencham os requisitos legais, bem como aos estrangeiros, na forma da lei.

B) A investidura em cargo ou emprego público depende de prévia aprovação em concurso de provas ou de provas e títulos, de acordo com a natureza e a complexidade do cargo ou do emprego, na forma prevista em lei, ressalvadas as nomeações para cargo em comissão declarado em lei de livre nomeação e exoneração.

C) *As funções de confiança, exercidas exclusivamente por servidores ocupantes de cargo efetivo, e os cargos em comissão, a serem preenchidos por servidores de carreira, destinam-se apenas às atribuições de direção, chefia e assessoramento.*

D) *O prazo de validade do concurso público será de até 2 (dois) anos, prorrogável uma vez, por igual período. Durante o prazo improrrogável previsto no edital de convocação, o aprovado em concurso público de provas ou de provas e títulos será convocado com prioridade sobre novos concursados para assumir cargo ou emprego, na carreira.*

Comentários

A) CORRETA. Assim está disposto na CRFB/88, em seu art. 37, inciso I: "I – os cargos, empregos e funções públicas são acessíveis aos brasileiros que preencham os requisitos estabelecidos em lei, assim como aos estrangeiros, na forma da lei;".

B) CORRETA. Assim está disposto na CRFB/88, em seu art. 37, inciso II: "II – a investidura em cargo ou emprego público depende de aprovação prévia em concurso público de provas ou de provas e títulos, de acordo com a natureza e a complexidade do cargo ou emprego, na forma prevista em lei, ressalvadas as nomeações para cargo em comissão declarado em lei de livre nomeação e exoneração;".

C) INCORRETA. Na realidade, a teor do art. 37, inciso V, da CRFB/88, apenas um percentual mínimo de cargos em comissão deve ser preenchido por servidores em carreira, sendo a outra parte de recrutamento amplo. Confira-se: "V – as funções de confiança, exercidas exclusivamente por servidores ocupantes de cargo efetivo, e os cargos em comissão, a serem preenchidos por servidores de carreira nos casos, condições e percentuais mínimos previstos em lei, destinam-se apenas às atribuições de direção, chefia e assessoramento;".

D) CORRETA. Assim está disposto na CRFB/88, em seu art. 37, incisos III e IV: "III – o prazo de validade do concurso público será de até dois anos, prorrogável uma vez, por igual período; IV – durante o prazo improrrogável previsto no edital de convocação, aquele aprovado em concurso público de provas ou de provas e títulos será convocado com prioridade sobre novos concursados para assumir cargo ou emprego, na carreira;".

Resposta: Letra C.

MPMG 2019 (CONCURSO LVII)*. QUESTÃO 13. Direito Administrativo / Servidores públicos / Jurisprudência.*

O Supremo Tribunal Federal, no leading case referente a contratações temporárias (RE 658026/MG), elencou requisitos de validade da contratação temporária, indicando expressamente:

A) apenas a previsão em lei, a determinabilidade temporal do vínculo jurídico estabelecido entre poder público e contratado, e a excepcionalidade de situação fática atípica, na Administração Pública, ensejadora de risco ao princípio da continuidade do serviço público.

B) apenas a previsão em lei, o prazo de contratação predeterminado, a necessidade temporária, o interesse público excepcional, e a necessidade de contratação indispensável, sendo vedada a contratação para os serviços ordinários permanentes do Estado, e que devam estar sob o espectro das contingências normais da Administração.

C) apenas a temporariedade do vínculo jurídico firmado, a previsão em lei, e o excepcional interesse público, consubstanciado na situação fática anômala ocorrida na Administração Pública, ensejadora de risco ao princípio da continuidade do serviço público.

D) apenas o prazo de contratação predeterminado, a necessidade temporária, o interesse público excepcional, e a necessidade de contratação indispensável, sendo vedada a contratação para os serviços ordinários permanentes do Estado, e que devam estar sob o espectro das contingências normais da Administração.

Comentários

(A): Incorreta. (B): Correta. (C): Incorreta. (D): Incorreta.

Resposta: Letra B é a correta.

O Art. 37, IX, da CF/88 preconiza que "a lei estabelecerá os casos de contratação por tempo determinado para atender a **necessidade temporária** de **excepcional interesse público**".

A questão retratou a jurisprudência do egrégio Supremo Tribunal Federal, RE 658026/MG.

"Ementa Recurso extraordinário. Repercussão geral reconhecida. Ação direta de inconstitucionalidade de lei municipal em face de trecho da Constituição do Estado de Minas Gerais que repete texto da Constituição Federal. Recurso processado pela Corte Suprema, que dele conheceu. Contratação temporária por tempo determinado para atendimento a necessidade temporária de excepcional interesse público. Previsão em lei municipal de atividades ordinárias e regulares. Definição dos conteúdos jurídicos do art. 37, incisos II e IX, da Constituição Federal. Descumprimento dos requisitos constitucionais. Recurso provido. Declarada a inconstitucionalidade da norma municipal. Modulação dos efeitos. 1. O assunto corresponde ao Tema nº 612 da Gestão por Temas da Repercussão Geral do portal do STF na internet e trata, "à luz dos incisos II e IX do art. 37 da Constituição Federal, [d]a constitucionalidade de lei municipal que dispõe sobre as hipóteses de contratação temporária de servidores públicos". 2. Prevalência da regra da obrigatoriedade do concurso público (art. 37, inciso II, CF). As regras que restringem o cumprimento desse dispositivo estão previstas na Constituição Federal e devem ser interpretadas restritivamente. 3. O conteúdo jurídico do art. 37, inciso IX, da Constituição Federal pode ser resumido, ratificando-se, dessa forma, o entendimento da Corte Suprema de que, para que se considere válida a contratação temporária, é preciso que: **a) os casos excepcionais estejam previstos em lei; b) o prazo de contratação seja predeterminado; c) a necessidade seja temporária; d) o interesse público seja excepcional; e) a necessidade de contratação seja indispensável, sendo vedada a contratação para os serviços ordinários permanentes do Estado, e que devam estar sob o espectro das contingências normais da Administração**. 4. É inconstitucional a lei municipal em comento, eis que a norma não respeitou a Constituição Federal. A imposição constitucional da obrigatoriedade do concurso público é peremptória e tem como objetivo resguardar o cumprimento de princípios constitucionais, dentre eles, os da impessoalidade, da igualdade e da eficiência. Deve-se, como em outras hipóteses de reconhecimento da existência do vício da inconstitucionalidade, proceder à correção da norma, a fim de atender ao que dispõe a Constituição Federal. 5. Há que se garantir a instituição do que os franceses denominam de la culture de gestion, a cultura de gestão (terminologia atualmente ampliada para 'cultura de gestão estratégica') que consiste na interiorização de um vetor do progresso, com uma apreensão clara do que é normal, ordinário, e na concepção de que os atos de administração devem ter a pretensão de ampliar as potencialidades administrativas, visando à eficácia e à transformação positiva. 6. Dá-se provimento ao recurso extraordinário para o fim de julgar procedente a ação e declarar a inconstitucionalidade do art. 192, inciso III, da Lei nº 509/1999 do Município de Bertópolis/MG, aplicando-se à espécie o efeito ex nunc, a fim de garantir o cumprimento do princípio da segurança jurídica e o atendimento do excepcional interesse social."

MPMG 2019 (CONCURSO LVII). *QUESTÃO 14. Direito Administrativo / Servidores Públicos / Jurisprudência.*

Na decisão paradigmática do Supremo Tribunal Federal (RE 1041210/SP) sobre os cargos em comissão, é incorreto afirmar que:

A) *as atribuições dos cargos em comissão devem estar descritas, de forma clara e objetiva, na lei que os instituir ou em ato normativo secundário, sendo imprescindível a descrição transparente das funções de chefia, direção ou assessoramento, uma vez que a descrição obscura ou vaga traduz ofensa direta aos comandos constitucionais.*

B) *a criação de cargos em comissão somente se justifica para o exercício de funções de direção, chefia e assessoramento, não se prestando ao desempenho de atividades burocráticas, técnicas ou operacionais.*

C) *o número de cargos em comissão criados deve guardar proporcionalidade com a necessidade que eles visam suprir e com o número de servidores ocupantes de cargos efetivos no ente federativo que os criar.*

D) *a criação de cargo em comissão deve pressupor a necessária relação de confiança entre a autoridade nomeante e o servidor nomeado, o que é detectável na descrição das atribuições dos cargos.*

Comentários

(A): Incorreta. (B): Correta. (C): Correta. (D): Correta.

O Art. 37, II e V da CF/88 preconizam que "II - a investidura em cargo ou emprego público depende de aprovação prévia em concurso público de provas ou de provas e títulos, de acordo com a natureza e a complexidade do cargo ou emprego, na forma prevista em lei, ressalvadas as nomeações para cargo em comissão declarado em lei de livre nomeação e exoneração;" e "V - as funções de confiança, exercidas exclusivamente por servidores ocupantes de cargo efetivo, e os cargos em comissão, a serem preenchidos por servidores de carreira nos casos, condições e percentuais mínimos previstos em lei, destinam-se apenas às atribuições de direção, chefia e assessoramento;"

A questão retratou a jurisprudência do egrégio Supremo Tribunal Federal, RE 1041210/SP.

"EMENTA Criação de cargos em comissão. Requisitos estabelecidos pela Constituição Federal. Estrita observância para que se legitime o regime excepcional de livre nomeação e exoneração. Repercussão geral reconhecida. Reafirmação da jurisprudência da Corte sobre o tema. 1. A criação de cargos em comissão é exceção à regra de ingresso no serviço público mediante concurso público de provas ou provas e títulos e somente se justifica quando presentes os pressupostos constitucionais para sua instituição. 2. Consoante a jurisprudência da Corte, a criação de cargos em comissão pressupõe: a) que os cargos se destinem ao exercício de funções de direção, chefia ou assessoramento, não se prestando ao desempenho de atividades burocráticas, técnicas ou operacionais; b) necessária relação de confiança entre a autoridade nomeante e o servidor nomeado; c) que o número de cargos comissionados criados guarde proporcionalidade com a necessidade que eles visam suprir e com o número de servidores ocupantes de cargos efetivos no ente federativo que os institui; e d) que as atribuições dos cargos em comissão estejam descritas de forma clara e objetiva na própria lei que os cria. 3. Há repercussão geral da matéria constitucional aventada, ratificando-se a pacífica jurisprudência do Tribunal sobre o tema. Em consequência disso, nega-se provimento ao recurso extraordinário. 4. Fixada a seguinte tese: **a) A criação de cargos em comissão somente se justifica para o exercício de funções de direção, chefia e assessoramento, não se prestando ao desempenho de atividades burocráticas, técnicas ou operacionais; b) tal criação deve pressupor a necessária relação de confiança entre a autoridade nomeante e o servidor nomeado; c) o número de cargos comissionados criados deve guardar proporcionalidade com a necessidade que eles visam suprir e com o número de servidores ocupantes de cargos efetivos no ente federativo que os criar; e d) as atribuições dos cargos em comissão devem estar descritas, de forma clara e objetiva, na própria lei que os instituir."**

Resposta: Letra A

8. PRINCÍPIOS DA ADMINISTRAÇÃO PÚBLICA E PRINCÍPIOS DE DIREITO ADMINISTRATIVO

***MPMG 2014 (Concurso LIV)**. Questão 12. Direito Administrativo / Constituição / Princípios da Administração Pública / Doutrina.*

Sobre o princípio da boa-fé, no âmbito da administração pública, é INCORRETO afirmar:

A) *O postulado da boa-fé detém presunção juris tantum.*

B) *É apropriado dizer que os princípios da boa-fé e da segurança jurídica são excludentes.*

C) *Com base nos princípios da confiança, lealdade e verdade, que constituem elementos materiais da boa-fé, é possível temperar o princípio da estrita legalidade.*

D) *É admissível afirmar que os postulados da boa-fé e da segurança jurídica visam obstar a desconstituição injustificada de atos ou situações jurídicas.*

Comentários

(A) Correto – a presunção é relativa, a má-fé pode ser provada. Juris Tantum significa presunção relativa, já iuris et de iure é a presunção que não admite prova em contrário.

(B) Errado – de acordo com o princípio da boa-fé, as partes devem agir de maneira correta, leal e acreditar conforme o direito. O princípio da segurança jurídica tem o intuito de trazer estabilidade para as relações jurídicas. Em seu aspecto subjetivo, versa sobre a confiança da sociedade nas condutas, nos atos e procedimentos provenientes do Estado. Esses princípios se conectam, pois ambos possuem relevância na consolidação das situações jurídicas.

(C) Correto – Dentre as funções do princípio da boa-fé, no âmbito da Administração Pública, está a de conservar os vínculos firmados entre a Administração e o administrado, baseando-se nos princípios da confiança, lealdade e verdade, os quais constituem elementos materiais da boa-fé, de modo que se possa flexibilizar ou temperar o princípio da estrita legalidade.

(D) Correto – Ambos visam obstar a desconstituição injustificada de atos ou situações jurídicas, mesmo que tenha ocorrido alguma desconformidade com o texto legal durante sua constituição.

Dica: ler o artigo O PRINCÍPIO DA BOA-FÉ NA ADMINISTRAÇÃO PÚBLICA E SUA REPERCUSSÃO NA INVALIDAÇÃO ADMINISTRATIVA. Autor: Marcio Luís.

Resposta certa: B

MPMG 2014 (Concurso LIV). *Questão 19. Direito Administrativo / Constituição / Princípios do Direito Administrativo / Doutrina.*

Segundo dispõe o artigo 37, da Constituição Federal, a administração pública direta e indireta de qualquer dos Poderes da União, dos Estados, do Distrito Federal e dos Municípios obedecerá aos princípios de legalidade, impessoalidade, moralidade, publicidade e eficiência.

Assinale a alternativa INCORRETA no que diz respeito às restrições excepcionais ao princípio constitucional da legalidade:

A) A edição de medidas provisórias.

B) A expedição de portarias.

C) A decretação do estado de defesa.

D) A decretação do estado de sítio.

Comentários

(A, B, C e D) Celso Antônio Bandeira de Melo: "A integral vigência do princípio da legalidade pode sofrer transitória constrição perante circunstâncias excepcionais mencionadas expressamente na Lei Maior. Isso sucede em hipóteses nas quais a Constituição faculta ao Presidente da República que adote procedências incomuns e proceda na conformidade delas para enfrentar contingências anômalas, excepcionais, exigentes de atuação sumamente expedita, ou eventos gravíssimos que requerem a atuação particularmente enérgica. É o caso tão só das Medidas Provisórias (art. 62 da CR/88), Estado de Defesa (art. 136 da CR/88) e Estado de Sítio (art. 137 a art. 139 da CR/88).".

Resposta certa: B

9. PODERES E DEVERES DA ADMINISTRAÇÃO PÚBLICA

MPMG – 2011 (Concurso LI). Questão 14. Direito Administrativo / Poder de Polícia / Doutrina.

Um agente fiscal de determinado órgão da Administração Pública deparou-se com a venda de produtos aparentemente impróprios ao consumo e que causam risco à vida e à saúde das pessoas. A empresa responsável foi autuada por prática infrativa e os produtos tidos como impróprios foram imediatamente apreendidos. Partindo do pressuposto de que a atividade fiscalizatória levada a efeito se desenvolveu de maneira regular sob todos os aspectos, assinale a assertiva CORRETA.

A) A apreensão dos produtos, nesse caso, deriva do poder de polícia administrativo.

B) A apreensão dos produtos foi possível graças ao poder hierárquico inerente à Administração e que decorre do princípio da supremacia do interesse público.

C) A apreensão dos produtos foi possível graças aos poderes normativo e regulador exercidos pelo agente fiscal na ocasião.

D) A apreensão dos produtos, nesse caso, é derivada da intervenção do Estado sobre a propriedade e bens particulares em razão da inobservância de sua função social.

Comentários

a) Correta. O poder de polícia administrativo consiste na atividade estatal que "limita exercícios de direitos individuais em benefício do interesse público". (DI PIETRO, p. 118).

b) Incorreta. O poder hierárquico nada mais é que "o escalonamento em plano vertical dos órgãos e agentes da Administração que tem como objetivo a organização da função administrativa." (CARVALHO FILHO, p. 53). Logo, equivocada a assertiva.

c) Incorreta. A apreensão de produtos também não traduz na concretização do poder regulamentar, pois este é "a prerrogativa conferida à Administração Pública de editar atos gerais para complementar as leis e permitir a sua efetiva aplicação." (CARVALHO FILHO, p. 45).

d) Incorreta. Não se trata de intervenção do estado na propriedade, uma vez que o caso apresentado decorre de uma situação de ilicitude, responsabilidade administrativa, que acarretou a apreensão dos produtos. A intervenção do estado na propriedade, por outro lado, ocorre pelos institutos que concretizam limitações administrativas, ocupações temporárias, tombamentos, servidões administrativas ou desapropriações. (DI PIETRO, p. 127).

Resposta certa: A

MPMG – 2011 (Concurso LI). Questão 18. Direito Administrativo / Poderes Administrativos /Doutrina.

Em relação ao poder de polícia administrativo, é CORRETO afirmar que

A) a discricionariedade, a autoexecutoriedade e a coercibilidade podem ser apontadas como seus atributos.

B) constitui prerrogativa exclusiva de órgãos da administração direta da União, dos Estados e do Distrito Federal, ressalvadas as Polícias Legislativas e as Guardas Municipais, onde houver.

C) os órgãos administrativos que o exercem atuam sempre de modo preventivo, ficando seus atos sujeitos ao controle de legalidade exercido pelas polícias judiciárias.

D) segundo a Lei, as sanções impostas em decorrência de seu regular exercício são imprescritíveis, impenhoráveis e impassíveis de oneração.

Comentários

a) Correta. (DI PIETRO, p. 120).

b) Incorreta. STF – RE 539.224. Também se estende à administração pública indireta, a exemplo dos conselhos profissionais que possuem natureza jurídica de autarquias. Assim, estes são criados por lei para fiscalizar as profissões, tendo atribuição concernente ao poder de polícia administrativa.

c) Incorreta. Não se trata de atuação ***sempre*** repressiva. Também atuam de modo repressivo, a exemplo da punição em processo administrativo. Além disso, não há controle dos atos pelo Polícia Judiciária. A Polícia judiciária age de modo repressivo para punir infrações à lei penal, ou seja, difere-se da polícia administrativa. (DI PIETRO, p. 119).

d) Incorreta. Art. 1°, Lei 9873/99. A ação punitiva da Administração Pública Federal, no exercício do poder de polícia, prescreve em 05 (cinco) anos. "Art. 1° Prescreve em cinco anos a ação punitiva da Administração Pública Federal, direta e indireta, no exercício do poder de polícia, objetivando apurar infração à legislação em vigor, contados da data da prática do ato ou, no caso de infração permanente ou continuada, do dia em que tiver cessado."

Resposta certa: A

***MPMG 2017 (Concurso LV).** Questão 13. Direito Administrativo/ Poderes e deveres da administração pública/ Intervenção do Estado no domínio econômico e social/doutrina e legislação.*

A respeito da legalidade administrativa, é CORRETO dizer:

A) A normatividade do Estado, no âmbito da atividade econômica, pressupõe planejamento como fator indicativo e estatístico ao setor público.

B) Na regulamentação observa-se o poder de editar atos normativos (gerais e abstratos), bem como exercer a atividade administrativa controlando, fiscalizando e planejando o setor sob interesse.

C) O decreto é espécie de ato administrativo de exclusiva competência do Presidente da República, cujo exercício, nos limites estabelecidos pelas leis e Constituição, ordena e organiza a ação administrativa, quer abstratamente, quer concretamente.

D) O decreto regulamentar não cria, altera ou constitui direitos, apenas viabiliza na perspectiva operacional a adequada interpretação e aplicação da lei, ao passo que o decreto autônomo é espécie normativa primária, preexistente à lei.

Comentários

(A): Incorreta – Conforme art.174 da CF/88. "Art. 174. Como agente normativo e regulador da atividade econômica, o Estado exercerá, na forma da lei, as funções de fiscalização, incentivo e planejamento, sendo este determinante para o setor público e indicativo para o setor privado. (Vide Lei nº 13.874, de 2019)

§ 1º A lei estabelecerá as diretrizes e bases do planejamento do desenvolvimento nacional equilibrado, o qual incorporará e compatibilizará os planos nacionais e regionais de desenvolvimento.

§ 2º A lei apoiará e estimulará o cooperativismo e outras formas de associativismo.

§ 3º O Estado favorecerá a organização da atividade garimpeira em cooperativas, levando em conta a proteção do meio ambiente e a promoção econômico-social dos garimpeiros.

§ 4º As cooperativas a que se refere o parágrafo anterior terão prioridade na autorização ou concessão para pesquisa e lavra dos recursos e jazidas de minerais garimpáveis, nas áreas onde estejam atuando, e naquelas fixadas de acordo com o art. 21, XXV, na forma da lei."

(B): Incorreta – A regulamentação se dá via decreto regulamentar, portaria, instrução normativa ou instrumento similar. A despeito de seu caráter dependente quanto a uma norma originária, se dá a partir de atos gerais e abstratos.

O erro da alternativa está quanto ao exercício de controle, fiscalização e planejamento. Tais predicados são próprios das leis.

(C): Incorreta – Com base no princípio da simetria, o STF (ADI 2857) aceita a expedição de decretos autônomos pelos demais Chefes do Executivo, não somente o Presidente da República. Por óbvio, as hipóteses devem ser similares àquelas previstas no art.84, VI, da CF/88. O mesmo acontece quanto aos decretos regulamentares, tema que não gera discordância na doutrina.

(D): Correta – O decreto regulamentar tem caráter subsidiário e visa explicitar e viabilizar o cumprimento de uma lei que o precede. Já o decreto autônomo, introduzido pela EC 32/01, tem caráter primário e visa atender às hipóteses do inciso VI do artigo 84 da CF/88. A questão da preexistência em relação a lei deve ser entendida como independência, porquanto tal decreto tira a sua validade diretamente da CF/88.

Resposta: Letra D

MPMG 2018. (CONCURSO LVI) *QUESTÃO 1. Direito Constitucional: Sistema Tributário Nacional. Direito Administrativo. Poder de Polícia. Doutrina/Lei Seca: CTN e CRFB/88.*

Assinale a alternativa INCORRETA:

A) *Considera-se poder de polícia a atividade da Administração Pública que, limitando ou disciplinando direito, interesse ou liberdade, regula a prática de ato ou abstenção de fato, em razão de interesse público concernente à segurança, à higiene, à ordem, aos costumes, à disciplina da produção e do mercado, ao exercício de atividades econômicas dependentes de concessão ou autorização do Poder Público, à tranquilidade pública ou ao respeito à propriedade e aos direitos individuais ou coletivos.*

B) *No exercício do poder de polícia, a Administração Pública dispõe de discricionariedade, o que significa que detém relativa liberdade de atuação quanto à oportunidade e conveniência para a sua prática, escolhendo o motivo e o conteúdo do ato, sempre nos limites da lei, para atender à finalidade do interesse público e do bem comum.*

C) *As taxas cobradas pela União, pelos Estados, pelo Distrito Federal ou pelos Municípios, no âmbito de suas respectivas atribuições, têm como fato gerador o exercício regular do poder de polícia, ou a utilização, efetiva ou potencial, de serviço público específico e divisível, prestado ao contribuinte ou posto à sua disposição.*

D) *É vedado à União, aos Estados, ao Distrito Federal e aos Municípios instituir tributos sobre patrimônio, renda ou serviços, uns dos outros; sobre templos de qualquer culto; sobre patrimônio, renda ou serviços dos partidos políticos e de suas fundações, das entidades sindicais dos trabalhadores, das instituições de educação e de assistência social, sem fins lucrativos, atendidos os requisitos da lei; sobre livros, jornais e periódicos, bem como sobre o papel destinado à impressão deles.*

Comentários

A) CORRETA. Trata-se do conceito legal de poder de polícia disposto no *caput* do artigo 78 do Código Tributário Nacional: "Art. 78. Considera-se poder de polícia atividade da administração pública que, limitando ou disciplinando direito, interesse ou liberdade, regula a prática de ato ou abstenção de fato, em razão de interesse público concernente à segurança, à higiene, à ordem, aos costumes, à disciplina da produção e do mercado, ao exercício de atividades econômicas dependentes de concessão ou autorização do Poder Público, à tranquilidade pública ou ao respeito à propriedade e aos direitos individuais ou coletivos."

B) CORRETA. Com efeito, a doutrina aponta a discricionariedade, ao lado da autoexecutoriedade e da coercibilidade, como sendo uma das características do poder de polícia, sendo certo que somente os elementos objeto e motivo do ato administrativo podem ser discricionários. Ressalte-se que na maior parte dos casos o poder de polícia é dotado de discricionariedade, afinal, não é possível ao legislador prever em abstrato todas as hipóteses em que o poder público tenha de lançar mão de seu poder de polícia. Todavia, nem sempre ele é dotado de discricionariedade. Há hipóteses em que atos de polícia são vinculados, ou seja, a lei estipula previamente a única medida possível a ser adotada pela Administração Pública. Um exemplo de ato de polícia vinculado é a licença (PIETRO, 2018, pp. 153-154).

C) CORRETA. A alternativa corresponde a transcrição do art. 77, *caput*, do Código Tributário Nacional: "Art. 77. As taxas cobradas pela União, pelos Estados, pelo Distrito Federal ou pelos Municípios, no âmbito de suas respectivas atribuições, têm como fato gerador o exercício regular do poder de polícia, ou a utilização, efetiva ou potencial, de serviço público específico e divisível, prestado ao contribuinte ou posto à sua disposição."

D) INCORRETA. Na realidade, conforme art. 150, VI, da CRFB/88, é vedado à União, aos Estados, ao Distrito Federal e aos Municípios instituir impostos – e não tributos – sobre patrimônio, renda ou serviços, uns dos outros; sobre templos de qualquer culto; sobre patrimônio, renda ou serviços dos partidos políticos e de suas fundações, das entidades sindicais dos trabalhadores, das instituições de educação e de assistência social, sem fins lucrativos, atendidos os requisitos da lei; sobre livros, jornais e periódicos, bem como sobre o papel destinado à impressão deles.

Resposta: Letra D.

MPMG 2018. (CONCURSO LVI) *QUESTÃO 4. Direito Administrativo. Poderes da Administração Pública. Doutrina.*

Assinale a alternativa INCORRETA:

A) O poder disciplinar consiste no poder-dever de que dispõe a Administração Pública de punir administrativamente o servidor pelas infrações funcionais que cometer, bem como os particulares que estejam sujeitos à disciplina da Administração Pública.

B) O poder hierárquico caracteriza-se pela existência de níveis de subordinação entre órgãos e agentes públicos de uma mesma pessoa jurídica, dele decorrendo a atribuição de ordenar, coordenar, controlar e corrigir a atividade administrativa.

C) Decorre do poder hierárquico a atividade de controle e de fiscalização exercida pela Administração Pública Direta sobre as entidades da Administração Pública Indireta.

D) O particular, no exercício de sua atividade privada, não está sujeito ao poder disciplinar nem ao poder hierárquico da Administração Pública. O controle que a Administração exerce sobre a atividade do particular é uma decorrência do poder de polícia.

Comentários

A) CORRETA. Assim a doutrina conceitua poder disciplinar. Nesse sentido, Maria Sylvia Zanella Di Pietro (2018, p. 119) leciona que "Poder disciplinar é o que cabe à Administração Pública para apurar infrações e aplicar penalidades aos servidores públicos e demais pessoas sujeitas à disciplina administrativa; é o caso dos estudantes de uma escola pública."

B) CORRETA. Assim a doutrina conceitua poder disciplinar, não havendo reparos a serem feitos na assertiva.

C) INCORRETA. Conforme visto na alternativa anterior, o poder hierárquico se manifesta somente no âmbito de uma mesma pessoa jurídica. Na verdade, decorre do poder de tutela ou controle a atividade de controle e de fiscalização exercida pela Administração Pública Direta sobre as entidades da Administração Pública Indireta, quanto ao cumprimento de suas finalidades institucionais, ressalte-se. Não há que se falar em subordinação hierárquica administrativa entre entes da Administração Pública Direta e Indireta.

D) CORRETA. Os poderes disciplinar e hierárquico são prerrogativas da Administração Pública em suas relações internas. Com efeito, para o controle de atividades particulares, o Poder Público se vale do poder de polícia, o qual, a teor do art. 78 do Código Tributário Nacional, corresponde à "atividade da administração pública que, limitando ou disciplinando direito, interesse ou liberdade, regula a prática de ato ou abstenção de fato, em razão de interesse público concernente à segurança, à higiene, à ordem, aos costumes, à disciplina da produção e do mercado, ao exercício de atividades econômicas dependentes de concessão ou autorização do Poder Público, à tranquilidade pública ou ao respeito à propriedade e aos direitos individuais ou coletivos."

Resposta: Letra C.

***MPMG 2019 (CONCURSO LVII)**. QUESTÃO 16. Direito Administrativo / Poderes e deveres da Administração Pública / Jurisprudência.*

Sobre o poder de polícia e o exercício da segurança pública municipal, é correto afirmar, à luz do posicionamento consolidado no Supremo Tribunal Federal, que:

A) a segurança pública, numa de suas dimensões, toca o exercício do poder de polícia, o que confere à polícia militar a titularidade da imposição de multas de trânsito, excluindo-se a possibilidade de a guarda municipal executar essa atividade.

B) a fiscalização do trânsito, com aplicação das sanções administrativas legalmente previstas, embora possa dar-se ostensivamente, constitui atividade típica de segurança pública.

C) o poder de polícia não se confunde com segurança pública; o exercício do primeiro não é prerrogativa exclusiva das entidades policiais, a quem a Constituição outorgou, com exclusividade, no art. 144, apenas as funções de promoção da segurança pública.

D) a ordem jurídica brasileira estabeleceu que a atividade administrativa de fiscalização do trânsito é permitida à guarda municipal nas hipóteses de convênios celebrados com os órgãos policiais constitucionalmente legitimados para tanto.

Comentários

(A): Incorreta. RE 658570 – "5. O art. 144, §8º, da CF, não impede que a guarda municipal exerça funções adicionais à de proteção dos bens, serviços e instalações do Município. Até mesmo instituições policiais podem cumular funções típicas de segurança pública com exercício de poder de polícia. Entendimento que não foi alterado pelo advento da EC nº 82/2014."

(B): Incorreta. RE 658570 – "2. A fiscalização do trânsito, com aplicação das sanções administrativas legalmente previstas, embora possa se dar ostensivamente, constitui mero exercício de poder de polícia, não havendo, portanto, óbice ao seu exercício por entidades não policiais."

(C): Correta. RE 658570 – "1. Poder de polícia não se confunde com segurança pública. O exercício do primeiro não é prerrogativa exclusiva das entidades policiais, a quem a Constituição outorgou, com exclusividade, no art. 144, apenas as funções de promoção da segurança pública."

(D): Incorreta. RE 658570 – "4. Dentro de sua esfera de atuação, delimitada pelo CTB, os Municípios podem determinar que o poder de polícia que lhe compete seja exercido pela guarda municipal."

Resposta: Letra C é correta.

10. ATOS ADMINISTRATIVOS E ATIVIDADE ADMINISTRATIVA

MPMG - 2011 (Concurso LI). Questão 16. Direito Administrativo / Lei 4717.1965 / Atos Administrativos /Doutrina / Legislação.

Assinale a alternativa INCORRETA.

A) *Dá-se a revogação quando a Administração pública extingue um ato administrativo válido por razões de conveniência e oportunidade.*

B) *Opera-se a convalidação (ou saneamento) quando a Administração pública supre ou corrige o vício existente em um ato administrativo.*

C) *Apresenta-se o vício da incompetência quando o resultado do ato administrativo importar em violação de lei, regulamento ou outro ato normativo.*

D) *Ambienta-se o vício de forma na omissão ou na observância incompleta ou irregular de formalidades indispensáveis à existência ou seriedade do ato administrativo.*

Comentários

a) Correta. (DI PIETRO, p. 252). Súmula 473, STF: "A administração pode anular seus próprios atos, quando eivados de vícios que os tornam ilegais, porque deles não se originam direitos; ou revogá-los, por motivo de conveniência ou oportunidade, respeitados os direitos adquiridos, e ressalvada, em todos os casos, a apreciação judicial".

b) Correta. Convalidação é ato administrativo em que há o suprimento de um vício existente em um ato anterior (DI PIETRO, p. 248).

c) Incorreta. Art. 2°, parágrafo único, "a", Lei 4717/65: "a incompetência fica caracterizada quando o ato não se incluir nas atribuições legais do agente que o praticou". A assertiva tratou do vício quanto ao objeto, "a Ilegalidade do objeto ocorre quando o resultado do ato importa em violação de lei, regulamento ou outro ato normativo" (art. 2°, parágrafo único, "c", Lei 4717/65).

d) Correta. Art. 2º, parágrafo único, "b", Lei 4717/65: "o vício de forma consiste na omissão ou na observância incompleta ou irregular de formalidades indispensáveis à existência ou seriedade do ato".

Resposta certa: C

11. PROCESSO E PROCEDIMENTO ADMINISTRATIVO

MPMG – 2012 (LII Concurso) *Questão 16 Direito Administrativo / Processo Administrativo / Doutrina e Jurisprudência.*

Assinale a alternativa CORRETA:

A) O Supremo Tribunal Federal sedimentou entendimento no sentido de que é constitucional a exigência de depósito ou arrolamento prévios de dinheiro ou bens para admissibilidade de recurso administrativo.

B) Por força do princípio da oficialidade, que decorre da supremacia do interesse da Administração sobre o do administrado, vigora em nosso Direito, segundo súmula do Supremo Tribunal Federal, a seguinte máxima: "formalismo para o administrado e informalismo para a Administração".

C) O Supremo Tribunal Federal entende que a falta de defesa técnica por advogado no processo administrativo disciplinar não ofende a Constituição.

D) Mesmo sendo dirigido ao superior hierárquico em relação à autoridade que editou o ato contra o qual se insurge o administrado, o pedido de reconsideração não tem natureza jurídica de recurso administrativo, sendo cabível, segundo entendimento firmado no Supremo Tribunal Federal, apenas nas hipóteses constitucionais de defesa dos direitos e garantias fundamentais.

Comentários

A) Incorreta. Súmula Vinculante 21/STF: "É **inconstitucional** a exigência de depósito ou arrolamento prévios de dinheiro ou bens para admissibilidade de recurso administrativo." (destacamos).

B) Incorreta. Princípio da oficialidade relaciona-se com o impulso oficial do processo administrativo.

C) Correta: Conforme a Súmula Vinculante 5/STF. "A falta de defesa técnica por advogado no processo administrativo disciplinar não ofende a Constituição"

D) Incorreta. O pedido de reconsideração é dirigido à autoridade que proferiu a decisão.

Resposta: letra C.

***MPMG – 2013 (CONCURSO LIII)** Questão 11. Direito Administrativo / Processo Administrativo / Legislação.*

*Nos processos administrativos regidos pela Lei Federal nº 9.784/99, há expressa determinação de critérios a serem observados, com **EXCEÇÃO** de:*

A) Divulgação oficial dos atos administrativos, ressalvadas as hipóteses de sigilo previstas na Constituição.

B) Adoção de formas simples, suficientes para propiciar adequado grau de certeza, segurança e respeito aos direitos dos administrados.

C) Proibição de cobrança de despesas processuais, ressalvadas as previstas em lei.

D) Inércia oficial, do processo administrativo, sem prejuízo da atuação dos interessados.

Comentários

A) Correta. Conforme Lei 9.784/99, artigo 2º, V. "Art. 2º A Administração Pública obedecerá, dentre outros, aos princípios da legalidade, finalidade, motivação, razoabilidade, proporcionalidade, moralidade, ampla defesa, contraditório, segurança jurídica, interesse público e eficiência. Parágrafo único. Nos processos administrativos serão observados, entre outros, os critérios de: (...)

V - divulgação oficial dos atos administrativos, ressalvadas as hipóteses de sigilo previstas na Constituição;"

B) Correta. De acordo com o artigo 2º, IX da Lei 9.784/99. "IX - adoção de formas simples, suficientes para propiciar adequado grau de certeza, segurança e respeito aos direitos dos administrados;"

C) Correta. Conforme artigo 2º, XI da Lei 9.784/99. "XI - proibição de cobrança de despesas processuais, ressalvadas as previstas em lei;"

D) Incorreta. A Lei 9.784/99 adota a **impulsão, de ofício,** do processo administrativo como critério a ser observado nos processos administrativos, sem prejuízo da atuação dos interessados (art. 2º, XII).

"XII - impulsão, de ofício, do processo administrativo, sem prejuízo da atuação dos interessados;"

Resposta: Letra D

***MPMG 2017 (Concurso LV).** Questão 11. Direito Administrativo / Atos administrativos e atividade administrativa/ Jurisprudência e doutrina.*

No que se refere à recomposição da legalidade nos atos administrativos, assinale a alternativa CORRETA:

A) *A estabilização é forma de convalidação dos atos administrativos, promovendo o saneamento da invalidade do ato viciado, tendo por base fato administrativo.*

B) *Pela convalidação declara-se a invalidade do ato convalidado, desconstitui-se sua existência, projetando-se ato com equivalente conteúdo, mesmo que não seja possível no presente a reprodução legítima do ato invalidado, sob efeito ex nunc.*

C) *Autorizam a convalidação os vícios de competência, de forma e de procedimento, quando não vulnerarem a finalidade do ato ou quando se tratar de falta de ato de particular sanada posteriormente com expressa projeção retroativa.*

D) *Ao Judiciário não cabe proceder à convalidação do ato administrativo, e nem mesmo cabe ao particular impugná-la, por ser competência própria da Administração Pública e ancorada no seu dever de obediência à ordem jurídica.*

Comentários

(A): Incorreta – Na estabilização não há convalidação do ato administrativo. Ele não perde o seu vício, apenas mantêm-se aplicável por outros motivos, como segurança jurídica e boa-fé. Conforme doutrina e STF, ACO 79, Min. César Peluso, j. 15.03.12.

(B): Incorreta – O efeito da convalidação é *EX TUNC*, até porque não seria faria sentido convalidar ato com eficácia prospectiva, bastaria editar outro.

(C): Correta – Enquanto são passíveis de convalidação os vícios de competência, forma e procedimento (para alguns o procedimento está incluído na forma). A seu turno, não o são os vícios de motivo, finalidade e objeto.

(D): Incorreta – Não há essa limitação quanto à impugnação do ato a ser convalidado, até porque, em caso de impugnação, não cabe convalidação. De todo modo, uma vez que é requisito para a convalidação a ausência de prejuízo a terceiros, não há óbice para que o particular a impugne.

Resposta: Letra C

MPMG 2017 (Concurso LV)*. Questão 12. Direito Administrativo/ Atos administrativos e atividade administrativa/ Doutrina.*

Dentre as alternativas abaixo sobre desvio de poder, indique a INCORRETA:

A) *O desvio de poder é vício de intenção, que deriva dos propósitos subalternos que animam o agente ou das circunstâncias de não realização da finalidade preordenada pela lei.*

B) *O desvio de poder é vício objetivo que se refere ao descompasso entre a finalidade a que o ato serviu e a finalidade legal que por meio dele poderia ser servida.*

C) *O desvio de poder é vício por omissão nas hipóteses em que a abstenção do ato é contrária ao que deveria ser feito, afinal "não agir é também agir".*

D) *O desvio de poder desnatura a finalidade da competência no exercício de atos impróprios à providência adotada.*

Comentários

(A): Incorreta – Resposta da banca: Segundo Celso Antônio Bandeira de Melo, "Então nos casos em que o agente atuou sem a reta intenção de atender à lei seu comportamento é fulminável não porque teve o intuito de desatender à lei, mas porque a desatendeu. Donde não é a má-fé, nos casos em que tenha existido (desvio de poder alheio a qualquer interesse público), nem o intuito de alcançar um fim lícito, por meio impróprio, quando haja sido este o caso (desvio de um fim específico), aquilo que macula o ato, e sim a circunstância de este não realizar a finalidade para qual a lei ordenara. É que no direito público a satisfação do escopo sobreleva a boa ou má intenção do sujeito que pratica o ato. Se o atendeu com bons ou maus propósitos, nada importa" (in Grandes temas de direito administrativo. São Paulo: Malheiros, 2009, p. 132).

(B): Correta – Resposta da banca: O mesmo renomado autor indica "o que o direito sanciona no desvio de poder, é sempre o objetivo descompasso entre a finalidade a que o ato serviu e finalidade legal que por meio dele poderia ser servida" (in Grandes temas de direito administrativo. São Paulo: Malheiros, 2009, p. 132).

(C): Correta – Resposta da banca: A alternativa C também está correta, sendo de clareza solar. Havendo imposição de dever de agir, a ausência do ato administrativo comissivo revela o desvio de poder por omissão, que, entretanto, traz consigo uma decisão: a abstenção. Por isso, nas palavras do ilustrado Professor no memorável artigo, à página 134: "Tem-se, pois, que o agente administrativo pode decidir abster-se de praticar um ato que deveria expedir para correto atendimento do interesse público".

(D): Correta – Resposta da banca: A alternativa D está, igualmente, correta. Quando ainda na explicação do desvio de poder e vício de intenção, destaca o artigo em questão (in Grandes temas de direito administrativo. São Paulo: Malheiros, 2009, p. 128):

"Outras vezes o vício de intenção não procede da busca das finalidades mesquinhas. Deriva de uma falsa concepção do interesse público. Nestes casos o sujeito do ato não está animado de interesses pessoais ou facciosos; contudo, desnatura a finalidade da própria competência ao praticar atos visando a objetivos que não são os próprios da providência adotada, ou seja não coincidem com a finalidade legal específica".

Resposta: Letra A

***MPMG 2017 (Concurso LV)**. Questão 15. Direito Administrativo / Atos administrativos e atividade administrativa/ Doutrina.*

Quanto ao conteúdo e à forma dos atos administrativos, é CORRETO o que se afirma em:

A) *Deliberações são atos emanados, em regra, de órgãos colegiados e caracterizam-se como atos simples coletivos, ao passo que as resoluções são atos normativos individuais, provenientes de autoridades do alto escalão administrativo e têm natureza derivada.*

B) *Homologação é o ato administrativo unilateral que visa à uniformização de decisões das autoridades administrativas sobre tema de interesse individual ou coletivo.*

C) *A autorização é ato declaratório, ao passo que a licença é ato constitutivo de direito preexistente.*

D) *A permissão é o ato unilateral e vinculado pelo qual a Administração Pública reconhece ao particular que preencha os requisitos legais o direito para exercer profissão regulamentada em lei.*

Comentários

(A): Correta. Deliberações são atos administrativos emanados de órgãos colegiados. Podem Introduzir normas abstratas ou concretas. Resoluções são considerados atos inferiores aos regulamentos e regimentos, cabendo-lhes unicamente complementá-los e explicitá-los, sendo veículos introdutores de normas abstratas ou concretas. (Ricardo Marcondes Martins, Tratado de Direito Admiistrativo, Vol. 5, 2019, 193pg)

(B): Incorreta – A homologação é ato unilateral e vinculado cujo objetivo é analisar os requisitos legais próprios do ato a ser homologado para dar-lhe eficácia. "Ato de controle pelo qul se verifica a legalidade ou conveniência de outro ato administrativo ou de ato privado" (idem, pg 198)

(C): Incorreta – A licença também é ato declaratório. "Ato administrativo declaratório, decorrente, em regra, do exercício de competência vinculada." (idem, pg. 196)

(D): Incorreta – A permissão é unilateral e discricionária. "é o ato administrativo unilateral por meio do qual, no exercício de competência discricionária, a Administração possibilita ao administrado algo que é alheio à esfera jurídica dele." (idem, pg. 197)

Resposta: Letra A

12. LEI ORGÂNICA NACIONAL DO MINISTÉRIO PÚBLICO (LEI N.º 8.625/1993) E LEI ORGÂNICA DO MINISTÉRIO PÚBLICO DO ESTADO DE MINAS GERAIS: REGIME, ÓRGÃOS, CARREIRA, PROCESSOS E PROCEDIMENTOS; O PROCON ESTADUAL DE MINAS GERAIS

13. CONTRATOS ADMINISTRATIVOS

MPMG 2014 (Concurso LIV)*. Questão 18. Direito Administrativo / Lei de Licitações e contratos (Lei 8.666/93) / Contratos Administrativos / Legislação.*

A respeito dos contratos administrativos, considere as seguintes afirmativas:

I. Admitem a existência ou o estabelecimento de prerrogativas especiais em prol da administração pública.

II. Admitem sua extinção unilateral nos casos admitidos em lei.

III. A garantia do contratado ao equilíbrio econômico-financeiro do contrato administrativo não pode ser afetado nem mesmo por força de lei.

IV. Somente o prazo de entrega do contrato administrativo admite prorrogação e, mesmo assim, quando expressamente justificada e autorizada.

É CORRETO o que se assevera apenas em:

A) I e IV

B) II e IV

C) I, II e III

D) II, III e IV

Comentários

Atenção: Com a vigência da Lei 14.133/2021 o(s) instituto(s) será(ão) regido(s) pelo(s) artigo(s) 89 e seguintes.

I. Correto – Art. 58, Lei 8.666/93. "Art. 58. O regime jurídico dos contratos administrativos instituído por esta Lei confere à Administração, em relação a eles, a prerrogativa de:"

II. Correto – Arts. 58, II, e 79, I, Lei 8.666/93; "II - rescindi-los, unilateralmente, nos casos especificados no inciso I do art. 79 desta Lei;"

"Art. 79. A rescisão do contrato poderá ser: I - determinada por ato unilateral e escrito da Administração, nos casos enumerados nos incisos I a XII e XVII do artigo anterior;"

III. Correto – Art. 37, XXI, CR/88 – o equilíbrio-financeiro é direito constitucional e não pode ser afetado por lei; "XXI - ressalvados os casos especificados na legislação, as obras, serviços, compras e alienações serão contratados mediante processo de licitação pública que assegure igualdade de condições a todos os concorrentes, com cláusulas que estabeleçam obrigações de pagamento, mantidas as condições efetivas da proposta, nos termos da lei, o qual somente permitirá as exigências de qualificação técnica e econômica indispensáveis à garantia do cumprimento das obrigações."

IV. Errado – Art. 57, § 1º, Lei 8.666/93 – Os prazos de início de etapas de execução, de conclusão e de entrega admitem prorrogação. "§ 1º Os prazos de início de etapas de execução, de conclusão e de entrega admitem prorrogação, mantidas as demais cláusulas do contrato e assegurada a manutenção de seu equilíbrio econômico-financeiro, desde que ocorra algum dos seguintes motivos, devidamente autuados em processo:"

Resposta certa: C

MPMG 2017 (Concurso LV)*. Questão 18. Direito Administrativo / Contratos administrativos/ Doutrina e legislação.*

Analise as seguintes assertivas quanto aos contratos administrativos e assinale a alternativa INCORRETA:

A) A publicação do contrato administrativo em órgão oficial de imprensa da entidade pública contratante é formalidade dispensável, bastando para sua eficácia o registro e o arquivamento na repartição administrativa pertinente.

B) O direito à revisão e o reajuste do preço são formas de reequilíbrio contratual; a primeira independe de previsão contratual e tem origem em fato superveniente ao contrato, enquanto o segundo é pactuado entre as partes já no momento do contrato, com a finalidade de preservar o poder aquisitivo da moeda.

C) São características do contrato administrativo, entre outras: o formalismo, a comutatividade, a confiança recíproca e a bilateralidade.

D) A Administração Pública poderá alterar unilateralmente os contratos regidos pela Lei nº 8.666/93, quando houver modificação do projeto ou das especificações, para melhor adequação técnica aos seus objetivos.

Comentários

Atenção: Com a vigência da Lei 14.133/2021 o(s) instituto(s) será(ão) regido(s) pelo(s) artigo(s) 89 e seguintes.

(A): Incorreta – A publicação é condição de eficácia, conforme art. 61, p.u., da Lei 8666/93. "Parágrafo único. A publicação resumida do instrumento de contrato ou de seus aditamentos na imprensa oficial, que é condição indispensável para sua eficácia, será providenciada pela Administração até o quinto dia útil do mês seguinte ao de sua assinatura, para ocorrer no prazo de vinte dias daquela data, qualquer que seja o seu valor, ainda que sem ônus, ressalvado o disposto no art. 26 desta Lei."

(B): Correta – "A revisão do contrato tem lugar quando a administração procede à alteração unilateral de suas cláusulas de execução, afetando a equação econômica original, ou quando algum evento, mesmo que externo ao contrato, modifica extraordinariamente os custos de sua execução. Nessas hipóteses, o contratado tem direito à chamada revisão do contrato, para restabelecimento de seu equilíbrio econômico-financeiro. O mero reajuste é algo que ocorre periodicamente, estando relacionado à inflação ordinária ou à perda ordinária de poder aquisitivo da moeda, seguindo índices determinados, tudo conforme previamente estabelecido no próprio contrato". (DIREITO ADMINISTRATIVO DESCOMPLICADO, Marcelo Alexandrino & Vicente Paulo, p. 576)

(C): Correta –Conforme José dos Santos Carvalho Filho: Formalismo, porque é necessário que se observem certos requisitos externos e internos. Comutatividade, já que existe equivalência entre as obrigações, previamente ajustadas e conhecidas. Confiança recíproca (intuitu personae), porque o contratado é, em tese, o que melhor comprovou condições de contratar com a Administração, fato que, inclusive, levou o legislador a só admitir a subcontratação de obra, serviço ou fornecimento até o limite consentido, em cada caso, pela Administração, isso sem prejuízo de sua responsabilidade legal e contratual (art. 72 do Estatuto). Bilateralidade, indicativa de que o contrato administrativo sempre há de traduzir obrigações para ambas as partes.

(D): Correta – Conforme art.65, I, 'a', da Lei 8666/93. "Art. 65. Os contratos regidos por esta Lei poderão ser alterados, com as devidas justificativas, nos seguintes casos: I - unilateralmente pela Administração: a) quando houver modificação do projeto ou das especificações, para melhor adequação técnica aos seus objetivos;"

Resposta: Letra A

14. LICITAÇÃO, SERVIÇOS PÚBLICOS, OBRA PÚBLICA E REGIME DIFERENCIADO DE CONTRATAÇÃO (LEI FEDERAL N.° 14.133/2021, LEI FEDERAL N° 8.666/1993, LEI FEDERAL N.° 8.987/1995, LEI FEDERAL N° 10.520/2002, DECRETO FEDERAL N° 7.892/2013, LEI ESTADUAL N.° 14.167/2002, LEI ESTADUAL N.° 13.994/2001, LEI ESTADUAL N.° 13.209/1999)

***MPMG – 2011 (Concurso LI)**. Questão 17. Direito Administrativo / Lei 8666.93 / Contratos Administrativos / Legislação.*

Em relação à rescisão do contrato administrativo, é CORRETO dizer que:

A) no caso do contrato derivar de regular processo licitatório, a rescisão não pode ser feita amigável ou administrativamente, mas somente pela via judicial.

B) pode ser determinada por ato unilateral e escrito da Administração, no caso de atraso injustificado no início da obra, serviço ou fornecimento por parte da empresa contratada.

C) pode ser determinada por ato unilateral e escrito da empresa contratada no caso da não liberação, por parte da Administração, de área, local ou objeto para execução de obra, serviço ou fornecimento, nos prazos contratuais.

D) a inexecução apenas parcial do contrato por parte da empresa contratada não enseja a sua rescisão.

Comentários

Atenção: Com a vigência da Lei 14.133/2021 o(s) instituto(s) será(ão) regido(s) pelo(s) artigo(s) 137 e seguintes.

a) Incorreta. Art. 79, I e II, Lei 8666/93. Se houver conveniência para a administração é possível a rescisão amigável. "Art. 79. A rescisão do contrato poderá ser: I - determinada por ato unilateral e escrito da Administração, nos casos enumerados nos incisos I a XII e XVII do artigo anterior; II - amigável, por acordo entre as partes, reduzida a termo no processo da licitação, desde que haja conveniência para a Administração;"

b) Correta. Art. 79, I, c/c art. 78, IV, ambos da Lei 8666/93. O artigo 79 prevê que esta é uma das formas de rescisão unilateral. "Art. 79. A rescisão do contrato poderá ser: I - determinada por ato unilateral e escrito da Administração, nos casos enumerados nos incisos I a XII e XVII do artigo anterior;"

"Art. 78. Constituem motivo para rescisão do contrato: (...) IV - o atraso injustificado no início da obra, serviço ou fornecimento;"

c) Incorreta. Art. 79, I e III, c/c art. 78, XVI, ambos da Lei 8666/93. O ato unilateral e escrito sucede de conduta da Administração e não da empresa contratada. "Art. 79. A rescisão do contrato poderá ser: I - determinada por ato unilateral e escrito da Administração, nos casos enumerados nos incisos I a XII e XVII do artigo anterior; III - judicial, nos termos da legislação;"

"Art. 78. Constituem motivo para rescisão do contrato: (...)XVI - a não liberação, por parte da Administração, de área, local ou objeto para execução de obra, serviço ou fornecimento, nos prazos contratuais, bem como das fontes de materiais naturais especificadas no projeto;"

d) Incorreta. Art. 77 da Lei 8666/93. Tanto a inexecução total quanto a parcial geram a rescisão do contrato. "Art. 77. A inexecução total ou parcial do contrato enseja a sua rescisão, com as conseqüências contratuais e as previstas em lei ou regulamento."

Resposta certa: B

MPMG – 2012 (LII Concurso) *Questão 14 – Direito Administrativo – Licitações – Legislação.*

Em relação à licitação, à luz da legislação de regência, é INCORRETO dizer que:

A) A alienação de bens da Administração Pública deve ser precedida de avaliação, sendo dispensada a licitação quando se tratar de permuta de bens móveis entre órgãos ou entidades integrantes do próprio Poder Público.

B) Nos casos em que couber a tomada de preços, a Administração poderá utilizar convite e, em qualquer caso, a concorrência.

C) A licitação não será sigilosa, sendo públicos e acessíveis ao público os atos de seu procedimento, salvo quanto ao conteúdo das propostas, até a respectiva abertura.

D) É dispensável a licitação na contratação de associação de portadores de deficiência física, sem fins lucrativos e de comprovada idoneidade, por órgãos ou entidades da Administração Pública, para a prestação de serviços ou fornecimento de mão-de-obra, desde que o preço contratado seja compatível com o praticado no mercado.

Comentários

Atenção: Com a vigência da Lei 14.133/2021 o(s) instituto(s) será(ão) regido(s) pelo(s) artigo(s) 176, 6º e 75.

A) Correta. Artigo 17, inciso II, alínea "b, da Lei 8.666/1993. "Art. 17. A alienação de bens da Administração Pública, subordinada à existência de interesse público devidamente justificado, será precedida de avaliação e obedecerá às seguintes normas: (...) II - quando móveis, dependerá de avaliação prévia e de licitação, dispensada esta nos seguintes casos: (...) b) permuta, permitida exclusivamente entre órgãos ou entidades da Administração Pública;

B) Incorreta. É o contrário: Nos casos em que couber convite, a Administração poderá utilizar a tomada de preços e, em qualquer caso, a concorrência. Artigo 23, § 4º, da Lei 8.666/1993. "§ 4o Nos casos em que couber convite, a Administração poderá utilizar a tomada de preços e, em qualquer caso, a concorrência."

C) Correta. Artigo 3º, § 3º, da Lei 8.666/1993. "Art. 3º A licitação destina-se a garantir a observância do princípio constitucional da isonomia, a seleção da proposta mais vantajosa para a administração e a promoção do desenvolvimento nacional sustentável e será processada e julgada em estrita conformidade com os princípios básicos da legalidade, da impessoalidade, da moralidade, da igualdade, da publicidade, da probidade administrativa, da vinculação ao instrumento convocatório, do julgamento objetivo e dos que lhes são correlatos. (...) § 3º A licitação não será sigilosa, sendo públicos e acessíveis ao público os atos de seu procedimento, salvo quanto ao conteúdo das propostas, até a respectiva abertura."

D) Correta Art. 24, XX, da Lei 8.666/1993.Art. 24. É dispensável a licitação: (...) "XX - na contratação de associação de portadores de deficiência física, sem fins lucrativos e de comprovada idoneidade,por órgãos ou entidades da Admininistração

Pública, para a prestação de serviços ou fornecimento de mão-de-obra, desde que o preço contratado seja compatível com o praticado no mercado."

Resposta: Letra B

MPMG – 2013 (CONCURSO LIII) Questão 12. Direito Administrativo/ Licitações/ Legislação 8.666/93 e 10.520/00. QUESTÃO DESATUALIZADA.

*Em matéria de Licitações, é **INCORRETO** afirmar-se que:*

A) A realização de audiência pública é exigível sempre que o valor estimado para uma licitação ou conjunto de licitações simultâneas ou sucessivas for superior a R$ 150 milhões, devendo ser realizada com antecedência mínima de 15 dias úteis da data prevista para a publicação do edital.

B) Caracteriza a dispensa da licitação sempre que houver impossibilidade jurídica de competição.

C) Em matéria de inexigibilidade de licitação, não há possibilidade de o administrador enquadrar nessa contratação outras situações senão as elencadas pelo legislador pátrio.

D) O pregão é modalidade licitatória de aquisição de bens e serviços comuns da administração pública, independente do valor.

Comentários

Atenção: Com a vigência da Lei 14.133/2021 o(s) instituto(s) será(ão) regido(s) pelo(s) artigo(s) 21, 74 e 6º XLI.

A) Correta. Na ocasião do concurso, o valor que se exigia para a obrigatoriedade da audiência pública era 150 milhões de reais, nos termos do artigo 39 da Lei 8.666/93 c/c 23, I, alínea "c", ambos da Lei 8.666/93. **Atualmente**, por força do decreto 9.412/2018, o valor para obras e serviços de engenharia na modalidade concorrência passou para R$3.300.000,00 (três milhões, trezentos e trinta mil reais), logo, quando se tratar de licitação ou conjunto de licitações simultâneas ou sucessivas com valor superior a 100 (cem) vezes o limite previsto no artigo 23, I, alínea "c" (licitação para obras e serviços de engenharia na modalidade de convite – R$ 3.300.000,00 x 100 = R$ 330 milhões), será obrigatória a realização de audiência pública, com antecedência mínima de quinze dias úteis.

B) Incorreta. A impossibilidade jurídica de competição implica na inexigibilidade de licitação, nos termos do artigo 25 da Lei 8.666/93.

C) Correta. As hipóteses de inexigibilidade de licitação decorrem da inviabilidade de competição, mas o rol não é taxativo, pois é impossível prever todas as situações. O *caput* artigo 25 da Lei 8.666/93 dispõe: É inexigível a licitação quando houver inviabilidade de competição, em especial: (...) e apresenta três hipóteses nos seus incisos.

"Art. 25. É inexigível a licitação quando houver inviabilidade de competição, em especial:

I - para aquisição de materiais, equipamentos, ou gêneros que só possam ser fornecidos por produtor, empresa ou representante comercial exclusivo, vedada a preferência de marca, devendo a comprovação de exclusividade ser feita através de atestado fornecido pelo órgão de registro do comércio do local em que se realizaria a licitação ou a obra ou o serviço, pelo Sindicato, Federação ou Confederação Patronal, ou, ainda, pelas entidades equivalentes;

II - para a contratação de serviços técnicos enumerados no art. 13 desta Lei, de natureza singular, com profissionais ou empresas de notória especialização, vedada a inexigibilidade para serviços de publicidade e divulgação;

III - para contratação de profissional de qualquer setor artístico, diretamente ou através de empresário exclusivo, desde que consagrado pela crítica especializada ou pela opinião pública."

D) Correta. A Lei 10.520/02, denominada "lei do pregão", dispõe sobre aquisição de bens e serviços comuns da administração pública, sem fazer menção a limites de valor, conforme artigo 1º. "Art. 1º Para aquisição de bens e serviços comuns, poderá ser adotada a licitação na modalidade de pregão, que será regida por esta Lei. Parágrafo único. Consideram-se bens e serviços comuns, para os fins e efeitos deste artigo, aqueles cujos padrões de desempenho e qualidade possam ser objetivamente definidos pelo edital, por meio de especificações usuais no mercado."

Resposta: Letra B

MPMG – 2013 (CONCURSO LIII) Questão 17. Direito Administrativo/ Sistema de Registro de Preços/Legislação/ Dec. 7.892/13.

O Decreto nº 7.892/2013 regulamentou o Sistema de Registro de Preços – SRP para as contratações de serviços e a aquisição de bens no âmbito da administração pública federal direta, autárquica e fundacional, fundos especiais, empresas públicas, sociedades de economia mista e demais entidades controladas, direta ou indiretamente pela União.

São hipóteses que a norma admite a utilização do SRP, com ***EXCEÇÃO*** *de:*

A) *Quando, pelas características do bem ou serviço, houver necessidade de contratações frequentes.*

B) *Quando, pela natureza do objeto, for possível definir previamente o quantitativo a ser demandado pela Administração.*

C) *Quando for conveniente a aquisição de bens ou a contratação de serviços para atendimento a mais de um órgão ou entidade, ou a programas de governo.*

D) *Quando for conveniente a aquisição de bens com previsão de entregas parceladas ou contratação de serviços remunerados por unidade de medida ou em regime de tarefa.*

Comentários

A) Correto. Artigo 3º, I, do Decreto 7.892/13. "Art. 3º O Sistema de Registro de Preços poderá ser adotado nas seguintes hipóteses: I - quando, pelas características do bem ou serviço, houver necessidade de contratações frequentes;"

B) Falso. Artigo 3º, IV, do Decreto 7.892/13: o Sistema de Registro de Preços será adotado quando, pela natureza do objeto, não for possível definir previamente o quantitativo a ser demandado pela Administração. "Art. 3º O Sistema de Registro de Preços poderá ser adotado nas seguintes hipóteses: IV - quando, pela natureza do objeto, não for possível definir previamente o quantitativo a ser demandado pela Administração"

C) Correto. Artigo 3º, III, do Decreto 7.892/13. "Art. 3º O Sistema de Registro de Preços poderá ser adotado nas seguintes hipóteses: III - quando for conveniente a aquisição de bens ou a contratação de serviços para atendimento a mais de um órgão ou entidade, ou a programas de governo; ou"

D) Correto. Artigo 3º, II, do Decreto 7.892/13. "Art. 3º O Sistema de Registro de Preços poderá ser adotado nas seguintes hipóteses: II - quando for conveniente a aquisição de bens com previsão de entregas parceladas ou contratação de serviços remunerados por unidade de medida ou em regime de tarefa;"

Resposta: Letra B

MPMG 2014 (Concurso LIV). *Questão 20. Direito Administrativo / Constituição / Serviços Públicos / Legislação.*

De acordo com a Constituição Federal, existem atividades e / ou serviços sobre os quais o Estado não possui titularidade exclusiva; assim, independente de tratarem de um dever do Estado, é permitido que particulares os executem, desde que observada a legislação aplicável, a EXCEÇÃO de:

I. Saúde.

II. Previdência social.

III. Educação.

IV. Defesa nacional.

Está(ão) CORRETO(S) o(s) inciso(s):

A) I e II

B) II e IV

C) III

D) IV

Comentários

I. Errado – Art. 199, CR/88; "Art. 199. A assistência à saúde é livre à iniciativa privada."

II. Errado – Art. 202, CR/88; "Art. 202. O regime de previdência privada, de caráter complementar e organizado de forma autônoma em relação ao regime geral de previdência social, será facultativo, baseado na constituição de reservas que garantam o benefício contratado, e regulado por lei complementar."

III. Errado – Art. 209, CR/88; "Art. 209. O ensino é livre à iniciativa privada, atendidas as seguintes condições: I - cumprimento das normas gerais da educação nacional; II - autorização e avaliação de qualidade pelo Poder Público."

IV. Correto – Art. 21, III, CR/88; – Compete à união assegurar a defesa nacional. "Art. 21. Compete à União: III - assegurar a defesa nacional;"

Resposta certa: D

MPMG 2018. (CONCURSO LVI) QUESTÃO 9. Direito Administrativo. Licitações. Doutrina/Lei Seca: CRFB/88 e Lei nº 8.666/93.

Assinale a alternativa INCORRETA:

A) As obras, serviços, compras e alienações, ressalvados os casos especificados na legislação, serão contratados mediante processo de licitação pública que assegure igualdade de condições a todos os concorrentes, com cláusulas que estabeleçam obrigações de pagamento, mantidas as condições efetivas da proposta, nos termos da lei, o qual somente permitirá as exigências de qualificação técnica e econômica indispensáveis à garantia do cumprimento das obrigações.

B) Na licitação, a exigência de manutenção das condições efetivas da proposta guarda relação com a necessidade de respeito ao equilíbrio econômico-financeiro do contrato.

C) De acordo com a Lei nº 8.666, de 21 de junho de 1993, considera-se contrato todo e qualquer ajuste entre órgãos ou entidades da Administração Pública e particulares, em que haja um acordo de vontades para a formação de vínculo e a estipulação de obrigações recíprocas, seja qual for a denominação utilizada.

D) Nos termos da Lei nº 8.666, de 21 de junho de 1993, são nulos, e de nenhuns efeitos, os contratos verbais com a Administração Pública, salvo os pactuados com fornecedores internacionais para a aquisição de víveres em tempo de guerra ou de comoção intestina.

Comentários

Atenção: Com a vigência da Lei 14.133/2021 o(s) instituto(s) será(ão) regido(s) pelo(s) artigo(s) 89 e seguintes.

A) CORRETA. Assim dispõe o art. 37, inciso XXI, da CRFB/88: "XXI – ressalvados os casos especificados na legislação, as obras, serviços, compras e alienações serão contratados mediante processo de licitação pública que assegure igualdade de condições a todos os concorrentes, com cláusulas que estabeleçam obrigações de pagamento, mantidas as condições efetivas da proposta, nos termos da lei, o qual somente permitirá as exigências de qualificação técnica e econômica indispensáveis à garantia do cumprimento das obrigações."

B) CORRETA. Nas palavras de Maria Sylvia Zanella Di Pietro (2018, p. 312), "equilíbrio econômico-financeiro ou equação econômico-financeira é a relação que se estabelece, no momento da celebração do contrato, entre o encargo assumido pelo contratado e a contraprestação assegurada pela Administração." Portanto, não há dúvidas acerca da relação estabelecida pela assertiva.

C) CORRETA. É essa a definição de contrato para os fins da Lei nº 8.666/03, a teor de seu art. 2º, parágrafo único: "Parágrafo único. Para os fins desta Lei, considera-se contrato todo e qualquer ajuste entre órgãos ou entidades da Administração Pública e particulares, em que haja um acordo de vontades para a formação de vínculo e a estipulação de obrigações recíprocas, seja qual for a denominação utilizada."

D) INCORRETA. Na verdade, a teor do art. 60, parágrafo único, da Lei nº 8.666/93, são permitidos contratos verbais com a Administração para pequenas compras de pronto pagamento, assim entendidas aquelas de valor não superior a 5% (cinco por cento) do limite estabelecido para o cabimento da modalidade convite de licitação.

Resposta: Letra D.

MPMG 2019 (CONCURSO LVII)*. QUESTÃO 10. Direito Administrativo / Lei de Licitações e contratos (Lei 8.666/93) / Legislação.*

Em matéria de licitação, é incorreta a seguinte assertiva:

A) O concurso, modalidade de licitação, é previsto de forma expressa na Lei n° 8.666, de 21 de junho de 1993, juntamente com a concorrência, a tomada de preços, o convite e o leilão.

B) As licitações para a execução de obras e para a prestação de serviços obedecerão à sequência consubstanciada em: I - projeto básico (conjunto de elementos necessários e suficientes, com nível de precisão adequado, para caracterizar a obra ou serviço, ou complexo de obras ou serviços objeto da licitação, elaborado com base nas indicações dos estudos técnicos preliminares, que assegurem a viabilidade técnica e o adequado tratamento do impacto ambiental do empreendimento, e que possibilite a avaliação do custo da obra e a definição dos métodos e do prazo de execução); II - projeto executivo (conjunto dos elementos necessários e suficientes à execução completa da obra, de acordo com as normas pertinentes da Associação Brasileira de Normas Técnicas - ABNT) e III - execução das obras e serviços.

C) Diversamente das modalidades de procedimento licitatório, os tipos de licitação, exceto no concurso, são a de menor preço - quando o critério de seleção da proposta mais vantajosa para a Administração determina que será vencedor o licitante que apresentar a proposta de acordo com as especificações do edital ou convite e ofertar o menor preço; a de melhor técnica; a de técnica e preço, e a de maior lance ou oferta - nos casos de alienação de bens ou concessão de direito real de uso.

D) *Subordinam-se ao regime da Lei n° 8.666, de 21 de junho de 1993, além dos órgãos da administração direta, os fundos especiais, as autarquias, as fundações públicas, as empresas públicas, as sociedades de economia mista e demais entidades controladas diretamente pela União, Estados, Distrito Federal e Municípios, excluídas as entidades controladas indiretamente.*

Comentários

Atenção: Com a vigência da Lei 14.133/2021 o(s) instituto(s) será(ão) regido(s) pelo(s) artigo(s) art. 6º XXXVII até XLII; 28, 45, 33, 1º.

(A): Correta. "Art. 22. São modalidades de licitação: I - concorrência; II - tomada de preços; III - convite; IV - concurso; V - leilão."

(B): Correta. "Art. 7º As licitações para a execução de obras e para a prestação de serviços obedecerão ao disposto neste artigo e, em particular, à seguinte seqüência: I - projeto básico; II - projeto executivo; III - execução das obras e serviços."

"Art. 6º Para os fins desta Lei, considera-se: (...) IX - Projeto Básico - conjunto de elementos necessários e suficientes, com nível de precisão adequado, para caracterizar a obra ou serviço, ou complexo de obras ou serviços objeto da licitação, elaborado com base nas indicações dos estudos técnicos preliminares, que assegurem a viabilidade técnica e o adequado tratamento do impacto ambiental do empreendimento, e que possibilite a avaliação do custo da obra e a definição dos métodos e do prazo de execução, devendo conter os seguintes elementos: (...) X - Projeto Executivo - o conjunto dos elementos necessários e suficientes à execução completa da obra, de acordo com as normas pertinentes da Associação Brasileira de Normas Técnicas - ABNT;"

(C): Correta. "Art. 45. O julgamento das propostas será objetivo, devendo a Comissão de licitação ou o responsável pelo convite realizá-lo em conformidade com os tipos de licitação, os critérios previamente estabelecidos no ato convocatório e de acordo com os fatores exclusivamente nele referidos, de maneira a possibilitar sua aferição pelos licitantes e pelos órgãos de controle. § 1º Para os efeitos deste artigo, constituem tipos de licitação, exceto na modalidade concurso:

I - a de menor preço - quando o critério de seleção da proposta mais vantajosa para a Administração determinar que será vencedor o licitante que apresentar a proposta de acordo com as especificações do edital ou convite e ofertar o menor preço;

II - a de melhor técnica;

III - a de técnica e preço.

IV - a de maior lance ou oferta - nos casos de alienação de bens ou concessão de direito real de uso."

(D): Incorreta. "Art. 1º Esta Lei estabelece normas gerais sobre licitações e contratos administrativos pertinentes a obras, serviços, inclusive de publicidade, compras, alienações e locações no âmbito dos Poderes da União, dos Estados, do Distrito Federal e dos Municípios. Parágrafo único. Subordinam-se ao regime desta Lei, além dos órgãos da administração direta, os fundos especiais, as autarquias, as fundações públicas, as empresas públicas, as sociedades de economia mista e demais entidades controladas direta ou **indiretamente** pela União, Estados, Distrito Federal e Municípios."

Resposta: Letra D é a incorreta.

***MPMG 2019 (CONCURSO LVII)**. QUESTÃO 11. Direito Administrativo / Licitação (Lei 8.666/93) / Jurisprudência.*

Marque a afirmativa verdadeira sobre licitações:

A) A igualdade de condições dos concorrentes em licitações, embora seja enaltecida pela Constituição (art. 37, XXI), pode ser relativizada pela lei, mediante o estabelecimento de condições de diferenciação exigíveis em abstrato, e pela autoridade responsável pela condução do processo licitatório, que poderá estabelecer elementos de distinção circunstanciais, de qualificação técnica e econômica, sempre vinculados à garantia de cumprimento de obrigações específicas.

B) A igualdade de condições dos concorrentes em licitações, embora seja enaltecida pela Constituição (art. 37, XXI), pode ser relativizada apenas pela lei, mediante o estabelecimento de condições de diferenciação exigíveis em abstrato.

C) A igualdade de condições dos concorrentes em licitações, embora seja enaltecida pela Constituição (art. 37, XXI), somente pode ser relativizada por norma jurídica constitucional, mediante o estabelecimento de condições de diferenciação exigíveis em abstrato.

D) A igualdade de condições dos concorrentes em licitações, embora seja enaltecida pela Constituição (art. 37, XXI), pode ser relativizada apenas pela autoridade responsável pela condução do processo licitatório, que poderá estabelecer elementos de distinção circunstanciais, de qualificação técnica e econômica, sempre vinculados à garantia de cumprimento de obrigações específicas.

Comentários

(A): Correta. (B): Incorreta. (C): Incorreta. (D): Incorreta.

Resposta: Letra A é a correta.

A questão retratou a jurisprudência do egrégio Supremo Tribunal Federal, ADI 3735.

CONSTITUCIONAL E ADMINISTRATIVO. LEI 3.041/05, DO ESTADO DO MATO GROSSO DO SUL. LICITAÇÕES E CONTRATAÇÕES COM O PODER PÚBLICO. DOCUMENTOS EXIGIDOS PARA HABILITAÇÃO. CERTIDÃO NEGATIVA DE VIOLAÇÃO A DIREITOS DO CONSUMIDOR. DISPOSIÇÃO COM SENTIDO AMPLO, NÃO VINCULADA A QUALQUER ESPECIFICIDADE. INCONSTITUCIONALIDADE FORMAL, POR INVASÃO DA COMPETÊNCIA PRIVATIVA DA UNIÃO PARA LEGISLAR SOBRE A MATÉRIA (ART. 22, INCISO XXVII, DA CF). 1. A igualdade de condições dos concorrentes em licitações, embora seja enaltecida pela Constituição (art. 37, XXI), pode ser relativizada por duas vias: ***(a) pela lei, mediante o estabelecimento de condições de diferenciação exigíveis em abstrato***; e ***(b) pela autoridade responsável pela condução do processo licitatório, que poderá estabelecer elementos de distinção circunstanciais, de qualificação técnica e econômica, sempre vinculados à garantia de cumprimento de obrigações específicas***. 2. Somente a lei federal poderá, em âmbito geral, estabelecer desequiparações entre os concorrentes e assim restringir o direito de participar de licitações em condições de igualdade. Ao direito estadual (ou municipal) somente será legítimo inovar neste particular se tiver como objetivo estabelecer condições específicas, nomeadamente quando relacionadas a uma classe de objetos a serem contratados ou a peculiares circunstâncias de interesse local. 3. Ao inserir a Certidão de Violação aos Direitos do Consumidor no rol de documentos exigidos para a habilitação, o legislador estadual se arvorou na condição de intérprete primeiro do direito constitucional de acesso a licitações e criou uma presunção legal, de sentido e alcance amplíssimos, segundo a qual a existência de registros desabonadores nos cadastros públicos de proteção do consumidor é motivo suficiente para justificar o impedimento de contratar com a Administração local. 4. Ao dispor nesse sentido, a Lei Estadual 3.041/05 se dissociou dos termos gerais do ordenamento nacional de licitações e contratos, e, com isso, usurpou a competência privativa da União de dispor sobre normas gerais na matéria (art. 22, XXVII, da CF). 5. Ação direta de inconstitucionalidade julgada procedente. (ADI 3735, Relator(a): Min. TEORI ZAVASCKI, Tribunal Pleno, julgado em 08/09/2016, ACÓRDÃO ELETRÔNICO DJe-168 DIVULG 31-07-2017 PUBLIC 01-08-2017)

15. PARCERIA PÚBLICO-PRIVADA

MPMG - 2011 (Concurso LI). Direito Administrativo / Lei 11.079.2004 / Legislação.

Nos termos da legislação específica (Lei nº 11.079/2004), na contratação de parceria público-privada (PPP) devem ser observadas algumas diretrizes. Assinale a opção INCORRETA, ou seja, aquela que não traduz uma dessas diretrizes legais.

A) Indelegabilidade das funções de regulação, jurisdicional, do exercício do poder de polícia e de outras atividades exclusivas do Estado.

B) Sustentabilidade financeira e vantagens socioeconômicas dos projetos de parceria.

C) Respeito aos interesses e direitos dos destinatários dos serviços e dos entes privados incumbidos da sua execução.

D) Eliminação de riscos e securitização de eventuais prejuízos em relação ao contratante público.

Comentários

a) Correta. Art. 4º, III, Lei nº 11.079/04. São funções típicas do Estado, indelegáveis para o particular. "Art. 4º Na contratação de parceria público-privada serão observadas as seguintes diretrizes: III – indelegabilidade das funções de regulação, jurisdicional, do exercício do poder de polícia e de outras atividades exclusivas do Estado;"

b) Correta. Art. 4º, VII, Lei nº 11.079/04. Literalidade do artigo.

"Art. 4º Na contratação de parceria público-privada serão observadas as seguintes diretrizes:

VII – sustentabilidade financeira e vantagens socioeconômicas dos projetos de parceria."

c) Correta. Art. 4º, II, Lei nº 11.079/04. Trata-se de uma parceria e o Estado deve respeitar interesses e direitos tanto dos destinatários dos serviços quanto dos entes contratados para a execução.

"Art. 4º Na contratação de parceria público-privada serão observadas as seguintes diretrizes:

II – respeito aos interesses e direitos dos destinatários dos serviços e dos entes privados incumbidos da sua execução;"

d) Incorreta. Art. 4º, VI, Lei nº 11.079/04. Não há eliminação de riscos e sim repartição objetiva de riscos. Quanto à securitização, não há menção sobre o tema no art. 4º, porém o art. 8º prevê que as obrigações pecuniárias contraídas pela Administração Pública poderão ser garantidas mediante seguro-garantia com seguradora não controlada pela Poder Público.

"Art. 4º Na contratação de parceria público-privada serão observadas as seguintes diretrizes:

VI – repartição objetiva de riscos entre as partes;"

"Art. 8º As obrigações pecuniárias contraídas pela Administração Pública em contrato de parceria público-privada poderão ser garantidas mediante: III – contratação de seguro-garantia com as companhias seguradoras que não sejam controladas pelo Poder Público;"

Resposta certa: D

MPMG – 2012 (LII Concurso) Questão 19 Direito Administrativo – Lei 11.079/2004 – Legislação.

Em relação às parcerias público-privadas, nos termos da Lei n. 11.079/2004, analise as assertivas abaixo:

I. Concessão patrocinada é o contrato de prestação de serviços de que a Administração Pública seja a usuária direta ou indireta, ainda que envolva execução de obra ou fornecimento e instalação de bens.

II. A contraprestação da Administração Pública nos contratos de parceria público-privada poderá ser feita por outorga de direitos sobre bens públicos dominicais.

III. A sociedade de propósito específico, constituída após a celebração do contrato da parceria, poderá assumir a forma de companhia aberta, com valores mobiliários admitidos a negociação no mercado, assegurada à Administração Pública a titularidade da maioria do capital votante.

IV. A contratação de parceria público-privada será precedida de licitação na modalidade de concorrência.

Pode-se afirmar que:

A) apenas as assertivas I e III estão CORRETAS.

B) apenas as assertivas I e IV estão CORRETAS.

C) apenas as assertivas II e III estão CORRETAS.

D) apenas as assertivas II e IV estão CORRETAS.

Comentários

I. Incorreta. Art. 2 º, § 1º, da Lei 11.079/2004: "Concessão patrocinada é a concessão de serviços públicos ou de obras públicas de que trata a Lei nº 8.987, de 13 de fevereiro de 1995, quando envolver, adicionalmente à tarifa cobrada dos usuários contraprestação pecuniária do parceiro público ao parceiro privado."

II. Correta. Art. 6º, IV, da Lei 11.079/2004. "Art. 6º A contraprestação da Administração Pública nos contratos de parceria público-privada poderá ser feita por: I – ordem bancária; II – cessão de créditos não tributários; III – outorga de direitos em face da Administração Pública; IV – outorga de direitos sobre bens públicos dominicais;"

III. Incorreta. Art. 9 º, *caput*, da Lei 11.079/2004: "**Antes da celebração do contrato**, deverá ser constituída sociedade de propósito específico, incumbida de implantar e gerir o objeto da parceria." (destacamos). Art. 9º, § 4º, da Lei 11.079/2004: "**Fica vedado** à Administração Pública ser titular da maioria do capital votante das sociedades de que trata este Capítulo." (destacamos).

IV. Correta. Na ocasião do concurso, o artigo 10 da Lei 11.079/ previa a modalidade de concorrência. Com a nova redação determinada pela Lei 14.133/21, "A contratação de parceria público-privada será precedida de licitação na modalidade concorrência ou diálogo competitivo, estando a abertura do processo licitatório condicionada a: (...)".

Resposta: letra D

MPMG – 2013 (CONCURSO LIII) *Questão 14. Direito Administrativo. Parcerias Público-Privadas. Legislação.*

O legislador introduziu a Lei nº 11.079 no âmbito federal, possibilitando a criação das Parcerias Público-Privadas (PPP's), gerando grande repercussão e significativa mudança no Direito Público devido à interação do capital privado na Administração Pública Brasileira, para execução de serviços públicos.

Nessa matéria, assinale a afirmativa ***INCORRETA****:*

A) É admitida a celebração de contrato de parceria público-privada somente quando o valor do contrato seja inferior a R$ 20.000.000,00 (vinte milhões de reais).

B) Na contratação de parceria público-privada, será observada a responsabilidade fiscal na celebração e execução das parcerias.

C) As cláusulas dos contratos de parceria público-privada devem também prever a repartição de riscos entre as partes, inclusive os referentes a caso fortuito, força maior, fato do príncipe e álea econômica extraordinária.

D) As obrigações pecuniárias contraídas pela Administração Pública em contrato de parceria público-privada poderão ser garantidas mediante garantia prestada por organismos internacionais ou instituições financeiras que não sejam controladas pelo Poder Público.

Comentários

Questão desatualizada

A) Incorreta. É vedada a celebração de contrato de parceria público-privada cujo valor do contrato seja inferior a R$ 20.000.000,00 (vinte milhões de reais) (art. 2º, § 4º, I, da Lei 11.079/04). **Atenção**! O artigo 2º, § 4º, I foi alterado em 2017 pela lei 13.529/2017, **passando a impor o limite mínimo de dez milhões de reais para contratos de parceria público-privada**: § 4º É vedada a celebração de contrato de parceria público-privada: I – cujo valor do contrato seja inferior a R$ 10.000.000,00 (dez milhões de reais).

B) Correta. Dentre as diretrizes impostas para contratação de PPP, o artigo 4º, inciso IV, da Lei 11.079/04 dispõe que a responsabilidade fiscal deve ser observada na celebração e execução das parcerias.

C) Correta. Nos termos do artigo 5º, III, da Lei 11.079/04. "Art. 5º As cláusulas dos contratos de parceria público-privada atenderão ao disposto no art. 23 da Lei nº 8.987, de 13 de fevereiro de 1995, no que couber, devendo também prever: III – a repartição de riscos entre as partes, inclusive os referentes a caso fortuito, força maior, fato do príncipe e álea econômica extraordinária;"

D) Correta. Conforme artigo 8º, inciso IV, da Lei 11.079/04. "Art. 8º As obrigações pecuniárias contraídas pela Administração Pública em contrato de parceria público-privada poderão ser garantidas mediante: IV – garantia prestada por organismos internacionais ou instituições financeiras que não sejam controladas pelo Poder Público;"

Resposta: Letra A

MPMG 2019 (CONCURSO LVII). QUESTÃO 12. Direito Administrativo / Parceria público-privada / Legislação.

Assinale a assertiva verdadeira com relação às parcerias público-privadas:

A) A contraprestação da Administração Pública, nos contratos de parceria público-privada, não poderá ser feita por cessão de créditos não tributários.

B) A concessão patrocinada é o contrato de prestação de serviços de que a Administração Pública seja a usuária direta ou indireta, ainda que envolva execução de obra ou fornecimento e instalação de bens, ao passo que a concessão administrativa é a concessão de serviços públicos ou de obras públicas de que trata a Lei n° 8.987, de 13 de fevereiro de 1995, quando envolver, adicionalmente à tarifa cobrada dos usuários, contraprestação pecuniária do parceiro público ao parceiro privado.

C) A repartição de riscos entre as partes, típica das concessões ordinárias, não se aplica, por expressa disposição legal, às parcerias público-privadas; por outro lado, é diretriz normatizada na Lei das PPPs o respeito aos interesses e direitos dos destinatários dos serviços e dos entes privados incumbidos da sua execução.

D) As obrigações pecuniárias contraídas pela Administração Pública em contrato de parceria público-privada poderão ser garantidas mediante a vinculação de receitas, observada a Constituição da República, e a instituição ou utilização de fundos especiais previstos em lei.

Comentários

(A): Incorreta. Lei 11.079/2004. "Art. 6º A contraprestação da Administração Pública nos contratos de parceria público-privada poderá ser feita por: II – cessão de créditos não tributários;"

(B): Incorreta. Lei 11.079/2004. "Art. 2º Parceria público-privada é o contrato administrativo de concessão, na modalidade patrocinada ou administrativa. § 1º Concessão patrocinada é a concessão de serviços públicos ou de obras públicas de que trata a Lei nº 8.987, de 13 de fevereiro de 1995, quando envolver, adicionalmente à tarifa cobrada dos usuários contraprestação pecuniária do parceiro público ao parceiro privado. § 2º Concessão administrativa é o contrato de prestação de serviços de que a Administração Pública seja a usuária direta ou indireta, ainda que envolva execução de obra ou fornecimento e instalação de bens."

(C): Incorreta. "Art. 4º Na contratação de parceria público-privada serão observadas as seguintes diretrizes: VI – repartição objetiva de riscos entre as partes;"

(D): Correta. "Art. 8º As obrigações pecuniárias contraídas pela Administração Pública em contrato de parceria público-privada poderão ser garantidas mediante: I – vinculação de receitas, observado o disposto no inciso IV do art. 167 da Constituição Federal; II – instituição ou utilização de fundos especiais previstos em lei;"

Resposta: Letra D é a correta.

16. DIREITO REGULATÓRIO: REGIME JURÍDICO DAS CONCESSÕES E PERMISSÕES DO SERVIÇO PÚBLICO

MPMG – 2012 (LII Concurso) *Questão 18 Direito Administrativo / Concessão e permissão de serviços públicos / Legislação.*

Nos termos da legislação em vigor, assinale a alternativa CORRETA:

A) Bens reversíveis são aqueles que foram objeto de desapropriação pela União, Estados, Distrito Federal ou Municípios e que anteriormente integravam o patrimônio de outro órgão ou entidade estatal ou paraestatal da administração direta, indireta ou fundacional.

B) Encampação consiste na estatização da empresa concessionária, após expirado o prazo da concessão, mediante prévia declaração de utilidade ou interesse público, através de decreto específico do poder concedente.

C) Não se caracteriza como descontinuidade do serviço a sua interrupção em situação de emergência ou após prévio aviso, quando motivada por razões de ordem técnica ou de segurança das instalações; ou, ainda, por inadimplemento do usuário, considerado o interesse da coletividade.

D) *A tarifa do serviço público concedido será fixada pela proposta de menor preço apresentada no processo de licitação, sendo vedada sua diferenciação em função das características técnicas e dos custos específicos provenientes do atendimento aos distintos segmentos de usuários.*

Comentários

A) Incorreta. O conceito de bens reversíveis não se relaciona com desapropriação, mas sim com concessão de serviços públicos. Artigo 35, § 1º, da Lei 8987 de 1995. "§ 1º Extinta a concessão, retornam ao poder concedente todos os bens reversíveis, direitos e privilégios transferidos ao concessionário conforme previsto no edital e estabelecido no contrato."

B) Incorreta. Encampação é a retomada do serviço pelo poder concedente durante o prazo da concessão, por motivo de interesse público, mediante lei autorizativa específica e após prévio pagamento da indenização. Artigo 37 da Lei 8987 de 1995. "Art. 37. Considera-se encampação a retomada do serviço pelo poder concedente durante o prazo da concessão, por motivo de interesse público, mediante lei autorizativa específica e após prévio pagamento da indenização, na forma do artigo anterior."

C) Correta. Artigo 6º, § 3º, da Lei 8987 de 1995. Art. 6º Toda concessão ou permissão pressupõe a prestação de serviço adequado ao pleno atendimento dos usuários, conforme estabelecido nesta Lei, nas normas pertinentes e no respectivo contrato. (...) § 3º Não se caracteriza como descontinuidade do serviço a sua interrupção em situação de emergência ou após prévio aviso, quando: I - motivada por razões de ordem técnica ou de segurança das instalações; e, II - por inadimplemento do usuário, considerado o interesse da coletividade."

D) Incorreta. Lei 8987 de 1995: Art. 9º, *caput*: "A tarifa do serviço público **concedido será fixada pelo preço da proposta vencedora** da licitação e preservada pelas regras de revisão previstas nesta Lei, no edital e no contrato." (destacamos). Art. 13: "As **tarifas poderão ser diferenciadas em função das características técnicas e dos custos específicos** provenientes do atendimento aos distintos segmentos de usuários." (destacamos).

Resposta: letra C.

17. INTERVENÇÃO DO ESTADO NO DOMÍNIO ECONÔMICO E SOCIAL

***MPMG 2019 (CONCURSO LVII)**. QUESTÃO 15. Direito Administrativo / Intervenção do Estado no domínio econômico e social / Jurisprudência.*

Assinale a assertiva verdadeira:

A) *A lei municipal que regulamenta o horário de funcionamento dos estabelecimentos comerciais padece de inconstitucionalidade formal derivada da imprópria ingerência da Administração Pública em atividade privada.*

B) *Ofende o direito á livre concorrência a lei municipal que possibilita à Administração Pública impedir a instalação de estabelecimentos comerciais do mesmo ramo em determinada área.*

C) *Os estabelecimentos comercias, por força da diretriz da livre iniciativa, não podem sofrer restrições de direitos pela Administração Pública municipal, excetuando-se nas matérias tributárias e na temática de vigilância sanitária.*

D) *O horário de funcionamento dos estabelecimentos comerciais e as restrições ao seu funcionamento não representam assunto de interesse local e, portanto, podem sofrer interferências pelo Prefeito apenas nas situações estritas autorizadas pela legislação estadual, conforme o direito à livre iniciativa.*

Comentários

(A): Incorreta. Súmula Vinculante 38 = É competente o Município para fixar o horário de funcionamento de estabelecimento comercial.

(B): Correta. Súmula Vinculante 49 = Ofende o princípio da livre concorrência lei municipal que impede a instalação de estabelecimentos comerciais do mesmo ramo em determinada área.

(C): Incorreta. Vide súmula da assertiva A. Exemplo: [Rcl 32.229, rel. min. Luiz Fux, dec. monocrática, j. 17-10-2018, DJE 223 de 19-10-2018.] (...) o entendimento adotado na decisão impugnada não se constitui em ofensa à tese firmada na Súmula Vinculante 49 (...). Deveras, o direito à livre concorrência contido no enunciado da Súmula Vinculante 49 não é absoluto, porquanto a própria jurisprudência desta Corte que fundamentou a edição do referido verbete sumular trouxe temperamentos a essa prerrogativa, por imperativos de segurança e de proteção à saúde e ao meio ambiente. Daí a ausência da estrita aderência entre a decisão impugnada e o paradigma sumular apontado, fator imprescindível para o conhecimento do pleito reclamatório. Com efeito, a jurisprudência desta Corte, que se refletiu na edição da Súmula Vinculante que se alega violada, entende legítima a imposição de restrições à localização de determinados tipos de estabelecimentos comerciais, como postos de combustíveis.

(D): Incorreta. SÚMULA 419 - Os Municípios têm competência para regular o horário do comércio local, desde que não infrinjam leis estaduais ou federais válidas.

Resposta: Letra C é a correta.

18. RESTRIÇÕES DO ESTADO SOBRE A PROPRIEDADE PRIVADA: TOMBAMENTO, SERVIDÕES ADMINISTRATIVAS E DESAPROPRIAÇÃO

MPMG - 2013 (CONCURSO LIII) Questão 18. Direito Administrativo/ Intervenção do Estado na propriedade privada/ Doutrina.

*Assinale a alternativa que entender **CORRETA** quanto à modalidade de Intervenção do Estado na propriedade privada:*

A) A servidão administrativa constitui ônus real sobre bem imóvel, em prol de uma utilidade pública e caracteriza-se como espécie de restrição parcial da propriedade.

B) O tombamento transfere a propriedade em razão da utilidade pública ou interesse social, podendo recair sobre bens imóveis ou móveis que tenham valor patrimonial, razão pela qual é passível de indenização.

C) A desapropriação pode recair sobre bens móveis, imóveis ou serviços, quando caracterizada a existência de perigo público iminente, de natureza transitória, e a indenização será ulterior.

D) A requisição administrativa tem por finalidade proteger o patrimônio cultural, não gera direito à indenização e representa restrição parcial do bem.

Comentários

A) Correta. Segundo Rafael Carvalho Rezende Oliveira (2016, p. 554), a servidão administrativa é direito real público que permite a utilização da propriedade alheia pelo Estado ou por seus delegatários com o objetivo de atender o interesse público.

B) Incorreta. Embora o tombamento restrinja os atributos do direito real de propriedade, consubstanciados em usar, gozar, dispor, ele conserva a titularidade do proprietário. Segundo Rafael Oliveira, o tombamento é a intervenção estatal restrita que tem por objetivo proteger o patrimônio cultural brasileiro. Oliveira (2016, p. 564).

C) Incorreta. Trata-se de conceito de requisição administrativa e não de desapropriação, conforme inciso XXV, do artigo 5° da CR/88: no caso de iminente perigo público, a autoridade competente poderá usar de propriedade particular, assegurada ao proprietário indenização ulterior, se houver dano.

D) Incorreta. A definição refere-se ao tombamento e não à requisição administrativa. A requisição administrativa é a intervenção autoexecutória na qual o Estado utiliza-se de bens imóveis, móveis e serviços particulares no caso de iminente perigo público (Oliveira, 2016, p. 558).

Resposta: Letra A

***MPMG 2017 (Concurso LV)**. Questão 16. Direito Administrativo / 18. Restrições do Estado sobre a propriedade privada: tombamento, servidões administrativas e desapropriação / Doutrina e legislação.*

Diversas são as formas de intervenção do Estado na propriedade, o que revela o poder de império estatal ao qual se sujeitam os particulares. Desse modo, é CORRETO afirmar que o direito à preempção municipal é:

A) Ocupação temporária.
B) Servidão administrativa.
C) Limitação administrativa.
D) Requisição.

Comentários

(A): Incorreta – Ocupação temporária consiste na utilização temporária pelo Poder Público de imóveis privados, como meio de apoio à execução de obras e serviços públicos,

(B): Incorreta – Servidão administrativa é o direito real público, que autoriza o Estado a usar a propriedade imóvel para permitir a execução de obras e serviços de interesse coletivo, mediante indenização dos prejuízos efetivamente suportados pelo proprietário. Tem natureza jurídica de direito real, incide sobre bem imóvel e tem caráter de definitividade.

(C): Correta – O direito de preempção está previsto no art. 25 da Lei 10.257/01 e se mostra como um direito de preferência de compra pelo Poder Público de um imóvel em determinada área que seja objeto de alienação onerosa entre particulares. Diante de seu caráter geral e de seu objeto, obrigação de fazer condicionar a propriedade ao atendimento de sua função social, e tido como uma limitação administrativa.

(D): Incorreta – Requisição é a utilização compulsória pelo Estado de bens móveis, imóveis e serviços particulares em situação de perigo público iminente, segundo o art. 5º, XXV da CF. É direito pessoal da Administração e é marcada pela transitoriedade (a servidão tem caráter de definitividade. Sua indenização é ulterior e somente devida se houver dano).

Resposta: Letra C

19. BENS PÚBLICOS, BENS FUNDAMENTAIS E PATRIMÔNIO PÚBLICO (ACERVO, FORMAÇÃO, AFETAÇÃO E DIREITOS)

***MPMG 2017 (Concurso LV)**. Questão 17. Direito Administrativo / 19. Bens públicos, bens fundamentais e patrimônio público (acervo, formação, afetação e direitos) / Doutrina e legislação.*

Analise as seguintes assertivas sobre bens públicos:

I. A venda de bens públicos imóveis será obrigatoriamente precedida de licitação e depende também de autorização legislativa, interesse público devidamente justificado e avaliação prévia.

II. Independe de transcrição imobiliária a concessão de domínio que tiver como destinatário pessoa estatal.

III. A doação de bens móveis públicos é admissível exclusivamente para fins de interesse social e depende de avaliação prévia e autorização legal.

IV. A alienação ou a concessão, a qualquer título, de terras públicas com área superior a dois mil e quinhentos hectares a pessoa física ou jurídica, ainda que por interposta pessoa, dependerá de prévia aprovação do Congresso Nacional, exceto quando a alienação ou concessão de terras públicas tiver por finalidade reforma agrária. Somente está CORRETO o que se afirma em:

A) I e II.

B) I e III.

C) II e III.

D) II e IV.

Comentários

Análise das afirmativas

I – Incorreta – Em regra, a venda de bens públicos imóveis será obrigatoriamente precedida de licitação e depende também de autorização legislativa, interesse público devidamente justificado e avaliação prévia. Todavia, há exceções em que é necessária a licitação, conforme as alíneas do inciso I do art.17 da Lei 8.666/93. "Art. 17. A alienação de bens da Administração Pública, subordinada à existência de interesse público devidamente justificado, será precedida de avaliação e obedecerá às seguintes normas: I - quando imóveis, dependerá de autorização legislativa para órgãos da administração direta e entidades autárquicas e fundacionais, e, para todos, inclusive as entidades paraestatais, dependerá de avaliação prévia e de licitação na modalidade de concorrência, dispensada esta nos seguintes casos:"

II – Correta – A própria Lei confere o domínio. Assim, desnecessária a transcrição.

III – Incorreta – Nesse caso não precisa de autorização legal, conforme o art. 17, II, "a", da Lei 8.666/93. "Art. 17. A alienação de bens da Administração Pública, subordinada à existência de interesse público devidamente justificado, será precedida de avaliação e obedecerá às seguintes normas: II - quando móveis, dependerá de avaliação prévia e de licitação, dispensada esta nos seguintes casos: a) doação, permitida exclusivamente para fins e uso de interesse social, após avaliação de sua oportunidade e conveniência sócio-econômica, relativamente à escolha de outra forma de alienação;"

IV – Correta- Conforme art.188, § 1º e 2, CF/88. "Art. 188. A destinação de terras públicas e devolutas será compatibilizada com a política agrícola e com o plano nacional de reforma agrária. § 1º A alienação ou a concessão, a qualquer título, de terras públicas com área superior a dois mil e quinhentos hectares a pessoa física ou jurídica, ainda que por interposta pessoa, dependerá de prévia aprovação do Congresso Nacional. § 2º Excetuam-se do disposto no parágrafo anterior as alienações ou as concessões de terras públicas para fins de reforma agrária."

Resposta: Letra D

20. CONTROLES DA ADMINISTRAÇÃO PÚBLICA E A LUTA CONTRA AS IMUNIDADES DO PODER; TIPOS DE CONTROLE; CONTROLES PREVENTIVOS

MPMG – 2013 (CONCURSO LIII) *Questão 13. Direito Administrativo. Controle da Administração Pública / Mandado de Segurança / Tribunal de Contas / Legislação / Doutrina.*

Em se tratando de Controle da Administração Pública, é ***CORRETO*** *afirmar-se que:*

A) A Constituição da República garante o controle jurisdicional dos atos da Administração Pública por intermédio do Mandado de Segurança, mesmo que caiba recurso administrativo com efeito suspensivo, independente de caução.

B) Cabe ao Tribunal de Contas da União fiscalizar a aplicação de quaisquer recursos repassados pela União mediante convênio, acordo, ajuste ou outros instrumentos congêneres, exclusivamente aos Estados e ao Distrito Federal.

C) O princípio da legalidade garante que a Administração Pública submeta-se ao ordenamento jurídico e que o controle dessa adequação poderá ser exercido por ela própria sem prejuízo do controle exercido pelo Poder Judiciário.

D) O controle parlamentar exercido pelo Poder Legislativo sobre a Administração Pública não deve limitar-se às hipóteses previstas na Constituição da República.

Comentários

A) Incorreta. Um dos impedimentos à impetração do Mandado de Segurança é o cabimento de recurso administrativo com efeito suspensivo, capaz de reverter a decisão emanada pela Administração Pública, independentemente de caução, nos termos do artigo 5º da Lei 12.016/09. "Art. 5º Não se concederá mandado de segurança quando se tratar: I - de ato do qual caiba recurso administrativo com efeito suspensivo, independentemente de caução; II - de decisão judicial da qual caiba recurso com efeito suspensivo; III - de decisão judicial transitada em julgado."

B) Incorreta. Cabe ao TCU fiscalizar a aplicação dos recursos repassados pela União aos Estados, DF e **Município**, conforme artigo 71, VI, da CR/88. *Destaca-se que, segundo STF, em decorrência da amplitude das competências fiscalizadoras da Corte de Contas, tem-se que não é a natureza do ente envolvido na relação que permite, ou não, a incidência da fiscalização da Corte de Contas,* mas sim a **origem dos recursos envolvidos**, *conforme dispõe o art. 71, II, da CF. [MS 24.379, rel. min. Dias Toffoli, j. 7-4-2015, 1ª T, DJE de 8-6-2015.].* No mesmo sentido: *Fundo Nacional de Assistência Social. Lei 9.604/1998. (...) O art. 2º da (...) lei, (...) é compatível com a Constituição. A previsão de repasse automático de recursos do Fundo para Estados e Municípios, ainda que desvinculado da celebração prévia de convênio, ajuste, acordo ou contrato, não afasta a competência do TCU prevista no art. 71, VI, da Carta. [ADI 1.934, rel. min. Roberto Barroso, j. 7-2-2019, P, DJE de 26-2-2019.] É inconstitucional o art. 1º da Lei 9.604/1998, que fixou a competência dos Tribunais de Contas Estaduais e de Câmaras Municipais para análise da prestação de contas da aplicação de recursos financeiros oriundos do Fundo Nacional de Assistência Social, repassados aos Estados e Municípios. A competência para o controle da prestação de contas da aplicação de recursos federais é do Tribunal de Contas da União (...). [ADI 1.934, rel. min. Roberto Barroso, j. 7-2-2019, P, DJE de 26-2-2019.]*

C) Correta. O princípio da Legalidade é corolário do Estado Democrático de Direito, tem por objetivo limitar a atuação do Estado, impondo-lhe o dever de respeitar o ordenamento jurídico. Nesse diapasão, faz-se necessário o controle dos seus atos, seja por meio do controle interno, assim como o controle jurisdicional. Fernando Rodrigues Martins (2013, p. 291) defende que "São pacíficos, por sua vez, os entendimentos de que a atuação da Administração Pública dá-se através de um sistema normativo baseado na ideia de poder. Destarte, à evidência de que desfruta desse "atributo", não poderia ela atuar de forma ilimitada, sem a observância da soberania das leis. Portanto, se exerce o poder para o povo e vontade do povo é expressa em eles, está ela condicionada e caracterizada pelo Estado de Direito".

D) Incorreta. Segundo Maria Sylvia Zanella Di Pietro, citada por Fernando Rodrigues Martins (2013, p. 301), "o controle que o Poder Legislativo exerce sobre a Administração Pública tem que se limitar às hipóteses previstas na Constituição Federal, uma vez que implica interferência de um Poder nas atribuições dos outros dois; alcança os órgãos do Poder Executivo, as entidades da Administração indireta e o próprio Poder Judiciário, quando executa função administrativa.

Resposta: Letra C

21. IMPROBIDADE ADMINISTRATIVA, CORRUPÇÃO, ATOS LESIVOS À ADMINISTRAÇÃO PÚBLICA, RESPONSABILIZAÇÃO INDIVIDUAL E COLETIVA (LEIS 4.717/65; 8.429/92; 12.846/13)

MPMG 2010 (Concurso L). *Questão 61. Direito Administrativo / Improbidade Administrativa / Lei nº 8.429/92 / Legislação.*

Em relação à responsabilização pela prática de atos de improbidade administrativa, assinale a afirmativa CORRETA.

A) À luz da Lei Federal n. 8.429/92, a petição inicial da ação principal de responsabilização por atos de improbidade administrativa, independentemente do número de requeridos, deverá ser recebida fundamentadamente pelo juiz, no prazo de 30 (trinta) dias, com ou sem a resposta preliminar dos agentes requeridos.

B) Uma vez apresentada a resposta preliminar na ação principal por atos de improbidade administrativa, o réu, após ser devidamente citado, poderá, dentro do prazo legal, em sede de contestação, apenas ratificar sua manifestação preliminar.

C) A ação principal por atos de improbidade administrativa não será recebida para o agente requerido que, mesmo ouvido em sede de inquérito civil público, não apresentou resposta preliminar.

D) Da decisão judicial que receber ou rejeitar a inicial da ação principal por ato de improbidade administrativa caberá agravo de instrumento, conforme dispõe a Lei Federal n. 8.429/92.

Comentários

(A): Incorreta – Apenas após a resposta preliminar dos réus é que o juiz tem o prazo de 30 dias para rejeitar ou receber a petição – Artigo 17, § 8º, da Lei nº 8.429/92. "§ 8º Recebida a manifestação, o juiz, no prazo de trinta dias, em decisão fundamentada, rejeitará a ação, se convencido da inexistência do ato de improbidade, da improcedência da ação ou da inadequação da via eleita."

(B): Correta – Artigo 17, § 9º, da Lei nº 8.429/92. "§ 9º Recebida a petição inicial, será o réu citado para apresentar contestação."

(C): Incorreta – Nada impede que a ação seja recebida, apenas deve-se garantir o contraditório e a ampla defesa do acusado. Trata-se de preclusão temporal, pois a legislação prê o prazo de 15 (quinze) dias para manifestar.

"§ 7º Estando a inicial em devida forma, o juiz mandará autuá-la e ordenará a notificação do requerido, para oferecer manifestação por escrito, que poderá ser instruída com documentos e justificações, dentro do prazo de quinze dias.

(Vide Medida Provisória nº 2.088-35, de 2000) (Incluído pela Medida Provisória nº 2.225-45, de 2001)

§ 8º Recebida a manifestação, o juiz, no prazo de trinta dias, em decisão fundamentada, rejeitará a ação, se convencido da inexistência do ato de improbidade, da improcedência da ação ou da inadequação da via eleita. (Vide Medida Provisória nº 2.088-35, de 2000) (Incluído pela Medida Provisória nº 2.225-45, de 2001)

§ 9º Recebida a petição inicial, será o réu citado para apresentar contestação."

(D): Incorreta – Caberá agravo apenas da decisão que receber a petição inicial – Artigo 17, § 10, da Lei nº 8.429/92. "§ 10. Da decisão que receber a petição inicial, caberá agravo de instrumento."

Resposta: Letra B

---

*MPMG 2010 (**Concurso L**). Questão 62. Direito Administrativo / Improbidade Administrativa / Lei nº 8.429/92 / Legislação.*

São legitimados para propositura da ação principal por ato de improbidade administrativa, nos termos da Lei n. 8.429/92,

A) somente o Ministério Público e os chefes do Poder Executivo de todos os entes da Federação.

B) o Ministério Público, os Chefes do Poder Executivo, o autor popular e a Defensoria Pública, esta última a partir das alterações introduzidas na Lei da Ação Civil Pública pela Lei Federal n. 11.448/07.

C) o Ministério Público ou a pessoa jurídica interessada.

D) o Ministério Público, os procuradores-gerais dos entes federados e o autor popular.

Comentários

(A): Incorreta

(B): Incorreta

(C): Correta – Artigo 17 da Lei nº 8.429/92. "Art. 17. A ação principal, que terá o rito ordinário, será proposta pelo Ministério Público ou pela pessoa jurídica interessada, dentro de trinta dias da efetivação da medida cautelar."

(D): Incorreta

Resposta: Letra C

---

*MPMG 2010 (**Concurso L**). Questão 63. Direito Administrativo / Improbidade Administrativa / Lei nº 8.429/92 / Legislação.*

A condenação por atos de improbidade administrativa que importem enriquecimento ilícito pela percepção de qualquer tipo de vantagem patrimonial indevida em razão do exercício de cargo, mandato, função, emprego ou atividade nas entidades mencionadas no art. 1º da Lei de Improbidade Administrativa (Lei Federal n. 8.429/97), inclui as seguintes condutas, EXCETO,

A) utilizar, em obra ou serviço particular, veículos, máquinas, equipamentos ou material de qualquer natureza, de propriedade ou à disposição de qualquer das entidades mencionadas no art. 1º da Lei n. 8.429/92, bem como o trabalho de servidores públicos, empregados ou terceiros contratados por essas entidades.

B) permitir que se utilizem, em obra ou serviço particular, veículos, máquinas, equipamentos ou material de qualquer natureza, de propriedade ou à disposição de qualquer das entidades.

C) adquirir, para si ou para outrem, no exercício de mandato, cargo, emprego ou função pública, bens de qualquer natureza cujo valor seja desproporcional à evolução do patrimônio ou à renda do agente público.

D) aceitar emprego, comissão ou exercer atividade de consultoria ou assessoramento para pessoa física ou jurídica que tenha interesse suscetível de ser atingido ou amparado por ação ou omissão decorrente das atribuições do agente público, durante a atividade.

Comentários

(A): Correta – Artigo 9º, inciso IV, da Lei nº 8.429/92. "IV - utilizar, em obra ou serviço particular, veículos, máquinas, equipamentos ou material de qualquer natureza, de propriedade ou à disposição de qualquer das entidades mencionadas no art. 1° desta lei, bem como o trabalho de servidores públicos, empregados ou terceiros contratados por essas entidades;"

(B): A conduta punível é a de utilizar e não a de permitir a utilização. "IV - utilizar, em obra ou serviço particular, veículos, máquinas, equipamentos ou material de qualquer natureza, de propriedade ou à disposição de qualquer das entidades mencionadas no art. 1° desta lei, bem como o trabalho de servidores públicos, empregados ou terceiros contratados por essas entidades;"

(C): Correta – Artigo 9º, inciso VII, da Lei nº 8.429/92. "VII - adquirir, para si ou para outrem, no exercício de mandato, cargo, emprego ou função pública, bens de qualquer natureza cujo valor seja desproporcional à evolução do patrimônio ou à renda do agente público;"

(D): Correta – Artigo 9º, inciso VIII, da Lei nº 8.429/92. "VIII - aceitar emprego, comissão ou exercer atividade de consultoria ou assessoramento para pessoa física ou jurídica que tenha interesse suscetível de ser atingido ou amparado por ação ou omissão decorrente das atribuições do agente público, durante a atividade;"

Resposta: Letra B

MPMG 2010 (Concurso L). Questão 64. Direito Administrativo / Improbidade Administrativa / Lei nº 8.429/92 / Legislação.

Acerca dos procedimentos administrativos para apuração de atos de improbidade administrativa, assinale a afirmativa CORRETA.

A) *Havendo fundados indícios de responsabilidade, a comissão investigante representará à Procuradoria ou Advocacia-Geral do ente lesado para que requeira ao juízo competente a decretação do sequestro dos bens do agente ou terceiro que tenha enriquecido ilicitamente ou causado dano ao patrimônio público.*

B) *A autoridade administrativa rejeitará, independentemente de fundamentação, a representação escrita que não contenha a qualificação do representante, informações sobre o fato e sua autoria, e indicação das provas de que tenha conhecimento.*

C) *Uma vez decretada a rejeição administrativa da representação por atos de improbidade administrativa, ficará o representante impedido de representar, com base nos mesmos fatos, perante o Ministério Público.*

D) *Somente o Ministério Público, por meio de inquérito civil público, poderá proceder à apuração de atos de improbidade administrativa no âmbito de quaisquer dos Poderes da União, Estado, Distrito Federal e Municípios.*

Comentários

(A): Incorreta – A comissão investigante representará ao Ministério Público ou à procuradoria do órgão lesado. – Artigo 16 da Lei nº 8.429/92. "Art. 16. Havendo fundados indícios de responsabilidade, a comissão representará ao Ministério Público ou à procuradoria do órgão para que requeira ao juízo competente a decretação do seqüestro dos bens do agente ou terceiro que tenha enriquecido ilicitamente ou causado dano ao patrimônio público."

(B): Incorreta – A rejeição deverá ser feita através de despacho fundamentado – Artigo 14, §§ 1º e 2º, da Lei nº 8.429/92. "Art. 14. Qualquer pessoa poderá representar à autoridade administrativa competente para que seja instaurada investigação destinada a apurar a prática de ato de improbidade. § 1º A representação, que será escrita ou reduzida a termo e assinada, conterá a qualificação do representante, as informações sobre o fato e sua autoria e a indicação das provas de que tenha conhecimento. § 2º A autoridade administrativa rejeitará a representação, em despacho fundamentado, se esta não contiver as formalidades estabelecidas no § 1º deste artigo. A rejeição não impede a representação ao Ministério Público, nos termos do art. 22 desta lei."

(C): Incorreta – A rejeição não impede a representação pelo Ministério Público. – Artigo 14, § 2º, da Lei nº 8.429/92.

(D): Correta – Artigo 129, inciso III, da Constituição Federal. "Art. 129. São funções institucionais do Ministério Público: III - promover o inquérito civil e a ação civil pública, para a proteção do patrimônio público e social, do meio ambiente e de outros interesses difusos e coletivos;"

Resposta: Letra D

MPMG 2010 (Concurso L). *Questão 65. Direito Administrativo / Improbidade Administrativa / Lei nº 8.429/92 / Legislação.*

São consideradas sanções pela prática de atos de improbidade administrativa, EXCETO,

A) perda dos direitos políticos.

B) ressarcimento integral dos danos causados ao erário.

C) pagamento de multa civil até 3 (três) vezes o valor do acréscimo patrimonial indevidamente auferido pelo agente.

D) proibição de contratar com o Poder Público ou receber benefícios ou incentivos fiscais ou creditícios, ainda que indiretamente, inclusive por intermédio de pessoa jurídica da qual seja o agente sócio majoritário, pelo prazo de 10 (dez) anos.

Comentários

(A): Incorreta – Não existe previsão de perda dos direitos políticos na Lei nº 8.429/92.

(B): Correta – Artigo 12 da Lei nº 8.429/92.

(C): Correta – Artigo 12 da Lei nº 8.429/92.

(D): Correta – Artigo 12 da Lei nº 8.429/92.

"Art. 12. Independentemente das sanções penais, civis e administrativas previstas na legislação específica, está o responsável pelo ato de improbidade sujeito às seguintes cominações, que podem ser aplicadas isolada ou cumulativamente, de acordo com a gravidade do fato: (Redação dada pela Lei nº 12.120, de 2009).

- na hipótese do art. 9°, perda dos bens ou valores acrescidos ilicitamente ao patrimônio, ressarcimento integral do dano, quando houver, perda da função pública, suspensão dos direitos políticos de oito a dez anos, pagamento de multa civil de até três vezes o valor do acréscimo patrimonial e proibição de contratar com o Poder Público ou receber benefícios ou incentivos fiscais ou creditícios, direta ou indiretamente, ainda que por intermédio de pessoa jurídica da qual seja sócio majoritário, pelo prazo de dez anos;

II - na hipótese do art. 10, ressarcimento integral do dano, perda dos bens ou valores acrescidos ilicitamente ao patrimônio, se concorrer esta circunstância, perda da função pública, suspensão dos direitos políticos de cinco a oito anos, pagamento de multa civil de até duas vezes o valor do dano e proibição de contratar com o Poder Público ou receber benefícios ou incentivos fiscais ou creditícios, direta ou indiretamente, ainda que por intermédio de pessoa jurídica da qual seja sócio majoritário, pelo prazo de cinco anos;

III - na hipótese do art. 11, ressarcimento integral do dano, se houver, perda da função pública, suspensão dos direitos políticos de três a cinco anos, pagamento de multa civil de até cem vezes o valor da remuneração percebida pelo agente e proibição de contratar com o Poder Público ou receber benefícios ou incentivos fiscais ou creditícios, direta ou indiretamente, ainda que por intermédio de pessoa jurídica da qual seja sócio majoritário, pelo prazo de três anos.

IV - na hipótese prevista no art. 10-A, perda da função pública, suspensão dos direitos políticos de 5 (cinco) a 8 (oito) anos e multa civil de até 3 (três) vezes o valor do benefício financeiro ou tributário concedido. (Incluído pela Lei Complementar nº 157, de 2016)

Parágrafo único. Na fixação das penas previstas nesta lei o juiz levará em conta a extensão do dano causado, assim como o proveito patrimonial obtido pelo agente."

Resposta: Letra A

MPMG – 2011 (Concurso LI). *Questão 11. Direito Administrativo / Lei 8429.1992 / Ato de Improbidade Administrativa.*

Determinado Administrador público celebrou um contrato administrativo junto à empresa (vencedora do processo licitatório) constando como seu objeto a publicidade institucional, mas que, em verdade, destinava-se exclusivamente à promoção pessoal desse mesmo Administrador. O material publicitário foi efetivamente produzido e o contrato inteiramente adimplido por ambas as partes. Nesse caso, assinale a opção CORRETA.

A) Houve inobservância quanto à finalidade do interesse público que pode sujeitar o Administrador público a sanções por ato de improbidade administrativa.

B) Como o Administrador atuou com desvio de poder, o contrato é tido por inexistente de pleno direito, mas não se caracterizou improbidade administrativa, já que não houve enriquecimento ilícito por parte do Administrador.

C) *Embora imoral, o exemplo revela típico exercício do poder discricionário do Administrador, não sendo passível de questionamento ou controle judicial.*

D) *Em face da ilicitude do objeto e da inobservância das formalidades legais, o contrato não gerou quaisquer efeitos, mas não importou em ato de improbidade administrativa, já que não houve prejuízo mensurável ao erário.*

Comentários

a) Correta. O sujeito ativo do ato de improbidade administrativa (Administrador público – Art. 2º, Lei 8429/92), o sujeito passivo (ente lesado – Art. 1º, Lei 8429/92) e o ato que causou dano ao patrimônio público conformam os requisitos para punição pela Lei 8429/99. Quanto ao elemento subjetivo, pode ser extraído da expressão do enunciado "em verdade, destinava-se exclusivamente à promoção pessoal desse mesmo Administrador". Logo, trata-se de ato de improbidade administrativa sujeito à punição nos termos da Lei 8429/92.

b) Incorreta. Não há que se falar em um contrato inexistente, pois estão presentes os requisitos de existência do negócio jurídico (sujeito, vontade, objeto e forma).

c) Incorreta. Não é um ilícito apenas imoral, pois existe antijuridicidade prevista no ordenamento jurídico conforme analisado acima.

d) Incorreta. Art. 21, I, Lei 8429/99. "A aplicação das sanções previstas nesta lei independe: I – da efetiva ocorrência de dano ao patrimônio público, salvo quanto à pena de ressarcimento".

Resposta certa: A

***MPMG 2017 (Concurso LV)**. Questão 14. Direito Administrativo / Atos lesivos à administração pública, responsabilização individual e coletiva. Lei 12.846/13) / Legislação.*

Consoante a Lei nº 12.846/13, é INCORRETO dizer:

A) *A pessoa jurídica não formalmente constituída e, portanto, desprovida de personalidade em direitos, obrigações e deveres, responde pela prática de dumping em processo licitatório.*

B) *A eventual celebração de acordo de leniência isenta a pessoa jurídica responsável pelos danos ao erário da sanção de dissolução compulsória.*

C) *O acordo de leniência pressupõe que a pessoa jurídica responsável pela prática lesiva seja a primeira a manifestar seu interesse em cooperar para apuração do ilícito, cesse completamente o envolvimento com a infração investigada, admita a participação no ilícito e coopere nos atos.*

D) *A responsabilidade da sociedade consorciada restringe-se ao pagamento de multa e reparação integral do dano.*

Comentários

(A): Correta – Artigo 1º, p.u., da Lei 12.846/13."Art. 1º Esta Lei dispõe sobre a responsabilização objetiva administrativa e civil de pessoas jurídicas pela prática de atos contra a administração pública, nacional ou estrangeira. Parágrafo único. Aplica-se o disposto nesta Lei às sociedades empresárias e às sociedades simples, personificadas ou não, independentemente da forma de organização ou modelo societário adotado, bem como a quaisquer fundações, associações de entidades ou pessoas, ou sociedades estrangeiras, que tenham sede, filial ou representação no território brasileiro, constituídas de fato ou de direito, ainda que temporariamente."

(B): Incorreta – Artigo. 16 § 2º da Lei 12.846/13: Só exclui a publicação extraordinária da decisão condenatória e a proibição de receber incentivos, subsídios, subvenções, doações ou empréstimos de órgãos ou entidades públicas e de instituições financeiras públicas ou controladas pelo poder público, pelo prazo mínimo de 1 (um) e máximo de 5 (cinco) anos. Reduz, ainda, em até 2/3 (dois terços) o valor da multa aplicável. "2º A celebração do acordo de leniência isentará a pessoa jurídica das sanções previstas no inciso II do art. 6º e no inciso IV do art. 19 e reduzirá em até 2/3 (dois terços) o valor da multa aplicável."

(C): Correta – Artigo 16, § 1º, da Lei 12.846/13."§ 1º O acordo de que trata o *caput* somente poderá ser celebrado se preenchidos, cumulativamente, os seguintes requisitos: I - a pessoa jurídica seja a primeira a se manifestar sobre seu interesse em cooperar para a apuração do ato ilícito; II - a pessoa jurídica cesse completamente seu envolvimento na infração investigada a partir da data de propositura do acordo; III - a pessoa jurídica admita sua participação no ilícito e coopere plena e permanentemente com as investigações e o processo administrativo, comparecendo, sob suas expensas, sempre que solicitada, a todos os atos processuais, até seu encerramento."

(D): Correta – Artigo 4º, § 2º, da Lei 12.846/13. "§ 2º As sociedades controladoras, controladas, coligadas ou, no âmbito do respectivo contrato, as consorciadas serão solidariamente responsáveis pela prática dos atos previstos nesta Lei, restringindo-se tal responsabilidade à obrigação de pagamento de multa e reparação integral do dano causado."

Resposta: Letra B

MPMG 2018. (CONCURSO LVI) QUESTÃO 2. Direito Administrativo. Improbidade Administrativa. Lei Seca: Lei nº 8.429/92.

Assinale a alternativa INCORRETA:

A) *Os atos de improbidade praticados por agente público, servidor ou não, contra a administração direta, indireta ou fundacional de qualquer dos*

Poderes da União, dos Estados, do Distrito Federal, dos Municípios, de Território, de empresa incorporada ao patrimônio público ou de entidade para cuja criação ou custeio o erário haja concorrido ou concorra com mais de cinquenta por cento do patrimônio ou da receita anual, serão punidos na forma da Lei nº 8.429, de 2 de junho de 1992.

B) *Estão sujeitos às penalidades da Lei nº 8.429, de 2 de junho de 1992, os atos de improbidade praticados contra o patrimônio de entidade que receba subvenção, benefício ou incentivo, fiscal ou creditício, de órgão público, bem como daquelas para cuja criação ou custeio o erário haja concorrido ou concorra com menos de cinquenta por cento do patrimônio ou da receita anual, limitando-se, nestes casos, a sanção patrimonial à repercussão do ilícito sobre a contribuição dos cofres públicos.*

C) *Nos termos da Lei nº 8.429, de 2 de junho de 1992, o Ministério Público, a Defensoria Pública, a União, os Estados, o Distrito Federal e os Municípios, suas autarquias, empresas públicas, fundações ou sociedades de economia mista, bem como a associação que esteja constituída há pelo menos 1 (um) ano nos termos da lei civil e inclua, entre suas finalidades institucionais, a proteção ao patrimônio público, têm legitimidade para propor a ação principal e a ação cautelar.*

D) *Constitui crime a representação por ato de improbidade contra agente público ou terceiro beneficiário, quando o autor da denúncia o sabe inocente. Além da sanção penal, o denunciante está sujeito a indenizar o denunciado pelos danos materiais, morais ou à imagem, que houver provocado.*

Comentários

A) CORRETA. É o que dispõe o art. 1º *caput*, da Lei nº 8.429, de 2 de junho de 1992, a Lei de Improbidade Administrativa: "Art. 1º Os atos de improbidade praticados por qualquer agente público, servidor ou não, contra a administração direta, indireta ou fundacional de qualquer dos Poderes da União, dos Estados, do Distrito Federal, dos Municípios, de Território, de empresa incorporada ao patrimônio público ou de entidade para cuja criação ou custeio o erário haja concorrido ou concorra com mais de cinquenta por cento do patrimônio ou da receita anual, serão punidos na forma desta lei."

B) CORRETA. É o que dispõe o parágrafo único do art. 1º *caput*, da Lei nº 8.429, de 2 de junho de 1992, a Lei de Improbidade Administrativa: "Parágrafo único. Estão também sujeitos às penalidades desta lei os atos de improbidade praticados contra o patrimônio de entidade que receba subvenção, benefício ou incentivo, fiscal ou creditício, de órgão público bem como daquelas para cuja criação ou custeio o erário haja concorrido ou concorra com menos de cinquenta por cento do patrimônio ou da receita anual, limitando-se, nestes casos, a sanção patrimonial à repercussão do ilícito sobre a contribuição dos cofres públicos."

C) INCORRETA. A teor do artigo 17 da Lei nº 8.429, são legitimados para propor a ação de improbidade administrativa ou eventual medida cautelar o Ministério Público ou a pessoa jurídica interessada, não havendo que se falar em legitimidade da Defensoria Pública. Vale ressaltar que parte da doutrina entende que a expressão "pessoa jurídica interessada" somente abrangeria as entidades elencadas no art. 1º, *caput*, da Lei nº 8.429, dada a vocação da Lei de Improbidade à proteção do patrimônio público. Por outro lado, outra parcela da doutrina defende que interessada seria qualquer pessoa jurídica lesada, abarcando também as entidades referidas no parágrafo único do artigo 1º (ANDRADE; MASSON; ANDRADE, 2018 pp. 936-937).

D) CORRETA. Trata-se de crime tipificado no art. 19 da Lei de Improbidade Administrativa: "Art. 19. Constitui crime a representação por ato de improbidade contra agente público ou terceiro beneficiário, quando o autor da denúncia o sabe inocente. Pena: detenção de seis a dez meses e multa. Parágrafo único. Além da sanção penal, o denunciante está sujeito a indenizar o denunciado pelos danos materiais, morais ou à imagem que houver provocado." Como visto, o dever de indenizar também está expressamente previsto no parágrafo único do citado dispositivo. O candidato que não conhecesse a disposição expressa do citado artigo poderia inferir a veracidade da alternativa a partir da máxima da independência das esferas de responsabilidade administrativa e civil.

Resposta: Letra C

MPMG 2018. (CONCURSO LVI) *QUESTÃO 3. Direito Administrativo. Ato Administrativo. Ação Popular. Doutrina/Jurisprudência/Lei Seca: Lei nº 4.717/65 e CRFB/88.*

Assinale a alternativa INCORRETA:

A) Qualquer cidadão é parte legítima para propor ação popular que vise a anular ato lesivo ao patrimônio público ou de entidade de que o Estado participe, à moralidade administrativa, ao meio ambiente e ao patrimônio histórico e cultural, ficando o autor, salvo comprovada má-fé, isento de custas judiciais e do ônus da sucumbência.

B) O Ministério Público, quando não for autor da ação popular, oficiará como custos legis, cabendo-lhe acompanhar a ação, apressar a produção da prova e promover a responsabilidade, civil ou criminal, dos que nela incidirem, sendo-lhe vedado, em qualquer hipótese, assumir a defesa do ato impugnado ou dos seus autores. Além disso, no caso em que o autor popular desistir da ação ou der motivo à absolvição de instância, caberá ao Ministério Público promover o prosseguimento da ação.

C) De acordo com a Lei nº 4.717, de 29 de junho de 1965, são nulos os atos lesivos ao patrimônio, nos casos de incompetência, vício de forma, ilegalidade do objeto, inexistência dos motivos e desvio de finalidade. Segundo a referida Lei, a incompetência fica caracterizada quando o ato não se incluir nas atribuições legais do agente que o praticou; o vício de forma consiste na omissão ou na observância incompleta ou irregular de formalidades indispensáveis à existência ou seriedade do ato; a ilegalidade do objeto ocorre quando o resultado do ato importa em violação de lei, regulamento ou outro ato normativo; a inexistência dos motivos se verifica quando a matéria de fato ou de direito, em que se fundamenta o ato, é materialmente inexistente ou juridicamente inadequada ao resultado obtido; e o desvio de finalidade se verifica quando o agente pratica o ato visando a fim diverso daquele previsto, explícita ou implicitamente, na regra de competência.

D) O sujeito ativo da ação popular é o cidadão, ou seja, o eleitor, que é a pessoa natural no gozo de sua capacidade eleitoral ativa. A comprovação da condição de eleitor deve ser feita por meio do título de eleitor.

Comentários

A) CORRETA. Assim está disposto no art. 5º, LXXIII, da CRFB/88. É verdade que a Lei nº 4.717 não fala expressamente em moralidade administrativa, contudo, o dispositivo constitucional deve prevalecer sobre o infraconstitucional. Nesse sentido, a jurisprudência do STJ entende que a interpretação do patrimônio público tutelado pela Lei de Ação Popular deve ser a mais ampla possível, de modo que a moralidade administrativa faz parte de sua composição. Portanto, violação à moralidade administrativa configura a exigida lesão ao patrimônio público para o manejo de ação popular (AgInt no AREsp 949.377/MG, Rel. Ministro Herman Benjamin, Segunda Turma, julgado em 09/03/2017, DJe 20/04/2017).

B) INCORRETA. A alternativa está em consonância com o disposto no § º4 do art. 6º e do art. 9º da Lei nº 4.717/65. Contudo, qualquer vinculação de convencimento jurídico da atuação do Ministério Público não é compatível com a CRFB/88. Deveras, a teor do § 1º do art. 127 da CRFB/88, a independência funcional é um dos princípios institucionais do Ministério Público. Assim sendo, cabe ao órgão ministerial avaliar, no caso concreto, a maneira mais adequada de se atuar no sentido de cumprir os múnus ministeriais de defesa da ordem jurídica, do regime democrático e dos interesses sociais e individuais indisponíveis, consoante art. 127, *caput*, da CRFB/88. Portanto, a vinculação legal da atuação do Ministério Público ao que defendido pelo autor popular – cuja postulação nem sempre se coaduna com o ordenamento jurídico – promovida pela Lei nº 4.717/65 não foi recepcionada pela CRFB/88.

C) CORRETA. É o que dispõe o art. 2º da Lei nº 4.717/65: "Art. 2º São nulos os atos lesivos ao patrimônio das entidades mencionadas no artigo anterior, nos casos de: a) incompetência; b) vício de forma; c) ilegalidade do objeto; d) inexistência dos motivos; e) desvio de finalidade. Parágrafo único. Para a conceituação dos casos de nulidade observar-se-ão as seguintes normas: a) a incompetência fica caracterizada quando o ato não se incluir nas atribuições legais do agente que o praticou; b) o vício de forma consiste na omissão ou na observância incompleta ou irregular de formalidades indispensáveis à existência ou seriedade do ato; c) a ilegalidade do objeto ocorre quando o resultado do ato importa em violação de lei, regulamento ou outro ato normativo; d) a inexistência dos motivos se verifica quando a matéria de fato ou de direito, em que se fundamenta o ato, é materialmente inexistente ou juridicamente inadequada ao resultado obtido; e) o desvio de finalidade se verifica quando o agente pratica o ato visando a fim diverso daquele previsto, explícita ou implicitamente, na regra de competência."

D) CORRETA. Tem sido esse o entendimento da doutrina e jurisprudência pátrias a respeito da condição de cidadão exigida tanto pela CRFB/88, em seu art. 5º, LXXIII, e como pelo art. 1º da Lei nº 4.717, a partir de interpretação do § 3º do citado dispositivo da Lei de Ação Popular. Portanto, para fins de ajuizamento de ação popular, cidadão é todo brasileiro (natural ou naturalizado) ou português equiparado que possua o direito de votar. A cidadania ativa é suficiente, sendo prescindível a passiva (elegibilidade) (ANDRADE; MASSON; ANDRADE, 2018, p. 342). Sobre o tema, convém rememorar o teor da Súmula 365 do STF, segundo a qual "Pessoa jurídica não tem legitimidade para propor ação popular."

Resposta: Letra B.

22. TRATADOS INTERNACIONAIS DE COMBATE À CORRUPÇÃO

23. RESPONSABILIDADE ADMINISTRATIVA POR INFRAÇÕES

24. RESPONSABILIDADE CIVIL DO ESTADO

MPMG – 2012 (LII Concurso) Questão 15 Direito Administrativo – Responsabilidade Civil do Estado – Doutrina.

Assinale a assertiva CORRETA:

A) O principal marco normativo em relação ao tema responsabilidade extracontratual do poder público foi a edição do Ato Institucional n. 5, de 13 de dezembro de 1968. Desde então, o Brasil vem adotando a teoria da culpa administrativa, mas admite, excepcionalmente, em hipóteses como a de dano nuclear, a aplicação da teoria da irresponsabilidade estatal.

B) A expressão "domínio eminente" do Estado refere-se à situação em que se verifica a sua imissão provisória na posse de um bem declarado de utilidade pública ou de interesse social.

C) *Os bens materiais móveis – embora não sejam objeto de registro – podem ser tombados.*

D) *Segundo a doutrina administrativista, autorização de uso é o ato bilateral, vinculado e gratuito, por meio do qual a Administração Pública autoriza, a título definitivo, que o particular, comprovada sua hipossuficiência, utilize-se de bem público para fim exclusivo de sua moradia e de seus familiares.*

Comentários

A) Incorreto. O Brasil vem adotando a teoria do risco administrativo, mas admite, excepcionalmente, em hipóteses como a de dano nuclear, a aplicação da teoria do risco integral.

B) Incorreto. Segundo Rafael Carvalho Rezende Oliveira: "Domínio eminente é a prerrogativa decorrente da soberania que autoriza o Estado a intervir, de forma branda (ex.: limitações, servidões etc.) ou drástica (ex.: desapropriação), em todos os bens que estão localizados em seu território, com o objetivo de implementar a função social da propriedade e os direitos fundamentais. O domínio eminente é exercido sobre todo e qualquer tipo de bem que esteja situado no respectivo território do ente Federado, a saber: a) bens públicos; b) bens privados; e c) *res nuilius* ou bens adéspotas (bens de ninguém)." (OLIVEIRA, 2015, p. 1695)

C) Correto. Artigos 1º e 13 do Decreto-Lei 25/1937. "Art. 1º Constitue o patrimônio histórico e artístico nacional o conjunto dos bens móveis e imóveis existentes no país e cuja conservação seja de interêsse público, quer por sua vinculação a fatos memoráveis da história do Brasil, quer por seu excepcional valor arqueológico ou etnográfico, bibliográfico ou artístico. § 1º Os bens a que se refere o presente artigo só serão considerados parte integrante do patrimônio histórico o artístico nacional, depois de inscritos separada ou agrupadamente num dos quatro Livros do Tombo, de que trata o art. 4º desta lei. § 2º Equiparam-se aos bens a que se refere o presente artigo e são também sujeitos a tombamento os monumentos naturais, bem como os sítios e paisagens que importe conservar e proteger pela feição notável com que tenham sido dotados pelo natureza ou agenciados pelo indústria humana."

"Art. 13. O tombamento definitivo dos bens de propriedade partcular será, por iniciativa do órgão competente do Serviço do Patrimônio Histórico e Artístico Nacional, transcrito para os devidos efeitos em livro a cargo dos oficiais do registro de imóveis e averbado ao lado da transcrição do domínio."

D) Incorreto. Autorização de uso é ato unilateral, discricionário e precário.

Resposta: letra C.

MPMG – 2013 (CONCURSO LIII) Questão 20. Direito Administrativo/ Responsabilidade Civil/ Doutrina/ Jurisprudência.

Sobre Responsabilidade Civil, assinale a alternativa ***CORRETA****:*

A) Os atos jurisdicionais típicos não geram responsabilidade civil objetiva do Estado.

B) O servidor encarregado do controle interno de determinado órgão público que tomar conhecimento de prática de irregularidade deverá comunicá-la ao Tribunal de Contas, sob pena de responsabilidade subsidiária.

C) Os notários e oficiais de registro responderão pelos danos que eles e seus prepostos causem a terceiros, na prática de atos próprios da serventia, assegurado aos primeiros direito de regresso no caso de dolo ou culpa dos prepostos.

D) A responsabilidade objetiva estatal não atinge os danos causados a terceiros por agentes das Agências Reguladoras de serviços públicos.

Comentários

A) Falso. Os atos jurisdicionais típicos **geram responsabilidade civil objetiva do Estado**, nos casos expressos em lei, conforme entendimento do STF: "Trata-se de processo em que se discute a existência de erro judiciário capaz de ensejar direito à indenização pautado na responsabilidade objetiva do Estado. O recurso é inadmissível. Com efeito, o acórdão recorrido não diverge da jurisprudência do Supremo Tribunal Federal no sentido de que **a responsabilidade objetiva do Estado por atos judiciais só é possível nas hipóteses previstas em lei.** Nesse sentido, vejam-se os seguintes precedentes: RE 553.637-ED, Rel.ª Min.ª Ellen Gracie; e RE 429.518-AgR, Rel. Min. Carlos Velloso". (ARE 737144, Relator (a): Min. ROBERTO BARROSO, julgado em 09/12/2014, publicado em PROCESSO ELETRÔNICO DJe-244 DIVULG 11/12/2014 PUBLIC 12/12/2014). Segundo Rafael Oliveira (2016, p. 753), a doutrina diverge quanto ao alcance da responsabilidade civil decorrente de atos jurisdicionais típicos. Para uns, a responsabilidade se restringe ao erro judiciário oriundo da jurisdição penal, pois o artigo LXXV, da CR/88 consagra a responsabilidade por erro judiciário e prisão além do tempo fixado na sentença. Nesse sentido, Carvalho Filho, Odete Medauar, Diogo de figueiredo Moreira Neto. Em sentido mais amplo, outra parte da doutrina, encampada por Ruy Rosado de Aguiar Júnior, Sérgio Cavalieri Filho e outros, defende que a responsabilidade estatal abrange as jurisdições penal e civil, vez que o artigo 5º, LXXV, da CR/88 não estabelece nenhuma distinção. A responsabilidade civil do Estado engloba seus atos típicos e atípicos.

B) Falso. A responsabilidade do servidor encarregado do controle interno de determinado órgão é **solidária**, segundo o artigo 74, § 1º, CR/88: "Os responsáveis pelo controle interno, ao tomarem conhecimento de qualquer irregularidade ou ilegalidade, dela darão ciência ao Tribunal de Contas da União, sob pena de responsabilidade solidária.".

C) Correto. Questão desatualizada. Na ocasião da prova, 2013, a lei 8.935/94, em seu artigo 22, previa que "os notários e oficiais de registro responderão pelos danos que eles e seus prepostos causem a terceiros, na prática de atos próprios da serventia, assegurado aos primeiros o direito de regresso no caso de dolo ou culpa dos prepostos". Havia entendimento jurisprudencial no sentido de que os notários eram responsáveis de forma objetiva: "(...) O entendimento desta Corte Superior é de que notários e registradores, quando atuam em atos de serventia, respondem direta e objetivamente pelos danos que causarem a terceiros. (...)" (STJ. 4ª Turma. AgRg no AREsp 110.035/MS, Rel. Min. Marco Buzzi, julgado em 23/10/2012). No entanto, em 2016, a Lei 13.286/16 disciplinou a matéria de modo contrário: a responsabilidade dos notários passou a ser subjetiva, alterando o artigo 22 da Lei 8.935/94: "Art. 22. Os notários e oficiais de registro são civilmente responsáveis por todos os prejuízos que causarem a terceiros, por culpa ou dolo, pessoalmente, pelos substitutos que designarem ou escreventes que autorizarem, assegurado o direito de regresso.".

D) Falso. As Agências Reguladoras são entidades da Administração Indireta, responsáveis objetivamente pelos danos causados, conforme inteligência do artigo 37, § 6º, da CR/88, aplicando-se a teoria do risco administrativo e a repartição dos encargos sociais, conforme ensinamentos de Rafael Carvalho Rezende Oliveira, (2016, p. 730).

Resposta: Letra C

DIREITO FINANCEIRO E TRIBUTÁRIO

Autora: Claudia Cristina Vieira Cançado

DIREITO TRIBUTÁRIO	Legislação	Doutrina	Jurisprudência
1. Tributo: conceito e espécies.	2012: 02 2018: 02	2018: 01	
2. Competência tributária			
3. Limitações constitucionais ao poder de tributar: princípios, imunidades, remissões e isenções. Renúncia fiscal e benefício fiscal.	2014: 01 2018: 01 2019: 01		
4. Legislação tributária: conteúdo, vigência, aplicação, interpretação e integração.	2012: 01		
5. Obrigação tributária: fato gerador, sujeição ativa e passiva, solidariedade	2010: 01		
6. Capacidade tributária e domicílio tributário.			
7. Responsabilidade tributária: dos sucessores, de terceiros e por infrações			
8. Crédito tributário: lançamento, suspensão, extinção, exclusão.	2017: 01		2017: 01
9. Garantias e privilégios do crédito tributário.			

DIREITO TRIBUTÁRIO	Legislação	Doutrina	Jurisprudência
10. Administração tributária: fiscalização, dívida ativa e certidões negativas.	2017: 01		2017: 01
11. Lei de Orçamento (Lei nº 4.320/1964).	2011: 01 2019: 01		2011: 01
12. Lei de Responsabilidade Fiscal (Lei Complementar nº 101/2000).	2011: 01 2012: 01		
13. Sigilo bancário (Lei Complementar nº 105/2001).			
14. Abertura de créditos e assunção de empréstimos pela Administração pública.			

1. TRIBUTO: CONCEITO E ESPÉCIES

MPMG – 2011 (Concurso LI)*. Questão 13. Direito Tributário / Constituição Federal / Impostos Municipais /Legislação.*

Assinale a assertiva INCORRETA.

A) Aos Municípios compete instituir impostos sobre transmissão inter vivos, a qualquer título, por ato oneroso, de bens imóveis, por natureza ou acessão física, e de direitos reais sobre imóveis, exceto os de garantia, bem como cessão de direitos a sua aquisição.

B) Aos Municípios compete instituir impostos sobre transmissão causa mortis e doação, de quaisquer bens ou direitos.

C) Aos Municípios pertence o produto da arrecadação do imposto da União sobre renda e proventos de qualquer natureza, incidente na fonte, sobre rendimentos pagos, a qualquer título, por eles, suas autarquias e pelas fundações que instituírem e mantiverem.

D) Aos Municípios compete instituir impostos sobre propriedade predial e territorial urbana.

Comentários

a) Correta. Art. 156, II, CF/88. Compete aos Municípios instituir impostos sobre transmissão "inter vivos", a qualquer título, por ato oneroso, de bens imóveis, por natureza ou acessão física, e de direitos reais sobre imóveis, exceto os de garantia, bem como cessão de direitos a sua aquisição.

b) Incorreta. Art. 155, I, CF/88. Compete aos Estados e ao Distrito Federal instituir impostos sobre transmissão causa mortis e doação, de quaisquer bens ou direitos.

c) Correta. Art. 158, I, CF/88. Pertencem aos Municípios o produto da arrecadação do imposto da União sobre renda e proventos de qualquer natureza, incidente na fonte, sobre rendimentos pagos, a qualquer título, por eles, suas autarquias e pelas fundações que instituírem e mantiverem.

d) Correta. Art. 156, I, CF/88. Compete aos Municípios instituir impostos sobre propriedade predial e territorial urbana.

Resposta certa: B

MPMG – 2012 (LII Concurso) – Questão 12 Direito Tributário /Tributos/ Constituição Federal /Código Tributário /Legislação.

Analise as proposições que complementam a frase abaixo.

"Desconsiderando as discussões envolvendo as medidas provisórias, em relação ao tema princípio da legalidade, depreende-se da legislação tributária em vigor que somente a lei pode estabelecer":

I. a alteração de alíquota tributária.

II. a regulamentação de obrigação tributária acessória.

III. a extinção de tributo permanente.

IV. a instituição de tributo.

A frase em referência fica CORRETAMENTE complementada:

A) apenas pelas proposições I e II.
B) apenas pelas proposições III e IV.
C) apenas pelas proposições I e IV.
D) apenas pelas proposições II e III.

Comentários

I) Incorreta. Artigo 153, § 1º, da CF/88 e artigo 97, IV, do CTN. De acordo com a CF/88, é facultado ao Poder Executivo, atendidas as condições e os limites estabelecidos em lei, alterar as alíquotas dos impostos de importação, exportação, produtos industrializados e operações de crédito, câmbio e seguro, ou relativas a títulos ou valores mobiliários. O CTN dispõe que somente a lei pode estabelecer a fixação da alíquota do tributo e sua base de cálculo.

II. Incorreta. Artigos 96 e 113, § 2º, do CTN. De acordo com o CTN, a expressão "legislação tributária" compreende as leis, os tratados e as convenções internacionais, os decretos e as normas complementares que versem, no todo ou em parte, sobre tributos e relações jurídicas a eles pertinentes, sendo que a obrigação acessória decorre da legislação tributária e tem por objeto as prestações, positivas ou negativas, nela previstas no interesse da arrecadação ou da fiscalização dos tributos.

III. Correta. Artigo 150, I, da CF/88 e artigo 97, I, do CTN. Segundo o art. 150, I, da CF/88, é vedado à União, aos Estados, ao Distrito Federal e aos Municípios exigir ou aumentar tributo sem lei que o estabeleça. Também o art. 97, I, do CTN dispõe que somente a lei pode estabelecer a instituição ou extinção de tributos.

IV. Correta. Artigo 150, I, da CF/88 e artigo 97, I, do CTN. Segundo o art. 150, I, da CF/88, é vedado à União, aos Estados, ao Distrito Federal e aos Municípios exigir ou aumentar tributo sem lei que o estabeleça. Também o art. 97, I, do CTN dispõe que somente a lei pode estabelecer a instituição ou extinção de tributos.

Resposta: Letra B

MPMG – 2012 (LII Concurso) *Questão 13 Direito Tributário / Tributos / Constituição Federal / Código Tributário / Legislação.*

Assinale a assertiva CORRETA.

A) Os Municípios podem cobrar taxas, no âmbito de suas atribuições, tendo como fato gerador o exercício regular do poder de polícia.

B) A União, os Estados, o Distrito Federal e os Municípios poderão instituir contribuição de melhoria, no âmbito de suas respectivas atribuições, em decorrência dos serviços públicos prestados junto ao Sistema Único de Saúde (SUS).

C) A taxa não pode ter como fato gerador a utilização apenas potencial de serviço público específico e divisível posto à disposição do contribuinte.

D) Os serviços públicos são considerados divisíveis quando puderem ser destacados em unidades autônomas de intervenção, de unidade, ou de necessidades públicas.

Comentários

A) Correta. Artigo 77 do CTN. "As taxas cobradas pela União, pelos Estados, pelo Distrito Federal ou pelos Municípios, no âmbito de suas respectivas atribuições, têm como fato gerador o exercício regular do poder de polícia, ou a utilização, efetiva ou potencial, de serviço público específico e divisível, prestado ao contribuinte ou posto à sua disposição."

B) Incorreta. A União, os Estados, o Distrito Federal e os Municípios poderão instituir contribuição de melhoria, decorrente de obras públicas (e não de serviços públicos). Artigos 145, III, da CF/88 e 81 do CTN.

C) Incorreta. A taxa pode ter como fato gerador a utilização, efetiva ou potencial, de serviço público específico e divisível, prestado ao contribuinte ou posto à sua disposição. Artigo 77 do CTN.

D) Incorreta. Os serviços públicos são divisíveis, quando suscetíveis de utilização, separadamente, por parte de cada um dos seus usuários. O conceito dado na assertiva refere-se a serviços públicos específicos. Artigo 79, incisos II e III, do CTN.

Resposta: Letra A

2. COMPETÊNCIA TRIBUTÁRIA

3. LIMITAÇÕES CONSTITUCIONAIS AO PODER DE TRIBUTAR: PRINCÍPIOS, IMUNIDADES, REMISSÕES E ISENÇÕES. RENÚNCIA FISCAL E BENEFÍCIO FISCAL

MPMG 2014 (Concurso LIV)*. Questão 15. Direito Tributário / Constituição / Limitações Constitucionais ao Direito de Tributar / Legislação.*

Relativamente às limitações constitucionais ao poder de tributar, assinale a alternativa CORRETA:

A) Sem prejuízo de outras garantias asseguradas ao contribuinte, é vedado à União, e facultado aos Estados, ao Distrito Federal e aos Municípios, estabelecer limitações ao tráfego de pessoas ou bens, por meio de tributos interestaduais ou intermunicipais, ressalvada a cobrança de pedágio pela utilização de vias conservadas pelo Poder Público.

B) A lei não poderá atribuir a sujeito passivo de obrigação tributária a condição de responsável pelo pagamento de imposto ou contribuição, cujo fato gerador deva ocorrer posteriormente.

C) É vedado aos Estados, ao Distrito Federal e aos Municípios estabelecer diferença tributária entre bens e serviços, de qualquer natureza, em razão de sua procedência ou destino.

D) É permitido à União, objetivando reequilibrar a tributação vigente entre os entes federados, instituir tributo que não seja uniforme em todo o território nacional.

Comentários

(A) Errado – Art. 150, V, CF/88. Sem prejuízo de outras garantias asseguradas ao contribuinte, é vedado à União, aos Estados, ao Distrito Federal e aos

Municípios estabelecer limitações ao tráfego de pessoas ou bens, por meio de tributos interestaduais ou intermunicipais, ressalvada a cobrança de pedágio pela utilização de vias conservadas pelo Poder Público.

(B) Errado – Art. 150, § 7º, CF/88. Sem prejuízo de outras garantias asseguradas ao contribuinte, é vedado à União, aos Estados, ao Distrito Federal e aos Municípios estabelecer limitações ao tráfego de pessoas ou bens, por meio de tributos interestaduais ou intermunicipais, ressalvada a cobrança de pedágio pela utilização de vias conservadas pelo Poder Público.

(C) Correto – Art. 152 CF/88. "É vedado aos Estados, ao Distrito Federal e aos Municípios estabelecer diferença tributária entre bens e serviços, de qualquer natureza, em razão de sua procedência ou destino."

(D) Errado – Art. 151, I, CF/88. É vedado à União instituir tributo que não seja uniforme em todo o território nacional ou que implique distinção ou preferência em relação a Estado, ao Distrito Federal ou a Município, em detrimento de outro, admitida a concessão de incentivos fiscais destinados a promover o equilíbrio do desenvolvimento sócio-econômico entre as diferentes regiões do País.

Resposta certa: C

***MPMG 2018. (CONCURSO LVI)** QUESTÃO 12. Direito Constitucional. Direito Tributário. Limitação ao poder de tributar. Princípio da Legalidade. Doutrina/Lei Seca: CRFB/88.*

Consoante o artigo 150 da CR/88, sem prejuízo de outras garantias asseguradas ao contribuinte, é vedado à União, aos Estados, ao Distrito Federal e aos Municípios, EXCETO:

A) *estabelecer limitações ao tráfego de pessoas ou bens por meio de tributos interestaduais ou intermunicipais, ressalvada a cobrança de pedágio pela utilização de vias conservadas pelo poder público.*

B) *instituir tratamento desigual entre contribuintes que se encontrem em situação equivalente, proibida qualquer distinção em razão de ocupação profissional ou função por eles exercida, independentemente da denominação jurídica dos rendimentos, títulos ou direitos.*

C) *exigir, aumentar ou diminuir tributo sem lei que o estabeleça.*

D) *utilizar tributo com efeito de confisco.*

Comentários

A) Incorreta. De fato, a teor do Art. 150, V, da CF/88, é vedado à União, aos Estados, ao Distrito Federal e aos Municípios, "estabelecer limitações ao tráfego de pessoas ou bens, por meio de tributos interestaduais ou intermunicipais, ressalvada a cobrança de pedágio pela utilização de vias conservadas pelo Poder Público".

B) Incorreta. De fato, a teor do Art. 150, V, da CF/88, é vedado à União, aos Estados, ao Distrito Federal e aos Municípios, "instituir tratamento desigual entre contribuintes que se encontrem em situação equivalente, proibida qualquer distinção em razão de ocupação profissional ou função por eles exercida, independentemente da denominação jurídica dos rendimentos, títulos ou direitos".

C) Correta. A questão faz menção expressa ao artigo 150 da CF/88, exigindo do candidato, portanto, conhecimento de sua literalidade. Nesse sentido, não consta do inciso I do referido dispositivo vedação em relação a diminuir tributo, mas somente quanto a "I – exigir ou aumentar tributo sem lei que o estabeleça". Ademais, convém salientar que, embora haja essa expressa vedação no artigo 150, I da CR/88, a própria Constituição da República excepciona o princípio da legalidade, permitindo que o Presidente da República institua ou aumente tributos mediante medida provisória (Art. 62, § 2° Medida provisória que implique instituição ou majoração de impostos, exceto os previstos nos arts. 153, I, II, IV, V, e 154, II (IE, II, IPI, IOF, Extraordinários de Guerra). Os primeiros são reguladores de mercado (função extrafiscal) e, por isso, demandam uma certa agilidade em sua regulação, sendo exceção ao princípio da legalidade. No entanto, há limite: a EC 32/2001 estabeleceu que só produzirá efeitos no exercício financeiro seguinte se houver sido convertida em lei até o último dia daquele em que foi editada. É também possível reduzir e restabelecer (encontra limite na alíquota estabelecida antes da redução) a CIDE-COMBUSTÍVEIS por meio de Decreto (art. 177, § 4°, I, b, da CR/88) e quanto ao ICMS-monofásico combustíveis, admite-se a fixação de alíquotas (redução e aumento por meio do Convênio Confaz), conforme autorizado pela EC 33/2001 – art. 155, § 4°, IV da CR/88. Em que pese não haja expressa permissão de diminuir tributos, a doutrina entende que isso é possível por meio de medida provisória, pois é benéfico ao contribuinte, e quem pode o mais pode o menos. Logo, pode-se afirmar que é possível exigir, aumentar ou diminuir tributo sem lei.

D) Incorreta. De fato, a teor do Art. 150, V, da CF/88, é vedado à União, aos Estados, ao Distrito Federal e aos Municípios, "utilizar tributo com efeito de confisco".

Resposta: Letra C

MPMG 2019 (CONCURSO LVII). *QUESTÃO 20. Direito Tributário / Limitações constitucionais ao poder de tributar / Princípios / Legislação.*

A Primeira Turma do Supremo Tribunal Federal, em julgamento de 26 de outubro de 2018, decidiu por unanimidade não dar provimento ao agravo regimental no Recurso Extraordinário n. 1.053.254/RS, no qual se discutia a limitação ao poder de tributar da União, mediante a revogação de benefício fiscal para o cálculo de PIS/COFINS. O Tribunal considerou que a revogação do benefício fiscal provocaria uma majoração indireta do tributo, o qual, por essa razão, deveria ser submetido ao princípio da não surpresa, buscando, em especial, garantir a segurança jurídica ao contribuinte, para que este não fosse surpreendido com um aumento inesperado da carga tributária sem a concessão de prazo mínimo para adaptação da sua política fiscal.

Nessa hipótese, a Corte garantiu a aplicação de qual princípio constitucional em matéria tributária?

A) Princípio do não confisco
B) Princípio da anterioridade nonagesimal
C) Princípio da liberdade de tráfego
D) Princípio da não discriminação tributária

Comentários

A) Incorreta: Art. 150, IV, da CF/88. Sem prejuízo de outras garantias asseguradas ao contribuinte, é vedado à União, aos Estados, ao Distrito Federal e aos Municípios utilizar tributo com efeito de confisco.

B) Correta: Art. 150, III, c, e art.195, §6º, da CF/88. Sem prejuízo de outras garantias asseguradas ao contribuinte, é vedado à União, aos Estados, ao Distrito Federal e aos Municípios cobrar tributos, incluindo contribuições ssociais, antes de decorridos noventa dias da data em que haja sido publicada a lei que os instituiu ou aumentou.

C) Incorreta: Art. 150, V, da CF/88. Sem prejuízo de outras garantias asseguradas ao contribuinte, é vedado à União, aos Estados, ao Distrito Federal e aos Municípios estabelecer limitações ao tráfego de pessoas ou bens, por meio de tributos interestaduais ou intermunicipais, ressalvada a cobrança de pedágio pela utilização de vias conservadas pelo Poder Público.

D) Incorreta: Art. 152 da CF/88. "É vedado aos Estados, ao Distrito Federal e aos Municípios estabelecer diferença tributária entre bens e serviços, de qualquer natureza, em razão de sua procedência ou destino."

Resposta: Letra B

4. LEGISLAÇÃO TRIBUTÁRIA: CONTEÚDO, VIGÊNCIA, APLICAÇÃO, INTERPRETAÇÃO E INTEGRAÇÃO

MPMG – 2012 (LII Concurso) *Questão 11 Direito Tributário – Constituição Federal – Código Tributário – Legislação e Jurisprudência.*

Analise as assertivas abaixo:

I. Com base nos princípios da capacidade contributiva, da modicidade tributária e do não confisco, o Supremo Tribunal Federal vem autorizando, independentemente de lei específica, a atualização monetária da tabela progressiva do imposto de renda e das respectivas deduções.

II. A instituição de contribuições de intervenção no domínio econômico é da competência exclusiva da União, não podendo ser delegada aos Estados e Distrito Federal, tampouco aos Municípios.

III. Em relação ao tributo, nos termos da legislação de regência, a destinação legal do produto de sua arrecadação e a sua denominação legal constituem critérios relevantes para determinação de sua natureza jurídica.

IV. A lei tributária aplica-se a ato ou fato pretérito, em qualquer caso, quando seja expressamente interpretativa, excluída a aplicação de penalidade à infração dos dispositivos interpretados.

Pode-se afirmar que:

A) apenas as assertivas I e III estão CORRETAS.

B) apenas as assertivas I e IV estão CORRETAS.

C) apenas as assertivas II e III estão CORRETAS.

D) apenas as assertivas II e IV estão CORRETAS.

Comentários

I. Incorreta. "**O Poder Judiciário não pode arbitrar índice de atualização monetária na ausência de previsão legal.** Precedente: RE 388312, de relatoria do Ministro Marco Aurélio, com acórdão redigido pela Ministra Cármen Lúcia, Tribunal Pleno, DJe 11.10.2011."(STF, ARE 964734 AgR, Relator(a): Min. EDSON FACHIN, Primeira Turma, julgado em 30/09/2016) (destacamos).

II. Correta. Artigo 149 da CF/88. "Compete exclusivamente à União instituir contribuições sociais, de intervenção no domínio econômico e de interesse das categorias profissionais ou econômicas, como instrumento de sua atuação nas respectivas áreas, observado o disposto nos arts. 146, III, e 150, I e III, e sem prejuízo do previsto no art. 195, § 6º, relativamente às contribuições a que alude o dispositivo."

III. Incorreta. Artigo, 4º, do CTN: "A natureza jurídica específica do tributo é determinada pelo fato gerador da respectiva obrigação, **sendo irrelevantes para qualificá-la**: I – a denominação e demais características formais adotadas pela lei; II – a destinação legal do produto da sua arrecadação.".

IV. Correta. Artigo 106, I, do CTN. A lei aplica-se a ato ou fato pretérito em qualquer caso, quando seja expressamente interpretativa, excluída a aplicação de penalidade à infração dos dispositivos interpretados.

Resposta: letra D.

5. OBRIGAÇÃO TRIBUTÁRIA: FATO GERADOR, SUJEIÇÃO ATIVA E PASSIVA, SOLIDARIEDADE

MPMG 2010 (Concurso L). *Questão 8. Direito Tributário / Obrigação Principal e Acessória / Fato Gerador / Capacidade Tributária / Domicílio e Sujeitos da Obrigação Tributária / Solidariedade e Responsabilidade Tributária / Obrigação Tributária / Legislação.*

Analise as seguintes afirmativas e assinale a alternativa INCORRETA.

A) *Fato gerador da obrigação tributária principal é a situação definida em lei como necessária e suficiente à sua ocorrência.*

B) *Sujeito ativo da obrigação tributária é a pessoa jurídica de direito público, titular da competência para exigir o seu cumprimento.*

C) *A lei pode atribuir de modo expresso a responsabilidade pelo crédito tributário a terceira pessoa, vinculada ao fato gerador da respectiva obrigação, excluindo a responsabilidade do contribuinte ou atribuindo-a a este em caráter supletivo do cumprimento total ou parcial da referida obrigação.*

D) *A capacidade tributária passiva depende da capacidade civil das pessoas naturais.*

Comentários

(A): Correta – Artigo 114 do CTN. "Fato gerador da obrigação principal é a situação definida em lei como necessária e suficiente à sua ocorrência."

(B): Correta – Artigo 119 do CTN. "Sujeito ativo da obrigação é a pessoa jurídica de direito público, titular da competência para exigir o seu cumprimento."

(C): Correta – Artigo 128 do CTN. "Sem prejuízo do disposto neste capítulo, a lei pode atribuir de modo expresso a responsabilidade pelo crédito tributário a terceira pessoa, vinculada ao fato gerador da respectiva obrigação, excluindo a responsabilidade do contribuinte ou atribuindo-a a este em caráter supletivo do cumprimento total ou parcial da referida obrigação."

(D): Incorreta – A capacidade tributária independe da capacidade civil das pessoas naturais – Artigo 126, inciso I, do CTN.

Resposta: Letra D

MPMG 2018. (CONCURSO LVI) *QUESTÃO 10. Direito Tributário. Tributos em Espécie. Fato gerador. Obrigação Tributária. Lei Seca: CTN.*

Assinale a alternativa INCORRETA:

A) *Imposto é o tributo cuja obrigação tem por fato gerador uma situação independente de qualquer atividade estatal específica, relativa ao contribuinte.*

B) *A contribuição de melhoria cobrada pela União, pelos Estados, pelo Distrito Federal ou pelos Municípios, no âmbito de suas respectivas atribuições, é instituída para fazer face ao custo de obras públicas de que decorra valorização imobiliária, tendo como limite total a despesa realizada e como limite individual o acréscimo de valor que da obra resultar para cada imóvel beneficiado.*

C) *A autoridade administrativa poderá desconsiderar atos ou negócios jurídicos praticados com a finalidade de dissimular a ocorrência do fato gerador do tributo ou a natureza dos elementos constitutivos da obrigação tributária, observados os procedimentos a serem estabelecidos em lei ordinária.*

D) *A obrigação tributária acessória, pelo simples fato da sua inobservância, não se converte em obrigação principal relativamente à penalidade pecuniária.*

Comentários

A) Correta. É o que dispõe o art. 16 do Código Tributário Nacional: "Art. 16. Imposto é o tributo cuja obrigação tem por fato gerador uma situação independente de qualquer atividade estatal específica, relativa ao contribuinte." Em razão disso, o imposto é caracterizado como um tributo não vinculado à atividade estatal.

B) Correta. É o que dispõe o art. 16 do Código Tributário Nacional: "Art. 81. A contribuição de melhoria cobrada pela União, pelos Estados, pelo Distrito Federal ou pelos Municípios, no âmbito de suas respectivas atribuições, é instituída para fazer face ao custo de obras públicas de que decorra valorização imobiliária, tendo como limite total a despesa realizada e como limite individual o acréscimo de valor que da obra resultar para cada imóvel beneficiado. "Em razão disso, o imposto é caracterizado como um tributo vinculado.

C) Correta. É o que dispõe o parágrafo único do art. 116 do Código Tributário Nacional: "Parágrafo único. A autoridade administrativa poderá desconsiderar atos ou negócios jurídicos praticados com a finalidade de dissimular a ocorrência do fato gerador do tributo ou a natureza dos elementos constitutivos da obrigação tributária, observados os procedimentos a serem estabelecidos em lei ordinária."

D) Incorreta. Na verdade, é exatamente o oposto. A teor do art. 113, § 3º, do CTN, "A obrigação acessória, pelo simples fato da sua inobservância, converte-se em obrigação principal relativamente à penalidade pecuniária."

Resposta: Letra D.

6. CAPACIDADE TRIBUTÁRIA E DOMICÍLIO TRIBUTÁRIO

7. RESPONSABILIDADE TRIBUTÁRIA: DOS SUCESSORES, DE TERCEIROS E POR INFRAÇÕES

8. CRÉDITO TRIBUTÁRIO: LANÇAMENTO, SUSPENSÃO, EXTINÇÃO, EXCLUSÃO

MPMG 2017 ***(Concurso LV)****. Questão 20. Direito Financeiro e Tributário / Crédito tributário: lançamento, suspensão, extinção, exclusão. /Administração tributária: fiscalização, dívida ativa e certidões negativas/ jurisprudência e legislação.*

Quanto ao direito financeiro e tributário:

I. Na requisição de informação da Receita Federal do Brasil às instituições financeiras, mesmo sem autorização judicial, não se evidencia a violação do sigilo bancário e do sigilo fiscal.

II. No lançamento por homologação, se a lei não fixar o prazo para a homologação, este será sempre de 5 (cinco) anos, a contar da ocorrência do fato gerador.

III. A moratória, como causa de suspensão da exigibilidade do crédito tributário, quando concedida em caráter individual, gera direito adquirido.

IV. Deve-se admitir, sem ressalvas, a compensação ou a dação em pagamento de créditos tributários federais com crédito oriundo de precatório devido por Estado-Membro.

É INCORRETO somente o que se afirma em:

A) I e II.

B) II e III.

C) I e IV.

D) II, III e IV.

Comentários

Análise das alternativas

I – Correta – Conforme previsão do art. 6º da LC 105/01, julgado constitucional pelo STF (ADIs 2390, 2386, 2397 e 2859, bem como o RE 601.314). "As autoridades e os agentes fiscais tributários da União, dos Estados, do Distrito Federal e dos Municípios somente poderão examinar documentos, livros e registros de instituições financeiras, inclusive os referentes a contas de depósitos e aplicações financeiras, quando houver processo administrativo instaurado ou procedimento fiscal em curso e tais exames sejam considerados indispensáveis pela autoridade administrativa competente."

II – Incorreta – Essa é a regra geral prevista no art. 150, par. 4º. do CTN. Todavia, o mesmo artigo excepciona os casos de comprovado dolo, fraude ou simulação.

III – Incorreta – Art. 155 do CTN. "A concessão da moratória em caráter individual não gera direito adquirido e será revogado de ofício, sempre que se apure que o beneficiado não satisfazia ou deixou de satisfazer as condições ou não cumprira ou deixou de cumprir os requisitos para a concessão do favor, cobrando-se o crédito acrescido de juros de mora:"

IV – Incorreta – De acordo com o entendimento do STJ, não pode haver compensação de débitos fiscais de natureza distinta e cujos credores seja pessoas jurídicas distintas (STJ, AgInt no AREsp 966.480/RS, Rel. Ministro OG FERNANDES, SEGUNDA TURMA, julgado em 06/12/2016, DJe 15/12/2016, STJ, AgRg no AREsp 533.630/RS, Rel. Ministro OG FERNANDES, SEGUNDA TURMA, julgado em 02/09/2014, DJe 11/09/2014.

Resposta: Letra D

9. GARANTIAS E PRIVILÉGIOS DO CRÉDITO TRIBUTÁRIO

10. ADMINISTRAÇÃO TRIBUTÁRIA: FISCALIZAÇÃO, DÍVIDA ATIVA E CERTIDÕES NEGATIVAS

11. LEI DE ORÇAMENTO (LEI Nº 4.320/1964)

*MPMG – 2011 (**Concurso LI**). Questão 19. Direito Financeiros / Lei 4320 / Legislação.*

Em relação às finanças públicas, assinale a alternativa CORRETA.

A) *Nas três esferas federativas, a abertura de crédito suplementar, por ser indicativo de aumento de despesa sem o devido lastro arrecadatório, exige prévia autorização legislativa, o que é prescindível nas hipóteses de transposição, remanejamento ou transferência de recursos de um ente federativo para outro ou de uma categoria de programação para outra.*

B) *Os fundos especiais são aqueles instituídos através de resolução ou portaria de órgãos da administração direta, indireta ou fundacional e se constituem pelo produto de taxas parafiscais que se vinculam à realização de determinados objetivos ou serviços.*

C) *Fundamentalmente e nos limites das possibilidades financeiras, a concessão de subvenções sociais visará à prestação de serviços essenciais de assistência social, médica e educacional, sempre que a suplementação de recursos de origem privada aplicados a esses objetivos, revelar-se mais econômica.*

D) *As subvenções econômicas são repasses de dinheiro público concedidos para cobrir as despesas de pessoal e garantir a lucratividade mínima das microempresas de caráter assistencial, cultural, agrícola ou pastoril.*

Comentários

a) Incorreta. O art. 167, V, CF/88 veda a abertura de crédito suplementar sem autorização legislativa e sem indicação dos recursos correspondentes, sem exceções. Ademais, o art. 167, VI, CF/88 proíbe o remanejamento ou transferência de recursos de uma categoria para outra ou de um órgão para outro sem autorização legislativa prévia.

b) Incorreta. O art. 167, V, CF/88 veda instituição de fundos de qualquer natureza sem prévia autorização legislativa, ou seja, não basta resolução ou portaria.

c) Correta. Art. 16 Lei 4320/64. "Art. 16. Fundamentalmente e nos limites das possibilidades financeiras a concessão de subvenções sociais visará a prestação de serviços essenciais de assistência social, médica e educacional, sempre que a suplementação de recursos de origem privada aplicados a êsses objetivos, revelar-se mais econômica. Parágrafo único. O valor das subvenções, sempre que possível, será calculado com base em unidades de serviços efetivamente prestados ou postos à disposição dos interessados obedecidos os padrões mínimos de eficiência prèviamente fixados."

d) Incorreta. Art. 18, Lei 4320/64 dispões sobre as subvenções econômicas, as quais tem o objetivo de cobrir déficits de manutenção de empresas públicas. Ademais, no tocante à saúde, o art. 199, § 2º, CF/88 veda a destinação de recursos públicos para subvenções às instituições privadas com fins lucrativos.

Resposta certa: C

***MPMG 2019 (CONCURSO LVII)**. QUESTÃO 19. Direito Financeiro / Orçamento Público / Plano Plurianual / Lei de Diretrizes Orçamentárias / Lei orçamentária Anual / Constituição Federal / Legislação.*

A Lei nº 4.320/64, ainda sob a vigência da Constituição da República de 1946, estabeleceu regras sobre orçamento e sua execução pelo poder público. A Constituição da República de 1988 recepcionou a legislação anterior naquilo que era materialmente compatível. No entanto, o tratamento constitucional dado às leis orçamentárias promoveu profundas alterações no sistema jurídico criado pela legislação anterior, em especial dispondo sobre as três modalidades distintas de leis orçamentárias.

Sobre o novel tratamento constitucional dado à Lei nº 4.320/64, aponte a alternativa incorreta:

A) *No âmbito federal, o plano plurianual deverá ser apresentado por iniciativa do Chefe do Poder Executivo Federal e estabelecerá, de forma regionalizada, as diretrizes, objetivos e metas da administração pública da União, Estados, Municípios e Distrito Federal, para as despesas de capital e outras dela decorrentes e para as relativas aos programas de duração continuada.*

B) *A lei de diretrizes orçamentárias compreenderá as metas e prioridades da administração pública, incluindo as despesas de capital para o exercício financeiro subsequente, orientará a elaboração da lei orçamentária anual, disporá sobre as alterações na legislação tributária e estabelecerá a política de aplicação das agências financeiras oficiais de fomento.*

C) *A lei orçamentária anual aprovada pelas duas casas do Congresso Nacional compreenderá, dentre outros, o orçamento fiscal referente aos Poderes da União, seus fundos, órgãos e entidades da administração direta e indireta, inclusive fundações instituídas e mantidas pelo poder público.*

D) *É obrigatória a execução orçamentária e financeira das emendas parlamentares individuais, em percentual definido pela Constituição da República, sendo a metade desse montante destinada a ações e serviços públicos de saúde.*

Comentários

a) Incorreta: Art 165, I, e § 1º, da CF. "Art. 165. Leis de iniciativa do Poder Executivo estabelecerão: I - o plano plurianual; (...) §1º A lei que instituir o plano plurianual estabelecerá, de forma regionalizada, as diretrizes, objetivos e metas da **administração pública federal** para as despesas de capital e outras delas decorrentes e para as relativas aos programas de duração continuada."

b) Correta: Art. 165, §2º, da CF/88. "A lei de diretrizes orçamentárias compreenderá as metas e prioridades da administração pública federal, incluindo as despesas de capital para o exercício financeiro subseqüente, orientará a elaboração da lei orçamentária anual, disporá sobre as alterações na legislação tributária e estabelecerá a política de aplicação das agências financeiras oficiais de fomento. ATENÇÃO para a nova redação do parágrafo 2º do artigo 165 da CR/88: "§ 2º A lei de diretrizes orçamentárias compreenderá as metas e prioridades da administração pública federal, estabelecerá as diretrizes de política fiscal e respectivas metas, em consonância com trajetória sustentável da dívida pública, orientará a elaboração da lei orçamentária anual, disporá sobre as alterações na legislação tributária e estabelecerá a política de aplicação das agências financeiras oficiais de fomento". (Redação dada pela Emenda Constitucional nº 109, de 2021)

c) Correta: Art. 48, II, e art. 165, §5º, I, da CF/88. "Art. 48: Cabe ao Congresso Nacional, com a sanção do Presidente da República, não exigida esta para o especificado nos arts. 49, 51 e 52, dispor sobre todas as matérias de competência da União, especialmente sobre: (...) II - plano plurianual, iretrizes orçamentárias, orçamento anual, operações de crédito, dívida pública e emissões de curso forçado".

"Art. 165, §5º A lei orçamentária anual compreenderá: I - o orçamento fiscal referente aos Poderes da União, seus fundos, órgãos e entidades da administração direta e indireta, inclusive fundações instituídas e mantidas pelo Poder Público".

d) Correta: Art. 166, §§ 9º e 11, da CF/88. "§ 9º As emendas individuais ao projeto de lei orçamentária serão aprovadas no limite de 1,2% (um inteiro e dois décimos por cento) da receita corrente líquida prevista no projeto encaminhado pelo Poder Executivo, sendo que a metade deste percentual será destinada a ações e serviços públicos de saúde. (...)§ 11. É obrigatória a execução orçamentária e financeira das programações a que se refere o § 9º deste artigo, em montante correspondente a 1,2% (um inteiro e dois décimos por cento) da receita corrente líquida realizada no exercício anterior, conforme os critérios para a execução equitativa da programação definidos na lei complementar prevista no § 9º do art. 165."

Resposta certa: A

12. LEI DE RESPONSABILIDADE FISCAL (LEI COMPLEMENTAR Nº 101/2000)

MPMG – 2011 (Concurso LI). Questão 12. Direito Financeiro / Lei Complementar 101.2000 / Legislação.

Analise as assertivas abaixo.

I. A Lei de Responsabilidade Fiscal (Lei Complementar nº 101/2000) estabelece normas de finanças públicas voltadas para a responsabilidade na gestão fiscal. Suas disposições obrigam a União, os Estados, o Distrito Federal e os Municípios.

II. Os Tribunais de Contas, o Poder Judiciário e o Ministério Público não se sujeitam às obrigações da Lei de Responsabilidade Fiscal (Lei Complementar nº 101/2000) em razão de sua autonomia administrativa e financeira garantidas pela Constituição.

III. Se a despesa total com pessoal exceder a 95% (noventa e cinco por cento) do limite prudencial previsto na Lei de Responsabilidade Fiscal (Lei Complementar nº 101/2000), o decreto do Chefe do Poder Executivo que cria novos cargos, empregos ou funções terá sua eficácia condicionada à aprovação pelo Tribunal de Contas.

IV. Nos termos da Lei de Responsabilidade Fiscal (Lei Complementar nº 101/2000), constituem requisitos essenciais da responsabilidade na gestão fiscal a instituição, previsão e efetiva arrecadação de todos os tributos da competência constitucional do ente da Federação.

Pode-se afirmar que estão CORRETAS as assertivas:

A) I e III.

B) I e IV.

C) II e III.

D) II e IV.

Comentários

I) Correta. Art. 1º, *caput* e § 2º, Lei Complementar 101/00, obrigando a União, os Estados, o Distrito Federal e os municípios.

b) Incorreta. Art. 1º, § 3º, I, "a", Lei Complementar 101/00. Tribunais de Contas, Poder Judiciário e Ministério Público estão compreendidos pelos entes/órgãos sujeitos às obrigações da LRF.

c) Incorreta. Art. 22, parágrafo único, II, Lei Complementar 101/00. Se a despesa com pessoal exceder 95% (noventa e cinco por cento) do limite prudencial é vedado criar cargo, emprego ou função.

d) Correta. Art. 11, Lei Complementar 101/00. Sim, são requisitos da responsabilidade na gestão fiscal.

Resposta certa: B

MPMG – 2012 (LII Concurso) *Questão 61 Direito Financeiro – Lei Complementar 101/2000 – Legislação.*

O respeito às contas públicas (receitas e despesas) ganhou destaque no final do início do século XXI como medida de eficiência e de democrática repartição do tesouro federativo para as multifárias ações do Estado. Enquanto as leis tributárias cuidam em arrecadar, a Lei de Responsabilidade Fiscal tem o especial obséquio de distribuir os valores arrecadados, vinculando o administrador neste propósito. A propósito da Lei Complementar 101/00, é INCORRETO afirmar:

A) a lei de diretrizes orçamentárias dos entes federados deverá conter demonstrativo de compatibilidade da programação dos orçamentos com objetivos e metas fixados no plano plurianual e lei orçamentária anual.

B) a lei de diretrizes orçamentárias conterá anexo de riscos fiscais, onde serão avaliados os passivos contingentes e outros riscos capazes de afetar as contas públicas, informando as providências a serem tomadas, caso se concretizem.

C) deve integrar o projeto de lei de diretrizes orçamentárias anexo de metas fiscais, em que serão estabelecidas metas anuais, em valores correntes e constantes, relativas a receitas, despesas, resultados nominal e primário e montante da dívida pública, para o exercício a que se referirem e para os dois seguintes.

D) o projeto de lei orçamentária anual deve conter reserva de contingência, cuja forma e o montante, definido com base na receita líquida, serão estabelecidos na lei de diretrizes orçamentárias.

Comentários

A) Incorreta. Artigo5º, III, da LC 101/2000: "O projeto de lei orçamentária anual, elaborado de forma compatível com o plano plurianual, com a lei de diretrizes orçamentárias e com as normas desta Lei Complementar: I – conterá, em anexo, demonstrativo da compatibilidade da programação dos orçamentos com os objetivos e metas constantes do documento de que trata o § 1º do art. 4º;"

B) Correta. Artigo 4º, § 3º, da LC 101/2000: "A lei de diretrizes orçamentárias conterá Anexo de Riscos Fiscais, onde serão avaliados os passivos contingentes e outros riscos capazes de afetar as contas públicas, informando as providências a serem tomadas, caso se concretizem."

C) Correta. Artigo 4º, § 1º, da LC 101/2000: "Integrará o projeto de lei de diretrizes orçamentárias Anexo de Metas Fiscais, em que serão estabelecidas metas anuais, em valores correntes e constantes, relativas a receitas, despesas, resultados nominal e primário e montante da dívida pública, para o exercício a que se referirem e para os dois seguintes."

D) Correta. Artigo 5º, III, da LC 101/2000: "O projeto de lei orçamentária anual, elaborado de forma compatível com o plano plurianual, com a lei de diretrizes orçamentárias e com as normas desta Lei Complementar: III – conterá reserva de contingência, cuja forma de utilização e montante, definido com base na receita corrente líquida, serão estabelecidos na lei de diretrizes orçamentárias, destinada ao:"

Resposta: letra A.

DIREITO PENAL E CRIMINOLOGIA

Autor: José Francisco Tudéia Júnior

DIREITO PENAL E CRIMINOLOGIA	Legislação	Doutrina	Jurisprudência
1. Abolicionismo, direito penal mínimo e direito penal máximo.		2014: 01	
2. Fundamentos e limitações do direito de punir.		2011: 01 2013: 01 2018: 01	
3. Princípios penais fundamentais.		2018: 01	
4. Escolas Penais.			
5. Teoria da Norma.		2018: 01	
6. Interpretação e integração da lei penal.			
7. Âmbito de validez temporal e espacial de lei penal.	2011: 01 2017: 1	2017: 1	
8. Aplicação da lei penal.			
9. Conflito aparente de normas.		2018: 01	
10. Evolução histórica da teoria do crime.		2010: 01 2011: 02	
11. Conceito de crime.			
12. Os principais sistemas da teoria do delito: sistemas causais e finalista; teoria social da ação; funcionalismo.		2019:01	
13. Teoria da conduta: Ação e Omissão.		2012: 01	

DIREITO PENAL E CRIMINOLOGIA	Legislação	Doutrina	Jurisprudência
14. Teoria do tipo Penal.		2010: 01 2018: 02 (classificação de crimes) 2018: 01 (tipicidade)	
15. Tipos dolosos e tipos culposos.		2010: 01 2019: 01 (Teoria do dolo)	
16. Relação de causalidade.			
17. Teoria da imputação objetiva.			
18. Ilicitude e causas de exclusão.	2012: 01 2017: 1	2017: 1	
19. Culpabilidade e suas dirimentes.	2018: 01		
20. Consumação e tentativa.			
21. Desistência voluntária e arrependimento eficaz.	2018: 01	2018: 01	
22. Crime impossível.			
23. Agravação pelo resultado			
24. Erro de tipo e erro de proibição.	2014: 01 2017: 1	2010: 02 2017: 1 2018: 02 2019: 01	
25. Concurso de pessoas.	2017: 1	2017: 1	
26. Penas e medidas de segurança.	2010: 01 2012: 01 2018: 01 (medida de segurança)	2013: 01	

DIREITO PENAL E CRIMINOLOGIA	Legislação	Doutrina	Jurisprudência
27. Aplicação das penas e regimes penitenciários.	2012: 02 2017: 2		2017: 2 2019:01
28. Limite das penas.	2017: 1		2017: 1
29. Execução penal.	2017: 1		2017: 1
30. Concurso de crimes.		2018: 01	2018: 01
31. Crimes aberrantes.	2013: 01	2013: 01	
32. Suspensão condicional da pena.	2018: 01		
33. Livramento condicional.			
34. Efeitos da Condenação.	2018: 01 2019: 01		
35. Reabilitação.			
36. Teoria da ação penal.		2017: 1	2017: 1
37. Extinção da punibilidade.	2010: 01 2012: 02 2013: 02 2014: 01 2017: 01 2018: 02 2019: 03	2014: 01 2019: 03	2017: 2 2019: 02
38. Crimes contra pessoa.	2019: 01	2018: 01 2019: 01	2019: 01
39. Crimes contra o patrimônio.		2018: 01	2014: 01
40. Crimes contra o sentimento religioso e contra o respeito aos mortos.			
41. Crimes contra a dignidade sexual.	2012: 01		
42. Crimes contra a família.	2017: 1		

DIREITO PENAL E CRIMINOLOGIA	Legislação	Doutrina	Jurisprudência
43. Crimes contra a incolumidade pública.			
44. Crimes contra a paz pública.			2017: 1
45. Crimes contra a fé pública.			2014: 01
46. Crimes contra a administração pública.	2014: 01 2017: 1		2017: 1
47. Aspectos penais dos seguintes textos normativos:			
Constituição da república federativa do Brasil;			
Leis: 4737/1965;			
4898/1965;			
7210/1984;	2013: 01		
7716/1989;	2019: 01		
8069/1990;	2014: 01		
8072/1990;.			
8078/1990;	2011: 02 2014: 01		
8137/1990	2011: 01 2013: 01		2013: 01
8176/1991;			
8.666/1993			2019:01
9099/1995;	2010: 01 2019: 01		2019: 01
9455/1997;			
9503/1997;	2010: 01 2011: 01 2012: 01 2014: 01 2019: 01		
9613/1998			

DIREITO PENAL E CRIMINOLOGIA	Legislação	Doutrina	Jurisprudência
9807/1999;			
10671/2003;	2014: 01		
10741/2003;			
10826/2003;	2011: 01 2014: 01		
11101/2005;	2010: 01		
11105/2005;			
11340/2006;	2018: 02 2019: 01	2018: 02	2017: 1 2018: 01
11343/2006;	2014: 01 2019: 01		2017: 1
12694/2012;			
12850/2013;	2014: 01		
12984/2014;			
13260/2016; 13344/2016;			
Decreto-Lei: 3688/1941;			
Decreto-Lei: 201/1967			
48. Criminologia: Áreas de estudo do criminólogo; Principais Teorias; Principais Síndromes.		2011: 02 2013: 01 2012: 01	

1. ABOLICIONISMO, DIREITO PENAL MÍNIMO E DIREITO PENAL MÁXIMO

MPMG 2014 (Concurso LIV). Questão 21. Direito Penal / Código Penal e Legislação especial / Direito Penal Coletivo – Direito Penal Máximo/ Doutrina.

Após a análise das afirmativas abaixo, marque com V as verdadeiras e com F as falsas:

Constituem características do chamado Direito Penal Coletivo:

( ) Construção típica por vezes submetida à cláusula de acessoriedade administrativa.

( ) Responsabilidade do ente coletivo.

( ) Relação normativa entre conduta e bem jurídico tutelado.

( ) Responsabilização por comportamentos aditivos ou cumulativos.

Assinale a alternativa que apresenta a sequência CORRETA:

A) (V) (V) (V) (F).

B) (F) (V) (V) (V).

C) (V) (V) (F) (F).

D) (V) (V) (V) (V).

Comentários

(A, B, C e D) Todas caracterizam o direito penal coletivo. Conforme Cleber Masson, "com a finalidade de garantir o futuro da sociedade, deixa em segundo plano a proteção dos interesses individuais, para salvaguardar imediatamente os bens jurídicos inerentes a toda a coletividade". (Direito Penal. vol. 1, 7ª ed., pg 100.

Dica de leitura: <http://www.maxwell.vrac.puc-rio.br/13479/13479_4.PDF>

Resposta certa: D

2. FUNDAMENTOS E LIMITAÇÕES DO DIREITO DE PUNIR

MPMG – 2011 (Concurso LI)*. Questão 21. Direito Penal / Criminologia / Garantismo / Doutrina.*

Sobre as possíveis leituras do garantismo, na perspectiva dos direitos fundamentais, é CORRETO afirmar que

A) a concepção de um "garantismo positivo" alia-se ao princípio da proibição de proteção deficiente, trazendo como consequência a extensão da função de tutela penal aos bens jurídicos de interesse coletivo.

B) o pensamento garantista se funda, em seu modelo clássico, em princípios que se opõem à tradição jurídica do iluminismo e do liberalismo.

C) o garantismo, na concepção de Ferrajoli, tem como objetivo principal edificar um conceito específico para a criminologia, a partir da discussão da legitimidade da intervenção penal, não se ocupando, por isso, do estudo da qualidade, quantidade e necessidade da pena.

D) a proposta do garantismo pode ser sintetizada na tentativa de arrefecer os princípios fundamentais que devem orientar o direito penal em um sistema punitivo democrático.

Comentários

a) Correta. "**Garantismo negativo**: visa frear o poder punitivo do Estado, ou seja, refere-se à proibição de excesso. Trata-se de um modelo normativo que obedece à estrita legalidade voltado a minimizar a violência e maximizar a liberdade, impondo limites à função punitiva do Estado. **Garantismo positivo**: visa fomentar a eficiente intervenção estatal, ou seja, refere-se à proibição da intervenção estatal insuficiente (deficiente), bem como evitar a impunidade. Assegura a proteção aos bens jurídicos de alta relevância social." (BIFFE; LEITÃO, 2016, p. 43). "**Garantismo** é uma teoria jusfilosófica, cunhada por Luigi Ferrajoli no final do Século XX, mas com raízes no iluminismo do Século XVIII, que pode ser entendido de três formas distintas, mas correlacionadas: como um modelo normativo de Direito, como uma teoria crítica do Direito, e como uma filosofia política. No primeiro sentido, é um sistema de vínculos impostos ao poder estatal em garantia dos direitos dos cidadãos, sendo possível falar-se em níveis de efetividade do garantismo normatizado na Constituição de um determinado Estado nas práticas judiciárias desse Estado. Na segunda forma, é uma teoria jurídica da validade e da efetividade do Direito, fundando-se na diferença entre normatividade e realidade, isto é, entre Direito válido (dever ser do Direito) e Direito efetivo (ser do Direito), ambos vigentes. Neste segundo significado, permite a identificação das antinomias do Direito, visando a sua crítica. Por último, garantismo é uma filosofia política que impõe o dever de justificação ético-política (dita, também, externa) ao Estado e ao Direito, não bastando a justificação jurídica (também chamada de interna). Neste último sentido, pressupõe a distinção entre Direito e moral, entre validade e justiça, tão cara ao positivismo, e a prevalência desta última, a justificação externa. No Brasil, existe uma ênfase muito grande na aplicação penal e processual penal da teoria, agindo de modo reducionista para a consolidação da teoria nos outros ramos do Direito." (TRINDADE, ver Wikipédia) (destacamos).

b) Incorreta. O pensamento garantista não se opõe às tradições do iluminismo e as do liberalismo. Como visto no texto acima, ele foi concebido com raízes no iluminismo do século XVIII. "***Liberalismo*** é uma filosofia política ou ideologia fundada sobre ideais que pretendem ser da ***liberdade individual*** e do igualitarismo. Os liberais defendem uma ampla gama de pontos de vista, dependendo de sua compreensão desses princípios, mas em geral, apoiam ideias como eleições democráticas, liberdade de expressão, direitos civis, liberdade de imprensa, liberdade religiosa, livre-comércio, igualdade de gênero, estado laico e propriedade privada." "***iluminismo*** *representa a saída dos seres humanos de uma tutelagem que estes mesmos se impuseram a si. Tutelados são aqueles que se encontram incapazes de fazer uso da própria razão independentemente da direção de outrem. É-se culpado da própria tutelagem quando esta resulta não de uma deficiência do entendimento mas da falta de resolução e coragem para se fazer uso do entendimento independentemente da direção de outrem. Sapere aude! Tem coragem para fazer uso da tua própria razão! – esse é o lema do iluminismo*" (Kant, 1784) (destacamos).

c) Incorreta. A primeira parte encontra-se correta, mas na parte final da assertiva há o erro, pois o garantismo, na concepção de Ferrajoli (visto na alternativa "a"), preocupa-se com o estudo da quantidade, qualidade e necessidade de pena, pois visa proteger o cidadão frente à tirania estatal. O garantismo visa frear o poder punitivo do Estado, assim, busca que o estado intervenha nos perfis acima relatados da pena.

d) Incorreta. Arrefecer significa esfriar, portanto a ideia de garantismo significa exatamente o contrário, ou seja, é o fortalecimento dos princípios fundamentais que orientam o Direito Penal em um sistema punitivo democrático.

Resposta certa: A

MPMG – 2013 (CONCURSO LIII) Questão 21. Direito Penal/ Sociedade do Risco/ Doutrina.

*São criações doutrinárias diretamente relacionadas à punição na sociedade do risco, **EXCETO:***

A) Direito de Intervenção.

B) Direito Penal de duas velocidades.

C) Direito Penal secundário.

D) Direito Penal funcional.

Comentários

O direito penal vem sofrendo modificações em decorrência das transformações sociais, econômicas e tecnológicas, da globalização e da massificação dos problemas. A sociedade de risco impõe um direito penal do risco, como bem trabalhado por Luis Gracia Martín, citado por Masson, (2016, p. 103): *O direito penal moderno é próprio e característico da sociedade do risco. O controle, a prevenção e a estão dos riscos gerais são tarefas do Estado deve assumir, e assume efetivamente de modo relevante. Para a realização de tais objetivos o legislador recorre ao tipo penal de perigo abstrato como instrumento técnico adequado por excelência.* Trata-se da **coletivização do direito penal em razão da titularidade difusa dos bens jurídicos**. Marta Machado, citada por Marcelo André de Azevedo e Alexandre Salim (2013, p. 72), ensina que "*na perspectiva da teoria do bem jurídico, as consequências desse referem-se a uma significativa mudança de compreensão do conceito de bem jurídico, consistente no seu distanciamento da objetividade natural, com como do eixo individual, para focar a intervenção penal na proteção de vens jurídicos universais e coletivos*". Diante da modernização do direito penal, surgiram tanto correntes doutrinárias que legitimam o direito penal do risco, como também há outras vertentes que criticam a abstrativização do direito penal. São correntes doutrinárias que estão relacionadas à punição na Sociedade do Risco: Direito de Intervenção; Direito Penal de Velocidades; Direito Penal Secundário.

A) Correto. O Direito de Intervenção tem como principal autor Winfried Hassemer. O autor sustenta que o direito penal clássico não oferece uma resposta satisfatória para a criminalidade da sociedade moderna, sendo necessário o direito de intervenção, que tem como premissa a manutenção do direito penal para punir condutas lesivas aos bens jurídicos individuais e também daquelas que causam perigo concreto e, quanto às lesões de índole difusa ou coletiva, causadoras de perigo abstrato, por serem apenadas de maneira mais branda, seriam reguladas por um sistema jurídico diverso, com garantias materiais e processuais mais flexíveis, possibilitando um tratamento mais célere e amplo dessas questões, sob pena de tornar o Direito Penal inócuo e simbólico. (Masson, 2016, p. 107). Marcelo André de Azevedo e Alexandre Salim (2013, p. 75) ensinam que O direito de intervenção estaria situado entre o Direito Penal e o Direito Administrativo. Caracteriza-se pela aplicação de sanção de natureza não penal e pela flexibilização de garantias processuais, mas com julgamento afeto a uma autoridade judiciária e não a uma administrativa.

B) Correto. Direito Penal de Segunda Velocidade. As velocidades do direito penal são fruto da expansão do Direito Penal, cujo expoente é Jésus-María Silva Sanchez. Segundo Marcelo André de Azevedo e Alexandre Salim (2013, p. 75-76), *O autor propõe um dualismo do Direito Penal (primeira e segunda velocidades) para legitimar sua expansão. O Direito Penal de primeira velocidade (da prisão) se refere ao Direito Penal Clássico, caracterizado pela morosidade, observância de todos os critérios clássicos de imputação e os princípios penais e processuais penais tradicionais, mas permite a aplicação da pena de prisão. Essa forma de Direito Penal deve ser utilizada quando houver lesão ou perigo concreto de lesão a um bem individual e, eventualmente, a um bem supraindividual. O direito penal de segunda velocidade seria o Direito Penal caracterizado pela possibilidade de flexibilização das garantias penais e processuais. Nesse âmbito, admite-se a criação de crimes de perigo presumido e de crimes de acumulação. No entanto, para esses delitos não se deve cominar a pena de prisão, mas sim as penas restritivas de direitos e pecuniárias.* Nesse viés, pode-se afirmar que a segunda velocidade é criação doutrinária diretamente ligada à sociedade do risco, pois se verifica a aplicação de medidas restritivas de direitos para os crimes contra o meio ambiente, a depender da pena ou até mesmo a recomposição do dano como mecanismo de extinção da punibilidade, evitando-se o cárcere e protegendo o meio ambiente (artigos 27 e 28 da Lei 9.605/98).

C) Correto. Direito Penal secundário. Denominação criada por José Figueiredo Dias. O direito penal primário é aquele previsto no Código Penal e o direito penal secundário consiste nas normas penais extravagantes. O direito penal secundário também é criação doutrinária diretamente relacionada à punição na sociedade do risco, como no caso da lei de crimes ambientais, crimes contra a relação de consumo etc.

D) Falso. Direito Penal funcional. O funcionalismo penal busca identificar a função do direito penal. Ele se divide em dois: Funcionalismo Radical, encabeçado por *Günter Jakobs*, e Funcionalismo Teleológico, de *Claus Roxin*. Para o Funcionalismo Radical (monista ou sistêmico), a finalidade do direito penal é a reafirmação da autoridade da norma jurídica. Já o Funcionalismo Teleológico entende que o direito penal serve para tutelar bens jurídicos penalmente relevantes para a manutenção do convívio social. Nota-se que o funcionalismo penal não é criação doutrinária diretamente ligada à sociedade do risco, pois parte da necessidade de identificar a função do direito penal e não tutela somente questões ligadas à punição na sociedade do risco.

Resposta: Letra D

3. PRINCÍPIOS PENAIS FUNDAMENTAIS

MPMG 2018. (CONCURSO LVI) QUESTÃO 26. Direito Penal. Características. Princípios. Norma Penal em Branco. Doutrina.

Analise as afirmações adiante e, à luz da doutrina, assinale a alternativa INCORRETA:

A) *Norma penal em branco ao revés (ou invertida) é aquela em que a complementação se dá no preceito sancionador e não no mandamento proibitivo.*

B) *O princípio da intervenção mínima do Direito Penal encontra fundamento no caráter de sua subsidiariedade e no princípio da intranscendência.*

C) *Pelo princípio da confiança, todo aquele que se conduz com observância ao dever de cuidado objetivo exigido, pode esperar que os demais copartícipantes de idêntica atividade procedam do mesmo modo.*

D) *Entre outras características, o Direito Penal tem natureza constitutiva e sancionatória.*

Comentários

A) CORRETA. Com efeito, o conceito dado corresponde à norma penal em branco ao revés ou invertida, que tem por exemplos os delitos tipificados nos artigos 1º, 2º e 3º da Lei nº 2.889/56, que define e pune o crime de genocídio.

B) INCORRETA. O princípio da intervenção mínima do Direito Penal, ou da necessidade, preceitua que a tutela penal só é legítima para a proteção dos bens jurídicos mais relevantes à sociedade (subprincípio da fragmentariedade), e quando é insuficiente a tutela fornecida por outros ramos do Direito (subprincípio da subsidiariedade). Portanto, não tem relação com o princípio da intranscendência ou da personalidade, expressamente previsto no art. 5º, inciso XLV, da CRFB/88, segundo o qual a ninguém além do condenado podem ser aplicadas as respectivas sanções penais.

C) CORRETA. A assertiva se assemelha ao conceito do princípio da confiança expressado por Juarez Tavares: "Segundo este princípio, todo aquele que atende adequadamente ao cuidado objetivamente exigido, pode confiar que os demais coparticipantes da mesma atividade também operem cuidadosamente." (TAVARES *apud* MASSON, 2015, p. 47).

D) CORRETA. O Direito Penal é sancionador, eis que estabelece sanções para a tutela de bens jurídicos, acrescentando-lhes proteção penal. Também prevalece que é constitutivo, pois por vezes estipula proibições e interesses não regulados em outros ramos do Direito, ainda que excepcionalmente. Ademais, mesmo quando não o faz, estabelece uma proteção jurídica peculiar a bens já tutelados por outras áreas do Direito (MASSON, 2015, p. 5). Vale salientar que há quem discorde, por entender que a antijuridicidade é única e em relação ao ordenamento jurídico, ao Direito, e não somente ao Direito Penal.

Resposta: Letra B.

4. ESCOLAS PENAIS

5. TEORIA DA NORMA

6. INTERPRETAÇÃO E INTEGRAÇÃO DA LEI PENAL

7. ÂMBITO DE VALIDEZ TEMPORAL E ESPACIAL DE LEI PENAL

MPMG – 2011 (Concurso LI)*. Questão 25. Direito Penal / Criminologia / Código Penal /Doutrina / Legislação.*

Considerando nosso Direito Penal positivo, analise as seguintes proposições e assinale a INCORRETA.

A) A parte geral do Código Penal apresenta um conceito criminológico de infração penal, sob a influência da vertente etiológica da criminologia, dominante na época de sua elaboração.

B) Aplicando-se as normas da parte geral do Código Penal, um crime cometido no estrangeiro contra o patrimônio do Município de Leopoldina/MG ficaria sujeito à lei brasileira, sendo o agente punido segundo a lei brasileira, ainda que absolvido no estrangeiro.

C) A parte geral do Código Penal prevê que a sentença estrangeira, quando a aplicação da lei brasileira produz na espécie as mesmas consequências, pode ser homologada no Brasil para sujeitar o condenado à medida de segurança, dependendo a homologação, na falta de tratado de extradição, de requisição do Ministro da Justiça.

D) De acordo com a parte geral do Código Penal, mesmo após a reforma de 1984, influenciada pelo finalismo, o desconhecimento inevitável da lei é inescusável.

Comentários

a) Incorreta. A parte geral do CP não apresenta um conceito de infração penal. A Lei de Introdução ao Código Penal, sim, prevê os conceitos de crime e contravenção penal. Ademais, etiologia é o ramo que estuda a origem e a causa de determinado fenômeno. Não há nenhuma relação com o estudo da parte geral do Código Penal.

b) Correta. Art. 7º, I, "b" c.c § 1º, CP. Crime cometido no estrangeiro contra o patrimônio de Município sujeita-se à lei brasileira, sendo uma hipótese de extraterritorialidade incondicionada. Se houver condenação e pena cumprida no estrangeiro haverá atenuação ou computo, na forma do art. 8º, CP.

Art. 7º - Ficam sujeitos à lei brasileira, embora cometidos no estrangeiro:

I - os crimes:

b) contra o patrimônio ou a fé pública da União, do Distrito Federal, de Estado, de Território, de Município, de empresa pública, sociedade de economia mista, autarquia ou fundação instituída pelo Poder Público;

§ 1º - Nos casos do inciso I, o agente é punido segundo a lei brasileira, ainda que absolvido ou condenado no estrangeiro.

c) Correta. Art. 9º, CP. A sentença estrangeira poderá ser homologada no Brasil, isso se a lei brasileira produzir na espécie as mesmas consequências para: i) reparação do dano, restituições e outros efeitos civis; ii) medida de segurança. Na falta de tratado de extradição com o país em que a sentença foi proferida, é preciso que haja requisição do Ministro da Justiça.

Art. 9º - A sentença estrangeira, quando a aplicação da lei brasileira produz na espécie as mesmas conseqüências, pode ser homologada no Brasil para:

I - obrigar o condenado à reparação do dano, a restituições e a outros efeitos civis;

II - sujeitá-lo a medida de segurança.

Parágrafo único - A homologação depende:

a) para os efeitos previstos no inciso I, de pedido da parte interessada;

b) para os outros efeitos, da existência de tratado de extradição com o país de cuja autoridade judiciária emanou a sentença**, ou, na falta de tratado, de requisição do Ministro da Justiça**.

d) Correta. Art. 21, CP. O desconhecimento da lei é inescusável, seja ele evitável ou não. A teoria do erro de proibição se revela quanto a ilicitude do fato.

Art. 21 - O desconhecimento da lei é inescusável. O erro sobre a ilicitude do fato, se inevitável, isenta de pena; se evitável, poderá diminuí-la de um sexto a um terço.

Parágrafo único - Considera-se evitável o erro se o agente atua ou se omite sem a consciência da ilicitude do fato, quando lhe era possível, nas circunstâncias, ter ou atingir essa consciência.

Resposta certa: A

***MPMG 2017 (Concurso LV)**. Questão 24. Direito Penal / Âmbito de validez temporal e espacial de lei penal/ Doutrina e legislação.*

No direito brasileiro, adota-se, no âmbito espacial, como regra, o princípio da territorialidade. Dada, porém, a relevância de certos bens, protege-os o direito até mesmo contra crimes praticados inteiramente fora do Brasil, em respeito a certos princípios. É o que chama a doutrina de aplicação extraterritorial condicionada ou incondicionada, conforme o caso, da lei penal brasileira. A esse respeito, assinale a alternativa INCORRETA:

A) *A lei brasileira é aplicável, por força do princípio da justiça cosmopolita, ao crime contra a dignidade sexual de criança praticado no estrangeiro, quando o agente ou vítima for brasileiro ou pessoa domiciliada no Brasil, falando a doutrina, nesse caso, de aplicação extraterritorial incondicionada.*

B) *A lei brasileira é aplicável, por força do princípio da personalidade, ao crime praticado no estrangeiro por brasileiro, falando a doutrina, nesse caso, de extraterritorialidade condicionada.*

C) *A lei brasileira é aplicável, por força do princípio da proteção, ao crime praticado no estrangeiro contra a Administração Pública por quem está a seu serviço, falando a doutrina, nesse caso, de aplicação extraterritorial incondicionada.*

D) *A lei brasileira é aplicável, por força do princípio do pavilhão, ao crime praticado a bordo de embarcação mercante brasileira, quando em território estrangeiro e aí não seja julgado, falando a doutrina, nesse caso, de aplicação extraterritorial condicionada.*

Comentários

(A): Incorreta – A hipótese é de extraterritorialidade condicionada, conforme art. 7º, II, 'a', c/c § 2º do CP. De acordo com o princípio da justiça cosmopolita (justiça universal, competência universal, da jurisdição universal), com base no dever da solidariedade, pode-se punir os autores de determinados crimes que se encontrem em seu território, de acordo com as convenções ou tratados internacionais, pouco importando a nacionalidade do agente, o local do crime ou o bem jurídico atingido.

Art. 7º - Ficam sujeitos à lei brasileira, embora cometidos no estrangeiro:

II - os crimes:

a) que, por tratado ou convenção, o Brasil se obrigou a reprimir;

§ 2º - Nos casos do inciso II, a aplicação da lei brasileira depende do concurso das seguintes condições:

a) entrar o agente no território nacional;

b) ser o fato punível também no país em que foi praticado;

c) estar o crime incluído entre aqueles pelos quais a lei brasileira autoriza a extradição;

d) não ter sido o agente absolvido no estrangeiro ou não ter aí cumprido a pena;

e) não ter sido o agente perdoado no estrangeiro ou, por outro motivo, não estar extinta a punibilidade, segundo a lei mais favorável.

(B): Correta – A hipótese trata do princípio da personalidade (nacionalidade) em seu tipo ativo, ou seja, o agente é punido de acordo com a lei brasileira, independentemente da nacionalidade do sujeito passivo e do bem jurídico ofendido. O caso amolda-se ao art. 7.º, II, "b", do CP e trata-se de hipótese de extraterritorialidade condicionada.

Art. 7º - Ficam sujeitos à lei brasileira, embora cometidos no estrangeiro:

II - os crimes: b) praticados por brasileiro;

(C): Correta – A hipótese trata do princípio da proteção (defesa ou real), pelo qual se submete à lei penal brasileira os crimes praticados no estrangeiro que ofendam bens jurídicos pertencentes ao Brasil, qualquer que seja a nacionalidade do agente e o local do delito. O caso amolda-se ao art. 7.º, I, "c", do CP e trata-se de hipótese de extraterritorialidade in condicionada.

Art. 7º - Ficam sujeitos à lei brasileira, embora cometidos no estrangeiro:

I - os crimes: c) contra a administração pública, por quem está a seu serviço;

(D): Correta – A hipótese trata do princípio da representação (pavilhão, bandeira, subsidiário ou da substituição), o qual preceitua que a lei penal brasileira deve ser aplicada aos crimes cometidos em aeronaves ou embarcações brasileiras, mercantes ou de propriedade privada, quando estiverem em território estrangeiro e aí não sejam julgados. Está previsto no art. 7.º, II, "c", do CP e trata-se de hipótese de extraterritorialidade condicionada.

Art. 7º - Ficam sujeitos à lei brasileira, embora cometidos no estrangeiro:

II - os crimes: c) praticados em aeronaves ou embarcações brasileiras, mercantes ou de propriedade privada, quando em território estrangeiro e aí não sejam julgados.

Resposta: Letra A

8. APLICAÇÃO DA LEI PENAL

9. CONFLITO APARENTE DE NORMAS

10. EVOLUÇÃO HISTÓRICA DA TEORIA DO CRIME

MPMG 2010 (Concurso L). Questão 40. Direito Penal / Teoria Geral do Crime / Concurso de Pessoas / Doutrina.

Sobre um Direito Penal Quântico, que seria fruto da influência do paradigma quântico nas ciências criminais, é CORRETO afirmar

A) que estuda a repercussão, no campo penal, dos danos reais e potenciais da energia nuclear, trazendo, como consequência, o reforço do princípio da exclusiva proteção de bens jurídicos.

B) que estuda a relação entre a quantidade de pena aplicada e a quantidade de pena necessária para a ressocialização do condenado, trazendo, como principal consequência, a desnecessidade de execução do período remanescente.

C) que, tomando como base o princípio da incerteza ou indeterminação, estuda a causalidade a partir de critérios de probabilidade, relacionando-se, nesse aspecto, com a moderna teoria da imputação objetiva.

D) que estuda a repercussão, no campo da tutela penal ambiental, dos danos gerados por atividades altamente poluidoras, trazendo, como consequência, a possibilidade de responsabilização penal das pessoas jurídicas de direito público.

Comentários

(A): Incorreta

(B): Incorreta

(C): Correta – O Direito Penal Quântico consiste no direito penal que não se contenta com a mera relação de causalidade (relação física de causa e efeito), mas também com elementos indeterminados, como o chamado nexo normativo e a chamada tipicidade material, a serem aferidos pelos operadores do direito diante da análise do caso. Dessa maneira, pode-se conceituar o Direito Penal Quântico a partir da existência de uma imprecisão no direito que se afasta da dogmática penal e se aproxima da política criminal. Com isso, há uma nítida exigência da tipicidade material, afastando da esfera penal condutas socialmente aceitas e que não tragam uma carga mínima de lesão ao bem jurídico (sendo que o direito penal quântico se agarra também na teoria da imputação objetiva). (GONDIM, 2005).

(D): Correta

Resposta: Letra C

***MPMG – 2011 (Concurso LI)**. Questão 22. Direito Penal / Teoria do Crime / Bem Jurídico /Doutrina.*

*Sobre a evolução do conceito de bem jurídico, cuja "criação não é apenas produto de uma elaboração jurídica pura, mas também de um contexto político e econômico", é **INCORRETO** afirmar que*

A) *a noção positivista de bem jurídico parte da ideia de que o bem jurídico se reduz a um elemento da própria norma, porque somente a lei expressa os objetos jurídicos ao encerrar a vontade declarada do Estado.*

B) *a visão neokantiana exprime o bem jurídico como um valor que se identifica com a própria finalidade da norma, considerando-o como elemento de todos os pressupostos do complexo cultural de que emana o direito.*

C) *tanto na visão positivista quanto na visão neokantiana, o bem jurídico é visto como um pressuposto formal da incriminação, trabalhando com os dados existentes na ordem jurídica, sem questioná-los.*

D) *na visão funcionalista, o bem jurídico é visto na perspectiva dos valores ético-sociais elementares, relativos à pessoa, ao patrimônio, à família e ao Estado, negando-se o fim de estabilidade da norma como instrumental à manutenção do sistema.*

Comentários

a) Correta. (BUSATO, 2015, capítulo 07).

b) Correta. (BUSATO, 2015, capítulo 07).

c) Correta. (BUSATO, 2015, capítulo 07).

d) Incorreta. O funcionalismo, na visão de Roxin, teleológico, parte de uma ideia de proteção subsidiária de bens jurídicos. (BUSATO, p. 239). Já Jakobs, com uma perspectiva absolutamente distinta, propôs um modelo de imputação ao redor da ideia central de estabilização da norma, o funcionalismo sistêmico. (BUSATO, 2015, p. 241). Logo, apesar de ser correta a afirmativa na primeira acepção, a segunda tornou a assertiva equivocada.

Resposta certa: D

11. CONCEITO DE CRIME

*MPMG - **2011 (Concurso LI)**. Questão 24. Direito Penal / Teoria do Crime / Classificações dos Crimes / Doutrina.*

Analise as seguintes afirmativas sobre a classificação doutrinária dos crimes de intenção e assinale com V as verdadeiras e com F as falsas. Denominam-se

( ) delitos de tendência interna transcendente aqueles em que o agente quer um resultado não previsto no tipo, porém o alcança por erro na escolha dos meios de execução, dando origem a punição por crime culposo (culpa imprópria).

( ) delitos de resultado cortado aqueles em que, por obra de terceiro, há o rompimento do nexo de causalidade, daí resultando a punição por crime tentado.

( ) delitos de intenção contida as hipóteses previstas em tipos incongruentes, ou seja, crimes que exigem a complementação do injusto por condições objetivas de punibilidade.

( ) delitos mutilados de dois atos os casos em que, embora haja pluralidade de condutas e de figuras típicas, não se aplicam as regras do concurso de crimes (material, formal ou continuidade delitiva), por força do princípio da consunção.

Assinale a alternativa que apresenta a sequência de letras CORRETA.

A) (V) (F) (V) (V).
B) (F) (V) (V) (F).
C) (F) (F) (F) (F).
D) (V) (V) (F) (V).

Comentários

Todas as assertivas estão incorretas.

Delitos de intenção, também conhecidos como delitos de tendência interna transcendente, são aqueles em que o agente tem uma intenção registrada em sua mente, porém ela não precisa ocorrer para a consumação do crime, bastando fazer parte do seu consciente. São os denominados elementos subjetivos especiais do tipo. Vai além da consciência e vontade, e da mesma forma que o dolo, há que ser contemporâneo à conduta delituosa. Não se confunde com as condições objetivas de punibilidade, a exemplo do lançamento definitivo nos crimes tributários, acontecimentos posteriores ao fato delitivo. Tipo incongruente, por outro lado, exige uma intenção especial além do dolo.

I) Incorreta. A assertiva trouxe o conceito de *aberratio ictus*, art. 73, CP, que não se confunde com a classificação dos delitos de tendência interna transcendente. Muitas vezes, "o caráter injusto de um fato é determinado em decorrência de um estado anímico do autor. E o fez partindo do estudo específico de certos tipos penais que figuravam então no Código Penal alemão, que, segundo sua concepção, gozavam de uma *tendência interna transcendente*, o que faria com que fossem incriminados tão somente quando o ato é cometido movido por uma especial intenção, como, por exemplo, o furto, que só se pune mediante a presença do ânimo de assenhoramento definitivo da coisa, restando impune, por exemplo, o *furto de uso*." (BUSATO, p. 302) (destacamos).

Art. 73 - Quando, por acidente ou erro no uso dos meios de execução, o agente, ao invés de atingir a pessoa que pretendia ofender, atinge pessoa diversa, responde como se tivesse praticado o crime contra aquela, atendendo-se ao disposto no § 3º do art. 20 deste Código. No caso de ser também atingida a pessoa que o agente pretendia ofender, aplica-se a regra do art. 70 deste Código.

II) Incorreta. A assertiva origina dos denominados cursos causais previstos no art. 13, § 1º, CP. Não se confunde com o delito de resultado cortado. No delito de resultado cortado, o agente pretende alcançar um resultado que está fora do tipo e, para isto, não é necessária uma nova intervenção pessoal. Ex.: na extorsão mediante sequestro, pretende-se algo a mais que o sequestro, ou seja, o resgate. Esse resultado não depende de novo ato do agente.

Art. 13 - O resultado, de que depende a existência do crime, somente é imputável a quem lhe deu causa. Considera-se causa a ação ou omissão sem a qual o resultado não teria ocorrido.

§ 1º - A superveniência de causa relativamente independente exclui a imputação quando, por si só, produziu o resultado; os fatos anteriores, entretanto, imputam-se a quem os praticou.

III) Incorreta. Vide comentário inicial.

IV) Incorreta. No delito mutilado de dois atos, o sujeito pratica uma conduta com a intenção de futuramente praticar outra distinta; contudo, o crime se consuma com a primeira conduta, independente da prática do segundo ato. Em síntese, não há que se falar em análise sob o enfoque do conflito aparente de normas (princípio da consunção), uma vez que são terrenos diversos.

Resposta certa: C

12. OS PRINCIPAIS SISTEMAS DA TEORIA DO DELITO: SISTEMAS CAUSAIS E FINALISTA; TEORIA SOCIAL DA AÇÃO; FUNCIONALISMO

MPMG 2019 (CONCURSO LVII). *QUESTÃO 25. Direito Penal / Teoria do Delito / Doutrina.*

No tocante à teoria do delito, marque a alternativa incorreta:

A) *Para a teoria causal, o resultado, como parte integrante da ação causal, deve estar contido necessariamente em todos os delitos, pois o conceito causal não pode reconhecer crimes sem resultado.*

B) *A reformulação neokantista na teoria do delito tem profunda repercussão na relação tipo-antijuridicidade, e com Mezger a perda da autonomia do tipo atinge seu clímax, ao ser concebido como um momento da antijuricidade. O delito é, assim, definido como a ação tipicamente antijurídica e culpável.*

C) *Característica básica da postura finalista é tratar o delito culposo segundo a condução da atividade humana estabelecida no tipo de injusto, quer tendo por base o objeto de um juízo de valor negativo sobre essa atividade, quer o desvio do processo causal ou defeito de congruência.*

D) *A tipicidade, no conceito neoclássico de delito (neokantismo), foi profundamente afetada pelo descobrimento de elementos normativos do tipo. Os elementos subjetivos do injusto, por sua vez, somente vieram a integrar a tipicidade com o advento do finalismo.*

Comentários

(A): Item correto. A teoria causal clássica que conceitua ação como movimento corporal voluntário que provoca mudança no mundo externo. Assim sendo, a teoria causal clássica não consegue explicar crime sem resultado naturalístico. Corroborando, Luiz Flávio Gomes (2004, p. 69): "Até 1906, a doutrina penal não conhecia o conceito de tipicidade. Nesse tempo, vigorava a doutrina causal naturalista do delito, que o dividia (desde 1884) em duas partes: a objetiva e a subjetiva. A partir de BELING (que completou o sistema naturalista desenvolvido por LISZT)a parte objetiva do delito passou a ser constituída de dois requisitos: tipicidade e antijuridicidade. A parte subjetiva esgotava-se na culpabilidade".

Dessa foma, o tipo, no sistema causal, é puramente objetivo, ou seja, é a descrição objetiva e neutra da conduta, prevista na lei. Para esse sistema, os delitos sempre devem possuir resultado.

Em arremate, Juarez Tavares (2003, p. 132), leciona que:

"Esta posição está coerente com esse sistema, já que nele o resultado é visto como integrante da ação, podendo, portanto, ser identificado com essa ação, como movimento corpóreo que modifica o mundo exterior por sua própria manifestação. A questão é pacífica entre os causalistas. Na verdade, se reconhecermos como resultado não apenas o evento natural, sensível, mas também a lesão de bem jurídico (o chamado resultado naturalístico), está claro que todos os crimes possuirão resultado, mas no sentido jurídico, não natural".

(B): Item correto. Na primeira fase da teoria da tipicidade (TEORIA DA AUTONOMIA), o tipo e a tipicidade apresentavam um caráter puramente descritivo e valorativamente neutro. Para Beling (1906), a tipicidade não tem qualquer relação com a ilicitude, de tal sorte que ocorrido o fato típico, não se pode afirmar que ele é presumidamente ilícito. Na segunda fase da evolução da teoria da tipicidade, passou-se a entender que ela não era neutra. Mayer (1915), mesmo mantendo o caráter descritivo inicial, acrescentou que a tipicidade, na verdade, era um indício da antijuridicidade (TEORIA DA INDICIARIEDADE OU DA "RATIO COGNOSCENDI "). Por fim, para Mezger (1930), o tipo perderia qualquer autonomia e se tornava fundamento da antijuridicidade, isto é, há uma análise conjunta de tipicidade e ilicitude, que corresponde a ratio essendi. Portanto, a ilicitude é a essência da tipicidade, numa absoluta relação de dependência entre esses elementos do delito. Não havendo ilicitude, não há fato típico (TEORIA DA ABSOLUTA DEPENDÊNCIA OU "RATIO ESSENDI").

Nesse sentido, Juarez Tavares (2003, p. 136-137):

"Com MEZGER, a perda da autonomia do tipo atinge o seu clímax, ao ser concebido como um momento da antijuridicidade. Defendeu a estrutura bipartida de delito, o delito passa a ser concebido como ação tipicamente antijurídica e culpável, não mais como conduta típica, antijurídica e culpável. Isso significa que o injusto tem elementos próprios. Esta compreensão conjunta da tipicidade e da antijuridicidade não possui efeitos em si malévolos, mas proporciona e dá base para que nela se inicie uma subjetivação do injusto, que já se havia feito com a introdução dos elementos subjetivos de justificação".

(C): Item correto. Welzel acreditava em finalidade na conduta culposa, manifestando-se como uma ação contrária às normas de cuidado. De acordo com Claudia Sarturi[1]: "Nos delitos culposos, o tipo se compõe de uma ação contrária às normas de cuidado, estabelecidas no âmbito da relação e do resultado proibido. Não há vontade de realização do tipo. A característica básica da postura finalista é tratar do delito culposo segundo a condução da atividade humana estabelecida no tipo de injusto, quer tendo por base o objeto de um juízo de valor negativo sobre essa atividade, quer o desvio do processo causal ou defeito de congruência".

Para Juarez Tavares (2003, p. 136 e 139-140):

"Welzel manifesta a diferença segundo um juízo de valor negativo incidente sobre a conduta típica: no crime doloso o juízo de valor negativo recairia sobre o resultado danoso, consciente e volitivamente produzido ao bem jurídico (desvalor do resultado); nos crimes culposos, o que efetivamente se leva em conta é o desvalor da própria ação, segundo a forma de sua execução, a qual deve ser avaliada mediante um modelo comparativo com aquela ação que, hipoteticamente, teria realizado um homem prudente e consciencioso".

---

1. (https://conteudojuridico.com.br/consulta/Artigos/35875/evolucao-da-teoria-do-tipo-penal).

(D): Item incorreto, porquanto no neokantismo havia crimes com elementos subjetivos do injusto. Segue explicação do Prof. Demerval Farias[2], vejamos: "Os elementos normativos foram realmente descobertos no Neokantismo. Destaca-se, aindadessa época, que o dolo e a culpa estavam na culpabilidade. Os neokantistas, todavia, reconheciam a presença de elementos subjetivos especiais no tipo, nominando os crimes com essas características de anormais, exemplo, o furto, no qual consta o "para si ou para outrem". Os elementos subjetivos especiais, presentes em alguns tipos, faziam parte do termo dolo específico. Ressalta-se que o dolo genérico estava na culpabilidade. Os crimes normais não possuíam elementar normativa e/ou subjetiva especial (dolo específico), enquanto os crimes anormais possuíam elementares normativas e/ou subjetivas especiais (dolo específico).Desse modo, embora o dolo e a culpa só tenham sido transportados para o injusto quando do finalismo, é certo que o neokantismo já reconhecia elemento subjetivo especial no tipo".

Resposta: Letra D

13. TEORIA DA CONDUTA: AÇÃO E OMISSÃO

MPMG - 2012 (LII Concurso) *Questão 21 Direito Penal / Teoria do Crime / Doutrina.*

Sobre a teoria finalista da ação, é INCORRETO afirmar:

A) a partir do conceito ôntico de ação final, trata o injusto de maneira objetiva, quer dizer, o injusto é atribuído a uma pessoa em virtude do desvalor do resultado final.

B) o tipo constitui um indício de antijuridicidade, característica que remonta à fase anterior ao neokantismo.

C) confere à norma penal a função primária de proteção dos valores ético-sociais.

D) pode ser apontada como precursora da moderna teoria da imputação objetiva, ao evidenciar a ilicitude como contrariedade a uma "norma de determinação" (perspectiva ex ante).

Comentários

A) Incorreta. A ação final é uma atividade dirigida conscientemente a um fim (confere subjetividade ao injusto), sendo considerado, por conseguinte, o desvalor da ação e não do resultado.

2. FARIAS, Demerval. Direito penal – parte geral - Teorias do Crime. Livro Eletrônico. Pag. 30.

B) Correta. O finalismo adotou a teoria da indiciariedade ou *ratio cognoscendi*, criada por Mayer (neokantista), segundo a qual a tipicidade é indício de antijuridicidade.

C) Correta. No finalismo, a norma penal tem a função de reafirmar valores éticos sociais que foram deixados pela agente ao praticar a conduta.

D) Correta. Inicialmente, importante salientar que a teoria da imputação objetiva mais difundida no Brasil é encontrada no pensamento de Claus Roxin, no âmbito do funcionalismo teleológico ou moderado. Para Roxin, em apertada síntese, "*o resultado causado pelo agente somente se pode imputar ao tipo objetivo se a conduta do autor criou um perigo para o bem jurídico não coberto por um risco permitido e esse perigo se tenha realizado no resultado concreto*". Mas a imputação objetiva realmente foi objeto de estudos por parte de Welzel no âmbito da teoria finalista, sendo possível perceber em seu pensamento algumas variações importantes, embora sutis. Sendo assim, a ação finalista pode ser apontada como precursora da moderna teoria da imputação objetiva, como afirmado na assertiva.

Resposta: letra A.

14. TEORIA DO TIPO PENAL

***MPMG 2010 (Concurso L)**. Questão 31. Direito Penal / Tipicidade / Doutrina.*

Sobre a moderna teoria da imputação objetiva, elaborada sob a ótica do funcionalismo penal, assinale a afirmativa INCORRETA.

A) Denomina-se objetiva por resolver a questão da imputação livre de fundamentos normativos ou subjetivos, a partir de uma base ontofenomenológica para o conceito de ação e para as demais categorias do crime.

B) A tipicidade é analisada em três níveis de imputação, cujos requisitos podem ser reunidos na criação de um risco juridicamente desaprovado, na realização do risco no resultado e no alcance do tipo.

C) A tipicidade e as demais categorias jurídicas do crime são analisadas de acordo com as tarefas político-criminais do sistema.

D) A tipicidade é reformulada, com forte carga axiológica, a partir da ideia central de risco.

Comentários

(A): Incorreta – Denomina-se objetiva por atribuir a alguém a responsabilidade penal, no âmbito do fato típico, sem levar em consideração o dolo do agente.

(B): Correta.

(C): Correta.

(D): Correta.

Resposta: Letra A

MPMG 2018. (CONCURSO LVI) *QUESTÃO 22. Direito Penal. Tipicidade. Classificação de crimes. Doutrina.*

O art. 14, II, Parágrafo único, do Código Penal, estabelece que "salvo disposição em contrário, pune-se a tentativa com a pena correspondente ao crime consumado, diminuída de um a dois terços". Excepcionalmente, contudo, a lei penal pátria descreve condutas cujo tipo prevê a punição da tentativa com a mesma pena abstratamente aplicável ao crime consumado.

É o que sucede, v.g., com o crime tipificado no art. 352, do Código Penal: "Evadir-se ou tentar evadir-se o preso ou o indivíduo submetido a medida de segurança detentiva, usando de violência contra a pessoa":

Tal espécie delitiva é classificada pela doutrina como:

A) Crime vago.

B) Crime plurissubsistente.

C) Crime de empreendimento.

D) Crime de impressão.

Comentários

A) INCORRETA. Crime vago é aquele cujo sujeito passivo corresponde a uma entidade sem personalidade jurídica, como a coletividade. Um exemplo é o crime de poluição, previsto no art. 54 da Lei nº 9.605/98: " Art. 54. Causar poluição de qualquer natureza em níveis tais que resultem ou possam resultar em danos à saúde humana, ou que provoquem a mortandade de animais ou a destruição significativa da flora: Pena – reclusão, de um a quatro anos, e multa."

B) INCORRETA. Crime prurissubsistente é aquele cuja conduta tipificada exige mais de um ato para consumação, daí a possibilidade de ser tentado. Um exemplo é o crime de roubo, previsto no art. 157 do Código Penal, o qual exige que a subtração do bem se dê mediante violência ou grave ameaça. É o oposto do crime unisubssistente, cuja consumação se dá pela prática de um único ato executório. Não são compatíveis com a tentativa, pois sua conduta não pode ser fracionada em diversos atos de execução.

C) CORRETA. Crime de empreendimento (ou de atentado) é justamente o crime conceituado no cabeçalho da questão. Ou seja, é aquele cuja previsão legal alcança de maneira idêntica tanto a modalidade tentada, como consumada, punindo-as em abstrato da mesma forma. É o caso do crime de evasão mediante violência contra a pessoa, previsto no artigo 352 do Código Penal, assim como do crime eleitoral previsto no art. 309 do Código Eleitoral: "Art. 309. Votar ou tentar votar mais de uma vez, ou em lugar de outrem: Pena – reclusão até três anos."

D) INCORRETA. Crime de impressão é aquele que acarreta algum estado de ânimo na vítima. Divide-se em crime de inteligência, praticado mediante engodo, como o estelionato (art. 171 do Código Penal); crime de vontade, que influi na vontade da vítima quanto à sua autodeterminação, tal como ocorre no crime de sequestro (art. 148 do Código Penal); crime de sentimento, que atingem faculdades emocionais da vítima, como é o caso da injúria (art. 140 do Código Penal) (MASSSON, 2015, p. 228).

Resposta: Letra C.

MPMG 2018. (CONCURSO LVI) QUESTÃO 23. Direito Penal. Tipicidade. Classificação de crimes. Doutrina.

Analise as proposições abaixo e assinale aquela que, à luz da doutrina, seja considerada INCORRETA:

A) Quando o tipo penal descreve, expressa ou implicitamente, o dissenso da vítima como elementar, o consentimento do ofendido, na hipótese, funciona como causa de exclusão da tipicidade.

B) Quanto ao modo de execução, o crime de perigo de contágio venéreo – art. 130, do CP – é classificado pela doutrina como sendo de forma vinculada.

C) Crime de fato transitório é aquele que não deixa vestígios, a exemplo da injúria verbal.

D) Em relação aos crimes omissivos puros, exige-se a ocorrência de resultado naturalístico, uma vez que a simples omissão contida na norma não basta para que eles se aperfeiçoem.

Comentários

A) CORRETA. Sendo o dissenso da vítima um dos elementos do tipo penal – expressa ou implicitamente –, uma vez ausente, a conduta será atípica. São exemplos de tipos penais que demandam dissenso da vítima a violação de domicílio (art. 150 do Código Penal) e a Violação de Correspondência (art. 151 do Código Penal).

B) CORRETA. Crimes de forma vinculada são aqueles cuja prática deve se dar mediante o meio especificado no tipo penal para que haja a sua consumação. É o caso do crime de perigo de contágio venéreo, o qual somente pode ser praticado por meio de relações sexuais ou qualquer ato libidinoso. Confira-se, nesse sentido, sua tipificação: "Art. 130 – Expor alguém, **por meio de relações sexuais ou qualquer ato libidinoso**, a contágio de moléstia venérea, de que sabe ou deve saber que está contaminado: Pena – detenção, de três meses a um ano, ou multa." Crime de forma livre é o conceito oposto, ou seja, aquele que não exige um meio de execução específico.

C) CORRETA. Com efeito, crimes de fato transitório ou crimes transeuntes são aqueles que não deixam vestígios materiais, tal como se dá na injúria (art. 140 do Código Penal) e nos demais crimes consumados mediante a verbalização de palavras, como a calúnia (art. 140 do Código Penal), a difamação (art. 140 do Código Penal), a ameaça (art. 140 do Código Penal) e o desacato (art. 140 do Código Penal). A seu turno, crimes não transeuntes ou de fato permanente consistem no conceito oposto, ou seja, são aqueles que deixam vestígios materiais, tal como o homicídio (art. 121 do Código Penal).

D) INCORRETA. Crimes omissivos puros ou próprios são aqueles cujo tipo penal prevê uma conduta omissiva (ou negativa). É o caso da omissão de socorro, prevista no art. 135 do Código Penal. Não necessariamente eles exigem um resultado naturalístico, o próprio tipo penal citado não o faz. Na verdade, os crimes omissivos impróprios, espúrios ou comissivos por omissão que sempre exigem. São aqueles cujo tipo penal prevê uma conduta comissiva ou positiva, mas o agente possui um dever jurídico de agir para **impedir seu resultado naturalístico**, e, mesmo podendo agir, omite-se. O Código Penal prevê deveres jurídicos de agir em seu artigo 13, § 2º, alíneas a), b), e c): "§ 2º – A omissão é penalmente relevante quando o omitente devia e podia agir para evitar o resultado. O dever de agir incumbe a quem: a) tenha por lei obrigação de cuidado, proteção ou vigilância; b) de outra forma, assumiu a responsabilidade de impedir o resultado; c) com seu comportamento anterior, criou o risco da ocorrência do resultado."

Resposta: Letra D.

MPMG 2018. (CONCURSO LVI) QUESTÃO 29. Direito Penal. Tipicidade. Doutrina.

Sabe-se que as atividades desportivas e médicas são fomentadas como "dever de Estado", não só pela Constituição Federal como também por outros diplomas em vigor. É certo, outrossim, que de tais atividades podem acontecer lesões corporais até mesmo com resultado morte aos envolvidos, em vista dos riscos inerentes às próprias atividades. Nesse sentido, na esteira da doutrina de E. R. Zaffaroni e Nilo Batista, é INCORRETO afirmar que:

A) *Nos esportes arriscados, em regra, a aquiescência do esportista elimina a tipicidade conglobante nas condutas sistematicamente típicas (geralmente, culposas), eventualmente ocorrentes durante a prática esportiva, ainda que violadas as regras do jogo pelo autor.*

B) *As cirurgias médicas com fins terapêuticos, fomentadas juridicamente que são pelo Estado, permitem a consideração conglobada da norma deduzida do tipo legal, qualquer que seja seu resultado sobre a saúde ou a vida do paciente, desde que o médico proceda segundo a lex artis.*

C) *Nas intervenções cirúrgicas sem finalidade terapêutica, a falta de consentimento do paciente torna típica a lesão; o erro sobre a normatividade da ação por parte do médico, seja por crer que o assentimento lhe fora concedido, seja por supor que poderia ter atuado sem ele, constitui erro de proibição.*

D) *Na luta de boxe, por se tratar de atividade desportiva que contempla ab initio condutas subsumíveis ao tipo de lesões corporais dolosas, uma vez havendo infração das regras com causação de morte do adversário, será possível trabalhar o caso no modelo complexo do crime preterintencional.*

Comentários

A) INCORRETA. Em apertada síntese, na obra de Eugenio Raúl Zaffaroni e Nilo Batista, a antinormatividade integra a lesividade, que compõe a tipicidade conglobante, uma das espécies da tipicidade objetiva. Nesse contexto, os autores propõem uma visão conglobada do Direito Penal com o resto do ordenamento jurídico. Para eles, não é legítimo que uma conduta fomentada por outros ramos do Direito seja reputada sequer típica. Seria, a bem da verdade, um indiferente penal. Uma conduta sem tipicidade conglobante por não possuir antinormatividade, ou seja, não externar justamente essa contrariedade face ao Direito como um todo. É o caso de algumas condutas sanitárias, científicas, esportivas e médicas fomentadas pelo Estado que aparentemente seriam típicas, tanto do ponto de vista objetivo, como subjetivo, sob a perspectiva da tradicional teoria finalista do delito. Contudo, evidentemente que o Estado chancela essas atividades somente no âmbito do regramento por ele admitido ou regulamentado. Se essas regras são extrapoladas, não há que se falar em ausência de contrariedade ao Direito ou fomento estatal. A antinormatividade estará presente e, assim, não será causa de afastamento da tipicidade conglobante.

B) CORRETA. Como visto nos comentários da alternativa A, uma vez que a conduta é chancelada e fomentada pelo Estado, não há que se falar em antinormatividade e, consequentemente, em tipicidade conglobante.

C) CORRETA. Na obra de Eugenio Raúl Zaffaroni e Nilo Batista, intervenções cirúrgicas sem fins terapêuticos não são consideradas atividades médicas fomentadas pelo Estado, mas excluem a tipicidade conglobante mediante o consentimento do paciente. Portanto, se o médico acredita ter o consentimento da vítima, ou que a intervenção cirúrgica sem fins terapêuticos é uma atividade médica tão chancelada pelo Estado como aquela com fins terapêuticos, incorre em erro de proibição.

D) CORRETA. Como visto nos comentários da alternativa A, se regras e regulamentos de atividades fomentadas pelo Estado são extrapoladas, não é possível se falar em ausência de antinormatividade. Contudo, evidentemente há que se aferir o dolo ou a culpa do agente em praticar a conduta formalmente típica. Zaffaroni e Batista tratam o boxe, atividade esportiva legitimada pelo Estado, em separado, dada sua especificidade. Isso porque faz parte do próprio esporte – e de suas regras – a finalidade de o atleta causar lesões corporais em seu adversário. Nunca haverá só culpa, pois a intenção de lesionar é inerente ao boxe, diferentemente do que ocorre em outros esportes. Daí os referidos autores entenderem que no exemplo dado será possível trabalhar com o crime preterdoloso, jamais somente culposo.

Resposta: Letra A.

15. TIPOS DOLOSOS E TIPOS CULPOSOS

***MPMG 2010 (Concurso L)**. Questão 32. Direito Penal / Dolo / Doutrina.*

Sobre a diferenciação entre dolo eventual e culpa consciente, é INCORRETO afirmar que,

A) de acordo com a teoria intelectiva da representação, não existe culpa consciente, pois a diferença entre dolo e culpa reside no conhecimento do agente quanto aos elementos do tipo objetivo.

B) de acordo com a teoria intelectiva do perigo a descoberto, existe dolo eventual quando a sorte ou o acaso decidem a ocorrência do resultado.

C) de acordo com a teoria volitiva da indiferença, o dolo eventual pode ser visto como expressão de dolo de perigo resultante de infração a medidas regulamentares de segurança.

D) de acordo com a teoria volitiva da assunção, para a configuração do dolo eventual, basta a previsão ou o conhecimento do resultado.

Comentários

(A): Correto.

(B): Correto.

(C): Correto.

(D): Incorreto – Para configurar o dolo eventual, o agente assume o risco de produzir o resultado, ou seja, admite que ele é possível e aceita o risco de produzi-lo (JESUS, 2009).

Resposta: Letra D

***MPMG 2019 (CONCURSO LVII)**. QUESTÃO 22. Direito Penal / Dolo / Doutrina.*

Assinale a assertiva incorreta acerca do dolo:

A) *O dolo alternativo é espécie de dolo indireto e apresenta-se quando o aspecto volitivo do agente se encontra direcionado, de maneira alternativa, seja em relação ao resultado, seja em relação à pessoa contra a qual é cometido o crime.*

B) *O nominado dolo de consequências necessárias é uma espécie de dolo indireto ou mediato.*

C) *O erro sucessivo caracteriza hipótese em que o agente atua com dolo geral, isto é, o agente, supondo já ter alcançado o resultado por ele visado, pratica nova ação que efetivamente dá causa ao resultado por ele pretendido.*

D) *Para a teoria extremada do dolo, a real consciência da ilicitude é elemento do dolo, enquanto para a teoria limitada do dolo, este é integrado pela potencial consciência da ilicitude.*

Comentários

(A): São espécies do dolo: direto e dolo indireto. No dolo direto o agente quer a produção do resultado e subdvide-se em dolo direto de primeiro grau e dolo direto de segungo grau (dolo de consequências necessárias). Por outro lado, no dolo indireto, a vontade do agente não se dirige a um resultado determinado e subdivide-se em dolo eventual e dolo alternativo.

(B): Dolo de consequências necessárias ou dolo direto de segundo grau é aquele em que há previsão dos efeitos colaterais devido aos meios escolhidos. Trata-se de uma espécie de dolo direto. É de fundamental importância que não se confunda dolo eventual (dolo de consequências possíveis) com dolo direito de segundo grau (dolo de consequências necessárias).

(C): No dolo geral há um erro acerca do nexo causal (desvio do nexo causal).

(D): Conforme os ensinamentos de Assis Toledo (1994, p. 282-283), vejamos: "A **teoria extremada do dolo** – a mais antiga – situa o dolo na culpabilidade e a consciência da ilicitude no próprio dolo. O dolo é, pois, um dolo normativo, o dolus malus dos romanos, ou seja: vontade, previsão e mais o conhecimento de que se realiza uma conduta proibida (consciência atual da ilicitude). A **teoria limitada do dolo** quer ser um aperfeiçoamento da anterior, pois desta não diverge a não ser em alguns pontos: substitui o conhecimento atual da ilicitude pelo conhecimento potencial da ilicitude; além disso, exige a consciência da ilicitude material, não puramente formal".

Resposta: Letra B

16. RELAÇÃO DE CAUSALIDADE

17. TEORIA DA IMPUTAÇÃO OBJETIVA

18. ILICITUDE E CAUSAS DE EXCLUSÃO

***MPMG – 2012 (LII Concurso)** Questão 23 – Direito Penal / Parte Geral / Estado de Necessidade / Legislação.*

Analise as seguintes afirmativas sobre o estado de necessidade e, de acordo com a parte geral do Código Penal, assinale com V as verdadeiras e com F as falsas:

( ) embora o código fale apenas em perigo atual, admite-se, doutrinariamente (princípio da razoabilidade da exigência de sacrifício), estado de necessidade justificante em face de perigo iminente, não provocado pela vontade do agente, ainda que possível, de outro modo, evitá-lo.

( ) nos casos em que seja razoável exigir-se o sacrifício do direito ameaçado, embora a ação não se justifique pelo estado de necessidade, o agente condenado terá sua pena reduzida na terceira fase de sua aplicação.

( ) o agente responderá pelo excesso doloso ou culposo, aplicando-se a mesma regra prevista para o excesso na legítima defesa.

( ) no estado de necessidade putativo, tratando-se de erro inescusável, a consequência jurídica será a mesma do estado de necessidade exculpante, desde que este resulte de ponderação metafísica de bens jurídicos transcendentes.

Assinale a alternativa que apresenta a sequência de letras CORRETA:

A) (V) (F) (F) (V)

B) (F) (V) (V) (F)

C) (F) (V) (F) (V)

D) (V) (F) (V) (F)

Comentários

Falso. O estado de necessidade não abrange perigo iminente e a conduta lesiva tem que ser a única forma de defender o direito ameaçado, ou seja, não pode haver outro modo de evitar o perigo.

Verdadeiro. Artigo 24, § 2º, do CP.

Art. 24 - Considera-se em estado de necessidade quem pratica o fato para salvar de perigo atual, que não provocou por sua vontade, nem podia de outro modo evitar, direito próprio ou alheio, cujo sacrifício, nas circunstâncias, não era razoável exigir-se.

§ 2º - Embora seja razoável exigir-se o sacrifício do direito ameaçado, a pena poderá ser reduzida de um a dois terços.

Verdadeiro. Artigo 23, parágrafo único, do CP.

Art. 23 - Não há crime quando o agente pratica o fato:

I - em estado de necessidade;

II - em legítima defesa;

III - em estrito cumprimento de dever legal ou no exercício regular de direito.

Parágrafo único - O agente, em qualquer das hipóteses deste artigo, responderá pelo excesso doloso ou culposo.

Falso. As consequências jurídicas são diferentes. Estado de necessidade exculpante relaciona-se com a teoria diferenciadora, que não foi adotada pelo Código Penal.

Resposta: letra B

***MPMG 2017 (Concurso LV)**. Questão 30. Direito Penal / ilicitude e causas de exclusão/Teoria do tipo Penal/Erro de tipo e erro de proibição/ Doutrina e legislação.*

Sobre causas de exclusão de ilicitude, de isenção de pena e sobre o erro, assinale a alternativa CORRETA:

A) *Que o direito penal reconhece a legítima defesa sucessiva e também a recíproca.*

B) *Que a coação física irresistível é causa de isenção de pena.*

C) *Que o erro, quanto aos pressupostos fáticos, se vencível, permite o tratamento do crime como culposo.*

D) *Que é condição para o reconhecimento da legítima defesa que ao agente não seja possível furtar-se à agressão ao seu direito.*

Comentários

(A): Incorreta – O direito penal reconhece a legítima defesa sucessiva quanto ao excesso perpetrado por aquele que age sob o manto da legítima defesa. Se é excessiva, é injusta. Todavia, não reconhece a legítima defesa recíproca, já que, ao mesmo tempo, não como ambos os atores estarem diante de agressão injusta. Ou uma ou outra não o é.

(B): Incorreta – No caso da coação física irresistível não há isenção de pena, mas sim de tipicidade. No caso, não há conduta consciente e voluntária, que faz parte do substrato da tipicidade.

(C): Correta – De acordo com teoria limitada da culpabilidade, O erro quanto aos pressupostos fáticos é tratado como *erro de tipo*. O erro de tipo, quando vencível, exclui o dolo, mas permite a punição a título de culpa. O erro incide sobre os fatos e não sobre eventual ilicitude, razão pela qual a sua caracterização atinge o fato típico, excluindo o dolo.

(D): Incorreta – Ao contrário do estado de necessidade, não se exige o *commodus discessus* no caso de legítima defesa. Em outras, em caso de agressão injusta, o agredido não precisa pautar-se pela via mais cômoda.

Resposta: Letra C

MPMG 2018. (CONCURSO LVI) QUESTÃO 30. Direito Penal. Aplicação da Lei Penal. Erro de tipo e erro de proibição. Desistência voluntária e o arrependimento eficaz. Relação de causalidade. Jurisprudência/Doutrina.

Assinale a alternativa INCORRETA:

A) A lei penal mais grave aplica-se ao crime continuado ou ao crime permanente, se sua vigência é anterior à cessação da continuidade ou da permanência.

B) O Direito Penal brasileiro adotou a teoria limitada da culpabilidade, que trata o error sobre os pressupostos fáticos de uma justificante como erro de proibição indireto.

C) A desistência voluntária e o arrependimento eficaz são incompatíveis com os crimes culposos, sendo, contudo, admitidos na culpa imprópria.

D) O agente que dispara um tiro contra outrem, mas que, arrependido, leva a vítima para o hospital, vindo ela a falecer em decorrência de uma infecção hospitalar, responde por homicídio consumado.

Comentários

A) CORRETA. A alternativa corresponde ao enunciado da Súmula nº 711 do STF: *A lei penal mais grave aplica-se ao crime continuado ou ao crime permanente, se a sua vigência é anterior à cessação da continuidade ou da permanência.* Isso porque a consumação do crime permanente se protrai no tempo, enquanto não cessada a conduta. Dessa forma, deve-se aplicar a lei vigente no momento da consumação. Quanto ao crime continuado, aplica-se a mesma lógica exposta para os crimes permanentes, pois o Código Penal, em seu art. 71, acolheu a teoria da ficção jurídica. Assim sendo, considera-se, por ficção, que os vários delitos parcelares continuados formam uma única unidade delitiva, um único delito que se encerra com o fim da continuidade.

B) INCORRETA. Na realidade, pela teoria limitada da culpabilidade o erro sobre os pressupostos fáticos de uma excludente de ilicitude recebe o mesmo tratamento do erro de tipo, afastando-se, portanto, o dolo, e só permitindo a punição a título de culpa, quando o erro é vencível, evitável ou inescusável. De fato, prevalece que essa foi a teoria adotada pelo Direito Penal brasileiro, pois a situação é regulada no § 1º do art. 20 do Código Penal, artigo que trata do erro sobre elementos do tipo, e determina seu tratamento como se erro de tipo fosse, a despeito de utilizar a expressão "isento de pena". Outrossim, os itens 17 e 19 da Exposição de Motivos da Nova Parte Geral do Código Penal expressamente mencionam a adoção da teoria limitada da culpabilidade.

Art. 20 - O erro sobre elemento constitutivo do tipo legal de crime exclui o dolo, mas permite a punição por crime culposo, se previsto em lei. (Redação dada pela Lei nº 7.209, de 11.7.1984)

Descriminantes putativas (Incluído pela Lei nº 7.209, de 11.7.1984)

§ 1º - É isento de pena quem, por erro plenamente justificado pelas circunstâncias, supõe situação de fato que, se existisse, tornaria a ação legítima. Não há isenção de pena quando o erro deriva de culpa e o fato é punível como crime culposo.(Redação dada pela Lei nº 7.209, de 11.7.1984)

C) CORRETA. Considerando que no arrependimento eficaz e na desistência voluntária o agente impede o resultado, não é possível sua configuração nos crimes culposos. Já na culpa imprópria, é possível. A chamada culpa imprópria, culpa por extensão, culpa por equiparação, ou culpa por assimilação se verifica quando o agente age incorrendo em erro sobre a existência dos pressupostos fáticos de uma causa de justificação. Ou seja, o agente age dolosamente pensando estar acobertado por uma excludente de ilicitude. Assim sendo, como se trata de uma conduta dolosa, é possível a ocorrência da desistência voluntária ou do arrependimento eficaz. Vale ressaltar que essa é a grande crítica que se faz à teoria limitada da culpabilidade: o fato de a conduta do agente ser dolosa.

D) CORRETA. A infecção hospitalar se deu por meio da lesão acarretada pelo disparo de tiro realizado pelo agente. Portanto, é uma causa superveniente relativamente independente que **por si só não produziu o resultado**. Inviável assim a aplicação do art. 13, § 1º, primeira parte, do Código Penal. Outrossim, o arrependimento do agente não impediu a ocorrência do resultado. Ou seja, não foi eficaz, de modo que é igualmente inaplicável o art. 15 do Código Penal. Assim sendo, o agente responderá pelo resultado morte.

Art. 13 - O resultado, de que depende a existência do crime, somente é imputável a quem lhe deu causa. Considera-se causa a ação ou omissão sem a qual o resultado não teria ocorrido.

§ 1º - A superveniência de causa relativamente independente exclui a imputação quando, por si só, produziu o resultado; os fatos anteriores, entretanto, imputam-se a quem os praticou.

Art. 15 - O agente que, voluntariamente, desiste de prosseguir na execução ou impede que o resultado se produza, só responde pelos atos já praticados.

Resposta: Letra B

19. CULPABILIDADE E SUAS DIRIMENTES

20. CONSUMAÇÃO E TENTATIVA

21. DESISTÊNCIA VOLUNTÁRIA E ARREPENDIMENTO EFICAZ

22. CRIME IMPOSSÍVEL

23. AGRAVAÇÃO PELO RESULTADO

24. ERRO DE TIPO E ERRO DE PROIBIÇÃO

***MPMG 2010 (Concurso)**. Questão 34. Direito Penal / Tipicidade, Culpabilidade, Tipicidade e Antijuricidade / Causas de Extinção da Punibilidade / Doutrina.*

Considerando as funções que o consentimento do ofendido desempenha na área penal, assinale a alternativa INCORRETA.

A) *Elemento essencial do tipo*
B) *Causa de exclusão da tipicidade*
C) *Causa de exclusão da ilicitude*
D) *Causa de extinção da punibilidade*

Comentários

(A): Correta – O consentimento do ofendido pode integrar o elemento essencial do tipo, como no caso do aborto consentido.

(B): Correta – O consentimento do ofendido funciona como causa de exclusão da tipicidade, quando o dissenso do ofendido configurar como elemento essencial do tipo.

(C): Correta – O consentimento do ofendido retira o caráter antijurídico de uma conduta tipificada como criminosa, funcionando, assim, como excludente de ilicitude na tutela de bens jurídicos disponíveis.

(D): Incorreta – A extinção da punibilidade ocorre com a perda da possibilidade jurídica do Estado de aplicar a sanção penal, apesar de a conduta do agente permanecer ilícita. Assim, não há que se falar em extinção de punibilidade quando o fato não é mais ilícito, como o que ocorre com o consentimento do ofendido.

Resposta: Letra D

***MPMG 2010 (Concurso L)**. Questão 35. Direito Penal / Culpabilidade / Teorias sobre o Erro / Doutrina.*

Sobre o tratamento jurídico-penal do erro, analise as seguintes afirmativas e assinale com V as verdadeiras e com F as falsas.

( ) O erro de fato e o erro de direito, próprios do paradigma causalista, correspondem, no finalismo, ao erro de tipo e ao erro de proibição, respectivamente, sem alteração de significado.

( ) A teoria limitada diverge da teoria extremada da culpabilidade, porém ambas adotam, no tocante ao tratamento do erro nas descriminantes putativas, a mesma solução.

( ) No erro que recai sobre o curso causal e no erro sucessivo não há exclusão do dolo.

( ) O erro sobre o alcance da insignificância como conceito jurídico-penal é um erro de proibição sui generis, que exclui o dolo e prejudica a valoração da culpabilidade, sendo desnecessária a análise da evitabilidade.

Assinale a alternativa que apresenta a sequência de letras CORRETA.

A) (V) (V) (F) (V)

B) (F) (V) (F) (F)

C) (V) (F) (V) (V)

D) (F) (F) (V) (F)

Comentários

(FALSA): O paradigma causalista aborda os erros putativos, enquanto que ao erro de tipo e o de proibição pertencem ao paradigma finalista.

(FALSA): As soluções são diferentes. Na teoria limitada, se o erro recair sobre a situação fática, é um erro de tipo permissivo, e se recair sobre os limites ou a existência de justificação, trata-se de erro de proibição, que, se evitável, faz com que o agente responda pela culpabilidade negligente, e, se inevitável, exclui a culpabilidade dolosa, não ensejando responsabilidade do agente. Na teoria extremada, independente do erro recair sobre o fato ou sobre os limites, será sempre de proibição.

(VERDADEIRA)

(FALSA): É necessária a análise da inevitabilidade, pois, se inevitável, não existe responsabilização do agente, mas, se evitável, responde o agente pela culpa.

Resposta: Letra D

***MPMG – 2011 (Concurso LI)**. Questão 23. Direito Penal / Teoria do Crime / Teoria do Erro/Doutrina.*

Sobre o tratamento jurídico-penal do erro, analise as seguintes afirmativas e assinale com V as verdadeiras e com F as falsas.

( ) Nas teorias do dolo normativo, o tratamento do erro varia: se recai sobre fatos, admite-se a escusabilidade total do erro invencível; se recai sobre o direito, afirma-se a inescusabilidade, ainda que invencível o erro.

( ) Para a teoria da culpabilidade que remete à consequência jurídica, incompatível com nosso direito positivo, o erro de tipo permissivo, vencível ou invencível, conduz à punição com a pena cominada ao crime culposo ou ao doloso, neste caso atenuada, de acordo com o grau de censura que a conduta merecer, especialmente por suas consequências.

( ) De acordo com a teoria psicológica da culpabilidade, adotada pelo sistema causal-naturalista da ação, as duas modalidades de erro de permissão que acontecem nas descriminantes putativas são inescusáveis.

( ) A teoria limitada do dolo, cunhada por Mezger para se opor ao Direito Penal autoritário preconizado na Alemanha da época, impunha limitações à teoria extremada, com o objetivo de impedir a punição do autor do fato que atuasse sem a consciência da ilicitude, em virtude de "cegueira do Direito".

Assinale a alternativa que apresenta a sequência de letras CORRETA.

A) (V) (V) (F) (V).

B) (F) (V) (F) (F).

C) (V) (F) (V) (V).

D) (F) (F) (V) (F).

Comentários

I) Incorreta. As teorias normativas do dolo são as que incluem, em seu bojo, o elemento consciência da ilicitude. A conduta, assim, é dolosa se demonstrada a existência da consciência a respeito da prática de um delito (falava-se em *dolus malus*). Era absolutamente irrelevante se o erro era de direito ou de fato. Em ambos, "*não poderia apreender corretamente que seu fato é antijurídico, ou seja, não perceberia a falta de correspondência entre o seu agir e a regra jurídica. De consequência, não poderia agir dirigindo sua pretensão contra aquilo que não conhece. Assim, qualquer erro excluiria necessariamente o dolo.*" No erro evitável, assim, a responsabilidade seria pelo crime culposo. (BUSATO, p. 626).

II) Incorreta. As teorias da culpabilidade, que surgem a partir da concepção finalista, fazem a separação entre dolo e culpabilidade. No Brasil prevalece a teoria limitada da culpabilidade. Nesta, o erro de tipo permissivo que recai sobre circunstâncias fáticas de uma descriminante tem tratamento no art. 20, § 1º, CP, com isenção de pena quando inevitável; sendo evitável a punição será na forma culposa, se prevista no tipo (culpa imprópria). Por outro lado, se o erro for quanto aos limites ou sobre a existência da descriminante, o tratamento é abrangido pelo art. 21, sob o influxo do erro de proibição.

III) Correta. A culpabilidade no sistema causal-naturalista é cunhada como o vínculo psicológico entre o agente e o resultado. O dolo faz parte da culpabilidade, sendo ele o chamado dolo normativo – consciência, vontade e atual consciência da ilicitude.

IV) Incorreta. A teoria limitada do dolo mantém a ideia da teoria extremada do dolo, ou seja, quanto ao erro de proibição evitável, exclui o dolo, remanescendo a imputação culposa. No entanto, inova, pois inclui a culpabilidade por condução de vida. Nesse sentido, "aquele que não pudesse conhecer o injusto, em função do seu modo de vida, teria mantida a responsabilidade por sua conduta, como se existisse dolo, pois a falta de conhecimento que afastava o dolo teria sido derivada justamente da forma pela qual o sujeito conduzia sua vida" (BUSATO, p. 629). Era a denominada cegueira jurídica dos estranhos à comunidade. Tal como cunhada, a teoria infringe o princípio da culpabilidade. Logo, não se opõe a um direito penal autoritário, bem como não tem o objetivo de impedir a punição do autor do fato que atuasse sem a consciência da ilicitude, em virtude de "cegueira do Direito".

Resposta certa: D

***MPMG 2014 (Concurso LIV)**. Questão 28. Direito Penal / Código Penal / Erro de Tipo e Erro na Execução/ Legislação.*

A queria matar B. Quando este passou próximo ao local que se postara, disparou um tiro de revólver, errando o alvo e atingindo C, ferindo-o levemente no braço.

Deverá responder por:

A) Lesões corporais culposas contra C.

B) Homicídio tentado contra C.

C) Lesões corporais leves contra C.

D) Homicídio tentado contra B.

Comentários

(A, B, C e D) Conforme artigo 73 do Código Penal, quando houver erro na execução, a responsabilidade leva em consideração a pessoa que buscou ofender. Logo, responde por homicídio tentado contra B.

Art. 73 - Quando, por acidente ou erro no uso dos meios de execução, o agente, ao invés de atingir a pessoa que pretendia ofender, atinge pessoa diversa, responde como se tivesse praticado o crime contra aquela, atendendo-se ao disposto no § 3º do art. 20 deste Código. No caso de ser também atingida a pessoa que o agente pretendia ofender, aplica-se a regra do art. 70 deste Código.

Resposta certa: D

MPMG 2018. (CONCURSO LVI) *QUESTÃO 25. Direito Penal. Erro de tipo. Erro de proibição. Doutrina.*

Gleicilene, jovem simples de 20 anos de idade, preocupada com o atraso de seu ciclo menstrual e receosa por um estado de gestação indesejada, passou em um laboratório clínico e submeteu-se a exame sanguíneo a fim de que pudesse confirmar suas suspeitas, tendo o resultado sido prometido para a manhã seguinte. Entretanto, impaciente e tensa que estava, Gleicilene foi a uma farmácia e adquiriu um kit de teste gravídico e, chegando em casa, submeteu-se à experiência. Desesperou-se diante da reação química que, em princípio, indicava gravidez. Preocupada, procurou um indivíduo de quem adquiriu medicação abortiva com o escopo de praticar auto-aborto, tendo ingerido duas drágeas à noite. No outro dia, logo de manhã, ela deambulou até o laboratório e apanhou o resultado do exame de sangue que revelou que não havia nenhuma gravidez. Foi realizada contraprova que ratificou a ausência de gestação.

Do ponto de vista do Direito Penal, pode-se dizer que Gleicilene incorreu em:

A) Delito putativo por erro de proibição.

B) Erro de tipo invencível.

C) Erro de proibição indireto.

D) Delito putativo por erro de tipo.

Comentários

A) INCORRETA. Delito putativo por erro de proibição se configura quando o agente acredita que sua conduta efetivamente realizada é penalmente proibida, mas, na realidade, não é. Ele crê erroneamente que a conduta que realizou é criminosa, mas ela não é. É o caso da pessoa que pratica adultério, acreditando que o ato ainda é tipificado como crime em nosso ordenamento. Não é a hipótese do caso em análise, afinal, Gleicilene pensou estar grávida e, portanto, praticando o aborto, conduta que realmente é tipificada pelo art. 124 do Código Penal como crime.

Art. 124 - Provocar aborto em si mesma ou consentir que outrem lho provoque:

Pena - detenção, de um a três anos.

B) INCORRETA. O erro de tipo se configura quando o agente, por uma falsa percepção da realidade, equivoca-se quanto a algum elemento constitutivo do tipo penal, e acaba por praticar a conduta tipificada penalmente sem ter a consciência disso. O erro é invencível quando não se origina de culpa do agente, de sua falta de zelo, imprudência, imperícia ou negligência. É dizer, alguém com a cautela do chamado homem médio também incorreria no mesmo erro. O conceito não se amolda no caso em questão, eis que Gleicilene, na realidade, acreditava estar praticando uma conduta típica, mas não estava.

C) INCORRETA. O erro de proibição se configura quando o agente se equivoca em relação à proibição (ilicitude) de sua conduta. Ele se caracteriza como indireto quando o agente tem conhecimento da proibição em abstrato da conduta por ele praticada, mas acredita tê-lo feito sob o pálio de alguma causa excludente de ilicitude, que na realidade não existe, ou se equivoca em relação aos limites de uma causa excludente de ilicitude existente. Em momento algum o enunciado da questão diz algo nesse sentido a respeito da crença de Gleicilene.

D) CORRETA. Delito putativo por erro de tipo ocorre quando o agente, em razão de falsa percepção da realidade quanto a algum elemento constitutivo do tipo penal, acredita estar praticando um delito, quando na realidade não está. É precisamente o que ocorreu no caso descrito. Gleicilene acreditava estar praticando o crime de aborto (art. 124 do Código Penal), eis que pensava estar grávida. Contudo, na realidade nunca houve gravidez, de modo que sua conduta praticada é penalmente irrelevante.

Resposta: Letra D.

MPMG 2019 (CONCURSO LVII). QUESTÃO 28. Direito Penal / Teoria do Erro / Doutrina.

Sobre a teoria do erro, marque a alternativa incorreta:

A) *Entende-se por erro de compreensão a situação em que conhece o sujeito a proibição e a falta de permissão, e, sem embargo, não lhe seja exigível que entenda a regra que conhece; neste caso, estaremos diante de um erro de proibição invencível, na forma de erro de compreensão.*

B) *O indivíduo que ofende a outrem, desconhecendo-lhe a condição de funcionário público, não responde pelo crime de desacato, já que afastado o dolo quanto à elementar do tipo, mas subsiste o delito de injúria, pois a honra do particular também é tutelada pela lei penal. Tem-se, na hipótese, um erro de tipo, que, ainda que escusável, não exclui a criminalidade do fato.*

C) *O sujeito que crê que, se alguém lhe entrega o carro para conserto e não o retira dentro do prazo, pode vendê-lo por sua própria conta, para se ressarcir do valor do serviço, incide em erro de proibição direto, que, nos termos do artigo 21 do Código Penal, se inevitável, isenta de pena; se evitável, poderá diminuí-la de um sexto a um terço.*

D) *Nos crimes omissivos, o erro que recai sobre os elementos objetivos do tipo é considerado erro de tipo, mas o erro incidente sobre o mandamento terá repercussão em sede de culpabilidade*

Comentários

(A): O erro culturalmente condicionado é uma espécie do gênero erro de proibição em que o agente, mesmo conhecendo a ilicitude de determinada conduta, por questões culturais é incapaz de compreendê-la e, por consequência, de internalizá-la e de pautar seu comportamento de acordo com a norma.

Para Zaffaroni, (2009, p. 533, 552-555), vejamos:

Não se pode exigir de todos o mesmo grau de compreensão da antijuridicidade. [...] pode haver casos em que o sujeito conhece a proibição e a falta de permissão, e, **sem embargo, não lhe seja exigível que entenda a regra que conhece**. [...] o indígena de uma comunidade que há séculos tem seus próprios ritos para funerais e sepultamentos, talvez incorra numa tipicidade contravencional ao violar as regulamentações sobre inumações, mas é muito duro exigir-lhe que abandone todas essas regras para acolher as nossas e reprovar-lhe porque não o tenha feito [...] Nestes casos, estaremos diante de um **erro de proibição invencível,** na forma de erro de compreensão [...] que eliminará a culpabilidade da conduta [...]. Muito embora exista delito que o silvícola pode entender perfeitamente, existem outros cuja ilicitude ele não pode entender, e, em tal caso, não existe outra solução que não a de respeitar a sua cultura no seu meio, e não interferir mediante pretensões de tipo etnocentrista, que escondem, ou exibem, a pretendida superioridade de nossa civilização industrial, para destruir todas as relações culturais a ela alheias.

(B): Ainda que se elimine a elementar - funcionário público - há intenção de lesar a honra da vítima e, via de consequência, o crime de injúria.

(C): Trata-se de erro de proibição indireto, pois o agente acredita que está em exercício regular de um direito (excludente de ilicitude).

(D): O erro que recai sobre os elementos objetivos do tipo é considerado erro de tipo, ao passo que erro incidente sobre o mandamento legal configura erro de proibição.

Resposta: Letra C

25. CONCURSO DE PESSOAS

MPMG 2017 (Concurso LV). Questão 22. Direito Penal/ Concurso de pessoas/ Doutrina e legislação.

Sobre o concurso de pessoas, é CORRETO afirmar que o Código Penal:

A) *Acolheu em relação aos concorrentes, mesmo por omissão, a teoria monista, sujeitando-os às sanções penais, inclusive no caso do concurso absolutamente negativo.*

B) *Adotou em relação aos concorrentes a teoria dualista, traduzida pela introdução da cláusula restritiva "na medida de sua culpabilidade".*

C) *Incorporou solução reclamada pela doutrina para o desvio subjetivo, que se aplica tanto a coautores, como a partícipes.*

D) *Admitiu, no que se refere à participação, a teoria da hiperacessoriedade, como regra, e da acessoriedade limitada, como exceção.*

Comentários

(A): Incorreta – Embora a regra seja a teoria monista, no concurso absolutamente negativo não há punição. Assim, não incide a teoria. Ressalta-se, apenas, que para tal espécie de concurso não pode haver o dever de agir.

(B): Incorreta – A regra adotada pelo Código Penal é a teoria monista, conforme art. 29 do CPC. A teoria dualista refere-se a uma tipificação distinta para autor e para partícipe, o que não ocorre. Excepcionalmente, adota-se no CP a teoria pluralista, que preconiza tipificação distinta para agentes distintos, como no exemplo dos art. 124 e 126 do CP.

Art. 29 - Quem, de qualquer modo, concorre para o crime incide nas penas a este cominadas, na medida de sua culpabilidade.

§ 1º - Se a participação for de menor importância, a pena pode ser diminuída de um sexto a um terço.

§ 2º - Se algum dos concorrentes quis participar de crime menos grave, ser-lhe-á aplicada a pena deste; essa pena será aumentada até metade, na hipótese de ter sido previsível o resultado mais grave.

(C): Correta – Trata-se da cooperação dolosamente distinta prevista no art. 29, § 2º, do CPC.

(D): Incorreta – A regra é teoria acessoriedade limitada (a conduta do autor deve ser **típica e antijurídica** para que o partícipe responda) e a exceção é a teoria da acessoriedade máxima (a conduta do autor deve ser **típica, antijurídica e culpável**) para que o partícipe responda nos casos de autoria mediata.

Resposta: Letra C

26. PENAS E MEDIDAS DE SEGURANÇA

MPMG 2010 (Concurso L)*. Questão 33. Direito Penal / Penas Privativas de Liberdade / Dosimetria da Pena / Crimes contra o Patrimônio / Legislação.*

Acerca da natureza das circunstâncias jurídico-penais, de acordo com o nosso direito positivo, assinale a alternativa INCORRETA.

A) *No roubo, o concurso de pessoas será circunstância majorante, incidente na terceira fase de aplicação da pena.*

B) No furto, o concurso de pessoas sempre será circunstância qualificadora, com reflexo na primeira fase de aplicação da pena.

C) A instigação de pessoa não-punível ao cometimento de crime agrava a pena, incidindo na terceira fase de sua fixação.

D) A reparação do dano faz nascer direito público subjetivo de redução da pena, incidindo na segunda ou na terceira fase de sua fixação, conforme o caso.

Comentários

(A): Correta – Artigo 157, § 2º, inciso II, do CP.

Art. 157 - Subtrair coisa móvel alheia, para si ou para outrem, mediante grave ameaça ou violência a pessoa, ou depois de havê-la, por qualquer meio, reduzido à impossibilidade de resistência:

§ 2º A pena aumenta-se de 1/3 (um terço) até metade:

II - se há o concurso de duas ou mais pessoas;

(B): Correta – Artigo 155, § 4º, inciso IV, do CP.

Art. 155 - Subtrair, para si ou para outrem, coisa alheia móvel:

§ 4º - A pena é de reclusão de dois a oito anos, e multa, se o crime é cometido:

IV - mediante concurso de duas ou mais pessoas.

(C): Incorreta – As circunstâncias agravantes incidem na segunda fase de fixação da pena – Artigos 62, inciso III, e 68 do CP.

Art. 62 - A pena será ainda agravada em relação ao agente que:

III - instiga ou determina a cometer o crime alguém sujeito à sua autoridade ou não-punível em virtude de condição ou qualidade pessoal;

Art. 68 - A pena-base será fixada atendendo-se ao critério do art. 59 deste Código; em seguida serão consideradas as circunstâncias atenuantes e agravantes; por último, as causas de diminuição e de aumento.

Parágrafo único - No concurso de causas de aumento ou de diminuição previstas na parte especial, pode o juiz limitar-se a um só aumento ou a uma só diminuição, prevalecendo, todavia, a causa que mais aumente ou diminua.

(D): Correta – A reparação do dano poderá ser utilizada pelo juiz como uma atenuante ou como causa de redução de pena – Artigo 16 do CP.

Art. 16 - Nos crimes cometidos sem violência ou grave ameaça à pessoa, reparado o dano ou restituída a coisa, até o recebimento da denúncia ou da queixa, por ato voluntário do agente, a pena será reduzida de um a dois terços.

Resposta: Letra C

***MPMG – 2012 (LII Concurso)** Questão 22 Direito Penal / Parte Geral / Medidas de Segurança / Legislação.*

Sobre a disciplina das medidas de segurança, na parte geral do Código Penal, analise as seguintes afirmativas e assinale com V as verdadeiras e com F as falsas:

( ) Tratando-se de crime apenado com reclusão, cometido com violência, uma vez comprovada, pericialmente, a periculosidade do agente, impõe-se medida de segurança ainda que constatado o decurso do prazo prescricional.

( ) A desinternação, ou a liberação, possui caráter definitivo, análogo ao cumprimento da pena, devendo ser fundamentada em laudo pericial que ateste a cessação da periculosidade.

( ) Tanto para os inimputáveis quanto para os semi-imputáveis, a internação, ou tratamento ambulatorial, será por tempo indeterminado, com prazo mínimo de 1 (um) a 3 (três) anos, perdurando enquanto não for averiguada, mediante perícia médica, a cessação de periculosidade.

( ) Nos crimes apenados com reclusão, praticados por inimputável, a fixação de prazo mínimo para internação, embora não determinada pela lei, está consagrada na prática forense com base nas circunstâncias judiciais, como forma de compatibilizar a disciplina das medidas de segurança com o princípio da individualização da pena.

Assinale a alternativa que apresenta a sequência de letras CORRETA:

A) (V) (V) (F) (V)

B) (F) (F) (V) (F)

C) (F) (V) (F) (F)

D) (V) (F) (V) (V)

Comentários

Falso. Art. 96, parágrafo único, do CP: "Extinta a punibilidade, não se impõe medida de segurança nem subsiste a que tenha sido imposta.".

Falso. Art. 97, § 3º, do CP: "A desinternação, ou a liberação, será sempre condicional devendo ser restabelecida a situação anterior se o agente, antes do decurso de 1 (um) ano, pratica fato indicativo de persistência de sua periculosidade.".

Verdadeiro. Artigos 97 e 98 do CP.

Art. 97 - Se o agente for inimputável, o juiz determinará sua internação (art. 26). Se, todavia, o fato previsto como crime for punível com detenção, poderá o juiz submetê-lo a tratamento ambulatorial.

§ 1º - A internação, ou tratamento ambulatorial, será por tempo indeterminado, perdurando enquanto não for averiguada, mediante perícia médica, a cessação de periculosidade. O prazo mínimo deverá ser de 1 (um) a 3 (três) anos.

§ 2º - A perícia médica realizar-se-á ao termo do prazo mínimo fixado e deverá ser repetida de ano em ano, ou a qualquer tempo, se o determinar o juiz da execução.

§ 3º - A desinternação, ou a liberação, será sempre condicional devendo ser restabelecida a situação anterior se o agente, antes do decurso de 1 (um) ano, pratica fato indicativo de persistência de sua periculosidade.

§ 4º - Em qualquer fase do tratamento ambulatorial, poderá o juiz determinar a internação do agente, se essa providência for necessária para fins curativos.

Art. 98 - Na hipótese do parágrafo único do art. 26 deste Código e necessitando o condenado de especial tratamento curativo, a pena privativa de liberdade pode ser substituída pela internação, ou tratamento ambulatorial, pelo prazo mínimo de 1 (um) a 3 (três) anos, nos termos do artigo anterior e respectivos §§ 1º a 4º.

Falso. O prazo mínimo de internação é determinado pela lei (artigo 97 do CP) e é fixado com base na periculosidade do agente e não nas circunstâncias judiciais.

Resposta: letra B

MPMG – 2013 (CONCURSO LIII) *Questão 24. Direito Penal. Teoria da Pena. Doutrina.*

Constituem críticas deslegitimadoras do sistema penal em sua dogmática clássica, ***EXCETO****:*

A) O caráter consequencial (sintomatológico) e não causal (etiológico) da intervenção penal.

B) A intervenção sobre situações e não sobre pessoas.

C) A reificação delitiva, com a neutralização da vítima pelo sistema.

D) As cifras ocultas da criminalidade.

Comentários

Questão elaborada a partir dos ensinamentos de Paulo Queiroz, Curso de Direito Penal, Parte Geral – capítulo Teorias deslegitimadoras: abolicionismo e minimalismo radical p. 417-419.

A) Correto. Caráter consequencial (fenomenológico, cuida dos feitos e sintomas) e não etiológico (causa). A crítica que se faz ao sistema penal dirige-se ao fato de que ele trata dos efeitos e não das causas do delito.

B) Incorreto. O sistema penal intervém sobre pessoas e não sobre situações – ele gira em torno da ideia de culpabilidade individual (pessoal), desprezando por completo o ambiente ou o sistema social em que se insere. Culpam-se os indivíduos; ignoram-se os sistemas, as estruturas sociais.

C) Correto. Reificação (Concepção do indivíduo como objeto) do conflito – neutralização da vítima pelo sistema penal: justiça restaurativa – a vítima é duplamente perdedora (em relação ao infrator e em relação ao Estado, que o exclui da participação do próprio delito em que está envolvida, o Estado lhe rouba o delito).

D) Correto. Há mais cifras ocultas do que se imagina, por isso o sistema penal não é necessário, pois a maior parte dos delitos passíveis de intervenção passa ao largo do conhecimento e da atuação do sistema penal.

Resposta: Letra B

MPMG 2014 (Concurso LIV). *Questão 24. Direito Penal / Legislação Penal Especial e Código Penal/ Penas Restritivas de Direitos / Legislação.*

Dispõe o artigo 44 do Código Penal que "as penas restritivas de direitos são autônomas e substituem as privativas de liberdade".

São situações previstas em lei que excepcionam o caráter substitutivo das penas restritivas de direito, seja por constituírem penas autônomas, seja por poderem ser aplicadas cumulativamente à pena privativa de liberdade, EXCETO:

A) No caso do "Código de Trânsito Brasileiro", a suspensão ou a proibição de se obter a permissão ou a habilitação para dirigir veículo automotor.

B) No caso do "Código do Consumidor", a prestação de serviços à comunidade.

C) No caso do "Estatuto do Torcedor", a proibição de frequentar locais em que se realize evento esportivo.

D) No caso da "Lei de Drogas", em caso de compra desautorizada de substância entorpecente para uso pessoal.

Comentários

(A) Correto – Art. 292, Lei CTB. Trata-se de pena que pode ser imposta isolada ou cumulativamente.

Art. 292. A suspensão ou a proibição de se obter a permissão ou a habilitação para dirigir veículo automotor pode ser imposta isolada ou cumulativamente com outras penalidades.

(B) Correto – Art. 78, III, CDC. Penas impostas além da privativa de liberdade e da multa.

Art. 78. Além das penas privativas de liberdade e de multa, podem ser impostas, cumulativa ou alternadamente, observado odisposto nos arts. 44 a 47, do Código Penal:

III - a prestação de serviços à comunidade.

(C) Errado - Art. 41-B, § 2º, Estatuto do Torcedor. Neste caso não excepciona o caráter substitutivo, uma vez que há conversão.

Art. 41-B. Promover tumulto, praticar ou incitar a violência, ou invadir local restrito aos competidores em eventos esportivos:

§ 2º Na sentença penal condenatória, o juiz deverá converter a pena de reclusão em pena **impeditiva de comparecimento às proximidades do estádio, bem como a qualquer local em que se realize evento esportivo**, pelo prazo de 3 (três) meses a 3 (três) anos, de acordo com a gravidade da conduta, na hipótese de o agente ser primário, ter bons antecedentes e não ter sido punido anteriormente pela prática de condutas previstas neste artigo.

(D) Correto – Art. 27, Lei de drogas. Penas aplicadas isolada ou cumulativamente.

Art. 27. As penas previstas neste Capítulo poderão ser aplicadas isolada ou cumulativamente, bem como substituídas a qualquer tempo, ouvidos o Ministério Público e o defensor.

Resposta certa: C

27. APLICAÇÃO DAS PENAS E REGIMES PENITENCIÁRIOS

MPMG – 2012 (LII Concurso) *Questão 24 Direito Penal / Parte Geral / Das penas / Legislação.*

No que se refere à fase de aplicação da pena em que incidem, assinale a alternativa que apresenta circunstâncias de natureza jurídica distinta:

A) Desconhecimento da lei e coação moral resistível.

B) Erro de tipo evitável e erro de proibição inescusável.

C) Tentativa e arrependimento posterior.

D) Reincidência e violência contra a mulher.

Comentários

A) Errado. Circunstâncias atenuantes relacionadas à aplicação da pena.

B) Certo. Erro de tipo evitável exclui o dolo, mas permite a punição por culpa (relaciona-se com a tipicidade e não com aplicação da pena)

C) Errado. Causas de diminuição de pena.

D) Errado. Circunstâncias agravantes relacionadas à aplicação da pena

Resposta: letra B.

MPMG – 2012 (LII Concurso) *Questão 25 Direito Penal / Parte Geral / Das Penas / Legislação.*

Em relação ao seguinte enunciado, assinale a alternativa INCORRETA. No concurso de agravantes e atenuantes, a pena deve aproximar-se do limite indicado pelas circunstâncias preponderantes, entendendo-se como tais as que resultam:

A) *dos motivos determinantes do crime.*

B) *da reincidência.*

C) *da conduta social do agente.*

D) *da personalidade do agente.*

Comentários

Artigo 67, do CP: "No concurso de agravantes e atenuantes, a pena deve aproximar-se do limite indicado pelas circunstâncias preponderantes, entendendo-se como tais as que resultam dos **motivos determinantes do crime, da personalidade do agente e da reincidência.**"

Resposta: letra C.

MPMG 2017 (Concurso LV)*. Questão 23. Direito Penal / Aplicação das penas e regimes penitenciários / Jurisprudência e legislação.*

Quanto à fixação da pena, é CORRETO afirmar:

A) *Que, se for reincidente o condenado a quem se imponha reclusão de até 4 (quatro) anos, o juiz fixará na sentença o regime fechado para início do cumprimento da pena.*

B) *Embora prepondere na doutrina o entendimento de que apenas a agravante genérica da reincidência se aplica aos crimes culposos, já admitiu o Supremo Tribunal Federal, como tal, em crime culposo, o motivo torpe.*

C) *Que, no concurso de duas ou mais causas de aumento ou de diminuição, promoverá o juiz, em qualquer caso, a incidência de uma só, recaindo a escolha, que é da lei, sobre a que mais aumente ou mais diminua.*

D) *Que, para a incidência da atenuante da clemência, é imprescindível que não tenha sido reconhecida a configuração de qualquer outra expressamente prevista em lei.*

Comentários

(A): Incorreta – Em confronto com a Súmula 269 do STJ – "É admissível a adoção do regime prisional semiaberto aos reincidentes condenados a pena igual ou inferior a quatro anos se favoráveis as circunstâncias judiciais."

(B): Correta – O STF, no caso *Bateau Mouche (HC 70362 / RJ),* reconheceu outra agravante senão a reincidência no crime culposo, qual seja a de motivo torpe. Tal entendimento é excepcional. Prevalece, todavia, que nos crimes culposos apenas aplica-se a agravante da reincidência.

(C): Incorreta – resposta da banca: Evidentemente incorreta é a alternativa "c", porquanto assevera que, "no concurso de duas ou mais causas de aumento ou de diminuição, promoverá o juiz, em qualquer caso, a incidência de uma só, recaindo a escolha, que é da lei, sobre a que mais aumente ou mais diminua". De fato, inserida na assertiva a expressão "qualquer caso", agregada ao verbo "promover" no futuro do presente do indicativo "promoverá", traz a assertiva duas impropriedades, a primeira das quais consiste na afirmação de que tem o juiz o dever indeclinável de aplicar uma só causa, quando o que a lei lhe atribui é a faculdade de fazê-lo. A segunda consiste em que, afirmando a assertiva que deveria o juiz fazê-lo "em qualquer caso", sabe-se que, ao revés, só lhe permite a lei fazê-lo quando as duas ou mais causas se encontrem na parte especial (CPB, art. 68, § único).

(D): Incorreta – resposta da banca: Incorreta a alternativa "d", pois, para a aplicação da atenuante prevista no artigo 66, do CPB, a única condição exigida é que a circunstância, anterior ou posterior ao crime, mesmo não prevista expressamente em lei, seja relevante.

Art. 66 - A pena poderá ser ainda atenuada em razão de circunstância relevante, anterior ou posterior ao crime, embora não prevista expressamente em lei.

Resposta: Letra A

28. LIMITE DAS PENAS

29. EXECUÇÃO PENAL

30. CONCURSO DE CRIMES

31. CRIMES ABERRANTES

MPMG – 2013 (CONCURSO LIII) *Questão 29. Direito Penal/ Crimes aberrantes/ Erro sobre a Pessoa. Legislação e Doutrina.*

Considere a seguinte situação: A, que acabara de ter um filho, que morre logo a seguir, sob a influência do estado puerperal, vai ao berçário e, por erro, já que acreditava tratar-se de seu próprio filho que não sabia estar morto, mata criança diversa.

Dispõe o artigo 20, § 3º, do Código Penal, que, em tal caso, não se consideram as condições ou qualidades da vítima, senão as da pessoa contra quem o agente queria praticar o crime.

A questão é, então, no ordenamento pátrio, resolvida:

A) Pela aplicação da teoria da equivalência.

B) Pela aplicação da teoria da concreção.

C) Pela aplicação da teoria da concretização.

D) Como crime impossível.

Comentários

Crimes **aberrantes** são aqueles praticados através de uma das modalidades de aberratio: *aberratio ictus, aberratio criminis* e *aberratio causae*.

A) Correta. No **erro quanto à pessoa (*aberratio ictus*)**, aplica-se a Teoria da Equivalência (adotada pelo CP – art. 20, § 3º), pois são consideradas as qualidades da vítima pretendida e não da vítima real. Masson (2016, p. 349) ensina que esse erro é irrelevante, em face da teoria da equivalência do bem jurídico atingido. A regra, portanto, consiste em levar em conta, para a aplicação da pena, as **condições da vítima virtual**, isto é, aquela que o sujeito pretendia atingir, mas que, no caso concreto, não sofreu perigo algum, e não a vítima real, que efetivamente foi atingida.

Art. 20 - § 3º - O erro quanto à pessoa contra a qual o crime é praticado não isenta de pena. Não se consideram, neste caso, as condições ou qualidades da vítima, senão as da pessoa contra quem o agente queria praticar o crime.

B) Incorreta. Conforme ensinamentos de Roxin, citado por Paulo Queiroz (2014, p. 280): "Para a teoria da concreção (ou concretização), o dolo pressupõe sua concretização num determinado objeto, motivo pelo qual, se o agente atinge pessoa diversa da pretendida, não age com dolo quanto à pessoa realmente atingida. Logo, se pretendia matar B, vem a atingir C, responde, segundo esta teoria, por homicídio tentado contra B e homicídio culposo contra C" (cf. Roxin, Derecho Penal, p. 492, Editorial Civitas, Madrid, 1997. p 492).

C) Incorreta. Vide comentário da alternativa B, pois a teoria da concreção e concretização são a sinônimas.

D) Incorreta. O crime impossível se configura quando, por ineficácia absoluta do meio ou por absoluta impropriedade do objeto, é impossível consumar-se o crime (art. 17 do CP).

Art. 17 - Não se pune a tentativa quando, por ineficácia absoluta do meio ou por absoluta impropriedade do objeto, é impossível consumar-se o crime.

Resposta: Letra A

32. SUSPENSÃO CONDICIONAL DA PENA

33. LIVRAMENTO CONDICIONAL

34. EFEITOS DA CONDENAÇÃO

35. REABILITAÇÃO

36. TEORIA DA AÇÃO PENAL

MPMG 2017 (Concurso LV)*. Questão 26. Direito Penal / Teoria da ação penal / Jurisprudência e doutrina / Questão desatualizada.*

Sobre ação penal, é CORRETO afirmar:

A) A legitimação para promover ação penal no crime praticado contra a honra do servidor público, em razão do exercício de suas funções, é concorrente, pelo que, mesmo após ofertada representação ao Ministério Público e por ele requeridas diligências, não perde o ofendido a legitimidade para oferecer queixa.

B) O crime de estupro de vulnerável é de ação penal pública incondicionada, havendo, porém, quem defenda solução diversa, em caso de vulnerabilidade temporária.

C) São de ação penal pública condicionada os crimes de violação de direito autoral caracterizados pela reprodução, mesmo em parte, por qualquer meio, de obra intelectual, sem autorização e com intuito de lucro.

D) Praticada injúria real de que decorram lesões corporais leves, não há discrepância, entre os doutrinadores, quanto a ser o crime sujeito a ação penal privada.

Comentários

(A): Incorreta – Nos termos do art. 145, p. único, do CP a ação penal será condicionada à representação. O STF editou a súmula 714, que possibilitou o ajuizamento da ação penal privada. Configurou-se, pois, a legitimação concorrente. Todavia, embora concorrente, não pode ocorrer pelas duas formas expostas. Optando-se por uma via, ocorre a preclusão e exclui-se a outra. Nesse sentido: (STF, Pleno, Inq. 1939/BA – j. 03/03/2004)

(B): Correta na época do certame. Todavia, com o advento da Lei nº 13.718, de 2018, todos os crimes passaram a ser incondicionados.

Art. 225. Nos crimes definidos nos Capítulos I e II deste Título, procede-se mediante ação penal pública incondicionada. (Redação dada pela Lei nº 13.718, de 2018)

(C): Incorreta – Conforme art.184,§ 1º, c/c art.186,II, do CP.

Art. 184. Violar direitos de autor e os que lhe são conexos:

§ 1º Se a violação consistir em reprodução total ou parcial, com intuito de lucro direto ou indireto, por qualquer meio ou processo, de obra intelectual, interpretação, execução ou fonograma, sem autorização expressa do autor, do artista intérprete ou executante, do produtor, conforme o caso, ou de quem os represente:

Pena – reclusão, de 2 (dois) a 4 (quatro) anos, e multa.

Art. 186. Procede-se mediante:

II – ação penal pública incondicionada, nos crimes previstos nos §§ 1º e 2º do art. 184;

(D): Incorreta – Como em quase todo tema, há divergência. O crime de injúria real está previsto no art. 140, § 2º, do CP. De todo modo, o art.145 do CP afirma serem de ação penal privada os crimes contra a honra, à sua exceção. Alguns entendem que se trata crime complexo (injúria e lesão corporal), razão pela qual não se pode exigir a representação prevista no art. 88 da Lei 9.099/1995. É, pois, caso de ação penal pública incondicionada. Já para outros deve observar se ocorreu com vias de fato ou lesão corporal: se através de vias de fato, ação penal privada; se for praticada por lesão corporal leve/culposa, ação penal pública condicionada à representação; se lesão grave ou gravíssima, ação penal pública incondicionada.

Resposta: Letra D

37. EXTINÇÃO DA PUNIBILIDADE

MPMG 2010 (Concurso L). Questão 38. Direito Penal / Prescrição / Legislação.

Analise as seguintes proposições acerca da prescrição e assinale com V as verdadeiras e com F as falsas.

( ) De acordo com a legislação penal em vigor, reconhecido o concurso material em sentença condenatória definitiva, a pena global regulará o prazo prescricional para cada um dos crimes.

( ) O reconhecimento da prescrição da pretensão executória implica a isenção do pagamento das custas processuais, embora sejam estas efeito secundário da condenação.

( ) Nos casos submetidos à legislação penal em vigor, não será possível a alegação de prescrição pela pena em perspectiva para o arquivamento de inquérito policial.

( ) O Promotor de Justiça que sustenta, de ofício, a prescrição pela pena em perspectiva viola o princípio da obrigatoriedade da ação penal e responde por crime de responsabilidade.

Assinale a alternativa que apresenta a sequência de letras CORRETA.

A) (V) (F) (F) (F)

B) (F) (V) (F) (F)

C) (F) (F) (V) (F)

D) (F) (F) (F) (V)

Comentários

(FALSA): A prescrição será regulada pelas penas isoladas de cada crime – Artigo 119 do CP.

Art. 119 - No caso de concurso de crimes, a extinção da punibilidade incidirá sobre a pena de cada um, isoladamente.

(FALSA): Artigo 336, parágrafo único, do CPP.

Art. 336. O dinheiro ou objetos dados como fiança servirão ao pagamento das custas, da indenização do dano, da prestação pecuniária e da multa, se o réu for condenado.

Parágrafo único. Este dispositivo terá aplicação ainda no caso da prescrição depois da sentença condenatória

(VERDADEIRA): Para o STJ, não é cabível a prescrição da pretensão punitiva, com suporte na sanção hipoteticamente calculada, pois o ordenamento jurídico pátrio não admite o reconhecimento da referida causa em perspectiva. Nesse sentido, o enunciado de súmula nº 438 – "É inadmissível a extinção da punibilidade pela prescrição da pretensão punitiva com fundamento em pena hipotética, independentemente da existência ou sorte do processo penal".

(FALSA): O Promotor de Justiça não pratica crime de responsabilidade, apenas o Procurador-Geral da República – Artigo 2º da Lei nº 1.079/50.

Art. 2º Os crimes definidos nesta lei, ainda quando simplesmente tentados, são passíveis da pena de perda do cargo, com inabilitação, até cinco anos, para o exercício de qualquer função pública, imposta pelo Senado Federal nos processos contra o Presidente da República ou Ministros de Estado, contra os Ministros do Supremo Tribunal Federal ou contra o Procurador Geral da República.

Resposta: Letra C

MPMG – 2012 (LII Concurso) *Questão 26 Direito Penal / Extinção da punibilidade / Legislação.*

NÃO admite perdão judicial:

A) a lesão corporal culposa causada na direção de veículo automotor.

B) a utilização de meio de transporte sem recursos para efetuar o pagamento.

C) a guarda doméstica de pássaro silvestre cuja espécie não é considerada ameaçada de extinção.

D) a retorsão imediata à difamação, que consista em outra difamação.

Comentários

A) Previsão de perdão judicial no artigo 129, § 8º, do CP.

Art. 129, § 8º - Aplica-se à lesão culposa o disposto no § 5º do art. 121.

Art. 121, § 5º - Na hipótese de homicídio culposo, o juiz poderá deixar de aplicar a pena, se as conseqüências da infração atingirem o próprio agente de forma tão grave que a sanção penal se torne desnecessária.

B) Previsão de perdão judicial no artigo 176, parágrafo único, do CP.

Art. 176 - Tomar refeição em restaurante, alojar-se em hotel ou utilizar-se de meio de transporte sem dispor de recursos para efetuar o pagamento:

Pena - detenção, de quinze dias a dois meses, ou multa.

Parágrafo único - Somente se procede mediante representação, e o **juiz pode, conforme as circunstâncias, deixar de aplicar a pena.**

C) Previsão de perdão judicial no artigo 29, § 2º, da Lei 9.605/1998.

Art. 29. § 2º No caso de guarda doméstica de espécie silvestre não considerada ameaçada de extinção, pode o juiz, considerando as circunstâncias, deixar de aplicar a pena.

D) O perdão judicial no caso de retorsão imediata é admitido na hipótese de injúria e não de difamação. Artigo 140, § 1º, II, do CP.

Art. 140 - **§ 1º - O juiz pode deixar de aplicar a pena:**

II - no caso de retorsão imediata, que consista em outra injúria.

Resposta: letra D.

MPMG – 2012 (LII Concurso) *Questão 27 Direito Penal / Extinção da punibilidade / Prescrição / Legislação / Jurisprudência.*

Considerando a atual disciplina legal da prescrição, analise as seguintes proposições e assinale com V as verdadeiras e com F as falsas.

( ) Em relação à infração do art. 28 da Lei n. 11.343/06 (posse, para consumo pessoal, de droga proibida), para a qual não se comina pena privativa de liberdade, o prazo prescricional é de 02 (dois) anos.

( ) É impossível requerer o arquivamento de inquérito policial com base na prescrição da pretensão punitiva pela pena em perspectiva.

( ) Diversamente do que ocorre com as circunstâncias que reduzem o prazo prescricional, a hipótese de aumento se aplica apenas à prescrição que ocorre depois de sentença condenatória definitiva.

( ) Nos crimes conexos, a extinção da punibilidade pela prescrição de um deles impede, quanto aos outros, a agravação da pena resultante da conexão.

Assinale a alternativa que apresenta a sequência de letras CORRETA:

A) (V) (V) (V) (F)

B) (F) (F) (F) (V)

C) (F) (V) (V) (F)

D) (V) (F) (F) (V)

Comentários

Verdadeiro. Artigo 30 da Lei 11.343/2006.

Art. 30. Prescrevem em 2 (dois) anos a imposição e a execução das penas, observado, no tocante à interrupção do prazo, o disposto nos arts. 107 e seguintes do Código Penal.

Verdadeiro. Súmula 438/STJ: "É inadmissível a extinção da punibilidade pela prescrição da pretensão punitiva com fundamento em pena hipotética, independentemente da existência ou sorte do processo penal.".

Verdadeiro. Artigos 110, § 1º, e 115 do CP.

Art. 110 - A prescrição depois de transitar em julgado a sentença condenatória regula-se pela pena aplicada e verifica-se nos prazos fixados no artigo anterior, os quais se aumentam de um terço, se o condenado é reincidente.

§ 1º A prescrição, depois da sentença condenatória com trânsito em julgado para a acusação ou depois de improvido seu recurso, regula-se pela pena aplicada, não podendo, em nenhuma hipótese, ter por termo inicial data anterior à da denúncia ou queixa.

Art. 115 - São reduzidos de metade os prazos de prescrição quando o criminoso era, ao tempo do crime, menor de 21 (vinte e um) anos, ou, na data da sentença, maior de 70 (setenta) anos.

Falso. Artigo 108 do CP: (...) "Nos crimes conexos, a extinção da punibilidade de um deles **não impede**, quanto aos outros, a agravação da pena resultante da conexão." (destacamos).

Art. 108 - A extinção da punibilidade de crime que é pressuposto, elemento constitutivo ou circunstância agravante de outro não se estende a este. Nos crimes conexos, a extinção da punibilidade de um deles não impede, quanto aos outros, a agravação da pena resultante da conexão.

Resposta: Letra A

***MPMG – 2013 (CONCURSO LIII)** Questão 26. Direito Penal/ Extinção da Punibilidade/ Prescrição/ Legislação.*

Considere a seguinte situação: Um jovem nascido em 1985, reincidente na prática delitiva, foi denunciado por furto, em sua figura básica, no dia 8 de outubro de 2007, por fato cometido em 15 de agosto de 2005. A denúncia foi recebida em 22 de outubro de 2007 e, em 18 de agosto de 2009, foi publicada decisão condenatória, que aplicou ao acusado a pena de 1 (um) ano de reclusão e 10 (dez) dias-multa, na fração diária mínima, sem que recurso houvesse por qualquer das partes.

Levando-se em conta que, logo após a intimação da decisão condenatória, ocorrida em 20 de agosto de 2009, o sentenciado empreendeu fuga, assinale a **ALTERNATIVA CORRETA**. *Para tanto, o candidato deverá levar em conta que o trânsito em julgado para a acusação ocorreu em 9 de setembro de 2009 e na data* *de 23 de abril de 2013 o acusado foi capturado em razão da existência de mandado de prisão em aberto.*

A) *Deverá ser reconhecida a prescrição retroativa, considerando-se o lapso temporal transcorrido entre a data do fato e a do recebimento da denúncia.*

B) *Uma vez não ocorrida a prescrição da pretensão punitiva do Estado, deverá ser reconhecida a prescrição da pretensão executória estatal.*

C) *Uma vez não ocorrida qualquer prescrição, deverá o sentenciado cumprir a pena que lhe foi imposta.*

D) *Deverá ser reconhecida a prescrição intercorrente.*

Comentários

Data do crime 15/08/2005	**D**	**Recebimento da denúncia 22/10/2007**	**D**	**Publicação da sentença condenatória recorrível 18/08/2009**
• réu menor de 21 anos e reincidente		• causa interruptiva (art. 117, I CP)		• causa interruptiva (Art. 117, IV do CP) • pena aplicada: 1 ano

Trânsito em julgado para a acusação 09/08/2009	**D**	**Fuga em 20/08/2009**	**D**	**Captura**
• A prescrição opera-se pela pena aplicada. É prescrição retroativa.		• A prescrição é regulada pelo tempo que resta a pena (art. 113 CP)		• **reinicia** o prazo prescricional – é caso de interrupção (art. 117, V do CP)

A) Correto. No presente caso, a pena aplicada foi de 1 ano, o prazo prescricional é de 4 anos (artigo 109, V, c/c o art. 110 do CP), reduzido pela metade em razão da idade do autor do delito (2 anos). Desse modo, a modalidade de prescrição será a retroativa, aplicável à espécie com base no princípio *tempus regit actum* (antes da lei 12.234/10), tendo em vista que à época era possível a prescrição entre a data da prática do delito e o recebimento da denúncia. No caso em análise, o referido lapso temporal foi de 2 anos, 2 meses e sete dias, estando, portanto, prescrita a pretensão punitiva do Estado. Com relação à reincidência, não haverá acréscimo de 1/3 (art. 110), pois a súmula 220 do STJ determina que tal acréscimo é aplicável somente na prescrição da pretensão executória (precedente REsp n. 54.398-PR).

B) Incorreta. A prescrição da pretensão executória ocorre quando há trânsito em julgado para ambas as partes e na presente questão somente houve o trânsito em julgado para a acusação.

C) Incorreta. Ocorreu a prescrição, conforme explicado na alternativa "A".

D) Incorreta. A prescrição intercorrente é a modalidade de prescrição da pretensão punitiva, contada da data da publicação da sentença e do trânsito em julgado. É diferente do que ocorre com a prescrição retroativa, cuja contagem do lapso temporal retroage à data do recebimento da denúncia ou da queixa até a publicação da sentença condenatória.

Atenção: com relação ao tema prescrição, fique atento ao entendimento exarado pela 1ª Turma do STF no informativo referente ao artigo 112, I do CP, consoante ensinamentos do professor Márcio Cavalcante[3]:

Se o Ministério Público não recorreu contra a sentença condenatória, tendo havido apenas recurso apenas da defesa, qual deverá ser o termo inicial da prescrição da pretensão executiva? O início do prazo da prescrição executória deve ser o momento em que ocorre o trânsito em julgado para o MP? Ou o início do prazo deverá ser o instante em que se dá o trânsito em julgado para ambas as partes, ou seja, tanto para a acusação como para a defesa?

• Posicionamento pacífico do STJ: o termo inicial da prescrição da pretensão executória é a data do trânsito em julgado da sentença condenatória para a acusação, ainda que a defesa tenha recorrido e que se esteja aguardando o julgamento desse recurso. Aplica-se a interpretação literal do art. 112, I, do CP considerando que ela é mais benéfica ao condenado.

• Entendimento da 1ª Turma do STF: o início da contagem do prazo de prescrição somente se dá quando a pretensão executória pode ser exercida. Se o Estado não pode executar a pena, não se pode dizer que o prazo prescricional já está correndo. Assim, mesmo que tenha havido trânsito em julgado para a acusação, se o Estado ainda não pode executar a pena (ex: está pendente uma apelação da defesa), não teve ainda início a contagem do prazo para a prescrição executória. É preciso fazer uma interpretação sistemática do art. 112, I, do CP. STF. 1ª Turma. RE 696533/SC, Rel. Min. Luiz Fux, red. p/ o ac. Min. Roberto Barroso, julgado em 6/2/2018 (Info 890).

Além disso, o plenário reconheceu a que a matéria possui repercussão geral no ARE 848107, com data prevista para o julgamento: 10/06/2021.

Resposta: Letra A

3. <http://www.dizerodireito.com.br/2018/02/qual-e-o-termo-inicial-da-pretensao.html>.

MPMG - 2013 (CONCURSO LIII) *Questão 27. Direito Penal/ Extinção da Punibilidade/ Perdão Judicial/ Legislação.*

São situações especificamente previstas em lei que permitem o perdão judicial, EXCETO:

A) *"Lavagem" ou ocultação de bens, direitos e valores, caso o autor, coautor ou partícipe colaborar espontaneamente com as autoridades, prestando esclarecimentos que conduzam à apuração das infrações penais e de sua autoria ou à localização dos bens, direitos ou valores objeto do crime.*

B) *Guarda doméstica de espécie silvestre não considerada ameaçada de extinção, considerando as circunstâncias do caso.*

C) *Receptação imprópria, caso seja o autor primário e conforme as circunstâncias do caso.*

D) *Injúria, quando o ofendido, de forma reprovável, provocou-a diretamente.*

Comentários

A) Correta. Dentre os benefícios passíveis de serem concedidos ao colaborador, o artigo 1º, § 5º, da Lei 9.613/98 determina que o juiz poderá deixar de aplicar a pena, sendo hipótese de perdão judicial. *Art. 1º § 5º A pena poderá ser reduzida de um a dois terços e ser cumprida em regime aberto ou semiaberto, facultando-se ao* juiz deixar de aplicá-la *ou substituí-la, a qualquer tempo, por pena restritiva de direitos, se o autor, coautor ou partícipe colaborar espontaneamente com as autoridades, prestando esclarecimentos que conduzam à apuração das infrações penais, à identificação dos autores, coautores e partícipes, ou à localização dos bens, direitos ou valores objeto do crime.*

B) Correta. A lei de crimes ambientais admite o perdão judicial, nos termos do artigo 29, § 2º. *No caso de guarda doméstica de espécie silvestre não considerada ameaçada de extinção, pode o juiz, considerando as circunstâncias, deixar de aplicar a pena.*

C) Incorreta. A hipótese de concessão do perdão judicial no crime de receptação está prevista no artigo 180, § 5º, do CP, que cuida da **receptação culposa** (§ 5º – Na hipótese do § 3º [Adquirir ou receber coisa que, por sua natureza ou pela desproporção entre o valor e o preço, ou pela condição de quem a oferece, deve presumir-se obtida por meio criminoso], se o criminoso é primário, pode o juiz, tendo em consideração as circunstâncias, deixar de aplicar a pena.). A questão está incorreta porque interceptação **culposa** não é sinônimo de receptação imprópria. A receptação imprópria, definida por Cleber Masson (2016, p. 759) como espécie de receptação simples, constituída pela simbiose da conduta consistente em influir (influenciar, convencer alguém a fazer algo) alguém de boa-fé, a adquirir, receber ou ocultar coisa produto de crime. Incrimina-se a conduta daquele que atua como intermediário no negócio espúrio. O autor da receptação imprópria não pode ter envolvimento algum com o crime antecedente (não pode ter sido seu autor, coautor ou partícipe). Masson, (2016, p. 761)

D) Correta. Artigo 140, § 1º, inciso I, do CP: § 1º – *O juiz pode deixar de aplicar a pena: I – quando o ofendido, de forma reprovável, provocou diretamente a injúria.*

Resposta: Letra C

MPMG 2014 (Concurso LIV). Questão 25. Direito Penal / Constituição e Código Penal / Anistia e Extinção da Punibilidade/ Legislação e Doutrina.

Não se pode deduzir o seguinte efeito da anistia:

A) Pode ser revogada.

B) Por não ser pessoal, a anistia do delito cometido pelo autor beneficia também os eventuais partícipes.

C) A parte da pena cumprida até a descriminalização é considerada ao abrigo do direito vigente à época de sua execução, de modo que não se pode pedir a restituição da multa paga.

D) Não pode ser repudiada pelo beneficiário.

Comentários

(A, B, C e D) A clemência estatal é concedida por lei ordinária (art. 21, XVII, e art. 48, VIII, da CR/88). É causa de extinção da punibilidade que, em regra, destina-se a crimes políticos e abrange, excepcionalmente, crimes comuns. Atinge fatos, não indivíduos, embora possam ser impostas condições específicas ao réu ou ao condenado. Afeta todos os efeitos penais, abarcando apenas fatos passados. Em regra, não pode ser recusada, salvo quando condicionada.

Art. 21. Compete à União:

XVII - conceder anistia;

Art. 48. Cabe ao Congresso Nacional, com a sanção do Presidente da República, não exigida esta para o especificado nos arts. 49, 51 e 52, dispor sobre todas as matérias de competência da União, especialmente sobre:

VIII - concessão de anistia;

Resposta: A

MPMG 2018. (CONCURSO LVI) QUESTÃO 21. Direito Penal. Suspensão Condicional da Pena. Efeitos da Condenação. Extinção da Punibilidade. Medida de Segurança. Prescrição. Jurisprudência/Lei Seca: CP.

Avalie as afirmações abaixo e assinale a alternativa CORRETA:

A) A revogação da suspensão condicional da pena é facultativa no caso de ser o agente irrecorrivelmente condenado, por crime culposo ou por contravenção, a pena privativa de liberdade ou restritiva de direitos.

B) De acordo com o art. 92, do Código Penal, a inabilitação para dirigir veículo automotor, quando utilizado como meio para a prática de crime doloso, é efeito automático da condenação.

C) Extinta a punibilidade do agente, não se lhe imporá medida de segurança, mas é possível a subsistência daquela que já houver sido imposta.

D) Se o Tribunal do Júri desclassifica o crime para outro de competência do Juiz singular, a pronúncia não pode ser considerada como marco interruptivo da prescrição.

Comentários

A) CORRETA. Assim dispõe o § 1º do art. 81 do Código Penal: "Revogação facultativa§ 1º – A suspensão poderá ser revogada se o condenado descumpre qualquer outra condição imposta ou é irrecorrivelmente condenado, por crime culposo ou por contravenção, a pena privativa de liberdade ou restritiva de direitos."

B) INCORRETA. A inabilitação para dirigir veículo automotor, quando utilizado como meio para a prática de crime doloso, é um efeito não automático da condenação, de natureza extrapenal, previsto no art. 92, inciso III, do Código Penal. Portanto, necessidade de expressa menção e fundamentação na decisão condenatória do caso concreto para surtir efeitos. É nesse parágrafo único do art. 92 do Código Penal: "Os efeitos de que trata este artigo não são automáticos, devendo ser motivadamente declarados na sentença."

C) INCORRETA. A despeito de ter finalidade exclusivamente preventiva e caráter terapêutico, a medida de segurança não deixa de ser uma espécie de sanção penal. Portanto, exige a presença punibilidade para subsistir. Nesse sentido, o parágrafo único do art. 96 do Código Penal estabelece que: "Extinta a punibilidade, não se impõe medida de segurança nem subsiste a que tenha sido imposta."

D) INCORRETA. A assertiva contraria entendimento dominante na jurisprudência pátria, conforme se depreende do enunciado da Súmula nº 191 do Superior Tribuna de Justiça: "A pronúncia é causa interruptiva da prescrição, ainda que o Tribunal do Júri venha a desclassificar o crime. "Inicialmente porque não há qualquer disposição legal nesse sentido excepcionando a hipótese de interrupção prevista no art. 117, II, do Código Penal. Sob o raciocínio proposto pela assertiva, poder-se-ia afirmar que eventual desclassificação da tipificação externada em denúncia teria o condão de retirar os efeitos da interrupção da prescrição acarretada pelo recebimento da exordial acusatória, algo sequer cogitado em doutrina ou jurisprudência. Outrossim, eventual desclassificação de crime para outro de competência do Juiz singular feita pelo Tribunal do Júri não tem o condão de invalidar a decisão de pronúncia. Na realidade, justamente em razão dela que foi possível aos jurados proferir essa decisão. Assim sendo, não há que se falar em desconsideração da interrupção da prescrição nessa hipótese.

Resposta: Letra A.

***MPMG 2019 (CONCURSO LVII)**. QUESTÃO 21. Direito Penal / Prescrição / Legislação, Doutrina e Jurisprudência.*

Analise as assertivas sobre a prescrição e marque a alternativa correta:

I. Os prazos fornecidos pelos incisos do artigo 109 do Código Penal servirão não só para o cálculo da prescrição, considerando-se a pena máxima em abstrato, como também para aqueles relativos à pena já concretizada na sentença condenatória.

II. A prescrição superveniente ou intercorrente ocorre depois do trânsito em julgado para a acusação, ou quando improvido seu recurso, tomando-se por base a pena fixada na sentença penal condenatória, e permite a confecção do título executivo judicial.

III. O parâmetro para o limite da suspensão do curso do prazo prescricional, em caso de suspensão do processo nos termos do artigo 366 do Código de Processo Penal, é aquele determinado pelos incisos do artigo 109 do Código Penal, adotando-se o máximo da pena abstratamente cominada ao delito.

IV. Em relação às hipóteses previstas no artigo 117 do Código Penal, a interrupção da prescrição produz efeitos relativamente a todos os autores do crime, exceto nos casos de reincidência e pronúncia.

V. As causas de aumento e de diminuição de pena influenciam no cálculo da prescrição, que deverá ser feito considerando o percentual de maior elevação, nas hipóteses de causas de aumento de pena de quantidade variável, e o de menor redução, nas hipóteses de causas de diminuição de pena de quantidade variável.

A) As assertivas I, III e IV estão corretas.

B) As assertivas II, III, IV e V estão corretas.

C) As assertivas I, III e V estão corretas.

D) As assertivas I, II e V estão corretas.

Comentários

(I): A prescrição é a perda da pretensão punitiva ou da pretensão executaria em face da inércia do Estado durante determinado tempo previsto em lei. Subdivide-se em: (i) prescrição da pretensão punitiva (PPP) e prescrição da pretensão executória (PPE). São modalidades da prescrição da pretensão punitiva: prescrição abstrata/propriamente dita - ainda não ocorreu o trânsito em julgado para nenhuma parte, aplicando-se a pena em abstrato (art. 109, do CP); prescrição superveniente/intecorrente e prescrição retroativa - ocorreu o trânsito em julgado apenas para a acusação ou depois de improvido seu recurso, regulamenta-se pela aplicação da pena em concreto (art. 110, §1º, do CP).

Art. 109. A prescrição, antes de transitar em julgado a sentença final, salvo o disposto no § 1º do art. 110 deste Código, regula-se pelo máximo da pena privativa de liberdade cominada ao crime, verificando-se: I - em vinte anos, se o máximo da pena é superior a doze; II - em dezesseis anos, se o máximo da pena é superior a oito anos e não excede a doze; III - em doze anos, se o máximo da pena é superior a quatro anos e não excede a oito; IV - em oito anos, se o máximo da pena é superior a dois anos e não excede a quatro; V - em quatro anos, se o máximo da pena é igual a um ano ou, sendo superior, não excede a dois; VI - em 3 (três) anos, se o máximo da pena é inferior a 1 (um) ano.

Art. 110 - § 1º A prescrição, depois da sentença condenatória com trânsito em julgado para a acusação ou depois de improvido seu recurso, regula-se pela pena aplicada, não podendo, em nenhuma hipótese, ter por termo inicial data anterior à da denúncia ou queixa.

(II): Na prescrição superveniente/intecorrente há o trânsito em julgado apenas para a acusação ou depois de improvido seu recurso. Regulamenta-se pela aplicação da pena em concreto. Todavia, não é permitido a confecção de título executivo judicial, antes do trânsito julgado. Nesse sentido o art. 63, do CPP, vejamos: Art. 63. Transitada em julgado a sentença condenatória, poderão promover-lhe a execução, no juízo cível, para o efeito da reparação do dano, o ofendido, seu representante legal ou seus herdeiros.Parágrafo único. Transitada em julgado a sentença condenatória, a execução poderá ser efetuada pelo valor fixado nos termos do inciso iv do *caput* do art. 387 deste Código sem prejuízo da liquidação para a apuração do dano efetivamente sofrido.

(III): A suspensão do prazo prescricional será regulado pelo máximo da pena abstratamente cominada ao delito, conforme Súmula 415 do STJ - O período de suspensão do prazo prescricional é regulado pelo máximo da pena cominada.

(IV): As hipóteses de interrupção (reinício do prazo) da prescrição foram taxativamente previstas no art. 117, do CP. A alternativa encontra-se incorreta, pois a reincidência foi excepcionada pelo §1º do artigo 117, do CP: Art. 117 - O curso da prescrição interrompe-se: I - pelo recebimento da denúncia ou da queixa; II - pela pronúncia; III - pela decisão confirmatória da pronúncia; IV - pela publicação da sentença ou acórdão condenatórios recorríveis; V - pelo início ou continuação do cumprimento da pena; VI - pela reincidência. § 1º - Excetuados os casos dos incisos V e VI deste artigo, a interrupção da prescrição produz efeitos relativamente a todos os autores do crime. Nos crimes conexos, que sejam objeto do mesmo processo, estende-se aos demais a interrupção relativa a qualquer deles.

(V): As causas de aumento e de diminuiçãoi influenciam no cálculo da prescrição, porquanto podem elevar a pena cima do limite máximo ou reduzi-la abaixo do piso mínimo, devendo sempre considerar a maior pena possível cominada ao delito.

Resposta: Letra C

38. CRIMES CONTRA PESSOA

MPMG 2018. (CONCURSO LVI) QUESTÃO 28. Direito Penal. Crimes contra a pessoa. Crimes contra o patrimônio. Concurso aparente de normas penais. Concurso de crimes. Doutrina.

No dia 22.03.2018, às 23:00 horas, João B. arrebatou de sua residência a jovem Cristina D., de 18 anos de idade, levando-a para um imóvel rural afastado da cidade e onde a manteve enclausurada. No dia seguinte, logo ao amanhecer, João B. efetuou ligação telefônica para os pais da menina, ocasião em que exigiu a quantia de R$ 100.000,00 como condição para entregá-la viva, advertindo, outrossim, que a matariam caso a polícia fosse comunicada. Ficou ajustado um encontro no período da tarde, em lugar ermo, para entrega do dinheiro, o que deveria ser feito direta e pessoalmente por Sinésio D., pai da garota. O encontro, então, foi concretizado. Entretanto, no momento do repasse da quantia, houve discussão entre João B. e Sinésio D.. Em meio ao debate, João B. disparou um tiro que atingiu Sinésio D. no peito, causando-lhe a morte. João B. fugiu com o dinheiro. Por volta de 17:00 horas do mesmo dia, Cristina B. foi encontrada por policiais e levada de volta para casa.

Avalie a situação e assinale a alternativa CORRETA no que se refere à adequação típica:

A) João responderá por roubo agravado pela restrição de liberdade em concurso com homicídio qualificado.

B) João responderá por extorsão mediante sequestro qualificada pela morte.

C) João responderá por cárcere privado em concurso com homicídio qualificado.

D) João responderá por extorsão mediante sequestro em concurso com homicídio qualificado.

Comentários

A) INCORRETA. A principal diferença entre o roubo e a extorsão é a necessidade de colaboração da vítima para que o agente obtenha a vantagem indevida almejada. Na extorsão, é indispensável que a vítima colabore e atue no sentido de fornecer a vantagem indevida ao agente. Já no roubo, a violência ou ameaça e vantagem pretendida é imediata, de modo que se a vítima não colaborar, o agente subtrairá por conta própria o bem móvel. Por oportuno, outra diferença que vale mencionar é que o art. 159 do Código Penal, que tipifica o crime de extorsão mediante sequestro, faz menção a qualquer vantagem, abarcando inclusive bens imóveis. Já o art. 157 do Código Penal, que tipifica o roubo, só abrande bens móveis ("coisa móvel alheia"). O caso narrado na questão não pode ser roubo, eis que tanto o mal prometido como a vantagem pretendida não são imediatos, e a atuação da vítima para a obtenção dos R$ 100.000,00 é indispensável.

B) INCORRETA. O crime de extorsão mediante sequestro tutela precipuamente **a liberdade e integridade da vítima sequestrada, e o patrimônio da vítima extorquida**. Vê-se, portanto, que a morte que o qualifica, resultante do fato (§ 2º c/c § 3º do art. 159 do Código Penal), é aquela que decorre do perigo ao qual foi exposta a vítima sequestrada para que o agente demonstre a gravidade e seriedade de sua ameaça, no sentido de constranger a vítima extorquida. Nessa direção, Guilherme de Souza Nucci (2017, p.443) exemplifica: "se durante um sequestro, em razão da forte pressão emocional exercida contra a vítima privada de sua liberdade, ela sofre um ataque cardíaco e morre, cuida-se da figura qualificada prevista no art. 159, § 3º." No caso apresentado, a morte é da vítima extorquida, e em razão de um desentendimento que foge do âmbito de proteção da qualificadora § 3º do art. 159, configurando-se um verdadeiro homicídio (art. 121 do Código Penal). Assim sendo, percebe-se que os crimes se diferenciam pelo dolo do agente. Na extorsão mediante sequestro qualificada pela morte, há um dolo do agente que se direciona em causar um mal à vítima sequestrada, com o intuito de constranger a vítima extorquida, e desse dolo resulta a morte. Já na hipótese dada, o dolo de João D. em matar Sinésio D. se deu pelo desentendimento. São crimes diversos, tendo a extorsão mediante sequestro, crime permanente, consumando-se quando a vítima foi encontrada pelos policiais. Ou seja, posteriormente ao homicídio, que se consumou com a morte de Sinésio D.

C) INCORRETA. Aplica-se o princípio da especialidade. Isso porque a conduta praticada por João, além de abarcar elemento que compõe o tipo penal do crime de cárcere privado (o sequestro), também engloba a finalidade de obtenção de vantagem como preço de resgate, subsumindo-se perfeitamente à extorsão mediante sequestro, norma especial em relação ao cárcere privado (norma geral).

D) CORRETA. Conforme explicado nos comentários da alternativa B.

Resposta: Letra D.

MPMG 2019 (CONCURSO LVII). *QUESTÃO 29. Direito Penal / Crimes contra a vida / Extinção da punibilidade / Legislação, doutrina e jurisprudência.*

Marque a alternativa incorreta:

A) Em relação ao crime de infanticídio, a lei brasileira não adotou o critério psicológico, mas sim o critério fisiopsicológico, levando em conta o desequilíbrio oriundo do processo do parto.

B) A incidência da qualificadora do feminicídio, prevista no artigo 121, § 2º, VI, do Código Penal, reclama situação de violência praticada por homem ou por mulher contra a mulher em situação de vulnerabilidade, num contexto caracterizado por relação de poder e submissão. Pode-se ainda afirmar que, segundo entendimento do Superior Tribunal de Justiça, a qualificadora em análise é de natureza subjetiva.

C) O perdão judicial constitui causa extintiva de punibilidade que afasta os efeitos da sentença condenatória e, diferentemente do perdão do ofendido, não precisa ser aceito para gerar efeitos.

D) No que concerne ao crime de homicídio, é possível a coexistência das circunstâncias privilegiadoras com as qualificadoras de natureza objetiva.

Comentários

(A): O critério fisiopsicológico é aquele que se leva em conta o desequilíbrio flsiopsíquico, oriundo do parto. Foi adotado pelo Código Penal, porquanto se exige o reconhecimento do do estado puerperal. Nesse sentido, Rogério Sanches, vejamos:

Segundo Rogério Sanches Cunha (2016, p. 93), diferente de outros países, a nossa lei não adotou o critério psicológico, o qual se assenta no desejo de preservar a honra, mas sim o fisipsicológico, levando em conta o desequilíbrio fsiopsíquico oriundo do processo do parto.

(B): O artigo 121, § 2°, VI, do CP, dispõe que: Art. 121. Matar alguem § 2° Se o homicídio é cometido: VI - contra a mulher por razões da condição de sexo feminino:

Para o Superior Tribunal de Justiça, a qualificadora do feminicídio é objetiva, vejamos:

"Não caracteriza bis in idem o reconhecimento das qualificadoras de motivo torpe e de feminicídio no crime de homicídio praticado contra mulher em situação de violência doméstica e familiar.

Isso se dá porque o feminicídio é uma qualificadora de ordem OBJETIVA - vai incidir sempre que o crime estiver atrelado à violência doméstica e familiar propriamente dita, enquanto que a torpeza é de cunho subjetivo, ou seja, continuará adstrita aos motivos (razões) que levaram um indivíduo a praticar o delito".STJ. 6ª Turma. HC 433898-RS, Rel. Min. Nefi Cordeiro, julgado em 24/04/2018 (Info 625).

(C): O perdão judicial consiste em uma causa extintiva da punibilidade, sendo um direito subjetivo do réu. Trata-se de ato exclusivo do Poder Judiciário, portanto, independe de aceitação da parte contrária. Por se tratar de uma condição subjetiva não se comunica aos demais envolvidos no delito. O reconhecimento do perdão judicial deve ocorrer na sentença ou acórdão, e nos termos da súmula 18 do STJ, trata-se de ato declaratório, não subsistinto qualquer efeito condenatório. Por fim, o perdão do ofendido, trata-se de ato bilateral, reclamando a aceitação expressa ou tácita do querelado.

(D): As qualificadoras de ordem objetiva, isto é, previstas nos incisos III e IV (meios de execução), com exceção da traição – que é de ordem subjetiva, pode coexistir com o privilégio que é de ordem subjetiva. Por fim, a doutrina majoritária entende que o homicídio privilegiado-qualficado ou homicídio híbrido não é hediondo.

Resposta: Letra B

39. CRIMES CONTRA O PATRIMÔNIO

MPMG 2014 (Concurso LIV). Questão 27. Direito Penal / Código Penal / Crimes em Espécie / Jurisprudência.

São entendimentos sumulados pelo Supremo Tribunal Federal elou Superior Tribunal de Justiça (3ª Seção - Competência Criminal), ou decididos em recurso extraordinário com repercussão geral ou em recurso especial repetitivo, EXCETO:

A) *A caracterização da majorante prevista no art. 157, § 2°, inciso I do Código Penal, prescinde-se da apreensão e realização de perícia em arma utilizada na prática do crime de roubo, se por outros meios de prova restar evidenciado o seu emprego.*

B) *A circunstância atenuante genérica não pode conduzir à redução da pena abaixo do mínimo legal.*

C) *No crime de falsa identidade (artigo 307 do CPB), a arguição do princípio da autodefesa torna atípica a conduta, com o intento de ocultação de maus antecedentes.*

D) *Para a configuração do crime de corrupção de menores, atual artigo 244-B do Estatuto da Criança e do Adolescente, não se faz necessária a prova da efetiva corrupção do menor, uma vez que se trata de delito formal.*

Comentários

(A) Correto – STJ (AgRg no AREsp 433.206/SP).

Atenção, após a Lei nº 13.654, a majorante passou a ser prevista no § 2º-A, I, do art. 157, do CP.

Art. 157, § 2º-A A pena aumenta-se de 2/3 (dois terços):

I – se a violência ou ameaça é exercida com emprego de arma de fogo;

(B) Correto – Súmula 231 do STJ;

Súmula 231 - A incidência da circunstância atenuante não pode conduzir à redução da pena abaixo do mínimo legal.

(C) Errado – STJ (REsp 1.362.524 /MG);

(D) Correto – Súmula 500 do STJ.

Súmula 500 - A configuração do crime do art. 244-B do ECA independe da prova da efetiva corrupção do menor, por se tratar de delito formal.

Resposta certa: C

40. CRIMES CONTRA O SENTIMENTO RELIGIOSO E CONTRA O RESPEITO AOS MORTOS

41. CRIMES CONTRA A DIGNIDADE SEXUAL

*MPMG – **2012 (LII Concurso)** Questão 28 Direito Penal /Parte Especial /Dos Crimes Contra a Dignidade Sexual – Legislação.*

Dr. José, médico "aposentado" do Hospital Naval, mudou-se para Leopoldina/ MG: vendeu sua cobertura em Ipanema (Rio de Janeiro/RJ) e adquiriu uma fazenda com gado leiteiro, na "bucólica" região da zona da mata mineira. Indo à cidade para a missa que mandou rezar em memória de um ano da morte de sua esposa, Dr. José conheceu Mariazinha, que, apesar de contar apenas 16 (dezesseis) anos de idade, celebrava, no mesmo culto religioso, sua prodigiosa aprovação em primeiro lugar no vestibular de Medicina da UFJF. Dr. José se apaixonou por Mariazinha e, naquela noite, após uma festa no clube da cidade, manteve com ela conjunção carnal consentida. Hoje, às vésperas da esperada mudança da adolescente para Juiz de Fora/MG, o pai de Mariazinha recebeu a notícia de que a adolescente está no quinto mês de gravidez. Mariazinha manteve relação sexual exclusivamente com Dr. José – e apenas uma vez!

Comentários

Quanto ao enquadramento jurídico-penal da conduta de Dr. José, que nega ser o pai do nascituro, é CORRETO afirmar que se trata de:

A) assédio sexual.

B) violação sexual de vulnerável.

C) corrupção de menor.

D) indiferente penal.

Resposta: Letra D. É fato atípico, pois houve conjunção carnal consentida, com maior de 14 anos.

42. CRIMES CONTRA A FAMÍLIA

***MPMG 2017 (Concurso LV)**. Questão 27. Direito Penal / Crimes contra a família/ Legislação.*

Sobre os crimes contra a família, é INCORRETO afirmar:

A) Que no crime de "registrar como seu filho de outrem", que a doutrina denomina "adoção à brasileira", admite-se, presente o motivo de reconhecida nobreza, privilégio e até mesmo perdão judicial.

B) Que o crime de entrega de filho menor a pessoa inidônea admite formas dolosa e culposa.

C) Que ao definir o crime de bigamia, houve por bem o direto brasileiro excepcionar a teoria monista, cominando ao concorrente para a sua prática pena mais branda que a atribuída ao autor.

D) Que o crime de induzimento a erro essencial e ocultação de impedimento ao matrimônio é caso de ação penal privada personalíssima.

Comentários

(A): Correta – Conforme art. 242 do CP.

Art. 242 - Dar parto alheio como próprio; registrar como seu o filho de outrem; ocultar recém-nascido ou substituí-lo, suprimindo ou alterando direito inerente ao estado civil:

Pena - reclusão, de dois a seis anos. (Redação dada pela Lei nº 6.898, de 1981)

Parágrafo único - Se o crime é praticado por motivo de reconhecida nobreza:
Pena - detenção, de um a dois anos, podendo o juiz deixar de aplicar a pena.

(B): Incorreta – Não há a forma culposa, conforme art. 245 do CP.

Art. 245 - Entregar filho menor de 18 (dezoito) anos a pessoa em cuja companhia saiba ou deva saber que o menor fica moral ou materialmente em perigo:

Pena - detenção, de 1 (um) a 2 (dois) anos. (Redação dada pela Lei nº 7.251, de 1984)

§ 1º - A pena é de 1 (um) a 4 (quatro) anos de reclusão, se o agente pratica delito para obter lucro, ou se o menor é enviado para o exterior.

§ 2º - Incorre, também, na pena do parágrafo anterior quem, embora excluído o perigo moral ou material, auxilia a efetivação de ato destinado ao envio de menor para o exterior, com o fito de obter lucro.

(C): Correta – Conforme art. 235 do CP.

Art. 235 - Contrair alguém, sendo casado, novo casamento:

Pena - reclusão, de dois a seis anos.

§ 1º - Aquele que, não sendo casado, contrai casamento com pessoa casada, conhecendo essa circunstância, é punido com reclusão ou detenção, de um a três anos.

§ 2º - Anulado por qualquer motivo o primeiro casamento, ou o outro por motivo que não a bigamia, considera-se inexistente o crime.

(D): Correta – Conforme art. 236, p.u., do CP.

Art. 236 - Contrair casamento, induzindo em erro essencial o outro contraente, ou ocultando-lhe impedimento que não seja casamento anterior:

Pena - detenção, de seis meses a dois anos.

Parágrafo único - A ação penal depende de queixa do contraente enganado e não pode ser intentada senão depois de transitar em julgado a sentença que, por motivo de erro ou impedimento, anule o casamento.

Resposta: Letra B

43. CRIMES CONTRA A INCOLUMIDADE PÚBLICA

44. CRIMES CONTRA A PAZ PÚBLICA

45. CRIMES CONTRA A FÉ PÚBLICA

46. CRIMES CONTRA A ADMINISTRAÇÃO PÚBLICA

MPMG 2014 (Concurso LIV). Questão 30. Direito Penal / Código Penal / Crimes contra a Administração Pública / Legislação.

O jurado, integrando o Conselho de Sentença, impôs como obrigação e recebeu do réu polpuda soma para absolver o homicida.

Cometeu crime de:

A) Extorsão.

B) Prevaricação.

C) Concussão.

D) Corrupção passiva.

Comentários

(A, B, C e D) Art. 316 do CP: Concussão – "Exigir, para si ou para outrem, direta ou indiretamente, ainda que fora da função ou antes de assumi-la, mas em razão dela, vantagem indevida.".

Resposta certa: C

MPMG 2017 (Concurso LV)*. Questão 28. Direito Penal/ Crimes contra a administração pública/ Jurisprudência e legislação.*

No que respeita aos crimes contra a Administração Pública, é CORRETO afirmar:

A) Ao peculato mediante erro de outrem se aplica, por expressa disposição legal, a causa extintiva da punibilidade da reparação do dano anterior à sentença irrecorrível.

B) O crime de corrupção passiva, para consumar-se, depende de que o agente retarde ou deixe de praticar o ato a que obrigado, ou que o pratique infringindo dever funcional.

C) O crime de abandono de função é próprio e material, exigindo, para sua consumação, a causação de prejuízo à Administração Pública.

D) Já decidiu o Supremo Tribunal Federal que ser o sujeito ativo policial, no crime de concussão, pode ser considerada circunstância judicial negativa, não obstante a condição de funcionário público ser elementar do tipo.

Comentários

(A): Incorreta – Não há previsão de tal benesse para peculato mediante erro de outrem (art.313 do CP). Apenas o há no caso de peculato culposo (312, § 3º, do CP)

(B): Incorreta – Não faz parte do tipo penal previsto no art.317 do CP a exigência de que o agente retarde ou deixe de praticar o ato a que obrigado, ou que o pratique infringindo dever funcional. Na verdade, tais hipóteses são causa de aumento de pena (art. 317, § 1º, do CP).

Art. 317 - Solicitar ou receber, para si ou para outrem, direta ou indiretamente, ainda que fora da função ou antes de assumi-la, mas em razão dela, vantagem indevida, ou aceitar promessa de tal vantagem:

Pena – reclusão, de 2 (dois) a 12 (doze) anos, e multa.

§ 1º - A pena é aumentada de um terço, se, em conseqüência da vantagem ou promessa, o funcionário retarda ou deixa de praticar qualquer ato de ofício ou o pratica infringindo dever funcional.

§ 2º - Se o funcionário pratica, deixa de praticar ou retarda ato de ofício, com infração de dever funcional, cedendo a pedido ou influência de outrem:

Pena - detenção, de três meses a um ano, ou multa.

(C): Incorreta – A despeito de próprio, o crime de abandono de função (art.323 do CP) é formal e não pressupõe o prejuízo à administração. Caso ocorra tal prejuízo, há a forma qualificada prevista no art. 323,§ 1º, do CP.

Art. 323 - Abandonar cargo público, fora dos casos permitidos em lei:

Pena - detenção, de quinze dias a um mês, ou multa.

§ 1º - Se do fato resulta prejuízo público:

Pena - detenção, de três meses a um ano, e multa.

§ 2º - Se o fato ocorre em lugar compreendido na faixa de fronteira:

Pena - detenção, de um a três anos, e multa.

(D): Correta – Nesse sentido: (...)Dentro do Estado Democrático de Direito e do país que se almeja construir, o fato de uma autoridade pública – no caso, uma autoridade policial – obter vantagem indevida de alguém que esteja praticando um delito comprometeria de maneira grave o fundamento de legitimidade da autoridade, que seria atuar pelo bem comum e pelo bem público. Portanto, aquele que fosse investido de parcela de autoridade pública – fosse juiz, membro do Ministério Público ou autoridade policial – deveria ser avaliado, no desempenho da sua função, com escrutínio mais rígido. (STF, HC 132990/PE, rel. orig. Min. Luiz Fux, red. p/ o acórdão Min. Edson Fachin, 16.8.2016.)

Resposta: Letra D

47. CRIMINOLOGIA: ÁREAS DE ESTUDO DO CRIMINÓLOGO; PRINCIPAIS TEORIAS; PRINCIPAIS SÍNDROMES

*MPMG - **2012 (LII Concurso)** Questão 30 Direito Penal - Criminologia - Doutrina.*

De acordo com a vertente criminológica do "etiquetamento" (labeling approach), é CORRETO afirmar que a Criminologia deve:

A) investigar as causas da criminalidade do colarinho branco.

B) pesquisar as origens ontológicas dos comportamentos "etiquetados" pela lei como criminosos (tipicidade criminológica), a partir da concepção jurídico-penal de delito (conceito legal de crime).

C) estudar o efeito estigmatizante da atividade da polícia, do Ministério Público e dos juízes.

D) ocupar-se da crítica do comportamento como bom ou mal, valorando-o como positivo ou negativo do ponto de vista ético (perspectiva da defesa social).

Comentários

Segundo Nestor Sampaio Penteado Filho: "A teoria do labelling approach (interacionismo simbólico, etiquetamento, rotulação ou reação social) é uma das mais importantes teorias de conflito. Surgida nos anos 1960, nos Estados Unidos, seus principais expoentes foram Erving Goffman e Howard Becker.

Por meio dessa teoria ou enfoque, a criminalidade não é uma qualidade da conduta humana, mas a consequência de um processo em que se atribui tal "qualidade" (estigmatização).

Assim, o criminoso apenas se diferencia do homem comum em razão do estigma que sofre e do rótulo que recebe. Por isso, o tema central desse enfoque é o processo de interação em que o indivíduo é chamado de criminoso.

A sociedade define o que entende por "conduta desviante", isto é, todo comportamento considerado perigoso, constrangedor, impondo sanções àqueles que se comportarem dessa forma. Destarte, condutas desviantes são aquelas que as pessoas de uma sociedade rotulam às outras que as praticam.

A teoria da rotulação de criminosos cria um processo de estigma para os condenados, funcionando a pena como geradora de desigualdades. O sujeito acaba sofrendo reação da família, amigos, conhecidos, colegas, o que acarreta a marginalização no trabalho, na escola.

Sustenta-se que a criminalização primária produz a etiqueta ou rótulo, que por sua vez produz a criminalização secundária (reincidência). A etiqueta ou rótulo (materializados em atestado de antecedentes, folha corrida criminal, divulgação de jornais sensacionalistas etc.) acaba por impregnar o indivíduo, causando a expectativa social de que a conduta venha a ser praticada, perpetuando o comportamento delinquente e aproximando os indivíduos rotulados uns dos outros. Uma vez condenado, o indivíduo ingressa numa "instituição" (presídio), que gerará um processo institucionalizador, com seu afastamento da sociedade, rotinas do cárcere etc.

Uma versão mais radical dessa teoria anota que a criminalidade é apenas a etiqueta aplicada por policiais, promotores, juízes criminais, isto é, pelas instâncias formais de controle social. Outros, menos radicais, entendem que o etiquetamento não se acha apenas na instância formal de controle, mas também no controle informal, no interacionismo simbólico na família e escola ("irmão ovelha negra", "estudante rebelde" etc.)." (Penteado Filho, 2012, p. 98).

Resposta: letra C.

MPMG – 2013 (CONCURSO LIII) Questão 28. Criminologia/ Teorias criminológicas/ Doutrina.

É característica da chamada "nova criminologia":

A) A concepção de que a reação penal aplica-se de igual maneira a todos os autores de delitos.

B) A busca da explicação dos comportamentos criminalizados partindo da criminalidade como um dado ontológico pré-constituído à reação social.

C) O estudo do comportamento criminoso com o emprego do método etiológico das determinações causais de objetos naturais.

D) O deslocamento do interesse cognoscitivo das causas do desvio criminal para os mecanismos sociais e institucionais através dos quais é construída a "realidade social" do desvio.

Comentários

A) Incorreta. A seletividade penal é uma característica negativa da nova criminologia, consubstanciada na escolha da proteção de bens jurídicos, a criação de tipos penais e de penas que variam conforme a natureza do delito. Como bem ensina Zaffaroni (1991, p. 130), "*estes estereótipos permitem a catalogação dos criminosos que combinam com a imagem que corresponde à descrição fabricada, deixando de fora outros tipos de delinquentes (delinquência de colarinho branco, dourada, de trânsito, etc.)*".

B) Incorreta. Como sustenta Baratta (2002. p. 11): "a criminologia ao longo dos séculos tenta estudar a criminalidade não como um dado ontológico pré-constituído, mas como realidade social construída pelo sistema de justiça criminal através de definições e da reação social, o criminoso então não seria um indivíduo ontologicamente diferente, mas um status social atribuído a certos sujeitos selecionados pelo sistema penal e pela sociedade que classifica a conduta de tal individuo como se devesse ser assistida por esse sistema. Os conceitos desse paradigma marcam a linguagem da criminologia contemporânea: o comportamento criminoso como comportamento rotulado como criminoso".

C) Incorreta. O paradigma etiológico é superado pela nova criminologia, como, por exemplo, na hipótese do *Labelling Approach*, em que o indivíduo deixa de ser um objeto físico e se torna o resultado de um processo social de interação, passando a ser entendido como parte de uma sociedade, de grupos sociais, com identidade social, não somente como ser individual.

D) Correta. Segundo Raíssa Zago Leite da Silva (2015 – p. 103), observa-se que *a Teoria do Labelling Approach surgiu em um contexto criminológico diferenciado, no qual houve uma troca de paradigmas com importantes modificações no pensamento da época. A relevância das relações sociais na análise do comportamento desviante mudou o enfoque do pensamento criminológico, que, anteriormente, buscava uma resposta sobre a criminalidade nas características intrínsecas de cada indivíduo, e não no contexto social em que ele estava inserido. Com essa nova análise, o estudo da criminologia pôde evoluir muito em relação ao pensamento etiológico sustentado no momento anterior.*

Resposta: Letra D

48. ASPECTOS PENAIS DOS SEGUINTES TEXTOS NORMATIVOS: CONSTITUIÇÃO DA REPÚBLICA FEDERATIVA DO BRASIL; LEIS: 4737/1965; 4898/1965; 7210/1984; 7716/1989; 8069/1990; 8072/1990; 8078/1990; 8137/1990; 8176/1991; 9099/1995; 9455/1997; 9503/1997; 9605/98*; 9613/1998; 9807/1999; 10671/2003; 10741/2003; 10826/2003; 11101/2005; 11105/2005; 11340/2006; 11343/2006; 12694/2012; 12850/2013; 12984/2014; 13260/2016; 13344/2016; DECRETO-LEI: 3688/1941; DECRETO-LEI: 201/1967

*Não consta no último edital

MPMG 2010 (Concurso L). Questão 36. Direito Penal / Código Brasileiro de Trânsito / Legislação.

Analise as seguintes afirmativas sobre as normas penais previstas no Código Brasileiro de Trânsito (Lei n. 9.503/97) e assinale com V as verdadeiras e com F as falsas.

( ) Em qualquer fase da persecução penal, a pedido do Ministério Público ou da polícia, poderá o juiz decretar a suspensão da habilitação para dirigir veículo automotor, vedada a concessão de ofício da cautelar.

( ) Se o Ministério Público não oferecer a denúncia no prazo legal, o ofendido poderá oferecer queixa em qualquer Delegacia de Polícia com atribuição para apuração de delitos de trânsito, a fim de impedir a extinção da punibilidade pela decadência.

( ) A proibição de se obter a permissão para dirigir veículo automotor pode ser imposta cumulativamente com outras penalidades, mas não isoladamente, como penalidade principal.

( ) A penalidade de suspensão da habilitação para dirigir veículo automotor terá a mesma duração da pena privativa de liberdade.

Assinale a alternativa que apresenta a sequência de letras CORRETA.

A) (V) (V) (F) (V)

B) (F) (F) (F) (F)

C) (V) (F) (V) (V)

D) (F) (V) (V) (F)

Comentários

(FALSA): A suspensão da habilitação poderá ser decretada pelo juiz como medida cautelar, desde que haja necessidade de garantia da ordem pública – Artigo 294, do CTB.

Art. 294. Em qualquer fase da investigação ou da ação penal, havendo necessidade para a garantia da ordem pública, poderá o juiz, como medida cautelar, de ofício, ou a requerimento do Ministério Público ou ainda mediante representação da autoridade policial, decretar, em decisão motivada, a suspensão da permissão ou da habilitação para dirigir veículo automotor, ou a proibição de sua obtenção.

Parágrafo único. Da decisão que decretar a suspensão ou a medida cautelar, ou da que indeferir o requerimento do Ministério Público, caberá recurso em sentido estrito, sem efeito suspensivo.

(FALSA): A queixa subsidiária, em razão de desídia do Ministério Público, deverá ser oferecida em juízo.

(FALSA): Artigo 292 do CTB.

Art. 292. A suspensão ou a proibição de se obter a permissão ou a habilitação para dirigir veículo automotor pode ser imposta isolada ou cumulativamente com outras penalidades.

(FALSA): Artigo 293 do CTB.

Art. 293. A penalidade de suspensão ou de proibição de se obter a permissão ou a habilitação, para dirigir veículo automotor, tem a duração de dois meses a cinco anos.

§ 1º Transitada em julgado a sentença condenatória, o réu será intimado a entregar à autoridade judiciária, em quarenta e oito horas, a Permissão para Dirigir ou a Carteira de Habilitação.

§ 2º A penalidade de suspensão ou de proibição de se obter a permissão ou a habilitação para dirigir veículo automotor não se inicia enquanto o sentenciado, por efeito de condenação penal, estiver recolhido a estabelecimento prisional.

Resposta: Letra B

***MPMG 2010 (Concurso L)**. Questão 37. Direito Penal / Lei nº 7.716/89 / Lei nº 9.609/98 / Lei nº 11.101/05 / Legislação.*

Analise as seguintes afirmativas sobre leis penais especiais e assinale com V as verdadeiras e com F as falsas.

( ) Quem nega atendimento, em estabelecimento comercial aberto ao público, a um grupo de turistas pernambucanos, ao argumento de que os nordestinos formam uma sub-raça, responde por crime contra a honra, não se submetendo à lei que define crimes resultantes de preconceito de raça e de cor (Lei n. 7.716/89).

( ) Nos crimes falimentares (Lei n. 11.101/05), a declaração da falência é termo inicial da prescrição ou, conforme o caso, causa de sua interrupção.

( ) Nos casos de violação de direitos de autor de programa de computador (Lei n. 9.609/98), se se tratar de reprodução parcial não autorizada, para fins de

comércio, somente se procede mediante queixa, sem prejuízo de ação pública em relação a crimes contra a ordem tributária eventualmente conexos.

( ) A lei que dispõe sobre os crimes de lavagem de valores (Lei 9.613/98) prevê a responsabilidade penal das pessoas jurídicas que exerçam atividade de compra e venda de moeda estrangeira como instrumento cambial.

Assinale a alternativa que apresenta a sequência de letras CORRETA.

A) (V) (V) (F) (F)

B) (F) (V) (F) (F)

C) (V) (F) (V) (V)

D) (F) (F) (V) (V)

Comentários

(FALSA): Artigo 5º da Lei nº 7.716/89.

Art. 5º Recusar ou impedir acesso a estabelecimento comercial, negando-se a servir, atender ou receber cliente ou comprador.

Pena: reclusão de um a três anos.

(VERDADEIRA): Artigo 182 da Lei nº 11.101/05.

Art. 182. A prescrição dos crimes previstos nesta Lei reger-se-á pelas disposições do Decreto-Lei nº 2.848, de 7 de dezembro de 1940 - Código Penal, **começando a correr do dia da decretação da falência, da concessão da recuperação judicial ou da homologação do plano de recuperação extrajudicial.**

Parágrafo único. A decretação da falência do devedor interrompe a prescrição cuja contagem tenha iniciado com a concessão da recuperação judicial ou com a homologação do plano de recuperação extrajudicial.

(FALSA): Artigo 12, § 3º, da Lei nº 9.609/98.

Art. 12. Violar direitos de autor de programa de computador:

§ 3º Nos crimes previstos neste artigo, somente se procede mediante queixa, salvo:

I - quando praticados em prejuízo de entidade de direito público, autarquia, empresa pública, sociedade de economia mista ou fundação instituída pelo poder público;

II - quando, em decorrência de ato delituoso, resultar sonegação fiscal, perda de arrecadação tributária ou prática de quaisquer dos crimes contra a ordem tributária ou contra as relações de consumo.

(FALSA): A lei de lavagem de valores não prevê responsabilidade penal de pessoas jurídicas, apenas obrigações – Artigo 9º, inciso II, da Lei nº 9.613/98.

Art. 9º Sujeitam-se às obrigações referidas nos arts. 10 e 11 as pessoas físicas e jurídicas que tenham, em caráter permanente ou eventual, como atividade principal ou acessória, cumulativamente ou não:

II – a compra e venda de moeda estrangeira ou ouro como ativo financeiro ou instrumento cambial;

Resposta: Letra B

__MPMG 2010 (Concurso L)__. Questão 39. Direito Processual Penal / Procedimento Comum e Sumaríssimo / Código de Trânsito Brasileiro / Lei dos Juizados Especiais Criminais – JECRIM / Lei nº 9.609/98 / Lei nº 9.099/95 / Legislação.

Do ponto de vista objetivo, fará jus à suspensão condicional do processo (art. 89, Lei n. 9.099/95):

A) *o funcionário público que, por imprudência, brincando com uma arma de fogo, mata uma criança com disparo na cabeça.*

B) *o comerciante que, por imprudência, conduzindo automóvel em velocidade superior à permitida e sob a influência de álcool, provoca colisão no trânsito e causa a morte de passageiro de outro veículo, único dos envolvidos que se encontrava sem o cinto de segurança.*

C) *o funcionário público que compra uma CNH falsa, mediante expectativa de que é produzida com papel autêntico e com prontuário registrado no órgão de trânsito, apresentando-a a policial rodoviário numa blitz.*

D) *o comerciante que expõe à venda, numa banca do shopping Oiapoque, em Belo Horizonte, 400 CDs piratas, cópias não autorizadas de álbum fonográfico de músico estrangeiro, com violação de direito de autor.*

Comentários

(A): Correta – Artigo 121, § 3º, do CP tem pena mínima de 01 ano. Para que seja reconhecido a possibilidade da aplicação da suspensão condicional do processo, é necessário que a pena mínima, seja igual ou iferior a um ano, nos termos do art. 89, da Lei 9.099/95, vejamos:

Art. 89. Nos crimes em que a pena mínima cominada for igual ou inferior a um ano, abrangidas ou não por esta Lei, o Ministério Público, ao oferecer a denúncia, poderá propor a suspensão do processo, por dois a quatro anos, desde que o acusado não esteja sendo processado ou não tenha sido condenado por outro crime, presentes os demais requisitos que autorizariam a suspensão condicional da pena (art. 77 do Código Penal).

Art. 121, § 3º Se o homicídio é culposo:

Pena - detenção, de um a três anos.

(B): Incorreta. Art. 302, §3º, CTB.

Art. 302, § 3º Se o agente conduz veículo automotor sob a influência de álcool ou de qualquer outra substância psicoativa que determine dependência:

Penas - reclusão, de cinco a oito anos, e suspensão ou proibição do direito de se obter a permissão ou a habilitação para dirigir veículo automotor.

(C): Incorreta – Artigo 304 do CP.

Uso de documento falso

Art. 304 - Fazer uso de qualquer dos papéis falsificados ou alterados, a que se referem os arts. 297 a 302:

Pena - a cominada à falsificação ou à alteração.

(D): Art. 184, §1º, do CP.

Art. 184. Violar direitos de autor e os que lhe são conexos:

§ 1º Se a violação consistir em reprodução total ou parcial, com intuito de lucro direto ou indireto, por qualquer meio ou processo, de obra intelectual, interpretação, execução ou fonograma, sem autorização expressa do autor, do artista intérprete ou executante, do produtor, conforme o caso, ou de quem os represente:

Pena – reclusão, de 2 (dois) a 4 (quatro) anos, e multa.

Resposta: Letra A

MPMG – 2011 (Concurso LI). *Questão 26. Direito Penal / Estatuto do Desarmamento / Infrações Penais / Legislação.*

Zé Carabina possuía em sua casa um revólver calibre 38 registrado, embora não tivesse autorização para portar arma de fogo. Certo dia, após efetuar a manutenção (limpeza etc.) da arma e municiá-la com (05) cinco cartuchos, deixou-a sobre a mesa da sala, local onde passaram a brincar seus filhos e alguns colegas, todos menores, com idade média de 08 (oito) anos. O filho mais velho, de 09 (nove) anos de idade, apoderou-se da arma e passou a apontá-la na direção dos amigos, dizendo que era da polícia. Nesse momento, Zé Carabina ingressou na sala, tomando a arma do filho e evitando o que poderia ser uma tragédia. Considerando a hipótese narrada, é CORRETO afirmar que Zé Carabina praticou

A) *o crime de perigo para a vida ou saúde de outrem, porém com a atenuante do arrependimento eficaz.*

B) *o crime de porte ilegal de arma de fogo de uso permitido.*

C) *um crime omissivo próprio.*

D) *um fato atípico.*

Comentários

a) Incorreta.

b) Incorreta.

c) Correta. Art. 13 da Lei nº 10.826/03: "Deixar de observar as cautelas necessárias para impedir que menor de 18 (dezoito) anos ou pessoa portadora de deficiência mental se apodere de arma de fogo que esteja sob sua posse ou que seja de sua propriedade".

d) Incorreta.

Resposta certa: C

MPMG - 2011 (Concurso LI)*. Questão 27. Direito Penal / Código de Trânsito Brasileiro / Infrações Penais /Legislação / Desatualizada.*

Ontem, 20 de agosto de 2011, às 18h, em Belo Horizonte/MG, Zé do Pó, habilitado na categoria D, na direção de um veículo automotor, ultrapassou em alta velocidade o sinal vermelho em cruzamento de vias urbanas, atropelando o ciclista José Cidadão Ecológico. Ao perceber a gravidade do acidente, deixou de prestar socorro à vítima, embora pudesse fazê-lo sem risco pessoal. Em consequência das lesões, a vítima morreu, algum tempo depois, ainda no local do fato. Dali, Zé do Pó foi até uma Delegacia de Polícia e confessou o ocorrido, dizendo que provocou o acidente porque se encontrava sob influência de cocaína, o que foi confirmado. Zé do Pó deverá ser denunciado por

A) três crimes, dois deles previstos no Código de Trânsito Brasileiro e majorados.

B) dois crimes, ambos previstos no Código de Trânsito Brasileiro, um deles majorado.

C) um crime previsto no Código de Trânsito Brasileiro, duplamente qualificado.

D) nenhum crime, pois praticou o fato sob influência de substância psicoativa que causa dependência, hipótese excludente de culpabilidade.

Comentários

(Código de Trânsito Brasileiro foi alterado após a realização do certame)

a) Incorreta.

b) Correta à época do certame. Todavia, com o advento da Lei nº 13.546, de 2017, conduzir veículo automotor sob a influência de álcool ou de qualquer outra substância psicoativa que determine dependência passou a qualificar o homicídio culposo.

Art. 302. Praticar homicídio culposo na direção de veículo automotor:

§ 3º Se o agente conduz veículo automotor sob a **influência de álcool ou de qualquer outra substância psicoativa que determine dependência: (Incluído pela Lei nº 13.546, de 2017)**

Penas - reclusão, de cinco a oito anos, e suspensão ou proibição do direito de se obter a permissão ou a habilitação para dirigir veículo automotor.

c) Incorreta.

d) Incorreta.

Resposta certa: B, à época do certame. Todavia, a questão está desatualizada, haja vista o advento da Lei nº 13.546, de 2017.

***MPMG – 2011 (Concurso LI)**. Questão 28. Direito Penal / Código de Defesa do Consumidor / Infrações Penais /Legislação.*

*Os crimes previstos no Código de Defesa do Consumidor (Lei nº 8.078/90) terão a pena elevada, na segunda fase de sua aplicação, quando cometidos em detrimento de pessoas que apresentem certas condições subjetivas. Estão previstas entre essas circunstâncias, **EXCETO**:*

A) crime praticado em detrimento de operário.

B) crime praticado em detrimento de analfabeto.

C) crime praticado em detrimento de menor de 18 ou maior de 60 anos.

D) crime praticado em detrimento de portador de deficiência mental, ainda que não interditado.

Comentários

a) Correta.

b) Incorreta. Art. 76 da Lei nº 8.078/90: "São circunstâncias agravantes dos crimes tipificados neste código: (...) IV – quando cometidos: a) por servidor público, ou por pessoa cuja condição econômico-social seja manifestamente superior à da vítima; b) em detrimento de **operário** ou rurícola; de **menor de dezoito ou maior de sessenta anos** ou de **pessoas portadoras de deficiência mental interditadas ou não**; V – serem praticados em operações que envolvam alimentos, medicamentos ou quaisquer outros produtos ou serviços essenciais" (destacamos).

c) Correta.

d) Correta.

Resposta certa: B

***MPMG - 2011 (Concurso LI)**. Questão 29. Direito Penal / Lei 8.137/90 / Infrações Penais /Legislação.*

Considerando os crimes contra as relações de consumo, previstos na Lei nº 8.137/90, bem como no Código de Defesa do Consumidor (Lei nº 8.078/90), analise as seguintes proposições e assinale com V as verdadeiras e com F as falsas. Constitui crime

( ) vender ou expor à venda mercadoria cuja embalagem esteja em desacordo com as prescrições legais, punindo-se apenas a modalidade dolosa.

( ) misturar gêneros e mercadorias de espécies diferentes, para vendê-las como puros, punindo-se inclusive a modalidade culposa.

( ) ter em depósito, para vender, mercadoria em condições impróprias ao consumo, punindo-se inclusive a modalidade culposa.

( ) deixar de entregar ao consumidor o termo de garantia adequadamente preenchido e com especificação clara de seu conteúdo, punindo-se inclusive a modalidade culposa.

Assinale a alternativa que apresenta a sequência de letras CORRETA.

A) (V) (V) (V) (F).

B) (V) (F) (F) (V).

C) (F) (V) (V) (F).

D) (F) (V) (V) (V).

Comentários

I) Incorreta. Art. 7º, II e parágrafo único, Lei 8137/90. Crime punido tanto na modalidade dolosa quanto culposa.

Art. 7º Constitui crime contra as relações de consumo:

II - vender ou expor à venda mercadoria cuja embalagem, tipo, especificação, peso ou composição esteja em desacordo com as prescrições legais, ou que não corresponda à respectiva classificação oficial;

Parágrafo único. Nas hipóteses dos incisos II, III e IX pune-se a modalidade culposa, reduzindo-se a pena e a detenção de 1/3 (um terço) ou a de multa à quinta parte.

II) Correta. Art. 7º, III e parágrafo único, Lei 8137/90.

Art. 7º Constitui crime contra as relações de consumo:

III - misturar gêneros e mercadorias de espécies diferentes, para vendê-los ou expô-los à venda como puros; misturar gêneros e mercadorias de qualidades desiguais para vendê-los ou expô-los à venda por preço estabelecido para os demais mais alto custo;

Parágrafo único. Nas hipóteses dos incisos II, III e IX pune-se a modalidade culposa, reduzindo-se a pena e a detenção de 1/3 (um terço) ou a de multa à quinta parte.

III) Correta. Art. 7º, II e parágrafo único, Lei 8137/90.

Art. 7° Constitui crime contra as relações de consumo:

II - vender ou expor à venda mercadoria cuja embalagem, tipo, especificação, peso ou composição esteja em desacordo com as prescrições legais, ou que não corresponda à respectiva classificação oficial;

Parágrafo único. Nas hipóteses dos incisos II, III e IX pune-se a modalidade culposa, reduzindo-se a pena e a detenção de 1/3 (um terço) ou a de multa à quinta parte.

IV) Incorreta. Art. 74, CDC. O tipo penal não prevê a modalidade culposa.

Art. 74. Deixar de entregar ao consumidor o termo de garantia adequadamente preenchido e com especificação clara de seu conteúdo;

Pena Detenção de um a seis meses ou multa.

Resposta certa: C

MPMG – 2012 (LII Concurso) *Questão 29 Direito Penal / Legislação Especial / Código de Trânsito Brasileiro.*

Os crimes previstos no Código de Trânsito Brasileiro (Lei n. 9.503/97) terão a pena elevada, na segunda fase de sua aplicação, quando o condutor do veículo tiver cometido a infração:

A) *com Carteira de Habilitação de categoria diferente da do veículo.*

B) *sob a influência de substância entorpecente de efeitos análogos ao álcool.*

C) *participando de corrida, disputa ou competição automobilística não autorizada.*

D) *violando suspensão da habilitação para dirigir veículo automotor imposta com fundamento no próprio Código de Trânsito.*

Comentários

Art. 298 do CTB: "São circunstâncias que sempre agravam as penalidades dos crimes de trânsito ter o condutor do veículo cometido a infração: (...) IV – com Permissão para Dirigir ou Carteira de Habilitação de categoria diferente da do veículo; (...)".

Resposta: letra A.

MPMG – 2013 (CONCURSO LIII) *Questão 22. Direito Penal/ Legislação Penal Especial/ Crime Ambiental/ Legislação.*

Aquele que, culposamente, deteriora uma pinacoteca particular sabidamente tombada poderá ser responsabilizado:

A) *Por crime de dano, previsto no Código Penal, por atentar contra o patrimônio alheio.*

B) *Por crime contra o meio ambiente artificial e cultural.*

C) *Por se tratar de fato atípico, não poderá ser responsabilizado criminalmente.*

D) *Por crime específico, de dano em coisa de valor artístico, arqueológico ou histórico, tal como previsto no Código Penal.*

Comentários

A) Incorreto. Em razão do princípio da especialidade, não se aplica o tipo penal do crime de dano previsto no Código Penal, pois a Lei dos Crimes Ambientais criminaliza a conduta em seu artigo 62, parágrafo único.

Art. 62. Destruir, inutilizar ou deteriorar:

I - bem especialmente protegido por lei, ato administrativo ou decisão judicial;

II - arquivo, registro, museu, biblioteca, pinacoteca, instalação científica ou similar protegido por lei, ato administrativo ou decisão judicial:

Pena - reclusão, de um a três anos, e multa.

Parágrafo único. Se o crime for culposo, a pena é de seis meses a um ano de detenção, sem prejuízo da multa.

B) Correto. A tipificação da conduta culposa do crime de dano ao meio ambiente cultural está prevista no artigo 62, parágrafo único, da Lei de Crimes Ambientais (Lei nº 9.605/98).

C) Incorreto. O crime de dano culposo contra o meio ambiente cultural é punível, nos termos do Artigo 62, parágrafo único, da Lei nº 9.605/98.

D) Incorreto. O artigo 165 do CP foi tacitamente revogado pela Lei dos Crimes Ambientais.

Resposta: Letra B

MPMG – 2013 (CONCURSO LIII) *Questão 23. Direito Penal. Legislação Penal Especial/ Crimes contra a ordem tributária/ Jurisprudência.*

Segundo orientação do Supremo Tribunal Federal, não se tipifica crime material contra a ordem tributária antes do lançamento definitivo do tributo, a supressão ou redução deste, ou contribuição social e qualquer acessório, mediante as seguintes condutas, ***EXCETO:***

A) *Negar ou deixar de fornecer, quando obrigatório, nota fiscal ou documento equivalente, relativa à venda de mercadoria ou prestação de serviço, efetivamente realizada, ou fornecê-la em desacordo com a legislação.*

B) *Fraudar a fiscalização tributária, inserindo elementos inexatos, ou omitindo operação de qualquer natureza, em documento ou livro exigido pela lei fiscal.*

C) *Falsificar ou alterar nota fiscal, fatura, duplicata, nota de venda, ou qualquer outro documento relativo à operação tributável.*

D) *Elaborar, distribuir, fornecer, emitir ou utilizar documento que saiba ou deva saber falso ou inexato.*

Comentários

A questão exige o conhecimento de quais crimes contra a ordem tributária são de índole material, pois estes só são considerados praticados após lançamento definitivo do tributo, conforme Súmula Vinculante nº 24 do STF. Renato Brasileiro (2016, p. 220) ensina que o lançamento definitivo é **condição objetiva de punibilidade nos crimes materiais contra a ordem tributária**, crimes estes, portanto, cuja consumação está condicionada à produção de um resultado, tal como ocorre em relação àqueles definidos no artigo 1º da lei 8.137/90.

A) Incorreta. Embora esteja previsto no art. 1º, inciso V, da lei 8.137/90, trata-se de crime formal, pois a conduta só será caracterizada se houver a falta de atendimento da exigência da autoridade, no prazo de 10 (dez) dias, nos termos do parágrafo único do mesmo artigo.

Art. 1° Constitui crime contra a ordem tributária suprimir ou reduzir tributo, ou contribuição social e qualquer acessório, mediante as seguintes condutas:

I - omitir informação, ou prestar declaração falsa às autoridades fazendárias;

II - fraudar a fiscalização tributária, inserindo elementos inexatos, ou omitindo operação de qualquer natureza, em documento ou livro exigido pela lei fiscal;

III - falsificar ou alterar nota fiscal, fatura, duplicata, nota de venda, ou qualquer outro documento relativo à operação tributável;

IV - elaborar, distribuir, fornecer, emitir ou utilizar documento que saiba ou deva saber falso ou inexato;

V - negar ou deixar de fornecer, quando obrigatório, nota fiscal ou documento equivalente, relativa a venda de mercadoria ou prestação de serviço, efetivamente realizada, ou fornecê-la em desacordo com a legislação.

Pena - reclusão de 2 (dois) a 5 (cinco) anos, e multa.

B) É crime material previsto no art. 1º, inciso II, da lei 8.137/90.

C) É crime material previsto no art. 1º, inciso III, da lei 8.137/90.

D) É crime material previsto no art. 1º, inciso IV, da lei 8.137/90.

Resposta: Letra A

MPMG – 2013 (CONCURSO LIII) Questão 25. Execução Penal/ Remição/ Legislação. (L. 7.210/84).

*De acordo com a legislação vigente, é **CORRETO** dizer, sobre o instituto da remição:*

A) *Constitui fator de abatimento do total da sanção, mas não é computado como tempo de cumprimento de pena para todos os efeitos.*

B) *É permitido por trabalho e estudo, mas, em qualquer hipótese, somente nos regimes fechado ou semiaberto.*

C) *É cabível em caso de trabalho externo no regime fechado e, no regime aberto, por estudo fora do estabelecimento.*

D) *Para fins de cumulação dos casos de remição, as horas diárias de trabalho e de estudo não poderão ser compatibilizadas.*

Comentários

A) Incorreta. A remição da pena é um benefício aplicado pelo juiz da execução penal e consiste no abatimento de parte da pena privativa de liberdade pelo trabalho ou pelo estudo. Segundo o artigo 128 da LEP, "O tempo remido será computado como pena cumprida, para todos os efeitos.".

B) Incorreta. A remição pela frequência a curso de ensino regular ou de educação profissional é permitida aos condenados que cumprem pena em regime aberto ou semiaberto, nos termos do § 6º do artigo 126 da LEP.

C) Correta. Cabe remição em caso de trabalho externo no regime fechado (art. 36 da LEP). O condenado que cumpre pena em **regime aberto ou semiaberto** e o que usufrui **liberdade condicional** poderão remir, pela frequência a curso de ensino regular ou de educação profissional, parte do tempo de execução da pena ou do período de prova, observado o disposto no inciso I do § 1º deste artigo. (artigo 126, § 6º, da LEP).

D) Incorreta. Segundo o § 3º do art. 126 LEP, "Para fins de cumulação dos casos de remição, as horas diárias de trabalho e de estudo serão definidas de forma a se compatibilizarem.".

Resposta: Letra C

MPMG 2014 (Concurso LIV). Questão 26. Direito Penal / Lei de Execução Penal (L. 7.210/84) / Regime Disciplinar Diferenciado / Legislação.

Sobre o regime disciplinar diferenciado, assinale a alternativa INCORRETA:

A) *Poderá abrigar condenados, nacionais ou estrangeiros, que apresentem alto risco para a ordem e a segurança do estabelecimento penal ou da sociedade.*

B) *Está sujeito o condenado sob o qual recaiam fundadas suspeitas de envolvimento ou participação, a qualquer título, em organizações criminosas.*

C) *É aplicável ao preso provisório que pratique fato previsto como crime doloso e que ocasione subversão da ordem e disciplina internas, sem prejuízo da sanção penal.*

D) *Tem duração máxima de 360 (trezentos e sessenta) dias, sem prejuízo de repetição por nova falta grave, até o limite de 1/4 (um quarto) da pena.*

Comentários

(A) Correto – Art. 52, § 1º, Lei 7.210/84;

(B) Correto – Art. 52, § 1º, I, Lei 7.210/84;

(C) Correto – Art. 52, *caput,* Lei 7.210/84;

(D) Errado – Atenção com o Pacote Anticrime Lei nº 13.964, de 2019 que conferiu nova redação ao dispositivo.

Art. 52. A prática de fato previsto como crime doloso constitui falta grave e, quando ocasionar subversão da ordem ou disciplina internas, sujeitará o preso provisório, ou condenado, nacional ou estrangeiro, sem prejuízo da sanção penal, ao regime disciplinar diferenciado, com as seguintes características: **(Redação dada pela Lei nº 13.964, de 2019)**

I - duração máxima de até 2 (dois) anos, sem prejuízo de repetição da sanção por nova falta grave de mesma espécie;

II - recolhimento em cela individual;

III - visitas quinzenais, de 2 (duas) pessoas por vez, a serem realizadas em instalações equipadas para impedir o contato físico e a passagem de objetos, por pessoa da família ou, no caso de terceiro, autorizado judicialmente, com duração de 2 (duas) horas;

IV - direito do preso à saída da cela por 2 (duas) horas diárias para banho de sol, em grupos de até 4 (quatro) presos, desde que não haja contato com presos do mesmo grupo criminoso;

V - entrevistas sempre monitoradas, exceto aquelas com seu defensor, em instalações equipadas para impedir o contato físico e a passagem de objetos, salvo expressa autorização judicial em contrário;

VI - fiscalização do conteúdo da correspondência;

VII - participação em audiências judiciais preferencialmente por videoconferência, garantindo-se a participação do defensor no mesmo ambiente do preso.

§ 1º O regime disciplinar diferenciado também será aplicado aos presos provisórios ou condenados, nacionais ou estrangeiros:

I - que apresentem alto risco para a ordem e a segurança do estabelecimento penal ou da sociedade;

II - sob os quais recaiam fundadas suspeitas de envolvimento ou participação, a qualquer título, em organização criminosa, associação criminosa ou milícia privada, independentemente da prática de falta grave.

§ 2º (Revogado).

§ 3º Existindo indícios de que o preso exerce liderança em organização criminosa, associação criminosa ou milícia privada, ou que tenha atuação criminosa em 2 (dois) ou mais Estados da Federação, o regime disciplinar diferenciado será obrigatoriamente cumprido em estabelecimento prisional federal.

§ 4º Na hipótese dos parágrafos anteriores, o regime disciplinar diferenciado poderá ser prorrogado sucessivamente, por períodos de 1 (um) ano, existindo indícios de que o preso:

I - continua apresentando alto risco para a ordem e a segurança do estabelecimento penal de origem ou da sociedade;

II - mantém os vínculos com organização criminosa, associação criminosa ou milícia privada, considerados também o perfil criminal e a função desempenhada por ele no grupo criminoso, a operação duradoura do grupo, a superveniência de novos processos criminais e os resultados do tratamento penitenciário.

§ 5º Na hipótese prevista no § 3º deste artigo, o regime disciplinar diferenciado deverá contar com alta segurança interna e externa, principalmente no que diz respeito à necessidade de se evitar contato do preso com membros de sua organização criminosa, associação criminosa ou milícia privada, ou de grupos rivais.

§ 6º A visita de que trata o inciso III do *caput* deste artigo será gravada em sistema de áudio ou de áudio e vídeo e, com autorização judicial, fiscalizada por agente penitenciário.

§ 7º Após os primeiros 6 (seis) meses de regime disciplinar diferenciado, o preso que não receber a visita de que trata o inciso III do *caput* deste artigo poderá, após prévio agendamento, ter contato telefônico, que será gravado, com uma pessoa da família, 2 (duas) vezes por mês e por 10 (dez) minutos.

Resposta certa: D

***MPMG 2014 (Concurso LIV)**. Questão 29. Direito Penal / Lei de Execução Penal (L. 7.210/84) / Permissão de Saída / Legislação.*

No que tange a permissão de saída, assinale a resposta INCORRETA:

A) Pode ser concedida em caso de falecimento da companheira.

B) Pode ser concedida em caso de doença grave de ascendente.

C) Pode ser concedida para tratamento médico.

D) Pode ser concedida para estudo em estabelecimento fora do presídio.

Comentários

(A, B, C e D) Art. 120, Lei de execução Penal (Lei 7.210/84)

Art. 120. Os condenados que cumprem pena em regime fechado ou semi--aberto e os presos provisórios poderão obter permissão para sair do estabelecimento, mediante escolta, quando ocorrer um dos seguintes fatos:

I - falecimento ou doença grave do cônjuge, companheira, ascendente, descendente ou irmão;

II - necessidade de tratamento médico (parágrafo único do artigo 14).

Parágrafo único. A permissão de saída será concedida pelo diretor do estabelecimento onde se encontra o preso.

Resposta certa: D

MPMG 2014 (Concurso LIV)*. Questão 22. Direito Penal / Estatuto do Desarmamento (L. 10.826/03) e crimes Ambientais (l. 9.605/98) / Crimes em espécie / Legislação.*

Assinale a alternativa que contém, segundo a Legislação brasileira em vigor, resposta jurídica adequada para a seguinte situação:

Cidadão que, movido por compaixão, possuidor de licença regular para porte e valendo-se de arma de fogo devidamente registrada, realiza disparo em via pública, matando, deliberadamente, um cachorro de estimação que, há muito, agonizava com um câncer terminal pelo qual muito sofria:

A) Pratica crime previsto na Lei 10.826/2003.

B) Pratica, em concurso, crimes previstos nas Leis 10.826/2003 e 9.605/1998.

C) Pratica crime previsto na Lei 9.605/1998.

D) Não pratica qualquer crime, em razão da atipicidade dos fatos.

Comentários

Correto – Art. 15, Lei 10.826/03;

Art. 15. Disparar arma de fogo ou acionar munição em lugar habitado ou em suas adjacências, em via pública ou em direção a ela, desde que essa conduta não tenha como finalidade a prática de outro crime:

Pena – reclusão, de 2 (dois) a 4 (quatro) anos, e multa.

(B) Errado – a eutanásia animal é permitida, sendo os médicos veterinários autorizados a praticá-la em caso de doenças terminais.

(C) Errado;

(D) Errado;

Resposta certa: A

MPMG 2014 (Concurso LIV)*. Questão 23. Direito Penal / Lei de Organizações Criminosas (l. 12.850/13)/ Colaboração Premiada / Legislação.*

São resultados previstos na "Lei de Organização Criminosa" como necessários para que aquele que tenha colaborado efetiva e voluntariamente com a investigação e com o processo criminal obtenha o benefício da colaboração premiada, EXCETO:

A) *Revelação da estrutura hierárquica e da divisão de tarefas da organização criminosa.*

B) *Prevenção de infrações penais decorrentes das atividades de organização criminosa.*

C) *Recuperação total ou parcial do produto ou do proveito das infrações penais praticadas pela organização criminosa.*

D) *Localização dos instrumentos do crime, desde que consistam em coisas cujo fabrico, alienação, uso, porte ou detenção constitua fato ilícito.*

Comentários

(A) Correto – Art. 4º, II, Lei 12.850/13;

(B) Correto – Art. 4º, III, Lei 12.850/13;

(C) Correto – Art. 4º, IV, Lei 12.850/13;

(D) Errado – não está previsto no art. 4º, Lei 12.850/13. Atenção com as alterações do pacote anticrime.

Art. 4º O juiz poderá, a requerimento das partes, conceder o perdão judicial, reduzir em até 2/3 (dois terços) a pena privativa de liberdade ou substituí-la por restritiva de direitos daquele que tenha colaborado efetiva e voluntariamente com a investigação e com o processo criminal, desde que dessa colaboração advenha um ou mais dos seguintes resultados:

I - a identificação dos demais coautores e partícipes da organização criminosa e das infrações penais por eles praticadas;

II - a revelação da estrutura hierárquica e da divisão de tarefas da organização criminosa;

III - a prevenção de infrações penais decorrentes das atividades da organização criminosa;

IV - a recuperação total ou parcial do produto ou do proveito das infrações penais praticadas pela organização criminosa;

V - a localização de eventual vítima com a sua integridade física preservada.

Resposta certa: D

MPMG 2018. (CONCURSO LVI) QUESTÃO 27. Direito Penal. Legislação Penal Especial. Lei de Drogas. Doutrina/Jurisprudência/ Lei Seca: Lei nº 11.343/06/ Desatualizada.

No que se refere à Lei 11.343/06, assinale a alternativa CORRETA:

A) *Sendo crime acessório, a associação para o tráfico de entorpecentes exige a prova material do crime principal.*

B) *Em caso de concurso de crimes, as multas serão impostas sempre cumulativamente, podendo ser aumentadas até a metade se, em virtude da situação econômica do acusado, considerá-las o juiz ineficazes, ainda que aplicadas no máximo.*

C) *A condenação anterior por cometimento de crime tipificado no art. 28, da Lei 11.343/06, atrai a agravante da reincidência.*

D) *As penas relativas ao crime tipificado no art. 28, da Lei 11.343/06, prescrevem em 3 (três) anos, a teor do disposto no art. 109, VI, do Código Penal.*

Comentários

A) INCORRETA. O crime de associação para o tráfico de entorpecentes não é um crime acessório, de fusão, ou parasitário, ou seja, que depende da prática de um crime anterior para sua configuração. O art. 35 da Lei nº 11.343/06 que o prevê tipifica a conduta de se associarem duas ou mais pessoas para **o fim de** praticar qualquer dos crimes previstos nos arts. 33, *caput* e § 1º, e 34 da Lei. Ou seja, **basta a finalidade da prática**, sendo despicienda a efetiva prática.

B) INCORRETA. Na hipótese apresentada, a Lei nº 11.343/06 estabelece, em seu art. 43, parágrafo único, a possibilidade de **aumento até o décuplo**, e não somente até a metade. Confira-se: "Parágrafo único. As multas, que em caso de concurso de crimes serão impostas sempre cumulativamente, podem ser aumentadas até o décuplo se, em virtude da situação econômica do acusado, considerá-las o juiz ineficazes, ainda que aplicadas no máximo."

C) INCORRETA. Até a realização da prova preambular do LVI Concurso para Ingresso na Carreira do Ministério Público do Estado de Minas Gerais, ocorrida em maio de 2018, de fato, prevalecia o que afirmado na assertiva, razão pela qual ela foi reputada correta. Isso porque o Supremo Tribunal Federal decidiu que o porte de drogas para uso pessoal não foi descriminalizado com o advento da Lei nº 11.343/06, mas apenas despenalizado.

Ocorre que, em momento posterior, a jurisprudência do **STJ reviu seu posicionamento, e passou a entender que condenação anterior por cometimento de crime do art. 28, da Lei 11.343/06, não configura reincidência**. Para tanto, fundamentou-se no princípio da proporcionalidade, sob o argumento de que não seria razoável condenação anterior por contravenção penal que prevê pena privativa de liberdade não configurar reincidência, e a condenação anterior pelo porte de drogas para consumo pessoal configurar, a despeito de sequer poder acarretar prisão ao condenado.

D) INCORRETA. Na realidade, há disposição específica na Lei nº 11.343/06 quanto à prescrição do crime tipificado em seu art. 28, que deve prevalecer em razão do princípio da especialidade. Trata-se do art. 30, que estabelece o prazo prescricional de 2 (dois) anos: "Art. 30. Prescrevem em 2 (dois) anos a imposição e a execução das penas, observado, no tocante à interrupção do prazo, o disposto nos arts. 107 e seguintes do Código Penal."

Resposta: Letra C (atualmente, todas as alternativas são incorretas).

MPMG 2019 (CONCURSO LVII). QUESTÃO 23. Direito Penal / Lei 9.099/95 / Legislação e Jurisprudência.

Sobre os institutos despenalizadores previstos na Lei n° 9.099/95, marque a alternativa incorreta:

A) *A transação penal não será admitida nas seguintes hipóteses: ter sido o autor da infração condenado, pela prática de crime, à pena privativa de liberdade, por sentença definitiva; ter sido o agente beneficiado anteriormente, no prazo de 5 (cinco) anos, com a transação penal; não indicarem os antecedentes, a conduta social e a personalidade do agente, bem como os motivos e as circunstâncias, ser necessária e suficiente a adoção da medida.*

B) *É perfeitamente viável a utilização de prestação pecuniária ou de serviços à comunidade tanto como pena restritiva de direitos, quanto como condição na proposta de sursis processual sem caráter sancionatório.*

C) *Aos crimes de trânsito de lesão corporal culposa não se aplicam os benefícios da transação penal e da suspensão do processo, se o agente estiver: sob a influência de álcool ou qualquer outra substância psicoativa que determine dependência; participando, em via pública, de corrida, disputa ou competição automobilística, de exibição ou demonstração de perícia em manobra de veículo automotor, não autorizada pela autoridade competente; transitando em velocidade superior à máxima permitida para a via em 50 km/h (cinquenta quilômetros por hora).*

D) A suspensão do processo será revogada se, no curso do prazo, o beneficiário vier a ser processado por outro crime ou não efetuar, sem motivo justificado, a reparação do dano, e poderá ser revogada se o acusado vier a ser processado, no curso do prazo, por contravenção, ou descumprir qualquer outra condição imposta.

Comentários

(A): Alternativa correta, nos termos do art. 76, § 2º, da lei nº 9.099/1995, vejamos: Art. 76. Havendo representação ou tratando-se de crime de ação penal pública incondicionada, não sendo caso de arquivamento, o Ministério Público poderá propor a aplicação imediata de pena restritiva de direitos ou multas, a ser especificada na proposta. § 1º Nas hipóteses de ser a pena de multa a única aplicável, o Juiz poderá reduzi-la até a metade. **§ 2º Não se admitirá a proposta se ficar comprovado**: I - ter sido o autor da infração condenado, pela prática de crime, à pena privativa de liberdade, por sentença definitiva; II - ter sido o agente beneficiado anteriormente, no prazo de cinco anos, pela aplicação de pena restritiva ou multa, nos termos deste artigo; III - não indicarem os antecedentes, a conduta social e a personalidade do agente, bem como os motivos e as circunstâncias, ser necessária e suficiente a adoção da medida.

(B): Para a Suprema Corte: "é perfeitamente viável a utilização de prestação pecuniária ou de serviços à comunidade tanto como pena restritiva de direitos, quanto como condição na proposta do sursis processual sem caráter sancionatório". (Recurso Ordinário em Habeas Corpus 133.039 Minas Gerais). Registra-se, ainda que há REsp repetitivo julgado pelo STJ, vejamos:

"(...). 1. Recurso especial processado sob o regime previsto no art. 543-C, § 2º, do CPC, c/c o art. 3º do CPP, e na Resolução n. 8/2008 do STJ.

PRIMEIRA TESE: Se descumpridas as condições impostas durante o período de prova da suspensão condicional do processo, o benefício poderá ser revogado, mesmo se já ultrapassado o prazo legal, desde que referente a fato ocorrido durante sua vigência.

SEGUNDA TESE: Não há óbice a que se estabeleçam, no prudente uso da faculdade judicial disposta no art. 89, § 2º, da Lei n. 9.099/1995, obrigações equivalentes, do ponto de vista prático, a sanções penais (tais como a prestação de serviços comunitários ou a prestação pecuniária), mas que, para os fins do sursis processual, se apresentam tão somente como condições para sua incidência.

2. Da exegese do § 4º do art. 89 da Lei n. 9.099/1995 ("a suspensão poderá ser revogada se o acusado vier a ser processado, no curso do prazo, por contravenção, ou descumprir qualquer outra condição imposta), constata-se ser viável

a revogação da suspensão condicional do processo ante o descumprimento, durante o período de prova, de condição imposta, mesmo após o fim do prazo legal.

3. **A jurisprudência de ambas as Turmas do STJ e do STF é firme em assinalar que o § 2º do art. 89 da Lei n. 9.099/1995 não veda a imposição de outras condições, desde que adequadas ao fato e à situação pessoal do acusado.** (...)." (REsp 1498034/RS, Rel. Ministro ROGERIO SCHIETTI CRUZ, TERCEIRA SEÇÃO, julgado em 25/11/2015, DJe 02/12/2015)

(C): Alternativa está incorreta, consoante art. 291, do CTB, veda-se a composição civil dos danos, a transação penal e a ação torna-se pública incondicionada. Todaviam, não há não há vedação a suspensão condicional do processo. Art. 291. Aos crimes cometidos na direção de veículos automotores, previstos neste Código, **aplicam-se as normas gerais do Código Penal e do Código de Processo Penal, se este Capítulo não dispuser de modo diverso, bem como a Lei nº 9.099, de 26 de setembro de 1995, no que couber. § 1º Aplica-se aos crimes de trânsito de lesão corporal culposa o disposto nos arts. 74, 76 e 88 da Lei nº 9.099, de 26 de setembro de 1995, exceto se o agente estiver: I - sob a influência de álcool ou qualquer outra substância psicoativa que determine dependência; II - participando, em via pública, de corrida, disputa ou competição automobilística, de exibição ou demonstração de perícia em manobra de veículo automotor, não autorizada pela autoridade competente; III - transitando em velocidade superior à máxima permitida para a via em 50 km/h (cinqüenta quilômetros por hora).**

(D): As hipóteses revogação obrigatória e facultativa da suspensão condicional do processo estão expressas, respectivamente, nos parágrafos terceiro e quarto do artigo 89 da lei 9.099/95, in verbis: Art. 89. Nos crimes em que a pena mínima cominada for igual ou inferior a um ano, abrangidas ou não por esta Lei, o Ministério Público, ao oferecer a denúncia, poderá propor a suspensão do processo, por dois a quatro anos, desde que o acusado não esteja sendo processado ou não tenha sido condenado por outro crime, presentes os demais requisitos que autorizariam a suspensão condicional da pena (art. 77 do Código Penal). § 3º A suspensão será revogada se, no curso do prazo, o beneficiário vier a ser processado por outro crime ou não efetuar, sem motivo justificado, a reparação do dano. § 4º A suspensão poderá ser revogada se o acusado vier a ser processado, no curso do prazo, por contravenção, ou descumprir qualquer outra condição imposta.

Resposta: Letra C

MPMG 2019 (CONCURSO LVII). QUESTÃO 26. Direito Penal / Legislação Extravagante: Código de Trânsito, Lei 11.340/06, Lei 8.666/93 / Lei e Jurisprudência.

Assinale a alternativa correta:

A) Nos crimes de lesão corporal culposa na condução de veículo automotor, a pena privativa de liberdade é de reclusão de 2 (dois) a 5 (cinco) anos, se o agente conduz o veículo com capacidade psicomotora alterada em razão da influência de álcool ou de outra substância psicoativa que determine dependência, e se do crime resultar lesão corporal leve, grave ou gravíssima.

B) *Constitui crime descumprir decisão judicial que defere medidas protetivas de urgência previstas na Lei n° 11.340/2006; no entanto, o crime somente se configura na hipótese de as medidas terem sido deferidas por juiz com competência criminal.*

C) *De acordo com a Lei n° 11.340/2006, as medidas protetivas de urgência poderão ser concedidas pelo juiz, a requerimento do Ministério Público ou a pedido da ofendida; na hipótese de requerimento pela ofendida, o Ministério Público deverá se manifestar antes da concessão da medida.*

D) *De acordo com o Superior Tribunal de Justiça, o delito descrito no artigo 90 da Lei n° 8.666/1993 (fraudar o caráter competitivo do procedimento licitatório) é formal, bastando, para se consumar, a demonstração de que a competição foi frustrada, independentemente de demonstração de recebimento de vantagem indevida pelo agente e de comprovação de dano ao erário.*

Comentários

(A): Incorreta. O crime de lesão corporal culposa na condução de veículo automotor encontra-se previsto no art. 303, do CTB, e não faz parte da modalidade qualificada do crime o resultado decorrente de lesão corporal leve, tornando a alternativa errada. Art. 303. Praticar lesão corporal culposa na direção de veículo automotor: Penas - detenção, de seis meses a dois anos e suspensão ou proibição de se obter a permissão ou a habilitação para dirigir veículo automotor. § 1° Aumenta-se a pena de 1/3 (um terço) à metade, se ocorrer qualquer das hipóteses do § 1° do art. 302. § 2° A pena privativa de liberdade é de reclusão de dois a cinco anos, sem prejuízo das outras penas previstas neste artigo, se o agente conduz o veículo com capacidade psicomotora alterada em razão da influência de álcool ou de outra substância psicoativa que determine dependência, e se do crime resultar lesão corporal de natureza grave ou gravíssima.

(B): Artigo 24-A, da Lei 11.340/2006, vejamos: Art. 24-A. Descumprir decisão judicial que defere medidas protetivas de urgência previstas nesta Lei: Pena – detenção, de 3 (três) meses a 2 (dois) anos. § 1° A configuração do crime independe da competência civil ou criminal do juiz que deferiu as medidas. § 2° Na hipótese de prisão em flagrante, apenas a autoridade judicial poderá conceder fiança. § 3° O disposto neste artigo não exclui a aplicação de outras sanções cabíveis.

(C): As medidas protetivas de urgência podem ser concedidas de imediato, quando requeridas pela ofendida, independente de manifestação do Ministério

Público (art. 19, da Lei 11.340/2006). Art. 19. As medidas protetivas de urgência poderão ser concedidas pelo juiz, a requerimento do Ministério Público ou a pedido da ofendida. § 1º As medidas protetivas de urgência poderão ser concedidas de imediato, independentemente de audiência das partes e de manifestação do Ministério Público, devendo este ser prontamente comunicado.§ 2º As medidas protetivas de urgência serão aplicadas isolada ou cumulativamente, e poderão ser substituídas a qualquer tempo por outras de maior eficácia, sempre que os direitos reconhecidos nesta Lei forem ameaçados ou violados. § 3º Poderá o juiz, a requerimento do Ministério Público ou a pedido da ofendida, conceder novas medidas protetivas de urgência ou rever aquelas já concedidas, se entender necessário à proteção da ofendida, de seus familiares e de seu patrimônio, ouvido o Ministério Público.

(D): Para o Superior Tribunal de Justiça, o delito descrito no artigo 90 da Lei nº 8.666/1993 (fraudar o caráter competitivo do procedimento licitatório, atualmente tipificado no artigo 317-F do Código Penal, conforme lei 14.133/21) é formal e prescinde da existência de prejuízo ao erário. Ressalta-se que tal entendimento já consolidado pela jurisprudência em Teses nº 134, foi sumulado atraves do verbete de nº 645 do STJ: "O crime de fraude à licitação é formal, e sua consumação prescinde da comprovação do prejuízo ou da obtenção de vantagem". Segundo os ensinamentos de Rogério Sanches Cunha, "A nova Lei de Licitações transfere a figura criminosa para o art. 337-F do Código Penal com a seguinte redação: "Frustrar ou fraudar, com o intuito de obter para si ou para outrem vantagem decorrente da adjudicação do objeto da licitação, o caráter competitivo do processo licitatório".

Consuma-se o delito com a prática de qualquer ato voltado à frustração ou à fraude do caráter competitivo de uma licitação. Não se exige a efetiva obtenção da vantagem decorrente da adjudicação, nem tampouco que se demonstre o prejuízo ao erário. É a orientação do STJ: "Nos termos da jurisprudência deste Superior Tribunal, diversamente do que ocorre com o delito previsto no art. 89 da Lei n. 8.666/1993, o art. 90 desta lei não demanda a ocorrência de prejuízo econômico para o poder público, haja vista que o dano se revela pela simples quebra do caráter competitivo entre os licitantes interessados em contratar, ocasionada com a frustração ou com a fraude no procedimento licitatório. De fato, a ideia de vinculação de prejuízo à Administração Pública é irrelevante, na medida em que o crime pode se perfectibilizar mesmo que haja benefício financeiro da Administração Pública. (REsp n. 1.484.415/DF, Ministro Rogerio Schietti Cruz, Sexta Turma, DJe 22/2/2016), não havendo falar em necessidade de comprovação de prejuízo à Administração ou mesmo em obtenção de lucro pelos agentes" (AgRg no REsp 1.824.310/MG, Rel. Min. Sebastião Reis Júnior, j. 09/06/2020). A súmula 645 consolida essa orientação (Disponível em: https://meusitejuridico.editorajuspodivm.com.br/2021/03/12/645-stj-o-crime-de-fraude-licilitacao-e-formal-e-dispensa-comprovacao-de-prejuizo-e-de-obtencao-de-vantagem/ Acesso em 27/05/2021).

Resposta: Letra D

***MPMG 2019 (CONCURSO LVII)**. QUESTÃO 27. Direito Penal / Lei de Drogas / Legislação e Jurisprudência.*

De acordo com a Lei n° 11.343/2006 e com a sua interpretação pelo Superior Tribunal de Justiça, marque a alternativa correta:

A) A expropriação de bens em favor da União, decorrente da prática de crime de tráfico ilícito de entorpecentes, não constitui efeito automático da sentença penal condenatória.

B) A posse de substância entorpecente para uso próprio configura crime doloso e, quando cometido no interior de estabelecimento prisional, constitui falta grave, nos termos do artigo 52 da Lei de Execução Penal.

C) O indiciado ou acusado que colaborar voluntariamente com a investigação policial e o processo criminal na identificação dos demais coautores ou partícipes do crime e na recuperação total ou parcial do produto do crime, no caso de condenação, poderá ser isento de pena ou ter a pena reduzida de um terço a dois terços.

D) São requisitos para o reconhecimento do tráfico privilegiado que o agente seja primário, de bons antecedentes e boa conduta social, que não se dedique às atividades criminosas nem integre organização criminosa.

Comentários

(A): Inicialmente, registra-se que as Leis nº 13.840/2019 e 13.886/2019 alteraram o Capítulo IV (da apreensão, arrecadação e destinação de bens do acusado) da Lei de Drogas.

De acordo com o Superior Tribunal de Justiça, a expropriação de bens em favor da União, decorrente da prática de crime de tráfico ilícito de entorpecentes, constitui efeito automático da sentença penal condenatória, vejamos:

"(...) DEVOLUÇÃO DE BENS APREENDIDOS. INVIABILIDADE. REEXAME DE PROVAS. DECISÃO MANTIDA POR SEUS PRÓPRIOS FUNDAMENTOS. AGRAVO REGIMENTAL DESPROVIDO. "[...] **a expropriação de bens em favor da União pela prática de tráfico ilícito de entorpecentes é um efeito automático da condenação, já que encontra previsão em constitucional (art. 243) e decorre da sentença condenatória, conforme regulamentado no art. 63 da Lei 11.343/2006** [...]". (AgRg nos EDcl no AREsp 1672718/SP, Rel. Ministro JOEL ILAN PACIORNIK, QUINTA TURMA, julgado em 23/06/2020, DJe 29/06/2020)

(B): De proêmio, registra-se que o art. 52, da LEP foi alterado pelo pacote anticrime: "Art. 52. A prática de fato previsto como **crime doloso** constitui falta grave e, quando ocasionar subversão da ordem ou disciplina internas, sujeitará o preso provisório, ou condenado, nacional ou estrangeiro, sem prejuízo da sanção penal, ao regime disciplinar diferenciado, com as seguintes características(...). Todavia, a questão permanece correta, pois mantida a redação que diz que o crime doloso constitui falta grave. Por outro lado, o crime posse de substância entorpecente para uso próprio é doloso (art. 28, Lei de Drogas): Art. 28. Quem adquirir, guardar, tiver em depósito, transportar ou trouxer consigo, para consumo pessoal, drogas sem autorização ou em desacordo com determinação legal ou regulamentar será submetido às seguintes penas: (...)

(C): A Lei de Drogas não prevê a isenção de pena, veja-se: Art. 41. O indiciado ou acusado que colaborar voluntariamente com a investigação policial e o processo criminal na identificação dos demais co-autores ou partícipes do crime e na recuperação total ou parcial do produto do crime, no caso de condenação, terá pena reduzida de um terço a dois terços.

(D): A Lei de Drogas não prevê como requisito a boa conduta social. Ceonfira-se: Art. 33, § 4º Nos delitos definidos no *caput* e no § 1º deste artigo, as penas poderão ser reduzidas de um sexto a dois terços, desde que o agente seja primário, de bons antecedentes, não se dedique às atividades criminosas nem integre organização criminosa.

Resposta: Letra B.

MPMG 2019 (CONCURSO LVII)*. QUESTÃO 30. Direito Penal / Extinção da Punibilidade / Efeitos da condenação penal / Lei 7.716/1989/ Regime Prisional/ Legislação e Jurisprudência.*

Marque a alternativa incorreta:

A) A extinção da punibilidade do crime principal não se estende ao crime acessório.

B) São efeitos automáticos da condenação tornar certa a obrigação de indenizar o dano causado pelo crime, e a incapacidade para o exercício do poder familiar, da tutela ou da curatela nos crimes dolosos sujeitos à pena de reclusão cometidos contra outrem igualmente titular do mesmo poder familiar, contra filho, filha ou outro descendente ou contra tutelado ou curatelado.

C) Nos termos da Lei n° 7.716/1989, que define os crimes resultantes de preconceito de raça ou de cor, constitui efeito da condenação a perda do cargo ou função pública, para o servidor público, e a suspensão do funcionamento do estabelecimento particular por prazo não superior a 3 (três) meses; no entanto, tais efeitos não são automáticos, devendo ser motivadamente declarados na sentença.

D) É admissível a adoção do regime prisional semiaberto aos reincidentes condenados a pena igual ou inferior a 4 (quatro) anos, se favoráveis as circunstâncias judiciais.

Comentários

(A): O crime acessório ou crime de fusão ou crime parasitário é aquele cuja existência depende da prática anterior de outro crime, chamado de principal. A extinçã da punibilidade do crime principal não se estente ao crime acessório. Nessa quadra, tem-se o art. 108, do CP:

Art. 108 - A extinção da punibilidade de crime que é pressuposto, elemento constitutivo ou circunstância agravante de outro não se estende a este. Nos crimes conexos, a extinção da punibilidade de um deles não impede, quanto aos outros, a agravação da pena resultante da conexão.

(B): A condenação penal é classificada em efeitos principais e secundários. A seu turno, são modalidades dos efeitos secundários da condenação: efeitos de natureza penal e efeitos de natureza extrapenal genéricos e específicos. O art. 91, do CP, prevê as hipóteses dos efeitos genéricos, cujos efeitos são automáticos. Por outro lado, o art. 92, do CP, dispõe sobre os efeitos específicos, necessidanto de expressa motivação, isto é, não são automáticos. Um dica valiosa é a memorização do nóvel art. 91-A, do CP (**confisco alargado**), introduzido pelo pacote anticrime, que também trata de uma hipótese de efeito específico da condenação, devendo, pois ser motivado pelo juiz.

(C): Consoante os arts. 16 e 18, da Lei 7.716/1989, os efeitos não são automáticos, vejamos: Art. 16. Constitui efeito da condenação a perda do cargo ou função pública, para o servidor público, e a suspensão do funcionamento do estabelecimento particular por prazo não superior a três meses. Art. 18. Os efeitos de que tratam os arts. 16 e 17 desta Lei não são automáticos, devendo ser motivadamente declarados na sentença".

(D): Alternativa está em conformidade com o entendimento sumulado do Superior Tribunal de Justiça: Súmula Nº 269/STJ - É admissível a adoção do regime prisional semi-aberto aos reincidentes condenados a pena igual ou inferior a quatro anos se favoráveis as circunstâncias judiciais.

Resposta: Letra B

DIREITO PROCESSUAL PENAL

Autor: Gustavo Vilaça de Carvalho

DIREITO PROCESSUAL PENAL	Legislação	Doutrina	Jurisprudência
1. Norma processual penal.			
2. Fontes do direito processual penal.			
3. Princípios constitucionais e infraconstitucionais.	2012: 01	2017: 5 2018: 01	2017: 5 2018: 01
4. Interpretação e integração.			
5. A lei processual penal no tempo, no espaço e em relação às pessoas.	2018: 01		
6. Teoria geral do processo penal e sistemas processuais.			
7. Processo Penal Constitucional.	2017: 1	2017: 1	2017: 1
8. Investigação criminal.	2011: 01 2013: 01 2012: 01		2011: 01 2013: 01
9. Ação Penal.	2011: 02 2012: 01 2012: 01	2012: 01 2013: 01	2011: 01 2012: 01 2013: 01 2014: 01
10. Ação civil *ex delicto*.	2012: 01		

DIREITO PROCESSUAL PENAL	Legislação	Doutrina	Jurisprudência
11. Jurisdição e competência.	*2012*: 01 2017: 1 2018: 01 2019: 02	2014: 01 2018: 01 2019: 02	2014: 01 2017: 1 2018: 01 2019: 02
12. Sujeitos processuais.	2019: 01		2019: 01
13. Prisão e liberdade provisória.	2010: 01 2018: 02 2019: 01	2018: 01 2019: 01	2019: 01
14. Cautelares no Processo Penal.	2014: 01 2018: 01 2019: 01	2017: 1 2019: 01	2017: 1
15. Questões e procedimentos incidentes.	2010: 02 2011: 01 2013: 02 2014: 01 2018: 01 2019: 03	2013: 01 2014: 01 2018: 01 2019: 01	2013: 01 2018: 01 2019: 02
16. Comunicação dos atos processuais.	2010: 01 2019: 01	2019: 01	2019: 01
17. Provas.	2010: 01 2018: 02	2017: 4 2018: 01	2017: 4 2018: 02
18. Prazos processuais.			
19. Sentença e provimentos judiciais.	2018: 01	2013: 01 2018: 01	2013: 01 2018: 01
20. Coisa julgada.	2017: 1		2017: 1
21. Processo e procedimentos em espécie.	2014: 01	2017: 3	2017: 3

DIREITO PROCESSUAL PENAL	Legislação	Doutrina	Jurisprudência
21.1 Procedimento do Júri	2011: 01 2012: 01 2018: 02 2019:01	2010: 01 2013: 01 2018: 02	2011: 01 2018: 02
22. Nulidades.		2017: 2	2013: 01 2017: 2
23. Recursos.	2010: 01 2013: 01 2014: 01 2018: 02 2019: 04	2010: 01 2018: 02 2019: 04	2014: 01 2018: 02 2019: 04
24. Ações autônomas de impugnação – revisão criminal, habeas corpus e mandado de segurança criminal.	2019: 01	2010: 01 2019: 01	2019: 01
25. Execução penal.	2010: 01 2013: 01		2013: 01
26. Aspectos processuais penais dos seguintes textos normativos:			
Constituição da República Federativa do Brasil e Emendas Constitucionais posteriores à sua edição;			
Dec.-Lei 2.848/1940 (CP);			
Dec.-Lei 3.689/1941, (CPP);			
Dec.-Lei 1.002/1969, (CPPM);			
Lei 1.3367/2016, (Comissões Parlamentares de Inquérito);			
Lei 11.101/2005 (recuperações judicial e extrajudicial e falência);			

DIREITO PROCESSUAL PENAL	Legislação	Doutrina	Jurisprudência
Lei 4.737/1965 (Código Eleitoral);	2014: 01 2017: 01 2018: 01	2014: 01	2014: 01 2017: 01
Lei 4.878/1965, Lei 5.256/1967 Lei 5.256/1967 e Lei 5.350/1967 (prisão especial);			
Lei 4.898/1965 e Lei 5.249/1967 (abuso de autoridade);			
Dec.-Lei 201/1967 (responsabilidade de prefeitos e vereadores);			
Lei 7.716/1989 (preconceitos de raça ou de cor);			
Lei 7.960/1989 (prisão temporária);			
Lei 8.038/1990 e Lei 8.658/1993 (procedimentos nos tribunais);			
Lei 8.069/1990(ECA);			
Lei 8.072/1990 (crimes hediondos);	2012: 01		2012: 01
Lei 8.078/1990 (consumidor);			
Lei 8.137/90 (ordem econômica e tributária);	2011: 01	2017: 1	2011: 01 2017: 1
Lei 8176/1991 (Ordem Econômica);			
Dec. 678/1992 (Convenção Americana sobre Direitos Humanos);			
Lei 12694/2012 e Lei 12850/2013 (organizações criminosas);	2017: 1		

DIREITO PROCESSUAL PENAL	Legislação	Doutrina	Jurisprudência
Leis 9.099/1995, 10.259/2001 e 11.313/2006 (juizados especiais criminais);	2011: 01 2013: 01 2014: 01 2019: 01		2012: 01 2013: 01 2014: 01 2019: 01
Lei 9.296/1996 (interceptação telefônica);			
Lei 9.503/1997 (Código de Trânsito Brasileiro);			
Lei 9.455/1997 (tortura);			
Lei 9.605/1998 (meio ambiente);	2013: 02 2014: 01		
Leis 9.613/1998 e 12683/2012 (lavagem ou ocultação de bens, direitos e valores);			
Lei 9.807/1999 (proteção a vítimas e testemunhas);			
Lei 12.037/2009 (identificação criminal);			
Lei Complementar 105/2001 (sigilo das operações financeiras);		2017: 1	2017: 1
Lei 10.741/2003 (Estatuto do Idoso);			
Lei 10.826/2003 (armas de fogo e munição)			
Lei 10.886/2004 (violência doméstica); Lei 11.340/2006 (violência contra mulher);	2011: 02 2017: 1		2011: 01 2017: 1
Lei n.º 11.419/2006 (informatização do processo judicial);			
Lei 11.343/2006 (Tóxicos);	2012: 01		
Lei 11.417/2007(Súmula Vinculante);			

DIREITO PROCESSUAL PENAL	Legislação	Doutrina	Jurisprudência
Resolução CNMP nº 13, de 2 de outubro de 2006 (procedimento investigatório criminal); item modificado no edital do LVI Concurso pela Resolução CNMP nº 181, de 07 de agosto de 2017, alterada pela Resolução CNMP nº 183, de 24 de janeiro de 2018 (procedimento investigatório criminal);	2013: 01		
Resolução CNJ nº 213, de 15 de outubro de 2015 (audiência de custódia).	2017: 1		

1. NORMA PROCESSUAL PENAL

2. FONTES DO DIREITO PROCESSUAL PENAL

3. PRINCÍPIOS CONSTITUCIONAIS E INFRACONSTITUCIONAIS

MPMG – 2012 (LII Concurso) *Questão 31 Direito Processual Penal / Princípios / Doutrina / Legislação.*

Assinale a alternativa CORRETA. O princípio da publicidade garante:

A) A realização de determinado ato processual a portas fechadas, limitando-se o número de pessoas presentes.

B) O acesso de qualquer advogado aos elementos de prova já documentados e produzidos na fase investigatória.

C) A produção de provas numa só audiência, podendo ser indeferidas as irrelevantes ou protelatórias.

D) O uso do habeas corpus por qualquer pessoa, em seu favor ou de outrem, bem como pelo Ministério Público.

Comentários

A) Princípio da publicidade. Segue texto do "Artigo 93, IX, da CRFB/1988: todos os julgamentos dos órgãos do Poder Judiciário serão públicos, e fundamentadas todas as decisões, sob pena de nulidade, podendo a lei limitar a presença, em determinados atos, às próprias partes e a seus advogados, ou somente a estes, em casos nos quais a preservação do direito à intimidade do interessado no sigilo não prejudique o interesse público à informação." Necessário ver ainda o

Artigo 792 do CPP, a seguir: "Art. 792. As audiências, sessões e os atos processuais serão, em regra, públicos e se realizarão nas sedes dos juízos e tribunais, com assistência dos escrivães, do secretário, do oficial de justiça que servir de porteiro, em dia e hora certos, ou previamente designados.

§ 1º Se da publicidade da audiência, da sessão ou do ato processual, puder resultar escândalo, inconveniente grave ou perigo de perturbação da ordem, o juiz, ou o tribunal, câmara, ou turma, poderá, de ofício ou a requerimento da parte ou do Ministério Público, determinar que o ato seja realizado a portas fechadas, limitando o número de pessoas que possam estar presentes."

B) Relaciona-se com o princípio da ampla defesa.

C) Relaciona-se com o princípio da concentração previsto no artigo 400, § 1º, do CPP.

D) Relaciona-se com o direito à liberdade de locomoção.

Resposta: letra A.

MPMG 2017 (Concurso LV)*. Questão 39. Direito Processual Penal/ Princípios constitucionais e infraconstitucionais/Processo Penal Constitucional/ doutrina e jurisprudência.*

"O direito ao esquecimento surge na discussão acerca da possibilidade de alguém impedir a divulgação de informações que, apesar de verídicas, não sejam contemporâneas e lhe causem transtornos das mais diversas ordens. Sobre o tema, o Enunciado 531 da VI Jornada de Direito Civil do CJF preconiza que a tutela da dignidade da pessoa humana na sociedade da informação inclui o direito ao esquecimento. Na abordagem do assunto sob o aspecto sociológico, o antigo conflito entre o público e o privado ganha uma nova roupagem na modernidade: a inundação do espaço público com questões estritamente privadas decorre, a um só tempo, da expropriação da intimidade (ou privacidade) por terceiros, mas também da voluntária entrega desses bens à arena pública. [...]" (Informativo de Jurisprudência do STJ n. 0527, de 09 de outubro de 2013). Assinale a alternativa CORRETA. Constitui manifestação do direito ao esquecimento:

A) A exclusão dos traços somáticos ou comportamentais, depois da prescrição do delito, mantendo-se os perfis genéticos armazenados para fins probatórios.

B) A preservação da intimidade, vida privada, honra e imagem do ofendido por meio do segredo de justiça, para evitar sua exposição aos meios de comunicação.

C) A manutenção em sigilo da gravação decorrente de interceptação telefônica que não interessar à prova, após requerimento do Ministério Público ou da parte interessada.

D) *A possibilidade de ser beneficiado por transação penal após o decurso de 5 (cinco) anos da submissão à pena privativa de liberdade decorrente de anterior condenação.*

Comentários

ANULADA

4. INTERPRETAÇÃO E INTEGRAÇÃO

5. A LEI PROCESSUAL PENAL NO TEMPO, NO ESPAÇO E EM RELAÇÃO ÀS PESSOAS

6. TEORIA GERAL DO PROCESSO PENAL E SISTEMAS PROCESSUAIS

7. PROCESSO PENAL CONSTITUCIONAL

8. INVESTIGAÇÃO CRIMINAL

MPMG – 2011 (Concurso LI)*. Questão 32. Direito Processual Penal / Código de Processo Penal/ Inquérito Policial /Legislação / Doutrina.*

Assinale a alternativa CORRETA.

A) *O caráter inquisitivo do inquérito policial permite impor o sigilo acerca das diligências não documentadas, inclusive ao defensor constituído.*

B) *O princípio da ampla defesa é aplicável ao inquérito policial, por se tratar de procedimento administrativo.*

C) *Por razões de interesse público e no interesse da apuração, é possível decretar-se a incomunicabilidade do preso em flagrante delito.*

D) *O princípio da publicidade autoriza a divulgação de dados da investigação, inclusive referentes ao ofendido.*

Comentários

a) Correta. Art. 20, CPP a seguir : "A autoridade assegurará no inquérito o sigilo necessário à elucidação do fato ou exigido pelo interesse da sociedade." Além disso, o enunciado da súmula vinculante 14 – "É direito do defensor, no interesse do representado, ter acesso amplo aos elementos de prova que, já documentados em procedimento investigatório realizado por órgão com competência de polícia judiciária, digam respeito ao exercício do direito de defesa." Há de se ter cuidado com as modificações feitas pela Lei 13.245 de 2016. Foram modificados dispositivos legais do Estatuto da OAB, permitindo ao advogado "examinar, em qualquer instituição responsável por conduzir investigação, mesmo sem procuração, autos de flagrante e de investigações de qualquer natureza, findos ou em andamento, ainda que conclusos à autoridade, podendo copiar peças e tomar apontamentos, em meio físico ou digital", conforme art.7º, XIV, da EOAB. Necessário se atentar ainda para os §§ 10 e 11 do mesmo artigo, a seguir: "§ 10. Nos autos sujeitos a sigilo, deve o advogado apresentar procuração para o exercício dos direitos de que trata o inciso XIV." ; "§ 11. No caso previsto no inciso XIV, a autoridade competente poderá delimitar o acesso do advogado aos elementos de prova relacionados a diligências em andamento e ainda não documentados nos autos, quando houver risco de comprometimento da eficiência, da eficácia ou da finalidade das diligências." A recusa pode ensejar, inclusive, responsabilização da autoridade.

b) Incorreta. Prevalece na doutrina que o inquérito policial tem caráter inquisitivo e, portanto, não são aplicados os princípios da ampla defesa e do contraditório. (BRASILEIRO, p. 83)

c) Incorreta. Art. 136, § 3º, IV, CF/88 c/c art. 21, CPP. Em termos literais, é possível verificar o equívoco na assertiva, pois a redação do art. 21, CPP, prevê a incomunicabilidade no interesse da sociedade ou na conveniência da investigação, diversamente do interesse público e no interesse da apuração da assertiva. No entanto, conforme preconizado no art. 136, § 3º, IV, CF/88, é vedado estabelecer a incomunicabilidade de preso durante o estado de defesa. Assim, se durante um estado de exceção o expediente é proibido, não há que se permitir em estado de normalidade. Portanto, a incomunicabilidade prevista no art. 21 do CPP não foi recepcionada pelo atual sistema constitucional. (BRASILEIRO, p. 107).

d) Incorreta. Conforme comentários da alternativa A. Há de se atentar ainda para o artigo 234-B do Código Penal, que impõe o segredo de justiça nos crimes contra a dignidade sexual.

Resposta certa: A

MPMG – 2011 (Concurso LI). Questão 33. Direito Processual Penal / Código de Processo Penal/ Ação Penal /Legislação / Doutrina.

Quanto ao inquérito policial e ao procedimento investigatório criminal, é CORRETO afirmar que

A) o pedido de arquivamento rejeitado é irrecorrível e é insusceptível de controle interno do Ministério Público.

B) o pedido de arquivamento pode dar-se na ausência das condições da ação ou de justa causa.

C) o pedido imotivado de desarquivamento é o instrumento para viabilizar a realização de novas diligências.

D) o pedido de desarquivamento sujeita-se à impugnação através de recurso dirigido ao Chefe de Polícia.

Comentários

a) Incorreta. Segue, vigente por ora, o Art. 28, CPP. O requerimento de arquivamento, não aceito pelo magistrado, é passível de controle interno pelo Procurador-Geral de Justiça. É necessário se atentar para a alteração do citado artigo pela Lei 13.964/19, mesmo que o Ministro Fux tenha determinado a sua suspensão por tempo indeterminado: Art. 28. Ordenado o arquivamento do inquérito policial ou de quaisquer elementos informativos da mesma natureza, o órgão do Ministério Público comunicará à vítima, ao investigado e à autoridade policial e encaminhará os autos para a instância de revisão ministerial para fins de homologação, na forma da lei. (Redação dada pela Lei nº 13.964, de 2019); § 1º Se a vítima, ou seu representante legal, não concordar com o arquivamento do inquérito policial, poderá, no prazo de 30 (trinta) dias do recebimento da comunicação, submeter a matéria à revisão da instância competente do órgão ministerial, conforme dispuser a respectiva lei orgânica (Incluído pela Lei nº 13.964, de 2019); § 2º Nas ações penais relativas a crimes praticados em detrimento da União, Estados e Municípios, a revisão do arquivamento do inquérito policial poderá ser provocada pela chefia do órgão a quem couber a sua representação judicial. (Incluído pela Lei nº 13.964, de 2019)

b) Correta. (Brasileiro, p. 122). Também poderá ocorrer o pedido de arquivamento na ausência de pressupostos processuais, atipicidade, manifesta causa excludente de ilicitude ou culpabilidade (salvo inimputabilidade) e causa extintiva de punibilidade.

c) Incorreta. Ver Súmula 524 do STF e Art. 18, CPP. Não há pedido imotivado de desarquivamento do IP. As diligências poderão ocorrer se existir notícias de outras provas.

d) Incorreta. Art. 5º, § 2º, CPP. O recurso ao chefe de Polícia é proveniente do indeferimento do requerimento do ofendido buscando a abertura do inquérito policial. Assim, não é recurso operado nos casos de pedido de desarquivamento.

Resposta certa: B

MPMG – 2012 (LII Concurso) *Questão 32 Direito Processual Penal / Inquérito Policial / Legislação.*

Assinale a alternativa CORRETA. Sobre o inquérito policial, é possível dizer que:

A) O interrogatório deve ser feito na presença de advogado, sendo possível a condução do investigado que não comparece.

B) *A confissão mediante tortura obtida no inquérito é nula e invalida a ratificação da confissão obtida em juízo.*

C) *É obrigatório o exame de corpo de delito quando houver vestígios, admitindo-se o assistente técnico a partir de sua admissão pelo juiz.*

D) *A autoridade policial poderá declarar-se suspeita de ofício, sendo inadmissível a oposição de exceção.*

Comentários

A) Incorreta. A doutrina entendia dispensável a presença do advogado no interrogatório policial. Atenção: A Lei 13.245 de 2016 inseriu o inciso XXI ao artigo 7º do Estatuto da OAB, assegurando ao advogado a prerrogativa de acompanhar o investigado durante o interrogatório policial, embora não seja obrigatória. Em 2018, o STF, após caso emblemático, decidiu também que a condução coercitiva do investigado , prevista no art.260 do CPP, não foi recepcionada pela Constituição Federal de 1988.

B) Incorreta. Vício no Inquérito, que é dispensável e unilateral, não macula a ação penal, conforme entendimento do Superior Tribunal de Justiça (STJ, Sexta Turma, RHC 50.011/PE, Rel. Min. Sebastião Reis Júnior, julgado em 25/11/2014). Além do mais, durante a produção de prova em juízo, com contraditório e ampla defesa, será analisado os elementos informativos constantes nos autos. Por óbvio, se comprovada a tortura, nada impede a responsabilizaççao dos autores do ato.

C) Incorreta. Assistente técnico não atua no inquérito, Conforme artigos 159, §§ 3º e 4º, e 268 do CPP. Apenas atuam no curso da ação penal, ou seja, após o recebimento da denúncia, pegando o processo na fase em que está, até o trânsito em julgado, vide art.269 do CPP.

D) Correta. Artigo 107 do CPP: "Não se poderá opor suspeição às autoridades policiais nos atos do inquérito, mas deverão elas declarar-se suspeitas, quando ocorrer motivo legal."

Resposta: Letra D.

MPMG – 2013 (CONCURSO LIII) *Questão 36. Direito Processual Penal/ Investigação Criminal/Resolução CNMP nº 181, de 07 de agosto de 2017, alterada pela Resolução CNMP nº 183, de 24 de janeiro de 2018 (procedimento investigatório criminal); / Legislação.*

Sobre a regulamentação da investigação criminal do Ministério Público, assinale a alternativa ***FALSA:***

A) *O procedimento investigatório criminal deverá ser concluído no prazo de 90 (noventa) dias, permitidas, por igual período, prorrogações sucessivas, por decisão fundamentada do Procurador-Geral de Justiça.*

B) *O procedimento deverá ser instaurado sempre que houver determinação do Procurador-Geral de Justiça, diretamente ou por delegação, nos moldes da lei, em caso de discordância da promoção de arquivamento de peças de informação.*

C) *O membro do Ministério Público, no exercício de suas atribuições criminais, deverá dar andamento, no prazo de 30 (trinta) dias a contar de seu recebimento, às representações, requerimentos, petições e peças de informação que lhe sejam encaminhadas.*

D) *As notificações e requisições para instrução de procedimento investigatório criminal, quando tiverem como destinatários o Governador do Estado, os membros do Poder Legislativo e os desembargadores, serão encaminhadas pelo Procurador-Geral de Justiça.*

Comentários

Questão **desatualizada e adaptada** conforme Resolução 181 do CNMP (alterada pela Res. 183/2018) que regula o procedimento investigatório criminal a cargo do Ministério Público.

A) Incorreta. Conforme § 1º do art. 3º da Resolução 13/2006, a decisão para prorrogar o prazo para a conclusão do PIC deve ser fundamentada pelo membro do Ministério Público responsável pela sua condução. Nos termos do artigo 13 da Resolução 181/2017 CNMP. *Art. 13. O procedimento investigatório criminal deverá ser concluído no prazo de 90 (noventa) dias, permitidas, por igual período, prorrogações sucessivas, por decisão fundamentada do membro do Ministério Público responsável pela sua condução.*

B) Correta. Na época da prova, a alternativa era a transcrição literal do artigo 3º,1º da Re. 13/2006. Atualmente, a instauração do PIC é regulada pelo *caput* art. 3º da Resolução 181/2017 do CNMP: *Art. 3.º O procedimento investigatório criminal poderá ser instaurado de ofício, por membro do Ministério Público, no âmbito de suas atribuições criminais, ao tomar conhecimento de infração penal de iniciativa pública,* por qualquer meio, *ainda que informal, ou mediante provocação. (Redação dada pela Resolução n° 183, de 24 de janeiro de 2018)*

C) Correta. Na época da questão, o artigo 3º, § 5º, da Resolução 13/2006 CNMP tratava do tema na exata medida da alternativa. Atenção! A Resolução 181/2017 do CNMP assim dispõe: *art. 3º,* § 4º O membro do Ministério Público, no exercício de suas atribuições criminais, deverá dar andamento, no prazo de 30 (trinta) dias a contar de seu recebimento, às representações, requerimentos, petições e peças de informação que lhe sejam encaminhadas, podendo este prazo ser prorrogado, *fundamentadamente,* por até 90 (noventa) dias, nos casos em que sejam necessárias diligências preliminares. *(Redação dada pela Resolução n° 183, de 24 de janeiro de 2018)*

D) Correta. Art. 6º, § 6º, da Resolução 13/2006 CNMP. Atualmente o tema é regulado no artigo 7º § 7º da Resolução 181/2017 do CNMP: As notificações e requisições previstas neste artigo, quando tiverem como destinatários o Governador do Estado, os membros do Poder Legislativo e os desembargadores, serão encaminhadas pelo Procurador-Geral de Justiça ou outro órgão do Ministério Público a quem essa atribuição seja delegada.

Resposta: Letra A

MPMG – 2013 (CONCURSO LIII) *Questão 33. Direito Processual Penal/ Inquérito Policial/Doutrina.*

Em relação ao inquérito policial, assinale a alternativa ***FALSA:***

A) *A requisição judicial de instauração é entendida como delatio criminis, em função do sistema acusatório.*

B) *A autoridade policial deverá negar-se a instaurar o inquérito, se for condicionada a ação penal e ausente a condição de procedibilidade.*

C) *A requisição ministerial é inviável, se confirmado o indeferimento de instauração em recurso administrativo ao Chefe de Polícia.*

D) *O defensor constituído tem acesso amplo ao documentado no inquérito e que diz respeito ao exercício do direito de defesa.*

Comentários

A) Correta. Renato Brasileiro (2016, p. 130) explica que: "*Num sistema acusatório, onde há nítida separação das funções de acusar, defender e julgar (CF, 129, I), não se pode permitir que o juiz requisite a instauração de inquérito policial, sob pena de evidente prejuízo a sua imparcialidade. Portanto, deparando-se com informações acerca da prática de ilícito penal, deve o magistrado encaminhá-las ao órgão do Ministério Público, nos exatos termos do art. 40 do CPP*". Nesse sentido Eugênio Pacelli (2012, p. 58 e 59). Além disso, considerando que qualquer do povo pode comunicar a existência da infração penal (art. 5º, 3º do CPP), não há óbice para que o juiz forneça informações através da *delatio criminis* para que a autoridade policial possa tomar as medidas cabíveis. Outro argumento de reforço que legitima a requisição como *delatio criminis* é que as autoridades públicas, notadamente aquelas envolvidas na persecução penal, por força do principio da obrigatoriedade, têm o dever de noticiar fatos possivelmente criminosos, sob pena de responderem administrativamente e de incorrerem no delito de prevaricação, caso comprovado que a inércia se deu para satisfazer interesse ou sentimento pessoal (art. 319, CP) (Brasileiro, 2016, p. 131).

B) Correta. Segundo Eugênio Pacelli de Oliveira (2012, p. 58), *O Código de Processo Penal permite à autoridade policial a recusa de instauração do inquérito quando o requerimento do ofendido ou seu representante não apresentar conjunto indiciário mínimo à abertura das investigações, ou quanto o fato não ostentar contornos de criminalidade, isto é, faltar a ele quaisquer dos elementos constitutivos do crime.*

C) Incorreta. Eugênio Pacelli de Oliveira (2012, p. 58) também defende que (...) *tratando-se de requisição do MP, a autoridade policial está obrigada à adoção das providências requisitadas.*Há expressa previsão legal, no art.5º,II, do CPP, quanto à requisição ministerial para instauração de inquérito.

D) Correta. Ver o enunciado da súmula vinculante 14 – "É direito do defensor, no interesse do representado, **ter acesso amplo aos elementos de prova** que, já documentados em procedimento investigatório realizado por órgão com competência de polícia judiciária, digam respeito ao exercício do direito de defesa." Há de se ter cuidado com as modificações feitas pela Lei 13.245 de 2016. Foram modificados dispositivos legais do Estatuto da OAB, permitindo ao advogado "examinar, em qualquer instituição responsável por conduzir investigação, mesmo sem procuração, autos de flagrante e de investigações de qualquer natureza, findos ou em andamento, ainda que conclusos à autoridade, podendo copiar peças e tomar apontamentos, em meio físico ou digital", conforme art.7º, XIV, da EOAB. Necessário se atentar ainda para os §§ 10 e 11 do mesmo artigo, a seguir: "§ 10. Nos autos sujeitos a sigilo, deve o advogado apresentar procuração para o exercício dos direitos de que trata o inciso XIV." ; "§ 11. No caso previsto no inciso XIV, a autoridade competente poderá delimitar o acesso do advogado aos elementos de prova relacionados a diligências em andamento e ainda não documentados nos autos, quando houver risco de comprometimento da eficiência, da eficácia ou da finalidade das diligências." A recusa pode ensejar, inclusive, responsabilização da autoridade.

Resposta: Letra C

9. AÇÃO PENAL

MPMG – 2012 (LII Concurso) *Questão 34 Direito Processual Penal – Ação Penal – Doutrina – Legislação.*

Assinale a alternativa CORRETA.

A) A representação é condição objetiva de punibilidade exigida do ofendido ou de quem tiver qualidade para representá-lo e, no caso de morte, pode ser exercida pelo cônjuge, ascendente, descendente ou irmão.

B) A representação não depende de fórmula sacramental prescrita em lei, podendo ser oral ou escrita, dirigida ao juiz, Ministério Público ou autoridade policial e será irretratável, depois de recebida a denúncia.

C) *Tanto o ofendido quanto o Ministério Público, este mediante representação, têm legitimidade para a ação penal no caso de crime contra a honra de servidor público em razão do exercício de suas funções.*

D) *Salvo disposição em contrário, o ofendido, ou seu representante, decairá do direito de representar, se não o exercer no prazo de seis meses, contado do dia em que o fato aconteceu.*

Comentários

A) Incorreta. A representação é condição de procedibilidade, ou seja, sem ela não pode ser iniciada a ação penal. Também são chamadas por parte da doutrina de condições da ação. Já as condições objetivas de punibilidade, para parte da doutrina, é uma situação criada pelo legislador por razões de política criminal destinada a regular o exercício da ação penal sob a ótica da sua necessidade. Integra o fato punível, mas fora da tipicidade, antijuridicidade ou culpabilidade. Cite-se o clássico exemplo do artigo 180 da Lei 11.101/05: Art. 180. A sentença que decreta a falência, concede a recuperação judicial ou concede a recuperação extrajudicial de que trata o art. 163 desta Lei é condição objetiva de punibilidade das infrações penais descritas nesta Lei.

B) Incorreta. Art. 25 do CPP: "A representação será irretratável, **depois de oferecida** a denúncia." (destacamos).

C) Correta. Súmula 714/STF: "É concorrente a legitimidade do ofendido, mediante queixa, e do Ministério Público, condicionada à representação do ofendido, para a ação penal por crime contra a honra de servidor público em razão do exercício de suas funções.". Há uma disçussão se seria caso de legitimidade alternativa ou concorrente. Apesar do texto, que deve ser utiizado para a prova de concurso, ha se ter em mente que o STF entende que a escolha de uma impede a outra.

D) Incorreta. Art. 38 do CPP: "Salvo disposição em contrário, o ofendido, ou seu representante legal, decairá no direito de queixa ou de representação, se não o exercer dentro do prazo de seis meses, **contado do dia em que vier a saber quem é o autor do crime, ou, no caso do art. 29, do dia em que se esgotar o prazo para o oferecimento da denúncia**." (destacamos).

Resposta: letra C.

MPMG – 2012 (LII Concurso) Questão 35 Direito Processual Penal / Ação Penal / Legislação / Jurisprudência.

Assinale a alternativa CORRETA.

A) *A perempção é causa de extinção da punibilidade decorrente da perda do prazo para a realização de ato processual.*

B) A perempção acontece quando o autor da ação for pessoa jurídica e esta se extinguir sem deixar sucessor.

C) A perempção fica caracterizada na ausência do autor da ação em audiência conciliatória, ainda que presente seu procurador.

D) A perempção ocorre quando o Ministério Público deixa de promover o andamento do processo durante trinta dias seguidos.

Comentários

A) Incorreta. Perempção é sanção por inércia ou negligência da parte, não necessariamente ligada a perda de prazo de forma genérica, como a revelia. Seguem as hipóteses de perempção, conforme rol do artigo 60 do CPP, a seguir: Art. 60. Nos casos em que somente se procede mediante queixa, considerar-se-á perempta a ação penal:I - quando, iniciada esta, o querelante deixar de promover o andamento do processo durante 30 dias seguidos;II - quando, falecendo o querelante, ou sobrevindo sua incapacidade, não comparecer em juízo, para prosseguir no processo, dentro do prazo de 60 (sessenta) dias, qualquer das pessoas a quem couber fazê-lo, ressalvado o disposto no art. 36; III - quando o querelante deixar de comparecer, sem motivo justificado, a qualquer ato do processo a que deva estar presente, ou deixar de formular o pedido de condenação nas alegações finais;IV - quando, sendo o querelante pessoa jurídica, esta se extinguir sem deixar sucessor.

B) Correta. Artigo 60, IV, do CPP.

C) Incorreta. "O não comparecimento do querelante à audiência de conciliação prevista no art. 520 do CPP não implica na ocorrência da perempção visto que esta pressupõe a existência de ação penal privada em curso, o que se dá apenas com o devido recebimento da exordial acusatória." (REsp 605.871/SP, Rel. Ministro FELIX FISCHER, QUINTA TURMA, julgado em 15/04/2004, DJ 14/06/2004, p. 274).

D) Incorreta. A perempção ocorre quando o querelante deixar de promover o andamento do processo durante 30 dias seguidos. Artigo 60, inciso I, do CPP.

Resposta: letra B.

MPMG – 2013 (CONCURSO LIII) *Questão 32. Processo Penal/ Ação Penal/ Doutrina/Jurisprudência.*

Considerando a formalização da ação penal pública, assinale a alternativa ***FALSA****:*

A) Nos crimes de autoria coletiva, aos sócios com poder de gerência e administração podem ser imputados fatos correlatos, não individualizados, desde que sem prejuízo ao exercício da defesa.

B) A peça acusatória deve delimitar, com precisão, as ações praticadas pelos autores, distinguindo-as das condutas dos partícipes.

C) *É insuficiente, nos crimes societários, a denúncia atribuir responsabilidade penal à pessoa física, considerando apenas o cargo ou função desempenhados na empresa.*

D) *A inicial acusatória deve trazer pedido de condenação e de imposição da suspensão dos direitos políticos, viabilizando o contraditório imediato.*

Comentários

A) Correta. Conforme entendimento jurisprudencial, é possível denúncia genérica quando se tratar de crimes de autoria coletiva: "(...) em se tratando de crimes de autoria coletiva de difícil individualização, admite-se a denúncia de forma mais ou menos genérica (interpretação do art. 41 do CPP). HC 8.208-RS, DJ 12/4/1999, e RHC 6.953-SP, DJ 31/8/98." (STJ, HC 25.754-RJ, Rel. Min. Gilson Dipp, julgado em 1º/4/2003). "(...) nos crimes societários complexos, desde que a denúncia narre o fato delituoso de forma clara, propiciando o pleno exercício da garantia constitucional da ampla defesa, é dispensável a descrição minuciosa e individualizada da conduta de cada acusado" (STJ, HC nº 15.852/RS, Relator Ministro Edson Vidigal, in DJ 13/8/2001). PEDIDO DE EXTENSÃO NO HABEAS CORPUS. PROCESSUAL PENAL. CRIME CONTRA A ORDEM ECONÔMICA, EXTORSÃO, APROPRIAÇÃO INDÉBITA E FORMAÇÃO DE QUADRILHA OU BANDO. TESE DE INÉPCIA DA DENÚNCIA. AUSÊNCIA DE INDIVIDUALIZAÇÃO MÍNIMA DA CONDUTA ATRIBUÍDA AOS REQUERENTES. CONSTRANGIMENTO ILEGAL EVIDENCIADO. PEDIDO DEFERIDO. 1. Embora seja prescindível, nos crimes de autoria coletiva, a descrição minuciosa e individualizada da conduta de cada acusado, não se pode conceber que o órgão acusatório deixe de estabelecer qualquer vínculo entre o denunciado e a empreitada criminosa a ele imputada. 2. A ausência absoluta de elementos individualizados que apontem a relação entre os fatos delituosos e a autoria ofende o princípio constitucional da ampla defesa, tornando, assim, inepta a denúncia. (PExtDe no HC 214.861/SC, Rel. Ministra LAURITA VAZ, QUINTA TURMA, julgado em 19/04/2012, DJe 30/04/2012). No mesmo sentido, importante esclarecer que, nos crimes societários não se exige a descrição minuciosa e detalhada das condutas de cada autor, bastando a descrição do fato típico, das circunstâncias comuns, os motivos do crime e indícios suficientes da autoria, ainda que sucintamente, a fim de garantir o direito à ampla defesa e contraditório (STF. 1ª Turma. HC 136822 AgR, Rel. Min. Luiz Fux, julgado em 09/12/2016). É fundamental, no entanto, que haja o mínimo de individualização da conduta para permitir o recebimento da denúncia (STF. 2ª Turma. HC 127415, Rel. Min. Gilmar Mendes, julgado em 13/09/2016). Se a denúncia se limita a descrever a posição hierárquica do denunciado na empresa, ela deverá ser considerada inepta (STF. 1ª Turma. Pet 5629, Rel. Min. Rosa Weber, julgado em 24/05/2016).

B) Correta. Artigo 41 do CPP: A denúncia ou queixa conterá a exposição do fato criminoso, com todas as suas circunstâncias, a qualificação do acusado ou esclarecimentos pelos quais se possa identificá-lo, a classificação do crime e, quando necessário, o rol das testemunhas.

C) Correta. Segundo ensinamentos de Leonardo Barreto (2016, p.220), a jurisprudência do STJ e STF vem autorizando que a denúncia seja apresentada sem a individualização da conduta do agente com todas as circunstâncias, excepcionando-se, portanto, a regra prevista no art. 41 do CPP. Contudo, a denúncia ou queixa não poderá deixar de narrar o nexo de imputação, a vinculação mínima entre a conduta do acusado e o crime por ele cometido, enfim, como aquele concorreu para a prática deste. De outro lado, porém, a mesma jurisprudência do STJ e do STF entende que a simples condição de sócio de determinada sociedade não autoriza que o agente seja incluído no polo passivo da mesma, exigindo-se a demonstração de que ele concorreu de alguma forma para a prática do delito, ou, do contrário, teríamos uma responsabilidade penal objetiva.

D) Incorreta. Leonardo Barreto (2016, p. 215) assevera que o pedido da condenação é genérico, no sentido de que o autor da ação penal não precisa pleitear ao magistrado a pena que desejaria que fosse aplicada ao agente do delito, sendo suficiente a solicitação tão somente de condenação.

Resposta: Letra D

MPMG 2014 (Concurso LIV). Questão 33. Direito Processual Penal / Código de Processo Penal/ Denúncia / Jurisprudência.

Segundo os Tribunais Superiores e posição doutrinária dominante, uma denúncia, sabidamente autêntica, que não contém a assinatura do Promotor de Justiça, é:

A) *Absolutamente nula.*

B) *Formalmente correta.*

C) *Inexistente.*

D) *Meramente irregular.*

Comentários

(A, B, C e D)

Há mera irregularidade, consoante entendimento jurisprudencial o STJ: STJ – PROCESSUAL PENAL. RECURSO ESPECIAL. FURTO QUALIFICADO. FALTA DE ASSINATURA NA DENÚNCIA. NÃO HAVENDO DÚVIDAS QUANTO À SUA AUTENTICIDADE, CONSTITUI MERA IRREGULARIDADE.A falta de assinatura do Promotor de Justiça na denúncia, mas não havendo dúvida quanto à autenticidade da peça acusatória, constitui mera irregularidade, não acarretando, portanto, a sua nulidade (Precedentes do STF e do STJ).

Recurso provido.

(REsp 939.971/RS, Rel. Ministro FELIX FISCHER, QUINTA TURMA, julgado em 09/10/2007, DJ 19/11/2007, p. 283)

Há outro precedente do STJ mais recente, indicando que pode ocorrer, no máximo, nulidade relativa, a seguir:

PENAL E PROCESSO PENAL. RECURSO ORDINÁRIO EM HABEAS CORPUS. ATIVIDADE CLANDESTINA DE RADIODIFUSÃO. TRANCAMENTO DO PROCESSO. INÉPCIA DA DENÚNCIA. AUSÊNCIA DE CAPITULAÇÃO LEGAL. INOCORRÊNCIA. REQUISITO NÃO ESSENCIAL. RECURSO DESPROVIDO.

[...]

2. A alegação de inépcia da denúncia deve ser analisada de acordo com os requisitos exigidos pelos arts. 41 do CPP, e 5º, LV, da CF/1988, que podem ser essenciais ou acidentais ou acessórios.

Portanto, são requisitos essenciais da peça acusatória, cuja ausência acarreta nulidade absoluta, a exposição do fato delituoso em toda a sua essência, de maneira a pormenorizar o quanto possível a conduta imputada, a individualização do acusado e redação da peça em português, haja vista que viabilizam a persecução penal e o contraditório pelo réu (Nesse sentido: RHC 56.111/PA, Rel. Ministro FELIX FISCHER, QUINTA TURMA, DJe 01/10/2015; RHC 58.872/PE, Rel. Ministro GURGEL DE FARIA, QUINTA TURMA, DJe 01/10/2015; RHC 28.236/PR, Rel. Ministro NEFI CORDEIRO, SEXTA TURMA, DJe 01/10/2015). Os demais requisitos, como rol de testemunha, classificação do crime, circunstâncias de tempo e espaço, assinatura do promotor ou do advogado, revestem-se de menor importância, motivo pelo qual a supressão ou equívoco quanto aos citados requisitos acessórios da peça acusatória ensejam, na pior das hipóteses, nulidade relativa. [...] 6. Recurso desprovido. (RHC 42.977/AL, Rel. Ministro RIBEIRO DANTAS, QUINTA TURMA, julgado em 01/12/2015, DJe 09/12/2015) – g.n.

Resposta certa: D

10. AÇÃO CIVIL *EX DELICTO*

***MPMG – 2012 (LII Concurso)** Questão 33 Direito Processual Penal – Ação Civil Ex Delicto – Legislação.*

Assinale a alternativa CORRETA. Impede o ajuizamento da ação civil para reparação do dano causado por crime:

A) O acórdão que reconhece a inexistência material do fato.

B) O despacho de arquivamento do inquérito policial.

C) A decisão que julga extinta a punibilidade.

D) A sentença que decide que o fato não constitui crime.

Comentários

A) Correta Art. 66, do CPP: "Não obstante a sentença absolutória no juízo criminal, a ação civil poderá ser proposta quando não tiver sido, categoricamente, reconhecida a inexistência material do fato.".

B), C) e D) Incorretas. Art. 67, do CPP: "Não impedirão igualmente a propositura da ação civil: I – o despacho de arquivamento do inquérito ou das peças de informação; II – a decisão que julgar extinta a punibilidade; III – a sentença absolutória que decidir que o fato imputado não constitui crime."

Vale citar também o artigo 935 do Código Civil, a seguir: Art. 935. A responsabilidade civil é independente da criminal, não se podendo questionar mais sobre a existência do fato, ou sobre quem seja o seu autor, quando estas questões se acharem decididas no juízo criminal.

Resposta: letra A.

11. JURISDIÇÃO E COMPETÊNCIA

*MPMG – 2012 (**LII Concurso**) Questão 36 Direito Processual Penal / Competência / Legislação.*

De acordo com o Código de Processo Penal, assinale a alternativa CORRETA, considerando como Verdadeiras ou Falsas as proposições abaixo:

( ) Determinarão a competência jurisdicional: o lugar da ação, o domicílio ou residência do réu, a natureza da infração, a distribuição, a conexão ou continência, a prevenção, a prerrogativa de função.

( ) Quando incerta a jurisdição por ter sido a infração consumada ou tentada nas divisas de duas ou mais jurisdições, a competência firmar-se-á pela prevenção.

( ) Se o tribunal do júri desclassificar a infração para outra atribuída à competência do juiz singular, a este serão remetidos os autos para julgamento.

( ) A competência será determinada pela continência no caso de concurso formal, erro na execução e resultado diverso do pretendido.

A) F, V, F, V.

B) F, F, F, V.

C) V, F, V, F.

D) V, V, V, F.

Comentários

Falsa. Art. 69 do CPP: "Determinará a competência jurisdicional: I – o lugar da infração; II – o domicílio ou residência do réu; III – a natureza da infração; IV – a distribuição; V – a conexão ou continência; VI – a prevenção; VII – a prerrogativa de função..

Verdadeira. Artigo 70, § 3º, do CPP. Quando incerto o limite territorial entre duas ou mais jurisdições, ou quando incerta a jurisdição por ter sido a infração consumada ou tentada nas divisas de duas ou mais jurisdições, a competência firmar-se-á pela prevenção.

Falsa. Se o tribunal do júri desclassificar a infração para outra atribuída à competência do juiz singular, ao presidente do Tribunal do Júri caberá proferir sentença em seguida. A remessa dos autos ao juiz criminal competente ocorre quando a desclassificação é feita pelo juiz, ao final da primeira fase de julgamento. Artigos 74, § 3º: Se o juiz da pronúncia desclassificar a infração para outra atribuída à competência de juiz singular, observar-se-á o disposto no art. 410; mas, se a desclassificação for feita pelo próprio Tribunal do Júri, a seu presidente caberá proferir a sentença (art. 492, § 2º); e 492, §§ 1º e 2º, do CPP: § 1º Se houver desclassificação da infração para outra, de competência do juiz singular, ao presidente do Tribunal do Júri caberá proferir sentença em seguida, aplicando-se, quando o delito resultante da nova tipificação for considerado pela lei como infração penal de menor potencial ofensivo, o disposto nos arts. 69 e seguintes da Lei nº 9.099, de 26 de setembro de 1995;

§ 2º Em caso de desclassificação, o crime conexo que não seja doloso contra a vida será julgado pelo juiz presidente do Tribunal do Júri, aplicando-se, no que couber, o disposto no § 1º deste artigo.

Verdadeira. Artigo 77, II, do CPP, embora as referências do citado artigo tenham sido modificadas (artigos 70, 73 e 74, todos do CP).

Resposta: letra A.

MPMG 2014 (Concurso LIV). Questão 31. Direito Processual Penal / Código de Processo Penal/ Conflito de Atribuição / Jurisprudência.

*Assinale a alternativa que, **CORRETAMENTE**, completa a lacuna existente na afirmativa abaixo:*

Compete ao ________ dirimir conflito de atribuições entre Ministérios Públicos de dois diferentes Estados da Federação que, diante de inquérito policial já relatado, entendem pertencer ao outro a atribuição para nele funcionar.

A) Conselho Nacional do Ministério Público.

B) Supremo Tribunal Federal.

C) Procurador-Geral da República.

D) Superior Tribunal de Justiça.

Comentários

(A, B, C e D) No gabarito oficial, consta como correta a letra B, sendo a competência do Supremo Tribunal Federal, consoante conflito entre Estados Federativos, art. 102, I, "f", CR/88.

Vale ressaltar, no entanto, que no dia 19/05/2016, o STF alterou sua jurisprudência no que tange aos conflitos de atribuições envolvendo MPE e MPF – compete ao PGR resolve-los.

Ementa: CONSTITUCIONAL. CONFLITO DE ATRIBUIÇÕES ENTRE MINISTÉRIOS PÚBLICOS. MINISTÉRIO PÚBLICO FEDERAL E MINISTÉRIO PÚBLICO DO ESTADO DO PARANÁ. LEGITIMIDADE DO MINISTÉRIO PÚBLICO PARA PROMOVER A TUTELA COLETIVA DE DIREITOS INDIVIDUAIS HOMOGÊNEOS DOTADOS DE RELEVÂNCIA SOCIAL. POSSIBILIDADE DE ATUAÇÃO DO PARQUET EM FAVOR DE MUTUÁRIOS EM CONTRATOS DE FINANCIAMENTO PELO SISTEMA FINANCEIRO DE HABITAÇÃO. QUESTÃO PRELIMINAR. ALCANCE DO ARTIGO 102, INCISO I, ALÍNEA F DA CONSTITUIÇÃO DA REPÚBLICA. DISPOSITIVO DIRECIONADO PARA ATRIBUIR COMPETÊNCIA ORIGINÁRIA AO STF EM CASOS DE CONFLITO FEDERATIVO. REVISITAÇÃO DA JURISPRUDÊNCIA ASSENTADA PELA CORTE (ACO 1.109/SP E PET 3.528/BA). MERO CONFLITO DE ATRIBUIÇÕES QUANTO À ATUAÇÃO ENTRE DIFERENTES ÓRGÃOS MINISTERIAIS DA FEDERAÇÃO. SITUAÇÃO INSTITUCIONAL E NORMATIVA INCAPAZ DE COMPROMETER O PACTO FEDERATIVO AFASTA A REGRA QUE ATRIBUI COMPETÊNCIA ORIGINÁRIA AO STF. NÃO CONHECIMENTO DA AÇÃO CÍVEL ORIGINÁRIA E REMESSA DOS AUTOS AO PROCURADOR-GERAL DA REPÚBLICA (PGR) – (PRECEDENTE FIXADO PELA ACO 1.394/RN). 1. In casu: (i) cuida-se de conflito negativo de atribuições entre diferentes órgãos do ministério público para se definir a legitimidade para a instauração de Inquérito Civil em investigação de possível superfaturamento na construção de conjuntos habitacionais no Município de Umuarama/PR; e (ii) há suspeita de que construtoras obtiveram, por intermédio da Caixa Econômica Federal, verbas do Sistema Financeiro de Habitação, em valor superior ao necessário para a construção dos conjuntos habitacionais, excesso esse que teria sido repassado aos mutuários da CEF. 2. Em sede preliminar, o tema enseja revisitação da jurisprudência assentada por esta Corte (ACO 1.109/SP e, especificamente, PET 3.528/BA), para não conhecer da presente Ação Cível Originária (ACO). Nesses precedentes, firmou-se o entendimento no sentido de que simples existência de conflito de atribuições entre Ministérios Públicos vinculados a entes federativos diversos não é apta, per si, para promover a configuração de típico conflito federativo, nos termos da alínea f do Inciso I do art. 102 da Constituição da República Federativa do Brasil de 1988 (CRFB/1988). O caso dos autos remete, consectariamente, a mero conflito de atribuições entre órgãos ministeriais vinculados a diferentes entes federativos. 3. Em conclusão, essa situação institucional e normativa é incapaz de comprometer o pacto federativo e, por essa razão, afasta a regra que, em tese, atribui competência originária ao STF. Ademais, em consonância com o entendimento firmado por este Tribunal no julgamento da ACO 1.394/RN, o caso é de não conhecimento da ação cível originária, com a respectiva remessa dos autos ao Procurador-Geral da República para a oportuna resolução do conflito de atribuições.

Recentemente houve nova mudança de entendimento, atribuindo ao CNMP tal mister, conforme se vê a seguir:

Ementa: PETIÇÃO. CONSTITUCIONAL E ADMINISTRATIVO. COMPETÊNCIA DO CONSELHO NACIONAL DO MINISTÉRIO PÚBLICO PARA DIRIMIR CONFLITO DE ATRIBUIÇÃO ENTRE MINISTÉRIOS PÚBLICOS DIVERSOS. EXERCÍCIO DO CONTROLE DA LEGALIDADE DA ATUAÇÃO ADMINISTRATIVA. RESPEITO À INDEPENDÊNCIA FUNCIONAL. CF, ART. 130-A, § 2º, INCISOS I E II. INCOMPETÊNCIA DO SUPREMO TRIBUNAL FEDERAL. 1. Incompetência originária do SUPREMO TRIBUNAL FEDERAL para conhecer e dirimir conflito de atribuições entre membros de ramos diversos do Ministério Público. Inaplicabilidade do art. 102, I, f, da CF, por ausência de risco ao equilíbrio federativo. 2. Impossibilidade de encaminhamento do conflito de atribuição para o Procurador-Geral da República, enquanto autoridade competente, pois é parte interessada na solução da demanda administrativa, uma vez que acumula a Chefia do Ministério Público da União com a chefia de um de seus ramos, o Ministério Público Federal, nos termos da LC 75/1993. 3. Os membros do Ministério Público integram um só órgão sob a direção única de um só Procurador-Geral, ressalvando-se, porém, que só existem unidade e indivisibilidade dentro de cada Ministério Público, inexistindo qualquer relação de hierarquia entre o Ministério Público Federal e os dos Estados, entre o de um Estado e o de outro, ou entre os diversos ramos do Ministério Público da União. 4. EC 45/2004 e interpretação sistemática da Constituição Federal. A solução de conflitos de atribuições entre ramos diversos dos Ministérios Públicos pelo CNMP, nos termos do artigo 130-A, § 2º, e incisos I e II, da Constituição Federal e no exercício do controle da atuação administrativa do Parquet, é a mais adequada, pois reforça o mandamento constitucional que lhe atribuiu o controle da legalidade das ações administrativas dos membros e órgãos dos diversos ramos ministeriais, sem ingressar ou ferir a independência funcional. 5. Não conhecimento da Ação e encaminhamento dos autos ao Conselho Nacional do Ministério Público para, nos termos do artigo 130-A, incisos I e II, da Constituição Federal, dirimir o conflito de atribuições.

(Pet 4891, Relator(a): MARCO AURÉLIO, Relator(a) p/ Acórdão: ALEXANDRE DE MORAES, Tribunal Pleno, julgado em 16/06/2020, PROCESSO ELETRÔNICO DJe-196 DIVULG 05-08-2020 PUBLIC 06-08-2020) g.n.

Dessa forma, hoje, o gabarito correto seria letra A.

Resposta certa: C

***MPMG 2014 (Concurso LIV)**. Questão 32. Direito Processual Penal / Código de Processo Penal / Competência / Doutrina.*

Assinale a alternativa correta: a competência criminal funcional pode estar prevista:

A) Somente na Constituição Federal.

B) Na Constituição Federal e em leis ordinárias discutidas e aprovadas no Congresso Nacional.

C) Na Constituição Federal e nas Constituições Estaduais.

D) Na Constituição Federal, na Constituição dos Estados e em leis ordinárias federais e estaduais, respeitado o âmbito de aplicabilidade.

Comentários

(A, B, C e D) Nessa questão, a banca examinadora empregou o termo "competência criminal funcional" não como sinônimo de competência por prerrogativa de função (o que poderia ser feito, sendo que ela é prevista na Constituição Federal e nas Constituições Estaduais), mas como critério de competência que leva em consideração a distribuição dos atos processuais praticados, ou seja, funções dentro do processo. Nesse último sentido, de fato, ela pode estar prevista na Constituição Federal, na Constituição dos Estados e em leis ordinárias federais e estaduais.

Resposta certa: D

***MPMG 2017 (Concurso LV)**. Questão 35. Direito Processual Penal / Jurisdição e competência/ legislação e jurisprudência.*

Em procedimento investigatório conduzido pelo Ministério Público do Trabalho, determinada testemunha imputou contra o investigado crime contra a honra, que levou o investigado a oferecer queixa-crime. Considerando as informações acima, assinale a alternativa CORRETA:

A) A Justiça do Trabalho é competente para o julgamento da ação, que contará com a participação do Ministério Público do Trabalho, aplicando-se, quanto ao rito, o Código de Processo Penal.

B) O julgamento da queixa-crime compete ao Juizado Especial Criminal da Justiça Federal, acompanhando a ação o Ministério Público Federal, aplicando-se, quanto ao rito, a Lei nº 9.099/95.

C) A infração de menor potencial ofensivo torna competente o Juizado Especial Criminal, com ciência do Ministério Público, ambos do respectivo Estado Federado, aplicando-se, quanto ao rito, a Lei nº 9.099/95.

D) O órgão jurisdicional competente para o julgamento é a Justiça Comum Estadual, com a participação do Ministério Público do Estado, na condição de fiscal da lei, aplicando-se, quanto ao rito, o Código de Processo Penal.

Comentários

(A): Incorreta – Os crimes contra a honra possuem pena máxima de 2 anos, o que atrai a incidência do art. 61 da Lei 9.099. Ademais, o STJ já se pronunciou em caso semelhante, a seguir: PROCESSUAL PENAL. CONFLITO NEGATIVO DE COMPETÊNCIA. CRIMES CONTRA A HONRA DE PARTICULAR SUPOSTAMENTE COMETIDOS DURANTE DEPOIMENTO PRESTADO À PROCURADORIA DO TRABALHO. NÃO INCIDÊNCIA DA SÚMULA 165 DESTA CORTE. COMPETÊNCIA DA JUSTIÇA ESTADUAL. I – Não há falar em competência da Justiça Federal para processar e julgar queixa-crime proposta por particular contra particular, somente pelo fato de as declarações do querelado terem sido prestadas perante a Procuradoria do Trabalho. II – O que está em análise nas queixas-crimes apresentadas são os supostos crimes contra a honra de particular, não havendo notícia de investigação ou denúncia sobre o crime de falso, não incidindo assim a Súmula 165 desta Corte. Conflito de competência conhecido para declarar competente o Juízo de Direito do Juizado Especial Cível e Criminal de Teresina/PI. (CC 148.350/PI, Rel. Ministro FELIX FISCHER, TERCEIRA SEÇÃO, julgado em 09/11/2016, DJe 18/11/2016).

Deve-se ficar atento à derrubada do veto presidencial (Veto 56), o qual torna vigente, a partir de 29/05/21, o art.141, §2º, do CP, que assim dispõe: " Se o crime é cometido ou divulgado em quaisquer modalidades das redes sociais da rede mundial de computadores, aplica-se em triplo a pena", afastando a competência do JESP.

(B): Incorreta – Não há motivo para ser julgado na justiça federal, vide art.109 da CF/88. As partes envolvidas são particulares.

(C): Correta – Conforme justificativa de letra A. Não incide a súmula 165 do STJ porque não se trata de crime de falso testemunho.

(D): Incorreta – Diante da pena máxima dos crimes contra a honra, o rito é aquele previsto na Lei 9.099/95. Ver comentários do item A.

Resposta: Letra C

MPMG 2018. (CONCURSO LVI) *QUESTÃO 40. Direito Processual Penal. Competência. Doutrina. Jurisprudência. Lei Seca: CPP.*

Examine as alternativas abaixo, referentes à competência, assinalando a CORRETA:

A) *Entre as exceções ao princípio da unicidade, figura a situação em que o concurso de pessoas, em crime doloso contra a vida, dá-se entre o agente que responde originariamente perante Tribunal de Justiça e aquele que não se submete, em regra, a foro por prerrogativa de função.*

B) *Em crime praticado fora do Brasil, quando aplicável a lei brasileira, o juízo competente será sempre o da Capital da República.*

C) *A teor do que dispõe o CPP, na hipótese de crimes conexos, concorrendo jurisdições da mesma categoria, preponderará a determinada pela prevenção.*

D) *A unidade de processo e de julgamento imposta pelo CPP não prevalece se, ocorrendo dois crimes dolosos contra a vida, conexos, for um deles de competência da Justiça Federal e outro da Justiça Estadual.*

Comentários

A) CORRETA. Segundo o princípio da unicidade, um mesmo crime não pode ser objeto de mais de uma ação penal, sob pena do risco de decisões divergentes a respeito da mesma infração penal. Ocorre que ele não é absoluto, e, com efeito, no exemplo dado pela assertiva ele é excepcionado. Isso porque tanto a competência do Tribunal do Júri para o julgamento de crimes dolosos contra a vida, como a competência de foro por prerrogativa de função, tem status constitucional. Ambas são determinadas pela CRFB/88, de modo que uma não pode prevalecer sobre a outra. Assim sendo, a solução é a disjunção do feito: o agente detentor do foro por prerrogativa de função é julgado no Tribunal de Justiça, e o que não o detém, no Tribunal do Júri. Veja-se, nesse sentido, decisão do STF: "COMPETÊNCIA – CRIME DOLOSO CONTRA A VIDA – CO-AUTORIA – PRERROGATIVA DE FORO DE UM DOS ACUSADOS – INEXISTÊNCIA DE ATRAÇÃO – PREVALENCIA DO JUIZ NATURAL – TRIBUNAL DO JÚRI – SEPARAÇÃO DOS PROCESSOS. 1. A competência do Tribunal do Júri não é absoluta. Afasta-a a própria Constituição Federal, no que prevê, em face da dignidade de certos cargos e da relevância destes para o Estado, a competência de tribunais – artigos 29, inciso VIII; 96, inciso III; 108, inciso I, alínea "a"; 105, inciso I, alínea "a" e 102, inciso I, alíneas "b" e "c". 2. A conexão e a continência – artigos 76 e 77 do Código de Processo Penal – não consubstanciam formas de fixação da competência, mas de alteração, sendo que nem sempre resultam na unidade de julgamentos – artigos 79, incisos I, II e pars. 1. e 2. e 80 do Código de Processo Penal. 3. O envolvimento de co-réus em crime doloso contra a vida, havendo em relação a um deles a prerrogativa de foro como tal definida constitucionalmente, não afasta, quanto ao outro, o juiz natural revelado pela alínea "d" do inciso XXXVIII do artigo 5. da Carta Federal. A continência, porque disciplinada mediante normas de índole instrumental comum, não é conducente, no caso, a reunião dos processos. A atuação de órgãos diversos integrantes do Judiciário, com duplicidade de julgamento, decorre do próprio texto constitucional, isto por não se lhe poder sobrepor preceito de natureza estritamente legal. 4. Envolvidos em crime doloso contra a vida Prefeito e cidadão comum, biparte-se a competência, processando e julgando o primeiro o Tribunal de Justiça e o segundo o Tribunal do Júri. Conflito aparente entre as normas dos artigos 5., inciso XXXVIII, alínea "d", 29, inciso VIII, alínea "a" da Lei Básica Federal e 76, 77 e 78 do Código de Processo Penal.(HC 70581, Relator(a): Min. Marco Aurélio, Segunda Turma, julgado em 21/09/1993, DJ 29-10-1993 PP-22935 EMENT VOL-01723-01 PP-00054)".

B) INCORRETA. O juízo competente será o da Capital da República apenas se o acusado nunca tiver residido no Brasil, a teor do art. 88 do CPP: "Art. 88. No processo por crimes praticados fora do território brasileiro, será competente o juízo da Capital do Estado onde houver por último residido o acusado. **Se este nunca tiver residido no Brasil, será competente o juízo da Capital da República.**"

C) INCORRETA. Conforme dispõe o art. 78, II, do CPP, na hipótese de crimes conexos, concorrendo jurisdições da mesma categoria, a competência será firmada pela prevenção apenas se não configurada uma das hipóteses das alíneas a) e b) do referido dispositivo. Veja-se: "Art. 78. Na determinação da competência por conexão ou continência, serão observadas as seguintes regras: (...) II – no concurso de jurisdições da mesma categoria: a) preponderará a do lugar da infração, à qual for cominada a pena mais grave; b) prevalecerá a do lugar em que houver ocorrido o maior número de infrações, se as respectivas penas forem de igual gravidade; c) firmar-se-á a competência pela prevenção**, nos outros casos**;".

D) INCORRETA. Prevalece na jurisprudência pátria que, havendo conexão entre crimes de competência da Justiça Federal e da Justiça Estadual, prevalece a competência da Justiça Federal para julgar todos eles, sejam ou não do Tribunal do Júri. Isso, pois a competência federal vem prevista na CRFB/88 (LIMA, p. 478). Nesse sentido, a Súmula nº 122 do STJ estabelece que "Compete à Justiça Federal o processo e julgamento unificado dos crimes conexos de competência federal e estadual, não se aplicando a regra do art. 78, II, a, do Código de Processo Penal."

Resposta: Letra A.

MPMG 2019 (CONCURSO LVII). QUESTÃO 32 Jurisdição e competência./ Legislação/ Doutrina / Jurisprudência.

Sobre competência, junção e separação de processos, assinale a alternativa correta:

A) *Concorrendo a competência por prerrogativa de função e a do Tribunal do Júri, preponderará em qualquer caso aquela sobre esta.*

B) *No processo relativo a crime doloso contra a vida, o juiz sumariante, ao pronunciar o acusado, poderá e deverá examinar os crimes conexos para, se for o caso, afastá-los da apreciação do Tribunal do Júri.*

C) *A regra de reunião das diferentes ações penais instauradas por crimes conexos não se aplica, salvo para fins de soma ou unificação de penas, se algum deles já tiver sido definitivamente sentenciado, haja ou não transitado em julgado a respectiva decisão.*

D) *Imposta a unidade de processo e julgamento nos casos de conexão e continência, poderá todavia ocorrer sua facultativa separação nos casos em que sobrevier a algum dos acusados doença mental.*

Comentários

(A): Incorreta. Caso o foro privilegiado esteja previsto na CF/88 prevalece sobre a competência do Tribunal do Júri. É a Carta Maior expecionando-se a si mesma. Caso esteja previsto em outra norma, como Constituição Estadual, não há essa prevalência, conforme Súmula Vinculante 45: *A competência constitucional do tribunal do júri prevalece sobre o foro por prerrogativa de função estabelecido exclusivamente pela constituição estadual.*

(B): Incorreta. Vale a regra do art. 78, I, do CPP: I - no concurso entre a competência do júri e a de outro órgão da jurisdição comum, prevalecerá a competência do júri. Como regra, não pode haver essa análise em separado sob pena de usurpar a competência do Tribunal do Júri. Todavia, há de se ter cuidado pois há um mínimo de tipicidade objetiva e indícios de autoria, como se depreende do precedente abaixo:

AGRAVO REGIMENTAL NO AGRAVO EM RECURSO ESPECIAL. PENAL E PROCESSO PENAL. POSSE ILEGAL DE ARMA DE USO PERMITIDO. HOMICÍDIO TENTADO.TRIBUNAL DO JÚRI. RECURSO MINISTERIAL. IMPRONÚNCIA PELO CRIME CONEXO. INDÍCIOS MÍNIMOS DE AUTORIA. REEXAME. VEDAÇÃO. SÚMULA N.7/STJ. AGRAVO DESPROVIDO.

1. A decisão de pronúncia encerra simples juízo de admissibilidade da acusação, exigindo o ordenamento jurídico somente o exame da ocorrência do crime e de indícios de sua autoria, não se demandando aqueles requisitos de certeza necessários à prolação de um édito condenatório, conforme o mandamento contido no art. 413 do Código Processual Penal.

2. Sem olvidar da regra disposta no art. 78, inciso I, do CPP, nem da orientação jurisprudencial prevalente nesta Corte Superior, segundo a qual o julgamento dos crimes conexos aos dolosos contra a vida compete exclusivamente ao Tribunal popular, certo é que a submissão de qualquer caso à apreciação do Júri depende, necessariamente, de um mínimo de tipicidade objetiva e indícios de autoria, situação que não se verifica no caso concreto.

3. O Tribunal recorrido, após percuciente análise das provas dos autos, concluiu pela inexistência de elementos autorizativos à pronúncia do acusado pelo crime conexo, salientando que não há provas mínimas de autoria no que diz respeito à prática do crime de porte ilegal de arma de fogo de uso permitido descrito na incoativa.

4. A desconstituição do julgado não encontra espaço na via eleita, porquanto seria necessário aprofundado reexame do contexto fático-probatório, providência incabível em âmbito de recurso especial, conforme já assentado pelo enunciado da Súmula n. 7/STJ.

Precedentes.

5. Agravo regimental desprovido. (AgRg no AREsp 1621078/PR, Rel. Ministro JORGE MUSSI, QUINTA TURMA, julgado em 26/05/2020, DJe 03/06/2020)

(C): Correta. Conforme art.82 do CPP: Se, não obstante a conexão ou continência, forem instaurados processos diferentes, a autoridade de jurisdição prevalente deverá avocar os processos que corram perante os outros juízes, salvo se já estiverem com sentença definitiva. Neste caso, a unidade dos processos só se dará, ulteriormente, para o efeito de soma ou de unificação das penas. Ver ainda a Súmula 235 do STJ: A conexão não determina a reunião dos processos, se um deles já foi julgado.

(D): Incorreta. Ver artigo 79, §1°, do CPP: Cessará, em qualquer caso, a unidade do processo, se, em relação a algum co-réu, sobrevier o caso previsto no art. 152. Segue artigo 152 do CPP: Se se verificar que a doença mental sobreveio à infração o processo continuará suspenso até que o acusado se restabeleça, observado o § 2° do art. 149.

Resposta: Letra c

MPMG 2019 (CONCURSO LVII). *QUESTÃO 35 Jurisdição e competência. / Questões e procedimentos incidentes. / Legislação/ Doutrina/Jurisprudência.*

Sobre competência, sua fixação e modificação no processo penal, é correto afirmar que:

A) *é desconhecida, no processo penal, a hipótese de foro de eleição.*

B) *na conexão de crimes de competência das justiças federal e estadual, o entendimento prevalente, mas não unânime, é no sentido de promover-se a separação dos processos.*

C) *o provimento do incidente de deslocamento de competência provocado pelo Procurador-Geral da República somente depende de que, diante de grave violação a direitos humanos, tenha sido proposta ação penal e haja possibilidade de responsabilização internacional do Estado brasileiro.*

D) *configurado desacato à autoridade de juiz de Direito no exercício de funções eleitorais, a competência para o julgamento do crime será da Justiça Federal.*

Comentários

(A): Incorreta. Foro de eleição é a possibilidade escolha do local de propositura da ação, como explícito no art.73 do CPP: Nos casos de exclusiva ação privada, o querelante poderá preferir o foro de domicílio ou da residência do réu, ainda quando conhecido o lugar da infração.

(B): Incorreta. *Não há separação, conforme Súmula 122 do STJ: Compete à Justiça Federal o processo e julgamento unificado dos crimes conexos de competência federal e estadual, não se aplicando a regra do art. 78, II, "a", do Código de Processo Penal.*

(C): Incorreta. Ver o art.109, §5°, da CF/88: Nas hipóteses de grave violação de direitos humanos, o Procurador-Geral da República, com a finalidade de assegurar o cumprimento de obrigações decorrentes de tratados internacionais de direitos humanos dos quais o Brasil seja parte, poderá suscitar, perante o Superior Tribunal de Justiça, em qualquer fase do inquérito ou processo, incidente de deslocamento de competência para a Justiça Federal. Pode ser inquérito.

(D): Correta. É a Justiça Federal, já que a Justiça Eleitoral apenas julga os crimes tipicamente eleitorais (o que não é o caso do desacato) e os conexos (STF, PLENÁRIO, INQ. 4435). Os crimes tipicamente eleitorais são aqueles previstos no Código Eleitoral e na legislação própria, como a Lei 9.504/97. Incide também a lógica do art.109,IV, da CF/88, pois a Justiça Eleitoral é da União e os crimes cometidos contra alguém exercendo função eleitoral é de seu interesse.

Resposta: Letra D

12. SUJEITOS PROCESSUAIS

***MPMG 2019 (CONCURSO LVII)**. QUESTÃO 33 Sujeitos processuais. / Questões e procedimentos incidentes. / Legislação e Jurisprudência.*

Sobre as exceções, assinale a assertiva correta:

A) Arguida exceção de suspeição cuja procedência seja reconhecida pela parte, poderá ser sustada a marcha do processo, caso em que suspenso ficará também o prazo prescricional.

B) A suspeição, nas hipóteses em que admissível sua arguição, deverá sê-lo sempre por escrito.

C) A arguição de suspeição do órgão do Ministério Público somente é admissível, no Processo Penal, nos casos em que sua atuação ocorra na condição de fiscal da lei.

D) Diversamente das hipóteses de impedimento, taxativas, as de suspeição são, na visão de parte da doutrina, exemplificativas.

Comentários

(A): Incorreta. Ver art.102 do CPP: Quando a parte contrária reconhecer a procedência da argüição, poderá ser sustado, a seu requerimento, o processo principal, até que se julgue o incidente da suspeição. Não tem previsão de suspensão da prescrição.

(B): Incorreta. Ver art.106 do CPP: A suspeição dos jurados deverá ser argüida oralmente, decidindo de plano do presidente do Tribunal do Júri, que a rejeitará se, negada pelo recusado, não for imediatamente comprovada, o que tudo constará da ata. A dos jurados é feita oralmente.

(C): Incorreta.Ver art. 258 do CPP: Os órgãos do Ministério Público não funcionarão nos processos em que o juiz ou qualquer das partes for seu cônjuge, ou parente, consangüíneo ou afim, em linha reta ou colateral, até o terceiro grau, inclusive, e a eles se estendem, no que lhes for aplicável, as prescrições relativas à suspeição e aos impedimentos dos juízes. Não há limitação quanto a ser fiscal da lei.

(D): Correta. As causas de suspeição são exemplificativas até por impossibilidade de elencar todas as possibilidade de foro íntimo. A jurisprudência do Superior Tribunal de Justiça (STJ) orienta-se no sentido de que o rol das suspeições previstas no ***artigo 254 do código de processo pena***l é exemplificativo, sendo, assim, imprescindível, para o reconhecimento da suspeição do magistrado, não a adequação perfeita da realidade a uma das proposições do referido dispositivo legal, mas, sim, a constatação do efetivo comprometimento do julgador com a causa. O mesmo não acontece com os impedimentos, como os do art. 254 do CPP, por serem casos objetivos. Há divergências, embora seja o entendimento doutrinário e jurisprudencial dominante. Ver os seguintes precedentes:HC 597.495/SP, Rel. Ministro REYNALDO SOARES DA FONSECA, QUINTA TURMA, julgado em 27/10/2020, REPDJe 12/11/2020, DJe 03/11/2020; AgRg no REsp 1721429/SP, Rel. Ministro ANTONIO SALDANHA PALHEIRO, SEXTA TURMA, julgado em 19/11/2019, DJe 21/11/2019.

Resposta: Letra D

13. PRISÃO E LIBERDADE PROVISÓRIA

MPMG 2010 (Concurso L)*. Questão 29. Direito Processual Penal / Prisão e Liberdade Provisória / Legislação.*

Analise as seguintes afirmativas e assinale a alternativa CORRETA.

A) O réu preso preventivamente poderá se livrar solto quando o Juiz de Direito verificar que não há provas ou indícios de que ele é o autor da infração penal.

B) A prisão preventiva será relaxada quando demonstrado que ela ocorreu fora das hipóteses legais do flagrante delito.

C) A liberdade provisória será deferida sempre que o Juiz de Direito reconhecer que desapareceram os motivos legais que autorizavam a manutenção da prisão preventiva.

D) A revogação da prisão preventiva será admitida quando surgir prova convincente de que o réu praticou o fato em legítima defesa.

Comentários

Questão desatualizada

(A): Correta – Verificar a nova redação do art.321 do CPP. Ausentes os requisitos que autorizam a decretação da prisão preventiva, o juiz deverá conceder liberdade provisória, impondo, se for o caso, as medidas cautelares previstas no art. 319 deste Código e observados os critérios constantes do art. 282 deste Código. (Redação dada pela Lei nº 12.403, de 2011).

(B): Incorreta – A prisão preventiva é admitida nos casos de crime doloso punido com pena privativa de liberdade superior a 4 anos; se já existir condenação transitada em julgado por outro crime doloso; se envolver violência doméstica e familiar contra a mulher, criança, adolescente, idoso, enfermo ou pessoa com deficiência, para garantir a execução das medidas protetivas de urgência; (artigo 313 do CPP). Se ela for decretada judicialmente em descumprimento a este dispositivo legal, deverá ser relaxada. Se não persiste mais o fundamento inicial, deve ser revogada.

(C): Correta – É hipótese de revogação da prisão preventiva, nos termos do artigo 316 do CPP. Há de se atentar para o novo texto legal dado pela Lei 13,964/19: Art. 316. O juiz poderá, de ofício ou a pedido das partes, revogar a prisão preventiva se, no correr da investigação ou do processo, verificar a falta de motivo para que ela subsista, bem como novamente decretá-la, se sobrevierem razões que a justifiquem. (Redação dada pela Lei nº 13.964, de 2019)

Parágrafo único. Decretada a prisão preventiva, deverá o órgão emissor da decisão revisar a necessidade de sua manutenção a cada 90 (noventa) dias, mediante decisão fundamentada, de ofício, sob pena de tornar a prisão ilegal. (Incluído pela Lei nº 13.964, de 2019)

Inclusive, há caso emblemático no STF acerca da soltura automática caso expire o prazo de 90 dias sem reanálise pelo Juiz, prevalecendo, nesta data, que não deve ocorrer.

(D): Correta – Artigo 314 do CPP. A prisão preventiva em nenhum caso será decretada se o juiz verificar pelas provas constantes dos autos ter o agente praticado o fato nas condições previstas nos incisos I, II e III do *caput* do art. 23 do Decreto-Lei nº 2.848, de 7 de dezembro de 1940 - Código Penal.

Resposta: Letra D (desatualizada)

MPMG 2018. (CONCURSO LVI) QUESTÃO 34. Direito Processual Penal. Prisão. Código Eleitoral, CPP, e Decreto nº 56.435/65. Doutrina/Lei Seca:

Examine as alternativas abaixo, referentes à prisão e outras medidas cautelares, assinalando a CORRETA:

A) *Salvo apenas a hipótese de flagrante delito, nenhum eleitor pode ser preso desde cinco dias antes até 48 horas após a eleição.*

B) *Tratando-se de crime de ação penal privada, impossíveis se revelam a captura e a condução do autor da infração, ainda que caracterizada a situação de flagrância, salvo se por ato do ofendido ou com sua manifestação de vontade.*

C) *De conformidade com o entendimento doutrinário majoritário, ninguém pode ser preso, por ordem da autoridade judiciária, sem a exibição do respectivo mandado, trate-se de crime afiançável ou não.*

D) *Embora de regra sejam os diplomatas imunes à jurisdição do país acreditante, sujeitam-se à prisão provisória, nele, quando o país acreditado renuncie expressamente à imunidade de jurisdição.*

Comentários

A questão foi anulada, pois todas as suas alternativas são incorretas.

A) INCORRETA. A teor do art. 236 do Código Eleitoral, existem outras duas exceções em que o eleitor pode ser preso entre os 5 (cinco) dias antes até 48 (quarenta e oito) horas depois do encerramento da eleição: em virtude de sentença criminal condenatória por crime inafiançável, ou, ainda, por desrespeito a salvo-conduto.

B) INCORRETA. A prisão em flagrante é um ato complexo composto por duas etapas: a etapa administrativa e a etapa judicial. Ela se inicia pela etapa administrativa, que se divide em dois momentos. O primeiro momento corresponde à captura e condução do autor da infração à autoridade policial. Toda e qualquer infração penal pode passar por esse primeiro momento, mesmo que não preveja prisão como sanção (tal como se dá com o art. 28 da Lei nº 11.343/06) ou mesmo que seja de ação penal de pública condicionada à representação ou de iniciativa privada, estando ausente qualquer manifestação da vítima. O segundo momento, correspondente à lavratura do auto de prisão em flagrante por parte do delegado de polícia, é o que necessitará de manifestação do ofendido autorizando a apuração dos fatos, em se tratando de ação penal de iniciativa privada. Aplica-se, por analogia ao prazo de entrega da nota de culpa (art. 306, § 2º, do CPP), o prazo de 24 (vinte e quatro) horas para que a autoridade policial obtenha autorização da vítima.

C) INCORRETA. O art. 287 do CPP expressamente autoriza a efetivação da prisão sem exibição de mandado, em caso de infração inafiançável. Veja-se: "Art. 287. Se a infração for inafiançável, a falta de exibição do mandado não obstará à prisão, e o preso, em tal caso, será imediatamente apresentado ao juiz que tiver expedido o mandado. "Ademais, com o advento da Lei nº 12.403/11, que deu nova redação ao art. 299 do CPP, é possível prisão sem exibição de mandado para qualquer infração penal. Confira-se: " Art. 299. A captura poderá ser requisitada, à vista de mandado judicial, **por qualquer meio de comunicação**, tomadas pela autoridade, a quem se fizer a requisição, as precauções necessárias para averiguar a autenticidade desta."

D) INCORRETA. Por força do artigo 31 da Convenção de Viena de 1961, incorporada no ordenamento jurídico pátrio por meio do Decreto nº 56.435/65, o agente diplomático goza de imunidade de jurisdição penal do Estado acreditado (aquele que "o recebe"). A teor do artigo 32 do referido Diploma, é o Estado **acreditante** (de origem, aquele que "o envia") que pode renunciar expressamente à imunidade de jurisdição de seus agentes diplomáticos, e não o Estado acreditado, como consta da questão.

Resposta: Anulada.

14. CAUTELARES NO PROCESSO PENAL

MPMG 2014 (Concurso LIV). *Questão 37. Direito Processual Penal / Código de Processo Penal / Medidas Cautelares / Legislação.*

Sobre as medidas cautelares instituídas pela Lei n° 12.403/2011, assinale a alternativa INCORRETA:

A) Poderá o juiz substituir a prisão preventiva pela domiciliar quando o agente for maior de 70 (setenta) anos.

B) Na proibição de ausentar-se do País, deve-se intimar o indiciado para entregar o passaporte, no prazo de 24 (vinte e quatro) horas.

C) Pode ser determinado o recolhimento domiciliar no período noturno e nos dias de folga quando o investigado ou acusado tenha residência e trabalho fixos.

D) A prisão preventiva poderá ser decretada em caso de descumprimento de qualquer das obrigações impostas por força de outras medidas cautelares.

Comentários

(A) Errado – Art. 318, CPP. "Art. 318. Poderá o juiz substituir a prisão preventiva pela domiciliar quando o agente for: I – maior de 80 (oitenta) anos; (Incluído pela Lei nº 12.403, de 2011)."

(B) Correto – Art. 320 do CPP. "Art. 320. A proibição de ausentar-se do País será comunicada pelo juiz às autoridades encarregadas de fiscalizar as saídas do território nacional, intimando-se o indiciado ou acusado para entregar o passaporte, no prazo de 24 (vinte e quatro) horas."

(C) Correto – Art. 319, V, do CPP. "V – recolhimento domiciliar no período noturno e nos dias de folga quando o investigado ou acusado tenha residência e trabalho fixos."

(D) Correto – Art. 312, parágrafo primeiro, do CPP: " § 1º A prisão preventiva também poderá ser decretada em caso de descumprimento de qualquer das obrigações impostas por força de outras medidas cautelares (art. 282, § 4º)". (Redação dada pela Lei nº 13.964, de 2019).

Resposta : A

MPMG 2018. **(*CONCURSO LVI*)** *QUESTÃO 35. Direito Processual Penal. Fiança. Doutrina/Lei Seca: CPP.*

Examine as alternativas abaixo, referentes à fiança, assinalando a CORRETA:

A) A dispensa do recolhimento da fiança, nos casos em que caiba, mas quando o preso não tenha condições econômicas para fazê-lo, pode dar-se por decisão da autoridade judiciária ou policial.

B) Quebrada injustificadamente a fiança, dar-se-á a perda de metade de seu valor e será decretada a prisão do indiciado ou acusado afiançado.

C) O valor da fiança entender-se-á inteiramente perdido se, condenado irrecorrivelmente, não se apresentar o acusado para cumprir a pena imposta.

D) O CPP, ao dizer que a fiança será sempre definitiva, acha-se, segundo a doutrina, em franco conflito com as disposições que preveem seu reforço.

Comentários

A) INCORRETA. Nos termos do art. 350 do CPP, apenas o magistrado pode dispensar o preso do recolhimento de fiança em razão de sua situação econômica. Confira-se: "Art. 350. Nos casos em que couber fiança, o juiz, verificando a situação econômica do preso, poderá conceder-lhe liberdade provisória, sujeitando-o às obrigações constantes dos arts. 327 e 328 deste Código e a outras medidas cautelares, se for o caso."

B) INCORRETA. Nos termos do art. 343 do CPP, o quebramento injustificado de fiança importa de modo automático apenas na perda de metade do seu valor, cabendo ao juiz decidir sobre a possibilidade da decretação de prisão preventiva, ou a suficiência de outras medidas cautelares menos gravosas.

C) CORRETA. Assim dispões o art. 344 do CPP: "Art. 344. Entender-se-á perdido, na totalidade, o valor da fiança, se, condenado, o acusado não se apresentar para o início do cumprimento da pena definitivamente imposta."

D) INCORRETA. Consta do art. 330 do CPP que a fiança será sempre definitiva, ou seja, seu valor não é ratificado ou averiguado em momento posterior. Por outro lado, o art. 340 do CPP estipula três hipóteses em que seu reforço é possível: " I – quando a autoridade tomar, por engano, fiança insuficiente; II – quando houver depreciação material ou perecimento dos bens hipotecados ou caucionados, ou depreciação dos metais ou pedras preciosas; III – quando for inovada a classificação do delito. "Percebe-se que nas duas primeiras hipóteses há um descompasso econômico entre valor da fiança estabelecida e os bens dados como fiança. Portanto, não se trata de uma revisitação do que anteriormente estipulado. Quanto à terceira hipótese, segundo o art. 326 do CPP, a natureza da infração é um dos critérios para a fixação da fiança, de sorte que, em caso de inovação da classificação do delito, é possível que seja necessário o reforço da fiança anteriormente concedida. Mas, nesta hipótese, não há desconstituição da fiança originalmente concedida. Enfim, nessa linha de raciocínio, não se conhece indagações doutrinárias no sentido de alguma contradição levantada pela assertiva.

Resposta: Letra C.

***MPMG 2019 (CONCURSO LVII)**. QUESTÃO 36 Prisão e liberdade provisória. / Cautelares no Processo Penal. / Legislação/ Doutrina/Jurisprudência.*

Acerca do instituto da liberdade provisória e das disposições que a disciplinam, é incorreta a afirmação seguinte:

A) *O quebramento injustificado da fiança importa na perda de metade de seu valor, com a consequente imposição de outras medidas cautelares, aí incluída a prisão preventiva, se presentes seus requisitos.*

B) *A perda da fiança decorrente da não apresentação do condenado para o cumprimento da pena imposta independe de que esta seja privativa de liberdade ou não.*

C) *A cassação da fiança ocorrerá na hipótese em que, instado a reforçá-la, o acusado não o fizer.*

D) *Não se cogita de liberdade provisória mediante fiança nas hipóteses em que estejam presentes os requisitos de que depende a decretação da prisão preventiva e da temporária.*

Comentários

(A): Correta. É a previsão do art.343 do CPP: O quebramento injustificado da fiança importará na perda de metade do seu valor, cabendo ao juiz decidir sobre a imposição de outras medidas cautelares ou, se for o caso, a decretação da prisão preventiva. Percebam que a prisão preventiva não é obrigatória.

(B): Correta. É a previsão do art.344 do CPP: Entender-se-á perdido, na totalidade, o valor da fiança, se, condenado, o acusado não se apresentar para o início do cumprimento da pena definitivamente imposta. Não há diferenciação quanto á pena imposta.

(C): Incorreta. Nesse caso a fiança perde o efeito. A cassação da fiança ocorre quando foi incabível, conforme artigos 338 e 339 (inovação na classificação do delito) do CPP: Art. 338. A fiança que se reconheça não ser cabível na espécie será cassada em qualquer fase do processo; Art. 339. Será também cassada a fiança quando reconhecida a existência de delito inafiançável, no caso de inovação na classificação do delito.

(D): Correta. Conforme art.324,IV, do CPP: Art. 324. Não será, igualmente, concedida fiança: IV - quando presentes os motivos que autorizam a decretação da prisão preventiva (art. 312). Não cabe liberdade provisoria com fiança se couber preventiva. A mesma lógica se aplica à prisao temporária da Lei 7.960/89, já que essa modalidade de prisão tem fins próprios e não compatíveis com a liberdade provisória com fiança.

Resposta: Letra C

MPMG 2018. (CONCURSO LVI) *QUESTÃO 32. Direito Processual Penal. Medidas assecuratórias. Provas. Doutrina. Jurisprudência. Lei Seca: CPP.*

Examine as alternativas abaixo, assinalando a INCORRETA:

A) *A exigência de trânsito em julgado da sentença condenatória, para o julgamento de embargos opostos ao sequestro, não se aplica ao terceiro inteiramente estranho ao fato criminoso.*

B) *Pode o juiz, no curso do processo ou antes dele, de ofício ou a requerimento da parte, determinar a produção de prova, a hipoteca legal e o sequestro de bens.*

C) *Será o sequestro levantado se a ação penal não for intentada no prazo de sessenta dias da conclusão da diligência, o mesmo ocorrendo com o arresto se o réu for absolvido ou for julgada extinta sua punibilidade.*

D) *A legitimidade do Ministério Público para promover medidas assecuratórias, na hipótese de o ofendido pobre que lho requeira, sujeita-se a inconstitucionalidade progressiva.*

Comentários

A) CORRETA. A alternativa se refere aos embargos opostos com fulcro no art. 129 do Código de Processo Penal. Trata-se do terceiro proprietário do bem imóvel atingido que não tem qualquer relação com o delito ou com seu autor. É dizer, sua propriedade precede à infração, o bem não foi adquirido do réu ou investigado após o cometimento do ilícito penal. Sobre ele, Norberto Avena (2018, p. 145) assevera: "Nesta hipótese, faculta-se a este terceiro opor os embargos do art. 129 do CPP, os quais não se confundem com os embargos previstos no art. 130, II, do mesmo diploma, que são deduzidos pelo terceiro de boa-fé que adquiriu o bem que o indiciado ou réu, por sua vez, teria adquirido com os proventos da infração penal. Tais embargos – do art. 129 – devem ser julgados desde logo pelo juiz criminal e, se considerados procedentes, importam desoneração imediata do bem." Nesse sentido a Ministra Maria Thereza de Assis Moura do STJ assentou, em sede de decisão monocrática em recurso especial (REsp nº 796.442 - RS (2005/0170413-0), data da publicação: 03/11/2009): "O sequestro regido pelo artigo 129 do CPP, que trata do terceiro estranho ao processo penal, não é abrangido pela recomendação de que o seu julgamento venha a ocorrer depois de encerrada ação, conforme previsão do art. 130, parágrafo único, do mesmo Diploma Legal."

B) INCORRETA. Na fase investigatória não se admite atuação de ofício do juiz para produção de provas, salvo, nos termos do Código de Processo Penal, em se tratando de provas consideradas urgentes e relevantes, a teor de seu art. 156, I. Parte da doutrina reputa essa permissão não recepcionada pela CRFB/88, por ofensa ao princípio acusatório. Com relação às medidas assecuratórias, o juiz pode atuar de ofício em qualquer fase para ordenar o sequestro, nos termos do artigo 127 do CPP: "O juiz, **de ofício**, a requerimento do Ministério Público ou do ofendido, ou mediante representação da autoridade policial, poderá ordenar o sequestro, em qualquer fase do processo ou ainda antes de oferecida a denúncia ou queixa. " Contudo, a hipoteca legal depende de requerimento do ofendido, nos termos do art. 134 do Código de Processo Penal: "Art. 134. A hipoteca legal sobre os imóveis do indiciado poderá ser requerida pelo ofendido em qualquer fase do processo, desde que haja certeza da infração e indícios suficientes da autoria."

C) CORRETA. É o que estabelece o Código de Processo Penal, em seus artigos 131 e 141. Confira-se: "Art. 131. O sequestro será levantado: I - se a ação penal não for intentada no prazo de sessenta dias, contado da data em que ficar concluída a diligência;" (...) "Art. 141. O arresto será levantado ou cancelada a hipoteca, se, por sentença irrecorrível, o réu for absolvido ou julgada extinta a punibilidade."

D) CORRETA. Nos termos do art. 134 da CRFB/88, incumbe à Defensoria Pública prestar assistência jurídica integral e gratuita aos necessitados, defendendo seus interesses em judicial e extrajudicialmente. Contudo, é sabido que os órgãos da Defensoria Pública não estão devidamente estruturados para suprir toda a demanda de necessitados. Sob esse fundamento, o Supremo Tribunal Federal entendeu que o art. 68 de Código de Processo Penal, o qual legitima o Ministério Público para a propositura da ação civil ex delito em favor de vítima pobre, permanece no ordenamento jurídico enquanto a Defensoria Pública não for devidamente estruturada (RE 135328, Relator(a): Min. Marco Aurélio, Tribunal Pleno, julgado em 29/06/1994, DJ 20-04-2001). Trata-se da chamada inconstitucionalidade progressiva. O mesmo raciocínio se aplica em relação à legitimidade do Ministério Público para promover medidas assecuratórias em favor de ofendido pobre, nos termos do art. 142 do Código de Processo Penal: "Caberá ao Ministério Público promover as medidas estabelecidas nos arts. 134 e 137, se houver interesse da Fazenda Pública, ou se o ofendido for pobre e o requerer."

Resposta: Letra B.

15. QUESTÕES E PROCEDIMENTOS INCIDENTES

MPMG 2010 (Concurso L). *Questão 22. Direito Processual Penal / Juiz / Suspeição e impedimentos / Questões e Processos Incidentes / Legislação.*

O Juiz dar-se-á por suspeito no processo em que ele

A) houver servido como testemunha.

B) tiver funcionado como juiz de outra instância, pronunciando-se, de fato ou de direito, sobre a questão.

C) tiver aconselhado qualquer das partes.

D) tiver parente consanguíneo na condição de parte interessada.

Comentários

(A): Incorreta – Trata-se de hipótese de impedimento e não de suspeição – Artigo 252, inciso II, do CPP: "ele próprio houver desempenhado qualquer dessas funções ou servido como testemunha;"

(B): Incorreta – Trata-se de hipótese de impedimento e não de suspeição – Artigo 252, inciso III, do CPP. (texto idêntico)

(C): Correta – Artigo 254, inciso IV, do CPP(texto idêntico)

(D): Incorreta – Trata-se de hipótese de impedimento e não de suspeição – Artigo 252, inciso IV, do CPP: "ele próprio ou seu cônjuge ou parente, consangüíneo ou afim em linha reta ou colateral até o terceiro grau, inclusive, for parte ou diretamente interessado no feito".

Resposta: Letra C

MPMG 2010 (Concurso L). *Questão 24. Direito Processual Penal / Competência / Suspeição e Impedimento / Questões e Processos Incidentes / Juiz, Ministério Público, Acusado e Defensor, Assistentes e Auxiliares do Processo / Suspensão do Processo / Legislação.*

De conformidade com a disciplina do Código de Processo Penal, assinale a alternativa CORRETA.

A) O processo penal deverá ser suspenso no prazo máximo de cento e oitenta dias para solução de questão prejudicial no juízo cível.

B) A exceção de litispendência somente poderá ser oposta em relação ao fato principal que tiver sido objeto da sentença.

C) A arguição de suspeição precederá a qualquer outra, salvo quando fundada em motivo superveniente.

D) *Os veículos automotores utilizados na prática de crime de roubo, que foram objeto de busca e apreensão, podem ser confiscados no curso do processo.*

Comentários

(A): Incorreta – O Código de Processo Penal estabelece que o prazo para suspensão do processo para solução de questão prejudicial será fixado pelo juiz, conforme o artigo 93, § 1°, do CPP.

(B): Incorreta – A exceção que somente poderá ser oposta em relação ao fato principal que tiver sido objeto da sentença é a exceção de coisa julgada e não a de litispendência, de acordo com o artigo 110, § 2°, do CPP.

(C): Correta – Artigo 96 do CPP (texto idêntico)

(D): Incorreta – Cuidado com bem utilizado, principalmente se consistirem em coisas cujo fabrico, alienação, uso, porte ou detenção constitua fato lícito, e proveito/produto do crime. Ao contrário da Lei de Drogas (art.61 e seguintes), não há perda dos bens utilizados se consistirem em coisas cujo fabrico, alienação, uso, porte ou detenção constitua fato lícito, conforme art.91, II, do CP. Não há previsão no CPP de confisco durante o curso do processo. Já após 90 dias do trânsito em julgado da sentença condenatória, se não ocorrer a restituição do veículo apreendido (art. 120, CPP) ou o levantamento do sequestro (art. 133, CPP), o juiz decretará, se for o caso, o confisco do veículo apreendido e ordenará a venda em leilão público, conforme o artigo 122 do CPP. Cuidado com as mudanças da Lei 13.964/19, que alterou os citados artigos, revogando também o parágrafo único do art.122, bem como incluiu o art.91-A do CP, a seguir:

Art. 122. Sem prejuízo do disposto no art. 120, as coisas apreendidas serão alienadas nos termos do disposto no art. 133 deste Código.

Art. 133. Transitada em julgado a sentença condenatória, o juiz, de ofício ou a requerimento do interessado ou do Ministério Público, determinará a avaliação e a venda dos bens em leilão público cujo perdimento tenha sido decretado. (Redação dada pela Lei n° 13.964, de 2019)

§ 1° Do dinheiro apurado, será recolhido aos cofres públicos o que não couber ao lesado ou a terceiro de boa-fé. (Incluído pela Lei n° 13.964, de 2019)

§ 2° O valor apurado deverá ser recolhido ao Fundo Penitenciário Nacional, exceto se houver previsão diversa em lei especial. (Incluído pela Lei n° 13.964, de 2019)

Art. 91-A. Na hipótese de condenação por infrações às quais a lei comine pena máxima superior a 6 (seis) anos de reclusão, poderá ser decretada a perda, como produto ou proveito do crime, dos bens correspondentes à diferença entre o valor do patrimônio do condenado e aquele que seja compatível com o seu rendimento lícito. (Incluído pela Lei n° 13.964, de 2019)

§ 1º Para efeito da perda prevista no *caput* deste artigo, entende-se por patrimônio do condenado todos os bens: (Incluído pela Lei nº 13.964, de 2019)

I - de sua titularidade, ou em relação aos quais ele tenha o domínio e o benefício direto ou indireto, na data da infração penal ou recebidos posteriormente; e (Incluído pela Lei nº 13.964, de 2019)

II - transferidos a terceiros a título gratuito ou mediante contraprestação irrisória, a partir do início da atividade criminal. (Incluído pela Lei nº 13.964, de 2019)

§ 2º O condenado poderá demonstrar a inexistência da incompatibilidade ou a procedência lícita do patrimônio. (Incluído pela Lei nº 13.964, de 2019)

§ 3º A perda prevista neste artigo deverá ser requerida expressamente pelo Ministério Público, por ocasião do oferecimento da denúncia, com indicação da diferença apurada. (Incluído pela Lei nº 13.964, de 2019)

§ 4º Na sentença condenatória, o juiz deve declarar o valor da diferença apurada e especificar os bens cuja perda for decretada. (Incluído pela Lei nº 13.964, de 2019)

§ 5º Os instrumentos utilizados para a prática de crimes por organizações criminosas e milícias deverão ser declarados perdidos em favor da União ou do Estado, dependendo da Justiça onde tramita a ação penal, ainda que não ponham em perigo a segurança das pessoas, a moral ou a ordem pública, nem ofereçam sério risco de ser utilizados para o cometimento de novos crimes.

A mesma Lei ainda permitiu, no art.133-A do CPP, mediante autorização judicial e na lógica da redação dos artigos 61 e seguintes da Lei de Drogas, "constatado o interesse público, a utilização de bem sequestrado, apreendido ou sujeito a qualquer medida assecuratória pelos órgãos de segurança pública previstos no art. 144 da Constituição Federal, do sistema prisional, do sistema socioeducativo, da Força Nacional de Segurança Pública e do Instituto Geral de Perícia, para o desempenho de suas atividades"

Resposta: Letra C

MPMG – 2011 (Concurso LI). *Questão 31. Direito Processual Penal / Código de Processo Penal / Questões e Processos Incidentes /Legislação.*

Assinale a alternativa CORRETA. Há necessidade de curador no Processo Penal

A) no interrogatório judicial.

B) no interrogatório do inquérito policial.

C) no incidente de sanidade mental.

D) no oferecimento de queixa-crime.

Comentários

a) Incorreta. Art. 194 do CPP revogado pela Lei 10.792/2003. Não há necessidade de nomeação de curador especial.

b) Incorreta. Art. 15 do CPP está revogado tacitamente em face da redução da maioridade civil para 18 anos operada pelo Código Civil de 2002. Além disso, conferir o art. 6, V, CPP: o interrogatório policial segue as regras do interrogatório judicial.

c) Correta. Art. 149, § 2°, CPP. Conforme o artigo sempre haverá nomeação de curador.

d) Incorreta. Art. 30, CPP. Na forma do art. 33, CPP, se o ofendido for "menor de dezoito anos, ou mentalmente enfermo, ou retardado mental" caso falte representante legal haverá nomeação de curador especial, especificidades não detalhadas no enunciado.

Resposta certa: C

MPMG – 2013 (CONCURSO LIII) Questão 34. Direito Processual Penal/ Questões e Procedimentos Incidentes/Legislação e Doutrina.

*Assinale a alternativa **FALSA**:*

A) Insatisfeita a parte com a solução do incidente de restituição, ela deverá procurar o juízo cível para provar o seu direito.

B) Duvidoso ou não o direito existente sobre o objeto apreendido, haverá a prévia manifestação do Ministério Público.

C) Independentemente do direito do possuidor, deixarão de ser devolvidos os instrumentos do crime cujo porte constitua crime por si.

D) A coisa apreendida em decorrência da prática criminosa pode ser devolvida ao proprietário pela autoridade policial ou pelo juiz.

Comentários

A) Incorreta. O juízo cível será instado a se manifestar em caso de dúvida sobre quem seja o verdadeiro dono, através da remessa do juízo criminal, nos termos do artigo 120, § 4°, do CPP. Cabe ao insatisfeito interpor apelação, conforme art.593, II, do CPP.

B) Correta. Conforme Artigo 120, § 3°, do CPP: § 3° Sobre o pedido de restituição será sempre ouvido o Ministério Público.

C) Correta. Eugênio Pacelli de Oliveira (2012, p. 304) ensina que, em se tratando de instrumento do crime cujo porte constitua delito por si só, não há se falar em restituição, pois deverá ser objeto de apreciação na própria sentença penal, nos termos do artigo 91, inciso II, do CP.

D) Correta. Artigo 120 do CPP: *A restituição, quando cabível, poderá ser ordenada pela autoridade policial ou juiz, mediante termo nos autos, desde que não exista dúvida quanto ao direito do reclamante.*

Resposta: Letra A

***MPMG - 2013 (CONCURSO LIII)** Questão 38. Direito processual penal/ Questões e procedimentos incidentes/ Exceções/ Suspeição/Legislação.*

*Assinale a alternativa **FALSA**:*

A) O juiz que afirmar sua suspeição deverá fazê-lo por escrito e fundamentadamente, anulando os atos decisórios eventualmente praticados e remetendo os autos ao substituto legal.

B) Sujeitam-se também à arguição de suspeição os peritos, intérpretes, serventuários da justiça e as autoridades policiais, decidindo o juiz de plano, diante da prova imediata.

C) Se for arguida a suspeição do membro do Ministério Público, este será ouvido, encaminhando-se os autos ao juiz para decisão, podendo antes determinar a produção de prova.

D) No tribunal do júri, a suspeição de jurado é suscitada oralmente e o juiz decidirá depois de ouvi-lo e, se for o caso, avaliar a comprovação a ser imediatamente apresentada.

Comentários

A) Correta. Nos termos do artigo 97 do CPP c/c art. 564, I CPP. *Art. 97. O juiz que espontaneamente afirmar suspeição deverá fazê-lo por escrito, declarando o motivo legal, e remeterá imediatamente o processo ao seu substituto, intimadas as partes. Art. 564. A nulidade ocorrerá nos seguintes casos: I – por incompetência, suspeição ou suborno do juiz;*

B) Incorreta. O artigo 105 do CPP não dispõe sobre a suspeição das autoridades policiais, pois estas deverão se declarar suspeitas quando ocorrer motivo legal que as tornem inaptas para atuar nos atos do inquérito, conforme disposto no artigo 107 do CPP.

C) Correta. Conforme artigo 104 do CPP.

D) Correta. De acordo com o artigo 106 do CPP.

Resposta: Letra B

***MPMG 2014 (Concurso LIV)**. Questão 36. Direito Processual Penal /Código de Processo Penal/ Das questões e processos incidentais / Doutrina.*

Acerca dos sistemas teóricos de resolução da competência jurisdicional das questões prejudiciais, assinale a alternativa INCORRETA:

A) Denomina-se sistema de cognição incidental aquele em que o juiz que conhece da ação deva conhecer da exceção.

B) No sistema da prejudicialidade obrigatória, o juiz criminal deve conhecer da exceção,

C) *Prepondera o Juízo de acordo com a natureza da exceção, no sistema da prejudicialidade facultativa.*

D) *Na legislação brasileira, prevalece o modelo eclético, implicando soluções da prejudicial tanto pelo juiz penal como extrapenal.*

Comentários

(A) Correto – De acordo com Renato Brasileiro, Sistema da Cognição Incidental (ou do Predomínio da Jurisdição Penal) é aquele fundado no princípio de que "quem conhece a ação, conhece a exceção". Por força desse sistema, o juiz penal sempre terá competência para apreciar a questão prejudicial, ainda que pertencente a outro ramo do direito (heterogênea), dada a acessoriedade desta em relação ao mérito principal.

(B) Errado – Sistema da Prejudicialidade Obrigatória: de acordo com esse sistema, também conhecido como sistema da separação jurisdicional absoluta ou da prejudicialidade civil absoluta, o juiz penal jamais será competente para julgar a questão prejudicial pertencente a outro ramo do direito, devendo esta ficar a cargo daquele juízo que seria competente para dirimir a questão caso ela fosse proposta de maneira autônoma.

(C) Correto – Sistema da Prejudicialidade Facultativa: segundo esse terceiro sistema, também conhecido como sistema da remessa facultativa ao juiz especializado ou sistema da separação jurisdicional relativa facultativa, o juízo penal poderá, a seu critério, remeter ou não a apreciação da questão prejudicial heterogênea ao juízo cível (extrapenal).

(D) Correto – Sistema eclético (ou misto): adotado pelo CPP, este sistema resulta da fusão do sistema da prejudicialidade obrigatória com o sistema da prejudicialidade facultativa.

Resposta: B

MPMG 2014 (Concurso LIV)*. Questão 40. Direito Processual Penal /Código de Processo Penal/ Medidas Assecuratórias / Legislação.*

Sobre as medidas assecuratórias, assinale a alternativa INCORRETA:

A) *A hipoteca legal sobre os imóveis do indiciado poderá ser requerida pelo ofendido em qualquer fase do processo, desde que haja certeza da infração e indícios suficientes da autoria.*

B) *Caberá ao Ministério Público promover a hipoteca legal e o arresto se o ofendido for pobre e o requerer.*

C) *A medida assecuratória de sequestro não é cabível em bens móveis.*

D) *O juiz determinará a alienação antecipada dos bens quando houver dificuldade para sua manutenção.*

Comentários

(A) Correto - Art. 134, CPP. "Art. 134. A hipoteca legal sobre os imóveis do indiciado poderá ser requerida pelo ofendido em qualquer fase do processo, desde que haja certeza da infração e indícios suficientes da autoria"

(B) Correto - Art. 142, CPP. "Art. 142. Caberá ao Ministério Público promover as medidas estabelecidas nos arts. 134 e 137, se houver interesse da Fazenda Pública, ou se o ofendido for pobre e o requerer"

(C) Errado - Art. 132, CPP. "Art. 132. Proceder-se-á ao sequestro dos bens móveis se, verificadas as condições previstas no art. 126, não for cabível a medida regulada no Capítulo Xl do Título Vll deste Livro."

(D) Correto - Art. 144-A, CPP. "Art. 144-A. O juiz determinará a alienação antecipada para preservação do valor dos bens sempre que estiverem sujeitos a qualquer grau de deterioração ou depreciação, ou quando houver dificuldade para sua manutenção."

Resposta: C

MPMG 2018. ***(CONCURSO LVI)*** *QUESTÃO 31. Direito Processual Penal. Questões Prejudiciais. Lei Seca: CPP.*

Examine as alternativas abaixo, referentes às questões prejudiciais, assinalando a CORRETA:

A) Para que se dê a suspensão do processo criminal, nas hipóteses da chamada prejudicial facultativa, é indiferente, segundo o CPP, que já exista ou não ação proposta no juízo cível.

B) Tratando-se de prejudicial de qualquer espécie surgida no curso de processo criminal, poderá o Ministério Público promover a ação civil ou intervir naquela já proposta, a tanto bastando que o crime seja de ação penal pública.

C) Suspenso o curso do processo criminal, sua retomada somente ocorrerá quando decidida definitivamente a questão prejudicial, seja ela obrigatória ou facultativa.

D) A suspensão do processo criminal, na hipótese de prejudicial facultativa, depende da inexistência de restrição probatória na lei civil e o despacho que a indefere é irrecorrível.

Comentários

A) INCORRETA. O art. 93 do Código de Processo Penal é expresso ao exigir a existência de ação proposta no juízo cível. Confira-se: "Art. 93. Se o reconhecimento da existência da infração penal depender de decisão sobre questão diversa da prevista no artigo anterior, da competência do juízo cível, e **se neste houver sido proposta ação para resolvê-la**, o juiz criminal poderá, desde que essa questão seja de difícil solução e não verse sobre direito cuja prova a lei civil limite, suspender o curso do processo, após a inquirição das testemunhas e realização das outras provas de natureza urgente."

B) INCORRETA. É o que se dá somente para prejudiciais obrigatórias, consoante dispõe o parágrafo único do art. 92 do Código de Processo Penal. Veja-se: "Parágrafo único. Se for o crime de ação pública, o Ministério Público, quando necessário, promoverá a ação civil ou prosseguirá na que tiver sido iniciada, com a citação dos interessados. " Nos termos do art. 93, § 3º, do Código de Processo Penal, não basta o surgimento da prejudicial facultativa e que o crime seja de ação penal pública. Também é necessário que o processo tenha sido suspenso, até porque, como são facultativas, isso não necessariamente ocorrerá. Confira-se: "§ 3º **Suspenso o processo**, e tratando-se de crime de ação pública, incumbirá ao Ministério Público intervir imediatamente na causa cível, para o fim de promover-lhe o rápido andamento."

C) INCORRETA. É o que ocorre somente para prejudiciais obrigatórias do art. 92 do Código de Processo Penal. Para as prejudiciais facultativas, a teor do § 1º do art. 93, deve o juiz estipular um prazo de suspensão, que poderá ser prorrogado, caso a demora não seja culpa da parte. Expirado o prazo, o juízo criminal deve prosseguir com o feito. Confira-se: "§ 1º O juiz marcará o prazo da suspensão, que poderá ser razoavelmente prorrogado, se a demora não for imputável à parte. Expirado o prazo, sem que o juiz cível tenha proferido decisão, o juiz criminal fará prosseguir o processo, retomando sua competência para resolver, de fato e de direito, toda a matéria da acusação ou da defesa."

D) CORRETA. Assim dispõe o art. 93, *caput* e § 2º do CPP. Veja-se: "Art. 93. Se o reconhecimento da existência da infração penal depender de decisão sobre questão diversa da prevista no artigo anterior, da competência do juízo cível, e se neste houver sido proposta ação para resolvê-la, o juiz criminal poderá, desde que essa questão seja de difícil solução e **não verse sobre direito cuja prova a lei civil limite**, suspender o curso do processo, após a inquirição das testemunhas e realização das outras provas de natureza urgente." (...) "§ 2º Do despacho que denegar a suspensão **não caberá recurso.**"

Resposta: Letra D.

***MPMG 2019 (CONCURSO LVII)**. QUESTÃO 39 . Questões e procedimentos incidentes./ Recursos./ Legislação/ Doutrina/Jurisprudência.*

Acerca das questões e processos incidentes, assinale a alternativa correta:

A) Revogar-se-á o arresto de bem imóvel se a inscrição da hipoteca legal não for promovida em 30 (trinta) dias.

B) *O recurso cabível contra a decisão judicial tomada no incidente de restituição de coisas apreendidas é a apelação.*

C) *O incidente de falsidade, segundo a visão doutrinária prevalente, tem por fim a averiguação apenas da falsidade material do documento.*

D) *Contra decisão proferida no incidente de falsidade cabe apelação.*

Comentários

(A): Incorreta. o prazo é de quinze dias, conforme art.136 do CPP: O arresto do imóvel poderá ser decretado de início, revogando-se, porém, se no prazo de 15 (quinze) dias não for promovido o processo de inscrição da hipoteca legal.

(B): Correta. Conforme art. 593, II, do CPP: Art. 593. Caberá apelação no prazo de 5 (cinco) dias: II - das decisões definitivas, ou com força, proferidas por juiz singular nos casos não previstos no Capítulo anterior. Ver ainda: STJ - RMS 33.274/SP - 5ª Turma - Rel. Min. Gilson Dipp - Dje 04.04.2011.

(C): Incorreta. Segundo a doutrina majoritária, cabe contra a falsidade ideológica também.

(D): Incorreta. de acordo com o ART. 581, XVIII, do CPP, cabe recurso em sentido estrito.

Resposta: Letra B

16. COMUNICAÇÃO DOS ATOS PROCESSUAIS

MPMG 2010 (Concurso L). *Questão 26. Direito Processual Penal / Citação / Código Processual Civil / Código Processual Penal / Lei nº 9.099 de 1995 / Legislação. Sobre a citação, assinale a afirmativa CORRETA.*

A) *É possível a citação com hora certa e, não encontrado o réu, far-se-á sua citação por edital.*

B) *Completada a citação com hora certa, se o acusado não comparecer, ser-lhe-á nomeado defensor dativo.*

C) *Nos Juizados Especiais Criminais (Lei n. 9.099/1995), admite-se a citação com hora certa do réu que se oculta para não ser citado por mandado.*

D) *A citação por hora certa é instituto típico do direito processual civil, não tendo previsão no direito processual penal.*

Comentários

(A): Incorreta - O artigo 362 do CPP prevê que a citação com hora certa será feita nos termos do Código Civil (arts. 227 a 229 do CPC/1973). No caso de o réu não ser encontrado na data e hora designadas, o Oficial de Justiça dará a citação como feita, conforme o artigo 253, § 1º, do CPC/2015, que substituiu o artigo 228, § 1º, do CPC/73.

(B): Correta - Artigo 362, parágrafo único, do CPP.

(C): Incorreta - Não existe previsão legal de citação com hora certa do réu nos Juizados Especiais Criminais. Todavia,o Enunciado 110 do FONAJE traz entendimento contrário, a seguir: No Juizado Especial Criminal é cabível a citação com hora certa (XXV Encontro - São Luís/MA).

(D): Incorreta - Existe a previsão no direito processual da citação por hora certa no artigo 362 do CPP.

Resposta: Letra B

MPMG 2019 (CONCURSO LVII)*. QUESTÃO 37 Comunicação dos atos processuais. / Legislação/ Doutrina/Jurisprudência.*

Assinale a assertiva incorreta:

A) *Embora as disposições relativas à intimação da sentença aparentemente não o estabeleçam em tais casos, o acusado e seu defensor devem ser intimados pessoalmente quando a sentença for absolutória imprópria ou condenatória.*

B) *Prepondera nos tribunais, inclusive superiores, o entendimento, defendido por parte da doutrina, de que deve a intimação da sentença ao defensor ocorrer após a intimação do acusado, a partir daquela se contando o prazo recursal.*

C) *A intimação de acórdão, seja condenatório ou absolutório, entende-se realizada com a publicação da decisão no órgão oficial.*

D) *Deve entender-se nula a citação por edital do condenado que se ache preso na mesma unidade da Federação em que proferida a sentença.*

Comentários

(A): Correta, segundo a banca. Questão polêmica. Ver art.392, II, do CPP: Art. 392. A intimação da sentença será feita: II - ao réu, pessoalmente, ou ao defensor por ele constituído, quando se livrar solto, ou, sendo afiançável a infração, tiver prestado fiança. Veja a jurisprudência do STJ e do STF, abaixo:

[...]Consoante a jurisprudência do Superior Tribunal de Justiça e nos termos do art. 392, II, do Código de Processo Penal, não há se falar em constrangimento ilegal pela ausência de intimação pessoal do réu quanto ao teor da sentença condenatória quando respondeu ao processo em liberdade, mostrando-se suficiente a intimação do defensor constituído por meio de imprensa oficial, como ocorreu na hipótese." (STJ, AgRg no HC 588.801/PE, Rel. Ministro ANTONIO SALDANHA PALHEIRO, SEXTA TURMA, julgado em 04/08/2020, DJe

[...] O Supremo Tribunal Federal já decidiu que: em 'se tratando de acusado que respondeu em liberdade à ação penal originária, é dispensável intimação pessoal quando da prolação de sentença condenatória, pois o art. 392, II, do CPP expressamente permite a intimação do réu ou de seu patrono constituído' (RHC 146.320-AgR, Rel. Min. Edson Fachin)." (STF, HC 179553 AgR, Relator(a): ROBERTO BARROSO, Primeira Turma, julgado em 27/04/2020, PROCESSO ELETRÔNICO DJe-119 DIVULG 13-05-2020 PUBLIC 14-05-2020)

Todavia, segundo a doutrina majoritária, ambos devem ser intimados pessoalmente, pois ambos podem recorrer.

(B): Incorreta. O prazo recursal conta da última intimação, independente de quem seja:

HABEAS CORPUS. PROCESSO PENAL. RÉU SOLTO. DUPLA INTIMAÇÃO DA SENTENÇA CONDENATÓRIA. ATO VOLUNTÁRIO DO JUÍZO DE PRIMEIRA INSTÂNCIA. TERMO INICIAL DO PRAZO RECURSAL A PARTIR DA ÚLTIMA INTIMAÇÃO. APELAÇÃO TEMPESTIVA. ORDEM DE HABEAS CORPUS CONCEDIDA.

1. Não se desconhece o entendimento desta Corte Superior no sentido de que "[n]os termos do art. 392, inciso II, do Código de Processo Penal, tratando-se de réu solto, é suficiente a intimação do seu causídico da sentença condenatória proferida em primeiro grau, não se exigindo a intimação pessoal do acusado quando o advogado já teve ciência da prolação do édito" (HC 417.633/ES, Rel. Ministra MARIA THEREZA DE ASSIS MOURA, SEXTA TURMA, julgado em 08/02/2018, DJe 26/02/2018.).

2. No caso, apesar de se tratar de Réu solto, o que, em tese, justificaria a aplicação do precedente acima citado, verifica-se que - por ato voluntário do Juízo de Direito da 1.ª Vara Criminal da Comarca de Colorado do Oeste/RO - foram intimados dos termos da sentença condenatória não só o advogado, mas também o Sentenciado, de modo que, efetivada dupla intimação, deverá prevalecer a data da última para o início do prazo recursal.

3. Ordem concedida para cassar a decisão da Corte de origem que inadmitiu a apelação por intempestividade, determinando que prossiga na análise do aludido recurso.

(HC 493.221/RO, Rel. Ministra LAURITA VAZ, SEXTA TURMA, julgado em 26/03/2019, DJe 10/04/2019 g.n.)

VER AINDA: (HC 217.554/SC, Rel. Ministro OG FERNANDES, SEXTA TURMA, julgado em 19/06/2012, DJe 29/06/2012)

(C): Correta. Conforme entendimento jurisprudencial, o art.392 do CPP só vale em primeiro grau:

AGRAVO REGIMENTAL NO HABEAS CORPUS. TRÁFICO DE DROGAS. VIOLAÇÃO AO PRINCÍPIO DA COLEGIALIDADE. INOCORRÊNCIA. NULIDADE POR CERCEAMENTO DE DEFESA. INTIMAÇÃO PESSOAL DO RÉU DO ACÓRDÃO CONDENATÓRIO. DESNECESSIDADE. AUSÊNCIA DE PREVISÃO LEGAL. DESCLASSIFICAÇÃO PARA CONDUTA DE USO PRÓPRIO. REVOLVIMENTO FÁTICO PROBATÓRIO. ATIPICIDADE MATERIAL DA CONDUTA. USO EM RITUAL RELIGIOSO. LIBERDADE DE CRENÇA.

COMPETÊNCIA DO STF PARA O EXAME DE NORMA CONSTITUCIONAL. RECURSO NÃO PROVIDO.

1. Esta Corte Superior já firmou orientação no sentido de que "[...] não há ofensa ao princípio da colegialidade quando a decisão monocrática é proferida em obediência aos arts. 557, *caput*, e § 1º-A, do Código de Processo Civil e 3º do Código de Processo Penal, que permitem ao relator dar provimento, negar seguimento a recurso manifestamente inadmissível, improcedente, prejudicado ou em confronto com súmula ou com jurisprudência dominante do respectivo tribunal, do Supremo Tribunal Federal, ou de Tribunal Superior." (AgRg no AREsp 753.044/RS, Rel. Ministro ERICSON MARANHO, Desembargador convocado do TJSP, SEXTA TURMA, DJe 5/10/2015).

2. "A jurisprudência firmada por esta Corte Superior de Justiça dispensa a intimação pessoal do réu do acórdão que julga a apelação, sendo suficiente a intimação pelo órgão oficial de imprensa, no caso de estar assistido por advogado constituído, ou pessoal, nos casos de patrocínio pela Defensoria Pública ou por defensor dativo, como ocorreu no caso." (HC 353.449/SP, QUINTA TURMA, Rel. Min. FELIX FISCHER, DJe 30/8/2016).

3. Da leitura atenta do acórdão impugnado, verifica-se que há testemunhos seguros, somado ao conjunto probatório trazido como fundamento no acórdão recorrido de que o paciente cultivava, em seu apartamento, 77 mudas de maconha (1.288 gramas), seu autorização legal. Logo, o acolhimento do pedido de desclassificação para a conduta de mero usuário, demanda o exame aprofundado dos fatos, o que é inviável em habeas corpus.

4. O reconhecimento da atipicidade material da conduta, sob alegação de o uso da maconha em rituais religiosos estaria acobertado pela liberdade de crença do indivíduo, deve ser questionada em meio próprio e no âmbito do Supremo Tribunal Federal, uma vez que se questiona dispositivo constitucional (art. 5º, VI, da Constituição Federal).

5. Agravo regimental não provido.

(AgRg no HC 619.391/SP, Rel. Ministro RIBEIRO DANTAS, QUINTA TURMA, julgado em 03/11/2020, DJe 12/11/2020)

Ver ainda: *HC 111.393/RS, Rel. Ministra ALDERITA RAMOS DE OLIVEIRA (DESEMBARGADORA CONVOCADA DO TJ/PE), SEXTA TURMA, julgado em 02/10/2012, DJe 08/10/2012).*

(D): Correta. Conforme Súmula 351 do STF: É nula a citação por edital de réu preso na mesma unidade da federação em que o juiz exerce a sua jurisdição

Resposta: B

17. PROVAS

MPMG 2010 (Concurso L). *Questão 28. Direito Processual Penal / Provas / Legislação.*

Salvo quando não for possível, por outro modo, obter-se ou integrar-se a prova do fato e de suas circunstâncias, poderá(ao) recusar a obrigação de prestar depoimento

A) as pessoas que, em razão de seu ministério, devam guardar segredo.

B) o menor de dezoito anos.

C) o filho adotivo do acusado.

D) o cônjuge do ofendido.

Comentários

(A): Incorreta - Pessoas que, em razão de seu ministério, devam guardar segredo, são proibidas de depor, salvo se, desobrigadas pela parte interessada, quiserem dar seu testemunho - Artigo 207 do CPP.

(B): Incorreta - Não será deferido o compromisso à testemunha menor de quatorze anos - Artigo 208 do CPP. Não se deferirá o compromisso a que alude o art. 203 aos doentes e deficientes mentais e aos menores de 14 (quatorze) anos, nem às pessoas a que se refere o art. 206.

(C): Correta - Artigo 206 do CPP. A testemunha não poderá eximir-se da obrigação de depor. Poderão, entretanto, recusar-se a fazê-lo o ascendente ou descendente, o afim em linha reta, o cônjuge, ainda que desquitado, o irmão e o pai, a mãe, ou o filho adotivo do acusado, salvo quando não for possível, por outro modo, obter-se ou integrar-se a prova do fato e de suas circunstâncias.

(D): Incorreta - Quem pode se recusar a prestar depoimento é o cônjuge do acusado e não do ofendido - Art. 206 do CPP.

Resposta: Letra C

MPMG - 2013 (CONCURSO LIII) *Questão 37. Direito processual penal/ Provas/ Interceptação Telefônica/ Busca e apreensão/ Prova Ilegítima/Legislação, Doutrina e Jurisprudência.*

Sobre as provas no Processo Penal, assinale a alternativa ***FALSA:***

A) *É possível o uso de prova obtida fortuitamente através de interceptação telefônica licitamente conduzida, ainda que o crime descoberto, conexo ao que foi objeto da interceptação, seja punido com detenção.*

B) *Para a busca e apreensão, o conceito normativo de "casa" revela-se abrangente e pode estender-se a qualquer compartimento privado não aberto ao público, onde alguém exerce profissão ou atividade e compreende os escritórios profissionais, inclusive os de contabilidade.*

C) *Se o órgão da persecução penal demonstrar que obteve novos elementos de informação a partir de uma fonte autônoma de prova, que guarde relação de dependência ou decorra da prova originariamente ilegítima, tais dados probatórios revelar-se-ão plenamente admissíveis.*

D) *As provas colhidas no bojo de instrução processual penal, desde que obtidas mediante interceptação telefônica devidamente autorizada por Juízo competente, admitem compartilhamento para fins de instruir procedimento criminal ou mesmo procedimento administrativo disciplinar contra outros agentes.*

Comentários

A) Correto. A interceptação telefônica depende de autorização judicial e só se aplica em crimes apenados com reclusão (art. 2°, III, Lei 9.296/96). No entanto, em se tratando de crimes apenados com detenção, conexos àqueles objetos da interceptação, a jurisprudência (STF, HC 83.515/RS, Info. 3561; STJ Info. 539) e a doutrina admitem a aplicação da teoria do encontro fortuito de provas, também chamada de serendipidade (BARRETO, 2016, p. 346-347).

B) Correta. Nos termos do artigo 150, § 4°, do CP. Segundo STF, precedente citado no HC 82.788: "[..] A GARANTIA DA INVIOLABILIDADE DOMICILIAR COMO LIMITAÇÃO CONSTITUCIONAL AO PODER DO ESTADO EM TEMA DE FISCALIZAÇÃO TRIBUTÁRIA – CONCEITO DE "CASA" PARA EFEITO DE PROTEÇÃO CONSTITUCIONAL – AMPLITUDE DESSA NOÇÃO CONCEITUAL, QUE TAMBÉM COMPREENDE OS ESPAÇOS PRIVADOS NÃO ABERTOS AO PÚBLICO, ONDE ALGUÉM EXERCE ATIVIDADE PROFISSIONAL: NECESSIDADE, EM TAL HIPÓTESE, DE MANDADO JUDICIAL (CF, ART. 5°, XI). – Para os fins da proteção jurídica a que se refere o art. 5°, XI, da Constituição da República, o conceito normativo de "casa" revela-se abrangente e, por estender-se a qualquer compartimento privado não aberto ao público, onde alguém exerce profissão ou atividade (CP, art. 150, § 4°, III), compreende, observada essa específica limitação espacial (área interna não acessível ao público), os escritórios profissionais, inclusive os de contabilidade, «embora sem conexão com a casa de moradia propriamente dita» (NELSON HUNGRIA). Doutrina. Precedentes [...]".

C) Incorreta. Qualquer prova que guarde relação de dependência ou decorra da prova originariamente ilegítima é considerada fruto da árvore envenenada e não será admitida, nos termos do art. 157, § 1º, do CPP: "São também inadmissíveis as provas derivadas das ilícitas, salvo quando não evidenciado o nexo de causalidade entre umas e outras, ou quando as derivadas puderem ser obtidas por uma fonte independente das primeiras."

D) Correto. Segundo STF, Pet 3683 QO/MG: "PROVA EMPRESTADA. PENAL. Interceptação telefônica. (...) Dados obtidos em interceptação de comunicações telefônicas, judicialmente autorizadas para produção de prova em investigação criminal ou em investigação processual penal, bem como documentos colhidos na mesma investigação, podem ser usados em procedimento administrativo disciplinar, contra a mesma ou as mesmas pessoas em relação às quais foram colhidos, ou contra outros servidores cujos supostos ilícitos teriam despontado à colheita dessas provas.".

Resposta: Letra C

MPMG – 2013 (CONCURSO LIII) *Questão 31. Direito Processual Penal/ Provas/ Legislação.*

*Levando-se em conta os princípios orientadores do Processo Penal e a realização de interrogatório por sistema de videoconferência, identifique a alternativa **FALSA**:*

A) A videoconferência ocorre por fundada suspeita de que o interrogando integre organização criminosa ou que possa fugir durante o deslocamento para ser ouvido perante o juízo deprecado.

B) A videoconferência é exceção à regra e se realiza quando há dificuldade de comparecimento do réu em juízo, em virtude de circunstância pessoal como a residência temporária fora do país.

C) A videoconferência é medida que protege a vítima ou testemunha em seu ânimo, de possível influência a ser exercida pelo réu, que poderia trazer um temor com a sua presença.

D) A videoconferência se justifica por necessidade de resposta às gravíssimas questões de ordem pública, como aquelas que justificam o decreto de prisão preventiva.

Comentários

A) Correto. Artigo 185, § 2º, inciso I, do CPP: "prevenir risco à segurança pública, quando exista fundada suspeita de que o preso integre organização criminosa ou de que, por outra razão, possa fugir durante o deslocamento;"

B) Falso. Artigo 185, § 2º, inciso II do CPP: Excepcionalmente a videoconferência pode ocorrer para viabilizar a participação do réu no referido ato processual, quando haja **relevante** dificuldade para seu comparecimento em juízo, por enfermidade ou outra circunstância pessoal. A residência temporária fora do país não se traduz em relevante dificuldade de comparecimento.

C) Correto. Artigo 185, § 2º, inciso III, do CPP: "III - impedir a influência do réu no ânimo de testemunha ou da vítima, desde que não seja possível colher o depoimento destas por videoconferência, nos termos do art. 217 deste Código;

D) Correto. Artigo 185, § 2º, inciso IV, do CPP: "IV - responder à gravíssima questão de ordem pública."

Resposta: Letra B

MPMG 2017 (Concurso LV). *Questão 31. Direito Processual Penal / Provas / Nulidades / Cautelares no Processo Penal / Doutrina e jurisprudência.*

Em uma operação, a polícia encontra um aparelho smartphone debaixo do banco do motorista de um automóvel. Assinale a alternativa CORRETA:

A) *A operação policial foi de rotina e os agentes da autoridade consultaram os diálogos travados através de aplicativos de internet, descobrindo a prática de crimes. Trata-se de prova lícita.*

B) *Após a formal apreensão do smartphone, a autoridade policial determina a elaboração de perícia para confirmar a integridade dos dados e a transcrição dos diálogos. Trata-se de prova lícita.*

C) *A operação policial foi decorrente de ordem judicial de busca e apreensão para arrecadar "qualquer elemento de convicção", encontrando-se fotos do crime no smartphone. Trata-se de prova lícita.*

D) *Depois de apreensão do smartphone decorrente de prisão em flagrante, por ordem judicial convertida em prisão preventiva, verificou-se existirem no aparelho fotos de terceiros no crime. Trata-se de prova lícita.*

Comentários

(A): Incorreta – Depreende-se do enunciado que não houve autorização judicial, o que torna a consulta ilícita. Nesse sentido:

PENAL. PROCESSUAL PENAL. RECURSO ORDINÁRIO EM HABEAS CORPUS. TRÁFICO DE DROGAS. NULIDADE DA PROVA. AUSÊNCIA DE AUTORIZAÇÃO JUDICIAL PARA A PERÍCIA NO CELULAR. CONSTRANGIMENTO ILEGAL EVIDENCIADO.

1. Ilícita é a devassa de dados, bem como das conversas de whatsapp, obtidas diretamente pela polícia em celular apreendido no flagrante, sem prévia autorização judicial.

2. Recurso ordinário em habeas corpus provido, para declarar a nulidade das provas obtidas no celular do paciente sem autorização judicial, cujo produto deve ser desentranhado dos autos.

(RHC 51.531/RO, Rel. Ministro NEFI CORDEIRO, SEXTA TURMA, julgado em 19/04/2016, DJe 09/05/2016)

(B): Incorreta – Ainda que feita por perícia, não houve autorização judicial, o que torna a consulta ilícita. O julgado supracitado corrobora a tese.

(C): Correta – A prova é lícita porque havia autorização judicial para a busca e apreensão para arrecadar qualquer elemento de convicção. Nesse sentido:

PROCESSUAL PENAL. OPERAÇÃO "LAVA-JATO". MANDADO DE BUSCA E APREENSÃO. APREENSÃO DE APARELHOS DE TELEFONE CELULAR. LEI 9296/96. OFENSA AO ART. 5º, XII, DA CONSTITUIÇÃO FEDERAL. INOCORRÊNCIA.DECISÃO FUNDAMENTADA QUE NÃO SE SUBORDINA AOS DITAMES DA LEI 9296/96. ACESSO AO CONTEÚDO DE MENSAGENS ARQUIVADAS NO APARELHO.POSSIBILIDADE. LICITUDE DA PROVA. RECURSO DESPROVIDO.

I – A obtenção do conteúdo de conversas e mensagens armazenadas em aparelho de telefone celular ou smartphones não se subordina aos ditames da Lei 9296/96.

II – O acesso ao conteúdo armazenado em telefone celular ou smartphone, quando determinada judicialmente a busca e apreensão destes aparelhos, não ofende o art. 5º, inciso XII, da Constituição da República, porquanto o sigilo a que se refere o aludido preceito constitucional é em relação à interceptação telefônica ou telemática propriamente dita, ou seja, é da comunicação de dados, e não dos dados em si mesmos.

III – Não há nulidade quando a decisão que determina a busca e apreensão está suficientemente fundamentada, como ocorre na espécie.

IV – Na pressuposição da ordem de apreensão de aparelho celular ou smartphone está o acesso aos dados que neles estejam armazenados, sob pena de a busca e apreensão resultar em medida írrita, dado que o aparelho desprovido de conteúdo simplesmente não ostenta virtualidade de ser utilizado como prova criminal.

V – Hipótese em que, demais disso, a decisão judicial expressamente determinou o acesso aos dados armazenados nos aparelhos eventualmente apreendidos, robustecendo o alvitre quanto à licitude da prova. Recurso desprovido. (RHC 75.800/PR, Rel. Ministro FELIX FISCHER, QUINTA TURMA, julgado em 15/09/2016, DJe 26/09/2016)

(D): Incorreta – Não havia autorização judicial para o acesso ao conteúdo do telefone. A conversão judicial da prisão em flagrante em preventiva não supre tal exigência.

Resposta: Letra C

MPMG 2017 (Concurso LV)*. Questão 33. Direito Processual Penal / Procedimento do Júri / Provas. / Princípios constitucionais e infraconstitucionais / doutrina e jurisprudência.*

Considerando que no plenário do Tribunal do Júri o Ministério Público desistiu de ouvir testemunha gravada com a cláusula da imprescindibilidade e arrolada exclusivamente por ele, sendo a dispensa homologada pelo Juízo, assinale a alternativa CORRETA:

A) *A discordância da defesa registrada em ata faz incidir nulidade absoluta em virtude do interesse público e do princípio da comunhão na produção da prova.*

B) *O silêncio imediato e a insurgência da defesa somente em sede de recurso desafia o princípio do duty to mitigate the loss.*

C) *A produção probatória se destina à reconstituição de um fato pretérito e a dispensa de testemunha compromete a paridade de armas.*

D) *A possibilidade de dispensa unilateral da testemunha é corolário do sistema acusatório, ressalvado o interesse do Juízo na oitiva.*

Comentários

(A): Incorreta – resposta da banca: Seu teor está incorreto, porque a desistência pode ser unilateral e se houvesse nulidade seria relativa, de modo a se exigir com ênfase a demonstração de prejuízo. Não se pode falar em ofensa ao art. 31 do Regulamento do Concurso, uma vez que ainda que a doutrina incipiente possa discordar sobre a possibilidade de dispensa unilateral de testemunha, a jurisprudência mais recente do STJ tem posição fixada a respeito. Mas, registre-se doutrina abalizada sobre o tema: "De outra parte, em relação às testemunhas, tanto a acusação quanto a defesa podem validamente desistir dos depoimentos das pessoas por elas arroladas (art. 401, § 2º, CPP). Não há qualquer exigência legal em relação à concordância da parte ex adversa, para o caso de eventual desistência de testemunha. Por isso, havendo interesse no depoimento, a defesa deverá sempre arrolar a testemunha, ainda que também arrolada pela acusação, porque esta poderá daquela desistir. (Curso de processo penal, Pacelli, p. 697, 2015)." [2. Na hipótese dos autos, apenas o Ministério Público arrolou a vítima para ser ouvida em plenário, não tendo esta comparecido à sessão de julgamento em razão de estar residindo no exterior, o que fez com que o órgão acusatório desistisse de sua inquirição, com o que concordou o assistente de acusação. 3. A vítima foi arrolada para depor apenas pelo Ministério Público, o que revela que a sua dispensa não depende da concordância do réu, consoante já decidiu esta Corte Superior de Justiça. Precedente. 4. Não tendo a defesa indicado a vítima para ser ouvida em plenário, não pode agora alegar que a sua presença seria essencial para o deslinde da controvérsia, e que não a teria arrolado porque o Ministério Público já o teria feito. Incidência da norma contida no artigo 565 do Código de Processo Penal. (RHC 47.452/PE, Rel. Ministro JORGE MUSSI, QUINTA TURMA, julgado em 05/08/2014, DJe 14/08/2014)]

(B): Incorreta – resposta da banca: Seu teor está incorreto, se cotejado com o enunciado da questão, que deve ser interpretado. Acontece que é possível a dispensa unilateral e assim sendo, não há nulidade. Portanto, ausente a exigência de boa fé e de não dar causa à nulidade. Em outras palavras, a assertiva em si tem conteúdo correto, mas que não resolve o enunciado. A interpretação da questão faz parte da avaliação.

(C): Incorreta – Conforme justificativa da alternativa A.

(D): Correta – resposta da banca: Seu teor está correto, porque de acordo com a redação literal do art. 401, § 2º, CPP e sua remissão ao art. 209/CPP. O primeiro assegura o direito de a parte desistir de ouvir testemunhas, com a ressalva do art. 209 que, por sua vez, assegura ao juiz ouvir testemunhas. Não há erro em se vincular a possibilidade de dispensa ao sistema acusatório, porque justamente nesse sistema se confere às partes a iniciativa probatória. De outro lado, como resquício, em virtude do sistema inquisitivo, atribui-se ao juiz paralelo poder de iniciativa instrutória, mas essa possibilidade vem como ressalva na alternativa sob comento, exigindo do candidato atividade de interpretação e conhecimento da não adoção do sistema acusatório puro no Brasil. Por isso, também não cabe a alegação de contradição na redação da afirmativa que, ao contrário, revela-se harmônica.

Resposta: Letra D

***MPMG 2017 (Concurso LV)**. Questão 34. Direito Processual Penal / Processo e procedimentos em espécie / Provas. / Princípios constitucionais e infraconstitucionais / Nulidades / jurisprudência e doutrina.*

Patrocinado pela Defensoria Pública, determinado réu foi regularmente intimado para audiência de instrução e julgamento, onde foram ouvidos como testemunhas da denúncia os policiais que participaram de sua prisão em flagrante e a vítima. A intimação para o ato se deu no presídio, onde o réu se encontrava preso pela prática de outro fato. Na audiência, ausente o réu, o Defensor dispensou sua presença. A prova foi produzida, alegações oferecidas e proferida sentença condenatória. Considerando as informações acima, assinale a alternativa CORRETA:

A) O due process of law admite dispensar a presença do réu, mas a torna obrigatória no interrogatório, na medida em que ele estava custodiado pelo Estado.

B) A presença do réu é desdobramento do princípio da ampla defesa, em sua vertente autodefesa, franqueando-se a possibilidade de presenciar e participar da instrução.

C) A participação do réu na audiência se apresenta como direito absoluto e indispensável para a validade do ato, inclusive para que possa defender-se no interrogatório.

D) A ausência do réu é nulidade relativa, que necessita da comprovação de efetivo prejuízo por parte da defesa e arguição em momento oportuno.

Comentários

(A): Correta – resposta da banca: Seu teor está correto, porque o réu teve seu direito de participar e influir na prova e principalmente de exercer a autodefesa, podado por culpa exclusiva do Estado, que deveria requisitá-lo, como decorrência do art. 399, § 1º/CPP (§ 1º O acusado preso será requisitado para comparecer ao interrogatório, devendo o poder público providenciar sua apresentação.). É verdade que se pode dispor da autodefesa, que se manifesta como direito, prerrogativa e garantia, de modo que o comparecimento do réu ao interrogatório não é obrigatório, tanto assim que pode se calar perante o juiz. Todavia, o enunciado esclarece que o réu foi intimado no presídio, porque estava preso em virtude de outro processo. Tal fato lhe retirou a possibilidade de dispor de seu direito de autodefesa. Como o Estado tem o dever de viabilizar o exercício do direito, descumpriu com seu dever, não quando acatou a dispensa do réu para os demais atos instrutórios, já que a defesa técnica assim pode proceder, mas quando não ensejou o direito de autodefesa ou o direito ela abrir mão, ao não ser conduzido ao interrogatório, pois essa renúncia é personalíssima e a defesa técnica não poderia exercitá-la. O réu foi impedido de manifestar sua vontade de defender-se ou não, justamente porque estava preso, por outro processo. A presença do réu aos atos do processo, é facultativa e a defesa técnica pode deliberar sobre essa conveniência, dispensando sua presença, porque seu papel é cooperativo. Mas não pode fazê-lo no interrogatório, que por ser manifestação de autodefesa por excelência, depende do próprio réu escolher participar ou não. Por isso, não se pode concluir que deveria ter sido requisitado para todos os atos, já que houve dispensa por parte da defesa técnica. A dispensa da presença do réu para julgamento prevista no art. 457/CPP não se aplica ao presente caso, entre outros motivos porque trata da segunda fase do procedimento do júri (julgamento em plenário), diverso da hipótese descrita no enunciado e alternativas. A jurisprudência tem reconhecido a dispensa da presença do réu, quando preso em outra comarca, casos em que a intimação para os atos se dá por precatória, o que caracteriza situação estranha à do enunciado, de vez que não há informação de estar o réu comarca diferente. A possibilidade de realização de interrogatório por videoconferência não invalida a obrigatoriedade da presença do réu no interrogatório, considerando a situação do enunciado, porque deve ser homenageada a identidade física do juiz, realizando-se o interrogatório nos moldes tradicionais e excepcionalmente, com o deslocamento do juiz ao presídio e somente nessa impossibilidade e nas circunstâncias previstas em lei, que se vale da videoconferência, situação estranha à presente (art. 185, § 2º/CPP). A capacidade de interpretação da questão, obviamente faz parte da avaliação, de modo que não se fazia necessário esclarecer se o réu manifestou desejo de ser interrogado ou não e se sua ausência foi culpa do Estado, porque o enunciado esclarece que a intimação se deu no presídio, porque o réu estava preso em virtude de outro processo, logo seu direito de se manifestar se desejava o interrogatório ou não, sequer pôde ser exercido, porque se encontrava preso e o Estado disso sabia, pois o intimou no presídio. Não há que se falar em divergência doutrinária quanto aos temas da alternativa e da questão, porque as posições estão consolidadas na jurisprudência, mas precisam ser contrastadas com o enunciado (situação-problema). Desnecessário informar na questão que da Súmula 351/STJ se intui que o réu, estando na mesma unidade da federação onde é processado, deveria ser requisitado, porque justamente esse conhecimento é objeto de avaliação. Igualmente desnecessário informar se se tratava de interrogatório do réu ou da vítima, pois o CPP quando se refere ao "acusado" (Capítulo III, do Título VII da Prova – art. 185 e seguintes) usa a expressão interrogatório e seus cognatos, o que não acontece quando se refere à vítima ou ofendido (Capítulo V do mesmo título – art. 201 e seguintes). Por isso, é irrelevante a permissão da ausência do réu à oitiva de vítima ou testemunha, como traz a jurisprudência, até porque a alternativa da questão consagra a possibilidade dessa dispensa nesse momento processual (*O due processo of law* admite dispensar a presença do réu...). O art. 260/CPP (Se o acusado não atender à intimação para o interrogatório, reconhecimento ou qualquer outro ato que, sem ele, não possa ser realizado, a autoridade poderá mandar conduzi-lo à sua presença) não é aplicável à questão, porque trata de casos em que é preciso que o réu compareça, como ocorre com o reconhecimento, quando não pode ele dispensar a autodefesa, porque não é dela que se trata. Não há ofensa ao art. 31 do Regulamento do Concurso, já que as alternativas não são controvertidas, pois individualmente e em sua maioria correspondem ao entendimento jurisprudencial. As alternativas se apresentam como distratores, por causa de sua verossimilhança, exigindo capacidade interpretativa e de resolução de problemas que transcende a simples memorização de conceitos ou posição de tribunais.

(B): Incorreta – resposta da banca: Embora possa ou não o réu participar da instrução (franquia), por estar preso, não pode exercer o direito de escolha. Novamente, apesar do conteúdo da assertiva ter razoabilidade, não se presta a resolver a situação-problema contida no enunciado, por faltar ao agente a possibilidade de exercitar a autonomia de sua vontade, uma vez que se encontrava preso, por outro processo. "3. O direito de presença do réu é desdobramento do princípio da ampla defesa, em sua vertente autodefesa, franqueando-se ao réu a possibilidade de presenciar e participar da instrução processual, auxiliando seu advogado, se for o caso, na condução e direcionamento dos questionamentos e diligências. Nada obstante, não se trata de direito absoluto, sendo pacífico nos Tribunais Superiores que a presença do réu na audiência de instrução, embora conveniente, não é indispensável para a validade do ato, e, consubstanciando-se em nulidade relativa, necessita para a sua decretação da comprovação de efetivo prejuízo para a defesa e arguição em momento oportuno, o que não ocorreu no caso dos autos." (RHC

39.287/PB, Rel. Ministro REYNALDO SOARES DA FONSECA, QUINTA TURMA, julgado em 13/12/2016, DJe 01/02/2017). A questão não permite a ilação de que a ausência do acusado se deu em razão de orientação da defesa técnica e que por isso a alternativa estaria correta. Essa é uma informação inexistente e que contraria o enunciado que diz que o acusado se encontrava preso por outro fato.

(C): Incorreta – A ausência de oportunidade e intimação para que o réu participe da audiência é que gera nulidade absoluta. O direito de participação faz parte do direito a ampla defesa, ficando, portanto, ao juízo da defesa o seu exercício.

(D): Incorreta – resposta da banca: Considerando o enunciado, a ausência do acusado no interrogatório é nulidade absoluta, porque não se garantiu a possibilidade de exercer a autodefesa (interrogatório), ofendeu-se o devido processo legal e principalmente a ampla defesa, garantias constitucionais que levam ao reconhecimento da nulidade absoluta. A alternativa estaria correta em outro contexto, o de que o réu estava solto, foi regularmente intimado, mas não compareceu à instrução.

Resposta: Letra A

MPMG 2018. (CONCURSO LVI) *QUESTÃO 33. Direito Processual Penal. Princípios. Provas. Prova testemunhal. Jurisprudência/ Lei Seca: CPP.*

Examine as alternativas abaixo, referentes à prova, assinalando a CORRETA:

A) *Por força do princípio da comunhão da prova, a parte, para desistir da inquirição da testemunha que haja arrolado, deverá obter a aquiescência da parte contrária.*

B) *As pessoas proibidas de depor em razão do dever de guardar segredo, se dispensadas pela parte a quem isso interesse, estarão obrigadas a fazê-lo.*

C) *Embora não permita a lei interceptação de comunicações telefônicas para a investigação de crimes punidos com detenção, os tribunais superiores admitem, com base na teoria do encontro fortuito, que aquela legitimamente deferida seja empregada para subsidiar ação penal em crimes sujeitos a tal pena.*

D) *Ao Presidente e Vice-presidente da República, presidentes da Câmara dos Deputados e Senado Federal e aos Ministros do Supremo Tribunal Federal se permite, na condição de testemunhas, prestar depoimento por escrito.*

Comentários

A) INCORRETA. O § 2º do art. 401 do Código de Processo Penal admite que uma das partes desistir da oitiva de testemunha por ela própria arrolada, mesmo diante da negativa da parte contrária. Confira-se: " § 2º A parte poderá desistir da inquirição de qualquer das testemunhas arroladas, ressalvado o disposto no art. 209 deste Código." O princípio da comunhão ou aquisição da prova apregoa que, **uma vez produzida**, a prova pertence ao juízo, e pode ser utilizada e apreciada por quaisquer dos sujeitos processuais. Ele não diz respeito à iniciativa da produção da prova. Não interfere, portanto, na desistência de uma das partes de produzir uma prova por ela requerida.

B) INCORRETA. O Direito Processual Penal brasileiro não obriga ninguém a descumprir seu dever de sigilo profissional. Apenas faculta essa possibilidade caso a parte interessada o desobrigue de cumpri-lo. Assim dispõe o art. 207 do Código de Processo Penal: "Art. 207. São proibidas de depor as pessoas que, em razão de função, ministério, ofício ou profissão, devam guardar segredo, **salvo se, desobrigadas pela parte interessada, quiserem** dar o seu testemunho."

C) CORRETA. Trata-se do fenômeno chamado na doutrina de serendipidade. Ora, se uma prova foi encontrada fortuitamente durante uma interceptação telefônica legitimamente deferida com fundamento em crime punido com pena de reclusão (art. 2º, III, da Lei nº 9.296/96) – portanto, sem qualquer tipo de má-fé dos investigadores no sentido de burlar o mandamento legal -, não há que se falar em ilicitude da prova, ainda que ela se refira a crime diverso do investigado, punido com pena de detenção. Esta posição restou sedimentada na jurisprudência pátria. Confira-se, nesse sentido, julgado do STJ: "PENAL E PROCESSUAL PENAL. HABEAS CORPUS. TRÁFICO DE DROGAS. ALEGAÇÃO DE NULIDADE DECORRENTE DO FATO DE A PRISÃO EM FLAGRANTE DECORRER **DE INTERCEPTAÇÃO TELEFÔNICA AUTORIZADA PARA INVESTIGAR A PRÁTICA DE OUTRO CRIME. HIPÓTESE DE ENCONTRO FORTUITO DE PROVAS. COAÇÃO ILEGAL. AUSÊNCIA**. PRETENSÃO DE REDIMENSIONAMENTO DA PENA. AGRAVANTE DO ART. 66 DO CP. DEBATE DO TEMA PELAS INSTÂNCIAS ORDINÁRIAS. AUSÊNCIA. SUPRESSÃO DE INSTÂNCIA. CONHECIMENTO. IMPOSSIBILIDADE. PENA-BASE FIXADA ACIMA DO MÍNIMO LEGAL. CULPABILIDADE, ANTECEDENTES E CIRCUNSTÂNCIAS DO CRIME. INDICAÇÃO DE ELEMENTOS CONCRETOS CAPAZES DE JUSTIFICAR A CONSIDERAÇÃO NEGATIVA. QUANTIDADE DE DROGA, CONDENAÇÃO COM TRÂNSITO EM JULGADO E INTENSIDADE DA OFENSA AO BEM JURÍDICO DECORRENTE DA PRÁTICA DO CRIME EM LARGA ESCALA. CONSTRANGIMENTO ILEGAL. AUSÊNCIA. AGRAVANTE DA REINCIDÊNCIA. CONSTITUCIONALIDADE DECLARADA PELO SUPREMO TRIBUNAL FEDERAL (RE n. 453.000/RS). 1. Inexiste constrangimento ilegal decorrente das interceptações telefônicas que ensejaram a prisão em flagrante do paciente, haja vista se tratar de encontro fortuito de provas. **2. É cediço, neste Superior Tribunal, que descabe se falar em nulidade das provas, quando obtidas a partir interceptação telefônica, realizada em fase inquisitorial de investigação de crime punido com pena de reclusão, em que se obtém encontro fortuito de provas de outros delitos, punidos com pena de detenção (AgRg no REsp n. 1.717.551/PA, Ministro Felix Fischer, Quinta Turma, DJe 30/5/2018).** 3. Não tendo as instâncias ordinárias se manifestado sobre a possibilidade de aplicação da atenuante prevista no art. 66 do Código Penal, não cabe a este Superior Tribunal a análise originária da questão, sob pena de indevida supressão de instância. 4. o Juízo de primeiro grau logrou indicar elementos concretos capazes de justificar a consideração negativa das circunstâncias judiciais da culpabilidade, antecedentes e circunstâncias do crime, consistentes na quantidade de droga apreendida, existência de condenação transitada em julgado e a intensidade da ofensa ao bem jurídica tutelado, tendo em vista a prática do tráfico em larga escala, respectivamente. 5. O Supremo Tribunal Federal, em 4/4/2013, por ocasião da análise do Recurso Extraordinário n. 453.000/RS, Relator Ministro Marco Aurélio, já declarou a constitucionalidade da agravante da reincidência. 6. Ordem parcialmente conhecida e, nessa parte, denegada. (HC 366.070/RS, Rel. Ministro SEBASTIÃO REIS JÚNIOR, SEXTA TURMA, julgado em 08/11/2018, DJe 23/11/2018)".

D) INCORRETA. A teor do art. 221, § 1º, do Código de Processo Penal, a faculdade não é válida para todos os integrantes do Supremo Tribunal Federal, mas apenas seu presidente. Veja-se: " § 1º O Presidente e o Vice-Presidente da República, os presidentes do Senado Federal, da Câmara dos Deputados e do Supremo Tribunal Federal poderão optar pela prestação de depoimento por escrito, caso em que as perguntas, formuladas pelas partes e deferidas pelo juiz, lhes serão transmitidas por ofício."

Resposta: Letra C.

18. PRAZOS PROCESSUAIS

19. SENTENÇA E PROVIMENTOS JUDICIAIS

MPMG 2018. (CONCURSO LVI) QUESTÃO 36. Direito Processual Penal. Recursos. Princípios. Sentença. Jurisprudência. Doutrina/Lei Seca: CPP.

Examine as alternativas abaixo, assinalando a CORRETA:

A) *A intimação da parte adversa, uma vez opostos à sentença embargos de declaração, deve ocorrer em qualquer hipótese, ainda que despidos de efeitos infringentes.*

B) *Ocorrendo a emendatio libelli, deve ocorrer, segundo entendimento pacífico, a intimação das partes.*

C) *A necessidade de aditamento à denúncia, para nela incluir elemento não contido, deve ocorrer ainda que disso resulte nova definição jurídica menos grave.*

D) *Ao juiz se permite proferir sentença condenatória, em toda espécie de ação penal, mesmo que pedida pela parte autora a absolvição.*

Comentários

A) INCORRETA. Não há previsão no CPP de intimação da parte contrária em caso de interposição de embargos de declaração. Isso porque esse recurso se presta a sanar ambiguidades, obscuridades, contradições, ou omissões da decisão, e não reformar seu conteúdo decisório. Contudo, é possível que, ao sanar um desses defeitos, de forma reflexa a decisão seja modificada quanto ao seu mérito. Esses são os chamados efeitos infringentes dos embargos de declaração, os quais, quando presentes, impõem a intimação da parte adversária para se manifestar, sob pena de violação do princípio do contraditório. Assim entende o Supremo Tribunal Federal: "Ofende o princípio do contraditório a falta de intimação da defesa para apresentar impugnação a embargos declaratórios opostos pelo Ministério Público e acolhidos com efeito modificativo para inverter o resultado do julgamento em desfavor do réu. Com base nesse entendimento, a Turma deferiu habeas corpus para cassar o acórdão relativo ao julgamento dos embargos de declaração e determinar que outro julgamento se realize, assegurada a manifestação da defesa. (HC 74.735-PR, rel. Min. Marco Aurélio, 11.3.97, Informativo nº 64 do STF)." Contudo, não havendo efeitos infringentes, não há necessidade de intimação da parte adversa.

B) INCORRETA. A afirmação está longe de ser pacífica. Isso porque prevalece no Processo Penal a máxima segundo a qual o acusado se defende dos fatos, e não de sua tipificação penal. Assim, o art. 383 do CPP prevê a possibilidade de o magistrado proceder, de ofício e sem intimação pretérita das partes, à *emendatio libelli*. Ou seja, atribuir, em sentença, capitulação jurídica aos fatos diversa daquela que consta da exordial acusatória, sem modificar a descrição fática nesta contida, ainda que disso resulte a aplicação de pena mais grave. A possibilidade sofre críticas, pois diferenças técnicas que permeiam os tipos penais podem influir totalmente na defesa de um acusado, de modo que, ao assim proceder, o magistrado violaria a ampla defesa e o contraditório. Contudo, a jurisprudência pátria tem aceitado *emendatio libelli* sem prévia intimação das partes. Portanto, a assertiva é falsa. Confira-se, nesse sentido, excerto de decisão do STJ: "Ademais, é princípio comezinho do direito penal e processual penal que o réu se defende dos fatos narrados na inicial, e não da capitulação jurídica a eles atribuída pela acusação. Contrariamente ao alegado pelo recorrente, e já estatuído na instância ordinária, a questão atrai a normatividade do artigo 383 (*emendatio libelli*) e não a do artigo 384 (*mutatio libelli*) do Código de Processo Penal, razão pela qual se mostra despicienda a abertura de prazo para a manifestação da defesa, tendo em conta que o réu se defende dos fatos narrados na incoativa, e não da capitulação jurídica ofertada pelo Parquet. (REsp 1565024/SP, Rel. Ministro Antonio Saldanha Palheiro, Sexta Turma, julgado em 17/04/2018, DJe 06/06/2018)".

C) CORRETA. A assertiva diz respeito ao instituto chamado pela doutrina de *mutatio libelli*, e expõe o que determina o art. 384 do CPP, independentemente de benefício ao acusado: "Art. 384. Encerrada a instrução probatória, se entender cabível nova definição jurídica do fato, em consequência de prova existente nos autos de elemento ou circunstância da infração penal não contida na acusação, o Ministério Público deverá aditar a denúncia ou queixa, no prazo de 5 (cinco) dias, se em virtude desta houver sido instaurado o processo em crime de ação pública, reduzindo-se a termo o aditamento, quando feito oralmente."Isso porque o princípio da congruência (ou reflexão ou correlação ou relatividade), decorrência do sistema acusatório adotado pelo ordenamento jurídico pátrio (art. 129, I, da CRFB/88), também não é ressalvado em razão de benefício à defesa. Segundo ele, ao decidir, o magistrado está adstrito aos fatos narrados na denúncia, sob pena de nulidade de sua decisão.

D) INCORRETA. A máxima só é válida para os crimes de ação penal pública, conforme preceitua o art. 385 do CPP. Nos termos do art. 60, III, do CPP, a ação penal é considerada perempta se o querelante deixar de formular o pedido de condenação em suas alegações finais. Nesse caso, resta extinta a punibilidade, a teor do art. 107, IV, do CP, não podendo o magistrado proferir sentença condenatória.

Resposta: Letra C.

20. COISA JULGADA

21. PROCESSO E PROCEDIMENTOS EM ESPÉCIE

***MPMG 2010 (Concurso L)**. Questão 25. Direito Processual Penal / Processo Penal / Procedimento Especial dos Crimes / Competência do Tribunal do Júri / Legislação e Doutrina.*

Segundo as regras estabelecidas no Código de Processo Penal, na elaboração dos quesitos, o Juiz de Direito

A) poderá redigi-los livremente, vedada a admissão de teses que não constem expressamente da denúncia ou das alegações emergentes dos debates orais no Plenário.

B) levará em consideração os termos da pronúncia ou das decisões posteriores que julgaram admissível a acusação, do interrogatório e das alegações das partes.

C) ficará restrito às teses apresentadas pelas partes durante os debates orais, sob pena de admitir inovação e ofensa indevida ao princípio constitucional da iniciativa das partes.

D) adotará como sua fonte a denúncia e os requerimentos escritos que as partes deverão apresentar antes de iniciados os debates orais em Plenário.

Comentários

(A): Incorreta – O juiz está adstrito às teses da denúncia e das alegações emergentes dos debates orais. De todo modo, os artigos 482 e 483 do CPP trazem as balizas necessárias, como a ordem da quesitação, os elementos necessários dos quesitos, os limites da matéria submetida ao Conselho de Sentença, dentre outros. Questão interessante diz respeito ao reconhecimento de agravantes e atenuantes por parte do magistrado sentenciante. Apesar de pequena divergência, prevalece que podem elas ser consideradas , desde que alegadas nos debates, conforme art.492, I, "b", do CPP. Caso sejam iguais às qualificadoras, essas quesitadas, prevalece que deve se respeitar a decisão dos jurados.

(B): Correta – Artigo 482, parágrafo único, do CPP: "Os quesitos serão redigidos em proposições afirmativas, simples e distintas, de modo que cada um deles possa ser respondido com suficiente clareza e necessária precisão. Na sua elaboração, o presidente levará em conta os termos da pronúncia ou das decisões posteriores que julgaram admissível a acusação, do interrogatório e das alegações das partes.

(C): Incorreta – O juiz está adstrito não só às alegações emergentes dos debates orais, conforme art.482, p.u., do CPP.

(D): Incorreta – Conforme art.482, p,u, do CPP.Não há requerimento escrito antes dos debates orais.

Resposta: Letra B

MPMG – 2011 (Concurso LI)*. Questão 40. Direito Processual Penal / Processo Penal/ Tribunal do Júri /Legislação / Doutrina.*

Assinale a alternativa CORRETA.

A) A sentença de pronúncia não transita em julgado, mesmo sem recurso das partes, mas se sujeita ao fenômeno da preclusão.

B) O libelo será confeccionado nos limites da pronúncia e a falta de sua leitura em plenário é causa de nulidade.

C) Como afirmação do sistema misto, o interrogatório do réu em plenário possibilitará a realização do cross examination.

D) Os princípios da não surpresa e do contraditório permitem a leitura de documentos que não tenham sido juntados no tríduo que antecede o Júri.

Comentários

a) Correta. "A não interposição de recurso contra a pronúncia pela parte prejudicada, por se resignar com seu conteúdo, deixando transcorrer *in albis* o prazo recursal, assim como a confirmação de tal decisão pelo juízo *ad quem,* sem possibilidade de utilização de outras vias impugnativas, dá ensejo à denominada preclusão *pro judicato,* impedindo posterior modificação de seu conteúdo." (BRASIIEIRO, p.1359).

b) Incorreta. Lei 11.689/08. Alterou o procedimento relativo aos processos de competência do Tribunal do Júri com extinção do libelo.

c) Incorreta. Arts. 185, 186, 187 e 188, todos do CPP. Regra geral, no interrogatório há o sistema presidencialista. No júri, conforme art. 474, CPP, os jurados formulam perguntas por intermédio do juiz, já o Ministério Público, o assistente, o querelante e o defensor formulam perguntas diretamente ao acusado. Cross examination quer dizer exame cruzado, ou seja, perguntas feitas pela parte contrária. Há, ainda, o denominado *direct examination*, ou exame direto, no sentido de que perguntas são formuladas pela própria parte.

d) Incorreta. Art. 479, CPP. A leitura de documento só é permitida, durante o julgamento, se ele tiver sido juntado aos autos com antecedência mínima de 03 (três) dias úteis.

Resposta certa: A

MPMG – 2012 (LII Concurso) *Questão 37 Direito Processual Penal – Tribunal do Júri – Legislação.*

De acordo com o Código de Processo Penal, assinale a alternativa CORRETA, considerando como Verdadeiras ou Falsas as proposições abaixo:

( ) No tribunal do júri, o julgamento será adiado pelo não comparecimento do acusado solto, que tiver sido regularmente intimado.

( ) Na composição do conselho de sentença do tribunal do júri, as partes poderão recusar até três jurados motivadamente e três jurados imotivadamente.

( ) A instrução em plenário do júri seguirá com perguntas diretamente das partes às testemunhas, inquirindo, o juiz, os pontos não esclarecidos.

( ) É caso de adiamento do julgamento perante o tribunal do júri, se a testemunha gravada com a cláusula da imprescindibilidade e intimada deixar de comparecer.

A) F, V, F, V.
B) F, F, F, V.
C) V, F, V, F.
D) V, V, V, F.

Comentários

Falso. O julgamento não será adiado. Art. 457 do CPP : "O julgamento não será adiado pelo não comparecimento do acusado solto, do assistente ou do advogado do querelante, que tiver sido regularmente intimado."

Falso. O limite se aplica somente para as recusas imotivadas, para as recusas motivadas não há limites. Artigo 468 do CPP: "À medida que as cédulas forem sendo retiradas da urna, o juiz presidente as lerá, e a defesa e, depois dela, o Ministério Público poderão recusar os jurados sorteados, até 3 (três) cada parte, sem motivar a recusa." Há de se tomar cuidado para não haver o "estouro" da urna, ou seja, faltarem jurados aptos ao julgamento, conforme art.471 do CPP:" Se, em conseqüência do impedimento, suspeição, incompatibilidade, dispensa ou recusa, não houver número para a formação do Conselho, o julgamento será adiado para o primeiro dia desimpedido, após sorteados os suplentes, com observância do disposto no art. 464 deste Código. "

Falso. As perguntas no plenário do júri são formuladas primeiramente pelo juiz, conforme o art. 473, *caput*, do CPP: "Prestado o compromisso pelos jurados, será iniciada a instrução plenária quando o juiz presidente, o Ministério Público, o assistente, o querelante e o defensor do acusado tomarão, sucessiva e diretamente, as declarações do ofendido, se possível, e inquirirão as testemunhas arroladas pela acusação."

Verdadeiro. O juiz pode adiar ou determinar a sua condução para o mesmo dia. Artigo 461 do CPP: Art. 461. O julgamento não será adiado se a testemunha deixar de comparecer, salvo se uma das partes tiver requerido a sua intimação por mandado, na oportunidade de que trata o art. 422 deste Código, declarando não prescindir do depoimento e indicando a sua localização; § 1º Se, intimada, a testemunha não comparecer, o juiz presidente suspenderá os trabalhos e mandará conduzi-la ou adiará o julgamento para o primeiro dia desimpedido, ordenando a sua condução. § 2º O julgamento será realizado mesmo na hipótese de a testemunha não ser encontrada no local indicado, se assim for certificado por oficial de justiça.

Resposta: letra B.

MPMG 2014 (Concurso LIV). Questão 38. Direito Processual Penal / Código de Processo Penal/ Procedimento Comum / Legislação.

Sobre o procedimento comum sumário, assinale a alternativa INCORRETA:

A) *Cabível quando a ação penal tiver objeto crime cuja sanção máxima cominada seja igual ou inferior a 4 (quatro) anos.*

B) *A audiência de instrução e julgamento deverá ser realizada em até 30 (trinta) dias.*

C) *A testemunha que comparecer será inquirida, independentemente da suspensão da audiência.*

D) *Poderá ser aplicado nas infrações penais de menor potencial ofensivo, quando o magistrado do juizado especial criminal encaminhar ao juízo comum as peças existentes.*

Comentários

(A) Errado – Art. 394, § 1º, II, CPP. "II – sumário, quando tiver por objeto crime cuja sanção máxima cominada seja inferior a 4 (quatro) anos de pena privativa de liberdade"

(B) Correto – Art. 521 do CPP. "Art. 531. Na audiência de instrução e julgamento, a ser realizada no prazo máximo de 30 (trinta) dias, proceder-se-á à tomada de declarações do ofendido, se possível, à inquirição das testemunhas arroladas pela acusação e pela defesa, nesta ordem, ressalvado o disposto no art. 222 deste Código, bem como aos esclarecimentos dos peritos, às acareações e ao reconhecimento de pessoas e coisas, interrogando-se, em seguida, o acusado e procedendo-se, finalmente, ao debate."

(C) Correto – Art. 536, do CPP. "Art. 536. A testemunha que comparecer será inquirida, independentemente da suspensão da audiência, observada em qualquer caso a ordem estabelecida no art. 531 deste Código.. "

(D) Correto – Art. 538, do CPP. "Art. 538. Nas infrações penais de menor potencial ofensivo, quando o juizado especial criminal encaminhar ao juízo comum as peças existentes para a adoção de outro procedimento, observar-se-á o procedimento sumário previsto neste Capítulo."

Resposta certa: A

***MPMG 2017 (Concurso LV)**. Questão 32. Direito Processual Penal / Procedimento do Júri / Prova / Princípios constitucionais e infraconstitucionais / Jurisprudência e doutrina.*

Mesmo no formato garantista que inspira a Constituição brasileira, não se pode falar no afastamento da cogitação do in dubio pro societate, já que harmonizado com a imagem de seu espelhamento: o in dubio pro reo. Com efeito, num regime em que imperam as liberdades, não se poderia cogitar de submeter ao Júri aquele sobre quem reside dúvida acerca da autoria de crime, arriscando-se a condenar quem pode ser inocente. Por outro lado, o que se exige para a pronúncia é a reasonable doubt sobre a culpabilidade. Cuida-se de uma questão de perspectiva, não se está a autorizar que indícios frágeis, que ilações decorrentes do ouvir dizer, possam autorizar o trânsito para o julgamento popular, mas sim algo mais robusto, que proporcione a dúvida positiva, vale dizer, que a cogitação de que o réu seja o autor do que lhe foi imputado é que garanta esse trânsito. Considerando os crimes contra a vida, tentados ou consumados, assinale a alternativa CORRETA.

A) A palavra de testemunha indireta (hearsay witness) por refletir a vox publica é suficiente para a pronúncia, porque caracteriza o in dubio pro societate.

B) A presença de indícios de autoria e materialidade levam à pronúncia, em homenagem ao in dubio pro societate, cabendo ao Tribunal do Júri proferir o juízo de mérito.

C) A existência de dúvida acerca da culpabilidade inviabiliza a submissão do réu ao julgamento perante o Tribunal do Júri, em face do princípio da inocência e do in dubio pro reo.

D) *A versão isolada da vítima pode ser contrastada e oposta à palavra do réu, mas desautoriza a pronúncia, porque instala a dúvida e faz incidir o adágio in dubio pro reo.*

Comentários

(A): Incorreta – A palavra da testemunha indireta (aquela que "ouviu dizer" algo sobre o fato) não por ser utilizada como base para pronúncia. Nesse sentido: RECURSO ESPECIAL. HOMICÍDIO QUALIFICADO E DESTRUIÇÃO E OCULTAÇÃO DE CADÁVER. PRONÚNCIA FUNDAMENTADA EXCLUSIVAMENTE EM ELEMENTO INFORMATIVO COLHIDO NA FASE PRÉ-PROCESSUAL. NÃO CONFIRMAÇÃO EM JUÍZO. RECURSO ESPECIAL NÃO PROVIDO. [...] 2. Muito embora a análise aprofundada dos elementos probatórios seja feita somente pelo Tribunal Popular, não se pode admitir, em um Estado Democrático de Direito, **a pronúncia sem qualquer lastro probatório, mormente quando os testemunhos colhidos na fase inquisitorial são, nas palavras do Tribunal a quo, "relatos baseados em testemunho por ouvir dizer, [...] que não amparam a autoria para efeito de pronunciar os denunciados" (fl. 1.506).** 3. O Tribunal de origem, ao despronunciar os ora recorridos, entendeu "ausentes indícios de autoria e insuficiente o 'hearsay testimony' (testemunho por ouvir dizer)" (fl. 1.506), razão pela qual, consoante o enunciado na Súmula n. 7 do STJ, torna-se inviável, em recurso especial, a revisão desse entendimento, para reconhecer a existência de prova colhida sob o contraditório judicial apta a autorizar a submissão dos recorridos a julgamento perante o Tribunal do Júri. 4. Recurso especial não provido. (REsp 1373356/BA, Rel. Ministro ROGERIO SCHIETTI CRUZ, SEXTA TURMA, julgado em 20/04/2017, DJe 28/04/2017)

(B): Correta – Conforme art.413 do CPP. (Cuidado: não está escrito indícios de autoria e de materialidade)

(C): Incorreta – Na fase da pronúncia, prevalece o *in dubio pro societate* e não o *in dubio pro reo.* Nesse sentido: PENAL E PROCESSUAL PENAL. AGRAVO REGIMENTAL NO AGRAVO EM RECURSO ESPECIAL. HOMICÍDIO QUALIFICADO. PRELIMINAR DE NULIDADE. RECONHECIMENTO FOTOGRÁFICO. POSSIBILIDADE. CORROBORADO POR OUTRO MEIOS DE PROVA. PRONÚNCIA. TESE DE INSUFICIÊNCIA DE PROVAS. IN DUBIO PRO SOCIETATE. INDÍCIOS DE AUTORIA. REEXAME DE PROVAS. SÚMULAS 7/STJ. I – Não prevalece a preliminar de nulidade de reconhecimento fotográfico se corroborada com outros meios de provas. *In casu,* a depoente reconheceu pela viseira aberta do capacete e pelas vestes, moto e capacete, vistos em momentos anteriores os já conhecidos acusados. II – Na fase de pronúncia rege o princípio do *in dubio pro societate,* em que havendo indícios de autoria e da materialidade do homicídio, deve-se submeter ao Tribunal do Júri, sob pena de usurpação de competência. [...] (AgRg no AREsp n. 683.092/MT, Ministra Maria Thereza de Assis Moura, Sexta Turma, DJe 10/6/2015). Agravo regimental improvido" (AgRg no REsp n. 1.388.381/MT, Sexta Turma, Rel. Min. Sebastião Reis Júnior, DJe de 3/8/2015).

Agravo regimental desprovido. (AgRg no AREsp 1011574/ES, Rel. Ministro FELIX FISCHER, QUINTA TURMA, julgado em 06/02/2018, DJe 19/02/2018)

(D): Incorreta – mesma explicação acima.

Resposta : Letra B

MPMG 2018. (CONCURSO LVI) *QUESTÃO 37. Direito Processual Penal. Tribunal do Júri. Doutrina/Jurisprudência/Lei Seca: CPP.*

Examine as alternativas abaixo, relativas ao Tribunal do Júri, assinalando a CORRETA:

A) Desde a reforma empreendida pela Lei 11.689/08, não mais é possível a juntada de documentos durante a audiência de instrução.

B) Dar-se-á obrigatoriamente o adiamento do julgamento do acusado preso que não comparecer à sessão do Tribunal do Júri, salvo havendo pedido de dispensa formulado por ele ou seu defensor.

C) Segundo entendimento já pacificado, sendo dois ou mais acusados que tenham constituído um mesmo defensor, poderá este recusar peremptoriamente no máximo até três jurados.

D) Embora vedada expressamente pelo CPP qualquer forma de discriminação de cidadãos, a condição de alfabetizado é imprescindível para o exercício da função de jurado.

Comentários

A) INCORRETA. Vislumbram-se três linhas de raciocínio que o candidato poderia seguir para concluir pela incorreção da assertiva, a seguir expostas. O procedimento do Tribunal do Júri é bifásico (escalonado). Em sua primeira fase, a chamada fase do sumário da culpa (ou da formação da culpa, ou da instrução preliminar, ou do juízo de admissibilidade ou do juízo de acusação), o processo é instruído no sentido de se aferir a competência do Tribunal do Júri, bem como verificar a viabilidade da acusação. Ou seja, se há indícios suficientes de autoria ou participação e materialidade do crime doloso contra a vida. Trata-se de uma espécie de filtro judicial para que a causa seja julgada pelos jurados leigos. Portanto, nela também se decidem o máximo de questões de ordem técnica possíveis, como todas aquelas envolvendo alegações de nulidades. Como visto, na fase do sumário da culpa o processo também é instruído. Ocorre a audiência de instrução expressamente mencionada no art. 411 do CPP, e para ela se aplica a regra geral do art. 231 do CPP, segundo a qual nela é possível a juntada de documentos, e não há dúvidas de que ela faz parte do procedimento bifásico do Tribunal do Júri, o que torna a assertiva incorreta. Ademais, mesmo em se tratando da instrução em plenário, a assertiva não procede. Isso porque a proibição que consta do artigo 479 do CPP, com redação dada pela Lei nº 11.689/08, precede à edição da referida lei. A redação antiga do art. 475 do CPP (alterada justamente pela Lei nº 11.689/08) também proibia juntada de documentos durante a instrução em plenário. Confira-se: "Art. 475. Durante o julgamento não será permitida a produção ou leitura de documento que não tiver sido comunicado à parte contrária, com antecedência, pelo menos, de três dias, compreendida nessa proibição a leitura de jornais ou qualquer escrito, cujo conteúdo versar sobre matéria de fato constante do processo. " Por fim, convém ressaltar que a proibição do art. 479 do CPP somente diz respeito a documentos que versem sobre os fatos em discussão, conforme preceitua o parágrafo único do citado dispositivo. Assim sendo, é possível, por exemplo, que o membro do Ministério Público se valha de jornal local publicado no dia anterior ao julgamento com matéria apontando o aumento dos índices de criminalidade na região, para fins de convencimento dos jurados.

B) INCORRETA. É necessário que o pedido de dispensa tenha sido subscrito pelo acusado e seu defensor, conforme preceitua o § 2º do art. 457 do CPP: "§ 2º Se o acusado preso não for conduzido, o julgamento será adiado para o primeiro dia desimpedido da mesma reunião, salvo se houver pedido de dispensa de comparecimento subscrito **por ele e seu defensor**."

C) INCORRETA. O entendimento pacificado é no sentido de que cada acusado possui direito a até 3 (três) recusas imotivadas de jurados, e não defesa técnica. Afinal, o art. 468 fala em "parte" ("até 3 (três) cada parte"). Veja-se, nesse sentido, julgado do STJ: " PENAL. AGRAVO CONVERTIDO EM RECURSO ESPECIAL. TRIBUNAL DO JÚRI. RECUSA DE TRÊS JURADOS FEITA PELO DEFENSOR PARA A DEFESA COMO UM TODO. ALEGAÇÃO DE VIOLAÇÃO DA PLENITUDE DE DEFESA. DIREITO DE RECUSA INDIVIDUAL DE CADA UM DOS RÉUS. JULGAMENTO DO TRIBUNAL DO JÚRI ANULADO. 1. O direito às três recusas imotivadas é garantido ao acusado, e não à defesa, ou seja, cada um dos réus terá direito às suas três recusas imotivadas, sob pena de violação da plenitude de defesa. 2. Recurso especial provido. (REsp 1540151/MT, Rel. Ministro SEBASTIÃO REIS JÚNIOR, SEXTA TURMA, julgado em 08/09/2015, DJe 29/09/2015)."

D) CORRETA. O art. 436, § 1º, do CPP, preceitua que "§ 1º Nenhum cidadão poderá ser excluído dos trabalhos do júri ou deixar de ser alistado em razão de cor ou etnia, raça, credo, sexo, profissão, classe social ou econômica, origem ou grau de instrução. " A despeito disso, parte da doutrina defende que a condição de alfabetizado deve ser exigida daquele que pretende ser jurado, por ser um pressuposto lógico para o exercício da função. Isso porque o jurado decide mediante votos escritos (cédulas confeccionadas pelo juízo) e a partir da leitura de diversos documentos e peças constantes dos autos. Nesse sentido, Alexandre Cebrian Araújo Reis e Victor Eduardo Rios Gonçalves (2018) lecionam que: "malgrado a lei não estabeleça, de forma expressa, a necessidade de que o jurado tenha capacidade de ler e escrever, tal requisito deriva da circunstância de que o integrante do júri emitirá sua decisão por meio de votos escritos (cédulas previamente confeccionadas). Além disso, para que possa exercer plenamente as prerrogativas da função, é necessário que o jurado tenha condições de ler cópia do relatório do processo e da decisão de pronúncia (art. 472, parágrafo único, do CPP) e, ainda, os autos do processo (art. 480, § 3º, do CPP)."

Resposta: Letra D.

MPMG 2018. (CONCURSO LVI) QUESTÃO 38. Direito Processual Penal. Tribunal do Júri. Doutrina/Jurisprudência/Lei Seca: CPP.

Examine as alternativas abaixo, relativas ao Tribunal do Júri, assinalando a CORRETA:

A) *No plenário, após o interrogatório do acusado pelo juiz, por seu intermédio a ele formularão perguntas, nesta ordem, o Ministério Público, o assistente, o querelante e o defensor.*

B) *Se o Conselho de Sentença promover a desclassificação, própria ou imprópria, do crime inicialmente atribuído à competência do Tribunal do Júri, serão ele e o conexo julgados pelo juiz presidente.*

C) *O prazo decadencial para o ofertamento de representação, na hipótese em que o Tribunal do Júri desclassifique crime de homicídio tentado para lesões corporais leves, corre, segundo pacífico entendimento, da data do conhecimento da autoria.*

D) *Não tendo sido nesse particular alterada a disciplina original do CPP, aos jurados devem ser submetidos, obrigatoriamente, quesitos relativos às agravantes e atenuantes alegadas pelas partes.*

Comentários

A) INCORRETA. Com o advento da Lei nº 11.689/08, o chamado sistema *direct examination* passou a ser a regra no processo penal brasileiro. Nele, as partes formulam suas questões diretamente ao depoente, sem intermédio do juiz. E assim se dá também no interrogatório do acusado na segunda fase no Tribunal do Júri, em plenário, nos termos do art. 474, § 1º, do CPP: "§ 1º O Ministério Público, o assistente, o querelante e o defensor, nessa ordem, poderão formular, diretamente, perguntas ao acusado." A intermediação judicial prevalece em relação às perguntas dos jurados, sob o fundamento de seu desconhecimento técnico, a teor do § 2º do mesmo art. 474: "§ 2º Os jurados formularão perguntas por intermédio do juiz presidente."

B) CORRETA. Na 1ª fase do procedimento do Tribunal do Júri, a fase do juízo de acusação, caso se decida pela desclassificação do fato para um crime que não seja doloso contra a vida, os autos deverão ser remetidos para o juízo criminal competente, nos termos do art. 419, *caput*, do CPP. Contudo, não é o que ocorre na 2ª fase a chamada fase do juízo da causa (*judicium causae*). Nela, caso o Conselho de Sentença promova a desclassificação, seja ela própria ou imprópria, de fato, o crime inicialmente atribuído à competência do Tribunal do Júri e eventuais crimes conexos serão julgados pelo juiz presidente, consoante preceituam os parágrafos 1º e 2º do art. 492 do CPP. Ressalte-se que, no contexto da 2ª fase do procedimento do Tribunal do Júri, a desclassificação própria é aquela que se verifica quando Conselho de Sentença entende que os fatos não configuram crime doloso contra a vida, simplesmente afastam o dolo de matar, mas sem especificar outra tipificação penal. Por outro lado, a desclassificação imprópria na fase do judicium causae se dá quando o Conselho de Sentença decide pela desclassificação, reconhecendo a ocorrência o crime não doloso contra a vida que, no seu entendimento, restou configurado. Após a reforma processual promovida pela Lei nº 11.689/08, isso somente é possível em raras hipóteses. Norberto Avena (2018, pp. 994-995) cita alguns exemplos:

> "Delmar Pacheco da Luz, Procurador de Justiça, no Ministério Público do Rio Grande do Sul, comentando a respeito, aduz que 'uma das hipóteses dessa desclassificação é a participação dolosamente distinta prevista no § 2.º do art. 29 do Código Penal. Ao sustentar essa tese, a defesa deverá declarar expressamente de qual delito o acusado quis participar. Assim, respondendo o réu como mandante de um homicídio, poderá sustentar a defesa que ele queria participar tão somente de lesão corporal, já que admite haver determinado ao executor que aplicasse uma surra no ofendido'.
>
> A persistência da desclassificação imprópria no ordenamento vigente vem sendo afirmada também, pelo STJ. Isso ocorreu, por exemplo, no caso retratado pelo julgamento do HC 125.069/SP (08.02.2011). Tratava-se da hipótese em que o réu havia sido denunciado por homicídio, tendo o MP, em plenário, modificado a tese acusatória e sustentado a ocorrência de latrocínio. Formulado ao conselho de sentença sobre a finalidade da violência empregada pelo réu contra a vítima, afirmaram os jurados que o objetivo da conduta foi a subtração de um cheque. Com isto, sob a ótica do STJ, ocorreu a hipótese de *desclassificação imprópria*, já que os jurados condenaram o réu por crime não doloso contra a vida, deslocando, porém, a competência do juiz-presidente a fixação da pena."

O candidato deve tomar cuidado para não confundir a desclassificação imprópria no contexto da 2ª fase do procedimento do Tribunal do Júri com a desclassificação imprópria no contexto da 1ª fase. Esta última se verifica quando o juiz togado procede à desclassificação para crime diverso do apontado na denúncia, porém, ainda doloso contra a vida. Por exemplo, o magistrado desclassifica um fato apontado como sendo homicídio pela exordial para o crime de infanticídio. O acusado deve ser pronunciado, pois a competência permanece sendo do Tribunal do Júri.

C) INCORRETA. O entendimento exposto não é pacífico. Com efeito, há quem defensa que o prazo para oferecimento de representação no caso exposto corre da data do conhecimento da autoria, a teor do art. 38 do CPP, por se tratar de prazo decadencial, o qual não se sujeita a interrupção ou suspensão. Por outro lado, outra posição defende aplicação do art. 92 da Lei nº 9.099/95, sob pena de se inviabilizar a tutela penal do fato sem que tenha ocorrido inércia ou desídia por parte da vítima. Na realidade, ela não poderia representar antes da desclassificação, pois se entendia tratar de crime de ação penal pública incondicionada. E, após a desclassificação ser efetuada, é bem provável que já se haviam decorridos 6 meses do conhecimento da autoria, dada a complexidade do procedimento do júri, e morosidade do abarrotado Poder Judiciário brasileiro. Renato Brasileiro Lima (2017, p. 1433) assevera que, na realidade, a corrente exposta pela assertiva é minoritária, e expõe uma terceira corrente: "Quanto ao prazo decadencial para o oferecimento dessa representação, corrente minoritária sustenta que, ultrapassado o prazo de 6 (seis) meses a partir do conhecimento da autoria, a punibilidade estaria extinta pela decadência, já que esse prazo não se interrompe nem suspende, não havendo previsão legal para abertura de novo prazo na hipótese de desclassificação. Prevalece, todavia, o entendimento de que esse prazo de 6 (seis) meses para o oferecimento da representação deve ser contado apenas a partir da decisão de desclassificação. Ora, se a decadência é uma sanção ao ofendido que deixa de manifestar seu interesse na persecução penal do fato delituoso no prazo previsto em lei, é evidente que a vítima não pode ser tida por desidiosa por conta de uma classificação mal formulada pelo órgão ministerial. Portanto, o ofendido ou seu representante legal deve ser intimado da decisão· desclassificatória para que ofereça a representação no prazo de 6 meses, ou na data em que for marcada audiência preliminar." Confira-se julgado do STJ adotando o segundo posicionamento acima exposto para caso semelhante: "CRIMINAL. RESP. LESÃO CORPORAL GRAVÍSSIMA DESCLASSIFICADA PARA LESÃO CORPORAL CULPOSA. TERMO INICIAL DA CONTAGEM DO PRAZO DECADENCIAL. INTIMAÇÃO DO OFENDIDO. RECURSO CONHECIDO E PARCIALMENTE PROVIDO. Ocorrendo, na sentença, a desclassificação do crime de lesão corporal gravíssima para lesão corporal culposa, surge a necessidade da representação do ofendido para o prosseguimento da ação penal. Neste caso, o prazo para o exercício do direito de representação é de 30 (trinta) dias, após a intimação do ofendido ou de seu defensor, nos termos da Lei dos Juizados Especiais. Intimação do ofendido que se faz imprescindível, para a propositura da ação penal e para a contagem do prazo decadencial. Recurso conhecido e parcialmente provido, apenas para determinar que se proceda à intimação do ofendido para que apresente, ou não, representação criminal contra os recorrentes, obedecendo-se, quanto à contagem do prazo decadencial, o disposto no art. 91 da Lei n.º 9.099/95. (REsp 323.435/SP, Rel. Ministro Gilson Dipp, Quinta Turma, julgado em 17/12/2002, DJ 24/03/2003, p. 261)".

D) INCORRETA. Na verdade, é justamente o oposto. Com o advento das alterações promovidas pela Lei nº 11.689/08, o CPP deixou de prever formulação de quesitos aos jurados a respeito de agravantes e atenuantes – tal como anteriormente era disposto no art. 484, parágrafo único, com redação dada pela Lei nº 263/48 -, cabendo ao juiz presidente reconhece-las, se alegadas nos debates, a teor do art. 492, I, b).

Resposta: Letra B.

22. NULIDADES

MPMG* – *2013 (CONCURSO LIII) *Questão 35. Direito Processual Penal/ Nulidades/ Jurisprudência.*

São casos de nulidade absoluta. Assinale a alternativa ***FALSA****:*

A) O recebimento de denúncia pelo Tribunal de Justiça de crime de homicídio praticado em concurso de agentes, sendo um deles diplomado como prefeito municipal.

B) A publicação de condenação proferida pelo Tribunal de Justiça, depois de processar e julgar deputado estadual que teve o mandato extinto, em caso de crime contra a liberdade sexual.

C) A ratificação do recebimento da denúncia e dos atos decisórios proferidos no âmbito da Justiça Estadual, decorrentes da remessa de feito originário da Justiça Federal, incompetente em razão da matéria.

D) A instauração de novo processo com denúncia sobre fato julgado em sentença absolutória transitada em julgado, mas proferida por juiz incompetente em razão da matéria.

Comentários

A) É hipótese de nulidade absoluta. O foro por prerrogativa de função (art. 29, X, da CR/88) não é capaz de afastar a competência do tribunal do júri para aqueles que praticam o crime em concurso de pessoas com o prefeito. Renato Brasileiro (2018, p. 504) ensina que se o delito praticado em concurso de agentes por titular de foro por prerrogativa de função previsto na Constituição Federal e coautor que não possua tiver sido um crime doloso contra a vida, será inevitável a separação dos processos, na medida em que ambas as competências estão previstas na Constituição Federal, sendo inadmissível que uma norma prevista no Código de Processo Penal – continência (CPP, art. 77, inciso I) possa prevalecer sobre preceitos constitucionais.

B) É hipótese de nulidade absoluta. O foro por prerrogativa de função é um privilégio do cargo e não do agente político, razão pela qual, havendo a extinção do mandato, os autos devem ser remetidos ao juízo de primeiro grau.

C) Não é causa de nulidade absoluta. É possível a ratificação do recebimento da denúncia e também dos atos decisórios, conforme entendimento do STF: "*Tanto a denúncia quanto o seu recebimento emanados de autoridades incompetentes 'rationae materiae' são ratificáveis no juízo competente*". (HC 83.006/SP, rel. Min. Ellen Gracie, Plenário, DJ de 29.8.2003).

D) Correta. Embora seja causa de nulidade absoluta, nesse caso, caberá a convalidação dos atos, visto que não se admite revisão criminal *pro societate*. Não há, portanto, instrumentos processuais capazes de rescindir a coisa julgada *pro reo*, diante da vedação constitucional da *reformatio pro societate* (Brasileiro, 2018, p. 1603). Nesse sentido: "HABEAS CORPUS. PROCESSUAL PENAL. SENTENÇA ABSOLUTÓRIA PROFERIDA POR JUIZ DA INFÂNCIA E DA JUVENTUDE. OCORRÊNCIA DE TRÂNSITO EM JULGADO. REPRESENTADO MAIOR DE IDADE. REMESSA À JUSTIÇA COMUM. CONSTRANGIMENTO ILEGAL. ORDEM CONCEDIDA.1. A sentença absolutória transitada em julgado, ainda que emanada de juiz absolutamente incompetente não pode ser anulada e dar ensejo a novo processo pelos mesmos fatos.2. Incide, na espécie, o princípio do *nes bis in idem*, impedindo a instauração de processo-crime pelos mesmos fatos por que foi o paciente absolvido perante Juízo absolutamente incompetente.3. Não havendo no ordenamento jurídico brasileiro revisão criminal *pro societate*, impõe-se acatar a autoridade da coisa julgada material, para garantir-se a segurança e a estabilidade que o ordenamento jurídico demanda.4. Ordem concedida."(STJ, HC nº 36.091, rel. Min. Hélio Quaglia Barbosa, Sexta Turma, data da decisão 24/02/2005).

Resposta: Letra C

23. RECURSOS

***MPMG 2010 (Concurso L)**. Questão 27. Direito Processual Penal / Competência / Recursos Criminais / Legislação e Jurisprudência.*

Sobre os recursos Extraordinário e Especial, assinale a afirmativa CORRETA.

A) *O Recurso Extraordinário poderá ser aforado contra decisão que declarar a inconstitucionalidade de tratado ou lei federal.*

B) *É inadmissível Recurso Especial quando não ventilada, na decisão recorrida, a questão constitucional suscitada.*

C) *Havendo ofensa, pelo acórdão, a dispositivos da Constituição Federal da lei federal, cabível será o Recurso Extraordinário, que abrangerá ambas as questões.*

D) *O Recurso Especial é cabível contra decisões emanadas, em única ou última instância, do Tribunal Superior Eleitoral.*

Comentários

(A): Correta - Artigo 102, inciso III, "b", da CF/88.

(B): Incorreta - É inadmissível Recurso Especial quando não ventilada, na decisão recorrida, a questão **federa**l suscitada - Súmula 282 do STF.

(C): Incorreta - O Recurso Extraordinário abrangerá apenas as questões constitucionais.

(D): Incorreta - Cabe recurso especial somente contra acórdãos dos Tribunais Regionais Federais e do Tribunais Estaduais e do Distrito Federal e Territórios - Artigo 105, inciso III, da CF/88.

Resposta: Letra A

MPMG 2010 (Concurso L). Questão 30. Direito Processual Penal / Competência / Recursos Criminais / Legislação.

Analise as seguintes afirmativas e assinale a alternativa CORRETA.

A) A ação civil poderá ser proposta mesmo que a sentença absolutória reconheça que o fato imputado não constitui crime.

B) A decisão que reconhece a falsidade de documento faz coisa julgada em prejuízo de ulterior processo penal ou civil.

C) Aplica-se o procedimento sumário para os crimes em que a pena cominada for igual ou inferior a quatro anos.

D) Embora o Código de Processo Penal o arrole como recurso, a doutrina considera o Mandado de Segurança uma ação autônoma de impugnação.

Comentários

(A): Correta - Artigo 66 do CPP: " Não obstante a sentença absolutória no juízo criminal, a ação civil poderá ser proposta quando não tiver sido, categoricamente, reconhecida a inexistência material do fato."

(B): Incorreta - Qualquer que seja a decisão, não fará coisa julgada em prejuízo de ulterior processo penal ou civil - Artigo 148 do CPP.

(C): Incorreta - Aplica-se o procedimento sumário para crimes em que a pena máxima cominada for inferir a quatro anos de pena privativa de liberdade - Artigo 394, parágrafo 1°, inciso II, do CPP.

(D): O CPP não disciplina o Mandado de Segurança.

Resposta: Letra A

MPMG - 2013 (CONCURSO LIII) Questão 39. Direito Processual Penal e Execução Penal/ Recursos/ Legislação e Jurisprudência.

*Assinale a alternativa **FALSA**:*

A) *Os incidentes específicos da execução de pena desenvolvem-se perante o juízo da execução, assegurada a ampla defesa e o contraditório.*

B) *Das decisões proferidas na execução de pena, cabe recurso de agravo, mas o rito será o previsto para o recurso em sentido estrito.*

C) *A impugnação da denegação de trânsito a recurso usado na fase de execução de pena é feita através de carta testemunhável.*

D) *O princípio da inércia ou da iniciativa das partes desautoriza que o juiz inicie de ofício o procedimento na execução penal.*

Comentários

A) Correta. Dentre as competências elencadas no art. 66, o inciso III, letra "f" da LEP dispõe que o juiz decidirá sobre incidentes da execução.

B) Correta. O recurso cabível é o agravo em execução, nos termos do art. 197, LEP. Contudo, não há procedimento previsto em lei, ficando a cargo da doutrina e jurisprudência defini-lo. Segundo ensinamentos de Renato Brasileiro, (2018, p. 1764): *Prevalece, no entanto, o entendimento no sentido de que devem ser aplicadas, subsidiariamente, as normas pertinentes ao recurso em sentido estrito.*

C) Correta. Conforme art. 639 do CPP: Dar-se-á carta testemunhável: I – da decisão que denegar o recurso; II - da que, admitindo embora o recurso, obstar à sua expedição e seguimento para o juízo ad quem.

D) Incorreta. A execução penal pode ser iniciada de ofício pelo magistrado, nos termos do artigo 195 da Lei de Execução Penal: "O procedimento judicial iniciar-se-á de ofício, a requerimento do Ministério Público, do interessado, de quem o represente, de seu cônjuge, parente ou descendente, mediante proposta do Conselho Penitenciário, ou, ainda, da autoridade administrativa".

Resposta: Letra D

MPMG 2014 (Concurso LIV). *Questão 39. Direito Processual Penal / Código de Processo Penal/ Recurso / Legislação e Jurisprudência.*

Sobre o recurso de apelação de sentenças proferidas no Tribunal do Júri, assinale a alternativa INCORRETA:

A) *Em caso de erro na aplicação da pena, deve a sentença ser anulada pelo Tribunal de Justiça, para que outra seja proferida pelo Juiz Presidente.*

B) *Poderá ser interposta pelo ofendido, mesmo que não tenha se habilitado nos autos, caso inerte o Ministério Público.*

C) *É adstrito aos fundamentos de sua interposição, não se aplicando o princípio da devolução plena.*

D) *Não se admite segunda apelação, sob a alegação da decisão dos Jurados ser contrária à prova dos autos.*

Comentários

(A) Errado - Art. 593, § 2º, CPP - o tribunal *ad quem*, se lhe der provimento, retificará a aplicação da pena ou da medida de segurança.

(B) Correto - Art. 598, *caput,* CPP. "Art. 598. Nos crimes de competência do Tribunal do Júri, ou do juiz singular, se da sentença não for interposta apelação pelo Ministério Público no prazo legal, o ofendido ou qualquer das pessoas enumeradas no art. 31, ainda que não se tenha habilitado como assistente, poderá interpor apelação, que não terá, porém, efeito suspensivo."

(C) Correto - Súmula 713 do STF. "O efeito devolutivo da apelação contra decisões do júri é adstrito aos fundamentos da sua interposição."

(D) Correto - Art. 593, § 3º, CPP. "§ 3º Se a apelação se fundar no no III, *d*, deste artigo, e o tribunal *ad quem* se convencer de que a decisão dos jurados é manifestamente contrária à prova dos autos, dar-lhe-á provimento para sujeitar o réu a novo julgamento; não se admite, porém, pelo mesmo motivo, segunda apelação."

Resposta : A

MPMG 2018. (CONCURSO LVI) *QUESTÃO 39. Direito Processual Penal. Recursos. Doutrina/Jurisprudência/Lei Seca: CPP.*

Examine as alternativas abaixo, assinalando a CORRETA:

A) *Por obediência ao princípio da singularidade, não pode a parte manejar recurso em sentido estrito quando cabível apelação, ainda que apenas de parte da decisão se recorra.*

B) *Em obediência ao princípio da dialeticidade, os tribunais superiores vêm pacificamente reconhecendo a nulidade do julgamento de recursos manejados pela defesa em que não tenham sido apresentadas as respectivas razões.*

C) *No processo penal, tal qual sucede no processo civil, deve o relator negar seguimento ao recurso cujas razões conflitem com súmula ou jurisprudência dominante do tribunal ou de tribunal superior.*

D) *A deserção, no processo penal, pode dar-se nas ações penais públicas como nas privadas, sejam elas propriamente ditas ou subsidiárias.*

Comentários

A) CORRETA. Segundo o princípio da singularidade, também conhecido como unirrecorribilidade ou unicidade recursal, para cada decisão somente é cabível um tipo de recurso. Ele é a regra no processo penal, tendo sido, inclusive, expressamente adotado na hipótese exposta pela questão, conforme art. 593, § 4º, do CPP: "§ 4º Quando cabível a apelação, não poderá ser usado o recurso em sentido estrito, ainda que somente de parte da decisão se recorra."

B) INCORRETA. Não é o que tem prevalecido nos Tribunais Superiores, tampouco é algo pacífico na jurisprudência. Tem se admitido, predominantemente, o julgamento de recurso, independentemente da apresentação de razões ou contrarrazões recursais. Vejam-se, nesse sentido, julgados do STF: "HABEAS CORPUS. PROCESSO PENAL. CERCEAMENTO DE DEFESA. RECURSO DO ASSISTENTE DA ACUSAÇÃO. TEMPESTIVIDADE. A não apresentação de razões da apelação por defensor constituído, desde que intimados para arrazoarem o recurso, não caracteriza cerceamento de defesa. Recurso do Assistente de acusação interposto antes de sua intimação, não caracteriza intempestividade. Apenas perderá a eficácia se, no seu prazo, o Ministério Público recorrer. Ordem denegada. (HC 77270, Relator(a): Min. Nelson Jobim, Segunda Turma, julgado em 06/10/1998, DJ 27-04-2001 PP-00060 EMENT VOL-02028-04 PP-00748) ". "HABEAS CORPUS. PROCESSUAL PENAL. INÉRCIA DA DEFESA INTIMADA PARA APRESENTAÇÃO DAS RAZÕES E CONTRA-RAZÕES RECURSAIS: CERCEAMENTO DE DEFESA: NÃO CARACTERIZAÇÃO. PRECEDENTES. HABEAS CORPUS DENEGADO. 1. A jurisprudência deste Supremo Tribunal Federal firmou o entendimento de que a ausência de razões de apelação e de contra-razões à apelação do Ministério Público não é causa de nulidade por cerceamento de defesa, se o defensor constituído pelo réu foi devidamente intimado para apresentá-las. Precedentes. 2. Habeas corpus denegado. (HC 91251, Relator(a): Min. Cármen Lúcia, Primeira Turma, julgado em 19/06/2007, DJe-082 DIVULG 16-08-2007 PUBLIC 17-08-2007 DJ 17-08-2007 PP-00059 EMENT VOL-02285-04 PP-00824 RT v. 96, n. 866, 2007, p. 580-583)".

Por outro lado, também é possível encontrar decisões em sentido oposto: "PROCESSO – DEFESA – RECURSO – RAZÕES. A ausência de apresentação de razões pela defesa, vindo a ser julgado o recurso, implica deixar o acusado sem a proteção técnica a que visa o artigo 261 do Código de Processo Penal. (HC 88409, Relator(a): Min. Marco Aurélio, Primeira Turma, julgado em 12/05/2009, DJe-118 DIVULG 25-06-2009 PUBLIC 26-06-2009 EMENT VOL-02366-02 PP-00380)".

Renato Brasileiro Lima (2017, p. 1658) concorda com o posicionamento exposto na assertiva, e critica o que tem prevalecido na jurisprudência pátria: "Foi dito acima que, na visão dos Tribunais Superiores, é plenamente válido o julgamento de um recurso independentemente da juntada de razões e/ou contrarrazões. Não obstante, pensamos que esse entendimento vai de encontro ao princípio da dialeticidade, quer por dificultar a apresentação de contrarrazões pela parte contrária, quer por não levar à apreciação do Tribunal competente todos os argumentos para uma possível reforma ou invalidação da decisão impugnada."

C) INCORRETA. A afirmação é controversa tanto em doutrina, como nos Tribunais Superiores. Segundo Renato Brasileiro (2017, pp. 1660-1661), prevalece na doutrina que o art. 932, IV, do CPC (correspondente ao art. 557 do CPC de 1973), não é aplicável em recursos em sentido estrito, agravos em execução, e apelações. Isso porque, para eles, o CPP prevê expressamente procedimento específico, com julgamento proferido por maioria de votos. Ou seja, consagra-se o princípio da colegialidade. Dessa forma, inaplicável por analogia o referido dispositivo no CPC, sob a perspectiva do art. 3° do CPP, eis que não há omissão legislativa a ser sanada. Lado outro, para o julgamento de habeas corpus e recursos extraordinários lato sensu em Tribunais Superiores, seria possível a aplicação do art. 932, IV, do CPC, por ausência de regulamentação expressa do procedimento do julgamento pelo órgão colegiado.

Encontram-se, na jurisprudência pátria, entendimentos nos dois sentidos: "HABEAS CORPUS. HOMICÍDIO QUALIFICADO. PRONÚNCIA. RECURSO EM SENTIDO ESTRITO. SEGUIMENTO NEGADO PELO TRIBUNAL DE ORIGEM. DECISÃO MONOCRÁTICA. APLICAÇÃO ANALÓGICA DO ARTIGO 557 DO CPC. IMPOSSIBILIDADE. ORDEM CONCEDIDA. PREJUDICIALIDADE DO PLEITO ALTERNATIVO. 1. O emprego da analogia, permitida pelo artigo 3° do Código de Processo Penal, deve pressupor a inexistência de lei disciplinando matéria específica, constatando-se a lacuna involuntária da lei. 2. Na hipótese dos autos, a autoridade apontada como coatora utilizou-se da aludida ferramenta de integração da lei para negar seguimento a recurso em sentido estrito interposto em favor do paciente, não obstante tenha o legislador ordinário contemplado a referida insurgência com procedimento específico, no qual há expressa previsão de julgamento por maioria de votos, circunstância que afasta a aplicabilidade do artigo 557 do CPC. 3. Constatada a nulidade da decisão objurgada, fica prejudicada a análise do pleito alternativo. 4. Ordem concedida para anular a decisão monocrática objurgada, para que o recurso em sentido estrito seja levado a julgamento pelo órgão colegiado competente do Tribunal de origem, mantendo-se a situação prisional do paciente. (HC 113.280/MS, Rel. Ministro JORGE MUSSI, QUINTA TURMA, julgado em 01/09/2009, DJe 13/10/2009)." "HABEAS CORPUS. FURTO. PENA DE 1 ANO E 2 MESES DE RECLUSÃO EM REGIME ABERTO. APELAÇÃO NÃO PROVIDA POR DECISÃO MONOCRÁTICA DO RELATOR. POSSIBILIDADE. APLICAÇÃO POR ANALOGIA DO ART. 557 DO CPC. IMPOSSIBILIDADE DESCLASSIFICAÇÃO DO DELITO PARA A FORMA TENTADA. REVOLVIMENTO DE MATÉRIA FÁTICA. PARECER DO MPF PELA DENEGAÇÃO DO WRIT. ORDEM PARCIALMENTE CONHECIDA E, NESSA PARTE, DENEGADA. 1. O disposto no art. 557 do CPC pode ser aplicado, por analogia, ao Processo Penal, nos termos do art. 3°. do CPP. Precedentes do STJ. 2. A tese de desclassificação do delito para a forma tentada somente poderia ser apreciada com o revolvimento minucioso de matéria fático probatória, providência esta incabível em sede de Habeas Corpus, de cognição estreita; sobretudo, se os Juízos de primeiro e segundo graus, analisando de forma minuciosa os autos, entenderam que o paciente cometeu o delito na forma consumada. 3. Parecer ministerial pela denegação do writ. 4. Ordem parcialmente conhecida e, nessa parte, denegada. (HC 137.074/MS, Rel. Ministro Napoleão Nunes Maia Filho, Quinta Turma, julgado em 05/04/2011, DJe 12/05/2011)".

D) INCORRETA. Atualmente, o CPP só prevê deserção para recursos interpostos no âmbito de ação penais de iniciativa priva, no termo do art. 806, § 2 º, do CPP: "Art. 806. Salvo o caso do art. 32, **nas ações intentadas mediante queixa,** nenhum ato ou diligência se realizará, sem que seja depositada em cartório a importância das custas. (...)§ **2º A falta do pagamento das custas**, nos prazos fixados em lei, ou marcados pelo juiz, importará renúncia à diligência requerida ou **deserção do recurso interposto**. "Já nas ações penais públicas, entende-se que as custas processuais só podem ser exigidas após o trânsito em julgado da condenação, não havendo que se falar em deserção de recurso. Confira-se, nesse sentido, decisão do STF: "EMENTA Habeas corpus. Processual penal. Recurso especial julgado deserto por falta de complementação do preparo em tempo hábil. Constrangimento ilegal configurado. Ordem concedida. 1. Tanto a decisão singular que negou seguimento ao Recurso Especial quanto as decisões do Superior Tribunal de Justiça que não admitiram o Recurso Especial, ante a ausência do devido preparo, ferem os princípios constitucionais da presunção de inocência e da ampla defesa. **2. Esta Suprema Corte já consolidou o entendimento de que, em se tratando de crime sujeito à ação penal pública, como no presente caso, as custas só se tornam exigíveis depois do trânsito em julgado da condenação, motivo pelo qual não pode o recurso do réu deixar de ser admitido pela ausência de preparo**. 3. Mutatis mutandis, esse entendimento deve ser aplicado ao presente caso, sob pena de violação do princípio da ampla defesa, especialmente porque, ainda que depois de transcorrido o prazo fixado para a complementação, o paciente acabou complementando o preparo, não podendo ser ignorado esse fato. 4. Ordem concedida para afastar a deserção por falta de preparo e desconstituir o trânsito em julgado da condenação, devendo o Tribunal de Justiça de origem proceder à análise dos demais pressupostos de admissibilidade do recurso especial interposto pelo paciente. (HC 95128, Relator(a): Min. Dias Toffoli, Primeira Turma, julgado em 09/02/2010, DJe-040 DIVULG 04-03-2010 PUBLIC 05-03-2010 EMENT VOL-02392-02 PP-00300 RTJ VOL-00212-01 PP-00493 RB v. 22, n. 557, 2010, p. 38-41 RF v. 105, n. 406, 2009, p. 511-515 LEXSTF v. 32, n. 375, 2010, p. 291-298)."

Resposta: Letra A.

MPMG 2019 (CONCURSO LVII)*. QUESTÃO 31 Recursos/ Legislação/ Doutrina/ Jurisprudência.*

A respeito da carta testemunhável, assinale a assertiva correta:

A) *Cabe carta testemunhável, segundo pacífico entendimento, contra a decisão que denega recurso em sentido estrito e correição parcial.*

B) Admite-se seja a carta testemunhável interposta pelo Ministério Público, pelo defensor e pelo assistente de acusação.

C) Interposta a carta testemunhável, o escrivão, sob pena de suspensão, encaminhará imediatamente o instrumento à instância superior, já que inexistente, no caso, efeito regressivo.

D) A carta testemunhável seguirá, na instância superior, o processo previsto para as apelações.

Comentários

(A): Incorreta. Não é pacífico o entendimento acerca do cabimento da carta testemunhável contra decisão que denega correição parcial, já que, para alguns, a correição parcial é recurso e para outros não (ausência de taxatividade e previsão no CPP), possuindo caráter de providência administrativa. O objetivo da correição parcial é impugnar decisões judiciais que possam causar inversão tumultuária nos atos do processo. Um exemplo é o *error in procedendo.* Não pode haver previsão de recurso específico.

(B): Correta. Segue a regra geral de legitimidade recursal do art.577 do CPP, incluindo o assistente de acusação, que pode recorrer, conforme art.271 do CPP. Ainda que haja divergência acerca da extensão da legitimidade recursal do assistente, entende-se que pode se valer da carta testemunhável, sob pena de tornar letra morta a legitimidade conferida no art.271 do CPP: Ao assistente será permitido propor meios de prova, requerer perguntas às testemunhas, aditar o libelo e os articulados, participar do debate oral e arrazoar os recursos interpostos pelo Ministério Público, ou por ele próprio, nos casos dos arts. 584, § 1º, e 598.

(C): Incorreta. Art.641 do CPP: não é imediatamente e o prazo para envio da carta varia, sendo 5 dias no caso de RESE e 60 dias no caso de REXT. Há possibilidade de retratação conforme art.589 e 643 do CPP.

(D): Incorreta. ART.645 do CPP: O rito a ser seguido é o do recurso denegado.

Resposta: Letra B

MPMG 2019 (CONCURSO LVII)*. QUESTÃO 34 Recursos/ Procedimento do Júri/Legislação/ Doutrina/ Jurisprudência.*

Em processo por crime doloso contra a vida, movido contra dois acusados, o juiz sumariante, ao final da fase, pronunciou um deles e impronunciou o outro. Inconformado, o primeiro deles manejou recurso próprio, pretendendo sua despronúncia. Também inconformado, o Ministério Público manejou o recurso próprio, reclamando a manutenção da qualificadora que se decotara no caso do réu pronunciado e a pronúncia do que fora impronunciado. Os recursos manejados foram, respectivamente:

A) *Recurso em sentido estrito e apelação.*
B) *Recurso em sentido estrito e recurso em sentido estrito.*
C) *Apelação e recurso em sentido estrito.*
D) *Apelação e apelação.*

Comentários

(A): Correta. Da pronúncia cabe RESE, vide ART. 581, IV, DO CPP: Art. 581. Caberá recurso, no sentido estrito, da decisão, despacho ou sentença: IV – que pronunciar o réu. Tal inciso engloba a retirada ou a manutenção de qualificadora, até porque foi pronunciado réu. Já da impronúncia cabe apelação, conforme art.416 do CPP: Contra a sentença de impronúncia ou de absolvição sumária caberá apelação. Todavia, no caso há uma especificidade. Pelo **PRINCÍPIO DA UNIRRECORRIBILIDADE RECURSAL**, só cabe um recurso a ser utilizado pela parte contra uma decisão. No caso, prevalece a apelação, conforme art.593,§4º, do CPP.: *Quando cabível a apelação, não poderá ser usado o recurso em sentido estrito, ainda que somente de parte da decisão se recorra.* Não há prejuízo em se alegar, por cautela, o princípio da fungibilidade recursal (art. 579 do CPP).

(B): Incorreta. Vide comentário da letra A.

(C): Incorreta. Vide comentário da letra A.

(D): Incorreta. Vide comentário da letra A.

Resposta: Letra A

24. AÇÕES AUTÔNOMAS DE IMPUGNAÇÃO – REVISÃO CRIMINAL, *HABEAS CORPUS* E MANDADO DE SEGURANÇA CRIMINAL

***MPMG 2010 (Concurso L)**. Questão 21. Direito Processual Penal / Competência / Prisão e Liberdade Provisória / Nulidades / Código de Processo Penal / Legislação e Doutrina.*

Analise as seguintes afirmativas e assinale a alternativa CORRETA.

A) *Pelo princípio do interesse, a não arguição de nulidade relativa no momento fixado na lei gera preclusão e convalidação do ato nulo.*
B) *A confissão será indivisível e retratável, sem prejuízo do livre convencimento do juiz.*
C) *O STF detém competência para julgar, originariamente, o Procurador-Geral da República nos crimes de responsabilidade.*
D) *Transitada em julgado a sentença condenatória, a revisão criminal é meio inadequado para aplicação de lei posterior mais benigna.*

Comentários

(A): Incorreta – O princípio do interesse consistente no fato de que só a parte interessada pode arguir a nulidade; a alternativa refere-se ao princípio da convalidação/ conservação.

(B): Incorreta – A confissão é divisível e retratável – Artigo 200 do CPP : "A confissão será divisível e retratável, sem prejuízo do livre convencimento do juiz, fundado no exame das provas em conjunto."

(C): Incorreta – A competência privativa para julgar o Procurador-Geral da República nos crimes de responsabilidade é do Senado Federal – Artigo 52, inciso II, da Constituição Federal.

(D): Correta – Artigo 621 do CPP: Art. 621. A revisão dos processos findos será admitida:

I - quando a sentença condenatória for contrária ao texto expresso da lei penal ou à evidência dos autos; II - quando a sentença condenatória se fundar em depoimentos, exames ou documentos comprovadamente falsos; III - quando, após a sentença, se descobrirem novas provas de inocência do condenado ou de circunstância que determine ou autorize diminuição especial da pena

No mais, cabe ao juízo da execução a aplicação da lei posterior mais benigna, conforme art. 66, I, da LEP. Não bastasse há entendimento sumulado do STF, a seguir: Súmula 611: Transitada em julgado a sentença condenatória, compete ao juízo das execuções a aplicação de lei mais benigna.

Resposta: Letra D

MPMG 2019 (CONCURSO LVII)*. QUESTÃO 40 Ações autônomas de impugnação – revisão criminal. Recursos. / Legislação/ Doutrina/Jurisprudência.*

Em relação aos recursos e ações de impugnação no processo penal, assinale a alternativa correta:

A) *Compete aos tribunais de justiça respectivos o julgamento das revisões criminais propostas contra decisões dos juizados criminais estaduais monocráticos e das turmas recursais correspondentes.*

B) *Consoante entendimento já consolidado na doutrina e na jurisprudência do STF, a falta do juízo de retratação é mera irregularidade, não sendo impeditiva do conhecimento e julgamento do recurso em sentido estrito.*

C) *Denomina-se "recurso invertido" a hipótese em que, cabível um recurso, maneje a parte outro, ensejando-se assim a aplicação do princípio da fungibilidade recursal.*

D) *O agravo em execução tem, em regra, efeito suspensivo, devolutivo e regressivo.*

Comentários

(A): Correta. Questão polêmica. Para a doutrina, como Renato Brasileiro, a competência para julgar revisão criminal contra decisão do juizado é da Turma Recursal. Tal entendimento está consolidado pelo STJ. (JURISPRUDÊNCIA EM TESES - EDIÇÃO 63 -ITEM 7): A Turma Recursal é o órgão competente para o julgamento de revisão criminal ajuizada em face de decisões proferidas pelos Juizados Especiais." Todavia, há quem sustente que, diante do art.624,I, do CPP, caberia sim ao TJ: Art. 624. As revisões criminais serão processadas e julgadas: I - pelo Supremo Tribunal Federal, quanto às condenações por ele proferidas; II - pelo Tribunal Federal de Recursos, Tribunais de Justiça ou de Alçada, nos demais casos

(B): Incorreta. O erro, apesar de singelo, é que se trata da jurisprudência do STJ: (JURISPRUDÊNCIA EM TESES - EDIÇÃO 66 -ITEM 9): " A decisão do juiz singular que encaminha recurso em sentido estrito sem antes proceder ao juízo de retratação é mera irregularidade e não enseja nulidade absoluta." A doutrina embasa tal tese

(C): Incorreta. Recurso invertido não é a aplicação da fungibilidade recursal, mas sim quando, em juízo de retratação, muda-se o entendimento e inverte-se a sucumbência, o que pode ensejar recurso da parte agora contrariada. Cite-se o exemplo de um RESE interposto contra concessão de fiança (art.581, V, do CPP). Se há retratação pelo juízo com base no art.589 do CPP, negando-a, cabe assim o RESE pela parte contrária, por simples petição.

(D): Incorreta. Conforme Art.197 da LEP, não terá efeito suspensivo, salvo no caso de decisão que determina a desinternação ou liberação de quem cumpre medida de segurança (art.179 da LEP). Ver ainda:

AGRAVO REGIMENTAL. HABEAS CORPUS INDEFERIDO LIMINARMENTE. EXECUÇÃO PROVISÓRIA DA PENA. CONDENAÇÃO À PENA PRIVATIVA DE LIBERDADE. POSSIBILIDADE. MUDANÇA DE DOMICÍLIO DO APENADO POR VONTADE PRÓPRIA. MODIFICAÇÃO DA COMPETÊNCIA DO JUÍZO DA EXECUÇÃO PENAL. AUSÊNCIA DE VAGA. IMPOSSIBILIDADE. RECURSO DE AGRAVO EM EXECUÇÃO. EFEITO SUSPENSIVO. DESCABIMENTO. INEVIDÊNCIA DE CONSTRANGIMENTO ILEGAL.PRECEDENTES DO STJ. DECISÃO MONOCRÁTICA. ADMISSIBILIDADE. 1.

Inexiste violação do princípio da colegialidade, a teor do art. 34, XX, do RISTJ, quando a decisão monocrática for proferida com base na jurisprudência dominante do Superior Tribunal de Justiça.

2. Diz a jurisprudência desta Corte que é possível a execução provisória da pena privativa de liberdade quando esgotada a via ordinária recursal; e que, [...] nos termos do art. 197 da LEP ("Das decisões proferidas pelo juiz caberá recurso de agravo, sem efeito suspensivo"), o recurso de agravo em execução não comporta efeito suspensivo, salvo no caso de decisão que determina a desinternação ou liberação de quem cumpre medida de segurança (precedentes). (AgRg no HC n. 380.419/

SP, Ministro Felix Fischer, Quinta Turma, DJe 25/4/2017). E a excepcionalidade indicada nos precedentes não se enquadra na hipótese atual. Ademais, [...] conquanto seja possível alterar a competência do juízo para a execução e fiscalização da pena, nas hipóteses em que houver a transferência legal do preso, a simples mudança de residência do apenado, por vontade própria, não constitui causa legal de deslocamento da competência do Juízo da Execução Penal. 2. A transferência da execução da pena não pode ser determinada de maneira unilateral, sendo necessária a prévia consulta ao juízo para o qual o sentenciado pretende ser transferido, notadamente para se verificar a disponibilidade de vagas no sistema prisional local (CC n. 117.561/RS, Ministro Marco Aurélio Bellizze, Terceira Seção, DJe 11/6/2012).

3. Nenhum dos fundamentos adotados na decisão agravada foi rebatido pelo agravante.

4. Agravo regimental improvido.

(AgRg no HC 451.503/DF, Rel. Ministro SEBASTIÃO REIS JÚNIOR, SEXTA TURMA, julgado em 12/06/2018, DJe 22/06/2018 g.n.)

O efeito devolutivo é próprio dos recursos e implica na devolução da matéria combatida para revisão pelo órgão jurisdicional revisor.

O efeito regressivo, que possibilita a retratação, também estará presente diante do rito do recurso em sentido estrito utilizado para o agravo à execução, conforme art. 589 do CPP.

Resposta: Letra A

25. EXECUÇÃO PENAL

MPMG 2010 (Concurso L)*. Questão 23. Direito Penal / Execução Penal / Lei nº 7.210/84 / Legislação.*

Segundo o que dispõe a Lei de Execução Penal (Lei n. 7.210/1984), é INCORRETO afirmar

A) *que, para o preso provisório, o trabalho interno é obrigatório.*

B) *que o direito à assistência material estende-se ao egresso.*

C) *que a tentativa de falta disciplinar é punida com a sanção da falta consumada.*

D) *que o Patronato é Órgão da Execução Penal.*

Comentários

(A): Incorreta – Para o preso provisório, o trabalho não é obrigatório e só poderá ser executado no interior do estabelecimento – Artigo 31, parágrafo único, da LEP.

(B): Correta - Artigo 10, parágrafo único, da LEP.

(C): Correta - Artigo 49, parágrafo único, da LEP.

(D): Correta - Artigo 61, inciso VI, da LEP.

Resposta: Letra A

MPMG 2017 (Concurso LV)*. Questão 25. Direito Penal / Aplicação das penas e regimes penitenciários. /Limite das penas/ Execução penal/ Jurisprudência e legislação.*

No que se refere ao cumprimento das sanções penais, constitui afirmação INCORRETA:

A) *Embora o Código Penal preveja a imposição, ao inimputável por doença mental, de medida de segurança por tempo indeterminado, não se admite que sua duração seja superior ao máximo de pena abstratamente cominada ao crime.*

B) *Não obstante ter a Lei nº 10.792/03 suprimido, para fins de progressão de regime, a exigência de exame criminológico, até então prevista no artigo 112 da LEP, pode o juiz determinar, motivadamente, a sua realização.*

C) *O condenado, estando no regime fechado, pode, após o cumprimento de um sexto da pena, se primário, ou um quarto, se reincidente, ser autorizado, por saída temporária, a visitar a família.*

D) *Uma vez comprovada, após procedimento administrativo destinado à sua apuração, a prática de falta grave pelo condenado, o juiz, motivadamente, revogará até um terço do tempo remido.*

Comentários

(A): Correta - Conforme Súmula 527 do STJ: " O tempo de duração da medida de segurança não deve ultrapassar o limite máximo da pena abstratamente cominada ao delito praticado"

(B): Correta - Conforme Súmula Vinculante 26: "Para efeito de progressão de regime no cumprimento de pena por crime hediondo, ou equiparado, o juízo da execução observará a inconstitucionalidade do art. 2º da Lei nº 8.072, de 25 de julho de 1990, sem prejuízo de avaliar se o condenado preenche, ou não, os requisitos objetivos e subjetivos do benefício, podendo determinar, para tal fim, de modo fundamentado, a realização de exame criminológico."

(C): Incorreta - A hipótese refere-se ao regime semiaberto e não fechado.

(D): Correta - Conforme art.127 da LEP.

Resposta: Letra C

26. ASPECTOS PROCESSUAIS PENAIS DOS SEGUINTES TEXTOS NORMATIVOS: CONSTITUIÇÃO DA REPÚBLICA FEDERATIVA DO BRASIL E EMENDAS CONSTITUCIONAIS POSTERIORES À SUA EDIÇÃO; DEC.-LEI 2.848/1940 (CP); DEC.-LEI 3.689/1941, REDAÇÃO EM VIGOR (CPP); DEC.-LEI 1.002/1969, REDAÇÃO EM VIGOR (CPPM); LEI 13.367/2016, REDAÇÃO EM VIGOR (COMISSÕES PARLAMENTARES DE INQUÉRITO); LEI 11.101/2005 (RECUPERAÇÕES JUDICIAL E EXTRAJUDICIAL E FALÊNCIA); LEI 4.737/1965 (CÓDIGO ELEITORAL); LEI 4.878/1965, LEI 5.256/1967 E LEI 5.350/1967 (PRISÃO ESPECIAL); LEI 4.898/1965 E LEI 5.249/1967 (ABUSO DE AUTORIDADE); DEC.-LEI 201/1967 (RESPONSABILIDADE DE PREFEITOS E VEREADORES); LEI 7.716/1989 (PRECONCEITOS DE RAÇA OU DE COR); LEI 7.960/1989 (PRISÃO TEMPORÁRIA); LEI 8.038/1990 E LEI 8.658/1993 (PROCEDIMENTOS NOS TRIBUNAIS); LEI 8.069/1990 (ECA); LEI 8.072/1990 (CRIMES HEDIONDOS); LEI 8.078/1990 (CONSUMIDOR); LEI 8.137/90 (ORDEM ECONÔMICA E TRIBUTÁRIA); LEI 8176/1991 (ORDEM ECONÔMICA); DEC 678/1992 (CONVENÇÃO AMERICANA SOBRE DIREITOS HUMANOS); LEI 12694/2012 E LEI 12850/2013 (ORGANIZAÇÕES CRIMINOSAS); LEIS 9.099/1995, 10.259/2001 E 11.313/2006 (JUIZADOS ESPECIAIS CRIMINAIS); LEI 9.296/1996 (INTERCEPTAÇÃO TELEFÔNICA); LEI 9.503/1997 (CÓDIGO DE TRÂNSITO BRASILEIRO); LEI 9.455/1997 (TORTURA); LEI 9.605/1998 (MEIO AMBIENTE); LEIS 9.613/1998 E 12683/2012 (LAVAGEM OU OCULTAÇÃO DE BENS, DIREITOS E VALORES); LEI 9.807/1999 (PROTEÇÃO A VÍTIMAS E TESTEMUNHAS); LEI 12.037/2009 (IDENTIFICAÇÃO CRIMINAL); LEI COMPLEMENTAR 105/2001 (SIGILO DAS OPERAÇÕES FINANCEIRAS); LEI 10.741/2003 (ESTATUTO DO IDOSO); LEI 10.826/2003 (ARMAS DE FOGO E MUNIÇÃO); LEI 10.886/2004 (VIOLÊNCIA DOMÉSTICA); LEI 11.340/2006 (VIOLÊNCIA CONTRA MULHER); LEI 11.419/2006 (INFORMATIZAÇÃO DO PROCESSO JUDICIAL); LEI 11.343/2006 (TÓXICOS); LEI 11.417/2007 (SÚMULA VINCULANTE); RESOLUÇÃO CNMP Nº 181, DE 07 DE AGOSTO DE 2017, ALTERADA PELA RESOLUÇÃO CNMP Nº 183, DE 24 DE JANEIRO DE 2018 (PROCEDIMENTO INVESTIGATÓRIO CRIMINAL)

MPMG – 2011 (Concurso LI). Questão 34. Direito Processual Penal / Código de Processo Penal / Lei 11.340/06 /Legislação.

Quanto à representação, assinale a alternativa CORRETA.

A) A representação deve ser expressa, depende de forma específica para produzir efeitos.

B) A representação admite retratação, que pode ser exercida pela própria vítima até a sentença final.

C) A representação é direito renunciável, pode ser exercida por procurador com poderes especiais e sujeita-se à decadência.

D) A representação deve ser manifestada na presença do juiz, nos casos de violência doméstica.

Comentários

a) Incorreta. Art. 39, CPP. A representação também pode ser oral. Além disso, não há formalidades para representar por uma infração penal.

b) Incorreta. Art. 25, CPP. Após o oferecimento da denúncia a representação se torna irretratável.

c) Correta. Arts. 38 e 39, ambos do CPP.

d) Incorreta. Art. 16, Lei 11.340/06. Não é a representação, mas a eventual renúncia a ela que somente poderá ser feita perante o juiz em audiência especialmente designada.

Resposta certa: C

MPMG - 2011 (Concurso LI). *Questão 38. Direito Processual Penal / Lei 11.340.06 / Processo /Legislação / Jurisprudência.*

Assinale a alternativa CORRETA.

A) As medidas despenalizadoras dos Juizados Especiais Criminais (Lei nº 9.099/95) aplicam-se aos casos de violência doméstica, se a pena cominada não excede dois anos.

B) Nos processos decorrentes de violência doméstica, o procedimento processual a ser adotado será o sumaríssimo.

C) Nos casos de violência doméstica, as medidas protetivas urgentes podem ser concedidas de pronto, respeitado o contraditório diferido.

D) As Turmas Recursais são órgãos competentes para julgar os recursos interpostos de decisões proferidas nos Juizados de Violência Doméstica.

Comentários

a) Incorreta. Art. 41, Lei 11.340/06. Independente da pena cominada, a Lei 9.099/95 é inaplicável aos procedimentos decorrentes de violência doméstica.

b) Incorreta. Arts. 13 e 41, ambos da Lei 11.340/06. A lei 9.099/95 é inaplicável e, conforme art. 13, aplica-se o CPP.

c) Correta. Art. 19, § 1º, Lei 11.340/06: As medidas protetivas de urgência poderão ser concedidas de imediato, independentemente de audiência das partes e de manifestação do Ministério Público, devendo este ser prontamente comunicado.

d) Incorreta. Art. 41, Lei 11.340/06: Art. 41. Aos crimes praticados com violência doméstica e familiar contra a mulher, independentemente da pena prevista, não se aplica a Lei 9.099/95. Segundo o Enunciado 21 do Fórum Nacional de Violência Doméstica e Familiar contra a mulher: a competência para apreciar os recursos contra as decisões proferidas pelos Juizados de Violência Doméstica contra a Mulher é dos Tribunais de Justiça, independentemente da pena.

Resposta certa: C

MPMG - 2011 (Concurso LI)*. Questão 35. Direito Processual Penal / Lei 9.099.95 / Procedimento sumaríssimo /Legislação.*

Foi oferecida queixa-crime por crime de injúria no Juizado Especial Criminal, não sendo citado o requerido por estar em local incerto e não sabido. Os autos foram remetidos ao Juízo Comum e o querelado foi notificado por edital para audiência de conciliação, tendo comparecido ao ato. Porém, o querelante não compareceu. Decretou-se, então, a extinção da punibilidade pela perempção. Para este caso, assinale a alternativa CORRETA.

A) *A competência para julgamento é do Juizado Especial Criminal e não do Juízo Comum, em função da pena cominada ao crime de injúria.*

B) *A celeridade do Juizado Especial Criminal é compatível com a citação editalícia, graças ao princípio da instrumentalidade das formas.*

C) *A extinção da punibilidade é equivocada, porque ausente a citação válida, pois esta é que estabiliza a relação processual.*

D) *A ausência do querelante regularmente notificado é insuficiente para autorizar sua condução coercitiva para o ato.*

Comentários

a) Incorreta. Art. 66, parágrafo único, Lei 9.099/95. Em que pese a pena possa ser enquadrada na competência do Juizado, se o acusado não for encontrado é hipótese legal de remessa ao juízo comum para que ocorra a citação por edital.

b) Incorreta. Art. 18, § 2º, Lei 9.099/95. Não se fará citação por edital, pois este expediente é incompatível com a celeridade própria dos juizados. Aplica-se o art. 66, parágrafo único, Lei 9.099/95.

c) Incorreta. O art. 60 do CPP prevê as hipóteses de perempção no processo penal. O não comparecimento do querelante à audiência de conciliação não se insere na hipótese prevista no inciso III do art. 60 do CPP. A ausência é uma manifestação implícita de que ele não quer conciliar. Embora seja equivocada a extinção da punibilidade, o motivo revelado na assertiva não é o correto.

d) Correta. Art. 80, Lei 9099/95. A condução coercitiva será determinada pelo magistrado quando o ato for imprescindível. A audiência de conciliação não se enquadra nessa hipótese, apesar do art.72 da mesma Lei. Ainda que haja pequena divergência, cite-se o entedimento do STF no HC 86942/MG: EMENTA: 1. Habeas corpus. 2. Alegada ocorrência de perempção. Não configuração. 3. A presença do querelante na audiência preliminar não é obrigatória, tanto por ser ato anterior ao recebimento ou rejeição da queixa-crime, quanto pelo fato de se tratar de mera faculdade conferida às partes. 4. A ausência do querelante à audiência preliminar pode ser suprida pelo comparecimento de seu patrono. 5. Habeas corpus indeferido.(HC 86942, Relator(a): Min. GILMAR MENDES, Segunda Turma, julgado em 07/02/2006, DJ 03-03-2006 PP-00091 EMENT VOL-02223-02 PP-00227 RT v. 95, n. 850, 2006, p. 522-525)I

Resposta certa: D

***MPMG – 2011 (Concurso LI)**. Questão 36. Direito Processual Penal / Lei 8.137/1990 / Denúncia /Legislação / Jurisprudência.*

Assinale a alternativa CORRETA.

A) Nos crimes tributários, a denúncia pode ser genérica, mas deve descrever minuciosamente as condutas praticadas pelos agentes.

B) O inquérito policial é imprescindível ao oferecimento de denúncia por crime contra a ordem tributária.

C) A representação fiscal constitui condição de procedibilidade ao exercício da ação no delito contra a ordem tributária.

D) O pagamento do tributo devido feito até o oferecimento da denúncia impede o exercício da pretensão punitiva.

Comentários

a) Incorreta. A denúncia genérica é exatamente aquela que não descreve minuciosamente as condutas de cada réu – STJ HC 121035/ES.

b) Incorreta. Art. 39, § 5º, CPP. O inquérito policial é dispensável para a denúncia, inclusive nos crimes contra a ordem tributária. Neste caso, exige-se o lançamento definitivo do crédito tributário regularmente constituído como condição objetiva de punibilidade – STJ, HC 52780/SP.

c) Incorreta. STJ, HC 109203/ES. O lançamento definitivo do crédito tributário (e não a representação fiscal) constitui condição objetiva de punibilidade (e não condição de procedibilidade para o exercício da ação penal). Ver ainda a

Súmula Vinculante 24: "Não se tipifica crime material contra a ordem tributária, previsto no art. 1º, incisos I a IV, da Lei 8.137/1990, antes do lançamento definitivo do tributo."

d) Correta. Art. 34, Lei 9.249/95: Extingue-se a punibilidade dos crimes definidos na Lei 8.137/90, e na Lei 4.729/65, quando o agente promover o pagamento do tributo ou contribuição social, inclusive acessórios, antes do recebimento da denúncia. Vale lembrar a tese fixada no Informativo 611 do STJ, julgado em 14/9/2017: O pagamento integral do débito tributário, a qualquer tempo, até mesmo após o trânsito em julgado da condenação, é causa de extinção da punibilidade do agente, nos termos do art. 9º, § 2º, da Lei nº 10.684/2003.

Resposta certa: D

MPMG 2017 (Concurso LV). *Questão 38. Direito Processual Penal / Lei Complementar 105/2001 (sigilo das operações financeiras)/Lei 8.137/90 (ordem econômica e tributária)/ Princípios constitucionais e infraconstitucionais/ jurisprudência e doutrina.*

Após receber denúncia anônima relatando a suposta prática de crimes contra a ordem tributária e de corrupção ativa e passiva, a Corregedoria Fazendária realizou diligências em postos fiscais, constatando a verossimilhança dos informes apócrifos. Em seguida, o Ministério Público obteve mandados de busca e apreensão nas empresas e residências e, apenas após a obtenção de tais elementos de convicção, é que representou pela quebra de sigilo telefônico dos investigados, levando ao posterior oferecimento de denúncia. Considerando as informações acima, assinale a alternativa CORRETA:

A) A persecução penal e a busca de indícios embasadores da denúncia podem ser exercitadas antes da constituição definitiva do crédito tributário, quando se destinam à apuração de outros crimes, além da sonegação fiscal.

B) A notícia anônima sobre a prática de sonegação e corrupção é idônea, se usada exclusivamente para deflagração da ação penal, bem como para embasar procedimentos investigativos preliminares, sendo a vedação constitucional dirigida ao direito de opinião.

C) A decisão judicial que se reporta exclusivamente ao parecer ministerial como razão de decidir per relationem para afastar o sigilo telefônico é válida, ainda que tenha deixado de analisar os motivos para o deferimento das medidas.

D) A Corregedoria Fazendária pode afastar o sigilo bancário diretamente, com base em lei complementar própria, para instruir procedimentos investigativos e ação penal, porque o acesso a tais informações não se submete à cláusula de reserva de jurisdição.

Comentários

(A): Correta – O crime de sonegação fiscal é material, o que atrairia a Súmula Vinculante 24. Todavia, havendo outros ilícitos, não é necessário se esperar a constituição definitiva do crédito tributário. Nesse sentido:

RECURSO ORDINÁRIO EM HABEAS CORPUS. CRIME CONTRA A ORDEM TRIBUTÁRIA, CORRUPÇÃO ATIVA E PASSIVA E LAVAGEM DE DINHEIRO. INTERCEPTAÇÃO TELEFÔNICA. MEDIDA AUTORIZADA ANTES DA CONSTITUIÇÃO DEFINITIVA DO CRÉDITO TRIBUTÁRIO. DESNECESSIDADE DE ESGOTAMENTO DA VIA ADMINISTRATIVA. INEXISTÊNCIA DE OFENSA AO ENUNCIADO 24 DA SÚMULA VINCULANTE. APURAÇÃO DE OUTROS ILÍCITOS ALÉM DO DELITO FISCAL. COAÇÃO ILEGAL NÃO CARACTERIZADA. 1. **É possível a quebra do sigilo telefônico antes da constituição definitiva do crédito tributário quando as investigações não se destinam, unicamente, à averiguação da prática do crime de sonegação fiscal, havendo a suspeita de que outros delitos, como os de corrupção ativa e passiva, teriam sido cometidos**. Precedentes do STJ e do STF. [STJ. RHC 37850 / MT. 5ª Turma. Rel. Min. Jorge Mussi. Data de publicação: DJe 20/05/2016]

(B): Incorreta – A notícia anônima, por si só, não é suficiente para instauração de inquérito penal ou deflagração da ação penal. É necessário que se faça a verificação preliminar das informações pela autoridade competente. Nesse sentido:

DENÚNCIA ANÔNIMA IMPUTANDO A PRÁTICA DE ILÍCITOS. REALIZAÇÃO DE DILIGÊNCIAS PRELIMINARES PARA A APURAÇÃO DA VERACIDADE DAS INFORMAÇÕES. CONSTRANGIMENTO ILEGAL. NULIDADE INEXISTENTE. 1. **Esta Corte Superior de Justiça, com supedâneo em entendimento adotado por maioria pelo Plenário do Pretório Excelso nos autos do Inquérito 1957/PR, tem entendido que a notícia anônima sobre eventual prática criminosa, por si só, não é idônea para a instauração de inquérito policial ou deflagração da ação penal, prestando-se, contudo, a embasar procedimentos investigativos preliminares em busca de indícios que corroborem as informações, os quais tornam legítima a persecução criminal estatal**. 2. No caso dos autos, após receber denúncia anônima relatando a suposta prática de crimes contra a ordem tributária e de corrupção ativa e passiva, a Corregedoria Fazendária realizou diligências nos postos fiscais, constatando a verossimilhança dos informes apócrifos, tendo a autoridade policial obtido mandado de busca e apreensão na empresa e residência do recorrente e, apenas após a obtenção de tais elementos de convicção, é que representou pela quebra de sigilo telefônico dos investigados, o que afasta a eiva articulada na irresignação. [STJ. RHC 37850 / MT. 5ª Turma. Rel. Min. Jorge Mussi. Data de publicação: DJe 20/05/2016]

(C): Incorreta – A princípio, os Tribunais Superiores aceitam a fundamentação *per relationem* (utiliza-se como referência argumentos de outras partes ou manifestações constantes dos autos). Todavia, há de se ressalvar os casos em que sequer há análise dos motivos para o deferimento da medida. Em outras palavras, só se pode utilizá-la se foram agregados fundamentos próprios ou se os argumentos utilizados forem suficientes para a análise da tese. Nesse sentido:

PENAL E PROCESSO PENAL. RECURSO EM HABEAS CORPUS. 1. CRIMES DE TRÁFICO, ASSOCIAÇÃO E RECEPTAÇÃO. ILEGALIDADE DAS INTERCEPTAÇÕES TELEFÔNICAS. NÃO VERIFICAÇÃO. EXISTÊNCIA DE JUSTA CAUSA. DEMONSTRAÇÃO DE NECESSIDADE DA MEDIDA. DECISÕES SUFICIENTEMENTE MOTIVADAS. FUNDAMENTAÇÃO PER RELATIONEM. LEGALIDADE. 2. VISTA AO MP APÓS RESPOSTA À ACUSAÇÃO. OBSERVÂNCIA AO CONTRADITÓRIO. AUSÊNCIA DE NULIDADE. 3. PRISÃO CAUTELAR. GARANTIA DA ORDEM PÚBLICA. FUNDAMENTAÇÃO CONCRETA. 4. RECURSO EM HABEAS CORPUS IMPROVIDO. 1. **A fundamentação *per relationem* é admitida pelo Superior Tribunal de Justiça, bem como pelo Supremo Tribunal Federal, sendo imprescindível, no entanto, que o julgador agregue fundamentos próprios.** No caso dos autos, o Tribunal de origem assentou que «a adoção do parecer do Ministério Público como razão de decidir (*per relationem*), por si só, não acarreta a nulidade do decisum, se no texto reproduzido há exame de todas as teses recursais e fundamentação suficiente para o deslinde da quaestio, como aconteceu no caso em tela". Ademais, o Magistrado de origem agregou fundamentos próprios, consignando expressamente "que a diligência requerida mostra-se pertinente e necessária para a investigação do delito em investigação de tráfico de entorpecentes". Portanto, devidamente fundamentada a medida. [STJ. RHC 61438 / RS. 5ª Turma. Rel. Min. Reynaldo Soares da Fonseca. Data de publicação DJe: 07/11/2016].

Ver ainda: STJ. 6ª Turma. HC 214.049-SP, Rel. Originário Min. Nefi Cordeiro, Rel. Para acórdão Min. Maria Thereza de Assis Moura, julgado em 5/2/2015 (Info 557).

(D): Incorreta – O art.6º da LC 105/01 foi declarado constitucional pelo STF (ADIs 2390, 2386, 2397 e 2859 e do RE 601.314 (repercussão geral). Assim, ao fundamento de que se trata de transferência de sigilo, corroborou-se a tese que é possível a requisição direta de dados bancários pelas autoridades fazendárias federais. A questão mais tormentosa se dá quanto ao fim de tal medida, uma vez que o citado artigo limita-se ao uso para fins fiscais. De todo modo, o STJ entende que para fins penais não é possível o uso das informações obtidas diretamente. Nesse sentido:

PENAL E PROCESSO PENAL. RECURSO ESPECIAL. JUÍZO DE RETRATAÇÃO. REPERCUSSÃO GERAL. ARTIGO 1030, INCISO II, DO NOVO CPC. RE 601.314/SP. REQUISIÇÃO DE INFORMAÇÃO DA RECEITA FEDERAL ÀS INSTITUIÇÕES FINANCEIRAS SEM AUTORIZAÇÃO JUDICIAL. ART. 6º DA LEI COMPLEMENTAR 105/01. ÂMBITO DO PROCESSO PENAL. NULIDADE DA PROVA. ENTENDIMENTO QUE NÃO SE APLICA PARA FINS PENAIS. MANUTENÇÃO DO ACÓRDÃO.

1. Com o julgamento do RE n. 601.314/SP pelo Supremo Tribunal Federal, os autos foram devolvidos pela Vice-Presidência do STJ a esta relatoria em atenção

ao disposto no art. 1030, inciso II, do novo Código de Processo Civil, diante da aparente necessidade de adequação do julgamento ao entendimento firmado pelo Supremo Tribunal Federal.

2. A Quinta Turma desta Corte Superior havia decidido pela ilicitude da prova requisitada diretamente pela administração fazendária às instituições financeiras sem autorização judicial.

3. No julgamento do RE n. 601.314/SP, cuja repercussão geral foi reconhecida, consignou-se que o "art. 6º da Lei Complementar 105/01 não ofende o direito ao sigilo bancário, pois realiza a igualdade em relação aos cidadãos, por meio do princípio da capacidade contributiva, bem como estabelece requisitos objetivos e o translado do dever de sigilo da esfera bancária para a fiscal". Decidiu-se, portanto, pela desnecessidade de prévia autorização judicial para a quebra de sigilo bancário para fins de constituição de crédito tributário.

4. Acontece que, para fins penais, as Turmas que compõem a Terceira Seção deste Tribunal, na esteira de orientação do STF (HC 125218, Relator(a): Min. GILMAR MENDES, Segunda Turma, julgado em 24/05/2016, PROCESSO ELETRÔNICO DJe-116 DIVULG 06-06-2016 PUBLIC 07-06-2016), não admitem que os dados sigilosos obtidos diretamente pela Secretaria da Receita Federal do Brasil sejam por ela repassados ao Ministério Público ou autoridade policial, para uso em ação penal, pois não precedida de autorização judicial a sua obtenção. Princípio da reserva da jurisdição. Incidência do art. 5º, XII c/c o art. 93, IX, ambos da CF/88.

5. Precedentes: RHC 42.332/PR, Rel. Ministra MARIA THEREZA DE ASSIS MOURA, SEXTA TURMA, julgado em 13/12/2016, DJe 02/02/2017; RHC 72.074/MG, Rel. Ministro RIBEIRO DANTAS, QUINTA TURMA, julgado em 06/10/2016, DJe 19/10/2016; AgRg no REsp 1491423/PR, Rel. Ministro SEBASTIÃO REIS JÚNIOR, SEXTA TURMA, julgado em 16/08/2016, DJe 01/09/2016; e AgRg no REsp 1371042/SP, Rel. Ministro FELIX FISCHER, QUINTA TURMA, julgado em 25/10/2016, DJe 23/11/2016.

6. Decisão mantida, em juízo de retratação. (REsp 1361174/RS, Rel. Ministro REYNALDO SOARES DA FONSECA, QUINTA TURMA, julgado em 16/02/2017, DJe 22/02/2017)

Resposta: Letra A

MPMG - 2011 (Concurso LI). *Questão 37. Direito Processual Penal / Lei 9.613.98 / Legislação.*

Assinale a alternativa CORRETA.

A) Ausente o citado por edital, suspende-se o processo e a prescrição, esta pelo prazo máximo da pena cominada, diante do princípio da prescritibilidade das ações.

B) *Ausente o citado por edital, justifica-se a decretação da prisão preventiva, diante do abandono do distrito da culpa, o que coloca em risco a aplicação da lei penal.*

C) *Ausente o citado por edital, é impossível produzir prova, ainda que esta possa perecer, uma vez que se deve respeitar o contraditório efetivo.*

D) *Ausente o citado por edital, nos crimes de lavagem de dinheiro, o processo mantém seu curso, graças à excepcionalidade lesiva do crime econômico.*

Comentários

a) Incorreta. STF, RE 460971: a Constituição Federal não proíbe a suspensão da prescrição, por prazo indeterminado, na hipótese do art. 366 do CPP. A indeterminação do prazo da suspensão não constitui, a rigor, hipótese de imprescritibilidade: não impede a retomada do curso da prescrição, apenas a condiciona a um evento futuro e incerto, situação substancialmente diversa da imprescritibilidade. A questão ainda não está pacificada na Suprema Corte e hoje aguarda julgamento (Tema 438 - Repercussão Geral). Há entendimento diversos sumulado do STJ, a seguir: Súmula 415: **O período de suspensão do prazo prescricional é regulado pelo máximo da pena cominada.**

b) Incorreta. Segundo o art.366 do CPP, "a decretação da prisão preventiva está subordinada à presença dos pressupostos do art. 312 do CPP, e desde que se revelem inadequadas ou insuficientes as medidas cautelares diversas da prisão (art. 310, II, CPP). Em síntese, a revelia do acusado citado por edital não gera, por si só, a presunção de que o acusado pretenda se furtar à aplicação da lei penal, não justificando, isoladamente, a decretação da prisão preventiva". (BRASILEIRO, 1280-1281).

c) Incorreta. Conforme art. 366 do CPP, o juiz pode determinar a produção antecipada das provas consideradas urgentes. Ressalta-se que a decisão que determina a produção antecipada de provas com base no art. 366 do CPP deve ser concretamente fundamentada, não a justificando unicamente o mero decurso do tempo - Súmula 455, STJ.

d) Correta. Art. 2°, § 2°, Lei 9613/98. Nos crimes de lavagem de dinheiro, não se aplica o disposto no art.366, CPP, devendo o acusado que não comparecer nem constituir advogado ser citado por edital, prosseguindo o feito até o julgamento, com a nomeação de defensor dativo.

Resposta: D

MPMG - 2012 (LII Concurso) *Questão 38 Direito Processual Penal / Crimes Hediondos Legislação / Jurisprudência.*

Assinale a alternativa CORRETA.

A) *A progressão de regime prisional observará o cumprimento de 1/6 da pena restante decorrente de condenação por crime hediondo.*

B) *A progressão de regime em crime hediondo levará em conta requisito objetivo e subjetivo, sendo possível para sua aferição a realização de exame criminológico.*

C) *A progressão de regime na unificação de penas de crimes hediondos considerará o tempo máximo de cumprimento de pena: trinta anos.*

D) *A progressão de regime em crime hediondo poderá dar-se por salto, do regime fechado para o aberto, presente o requisito objetivo e subjetivo.*

Comentários

A) Incorreta. A progressão de regime aos condenados por crimes hediondos e equiparados dar-se-a-va após o cumprimento de 2/5 (dois quintos) da pena, se o apenado for primário, e de 3/5 (três quintos), se reincidente. Todavia o Artigo 2º, § 2º, da Lei 8.072/1990 foi revogado pela Lei 13.964/19. Agora devem ser respeitados os limites do art.112 da LEP, a seguir: 13.964, de 2019)

I - 16% (dezesseis por cento) da pena, se o apenado for primário e o crime tiver sido cometido sem violência à pessoa ou grave ameaça; (Incluído pela Lei nº 13.964, de 2019)

II - 20% (vinte por cento) da pena, se o apenado for reincidente em crime cometido sem violência à pessoa ou grave ameaça; (Incluído pela Lei nº 13.964, de 2019)

III - 25% (vinte e cinco por cento) da pena, se o apenado for primário e o crime tiver sido cometido com violência à pessoa ou grave ameaça; (Incluído pela Lei nº 13.964, de 2019)

IV - 30% (trinta por cento) da pena, se o apenado for reincidente em crime cometido com violência à pessoa ou grave ameaça; (Incluído pela Lei nº 13.964, de 2019)

V - 40% (quarenta por cento) da pena, se o apenado for condenado pela prática de crime hediondo ou equiparado, se for primário; (Incluído pela Lei nº 13.964, de 2019)

VI - 50% (cinquenta por cento) da pena, se o apenado for: (Incluído pela Lei nº 13.964, de 2019)

a) condenado pela prática de crime hediondo ou equiparado, com resultado morte, se for primário, vedado o livramento condicional; (Incluído pela Lei nº 13.964, de 2019)

b) condenado por exercer o comando, individual ou coletivo, de organização criminosa estruturada para a prática de crime hediondo ou equiparado; ou (Incluído pela Lei nº 13.964, de 2019)

c) condenado pela prática do crime de constituição de milícia privada; (Incluído pela Lei nº 13.964, de 2019)

VII - 60% (sessenta por cento) da pena, se o apenado for reincidente na prática de crime hediondo ou equiparado; (Incluído pela Lei nº 13.964, de 2019)

VIII - 70% (setenta por cento) da pena, se o apenado for reincidente em crime hediondo ou equiparado com resultado morte, vedado o livramento condicional.

O parágrafo terceiro do mesmo artigo traz requisitos específicos para o caso de mulher gestante ou que for mãe ou responsável por crianças ou pessoas com deficiência, a saber: - não ter cometido crime com violência ou grave ameaça a pessoa ; II - não ter cometido o crime contra seu filho ou dependente; III - ter cumprido ao menos 1/8 (um oitavo) da pena no regime anterior; IV - ser primária e ter bom comportamento carcerário, comprovado pelo diretor do estabelecimento; V - não ter integrado organização criminosa.

Há também discussão e divergência acerca da necessidade de a reincidência ser específica ou não para fins da progressão mais gravosa (40 ou 60 por cento) ou não, já que a Lei foi silente. A questão ainda não está pacificada e há entendimentos nos dois sentidos.

B) Correta. Súmula Vinculante 26/STF: "Para efeito de progressão de regime no cumprimento de pena por crime hediondo, ou equiparado, o juízo da execução observará a inconstitucionalidade do art. 2º da Lei nº 8.072, de 25 de julho de 1990, sem prejuízo de avaliar se o condenado preenche, ou não, os requisitos objetivos e subjetivos do benefício, podendo determinar, para tal fim, de modo fundamentado, a realização de exame criminológico." Com a derrubada do Veto Presidencial (Veto 56), o art.112,§1º, da LEP passou a ter a seguinte redação: " Em todos os casos, o apenado só terá direito à progressão de regime se ostentar boa conduta carcerária, comprovada pelo diretor do estabelecimento, respeitadas as normas que vedam a progressão."

C) Incorreta. Súmula 715/STF: "A pena unificada para atender ao limite de trinta anos de cumprimento, determinado pelo art. 75 do Código Penal, não é considerada para a concessão de outros benefícios, como o livramento condicional ou regime mais favorável de execução.". Cuidado apenas para a nova redação do art.75, dada pela Lei 13.964/19, que aumentou o limite para 40 anos.

D) Incorreta. Súmula 491/STJ: "É inadmissível a chamada progressão *per saltum* de regime prisional.".

Resposta: letra B.

***MPMG - 2012 (LII Concurso)** Questão 39 Legislação Especial / Tráfico / Legislação.*

Assinale a alternativa CORRETA.

A) Segundo a lei de tóxicos, oferecida a denúncia, o juiz, se não a rejeitar liminarmente, recebe-la-á e ordenará a citação do acusado para responder à acusação.

B) *Se o denunciado for acusado de tráfico e for também funcionário público, deverá ser afastado de suas atividades cautelarmente, por decisão judicial.*

C) *Na audiência de instrução e julgamento por crime de tráfico, proceder-se-á à inquirição das testemunhas arroladas pela acusação e defesa, interrogando-se o acusado.*

D) *Pela lei de tóxicos, na mesma audiência de instrução, o Ministério Público, o assistente, se for o caso, e o defensor farão sustentação oral, proferindo-se sentença de imediato.*

Comentários

A) Incorreta. Oferecida a denúncia, o juiz ordenará a notificação do acusado para oferecer defesa preliminar, por escrito, no prazo de 10 (dez) dias. Art. 55, *caput*, da Lei 11.343/2006.

B) Incorreta. O funcionário público poderá ser afastado. Artigo 56, § 1º, da Lei 11.343/2006.

C) Incorreta. Conforme o artigo 57, *caput*, da Lei 11.343/2006, o interrogatório do acusado é o primeiro ato da audiência de instrução e julgamento. [1] A jurisprudência dos Tribunais Superiores são firmes em apontar, todavia, que o interrogatório deve ser o último ato, senão vejamos:

RECURSO ESPECIAL. TRÁFICO DE DROGAS. MOMENTO DO INTERROGATÓRIO. ÚLTIMO ATO DA INSTRUÇÃO. MAIOR EFETIVIDADE A PRINCÍPIOS CONSTITUCIONAIS. DEMONSTRAÇÃO DE PREJUÍZO. DESNECESSIDADE. PRECLUSÃO. NÃO OCORRÊNCIA. PRECEDENTE. RECURSO ESPECIAL PROVIDO.

1. Por ocasião do julgamento do HC n. 127.900/AM, ocorrido em 3/3/2016 (DJe 3/8/2016), o Pleno do Supremo Tribunal Federal firmou o entendimento de que o rito processual para o interrogatório, previsto no art. 400 do Código de Processo Penal, deve ser aplicado a todos os procedimentos regidos por leis especiais. Isso porque a Lei n. 11.719/2008 (que deu nova redação ao referido art.

1. ATENÇÃO: Questão cobrando o disposto na legislação. Caso a pergunta verse sobre posição doutrinária, houve mudança jurisprudencial sobre o assunto. Confira:

A norma inscrita no art. 400 do Código de Processo Penal comum aplica-se, a partir da publicação da ata do presente julgamento, aos processos penais militares, aos processos penais eleitorais e a todos os procedimentos penais regidos por legislação especial incidindo somente naquelas ações penais cuja instrução não se tenha encerrado. (HC 127900, Relator(a): Min. DIAS TOFFOLI, Tribunal Pleno, julgado em 03/03/2016)

Os procedimentos regidos por leis especiais devem observar, a partir da publicação da ata de julgamento do HC 127.900/AM do STF (11.03.2016), a regra disposta no art. 400 do CPP, cujo conteúdo determina ser o interrogatório o último ato da instrução criminal. Informativo nº 0609 HC 397.382-SC, Rel. Min. Maria Thereza de Assis Moura, por unanimidade, julgado em 3/8/2017, DJe 14/8/2017.

400) prepondera sobre as disposições em sentido contrário previstas em legislação especial, por se tratar de lei posterior mais benéfica ao acusado (lex mitior).

2. De modo a não comprometer o princípio da segurança jurídica dos feitos já sentenciados (CR, art. 5º, XXXVI), houve modulação dos efeitos da decisão: a Corte Suprema estabeleceu que essa nova orientação somente deve ser aplicada aos processos cuja instrução ainda não se haja encerrado.

3. Se nem a doutrina nem a jurisprudência ignoram a importância de que se reveste o interrogatório judicial - cuja natureza jurídica permite qualificá-lo como ato essencialmente de defesa -, não é necessária para o reconhecimento da nulidade processual, nos casos em que o interrogatório do réu tenha sido realizado no início da instrução, a comprovação de efetivo prejuízo à defesa, se do processo resultou condenação. Precedente.

4. O interrogatório é, em verdade, o momento ótimo do acusado, o seu "dia na Corte" (day in Court), a única oportunidade, ao longo de todo o processo, em que ele tem voz ativa e livre para, se assim o desejar, dar sua versão dos fatos, rebater os argumentos, as narrativas e as provas do órgão acusador, apresentar álibis, indicar provas, justificar atitudes, dizer, enfim, tudo o que lhe pareça importante para a sua defesa, além, é claro, de responder às perguntas que quiser responder, de modo livre, desimpedido e voluntário.

5. Não há como se imputar à defesa do acusado o ônus de comprovar eventual prejuízo em decorrência de uma ilegalidade, para a qual não deu causa e em processo que já lhe ensejou sentença condenatória.

Isso porque não há, num processo penal, prejuízo maior do que uma condenação resultante de um procedimento que não respeitou as diretrizes legais e tampouco observou determinadas garantias constitucionais do réu (no caso, a do contraditório e a da ampla defesa).

6. Uma vez fixada a compreensão pela desnecessidade de a defesa ter de demonstrar eventual prejuízo decorrente da inversão da ordem do interrogatório do réu, em processo do qual resultou a condenação, também não se mostra imprescindível, para o reconhecimento da nulidade, que a defesa tenha alegado o vício processual já na própria audiência de instrução.

7. Porque reconhecida a nulidade do interrogatório do recorrente, com a determinação de que o Juízo de primeiro grau proceda à nova realização do ato, fica prejudicada a análise das demais matérias suscitadas neste recurso (reconhecimento da minorante prevista no § 4º do art. 33 da Lei de Drogas, fixação do regime aberto e substituição da reprimenda privativa de liberdade por restritivas de direitos).

8. Recurso especial provido, para anular o interrogatório do recorrente e determinar que o Juízo de primeiro grau proceda à nova realização do ato (Processo n. 0000079-90.2016.8.26.0592, da Vara Criminal da Comarca de Tupã - SP).

(REsp 1825622/SP, Rel. Ministro ROGERIO SCHIETTI CRUZ, SEXTA TURMA, julgado em 20/10/2020, DJe 28/10/2020)

D) Correta. Artigos 57 e 58 da Lei 11.343/2006.

Resposta: letra D.

MPMG – 2012 (LII Concurso) *Questão 40 Legislação Especial – Juizados – Jurisprudência.*

Assinale a alternativa CORRETA. Não vislumbrando a presença dos requisitos legais, o Ministério Público ofereceu denúncia e não propôs a transação penal. O juiz, porém, acredita ser o caso da mencionada transação. Então, deve ele:

A) Rejeitar a denúncia.

B) Absolver sumariamente.

C) Enviar os autos ao Procurador-Geral de Justiça.

D) Oferecer de ofício a transação penal.

Comentários

Aplica-se, por analogia, a Súmula 696/STF: "Reunidos os pressupostos legais permissivos da suspensão condicional do processo, mas se recusando o Promotor de Justiça a propô-la, o Juiz, dissentindo, remeterá a questão ao Procurador-Geral, aplicando-se por analogia o art. 28 do Código de Processo Penal.". Ver ainda:

A jurisprudência desta Suprema Corte é pacífica no sentido de que não cabe ao Poder Judiciário conceder os benefícios da Lei 9.099/1995 à revelia do titular da ação penal. A esse respeito, a Súmula 696 deste Supremo Tribunal Federal: "Reunidos os pressupostos legais permissivos da suspensão condicional do processo, mas se recusando o Promotor de Justiça a propô-la, o Juiz, dissentindo, remeterá a questão ao Procurador-Geral, aplicando-se por analogia o art. 28 do Código de Processo Penal". Como a manifestação nos presentes autos provém do próprio Procurador-Geral da República, ainda que esta Colenda Turma dela dissentisse, a negativa deveria prevalecer, porquanto a Constituição Federal conferiu a titularidade da ação penal ao Ministério Público, à qual intimamente ligada a possibilidade de propor a suspensão condicional do processo e a transação. [Inq 3.438, rel. min. Rosa Weber, 1ª T, j. 11-11-2014, DJE 27 de 10-2-2015.]

Resposta: letra C.

MPMG – 2013 (CONCURSO LIII) *Questão 40. Código de Processo penal e Lei 9.099/95 / Transação Penal, Tribunal do Júri e emendatio libelli/ jurisprudência e Legislação.*

Sobre a suspensão condicional do processo, assinale a alternativa ***FALSA****:*

A) *O direito à proposta é possível para aquele que já foi beneficiado por transação penal nos 5 (cinco) anos anteriores.*

B) *A formulação de proposta é viável para fatos submetidos ao rito especial do tribunal do júri.*

C) *O juiz, ao perceber diversa definição jurídica para o fato descrito na denúncia e a presença dos requisitos legais, deve ensejar a manifestação do Ministério Público.*

D) *A causa de aumento de pena e a agravante podem ser consideradas para fins de formulação da proposta, desde que a pena mínima cominada não ultrapasse um ano.*

Comentários

A) Correta. Da leitura do art. 89 da Lei 9.099/95, verifica-se que não há nenhum óbice quanto à concessão da suspensão do processo àquele que já se beneficiou da transação penal nos 5 anos anteriores.

B) Correta. Desde que presentes os requisitos exigidos pelo art. 89, *caput*, da Lei 9.099/95, é viável a formulação da proposta no âmbito dos procedimentos especiais, a exemplo do tribunal do júri, como no caso do aborto provocado pela gestante ou com o seu consentimento (art. 124 do CP), cuja pena mínima cominada é de um ano de detenção. Nesse sentido Pacelli (2015, p. 707). Necessário ver ainda o teor da Súmula 337 do STJ: É cabível a suspensão condicional do processo na desclassificação do crime e na procedência parcial da pretensão punitiva.

C) Correta. Art. 383, § 1º, do CPP § 1º Se, em consequência de definição jurídica diversa, houver possibilidade de proposta de suspensão condicional do processo, o juiz procederá de acordo com o disposto na lei. Quanto à remessa ao Ministério Público, o artigo 89 da Lei 9.099/95 lhe atribui a iniciativa para propor a suspensão condicional do processo. Brasileiro, (2018, p. 459) ensina que por conta da *emendatio libelli*, o juiz (ou o tribunal) concluir que se trata de furto simples, e, portanto, infração de menor potencial ofensivo, com pena mínima igual a 1 (um ano), não deve condenar o acusado, mas se limitar a proferir uma decisão interlocutória, na qual abre-se vista ao titular da ação penal pra que ofereça a proposta de suspensão condicional do processo.

D) Incorreta. Eugênio Pacelli (2015, p. 716) e a jurisprudência (STF, HC 74.234-5) admitem que as causas de diminuição e de aumento da pena, bem como as qualificadoras devem ser consideradas para fins de aplicação da suspensão condicional do processo. Já as agravantes e atenuantes não são computadas para este fim.

Resposta: Letra D

MPMG 2014 (Concurso LIV). *Questão 35. Direito Processual Penal /Código de Processo Penal e Código Eleitoral / Denúncia, queixa-crime, debates no tribunal do Júri e informatização do processo / Jurisprudência, doutrina e legislação.*

Assinale a resposta que, de acordo com previsões legais, contém a sequência CORRETA para os itens abaixo:

( ) O prazo legal para oferecimento de denúncia em caso de prática de infração penal eleitoral é de 10 (dez) dias.

( ) No caso de crimes contra a honra, antes da análise do recebimento da queixa-crime em se tratando de ações penais de competência originária dos Tribunais de Justiça dos Estados, será oferecida oportunidade às partes para reconciliação.

( ) Na fase de debates no rito do júri, em se tratando o caso de ação penal de iniciativa privada, falará em primeiro lugar o querelante e, em seguida, o Ministério Público, salvo se este houver retomado a titularidade da ação.

( ) As regras de informatização do processo judicial preveem que quando a petição eletrônica for enviada para atender a prazo processual, serão consideradas tempestivas as transmitidas até as 24 (vinte e quatro) horas do seu último dia.

A) (V) (F) (V) (V).

B) (F) (F) (V) (V).

C) (V) (V) (V) (F).

D) (V) (V) (F) (V).

Comentários

I – Correta – Art. 357, Código Eleitoral: "Verificada a infração penal, o Ministério Público oferecerá a denúncia dentro do prazo de 10 (dez) dias".

II – Errado – É aplicado apenas o procedimento previsto na Lei 8.038/90, que não prevê esta etapa de reconciliação. Não incide, pois, o teor do art. 520 do CPP.

III – Correto – Art. 476, parágrafo 2º, do CPP. "§ 2º Tratando-se de ação penal de iniciativa privada, falará em primeiro lugar o querelante e, em seguida, o Ministério Público, salvo se este houver retomado a titularidade da ação, na forma do art. 29 deste Código."

IV – Correto – Art. 3º, parágrafo único, Lei 11.419/2006. "Art. 3º Consideram-se realizados os atos processuais por meio eletrônico no dia e hora do seu envio ao sistema do Poder Judiciário, do que deverá ser fornecido protocolo eletrônico. Parágrafo único. Quando a petição eletrônica for enviada para atender prazo processual, serão consideradas tempestivas as transmitidas até as 24 (vinte e quatro) horas do seu último dia."

Resposta: A

***MPMG 2014 (Concurso LIV)**. Questão 34. Direito Processual Penal /Lei de Juizados Especiais (Lei 9.099/95)/ Suspensão Condicional do Processo / Jurisprudência e legislação.*

Sobre a Suspensão Condicional do Processo, é INCORRETO afirmar que:

A) Ela é possível, no caso de ação penal de iniciativa privada, cabendo ao querelante o seu oferecimento, já que é titular do ius ut procedatur. Caso, no entanto, o juiz discorde de eventual não oferecimento do benefício, ele poderá valer-se da regra do artigo 28 do Código de Processo Penal.

B) Ela é cabível na desclassificação do crime e na procedência parcial da pretensão punitiva.

C) É incabível, por lei, que um mesmo acusado possa, concomitantemente, ser beneficiado com a suspensão condicional do processo em dois processos distintos.

D) A Lei 9.605/1998 permite, visando à reparação do dano ambiental, que o prazo máximo de Suspensão Condicional do Processo previsto na Lei 9.099/1995 possa ser extrapolado.

Comentários

(A) Errado – Há entendimento da jurisprudência segundo o qual não é cabível o art. 28 do CPP em crimes de ação penal privada, uma vez que a legitimidade para oferecimento da proposta seria do querelante.Logo, remeter os autos ao Ministério Público subverteria a lógica. A questão é polêmica, seja pela (im) possibilidade de haver a suspensão condicional do processo nas ações privadas, seja pela legitimidade para a proposta. Todavia, prevalece a tese do enunciado da questão. A Lei 13.964/19 modificou o art.28 do CPP: Art. 28. Ordenado o arquivamento do inquérito policial ou de quaisquer elementos informativos da mesma natureza, o órgão do Ministério Público comunicará à vítima, ao investigado e à autoridade policial e encaminhará os autos para a instância de revisão ministerial para fins de homologação, na forma da lei. (Redação dada pela Lei nº 13.964, de 2019)

§ 1º Se a vítima, ou seu representante legal, não concordar com o arquivamento do inquérito policial, poderá, no prazo de 30 (trinta) dias do recebimento da comunicação, submeter a matéria à revisão da instância competente do órgão ministerial, conforme dispuser a respectiva lei orgânica. (Incluído pela Lei nº 13.964, de 2019)

§ 2º Nas ações penais relativas a crimes praticados em detrimento da União, Estados e Municípios, a revisão do arquivamento do inquérito policial poderá ser provocada pela chefia do órgão a quem couber a sua representação judicial. (Incluído pela Lei nº 13.964, de 2019)

(B) Correto – Súmula 337, STJ. "É cabível a suspensão condicional do processo na desclassificação do crime e na procedência parcial da pretensão punitiva."

(C) Correto – Art. 89, *caput*, Lei 9.099/95. "Art. 89. Nos crimes em que a pena mínima cominada for igual ou inferior a um ano, abrangidas ou não por esta Lei, o Ministério Público, ao oferecer a denúncia, poderá propor a suspensão do processo, por dois a quatro anos, desde que o acusado não esteja sendo processado ou não tenha sido condenado por outro crime, presentes os demais requisitos que autorizariam a suspensão condicional da pena (art. 77 do Código Penal)"

(D) Correto – Art. 28, Lei 9.605/03. "Art. 28. As disposições do art. 89 da Lei nº 9.099, de 26 de setembro de 1995, aplicam-se aos crimes de menor potencial ofensivo definidos nesta Lei, com as seguintes modificações:

I – a declaração de extinção de punibilidade, de que trata o § 5° do artigo referido no *caput*, dependerá de laudo de constatação de reparação do dano ambiental, ressalvada a impossibilidade prevista no inciso I do § 1° do mesmo artigo;

II – na hipótese de o laudo de constatação comprovar não ter sido completa a reparação, o prazo de suspensão do processo será prorrogado, até o período máximo previsto no artigo referido no *caput*, acrescido de mais um ano, com suspensão do prazo da prescrição;

III – no período de prorrogação, não se aplicarão as condições dos incisos II, III e IV do § 1° do artigo mencionado no *caput*;

IV – findo o prazo de prorrogação, proceder-se-á à lavratura de novo laudo de constatação de reparação do dano ambiental, podendo, conforme seu resultado, ser novamente prorrogado o período de suspensão, até o máximo previsto no inciso II deste artigo, observado o disposto no inciso III;

V – esgotado o prazo máximo de prorrogação, a declaração de extinção de punibilidade dependerá de laudo de constatação que comprove ter o acusado tomado as providências necessárias à reparação integral do dano."

Resposta: A

***MPMG 2017 (Concurso LV)**. Questão 21. Direito Penal / Extinção da punibilidade/ 11.340/2006; 11343/2006/ Crimes contra a fé pública/ Jurisprudência.*

Reconhecendo sua repercussão geral, em matéria penal, afirma o Supremo Tribunal, EXCETO:

A) *Que é inadmissível a decretação da extinção da punibilidade pela pena em perspectiva.*

B) *Que é típica a conduta de quem diante da autoridade policial se atribui falsa identidade, não se achando a conduta autorizada pelo direito constitucional ao silêncio.*

C) *Que a natureza e quantidade da droga, na fixação da pena do crime de tráfico, apenas deve ser considerada numa das fases de fixação, não cabendo ao juiz escolher em qual delas.*

D) *Que os crimes de lesão corporal praticados contra a mulher no âmbito doméstico e familiar são de ação penal pública incondicionada.*

Comentários

(A): Correta – Nesse sentido: EMENTA: AÇÃO PENAL. Extinção da punibilidade. Prescrição da pretensão punitiva "em perspectiva, projetada ou antecipada". Ausência de previsão legal. Inadmissibilidade. Jurisprudência reafirmada. Repercussão geral reconhecida. Recurso extraordinário provido. Aplicação do art. 543-B, § 3º, do CPC. É inadmissível a extinção da punibilidade em virtude de prescrição da pretensão punitiva com base em previsão da pena que hipoteticamente seria aplicada, independentemente da existência ou sorte do processo criminal. (RE 602527 QO-RG, Relator(a): Min. CEZAR PELUSO, julgado em 19/11/2009, REPERCUSSÃO GERAL –,P. em 18-12-2009)

(B): Correta – Nesse sentido: EMENTA CONSTITUCIONAL. PENAL. CRIME DE FALSA IDENTIDADE. ARTIGO 307 DO CÓDIGO PENAL. ATRIBUIÇÃO DE FALSA IDENTIDADE PERANTE AUTORIDADE POLICIAL. ALEGAÇÃO DE AUTODEFESA. ARTIGO 5º, INCISO LXIII, DA CONSTITUIÇÃO. MATÉRIA COM REPERCUSSÃO GERAL. CONFIRMAÇÃO DA JURISPRUDÊNCIA DA CORTE NO SENTIDO DA IMPOSSIBILIDADE. TIPICIDADE DA CONDUTA CONFIGURADA. O princípio constitucional da autodefesa (art. 5º, inciso LXIII, da CF/88) não alcança aquele que atribui falsa identidade perante autoridade policial com o intento de ocultar maus antecedentes, sendo, portanto, típica a conduta praticada pelo agente (art. 307 do CP). O tema possui densidade constitucional e extrapola os limites subjetivos das partes. (RE 640139 RG, Relator(a): Min. DIAS TOFFOLI, julgado em 22/09/2011, REPERCUSSÃO GERAL – P. em 14-10-2011)

(C): Incorreta – O Juiz pode escolher se na primeira ou terceira fase. Nesse sentido: Recurso extraordinário com agravo. Repercussão Geral. 2. Tráfico de Drogas. 3. Valoração da natureza e da quantidade da droga apreendida em apenas uma das fases do cálculo da pena. Vedação ao bis in idem. Precedentes. 4. Agravo conhecido e recurso extraordinário provido para determinar ao Juízo da 3ª VECUTE da Comarca de Manaus/AM que proceda a nova dosimetria da pena. 5. Reafirmação de jurisprudência. (ARE 666334 RG, Relator(a): Min. GILMAR MENDES, julgado em 03/04/2014, ACÓRDÃO ELETRÔNICO REPERCUSSÃO GERAL – P. em 06-05-2014) ÍNTEGRA DO ACÓRDÃO, PÁG. 6: "Cumpre destacar que, em sessão realizada no dia 19.12.2013, o Pleno do STF, ao julgar os HCs 112.776 e 109.193, ambos da relatoria do Min. Teori Zavascki, firmou orientação no sentido de que, em caso de condenação por tráfico ilícito de entorpecentes, a natureza e a quantidade da droga apreendida apenas podem ser levadas em consideração em uma das fases da dosimetria da pena, sendo vedada sua apreciação cumulativa. Na ocasião, ficou consignado que cabe ao juiz escolher em qual momento da dosimetria essa circunstância vai ser levada em conta, seja na primeira, seja na terceira, observando sempre a vedação ao bis in idem".

(D): Correta – Nesse sentido: Recurso extraordinário com agravo. Repercussão Geral. 2. Crime de lesão corporal praticado contra a mulher no âmbito doméstico e familiar. Ação penal pública incondicionada. ADI 4.424. 3. Agravo conhecido e recurso extraordinário provido para cassar o acórdão proferido pela 1ª Câmara Criminal do Tribunal de Justiça do Estado do Paraná, determinando a apreciação do mérito da apelação interposta pelo Ministério Público Estadual. 4. Reafirmação de jurisprudência. (ARE 773765 RG, Relator(a): Min. GILMAR MENDES, julgado em 03/04/2014, P. em 28-04-2014)

Resposta: Letra C

MPMG 2017 (Concurso LV)*. Questão 37. Direito Processual Penal / Lei 11.340/2006 (violência contra mulher) / Coisa julgada / Processo e procedimentos em espécie / Execução penal / Lei 9.099/1995 (juizado especial criminal) / legislação e jurisprudência.*

"[...] Não se desconhece que, em elevadíssima porcentagem de certos crimes de ação penal pública, a polícia não instaura o inquérito e o MP e o juiz atuam de modo a que se atinja a prescrição. Nem se ignora que a vítima – com que o Estado até agora pouco se preocupou – está cada vez mais interessada na reparação dos danos e cada vez menos na aplicação da sanção penal. É por essa razão que atuam os mecanismos informais da sociedade, sendo não só conveniente como necessário que a lei introduza critérios que permitam conduzir a seleção dos casos de maneira racional e obedecendo a determinadas escolhas políticas. [...]" Disponível em: Acesso em 22 mar. 2017. Assinale a alternativa CORRETA:

A) *Na suspensão condicional do processo, decorrente do nolo contendere, o juiz declarará extinta a punibilidade, se o período de prova tiver expirado, mesmo que constate que as condições ajustadas foram descumpridas.*

B) *A ausência de coisa julgada material na homologação de transação penal permite retornar-se à situação anterior, possibilitando ao Ministério Público o oferecimento de denúncia ou requisição de inquérito policial, se forem descumpridas as cláusulas do acordo.*

C) *Os casos de violência doméstica afastam a incidência das disposições da Lei nº 9.099/95, dispensando a exigência de representação para as infrações de vias de fato e aquelas praticadas contra a liberdade sexual.*

D) *O juizado especial criminal julga as infrações penais de menor potencial ofensivo, prorrogando sua competência nos casos de concurso de infrações que eventualmente ultrapassem a pena cominada de 2 (dois) anos.*

Comentários

(A): Incorreta – A primeira parte está correta. O erro está na segunda parte quando afirma a necessidade de se declarar extinta a punibilidade caso o período de prova tenha se expirado. Como regra, tal assertiva está certa. Acontece que se reconheça, posteriormente ao período de prova, que houve descumprimento de condições durante tal período, revoga-se o benefício. Nesse sentido: RECURSO ESPECIAL. PROCESSAMENTO SOB O RITO DO ART. 543-C DO CÓDIGO DE PROCESSO CIVIL. RECURSO REPRESENTATIVO DA CONTROVÉRSIA. AMEAÇA. LESÃO CORPORAL. VIOLÊNCIA DOMÉSTICA. SUSPENSÃO CONDICIONAL DO PROCESSO. DESCUMPRIMENTO DAS CONDIÇÕES IMPOSTAS DURANTE O PERÍODO DE PROVA. FATO OCORRIDO DURANTE SUA VIGÊNCIA. REVOGAÇÃO DO BENEFÍCIO MESMO QUE ULTRAPASSADO O PRAZO LEGAL. ESTABELECIMENTO DE CONDIÇÕES JUDICIAIS EQUIVALENTES A SANÇÕES PENAIS. POSSIBILIDADE. RECURSO PROVIDO.

1. Recurso especial processado sob o regime previsto no art. 543-C, § 2º, do CPC, c/c o art. 3º do CPP, e na Resolução n. 8/2008 do STJ.

PRIMEIRA TESE: Se descumpridas as condições impostas durante o período de prova da suspensão condicional do processo, o benefício poderá ser revogado, mesmo se já ultrapassado o prazo legal, desde que referente a fato ocorrido durante sua vigência.

SEGUNDA TESE: Não há óbice a que se estabeleçam, no prudente uso da faculdade judicial disposta no art. 89, § 2º, da Lei n. 9.099/1995, obrigações equivalentes, do ponto de vista prático, a sanções penais (tais como a prestação de serviços comunitários ou a prestação pecuniária), mas que, para os fins do sursis processual, se apresentam tão somente como condições para sua incidência.

2. Da exegese do § 4º do art. 89 da Lei n. 9.099/1995 («a suspensão poderá ser revogada se o acusado vier a ser processado, no curso do prazo, por contravenção, ou descumprir qualquer outra condição imposta), constata-se ser viável a revogação da suspensão condicional do processo ante o descumprimento, durante o período de prova, de condição imposta, mesmo após o fim do prazo legal.

3. A jurisprudência de ambas as Turmas do STJ e do STF é firme em assinalar que o § 2º do art. 89 da Lei n. 9.099/1995 não veda a imposição de outras condições, desde que adequadas ao fato e à situação pessoal do acusado.

4. Recurso especial representativo de controvérsia provido para, reconhecendo a violação do art. 89, §§ 1º, 2º, 4º e 5º da Lei n. 9.099/1995, afastar a decisão de extinção da punibilidade do recorrido, com o prosseguimento da Ação Penal n. 0037452-56.2008.8.21.0017. (REsp 1498034/RS, Rel. Ministro ROGERIO SCHIETTI CRUZ, TERCEIRA SEÇÃO, julgado em 25/11/2015, DJe 02/12/2015)

(B): Correta – Conforme Súmula Vinculante 35 : A homologação da transação penal prevista no artigo 76 da Lei 9.099/1995 não faz coisa julgada material e, descumpridas suas cláusulas, retoma-se a situação anterior, possibilitando-se ao Ministério Público a continuidade da persecução penal mediante oferecimento de denúncia ou requisição de inquérito policial.

(C): Incorreta – Conforme Súmula 542 do STJ : A ação penal relativa ao crime de lesão corporal resultante de violência doméstica contra a mulher é pública incondicionada. Ademais, o STF entende que, mesmo sendo vias de fato, a representação é prescindível (RCL 27148/RJ).

(D): Incorreta – O limite temporal da pena previsto no art.61 do CPP aplica-se ao resultado da soma da pena ou de sua exasperação, a depender do tipo de concurso (formal ou material. Nesse sentido:

PROCESSUAL PENAL E PENAL. RECURSO ORDINÁRIO EM HABEAS CORPUS. AÇÃO PENAL PRIVADA. CALÚNIA, DIFAMAÇÃO E INJÚRIA. AUDIÊNCIA PRÉVIA DE CONCILIAÇÃO. NÃO REALIZAÇÃO. NULIDADE. INOCORRÊNCIA. CONCURSO MATERIAL DE INFRAÇÕES DE MENOR POTENCIAL OFENSIVO. SOMA DAS PENAS EM ABSTRATO SUPERIOR A DOIS ANOS. COMPETÊNCIA DA JUSTIÇA COMUM. (...) RECURSO IMPROVIDO. (...) 2. A despeito dos delitos em apuração serem de menor potencial ofensivo, deve-se considerar a soma das penas máximas em abstrato em concurso material, ou, ainda, a devida exasperação, na hipótese de crime continuado ou concurso formal, e ao se verificar que o resultado da adição é superior a dois anos, afasta-se a competência do Juizado Especial Criminal. (...) 6. Recurso em Habeas Corpus improvido. (RHC 60.883/SC, Rel. Ministro NEFI CORDEIRO, SEXTA TURMA, julgado em 09/08/2016, DJe 19/08/2016)

Ver ainda a Súmula 243 do STJ: O benefício da suspensão do processo não é aplicável em relação às infrações penais cometidas em concurso material, concurso formal ou continuidade delitiva, quando a pena mínima cominada, seja pelo somatório, seja pela incidência da majorante, ultrapassar o limite de um (01) ano.

Resposta: Letra B

MPMG 2018. (CONCURSO LVI) *QUESTÃO 24. Direito Penal. Legislação Penal Especial. Lei maria da Penha. Fiança. Ação Penal. Doutrina/ Lei Seca: CP, CPP e Lei nº 11.340/06.*

No que diz respeito à Lei Maria da Penha, assinale a alternativa CORRETA:

A) O descumprimento de decisão do juízo criminal que defere medidas protetivas de urgência configura crime punível com pena de até 2 (dois) anos de detenção, sendo certo que, na hipótese de prisão em flagrante, a autoridade policial poderá conceder fiança.

B) A patroa que agride a empregada doméstica que reside no local do emprego está sujeita às regras repressivas contidas na Lei 11.340/06.

C) *Pode o Ministério Público propor ação penal por crimes de lesão corporal leve e ameaça, prescindindo de representação da vítima de violência doméstica.*

D) *É tido como âmbito da unidade doméstica o espaço de convívio permanente de pessoas, com ou sem vínculo familiar, salvo as esporadicamente agregadas.*

Comentários

A) INCORRETA. O crime de descumprimento de medidas protetivas de urgência está previsto no art. 24-A da Lei nº 11.340/06, a Lei Maria da Penha, e, a despeito de possuir pena máxima de 2 anos de detenção, não admite concessão de fiança por parte da autoridade policial. Isso porque o § 2º do citado artigo excepciona o art. 322 do Código de Processo Penal. Confira-se: "§ 2º Na hipótese de prisão em flagrante, **apenas a autoridade judicial** poderá conceder fiança."

Sobre o tema fiança no contexto da Lei Maria da Penha, vale salientar que há quem defenda que crimes praticados no âmbito da violência doméstica não admitem fiança. É nesse sentido o enunciado nº 6 da COPEVID (Comissão Nacional de Enfrentamento à Violência Doméstica e Familiar contra a Mulher): Enunciado 6. *"Nos casos de violência doméstica e familiar contra a mulher, criança, adolescente, idoso, enfermo ou pessoa com deficiência, é vedada a concessão de fiança pela Autoridade Policial, considerando tratar-se de situação que autoriza a decretação da prisão preventiva nos termos do artigo 313, III, CPP."* A doutrina se divide sobre o assunto. Norberto Avena entende que não é possível a concessão de fiança pela autoridade policial, mediante interpretação dos artigos 313, III do CPP com o artigo 314 do CPP, pois o cabimento de prisão preventiva afasta a fiança. Em sentido contrário, Rogério Sanches entende que é possível a concessão de fiança por ausência de vedação legal.

B) CORRETA. A situação exposta na assertiva se enquadra na hipótese prevista no art. 5º, I, da Lei nº 11.340/06, eis que há um convívio permanente entre a patroa e sua empregada na unidade familiar, mesmo não havendo vínculo familiar. Confira-se: "Art. 5º Para os efeitos desta Lei, configura violência doméstica e familiar contra a mulher qualquer ação ou omissão baseada no gênero que lhe cause morte, lesão, sofrimento físico, sexual ou psicológico e dano moral ou patrimonial: **I - no âmbito da unidade doméstica, compreendida como o espaço de convívio permanente de pessoas, com ou sem vínculo familiar, inclusive as esporadicamente agregadas**;". Veja-se, nesse sentido, julgado do Tribunal de Justiça do Distrito Federal e dos Territórios: " CONFLITO NEGATIVO DE JURISDIÇÃO. JUÍZO DA VARA CRIMINAL E JUÍZO DO JUIZADO DE VIOLÊNCIA DOMÉSTICA E FAMILIAR CONTRA A MULHER. APURAÇÃO DE CRIMES DE LESÃO CORPORAL E AMEAÇA SUPOSTAMENTE PRATICADOS CONTRA EMPREGADA DOMÉSTICA. POSSÍVEL SUJEITO PASSIVO. MOTIVAÇÃO DE GÊNERO. INCIDÊNCIA DA LEI MARIA DA PENHA.

CONFLITO CONHECIDO PARA DECLARAR A COMPETÊNCIA DO JUÍZO SUSCITADO. 1. A Lei nº 11.340/2006 cuida de norma de aplicação restrita e, conforme previsto em seu artigo 5º, a situação de violência doméstica pressupõe que a ação ou omissão tenha motivação de gênero, em ambiente doméstico, e seja efetuada contra mulheres "com ou sem vínculo familiar, inclusive as esporadicamente agregadas", **incluindo-se nesse rol as empregadas domésticas**. Sendo este o caso dos autos, uma vez que o denunciado, durante a suposta prática dos delitos, proferiu xingamentos típicos daqueles que desejam diminuir a condição feminina, deve incidir a Lei Maria da Penha. 2. Conflito Negativo de Jurisdição conhecido para declarar competente o Juízo Suscitado (Juízo do Segundo Juizado de Violência Doméstica e Familiar contra a Mulher da Circunscrição Judiciária de Brasília/DF). (Acórdão n. 983829, Relator Des. ROBERVAL CASEMIRO BELINATI, Câmara Criminal, data de julgamento: 21/11/2016, publicado no DJe: 1º/12/2016.) ".

C) INCORRETA. De fato, o crime de lesão corporal leve no contexto da Lei Maria da Penha prescinde de representação da vítima, eis que referido Diploma Legal excepcionou a aplicação da Lei nº 9.099/95 (art. 41 da Lei 11.340/06 c/c art. 88 da Lei nº 9.099/95). Contudo, não é o que ocorre com o crime de ameaça, cuja ação penal é pública condicionada, a teor do parágrafo único do artigo 147 do Código Penal. Esse dispositivo não foi excepcionado pela Lei Maria da Penha.

D) INCORRETA. Na realidade, como visto nos comentários da alternativa B), a Lei Maria da Penha, em seu art. 5º, I, inclui expressamente as pessoas esporadicamente agregadas como componentes da unidade doméstica, e não as excepciona. Confira-se novamente o mencionado dispositivo: "Art. 5º Para os efeitos desta Lei, configura violência doméstica e familiar contra a mulher qualquer ação ou omissão baseada no gênero que lhe cause morte, lesão, sofrimento físico, sexual ou psicológico e dano moral ou patrimonial: I – no âmbito da unidade doméstica, compreendida como o espaço de convívio permanente de pessoas, com ou sem vínculo familiar**, inclusive as esporadicamente agregadas**;".

Resposta: Letra B

***MPMG 2017 (Concurso LV)**. Questão 40. Direito Processual Penal / Lei 12850/2013 (organizações criminosas)/legislação.*

"Para incentivar os criminosos a colaborar com a Justiça, várias leis trouxeram a possibilidade de se conceder benefícios àqueles acusados que cooperam com a investigação. Esses benefícios podem ser a diminuição da pena, a alteração do regime de seu cumprimento ou mesmo, em casos excepcionais, isenção penal. Essa colaboração é extremamente relevante na investigação de alguns tipos de crime, como por exemplo: no de organização criminosa, em que é comum a destruição de provas e ameaças a testemunhas; no de lavagem de dinheiro, o qual objetiva justamente ocultar crimes; e no de corrupção, feito às escuras e com pacto de silêncio.

[...]" Disponível em: Acesso em: 27 mar. 2017. Sobre a colaboração premiada, assinale a alternativa CORRETA:

A) *O acordo de colaboração será remetido ao juiz para homologação, o qual deverá verificar sua regularidade, legalidade e espontaneidade, podendo para este fim, sigilosamente e sem advogados, ouvir o colaborador.*

B) *O juiz que ouvir o colaborador antes da homologação deverá certificar-se da utilidade e da verossimilhança das informações prestadas, razão pela qual estará impedido de conduzir o posterior processo.*

C) *Os termos do acordo podem versar sobre as medidas cautelares de cunho pessoal, de sorte que, a partir da homologação, é possível conceder liberdade provisória ao acusado preso.*

D) *O Ministério Público e o réu-colaborador podem retratar-se da proposta de colaboração, dispensada a anuência do assistente e vedado o uso das provas autoincriminatórias.*

Comentários

(A): Incorreta – Conforme art.4º,§ 7º, da Lei 12.850/13 há dois erros: a) o juiz não analisa a espontaneidade, mas a regularidade; b) o colaborador é ouvido com seu defensor. A Lei 13.964/19 modificou recentemente tal dispositivo, a seguir:

§ 7º Realizado o acordo na forma do § 6º deste artigo, serão remetidos ao juiz, para análise, o respectivo termo, as declarações do colaborador e cópia da investigação, devendo o juiz ouvir sigilosamente o colaborador, acompanhado de seu defensor, oportunidade em que analisará os seguintes aspectos na homologação: (Redação dada pela Lei nº 13.964, de 2019)

I - regularidade e legalidade; (Incluído pela Lei nº 13.964, de 2019)

II - adequação dos benefícios pactuados àqueles previstos no *caput* e nos §§ 4º e 5º deste artigo, sendo nulas as cláusulas que violem o critério de definição do regime inicial de cumprimento de pena do art. 33 do Decreto-Lei nº 2.848, de 7 de dezembro de 1940 (Código Penal), as regras de cada um dos regimes previstos no Código Penal e na Lei nº 7.210, de 11 de julho de 1984 (Lei de Execução Penal) e os requisitos de progressão de regime não abrangidos pelo § 5º deste artigo; (Incluído pela Lei nº 13.964, de 2019)

III - adequação dos resultados da colaboração aos resultados mínimos exigidos nos incisos I, II, III, IV e V do *caput* deste artigo; (Incluído pela Lei nº 13.964, de 2019)

IV - voluntariedade da manifestação de vontade, especialmente nos casos em que o colaborador está ou esteve sob efeito de medidas cautelares. (Incluído pela Lei nº 13.964, de 2019)

(B): Incorreta – Não há impedimento quanto ao magistrado que homologa o acordo de colaboração premiada. E nem poderia haver, já que em um primeiro momento apenas é analisado a regularidade, legalidade e voluntariedade, conforme art.4º,§ 7º, da Lei 12.850/13. Deve se atentar, todavia, para o §7º -A incluído pela Lei 13.964/19, a seguir: § 7º-A O juiz ou o tribunal deve proceder à análise fundamentada do mérito da denúncia, do perdão judicial e das primeiras etapas de aplicação da pena, nos termos do Decreto-Lei nº 2.848, de 7 de dezembro de 1940 (Código Penal) e do Decreto-Lei nº 3.689, de 3 de outubro de 1941 (Código de Processo Penal), antes de conceder os benefícios pactuados, exceto quando o acordo prever o não oferecimento da denúncia na forma dos §§ 4º e 4º-A deste artigo ou já tiver sido proferida sentença. (Incluído pela Lei nº 13.964, de 2019)

(C): Incorreta – A Lei 12.850/13 traz a previsão de seis benesses para o colaborador: a) perdão judicial; b) redução da pena privativa de liberdade em até 2/3; c) redução da pena até a metade, se a colaboração for posterior à sentença; d) progressão de regime, ainda que ausentes os requisitos objetivos, se a colaboração for posterior a sentença; e) substituição da pena privativa de liberdade por restritiva de direitos; f) não oferecimento de denúncia, se referir a infração de cuja existência não tenha prévio conhecimento o MP e se o colaborador não for o líder da organização criminosa e for o primeiro a prestar efetiva colaboração. Não há previsão de benefícios quanto a medidas cautelares. Citem-se os seguintes artigos da Lei 12.850/13, alterada pela Lei 13.964/19:

Art. 4º O juiz poderá, a requerimento das partes, conceder o perdão judicial, reduzir em até 2/3 (dois terços) a pena privativa de liberdade ou substituí-la por restritiva de direitos daquele que tenha colaborado efetiva e voluntariamente com a investigação e com o processo criminal, desde que dessa colaboração advenha um ou mais dos seguintes resultados:

I - a identificação dos demais coautores e partícipes da organização criminosa e das infrações penais por eles praticadas;

II - a revelação da estrutura hierárquica e da divisão de tarefas da organização criminosa;

III - a prevenção de infrações penais decorrentes das atividades da organização criminosa;

IV - a recuperação total ou parcial do produto ou do proveito das infrações penais praticadas pela organização criminosa;

V - a localização de eventual vítima com a sua integridade física preservada.

[...]

§ 4º Nas mesmas hipóteses do *caput* deste artigo, o Ministério Público poderá deixar de oferecer denúncia se a proposta de acordo de colaboração referir-se a infração de cuja existência não tenha prévio conhecimento e o colaborador: (Redação dada pela Lei nº 13.964, de 2019)

I - não for o líder da organização criminosa;

II - for o primeiro a prestar efetiva colaboração nos termos deste artigo.

§ 4º-A. Considera-se existente o conhecimento prévio da infração quando o Ministério Público ou a autoridade policial competente tenha instaurado inquérito ou procedimento investigatório para apuração dos fatos apresentados pelo colaborador. (Incluído pela Lei nº 13.964, de 2019)

§ 5º Se a colaboração for posterior à sentença, a pena poderá ser reduzida até a metade ou será admitida a progressão de regime ainda que ausentes os requisitos objetivos.

(D): Correta – Conforme art.4º, § 10º, da Lei 12.850/13: " § 10. As partes podem retratar-se da proposta, caso em que as provas autoincriminatórias produzidas pelo colaborador não poderão ser utilizadas exclusivamente em seu desfavor".

Resposta: Letra A

27. RESOLUÇÃO CNMP Nº 181, DE 07 DE AGOSTO DE 2017, ALTERADA PELA RESOLUÇÃO CNMP Nº 183, DE 24 DE JANEIRO DE 2018 (PROCEDIMENTO INVESTIGATÓRIO CRIMINAL)

MPMG – 2013 (CONCURSO LIII) *Questão 36. Direito Processual Penal/ Investigação Criminal/Resolução CNMP nº 181, de 07 de agosto de 2017, alterada pela Resolução CNMP nº 183, de 24 de janeiro de 2018 (procedimento investigatório criminal); / Legislação.*

Sobre a regulamentação da investigação criminal do Ministério Público, assinale a alternativa ***FALSA****:*

A) *O procedimento investigatório criminal deverá ser concluído no prazo de 90 (noventa) dias, permitidas, por igual período, prorrogações sucessivas, por decisão fundamentada do Procurador-Geral de Justiça.*

B) *O procedimento deverá ser instaurado sempre que houver determinação do Procurador-Geral de Justiça, diretamente ou por delegação, nos moldes da lei, em caso de discordância da promoção de arquivamento de peças de informação.*

C) *O membro do Ministério Público, no exercício de suas atribuições criminais, deverá dar andamento, no prazo de 30 (trinta) dias a contar de seu recebimento, às representações, requerimentos, petições e peças de informação que lhe sejam encaminhadas.*

D) *As notificações e requisições para instrução de procedimento investigatório criminal, quando tiverem como destinatários o Governador do Estado, os membros do Poder Legislativo e os desembargadores, serão encaminhadas pelo Procurador-Geral de Justiça.*

Comentários

Questão desatualizada e adaptada conforme resolução 181 do CNMP (alterada pela res. 183/2018) que regula o procedimento investigatório criminal a cargo do Ministério Público.

A) Incorreta. Conforme § 1º do art. 3º da Resolução 13/2006. A decisão para prorrogar o prazo para a conclusão do PIC deve ser fundamentada pelo membro do Ministério Público responsável pela sua condução, nos termos do artigo 13 da Resolução 181/2017 CNMP. *Art. 13. O procedimento investigatório criminal deverá ser concluído no prazo de 90 (noventa) dias, permitidas, por igual período, prorrogações sucessivas, por decisão fundamentada do membro do Ministério Público responsável pela sua condução.*

B) Correta. Na época da prova, a alternativa era a transcrição literal do artigo 3º, 1º da Re. 13/2006. Atualmente, a instauração do PIC é regulada pelo *caput* art. 3º da Resolução 181/2017 do CNMP: *Art. 3.º O procedimento investigatório criminal poderá ser instaurado de ofício, por membro do Ministério Público, no âmbito de suas atribuições criminais, ao tomar conhecimento de infração penal de iniciativa pública,* por qualquer meio, *ainda que informal, ou mediante provocação. (Redação dada pela Resolução nº 183, de 24 de janeiro de 2018)*

C) Correta. Na época da questão, o artigo 3º, § 5º, da Resolução 13/2006 CNMP tratava do tema na exata medida da alternativa. Atenção! A Resolução 181/2017 do CNMP assim dispõe: *art. 3º,* § 4º O membro do Ministério Público, no exercício de suas atribuições criminais, deverá dar andamento, no prazo de 30 (trinta) dias a contar de seu recebimento, às representações, requerimentos, petições e peças de informação que lhe sejam encaminhadas, podendo este prazo ser prorrogado, *fundamentadamente,* por até 90 (noventa) dias, nos casos em que sejam necessárias diligências preliminares. *(Redação dada pela Resolução nº 183, de 24 de janeiro de 2018)*

D) Correta. Art. 6º, § 6º, da Resolução 13/2006 CNMP. Atualmente o tema é regulado no artigo 7º § 7º da Resolução 181/2017 do CNMP: As notificações e requisições previstas neste artigo, quando tiverem como destinatários o Governador do Estado, os membros do Poder Legislativo e os desembargadores, serão encaminhadas pelo Procurador-Geral de Justiça ou outro órgão do Ministério Público a quem essa atribuição seja delegada.

Resposta: Letra A

28. RESOLUÇÃO CNJ Nº 213, DE 15 DE OUTUBRO DE 2015 (AUDIÊNCIA DE CUSTÓDIA)

MPMG 2017 (Concurso LV). *Questão 36. Direito Processual Penal / Resolução CNJ nº 213, de 15 de outubro de 2015 (audiência de custódia) / legislação.*

"[...] No dia 9 de abril, o CNJ, o Ministério da Justiça e o Instituto de Defesa do Direito de Defesa (IDDD) assinaram três acordos que têm por objetivo incentivar a difusão do projeto Audiências de Custódia em todo o País, o uso de medidas alternativas à prisão e a monitoração eletrônica. As medidas buscam combater a cultura do encarceramento que se instalou no Brasil. [...]" Disponível em: Acesso em: 22 mar. 2017. Sobre a audiência de custódia, assinale a alternativa CORRETA:

A) *O devido processo convencional se esgota com a comunicação imediata ao juiz acerca da prisão (Convenção Americana de Direitos Humanos).*

B) *O monitoramento eletrônico tem natureza excepcional e prefere a liberdade provisória cumulada com outras medidas cautelares diversas da prisão.*

C) *O preso em flagrante será entrevistado pelo juiz e reperguntado pelo Ministério Público e pela defesa, nesta ordem, acerca do mérito dos fatos e da possível imputação.*

D) *O agente preso em virtude da confirmação da condenação em segundo grau será apresentado ao juiz competente e ouvido sobre as circunstâncias de sua prisão.*

Comentários

(A): Incorreta – De acordo com artigo 7.5 da CADH não basta a comunicação imediata da prisão ao juiz, *in verbis*: **Toda pessoa detida ou retida deve ser conduzida, sem demora, à presença de um juiz ou outra autoridade autorizada pela lei a exercer funções judiciais e tem direito a ser julgada dentro de um prazo razoável ou a ser posta em liberdade, sem prejuízo de que prossiga o processo. Sua liberdade pode ser condicionada a garantias que assegurem o seu comparecimento em juízo.** Necessário ver, ainda, a introdução do instituto da audiência de custódia no CPP pela Lei 13.964/19, como se depreende dos artigos a seguir:

"Art. 287. Se a infração for inafiançável, a falta de exibição do mandado não obstará a prisão, e o preso, em tal caso, será imediatamente apresentado ao juiz que tiver expedido o mandado, para a realização de audiência de custódia." (NR)

"Art. 310. Após receber o auto de prisão em flagrante, no prazo máximo de até 24 (vinte e quatro) horas após a realização da prisão, o juiz deverá promover audiência de custódia com a presença do acusado, seu advogado constituído ou membro da Defensoria Pública e o membro do Ministério Público, e, nessa audiência, o juiz deverá, fundamentadamente:

[...]

§ 1º Se o juiz verificar, pelo auto de prisão em flagrante, que o agente praticou o fato em qualquer das condições constantes dos incisos I, II ou III do caput do art. 23 do Decreto-Lei nº 2.848, de 7 de dezembro de 1940 (Código Penal), poderá, fundamentadamente, conceder ao acusado liberdade provisória, mediante termo de comparecimento obrigatório a todos os atos processuais, sob pena de revogação.

§ 2º Se o juiz verificar que o agente é reincidente ou que integra organização criminosa armada ou milícia, ou que porta arma de fogo de uso restrito, deverá denegar a liberdade provisória, com ou sem medidas cautelares.

§ 3º A autoridade que deu causa, sem motivação idônea, à não realização da audiência de custódia no prazo estabelecido no caput deste artigo responderá administrativa, civil e penalmente pela omissão.

§ 4º Transcorridas 24 (vinte e quatro) horas após o decurso do prazo estabelecido no *caput* deste artigo, a não realização de audiência de custódia sem motivação idônea ensejará também a ilegalidade da prisão, a ser relaxada pela autoridade competente, sem prejuízo da possibilidade de imediata decretação de prisão preventiva." (NR)

Vale lembrar que o art.310, §4º, do CPP teve a eficácia suspensa pelo Ministro FUX na Medida Cautelar na ADI 6299/DF, da mesma forma que o art.3º -B, §1º, do CPP, que, após a derrubada do Veto Presidencial (Veto 56), tem a seguinte redação: "O preso em flagrante ou por força de mandado de prisão provisória será encaminhado à presença do juiz de garantias no prazo de 24 (vinte e quatro) horas, momento em que se realizará audiência com a presença do Ministério Público e da Defensoria Pública ou de advogado constituído, vedado o emprego de videoconferência." O tema é polêmico, já que foi vedada expressamente a realização de audiência de custódia por videoconferência, na contramão da realidade do interior do Brasil e da Resolução CNJ nº 329, de 30 de Julho, de 2020. Embora a decisão do Ministro FUX tenha sido anterior à derrubada do Veto, abrange a mudança legislativa resgatada, conforme entendimento de Renato Brasileiro.

(B): Incorreta – O monitoramento eletrônico pode ser utilizado em três situações: a) no caso de saída temporária do regime semiaberto (art. 146 -B, II, da LEP); b) no caso de prisão domiciliar (art.146-B, IV, da LEP); c) como medida cautelar diversa da prisão (art.319, CPP). De todo modo não há essa preferência indicada no enunciado, submetendo – se ao regime geral das cautelares no caso da terceira hipótese. Ressalta – se, todavia, que o art.10 da Resolução 213 do CNJ indica a preferência do monitoramento eletrônico se a liberdade provisória não for cumulada com outra medida cautelar, a seguir:

Art. 10. A aplicação da medida cautelar diversa da prisão prevista no art. 319, inciso IX, do Código de Processo Penal, será excepcional e determinada apenas quando demonstrada a impossibilidade de concessão da <u>liberdade provisória sem cautelar</u> ou de aplicação de outra medida cautelar menos gravosa, sujeitando-se à reavaliação periódica quanto à necessidade e adequação de sua manutenção, sendo destinada exclusivamente a pessoas presas em flagrante delito por crimes dolosos puníveis com pena privativa de liberdade máxima superior a 4 (quatro) anos ou condenadas por outro crime doloso, em sentença transitada em julgado, ressalvado o disposto no inciso I do caput do art. 64 do Código Penal, bem como pessoas em cumprimento de medidas protetivas de urgência acusadas por crimes que envolvam violência doméstica e familiar contra a mulher, criança, adolescente, idoso, enfermo ou pessoa com deficiência, quando não couber outra medida menos gravosa.

(C): Incorreta – Na audiência de custódia não se discute o mérito dos fatos, conforme art. 8º, § 1º, da Resolução 213 do CNJ.

(D): Correta – O art.13 da Resolução 213 do CNJ não restringe a audiência de custódia às prisões cautelares, permitindo a sua utilização para prisões definitivas.

Vale ressaltar que o CNMP editou a Resolução 221/20, que trata da atuação do Ministério Público nas audiências de custódia.

DIRETO CIVIL

Autora: Alcione Ferreira

DIREITO CIVIL	Legislação	Doutrina	Jurisprudência
1. Das pessoas naturais.	2012: 01	2014: 01	
2. Da personalidade e da capacidade.	2011: 01 2017: 1		
3. Dos direitos da personalidade.	2014: 02 2017: 5 2018: 02 2019: 03	2018: 03 2019: 01	2018: 01 2019: 01
4. Da ausência.	2010: 01 2014: 01 2017: 1 2019: 01		
5. Do domicílio.	2014: 01 2017: 1		
6. Das pessoas jurídicas.	2011: 01 2017: 2	2017: 1	2017: 1
7. Das associações.	2014: 01		
8. Das fundações.	2014: 01 2017: 1		
9. Das sociedades.			
10. Dos bens.			
11. Dos fatos, atos e negócios jurídicos.	2010: 01 2014: 01 2017: 2		

DIREITO CIVIL	Legislação	Doutrina	Jurisprudência
12. Dos defeitos dos atos jurídicos.	2010: 01 2017: 1	2018: 01	2017: 1
13. Da forma dos atos jurídicos e da sua prova.	2014: 01 (provas)		
14. Dos atos ilícitos.			
15. Da prescrição e da decadência.	2011: 01 2014: 02 2017: 3 2018: 01		
16. Do Direito das obrigações. Das modalidades das obrigações. Da transmissão das obrigações. Do adimplemento e extinção das obrigações. Do inadimplemento das obrigações.	2011: 01		
17. Dos contratos em geral. Princípios gerais dos contratos, limites e função social dos contratos. 5. Das várias espécies de contrato.	2011: 02 2012: 02 2019: 01		
18. Títulos de Créditos	2012: 01		
19. Da responsabilidade civil.	2010: 01 2017: 2 2018: 01 2019: 01	2018: 02	2017: 2 2018: 02 2019: 01
20. Da posse.	2012: 01		
21. Dos direitos reais.	2011: 01 2013: 01 2017: 3	2018: 01	
22. Da propriedade.	2014: 02		
23. Conceito moderno de propriedade.			

DIREITO CIVIL	Legislação	Doutrina	Jurisprudência
24. Do direito de família.	2010: 02 2011: 01 2012: 04 2014: 04 2017: 3 2018: 04 2019: 01	2018: 03	2017: 1 2018: 02
25. Do direito das sucessões.	2010: 02 2011: 01 2012: 01 2013: 01 2014: 02 2017: 1	2018: 01	2010: 01 2018: 01
26. Dos Registros Públicos – Lei 6.015/73.	2017: 1 2019: 01		
27. Dos contratos imobiliários - Lei 4.380/64 (SFH), Lei 9.514/97 (SFI), Lei 8.245/91.	2019:01		2019: 01
28. Dos condomínios em edificações e incorporações imobiliárias - Lei 4.591/64.	2019: 01		
29. Da remoção de órgãos, tecidos e outras partes do corpo – Lei 9.434/1997.	2019: 01		
30. Da proteção e direitos da pessoa portadora de transtorno mental – Lei 10.216/2001.	2019: 01		
31. Lei nº 12.318/2010. (Alienação Parental	2017: 1		
32. Emenda Constitucional no 66/2010.	2017: 1		

DIREITO CIVIL	Legislação	Doutrina	Jurisprudência
33. Decreto-lei nº 4.657/1942 (com a redação da Lei 12.376/2010).	2013: 01 2017: 2 2018: 02	2014: 02 2018: 01	2018: 01
34. Do Estatuto da criança e do adolescente - Lei 8.069/1990.	2013: 01 2014: 01 2019: 02		
35. Lei 8.078/90 Código de Defesa do Consumidor	2019: 01		
36. Lei 8.560/1992 (com a redação da Lei 12.004/2009)	2012: 01		
37. Lei nº 11.101/2005 (Lei de Recuperação judicial, extrajudicial e a falência do empresário e da sociedade empresária).	2013: 01 2017: 1		
38. Lei nº 10.741/2003 (Estatuto do Idoso).	2017: 2		
39. Lei nº 13.146/2015 (Lei Brasileira de Inclusão - Estatuto da pessoa com deficiência).	2017: 2 2018: 01 2019: 01		

1. DAS PESSOAS NATURAIS

MPMG - 2012 (LII Concurso) *Questão 45 Direito Civil / Parte Geral / Legislação.*

Far-se-á averbação em registro público:

A) das sentenças declaratórias de ausência e de morte presumida.

B) das sentenças que decretarem a nulidade ou anulação do casamento, o divórcio, a separação judicial e o restabelecimento da sociedade conjugal.

C) da emancipação por outorga dos pais ou por sentença do juiz.

D) da interdição por incapacidade absoluta ou relativa.

Comentários

A questão cobrou conhecimento sobre as hipóteses de registro e averbação em registro público, previstas nos artigos 9º e 10 do Código Civil:

Art. 9º Serão registrados em registro público:

I - os nascimentos, casamentos e óbitos;

II - a emancipação por outorga dos pais ou por sentença do juiz;

III - a interdição por incapacidade absoluta ou relativa;

IV - a sentença declaratória de ausência e de morte presumida.

Art. 10. Far-se-á averbação em registro público:

I - das sentenças que decretarem a nulidade ou anulação do casamento, o divórcio, a separação judicial e o restabelecimento da sociedade conjugal;

II - dos atos judiciais ou extrajudiciais que declararem ou reconhecerem a filiação;

A) Incorreta. Hipótese de registro público, nos termos do inciso IV, do artigo 9º, do Código Civil.

B) Correta. Conforme disposto no inciso I do artigo 10, do Código Civil.

C) Incorreta. Trata-se de hipótese de registro público prevista no inciso II do artigo 9º, do Código Civil.

D) Incorreta. A interdição por incapacidade absoluta ou relativa é hipótese de registro público, nos termos do artigo 9º, inciso III, do Código Civil.

Resposta: Letra B

MPMG 2014 (Concurso LIV). *Questão 43. Direito Civil/ Código / Pessoas Naturais/ Doutrina.*

Assinale a alternativa CORRETA:

No Direito Civil brasileiro, o início da personalidade do ser humano é marcado:

A) Pela concepção.

B) Pela ruptura do cordão umbilical.

C) Pela docimasia hidrostática de Galeno.

D) Pela nomeação de curador ao nascituro.

Comentários

O Artigo 2º do Código Civil dispõe que a personalidade civil somente tem início do partir do nascimento com vida, que é verificado pela docimasia hidrostática de Galeno. Segundo FARIAS e ROSENVALD, (2018, p. 340): "Nascido é o feto separado do corpo da mãe (natural ou artificialmente). Comprova-se o nascimento com vida através da presença de ar nos pulmões, pela respiração, por meio de um procediemnto médico denominado docimasia hidrostática de Galeno ou docimasia pulmonar. Ou seja, é a presença de ar atmosférico nos pulmões que determina o início da pesonalidade. Assim, respirou, nasceu com vida".

Resposta: C

2. DA PERSONALIDADE E DA CAPACIDADE

MPMG 2017 (Concurso LV). *Questão 42. Direito Civil / Da personalidade e da capacidade / Do direito das sucessões / Da ausência / Dos defeitos dos atos jurídicos / legislação.*

Assinale a alternativa INCORRETA:

A) Na sucessão ab intestato (sem testamento), é presumida a vontade do autor da herança.

B) A comoriência é compatível com a morte presumida, sem a decretação de ausência.

C) A sentença da ação anulatória tem efeito entre as partes e sempre eficácia ex nunc (não retroativa).

D) O defeito de idade é fundamento exclusivo para a incapacidade absoluta.

Comentários

(A): Correta – Na ausência de testamento, a vontade do autor da herança é presumida e decorre da lei nos termos do artigo 1.788 do Código Civil: "Art. 1.788. Morrendo a pessoa sem testamento, transmite a herança aos herdeiros legítimos; (...)". Assim, na falta de testamento, a herança é transmitida aos herdeiros legítimos.

(B): Correta – A comoriência, prevista no artigo 8º do Código Civil, consiste na presunção de simultaneidade de óbitos, quando, morrendo duas ou mais pessoas ao mesmo tempo, **em razão do mesmo evento ou não**, for impossivel identificar, com precisão, quem morreu primeiro. A comoriência tem como efeito a ausência de trasmissão de qualquer direito sucessório ou recebimento de indenização a título de seguro de vida. Já a morte presumida, sem decretação de ausêcia, ocorre quando for extremamente provável a morte de quem estava em perigo de vida ou de alguém, desaparecido em campanha ou feito prisioneiro, não for encontrado até dois anos após o término da guerra. Segundo FARIAS e ROSENVALD (2018, p. 438): "em sede doutrinária, encontram-se vozes favoráveis à possiiblidade de reconheciemnto de comoriência entre uma morte real e uma morte presumida ou mesmo entre duas mortes presumidas". Assim, não há incompatibilidade entre a comoriência (art. 8º do CC/02) e a morte presumida (art. 7º do CC).

(C): Incorreta – De acordo com o art. 182 do CC, a eficácia é *ex tunc*. Confira-se: "art. 182. Anulado o negócio jurídico, restituir-se-ão as partes ao estado em que antes dele se achavam, e, não sendo possível restituí-las, serão indenizadas com o equivalente"(D): Correta – Após as mudanças introduzidas pela Lei n.º 13.146/15 (Estatuto da Pessoa com Deficiência), apenas os menores de 16 anos são absolutamente incapazes, vide art. 3º do Código Civil.

Resposta: Letra C

MPMG 2017 (Concurso LV)*. Questão 47. Direito Civil / Do domicílio/Da personalidade e da capacidade/Da prescrição e da decadência/ Dos direitos da personalidade/ legislação e jurisprudência.*

Assinale a alternativa INCORRETA:

A) A lei civil admite a pluralidade de domicílio voluntário da pessoa jurídica que tiver estabelecimentos diversos em lugares diferentes.

B) A comoriência encerra presunção relativa de falecimento ao mesmo tempo, não havendo necessidade de que seja do mesmo modo.

C) Os direitos inatos da personalidade dependem da manifestação de vontade para a titularidade.

D) São imprescritíveis e transmissíveis as ações de reparação por danos morais, ajuizadas em decorrência de perseguição, tortura e prisão, praticados por motivos políticos.

Comentários

(A): Correta – Conforme art.75, § 1º, do CC/02: "§ 1º Tendo a pessoa jurídica diversos estabelecimentos em lugares diferentes, cada um deles será considerado domicílio para os atos nele praticados"..

(B): Correta – Nos termos do artigo.8º do CC: "Art. 8 o Se dois ou mais indivíduos falecerem na mesma ocasião, não se podendo averiguar se algum dos comorientes precedeu aos outros, presumir-se-ão simultaneamente mortos". Verifica-se que o requisito para configuração da comoriencia é **temporal**, ou seja, desde que não tenha condições de aferir quem morreu primeiro (premoriência), restará configurada a comoriência, podendo ocorrer em locais diferentes. Portanto, não há requisito quanto ao modo ou lugar da morte.

(C): Incorreta – O que depende da manifestação da vontade é o exercício e não a titularidade.

(D): Correta – Conforme entendimento do STJ," " são imprescritíveis as ações de reparação por danos morais, ajuizadas em decorrência de perseguição, tortura e prisão, por motivos políticos, durante o Regime Militar, transmitindo-se aos herdeiros a legitimidade ativa para ajuizamento da indenizatória. Precedentes." (AgRg no AREsp 478.312/RS, Rel. Ministro HUMBERTO MARTINS, SEGUNDA TURMA, julgado em 24/04/2014, DJe 02/05/2014) 2. Agravo interno a que se nega provimento. (AgInt no REsp 1590332/RS, Rel. Ministro SÉRGIO KUKINA, PRIMEIRA TURMA, julgado em 21/06/2016, DJe 28/06/2016)

Resposta: Letra C

3. DOS DIREITOS DA PERSONALIDADE

MPMG – 2011 (Concurso LI)*. Questão 41. Direito Civil / Código Civil / Direitos da Personalidade /Legislação.*

Quanto aos Direitos da Personalidade, é INCORRETO afirmar:

A) *É válida, com objetivo científico, ou altruístico, a disposição gratuita do próprio corpo, no todo ou em parte, para depois da morte. Tal ato de disposição pode ser livremente revogado a qualquer tempo.*

B) *Ninguém pode ser constrangido a submeter-se, com risco de vida, a tratamento médico ou a intervenção cirúrgica.*

C) *O pseudônimo adotado para atividades lícitas não goza da proteção que se dá ao nome.*

D) *O nome da pessoa não pode ser empregado por outrem em publicações ou representações que a exponham ao desprezo público, ainda quando não haja intenção difamatória.*

Comentários

a) Correta. Art. 14, CC/02: É válida, com objetivo científico, ou altruístico, a disposição gratuita do próprio corpo, no todo ou em parte, para depois da morte. Parágrafo único. O ato de disposição pode ser livremente revogado a qualquer tempo.

b) Correta. Art. 15, CC/02: Ninguém pode ser constrangido a submeter-se, com risco de vida, a tratamento médico ou a intervenção cirúrgica.

c) Incorreta. Art. 19, CC/02: O pseudônimo adotado para atividades lícitas goza da proteção que se dá ao nome.

d) Correta. Art. 17, CC/02: O nome da pessoa não pode ser empregado por outrem em publicações ou representações que a exponham ao desprezo público, ainda quando não haja intenção difamatória.

Resposta: C

MPMG 2014 (Concurso LIV)*. Questão 47. Direito Civil/ Código Civil / Aquisição da Propriedade Móvel, Curatela, Direitos da Personalidade e sucessão / Legislação.*

Assinale a alternativa CORRETA:

A) A curatela é medida de proteção do menor absolutamente incapaz portador de deficiência mental.

B) A proteção legal do direito da personalidade cessa com a morte da pessoa natural.

C) Na ordem de vocação hereditária o cônjuge sobrevivente precede os colaterais.

D) A usucapião trienal de coisa móvel independe de justo título e boa-fé.

Comentários

(A) Errado. A curatela consiste no intrumento de defesa dos interesses dos maiores incapazes, cujo objeto é a realização de atos civis em seu nome. Segundo o art. 1.767, CC/02, "Estão sujeitos a curatela: I – aqueles que, por causa transitória ou permanente, não puderem exprimir sua vontade; II – (Revogado); III – os ébrios habituais e os viciados em tóxico; IV – (Revogado); (Redação dada pela Lei nº 13.146, de 2015) V – os pródigos." Em se tratando de **menor absolutamente incapaz**, não sujeito ao poder familiar, o ordenamento jurídico garante-lhe proteção através da **tutela,** consoante disposto no artigo 1.728: "Os filhos menores são postos em tutela: I - com o falecimento dos pais, ou sendo estes julgados ausentes; II - em caso de os pais decaírem do poder familiar".

(B) Errado. –A proteção legal do direito da personalidade não cessa com a morte da pessoa natural, conforme disposto no parágrafo único do artigo 12 do CC.

(C) Correto. A ordem de sucessão legítima está prevista no art. 1.829, CC/02. Havendo descendentes, e cônjuge sobrevivente eles concorrem, salvo se o regime de bens seja comunhão universal ou sepração obrigatória de bens (artigo 1.640, parágrafo único): na falta de descendentes, são chamados à sucessão os ascendentes, nos termos do art. 1.829, inciso II e 1.836 do CC, para concorrerem com o cônjuge sobrevivente; Na falta de descendentes e ascendentes, o conjuge sucessederá por inteiro e isoladamente, pois está na terceira classe de herdeiros (art. 1.829, inciso III e 1.838 do CC) Já os colaterais, herdeiros de quarta e última classe na ordem de vocação hereditária, eles não concorrem com o cônjuge. Conforme artigo 1.839 do CC, se não houver cônjuge ou companheiro (entendimento do STF) sobrevivente, nas condições estabelecidas no artigo 1.830 do CC, serão chamados a suceder os colaterais até quarto grau: irmãos, tios, sobrinhos, primos, tios-avós e os sobrinhos netos.

(D) Errado. Conforme disposto nos artigos 1.260 e 1.261, CC/02, se a posse da coisa móvel se prolongar por **cinco anos**, produzirá usucapião, independentemente de justo título ou boa-fé.

Resposta: C

***MPMG 2018. (CONCURSO LVI)** QUESTÃO 49. Direito Civil. Direitos da Personalidade. Lei Seca/ Doutrina.*

Assinale a alternativa INCORRETA:

A) A morte baseada na ausência de todas as funções neurológicas define, em regra, o fim da personalidade.

B) O testamento vital, como diretiva antecipada da vontade, é forma consentida de ortotanásia.

C) A honra engloba os predicamentos que distinguem a dignidade pessoal e o desfrute do estado social do indivíduo.

D) Não se admite a retificação do nome do filho pela mudança havida no patronímico do(a) genitor(a) pelo divórcio.

Comentários

Resposta da Banca Examinadora:

Em resposta ao recurso interposto contra gabarito e/ou conteúdo das questões da prova preambular do concurso para ingresso na carreira do Ministério Público do Estado de Minas Gerais - Edital do LVI, a Banca examinadora esclarece o que se segue.

A alternativa a não traduz dificuldade para a definição como afirmativa correta, vez que não há dúvida relevante sobre o fim da personalidade e o momento de sua definição (Francisco Amaral - Introdução, p. 277). Neste sentido, aliás, o disposto no artigo 6º do Código Civil. Como esclarece ainda Flávio Tartuce, "a lei exige, dessa forma, a morte cerebral (morte real), ou seja, que o cérebro da pessoa pare de funcionar"(Manual de Direito Civil, 2013, p. 114).

b) a alternativa b está correta quando se tem em conta a funcionalidade do testamento vital, qual seja, a diretiva antecipada da vontade, consubstanciada na evitação do prolongamento da vida no caso de estados terminais muito graves, resguardando o suporte ético do profissional médico.

c) A alternativa se avista como acertada, porquanto "direito à honra, à reputação ou consideração social, abrangendo a honra externa ou objetiva e a interna ou subjetiva perfila como um direito de personalidade, que se reporta ao âmbito do direito civil, mas por ter sido recepcionado pela Constituição Federal (inciso X, do art. 5º, CF), como integrante dos direitos fundamentais, gera a exigência de sua observância, ou seja, um efeito inibitório (*chilling effect*) não só perante os particulares, mas também sobre a esfera pública" (Direito à honra. Andréa Neves Gonzaga Marques. Disponível no endereço: http://www.tjdft.jus.br/institucional/imprensa/artigos/2010/direito-a-honra-andrea-neves-gonzaga-marques).

A alternativa d está incorreta. Não há equívoco redacional na pergunta, vez que se cogita de eventual proibição de alteração no nome do filho quando alterado o patronímico do genitor. Não é raro que, pelo casamento, o apelido de família seja no todo ou em parte modificado. O divórcio, recompondo o nome de solteiro, pode dissentir do nome atual do filho, ensejando a retificação que, muita vez, tem o escopo de recuperar a origem familiar remota, inclusive para, por exemplo, permitir a obtenção de dupla cidadania. A propósito, na dicção pretoriana da Corte Mineira: "Se a retificação do assentamento civil importa mera inclusão de patronímico paterno, dando ao cidadão a oportunidade de ostentar o mesmo sobrenome e da mesma forma tradicional ou costumeira (ao final do nome) utilizados por seu pai e por seus avô e bisavô paternos, não se pode negar que dita alteração possibilitará melhor compreensão de sua ancestralidade, dando-lhe adequada individualização e, assim, contribuindo para a estabilidade e a segurança das relações jurídicas, configurada resta motivação excepcional a autorizar, com base no art. 57 da Lei de Registros Públicos (LRP - Lei n.º 6.015/1973), a efetivação dessa retificação, a qual, além de não prejudicar terceiros, propiciará ao registrado o satisfatório exercício de seu direito de personalidade." (TJMG, 7ª CC, rel. Des. Peixoto Henriques, ap. civ. nº 1.0024.12.225495-6/001, j. em 3.3.2015).

Resposta: Letra D

4. DA AUSÊNCIA

MPMG 2010 (Concurso L). *Questão 46. Direito Civil / Parte Geral / Pessoa Natural: Personalidade e Capacidade / Ausência / Legislação.*

Analise as seguintes alternativas e assinale a assertiva INCORRETA.

A) Nem todos os direitos da personalidade são intransmissíveis e irrenunciáveis, podendo o titular requerer que cesse a ameaça ou a lesão a qualquer deles.

B) Desaparecendo uma pessoa do seu domicílio, o juiz nomear-lhe-á curador, com poderes específicos, se o desaparecido não deixar procurador para administrar seus bens.

C) Os frutos dos bens dos ausentes poderão ser desfrutados pelos descendentes, ascendentes e colaterais sucessíveis na totalidade, sem reclamar o ausente retornando.

D) A força da herança significa que o monte garante os credores na solução das dívidas deixadas pelo falecido, não, porém, dívidas de um herdeiro, em prejuízo dos demais.

Comentários

(A): Correta. Nos termos do artigo 11 do CC, há exceções previstas em lei que possibilitam que direitos da personalidade sejam transmissíveis e renunciáveis, como no caso do parágrafo único do artigo 12 do CC, *pois "Em se tratando de morto, terá legitimação para requerer a medida prevista neste artigo o cônjuge sobrevivente, ou qualquer parente em linha reta, ou colateral até o quarto grau"*..

(B): Correta. Conforme artigo 22 do CC: *"Desaparecendo uma pessoa do seu domicílio sem dela haver notícia,* ***se não houver deixado representante ou procurador a quem caiba administrar-lhe os bens****, o juiz, a requerimento de qualquer interessado ou do Ministério Público,* ***declarará a ausência, e nomear-lhe-á curador****"*..

(C): Incorreta – Os colaterais deverão capitalizar metade dos frutos e rendimentos e prestar anualmente contas ao juiz competente. O ausente que retorna perderá, em favor do sucessor, sua parte nos frutos e rendimentos se ficar provado que a ausência foi voluntária e injustificada, de acordo com o artigo 33, *caput* e seu parágrafo único, do CC.(D): Correta. Consoante disposto no artigo 1.997 do CC: "A herança responde pelo pagamento das dívidas do falecido; mas, feita a partilha, só respondem os herdeiros, cada qual em proporção da parte que na herança lhe coube".

Resposta: Letra C

MPMG 2019 (CONCURSO LVII). *QUESTÃO 47. Direito Civil. Direitos da Personalidade. Lei seca e Jurisprudência.*

Analise as seguintes proposições sobre os direitos da personalidade e marque a alternativa correta:

I. É facultada a substituição do prenome por apelidos públicos notórios.

II. De acordo com entendimento sumulado no Superior Tribunal de Justiça, a indenização pela publicação não autorizada de imagem de pessoa com fins econômicos e comerciais depende de prova do prejuízo.

III. A internação psiquiátrica involuntária deverá, no prazo de setenta e duas horas, ser comunicada ao Ministério Público Estadual pelo responsável técnico do estabelecimento no qual tenha ocorrido, devendo esse mesmo procedimento ser adotado quando da respectiva alta.

A) Somente as proposições I e II estão corretas.

B) Somente as proposições II e III estão corretas.

C) Somente as proposições I e III estão corretas.

D) As proposições I, II e III estão corretas.

Comentários

(I): Correta. Conforme artigo 58 da Lei de Registros Públicos: " O prenome será definitivo, admitindo-se, todavia, a sua substituição por apelidos públicos notórios".

(II): Errada. A indenização independe da prova do prejuízo, consoante entendimento sumulado do STJ, verberte 403: "Independe de prova do prejuízo a indenização pela publicação não autorizada de imagem de pessoa com fins econômicos ou comerciais".

(III): Correta. Conforme §1º do artigo 8º, da Lei 10.216/01, "A internação psiquiátrica involuntária deverá, no prazo de setenta e duas horas, ser comunicada ao Ministério Público Estadual pelo responsável técnico do estabelecimento no qual tenha ocorrido, devendo esse mesmo procedimento ser adotado quando da respectiva alta".

Resposta: Letra C

5. DO DOMICÍLIO

6. DAS PESSOAS JURÍDICAS

MPMG 2017 (Concurso LV). Questão 46. Direito Civil / Dos fatos, atos e negócios jurídicos / Dos direitos da personalidade. / Das pessoas jurídicas / Decreto-lei nº 4.657/1942 (com a redação da Lei 12.376/2010) / legislação e doutrina.

Assinale a alternativa CORRETA:

A) O autorizamento é a característica da lei consistente na possibilidade de o lesado pela violação da norma exigir-lhe o cumprimento.

B) As condições impossíveis tornam anulável o negócio jurídico.

C) O ato de disposição do próprio corpo, no todo ou em parte, para depois da morte, é irrevogável quando praticado com objetivo científico.

D) Em qualquer hipótese, os bens particulares dos sócios não respondem pelos danos causados a terceiros.

Comentários

(A): Correta – Segundo Goffredo da Silva Telles Júnior[1]," O autorizamento constitutivo da norma jurídica é, precisamente, o que a distingue das normas não jurídicas. Se uma norma violada for jurídica, - queremos insistir -, a pessoa lesada pela infringência estará autorizada, pela própria norma violada, a exigir, pelos meios que a lei consagrou, o cumprimento dela, ou a reparação do mal sofrido, ou a reposição das coisas no estado em que estavam; (...)".

(B): Incorreta – As condições **impossíveis**, quando **suspensivas**, **invalidam** os negócios jurídicos (artigo 123 do Código Civil); sendo **resolutivas**, as condições **impossíveis** são consideradas **inexistêntes**, nos termos do artigo 124 do código Civil)

1. https://books.google.com.br/books?id=JD9nDwAAQBAJ&q=autorizamento&hl=pt=-BR&source-gbs_word_cloud_r&cad=4#v=snippet&q=autorizamento&f=false. Acesso em 12/12/2020.

(C): Incorreta– Conforme artigo 14, do Código Civil, " É válida, com objetivo científico, ou altruístico, a disposição gratuita do próprio corpo, no todo ou em parte, para depois da morte". Em seu parágrafo único, o artigo 14 do CC dispões que " O ato de disposição **pode ser livremente revogado a qualquer tempo**.

(D): Incorreta – Os bens particulares dos sócios respondem pelos danos causados a terceiros na hipótese de **abuso da personalidade jurídica**, caracterizado pelo **desvio de finalidade** ou pela **confusão patrimonial**, nos termos do artigo 50 do Código Civil, alterado em 2019 pela Lei n.º 13.874, confira: Art. 50. Em caso de abuso da personalidade jurídica, caracterizado pelo desvio de finalidade ou pela confusão patrimonial, **pode o juiz**, a requerimento da parte, ou do Ministério Público quando lhe couber intervir no processo, **desconsiderá-la para que os efeitos de certas e determinadas relações de obrigações sejam estendidos aos bens particulares de administradores ou de sócios da pessoa jurídica beneficiados direta ou indiretamente pelo abuso**. § 1º Para os fins do disposto neste artigo, desvio de finalidade é a utilização da pessoa jurídica com o propósito de lesar credores e para a prática de atos ilícitos de qualquer natureza. § 2º Entende-se por confusão patrimonial a ausência de separação de fato entre os patrimônios, caracterizada por: I - cumprimento repetitivo pela sociedade de obrigações do sócio ou do administrador ou vice-versa; II - transferência de ativos ou de passivos sem efetivas contraprestações, exceto os de valor proporcionalmente insignificante; e III - outros atos de descumprimento da autonomia patrimonial. § 3º O disposto no *caput* e nos §§ 1º e 2º deste artigo também se aplica à extensão das obrigações de sócios ou de administradores à pessoa jurídica. § 4º A mera existência de grupo econômico sem a presença dos requisitos de que trata o *caput* deste artigo **não autoriza** a desconsideração da personalidade da pessoa jurídica. § 5º **Não constitui desvio de finalidade** a mera expansão ou a alteração da finalidade original da atividade econômica específica da pessoa jurídica.

Resposta: Letra A

7. DAS ASSOCIAÇÕES

***MPMG 2014 (Concurso LIV)**. Questão 49. Direito Civil/ Código Civil / Prescrição, associações, ausência e direitos da personalidade / Legislação.*

Assinale a alternativa INCORRETA:

A) A prescrição pode ser alegada a qualquer tempo pela parte a quem aproveita.

B) Entre associados, não há direitos e obrigações recíprocos.

C) A inviolabilidade da vida privada da pessoa natural é garantia absoluta amparável judicialmente.

D) A morte presumida na ausência não dissolve o casamento.

Comentários

A) Correto. Conforme artigo 193 do CC: "A prescrição pode ser alegada em qualquer grau de jurisdição, pela parte a quem aproveita."

B) Correto. De acordo com o parágrafo único do artigo 53, do CC: "Não há, entre os associados, direitos e obrigações recíprocos".

C) Correto. Nos termos do artigo 21 do CC: A vida privada da pessoa natural é inviolável, e o juiz, a requerimento do interessado, adotará as providências necessárias para impedir ou fazer cessar ato contrário a esta norma."

D) Incorreto. A morte presumida dissolve o casamento, nos termos doparágrafo 1º do artigo 1.571. A sociedade conjugal termina: I – pela morte de um dos cônjuges; II – pela nulidade ou anulação do casamento; III – pela separação judicial; IV – pelo divórcio. § 1º O casamento válido só se dissolve pela morte de um dos cônjuges ou pelo divórcio, aplicando-se a **presunção** estabelecida neste Código quanto ao ausente."

Resposta: D

8. DAS FUNDAÇÕES

MPMG – 2011 (Concurso LI). *Questão 42. Direito Civil / Código Civil / Pessoa Jurídica /Legislação.*

Quanto à possibilidade de alteração do estatuto de uma fundação de direito privado, é CORRETO afirmar que

A) deverá ser deliberada por, no mínimo, três quintos dos competentes para gerir e representar a fundação.

B) não poderá contrariar ou desvirtuar a finalidade para a qual foi constituída.

C) deverá ser homologada pelo Poder Judiciário, ouvido o órgão do Ministério Público.

D) quando não houver sido aprovada por votação unânime, os administradores da fundação, ao submeterem o estatuto à homologação pelo Poder Judiciário, requererão que se dê ciência à minoria vencida para impugná-la, se quiser, em 10 (dez) dias.

Comentários

a) Incorreta. Consoante disposto no inciso I do artigo 67, do CC/02. Para que se possa alterar o estatuto da fundação é necessário que a reforma seja deliberada por **dois terços** (2/3) dos competentes para gerir e representar a fundação.

b) Correta. O inciso II do artigo 67 do Código Civil, determina que para que se possa alterar o estatuto da fundação é mister que a reforma não contrarie ou desvirtue o fim desta.

c) Incorreta. A alteração do estatuto de uma fundação de direito privado deve ser aprovada pelo órgão do Ministério Público no prazo máximo de 45 dias, findo o qual ou no caso de o Ministério Público a denegar, poderá o juiz supri-la, a requerimento do interessado, conforme inciso III do artigo 67 do Código Civil.

d) Incorreta. De acordo com o artigo 68, CC/02. A primeira parte da alternativa se encontra incorreta, uma vez que a submissão da alteração do estatuto para homologação, conforme visto no item anterior, ocorre perante o Ministério Público; e não no Poder Judiciário.

Resposta: B

MPMG 2014 (Concurso LIV). *Questão 48. Direito Civil/ Código Civil / Fundações, Domicílio, Provas e Família / Legislação e jurisprudência.*

Assinale a alternativa CORRETA:

A) A fundação pode, excepcionalmente, ter fins econômicos desde que instituída por escritura pública ou testamento.

B) O domicílio da pessoa natural que não tenha residência habitual é o lugar onde for encontrada.

C) O sobrinho, com fundamento no parentesco consanguíneo, pode exigir alimentos do tio, que serão fixados para o atendimento apenas das necessidades essenciais.

D) É absoluta a presunção que supre a prova objetivada com a perícia médica recusada.

Comentários

(A) Errado. O parágrafo único do art. 62, do CC prevê os fins que a fundação pode ser constituída. Desse modo, da leitura do referido dispositivo legal, verifica-se que não há previsão de fins econômicos, confira-se: Art. 62, parágrafo único. A fundação somente poderá constituir-se para fins de: I – assistência social; II – cultura, defesa e conservação do patrimônio histórico e artístico; III – educação; IV – saúde; V – segurança alimentar e nutricional; VI – defesa, preservação e conservação do meio ambiente e promoção do desenvolvimento sustentável; VII – pesquisa científica, desenvolvimento de tecnologias alternativas, modernização de sistemas de gestão, produção e divulgação de informações e conhecimentos técnicos e científicos; VIII – promoção da ética, da cidadania, da democracia e dos direitos humanos; IX – atividades religiosas.

(B) Correto. Conforme art. 73, CC: "Ter-se-á por domicílio da pessoa natural, que não tenha residência habitual, o lugar onde for encontrada."

(C) Errado. O artigo 1.697 do CC/02 não prevê o direito aos alimentos entre sobrinhos e tios, tendo em vista que estabelece uma ordem a ser seguida: 1º Ascendentes: o grau mais próximo exclui o mais remoto. 2º Descendentes: o grau mais próximo exclui o mais remoto. 3º Irmão: primeiro os bilaterais, depois os unilaterais. Segundo STJ, "I - A obrigação alimentar decorre da lei, que indica os parentes obrigados de forma taxativa e não enunciativa, sendo devidos os alimentos, reciprocamente, pelos pais, filhos, ascendentes, descendentes e colaterais até o segundo grau, não abrangendo, conseqüentemente, tios e sobrinhos. (...) (HC 12.079/BA, Rel. Ministro SÁLVIO DE FIGUEIREDO TEIXEIRA, QUARTA TURMA, julgado em 12/09/2000, DJ 16/10/2000, p. 312).

(D) Errado. É relativa a presunção que supre a prova objetivada com a perícia médica recusada, conforme dispõe o artigo 232, do Código Civil: "Art. 232. A recusa à perícia médica ordenada pelo juiz poderá suprir a prova que se pretendia obter com o exame", assim como o teor da Súmula nº 301 STJ "Em ação investigatória, a recusa do suposto pai a submeter-se ao exame de DNA induz presunção *juris tantum* de paternidade."

Resposta: B

9. DAS SOCIEDADES

10. DOS BENS

11. DOS FATOS, ATOS E NEGÓCIOS JURÍDICOS

12. DOS DEFEITOS DOS ATOS JURÍDICOS

MPMG 2010 (Concurso L). *Questão 45. Direito Civil / Ato e Fato Jurídico / Teoria Geral do Negócio Jurídico/ Teoria das Nulidades / Direito das Sucessões / Sucessão Testamentária / Herança e Representação / Legislação.*

Analise as seguintes alternativas e assinale a assertiva INCORRETA.

A) A ação pauliana pode ser manejada pelos credores quirografários, o que não ocorre, em princípio, pelos credores com garantia real, já privilegiados.

B) O ato válido reveste-se de eficácia imediata, salvo se a termo ou condição suspensiva, como pode acontecer com legado deixado em testamento público.

C) Na herança jacente, os bens arrecadados sob a responsabilidade do juiz e do MP são, de imediato, transmitidos ao município com a declaração de vacância.

D) *A alienação de um imóvel feita a filho menor da concubina, sem receita própria, é considerado pela lei como negócio jurídico nulo, face à proibição legal.*

Comentários

(A): Correta. A ação pauliana, cabível em casos de fraude contra credores, em que o devedor já insolvente ou na iminência de tornar-se insolvente, realiza negócios jurídicos de transmissão gratuita de bens ou remissão de dívida, para impedir que tais bens respondam por obrigações contraídas em momentos anteriores à transmissão, legitima os credores quirografários a anular tais negócios, desde que a ação seja proposta no prazo decadencial de quatro anos, contados da celebração do negócio fraudulento, conforme dispõe o artigo 158 do CC/02. O §1º , do artigo 158, do CC garante o mesmo direito de anular tais negócios aos **credores cuja garantia se tornar insuficiente**, ou seja, aqueles **credores com garantia real já privilegiados não dispõem de legitimidade para o ajuizamento da ação pauliana**.

(B): Correta. O termo e a condição suspensiva impedem a eficácia imediata do ato válido, consoante disposto nos artigos 125, do CC/02: "Subordinando-se a eficácia do negócio jurídico à condição suspensiva, enquanto esta se não verificar, não se terá adquirido o direito, a que ele visa" e 131 do CC/02: "O termo inicial suspende o exercício, mas não a aquisição do direito". O legado deixado em testamento público confere ao legatário direito aos bens deixados pelo de **cujus.** No entanto, somente com a morte do testador (condição suspensiva), em momento incerto (termo) é que o negócio jurídico terá eficácia implementada.

(C): Incorreta. Os bens arrecadados ficarão sob a guarda de um curador até entrega ao sucessor habilitado ou à sua declaração de vacância, conforme prevê o artigo 1.819 do CC. Decorrendo um ano da primeira publicação do edital expedido após ultimado o inventário e sem nenhum herdeiro habilitado, a herança será declarada vacante, segundo o artigo 1.820 do CC/02. Os credores terão o direito de pedir o pagamento das dívidas reconhecidas (artigo 1.821 do CC/02). Apenas após cinco anos da abertura da sucessão e não existindo herdeiros habilitados é que os bens arrecadados passarão ao domínio do Município ou do Estado, segundo o artigo 1.822 do CC/02.

(D): Correta. A alienação de um imóvel feita a filho menor da concubina, sem receita própria, demonstra que o negócio jurídico foi simulado, pois nos termos do artigo 167, §1º, inciso I do CC, há simulação quando aparentar conferir ou transmitir direitos a pessoas diversas daquelas às quais realmente se conferem, ou transmitem;

Resposta: Letra C

***MPMG 2017 (Concurso LV)**. Questão 50. Direito Civil /Dos defeitos dos atos jurídicos. /Das pessoas jurídicas/Da responsabilidade civil/ legislação, doutrina e jurisprudência.*

Assinale a alternativa INCORRETA:

A) Para a configuração do estado de perigo, deve ser demonstrado o dolo de aproveitamento.

B) A simulação do negócio jurídico configura nulidade arguível pelo Ministério Público.

C) A pessoa jurídica pode sofrer dano moral, desde que abalado o conceito social pelo ato ilícito.

D) Todo negócio jurídico realizado por absolutamente incapaz, sem o representante, é nulo de pleno direito.

Comentários

(A): Correta.Nos termos do art.156 do CC/02, "Configura-se o estado de perigo quando alguém, premido da necessidade de salvar-se, ou a pessoa de sua família, de **grave dano conhecido pela outra parte**, assume obrigação excessivamente onerosa" Desse modo, para que fique caracterizado o estado de perigo, exige-se o dolo de aproveitamento, em que a pessoa beneficiada saiba da situação de perigo do outro e se aproveite da situação de desespero da outra, impondo-lhe condições exorbitantes.

(B): Correta. Conforme art.168 do CC/02, "As nulidades dos artigos antecedentes podem ser alegadas por qualquer interessado, ou pelo Ministério Público, quando lhe couber intervir".

(C): Correta. Consoante Súmula 227 do STJ, a pessoa jurídica pode sofrer dano moral. Trata-se de proteção de sua honra objetiva. Malgrado não seja titular de direitos da personalidade, as pessoas jurídicas merecem proteção que deles decorre (art. 52 do CC), pois embora não possuam estrutura biopsicológica, merecem proteção ao direito ao nome, à marca, à honra objetiva, à imagem e ao direito autoral.(FARIAS e ROSENVALD, 2018, p. 490-491). Segundo STJ, "(...)9. Os danos morais dizem respeito à atentados à parte afetiva (honra subjetiva) e à parte social da personalidade (honra objetiva). 10. Embora as pessoas jurídicas possam sofrer dano moral, nos termos da Súmula 227/STJ, **a tutela da sua personalidade restringe-se à proteção de sua honra objetiva, a qual é vulnerada sempre que os ilícitos afetarem seu bom nome, sua fama e reputação**. (...) (REsp 1822640/SC, Rel. Ministra NANCY ANDRIGHI, TERCEIRA TURMA, julgado em 12/11/2019, DJe 19/11/2019)

(D): Incorreta. A despeito do teor do art.166,inciso I, do CC/02, não são todos os negócios jurídicos realizados diretamente pelo absolutamente incapaz que são nulos, porquanto, conforme enunciado 138 da III JDC: *"A vontade dos absolutamente incapazes, na hipótese do inc. I do art. 3º é juridicamente relevante na concretização de situações existenciais a eles concernentes, desde que demonstrem discernimento bastante para tanto".*

Resposta: Letra D

13. DA FORMA DOS ATOS JURÍDICOS E DA SUA PROVA

14. DOS ATOS ILÍCITOS

15. DA PRESCRIÇÃO E DA DECADÊNCIA

***MPMG – 2011 (Concurso LI)**. Questão 43. Direito Civil / Código Civil / Prescrição /Legislação.*

Quanto à prescrição, é INCORRETO afirmar:

A) Os prazos de prescrição, via de regra, podem ser alterados por acordo das partes.

B) Pode ser alegada, em qualquer grau de jurisdição, pela parte a quem aproveita.

C) A prescrição iniciada contra uma pessoa continua a correr contra o seu sucessor.

D) Quando a ação se originar de fato que deva ser apurado no juízo criminal, não correrá a prescrição antes da respectiva sentença definitiva.

Comentários

a) Incorreta. Conforme disposto no artigo 192, CC/02, "Os prazos prescricionais não podem ser alterados por convenção entre as partes".

b) Correta. Nos termos do artigo 193, CC/02, "A prescrição pode ser alegada em qualquer grau de jurisdição, pela parte a quem aproveita".

c) Correta. De acordo com o artigo 196, CC/02, "A prescrição iniciada contra uma pessoa continua a correr contra o seu sucessor".

d) Correta. Consoante o teor do artigo 200, CC/02, "Quando a ação se originar de fato que deva ser apurado no juízo criminal, não correrá a prescrição antes da respectiva sentença definitiva".

Resposta: A

***MPMG 2017 (Concurso LV)**. Questão 49. Direito Civil / Dos direitos da personalidade / Lei nº 10.741/2003 (Estatuto do Idoso)/Da personalidade e da* *capacidade / Dos defeitos dos atos jurídicos/Da prescrição e da decadência. / legislação e doutrina.*

Assinale a alternativa CORRETA:

A) Na disposição gratuita do próprio corpo para depois da morte, com objetivo altruístico, a vontade contrária dos familiares invalida a manifestação, em vida, do doador.

B) É solidária a obrigação alimentar devida ao idoso, que poderá optar pelo prestador.

C) A incapacidade relativa do agente é exceção arguível pela outra parte ou cointeressados para a anulação do negócio jurídico.

D) A fluência do prazo prescricional pode ser obstada por convenção das partes.

Comentários

(A): Incorreta. Prevalece a vontade do doador, conforme enunciado 277 da JDC: "O art. 14 do Código Civil, ao afirmar a validade da disposição gratuita do próprio corpo, com objetivo científico ou altruístico, para depois da morte, determinou que a **manifestação** expressa **do doador** de órgãos **em vida prevalece sobre a vontade dos familiares**, portanto, a aplicação do art. 4º da Lei n. 9.434/97 ficou restrita à hipótese de silêncio do potencial doador;"

(B): Correta. Conforme art.12 da Lei 10.741/03 (Estatuto do Idoso), "A obrigação alimentar é solidária, podendo o idoso optar entre os prestadores".

(C): Incorreta. Nos termos do art.105 do CC/02, "A incapacidade relativa de uma das partes não pode ser invocada pela outra em benefício próprio, nem aproveita aos co-interessados capazes, salvo se, neste caso, for indivisível o objeto do direito ou da obrigação comum".

(D): Incorreta. A despeito do teor do art.192 do CC/02, "Os prazos de prescrição não podem ser alterados por acordo das partes".

Resposta: Letra B

***MPMG 2014 (Concurso LIV)**. Questão 44. Direito Civil/ Código Civil / Negócios Jurídicos, Família e prescrição / Legislação.*

É CORRETO afirmar que:

A) A validade do negócio jurídico é sempre anulável por iniciativa das partes.

B) A representação legal resultante do poder familiar valida os atos de disposição praticados em nome do representado.

C) *A renúncia da prescrição pode ser suprida pelo juiz, de ofício, quando favorecer o incapaz.*

D) *A impotência coeundi ou instrumental não é causa elisiva absoluta da presunção de paternidade.*

Comentários

(A) Errado. A validade do negócio jurídico Não é sempre anulável, pois depende da presença de um causa de anulabilidade e de iniciativa antes de decorrido o prazo decadencia, nos termos do artigo 171: "Além dos casos expressamente declarados na lei, é anulável o negócio jurídico:"

(B) Errado. A representação legal resultante do poder familiar não valida os atos de disposição, praticados em nome do representado, pois depende da demonstração da necessidade ou evidente interesse da prole, mediante autorização prévia do juiz, conforme preconiza o artigo 1.691, *caput*, CC/02 – "Não podem os pais alienar, ou gravar de ônus real os imóveis dos filhos, nem contrair, em nome deles, obrigações que ultrapassem os limites da simples administração, salvo por necessidade ou evidente interesse da prole, mediante prévia autorização do juiz.".

(C) Errado. O artigo 194, CC/02, revogado pela lei 11.280/06, previa que o juiz não poderia suprir, de ofício, a alegação de prescrição, salvo se favorecer o incapaz. . Atualmente, consoante ensinamentos de TARTUCE, (2020, p. 293-294) com a reforma do §5º, do artigo 219 do CPC passou a pronunciar que ***"o juiz pronunciará, de ofício a prescrição"***. A alteração do texto foi substancial, em sentido oposto ao que estava tratado na codificação privada".

(D) Correta. A impotência *Coeundi ou instrumental consite na* incapacidade para a prática sexual, tanto do homem, quanto da mulher. Não se confunde com incapacidade para gerar ("Art. 1.599. A prova da impotência do cônjuge para gerar, à época da concepção, ilide a presunção da paternidade.")

Resposta: D

16. DOS DIREITOS DAS OBRIGAÇÕES

MPMG – 2011 (Concurso LI)*. Questão 45. Direito Civil / Código Civil / Obrigações /Legislação.*

É ***INCORRETO*** *afirmar quanto ao objeto do pagamento e sua prova no Código Civil:*

A) *O credor não é obrigado a receber prestação diversa da que lhe é devida, ainda que mais valiosa.*

B) *Ainda que a obrigação tenha por objeto prestação divisível, não pode o credor ser obrigado a receber, nem o devedor a pagar, por partes, se assim não se ajustou.*

C) *É ilícito convencionar o aumento progressivo de prestações sucessivas.*

D) *Quando, por motivos imprevisíveis, sobrevier desproporção manifesta entre o valor da prestação devida e o do momento de sua execução, poderá o juiz corrigi-lo, a pedido da parte, de modo que assegure, quanto possível, o valor real da prestação.*

Comentários

a) Correta. Art. 313, CC/02: O credor não é obrigado a receber prestação diversa da que lhe é devida, ainda que mais valiosa.

b) Correta. Art. 314, CC/02: Ainda que a obrigação tenha por objeto prestação divisível, não pode o credor ser obrigado a receber, nem o devedor a pagar, por partes, se assim não se ajustou.

c) Incorreta. Trata-se de pacto lícito, previsto no aartigo. 316: "É lícito convencionar o aumento progressivo de prestações sucessivas."

d) Correta. Conforme artigo 317, CC/02: "Quando, por motivos imprevisíveis, sobrevier desproporção manifesta entre o valor da prestação devida e o do momento de sua execução, poderá o juiz corrigi-lo, a pedido da parte, de modo que assegure, quanto possível, o valor real da prestação".

Resposta: C

17. DOS CONTRATOS EM GERAL E CONTRATOS EM ESPÉCIE

***MPMG 2010 (Concurso L)**. Questão 49. Direito Civil / Contratos em espécie / Alienação e Doação / Sucessão testamentária /Legislação e doutrina.*

Analise as seguintes alternativas e assinale a assertiva INCORRETA.

A) *As doações feitas ao filho, cujos encargos já foram cumpridos, não podem ser revogadas, embora o filho tenha praticado atos de ingratidão.*

B) *O doador pode fixar prazo ao donatário para declarar se aceita ou não a liberalidade pura e simples. Se este ficar silente, presume-se que não aceitou a doação prometida.*

C) *A inalienabilidade de legado de imóvel, sem justificativa, é permitida pela legislação brasileira, que não restringe a livre vontade do testador.*

D) *Se a doação constar de subvenção periódica, extinguir-se-á, morrendo o doador, salvo disposição testamentária em contrário, mantendo-a.*

Comentários

(A): Correta. Se os encargos já foram cumpridos, a doação não será revogada por ingratidão, nos termos do inciso II do artigo 564, do CC.

(B): Incorreta. O silêncio presume aceitação nas doações sem encargo, consoante disposto no artigo 539 do CC/02.

(C): Correta. FARIAS e ROSENVALD (2018, p. 481), ensinam que: "**é amplo o poder do autor da herança de gravar a sua parte disponivel com cláusulas restritivas**. Afinal de contas, se pode ele livremente dispor dos seu bens na inteireza, com a totalidade dos poderes do domínio, com absoluta razão pode, por igual, transmiti-los com restrição de poderes que gravam a propriedade. Bem por isso, pode o testador inscrever quaisquer das cláusulas limitadoras (inalienabilidade, incomunicabilidade e impenhorabilidade) sobre os bens que compõem a sua parte disponível, livremente, trasnmitindo por testamento". A inalienabilidade do legado de imóvel é uma cláusula restritiva prevista no artigo 1.828 do CC/02, segundo o qual somente em casos de bens da legítima é que há necessidade de justa causa, o que, por óbvio, não restringe a vontade do testador, apenas impõe uma justificativa.

(D): Correta. Conforme artigo 545 do CC/02: "A doação em forma de subvenção periódica ao beneficiado extingue-se morrendo o doador, salvo se este outra coisa dispuser, mas não poderá ultrapassar a vida do donatário".

Resposta: Letra B

MPMG - 2011 (Concurso LI)*. Questão 46. Direito Civil / Código Civil / Contratos /Legislação.*

Quanto à doação, é ***INCORRETO*** *afirmar que:*

A) *Feita em contemplação do merecimento do donatário, não perde o caráter de liberalidade, como não o perde a doação remuneratória, ou a gravada, no excedente ao valor dos serviços remunerados ou ao encargo imposto.*

B) *Feita em contemplação de casamento futuro com certa e determinada pessoa, quer pelos nubentes entre si, quer por terceiro a um deles, a ambos, ou aos filhos que, de futuro, houverem um do outro, não pode ser impugnada por falta de aceitação, e só ficará sem efeito se o casamento não se realizar.*

C) *Feita ao nascituro, valerá, sendo aceita pelo seu representante legal.*

D) *A doação de ascendentes a descendentes, ou de um cônjuge a outro, não importa em adiantamento do que lhes cabe por herança.*

Comentários

a) Correta. Conforme artigo 540, CC/02: "A doação feita em contemplação do merecimento do donatário não perde o caráter de liberalidade, como não o perde a doação remuneratória, ou a gravada, no excedente ao valor dos serviços remunerados ou ao encargo imposto".

b) Correta. Segundo o artigo. 546, CC/02: "A doação feita em contemplação de casamento futuro com certa e determinada pessoa, quer pelos nubentes entre si, quer por terceiro a um deles, a ambos, ou aos filhos que, de futuro, houverem um do outro, não pode ser impugnada por falta de aceitação, e só ficará sem efeito se o casamento não se realizar".

c) Correta. De acordo com o disposto no artigo 542, CC/02: "A doação feita ao nascituro valerá, sendo aceita pelo seu representante legal".

d) Incorreta. Trata-se de antecipação da legítima, nos termos do artigo 544, CC/02: A doação de ascendentes a descendentes, ou de um cônjuge a outro, importa adiantamento do que lhes cabe por herança.

Resposta: D

MPMG - 2011 (Concurso LI)*. Questão 47. Direito Civil / Código Civil / Contratos /Legislação.*

Quanto à cessação do mandato, é ***INCORRETO*** *afirmar que ela ocorre pelo(a):*

A) desídia do mandatário.

B) revogação ou renúncia.

C) morte ou interdição de uma das partes.

D) término do prazo ou conclusão do negócio.

Comentários

a) Incorreta. A desídia do mandatário não é motivo de cessação do mandato, porquanto, nos termos do artigo 682, CC/02, o mandato cessa pela revogação, renúncia, morte ou interdição de qualquer das partes, mudança de estado que inabilite o mandante a conferir poderes ou o mandatário a exerce-los e pelo término do prazo ou conclusão do negócio.

b) Correta. Conforme inciso I do artigo 682 do CC: "Cessa o mandato: I – pela revogação ou pela renúncia".

c) Correta. Nos termos do inciso II do artigo 682 do CC: "Cessa o mandato: II – pela morte ou interdição de uma das partes;"

d) Correta. O inciso IV do artigo 682 do CC/02 dispõe que: "Cessa o mandato: IV – pelo término do prazo ou pela conclusão do negócio."

Resposta: A

***MPMG - 2012 (LII Concurso)** Questão 46 Direito Civil -Contratos - Legislação.*

Quanto à formação dos contratos, é INCORRETO afirmar que:

A) a proposta de contrato obriga o proponente, se o contrário não resultar dos termos dela, da natureza do negócio, ou das circunstâncias do caso.

B) deixa de ser obrigatória proposta se, feita sem prazo a pessoa presente, não foi imediatamente aceita. Considera-se também presente a pessoa que contrata por telefone ou por meio de comunicação semelhante.

C) reputar-se-á celebrado o contrato no lugar de sua execução.

D) considera-se inexistente a aceitação, se antes dela ou com ela chegar ao proponente a retratação do aceitante.

Comentários

A) Correto. Artigo 427, do CC/02. "A proposta de contrato obriga o proponente, se o contrário não resultar dos termos dela, da natureza do negócio, ou das circunstâncias do caso."

B) Correta. Artigo 428, I, do CC/02. Deixa de ser obrigatória a proposta se, feita sem prazo a pessoa presente, não foi imediatamente aceita. Considera-se também presente a pessoa que contrata por telefone ou por meio de comunicação semelhante.

C) Incorreta. Reputar-se-á celebrado o contrato no lugar em que foi proposto. Art. 435 do CC/02.

D) Correto. Artigo 433 do CC/02. "Considera-se inexistente a aceitação, se antes dela ou com ela chegar ao proponente a retratação do aceitante."

Resposta: letra C.

***MPMG - 2012 (LII Concurso)** Questão 47 Direito Civil / Contratos / Legislação.*

Quanto à fiança, é INCORRETO afirmar que:

A) pode ser de valor inferior ao da obrigação principal e contraída em condições menos onerosas, e, quando exceder o valor da dívida, ou for mais onerosa que ela, não valerá senão até ao limite da obrigação afiançada.

B) dar-se-á por escrito e admite interpretação extensiva.

C) se o fiador se tornar insolvente ou incapaz, poderá o credor exigir que seja substituído.

D) pode-se estipular a fiança, ainda que sem consentimento do devedor ou contra a sua vontade.

Comentários

A) Correta. Art. 823 do CC/02. "A fiança pode ser de valor inferior ao da obrigação principal e contraída em condições menos onerosas, e, quando exceder o valor da dívida, ou for mais onerosa que ela, não valerá senão até ao limite da obrigação afiançada."

B) Incorreta. Art. 819 do CC/02. A fiança dar-se-á por escrito, e não admite interpretação extensiva.

C) Correta. Art. 826 do CC/02. "Se o fiador se tornar insolvente ou incapaz, poderá o credor exigir que seja substituído."

D) Correta. Art. 820 do CC/02. "Pode-se estipular a fiança, ainda que sem consentimento do devedor ou contra a sua vontade."

Resposta: letra B.

***MPMG 2019 (CONCURSO LVII)**. QUESTÃO 44. Direito Civil. Contratos. Lei seca.*

Reflita a respeito das seguintes assertivas e marque a opção correta:

I. A venda de coisa móvel ou imóvel de ascendente a descendente é anulável, sem o consentimento expresso dos outros descendentes e do cônjuge do alienante.

II. É anulável a troca de valores desiguais entre ascendentes e descendentes, sem consentimento dos outros descendentes e do cônjuge do alienante.

III. A proibição de venda de ascendente a descendente não é absoluta, mas é aplicável à venda feita pelo avô ao neto.

IV. A venda de ascendente para descendente não se submete ao instituto da colação.

A) Somente as assertivas I, II e III estão corretas.

B) Somente as assertivas I, III e IV estão corretas.

C) Somente as assertivas II e IV estão corretas.

D) As assertivas I, II, III e IV estão corretas.

Comentários

Assertiva I. Correta. Conforme o artigo 496 do Código Civil "É anulável a venda de ascendente a descendente, salvo se os outros descendentes e o cônjuge do alienante expressamente houverem consentido".

Assertiva II. Correta. Consoante disposto no inciso II, do parágrafo único do artigo 535, do CC, "é anulável a troca de valores desiguais entre ascendentes e descendentes, sem consentimento dos outros descendentes e do cônjuge do alienante".

Assertiva III. O artigo 496, do CC, aplica-se à venda entre avô e neto, pois trata-se de ascendente e descendente. Não há proibição absoluta de venda de ascendente a descendente, porquanto o Código Civil condiciona a validade desse negócio jurídico ao consentimento expresso dos outros descendentes e o cônjuge do alienante.

Assertiva IV. A colação é aplicada às doações e não às vendas, de acordo com o artigo 2002, do CC: "Os descendentes que concorrerem à sucessão do ascendente comum são obrigados, para igualar as legítimas, a conferir o valor das doações que dele em vida receberam, sob pena de sonegação".

Resposta: Letra D

18. DOS TÍTULOS DE CRÉDITO

MPMG - 2012 (LII Concurso) *Questão 48 Direito Civil - Código Civil - Títulos De Crédito - Legislação.*

Quanto aos títulos de crédito, é INCORRETO afirmar que:

A) *consideram-se não escritas no título a cláusula de juros, a proibitiva de endosso, a excludente de responsabilidade pelo pagamento ou por despesas, a que dispense a observância de termos e formalidade prescritas, e a que, além dos limites fixados em lei, exclua ou restrinja direitos e obrigações.*

B) *aquele que, sem ter poderes, ou excedendo os que tem, lança a sua assinatura em título de crédito, como mandatário ou representante de outrem, fica pessoalmente obrigado, e, pagando o título, tem ele os mesmos direitos que teria o suposto mandante ou representado.*

C) *o pagamento de título de crédito, que contenha obrigação de pagar soma determinada, não pode ser garantido por aval.*

D) *enquanto o título de crédito estiver em circulação, só ele poderá ser dado em garantia, ou ser objeto de medidas judiciais, e não, separadamente, os direitos ou mercadorias que representa.*

Comentários

A) Correto. Artigo 890 do CC/02. "Consideram-se não escritas no título a cláusula de juros, a proibitiva de endosso, a excludente de responsabilidade pelo pagamento ou por despesas, a que dispense a observância de termos e formalidade prescritas, e a que, além dos limites fixados em lei, exclua ou restrinja direitos e obrigações."

B) Correto. Artigo 892 do CC/02. "Aquele que, sem ter poderes, ou excedendo os que tem, lança a sua assinatura em título de crédito, como mandatário ou representante de outrem, fica pessoalmente obrigado, e, pagando o título, tem ele os mesmos direitos que teria o suposto mandante ou representado."

C) Incorreto. Art. 897, *caput*, do CC/02: "O pagamento de título de crédito, que contenha obrigação de pagar soma determinada, **pode ser garantido por aval**." (destacamos).

D) Correto. Artigo 895 do CC/02. "Enquanto o título de crédito estiver em circulação, só ele poderá ser dado em garantia, ou ser objeto de medidas judiciais, e não, separadamente, os direitos ou mercadorias que representa."

Resposta: letra C.

19. DA RESPONSABILIDADE CIVIL

***MPMG 2010 (Concurso L)**. Questão 41. Direito Civil / Parte Geral / Pessoa Natural: Personalidade e Capacidade / Responsabilidade Civil / Legislação.*

Analise as seguintes alternativas e assinale a assertiva INCORRETA.

A) Isenta-se o incapaz por prejuízos causados a terceiro, se restar provado que a prestação priva o menor do necessário para sua subsistência.

B) Pago ao menor uma quantia, que a aplica em poupança, e o negócio jurídico for declarado anulado, deverá o menor devolver a quantia recebida do terceiro.

C) Se o pai do deficiente mental não tiver meios suficientes para ressarcir terceiros, o incapaz não responde pelos prejuízos que causou.

D) Os menores com 17 anos podem praticar atos da vida civil, embora contrariando seus progenitores, como testar, aceitar mandato, assumir emprego público.

Comentários

(A): Correta. Consoante teor do artigo 928, parágrafo único, do CC/02: "O incapaz responde pelos prejuízos que causar, se as pessoas por ele responsáveis não tiverem obrigação de fazê-lo ou não dispuserem de meios suficientes. Parágrafo único. A indenização prevista neste artigo, que deverá ser eqüitativa, ***não terá lugar se privar do necessário o incapaz ou as pessoas que dele dependem***". Conforme entendimento do STJ, "1. **A responsabilidade civil do incapaz pela reparação dos danos é subsidiária e mitigada** (CC, art. 928). 2. É subsidiária porque apenas ocorrerá quando os seus genitores não tiverem meios para ressarcir a vítima; é condicional e mitigada porque não poderá ultrapassar o limite humanitário do patrimônio mínimo do infante (CC, art. 928, par. Único e Em. 39/CJF); e deve ser equitativa, tendo em vista que a indenização deverá ser equânime, sem a privação do mínimo necessário para a sobrevivência digna do incapaz (CC, art. 928, par. Único e Em. 449/CJF)" (...) (STJ – Resp: 1436401 MG 2013/0351714-7, Relator: Ministro LUIS FELIPE SALOMÃO, Data de Julgamento: 02/02/2017, T4 – QUARTA TURMA, Data de Publicação: Dje 16/03/2017).

(B): Correta. Na hipótese apresentada na alternativa B, verifica-se que o produto do negócio jurídico anulado **foi revertido em proveito do menor**, razão pela qual o valor pago poderá ser reclamado por aquele que lhe pagou, conforme dispõe o artigo 181, do CC/02 "Ninguém pode reclamar o que, por uma obrigação anulada, pagou a um incapaz, se não provar que reverteu em proveito dele a importância paga".

(C): Incorreta. O incapaz responde pelos prejuízos, desde que a prestação não o prive de sua subsistência, nos termos do artigo 928, *caput* e parágrafo único, do CC/02, colacionados na alterantiva "A".

(D): Correta. Os maiores de 17 anos são relativamente incapazes e podem praticar atos da vida civil: testar, assumir mandato e assumir emprego público, mesmo que seus pais não concordem, pois há permissão legal. O Código Civil admite que os maiores de dezesseis anos possam testar: parágrafo único do artigo 1.860 do CC/02: "Podem testar os maiores de dezesseis anos"; assim como permite que seja mandatário: "Art. 666. O maior de dezesseis e menor de dezoito anos não emancipado pode ser mandatário, mas o mandante não tem ação contra ele senão de conformidade com as regras gerais, aplicáveis às obrigações contraídas por menores" e também assuma emprego público: artigos 5º, parágrafo único, inciso III: Cessará, para os menores, a incapacidade pelo exercício de emprego público efetivo.

Resposta: Letra C

MPMG 2018. (CONCURSO LVI) *QUESTÃO 43. Direito Civil. Responsabilidade Civil. Lei Seca/ Doutrina/ Jurisprudência.*

Assinale a alternativa INCORRETA:

A) A usurpação indevida do tempo útil caracteriza dano moral indenizável.

B) O dano moral é presumido (re in ipsa) na violência praticada no âmbito doméstico ou familiar.

C) Afeito ao princípio da eticidade, o abuso de direito se distancia da importância do ato volitivo, bastando a desproporcionalidade no exercício da autonomia, que frustra a boa-fé objetiva, os bons costumes e a finalidade social da situação jurídica.

D) A mensuração da indenização pela extensão do dano tem pretensão punitiva à vista do grau do dolo ou da culpa do ofensor.

Comentários

A) CORRETA. A **indenização pela perda do tempo útil** encontra respaldo na jurisprudência e na doutrina com base na Teoria do **Desvio Produtivo do Consumidor**: o prejuízo do tempo desperdiçado (RT), cujo autor é Marcos Dessaune. Trata-se de uma modalidade de indenização que visa ressarcir o consumidor pelos **inconvenientes da vida moderna**, porquanto passa horas aguardando para ser atendido na busca da solução dos problemas decorrentes das relações de consumo, como no caso das operadoras de telefonia, grandes lojas de eletrodomésticos, operadoras de tv a cabo. O STJ tem admitido a aplicação da indenização pela perda do tempo útil: "RECURSO ESPECIAL. CONSUMIDOR. TEMPO DE ATENDIMENTO PRESENCIAL EM AGÊNCIAS BANCÁRIAS. DEVER DE QUALIDADE, SEGURANÇA, DURABILIDADE E DESEMPENHO. ART. 4º, II, "D", DO CDC. FUNÇÃO SOCIAL DA ATIVIDADE PRODUTIVA. MÁXIMO APROVEITAMENTO DOS RECURSOS PRODUTIVOS. TEORIA DO DESVIO PRODUTIVO DO CONSUMIDOR. DANO MORAL COLETIVO. OFENSA INJUSTA E INTOLERÁVEL. VALORES ESSENCIAIS DA SOCIEDADE. FUNÇÕES. PUNITIVA, REPRESSIVA E REDISTRIBUTIVA. 1. Cuida-se de coletiva de consumo, por meio da qual a recorrente requereu a condenação do recorrido ao cumprimento das regras de atendimento presencial em suas agências bancárias relacionadas ao tempo máximo de espera em filas, à disponibilização de sanitários e ao oferecimento de assentos a pessoas com dificuldades de locomoção, além da compensação dos danos morais coletivos causados pelo não cumprimento de referidas obrigações. (...) 7. O dever de qualidade, segurança, durabilidade e desempenho que é atribuído aos fornecedores de produtos e serviços pelo art. 4º, II, d, do CDC, tem um conteúdo coletivo implícito, uma função social, relacionada à otimização e ao máximo aproveitamento dos recursos produtivos disponíveis na sociedade, entre eles, o tempo.8. O desrespeito voluntário das garantias legais, com o nítido intuito de otimizar o lucro em prejuízo da qualidade do serviço, revela ofensa aos deveres anexos ao princípio boa-fé objetiva e configura lesão injusta e intolerável à função social da atividade produtiva e à proteção do tempo útil do consumidor. 9. Na hipótese concreta, a instituição financeira recorrida optou por não adequar seu serviço aos padrões de qualidade previstos em lei municipal e federal, **impondo à sociedade o desperdício de tempo útil** e acarretando violação injusta e intolerável ao interesse social de máximo aproveitamento dos recursos produtivos, o que é suficiente para a configuração do dano moral coletivo. (REsp 1737412/SE, Rel. Ministra NANCY ANDRIGHI, TERCEIRA TURMA, julgado em 05/02/2019, DJe 08/02/2019)

B) CORRETA. Conforme entendimento do STJ: **Condenação por violência doméstica contra a mulher pode incluir dano moral mínimo mesmo sem prova específica** "Nos casos de violência contra a mulher ocorridos em contexto doméstico e familiar, é possível a fixação de valor mínimo de indenização a título de dano moral, desde que haja pedido expresso da acusação ou da parte ofendida, ainda que sem especificação do valor. Essa indenização não depende de instrução probatória específica sobre a ocorrência do dano moral, pois se trata de **dano presumido**". A tese foi fixada pela Terceira Seção do Superior Tribunal de Justiça (STJ) ao julgar recursos especiais repetitivos (Tema 983). Conforme noticiado pelo STJ ,"A simples relevância de haver pedido expresso na denúncia, a fim de garantir o exercício do contraditório e da ampla defesa, ao meu ver, é bastante para que o juiz sentenciante, a partir dos elementos de prova que o levaram à condenação, fixe o valor mínimo a título de reparação dos danos morais causados pela infração perpetrada, não sendo exigível produção de prova específica para aferição da profundidade e/ou extensão do dano. O merecimento à indenização é ínsito à própria condição de vítima de violência doméstica e familiar. O dano, pois, é *in re ipsa*", afirmou o relator dos recursos especiais, ministro Rogerio Schietti Cruz.

C) CORRETA . O CC em seu artigo 187 dispõe que: Também comete ato ilícito o titular de um direito que, ao exercê-lo, excede manifestamente os limites impostos pelo seu fim econômico ou social, pela boa-fé ou pelos bons costumes. <u>A responsabilidade civil decorrente do abuso de direito independe de culpa</u>. O art. 186 do Código Civil contém uma cláusula geral de responsabilidade por culpa, enquanto o art. 187 oferece uma cláusula geral de ilicitude de natureza objetiva. Nesse sentido o Enunciado 37 na 1a Jornada de Direito Civil: "A responsabilidade civil decorrente do abuso do direito independe de culpa e fundamenta-se somente no critério objetivo-finalístico".

D) INCORRETA. De acordo com o artigo 944 do CC, a **indenização mede-se pela extensão do dano**. Parágrafo único. Se houver excessiva desproporção entre a gravidade da culpa e o dano, poderá o juiz reduzir, equitativamente, a indenização. *Enunciado nº 458 – O grau de culpa do ofensor, ou a sua eventual conduta intencional, deve ser levado em conta pelo juiz para a quantificação do dano moral.*

Resposta: Letra D

***MPMG 2019 (CONCURSO LVII)**. QUESTÃO 50. Responsabilidade Civil. Lei seca (Código Civil e CDC) / Jurisprudência.*

O atual Código Civil impõe a necessidade de reparação do dano causado por ato ilícito, inclusive com a obrigação de reparação do prejuízo, independentemente de culpa, nos casos especificados pela lei, ou quando a atividade normalmente desenvolvida pelo autor do dano implicar, por sua natureza, risco para os direitos de outrem. Trata-se da chamada teoria do risco, criada, principalmente, por juristas franceses no final do século XX, que deu caráter objetivo à responsabilidade civil, pelo qual "todo o prejuízo deve ser atribuído ao seu autor e reparado por quem o causou, independentemente de ter ou não agido com culpa." (CAVALIERI FILHO, Sérgio. Programa de responsabilidade civil. São Paulo: Atlas, 2009. p. 136).

Em relação à responsabilidade civil, marque a alternativa incorreta:

A) *A legitimidade para pleitear a reparação por danos morais é, em regra, do próprio ofendido; no entanto, em certas situações, são colegitimadas também aquelas pessoas que, sendo muito próximas afetivamente à vítima, são atingidas indiretamente pelo evento danoso, reconhecendo-se, em tais casos, o chamado dano moral reflexo ou em ricochete.*

B) *O incapaz poderá ser demandado pelos prejuízos que causar, se as pessoas por ele responsáveis não tiverem obrigação de fazê-lo ou não dispuserem de meios suficientes.*

C) *A existência de licenciamento ambiental regular e a observância dos limites da atividade legitimamente autorizada exime o causador de degradação ambiental, se o fez de boa-fé. Em caso de má-fé, a reparação civil pode incluir a obrigação de fazer ou não fazer, cumulada com a de indenizar.*

D) *A responsabilidade civil consumerista é, por via de regra, de caráter objetivo, ressalvada a responsabilidade pessoal dos profissionais liberais, tendo o consumidor o direito de reclamar por vícios aparentes ou de fácil constatação em prazos fatais, os quais são obstados pela reclamação comprovadamente formulada pelo consumidor perante o fornecedor de produtos e serviços até a resposta negativa correspondente, que deve ser transmitida de forma inequívoca, e pela instauração de inquérito civil, até seu encerramento.*

Comentários

(A): Correta. Conforme entendimento consolidado publicado no "**Jurisprudência em teses, nº 125 do STJ**: "A legitimidade para pleitear a reparação por danos morais é, em regra, do próprio ofendido, no entanto, em certas situações, são colegitimadas também aquelas pessoas que, sendo muito próximas afetivamente à vítima, são atingidas indiretamente pelo evento danoso, reconhecendo-se, em tais casos, o chamado dano moral reflexo ou em ricochete".

(B): Correta. Nos termos do artigo 928 do Código Civil: "O incapaz responde pelos prejuízos que causar, se as pessoas por ele responsáveis não tiverem obrigação de fazê-lo ou não dispuserem de meios suficientes".

(C): Incorreta. Nos casos de **dano ambiental**, aplica-se a **Teoria do Risco Integral**, razão pela qual, não há excludente de nexo de causalidade ou de responsabilidade civil a ser alegada, (art. 14, § 1.º, da Lei 6.938/1981). Conforme REsp repetitivo, o STJ entendeu que: "(...) 1. Para fins do art. 543-C do Código de Processo Civil: a) a responsabilidade por dano ambiental é **objetiva**, informada pela teoria do **risco integral**, sendo o nexo de causalidade o fator aglutinante que permite que o risco se integre na unidade do ato, **sendo descabida a invocação**, pela empresa responsável pelo dano ambiental, **de excludentes de responsabilidade civil** para afastar sua obrigação de indenizar; (...)". (REsp 1.374.284/MG, Rel.

Min. Luis Felipe Salomão, 2ª SEÇÃO, j. em 27/08/2014, DJe 05/09/2014). Em 2020, o STJ enfrentou o tema relacionado à responsaiblidade ciivl ambiental em caso de licenciamento ambiental e decidiu que: " 6. Os danos ambientais são regidos pela **teoria do risco integral**, colocando-se aquele que explora a atividade econômica na posição de garantidor da preservação ambiental, sendo sempre considerado responsável pelos danos vinculados à atividade, **descabendo questionar sobre a exclusão da responsabilidade pelo suposto rompimento do nexo causal (fato exclusivo de terceiro ou força maior)**. Precedentes. 7. Na hipótese concreta, mesmo que se considere que a instalação do posto de combustíveis **somente tenha ocorrido em razão de erro na concessão da licença ambiental, é o exercício dessa atividade, de responsabilidade da recorrente, que gera o risco concretizado no dano ambiental, razão pela qual não há possibilidade de eximir-se da obrigação de reparar a lesão verificada".** (REsp 1612887/PR, Rel. Ministra NANCY ANDRIGHI, TERCEIRA TURMA, julgado em 28/04/2020, DJe 07/05/2020).

(D): Correta. Em regra, a resposabilidade civil no âmbito consumerista é objetiva, ressalvada a responsabilidade civil dos **profissionais liberais**, que, nos termos do artigo 14, §1º do CDC, é **subjetiva**, pois será apurada mediante verificação de culpa. No que tange à parte final da assertiva, a **reclamação** comprovadamente formulada pelo consumidor perante o fornecedor de produtos e serviços até a resposta negativa correspondente, que deve ser transmitida de forma inequívoca e a **instauração do inquérito civil obstam a decadência**, consoante disposto no artigo 26, §2º, incisos I e III do CDC.

Resposta: Letra C

20. DA POSSE

MPMG – 2012 (LII Concurso) *Questão 49 Direito Civil – Código Civil – Posse – Legislação.*

Quanto aos efeitos da posse, é INCORRETO afirmar que:

A) *ao possuidor de má-fé, não serão ressarcidas quaisquer benfeitorias, nem mesmo as necessárias.*

B) *o possuidor de boa-fé tem direito, enquanto ela durar, aos frutos percebidos.*

C) *quando mais de uma pessoa se disser possuidora, manter-se-á provisoriamente a que tiver a coisa, se não estiver manifesto que a obteve de alguma das outras por modo vicioso.*

D) *o possuidor de boa-fé tem direito à indenização das benfeitorias necessárias e úteis, bem como, quanto às voluptuárias, se não lhe forem pagas, a levantá-las, quando o puder sem detrimento da coisa, e poderá exercer o direito de retenção pelo valor das benfeitorias necessárias e úteis.*

Comentários

A) Incorreto. O artigo 1.220, do CC/2002, dispõe que: "Ao possuidor de má-fé **serão ressarcidas somente as benfeitorias necessárias;** não lhe assiste o direito de retenção pela importância destas, nem o de levantar as voluptuárias." (destacamos).

B) Correto. O artigo 1.214 do CC/2002, prevê que: "O possuidor de boa-fé tem direito, enquanto ela durar, aos frutos percebidos".

C) Correto. Nos termos do artigo 1.211 do CC/2002, "Quando mais de uma pessoa se disser possuidora, manter-se-á provisoriamente a que tiver a coisa, se não estiver manifesto que a obteve de alguma das outras por modo vicioso".

D) Correto. Conforme disposto no artigo 1.219 do CC/2002, " O possuidor de boa-fé tem direito à indenização das benfeitorias necessárias e úteis, bem como, quanto às voluptuárias, se não lhe forem pagas, a levantá-las, quando o puder sem detrimento da coisa, e poderá exercer o direito de retenção pelo valor das benfeitorias necessárias e úteis".

Resposta: Letra A

21. DOS DIREITOS REAIS

MPMG – 2011 (Concurso LI). *Questão 49. Direito Civil / Código Civil / Direitos Reais / Legislação.*

*Pelo Código Civil, **NÃO** é considerado direito real:*

A) concessão de uso especial para fins de moradia.
B) energia que tenha valor econômico.
C) direito do promitente comprador do imóvel.
D) hipoteca.

Comentários

O artigo 1.225 do Código Civil apresenta o rol dos direitos reais: I - a propriedade; II - a superfície; III - as servidões; IV - o usufruto; V - o uso; VI - a habitação; VII - o direito do promitente comprador do imóvel; VIII - o penhor; IX - a hipoteca; X - a anticrese. XI - a concessão de uso especial para fins de moradia; XII - a concessão de direito real de uso; e XIII - a laje. Sendo assim, da leitura do referido artigo, infere-se que a **energia que tenha valor econômico não tem natureza de direito real. Importante lembrar que,** nos termos do artigo 83, I do CC, trata-se de bem móvel para efeitos legais.

Resposta: B

***MPMG - 2013 (CONCURSO LIII)** Questão 48. Direito Civil/ Direito das Coisas/ Condomínio/ Legislação.*

*Quanto ao condomínio, analise as seguintes alternativas e assinale a assertiva **INCORRETA**:*

A) *Quando a dívida houver sido contraída por todos os condôminos, sem se discriminar a parte de cada um na obrigação, nem se estipular solidariedade, entende-se que cada qual se obrigou proporcionalmente ao seu quinhão na coisa comum.*

B) *Aplicam-se à divisão do condomínio, no que couber, as regras de partilha de herança.*

C) *Cada condômino responde aos outros pelos frutos que percebeu da coisa e pelo dano que lhe causou.*

D) *As dívidas contraídas por um dos condôminos em proveito da comunhão, e durante ela, obrigam o contratante, não tendo este direito a ação regressiva contra os demais.*

Comentários

A) Correta. Conforme artigo 1.317 do CC: "Quando a dívida houver sido contraída por todos os condôminos, sem se discriminar a parte de cada um na obrigação, nem se estipular solidariedade, entende-se que cada qual se obrigou proporcionalmente ao seu quinhão na coisa comum".

B) Correta. Nos exatos termos do artigo 1.321 do CC: "Aplicam-se à divisão do condomínio, no que couber, as regras de partilha de herança (arts. 2.013 a 2.022)".

C) Correta. De acordo com o artigo 1.319 do CC: "Cada condômino responde aos outros pelos frutos que percebeu da coisa e pelo dano que lhe causou".

D) Incorreta. É cabível ação de regresso contra os demais condôminos, em caso de dívida contráida por um dos condôminos em proveito da comunhão, nos termos do artigo 1.318 do CC. "!As dívidas contraídas por um dos condôminos em proveito da comunhão, e durante ela, obrigam o contratante; mas terá este ação regressiva contra os demais".

Resposta: Letra D

22. DA PROPRIEDADE

***MPMG 2018. (CONCURSO LVI)** QUESTÃO 44. Direito Civil. Direitos Reais. Doutrina.*

Com matriz constitucional, em relação à função social da propriedade no sistema codificado, é de se afirmar, EXCETO:

A) *Observância através de imposições negativas (não fazer).*

B) *A inexistência de direito absoluto e intangível.*

C) *O cumprimento de obrigações ditadas pela solidariedade comunal.*

D) *Legitimidade de vedação ao proprietário do exercício de determinadas faculdades.*

Comentários

A) INCORRETA. A obrigação de não fazer é atributo do direito de propriedade. **A resposta da Banca examinadora do MPMG** esclareceu que esta alternativa "a" contém afirmação incompleta e, por isso mesmo, errada. De fato, em relação à função social da propriedade no sistema codificado, exige-se não apenas a observância de imposições negativas, mas ainda, a atuação via prestações positivas a cargo do proprietário. Na precisa lição de *Melhim Namem Chalub*, expositor da EMERJ, "a função social reclama regras impositivas que estabeleçam para o proprietário obrigações de agir, na forma de comportamentos ativos na direção do proveito social".

B) CORRETA. Mesmo cumprindo a função social, o proprietário/possuidor deve respeitar os direitos de outrem, eis que não se trata de um direito absoluto.

C) CORRETA. Segundo a Banca examinadora do MPMG, "o direito de propriedade, afeto à função social, importa o cumprimento de obrigações sociais."

D) CORRETA. O direito de propriedade sofre restrições à luz do cumprimento da função social. Conforme disposto na Constituição da República, a propriedade cumpre a função social quando respeita os ditames do plano diretor, que tem por missão ordenar o pleno desenvolvimento das funções sociais através de cidades sustentáveis: *A propriedade urbana cumpre sua função social quando atende às exigências fundamentais de ordenação da cidade expressas no plano diretor.* O artigo 39 do Estatuto da Cidade estabelece que *"Art. 39. A propriedade urbana cumpre sua função social quando atende às exigências fundamentais de ordenação da cidade expressas no plano diretor, assegurando o atendimento das necessidades dos cidadãos quanto à qualidade de vida, à justiça social e ao desenvolvimento das atividades econômicas, respeitadas as diretrizes previstas no art. 2.º desta Lei".* Em entrevista publicada no site carta forense, Advogado e Professor Titular e Chefe do Departamento de Direito Civil da USP, Dr. Carlos Alberto Dabus Maluf, enumera algumas limitações que recaem sobre o direito de propriedade: *"Limitações legais são: as Limitações do Código Civil de 2002 (artigo 1228 e 1229), a de Direito de preferência no condomínio tradicional (art. 504), a Limitação pela doação de todos os bens (art. 548), a Limitação por doação inoficiosa (art. 549), a da Proibição de doação do cônjuge adúltero a seu cúmplice (art. 550); as Limitações impostas ao testador (arts. 1.846 e 1.801, III), as Limitações impostas pelas servidões prediais (arts. 1.378 a 1.389), as Limitações decorrentes do direito de vizinhança (arts. 1.277 a 1.313), as*

Limitações oriundas do condomínio edilício (arts. 1.331 a 1.358); as Limitações em leis especiais: a Limitações pela Lei de Parcelamento do Solo Urbano (Lei 6.766/1979), as Limitações pela Lei do Inquilinato (Lei 8.245/1991), as Limitações pelo Estatuto da Terra (Lei 4.504/1964) as Limitações impostas pela Lei de Falências (Dec.-lei 7.661, de 21.06.1945) e nova Lei de Recuperação de Empresas (Lei 11.101, de 09.02.2005), as Limitações pela alienação fiduciária em garantia (Dec.-lei 911/1969, Lei 9.514/1997 e Lei 10.931/2004), as Limitações pela desapropriação (Dec.-lei 3.365/1941); as Limitações impostas pelo Código de Defesa do Consumidor (Lei 8.078, de 11.09.1990) e as Limitações impostas pelo Estatuto da Cidade (Lei 10.257, de 10.07.2001).

Resposta: Letra A

23. CONCEITO MODERNO DE PROPRIEDADE

24. DO DIREITO DE FAMÍLIA

MPMG 2010 (Concurso L). *Questão 44. Direito Civil / Direito de Família / Casamento / Direito das Sucessões / Vocação Hereditária / Testamento / Legislação.*

Analise as seguintes alternativas e assinale a assertiva INCORRETA.

A) Diz a lei que não podem casar os afins em linha reta, os irmãos unilaterais, o adotado com o filho do adotante, os colaterais de quarto grau, sem prévia autorização judicial.

B) A documentação, juntada na habilitação do casamento, deverá ser remetida ao MP para proceder à verificação e, estando em ordem, ser homologada pelo juiz.

C) É lícito a terceiro opor em declaração escrita impedimento que inviabiliza o processo de habilitação do casamento, antes ou após publicação dos editais.

D) Como regra geral, os bens deixados em testamento com cláusula de inalienabilidade são considerados bens fora do comércio ou bens indisponíveis pela vontade humana.

Comentários

(A): Incorreta. Os impedidos de casar são os afins em linha reta, os irmãos unilaterais ou bilaterais, os colaterais até o terceiro grau, o adotado com o filho do adotante, além dos ascendentes com os descendentes, as pessoas casadas, o adotante com quem foi cônjuge do adotado, o adotado com quem o foi do adotante e o cônjuge sobrevivente com o condenado por homicídio, consumado ou tentado, contra seu consorte, não existindo previsão legal de autorização judicial para que os citados possam se casar – Artigo 1.521 do CC/02.

(B): Correta. Antes da Lei nº 12.133/09, o CC/02 determinava no artigo 1.526 que os nubentes deveriam requerer a habilitação perante o oficial de registro e, após a manifestação do Ministério Público, ocorreria o envio da documentação ao juiz para ser homologada. Com a vigência da Lei nº 12.133/09, só ocorrerá homologação judicial em caso de impugnação, conforme parágrafo único do artigo 1.526 do CC: "Caso haja impugnação do oficial, do Ministério Público ou de terceiro, a habilitação será submetida ao juiz".

(C): Correta. Nos termos do artigo 1.522 do CC, " Os impedimentos podem ser opostos, até o momento da celebração do casamento, por qualquer pessoa capaz".

(D): Correta. O autor da herança pode transmitir livremente seus bens, através de cláusulas testamentárias em relação ao exercício da propriedade sobre a coisa, impondo limitação de atos de disposição pelo beneficiário (FARIAS e ROSENVALD, 2018, p. 478). A cláusula de inalienabilidade impede que o bem recebido seja vendido, doado ou dado em garantia. Trata-se, portanto, de bensconsiderados como fora do comércio ou indisponíveis pela vontade humana.

Resposta: Letra A

MPMG 2010 (Concurso L). *Questão 47. Direito Civil / Tutela e Curatela / Responsabilidade Civil / Direito de Família / Casamento / Legislação.*

Analise as seguintes alternativas e assinale a assertiva INCORRETA.

A) O ser humano comete erros em suas ações. Quando, no entanto, ele é induzido por outrem a praticar o ato que não planejava, há dolo de terceiro, justificando a anulação do ato jurídico.

B) Se alguém pratica um ato contra o seu agressor, inviável outro meio regular de evitá-lo, não poderá ser responsabilizado civilmente pelos danos que venha a causar.

C) Se o tutor, imprevidentemente, causar prejuízos ao menor, em aplicações de capitais a ele pertencentes, ficará responsável pelo ato e obrigado a ressarci-lo pelos prejuízos.

D) Realizado o casamento de Maria com Antônio, condenado duas vezes por crime de pedofilia, o pai de Maria ajuíza ação de anulação do casamento de sua filha.

Comentários

(A): Correta. Conforme artigo 148 do CC: "Art. 148. Pode também ser anulado o negócio jurídico por dolo de terceiro, se a parte a quem aproveite dele tivesse ou devesse ter conhecimento; em caso contrário, ainda que subsista o negócio jurídico, o terceiro responderá por todas as perdas e danos da parte a quem ludibriou". .

(B): Correta. Nos termos do disposto no inciso I do artigo 188, do CC: "Art. 188. Não constituem atos ilícitos: I - os praticados em legítima defesa ou no exercício regular de um direito reconhecido;.

(C): Correta. De acordo com a primeira parte do artigo 1.752 do CC: Art. 1.752. O tutor responde pelos prejuízos que, por culpa, ou dolo, causar ao tutelado;".

(D): Incorreta. As condenações criminais caracterizam erro essencial sobre a pessoa do outro cônjuge, consoante dispõe inciso II do artigo 1.557 do CC, sendo legitimado a propor ação de anulação de casamento apenas o o cônjuge que incidiu em erro, conforme artigo 1.559 do CC: "Art. 1.559. Somente o cônjuge que incidiu em erro, ou sofreu coação, pode demandar a anulação do casamento; (...)"

Resposta: Letra D

MPMG 2010 (Concurso L). *Questão 48. Direito Civil / Direito de Família / Alimentos / Legislação.*

Analise as seguintes alternativas e assinale a assertiva INCORRETA.

A) Concorrendo os filhos de irmãos do falecido, aquele que recebeu doação em vida do de cujus deverá colacioná-la para igualar as legítimas.

B) As doações feitas por um cônjuge ao outro, na constância do casamento, serão objeto de colação pelo cônjuge supérstite, concorrendo com os descendentes.

C) Antônio, obrigado a prestar alimentos a Maria, poderá dar-lhe moradia, sustento, educação, enquanto Maria for menor, sem se eximir da amplitude da obrigação.

D) Quando a lei determina para o ato jurídico determinado prazo decadencial, deverá o juiz, de ofício, extinguir a pretensão postulada pelo autor.

Comentários

(A): Incorreta – Apenas os descendentes de ascendente comum devem colacionar os bens doados, nos termos do artigo 2.002 do CC. Considerando que a questão abordou a hipótese de filhos de irmãos do falecido, a regra da colação não se aplica a eles, tendo em vista que são colaterais.Confira o texto legal: "Art. 2.002. Os descendentes que concorrerem à sucessão do **ascendente comum** são obrigados, para igualar as legítimas, a conferir o valor das doações que dele em vida receberam, sob pena de sonegação".

(B): Correta.Conforme artigo 2.003 do CC: "A colação tem por fim igualar, na proporção estabelecida neste Código, as legítimas dos descendentes e do cônjuge sobrevivente, obrigando também os donatários que, ao tempo do falecimento do doador, já não possuírem os bens doados".

(C): Correta. De acordo com o artigo 1.701 do CC, "A pessoa obrigada a suprir alimentos poderá pensionar o alimentando, ou dar-lhe hospedagem e sustento, sem prejuízo do dever de prestar o necessário à sua educação, quando menor".

(D): Correta. Consoante artigo 210 do CC: "Deve o juiz, de ofício, conhecer da decadência, quando estabelecida por lei". É importane salientar que após o advento do CPC/15, tal artigo deve ser lido à luz do disposto no par[agrafo único do artigo 487 do CPC, tendo em vista que ressalvada a hipótese do § 1º do art. 332(improcedência liminar do pedido em caso de decadência ou prescrição verificadas desde logo), a prescrição e a decadência não serão reconhecidas sem que antes seja dada às partes oportunidade de manifestar-se.

Resposta: Letra A

MPMG – 2011 (Concurso LI)*. Questão 48. Direito Civil / Código Civil / Direito de Família /Legislação.*

São formas de extinção do poder familiar, EXCETO:

A) *morte dos pais ou do filho.*

B) *adoção.*

C) *maioridade.*

D) *estabelecimento de união estável ou casamento, quanto aos filhos do relacionamento anterior.*

Comentários

a) Correta. Conforme art. 1635, inciso I, CC, o poder familiar é extinto pela morte dos pais ou do filho.

b) Correta. A adoção é causa de extinção do poder familiar nos termos do inciso IV, do art. 1635, do CC.

c) Correta. Consoante inciso III do artigo 1635, do CC, a maioridade implica na extinção do poder familiar.

d) Incorreta. Novas núpcias não alteram a relação jurídica com os filhos do relacionamento anterior, conforme disposto no artigo 1588 e 1635, CC: "O pai ou a mãe que contrair novas núpcias não perde o direito de ter consigo os filhos, que só lhe poderão ser retirados por mandado judicial, provado que não são tratados convenientemente".

Resposta: D

MPMG – 2012 (LII Concurso) *Questão 41 Direito Civil – Regime de Bens – Legislação.*

No regime de comunhão parcial, comunicam-se, via de regra, os bens que sobrevierem ao casal, na constância do casamento. Entram na comunhão, EXCETO:

A) *os bens de uso pessoal, os livros e instrumentos de profissão.*

B) *os bens adquiridos por fato eventual, com ou sem o concurso de trabalho ou despesa anterior.*

C) *as benfeitorias em bens particulares de cada cônjuge.*

D) *os frutos dos bens comuns, ou dos particulares de cada cônjuge, percebidos na constância do casamento, ou pendentes ao tempo de cessar a comunhão.*

Comentários

Conforme o artigo. 1.660, do CC/2002: Entram na comunhão: I – os bens adquiridos na constância do casamento por título oneroso, ainda que só em nome de um dos cônjuges; II – os bens adquiridos por fato eventual, com ou sem o concurso de trabalho ou despesa anterior;(assertiva B) III – os bens adquiridos por doação, herança ou legado, em favor de ambos os cônjuges; IV – as benfeitorias em bens particulares de cada cônjuge; (assertiva D) V – os frutos dos bens comuns, ou dos particulares de cada cônjuge, percebidos na constância do casamento, ou pendentes ao tempo de cessar a comunhão. (assertiva D)

Todavia, o artigo 1659, inciso V, do CC/2002 dispõe que: "Excluem-se da comunhão: V – os bens de uso pessoal, os livros e instrumentos de profissão;"(assertiva A)

Resposta: letra A.

MPMG – 2012 (LII Concurso) *Questão 42 Direito Civil – Direito de Família – Filiação – Legislação.*

Quanto ao reconhecimento dos filhos, é INCORRETO afirmar que:

A) *são ineficazes a condição e o termo apostos ao ato de reconhecimento do filho.*

B) *qualquer pessoa, que justo interesse tenha, pode contestar a ação de investigação de paternidade, ou maternidade.*

C) *o filho maior pode ser reconhecido sem o seu consentimento, e o menor pode impugnar o reconhecimento, em até cinco anos que se seguirem à maioridade, ou à emancipação.*

D) *quando a maternidade constar do termo do nascimento do filho, a mãe só poderá contestá-la, provando a falsidade do termo, ou das declarações nele contidas.*

Comentários

A) Correto. O artigo 1.613 do CC dispõe que: "São ineficazes a condição e o termo apostos ao ato de reconhecimento do filho".

B) Correto. Conforme o artigo 1.615 do CC "Qualquer pessoa, que justo interesse tenha, pode contestar a ação de investigação de paternidade, ou maternidade".

C) Incorreto. Nos termos do artigo 1.614 do CC: "O filho maior não pode ser reconhecido sem o seu consentimento, e o menor pode impugnar o reconhecimento, nos quatro anos que se seguirem à maioridade, ou à emancipação.".

D) Correto. Nos exatos ditames do artigo 1.608 do CC: Quando a maternidade constar do termo do nascimento do filho, a mãe só poderá contestá-la, provando a falsidade do termo, ou das declarações nele contidas..

Resposta: letra C.

MPMG - 2012 (LII Concurso) *Questão 44 Direito Civil - Bem de família- Legislação.*

Quanto ao bem de família, é INCORRETO afirmar que:

A) *o bem de família consistirá em prédio residencial urbano ou rural, com suas pertenças e acessórios, destinando-se em ambos os casos a domicílio familiar, e poderá abranger valores mobiliários, cuja renda será aplicada na conservação do imóvel e no sustento da família.*

B) *o bem de família, quer instituído pelos cônjuges ou por terceiro, constitui-se pelo registro de seu título no Registro de Imóveis.*

C) *comprovada a impossibilidade da manutenção do bem de família nas condições em que foi instituído, poderá o juiz, a requerimento dos interessados, extingui-lo ou autorizar a sub-rogação dos bens que o constituem em outros, ouvidos o instituidor e o Ministério Público.*

D) *a dissolução da sociedade conjugal pelo divórcio extingue o bem de família.*

Comentários

A) Correto. Conforme o artigo 1712 do CC: "O bem de família consistirá em prédio residencial urbano ou rural, com suas pertenças e acessórios, destinando-se em ambos os casos a domicílio familiar, e poderá abranger valores mobiliários, cuja renda será aplicada na conservação do imóvel e no sustento da família"...

B) Correto. Nos termos do artigo 1714 do CC: "O bem de família, quer instituído pelos cônjuges ou por terceiro, constitui-se pelo registro de seu título no Registro de Imóveis"..

C) Correto. Texto integral do artigo 1719 do CC: "Comprovada a impossibilidade da manutenção do bem de família nas condições em que foi instituído, poderá o juiz, a requerimento dos interessados, extingui-lo ou autorizar a sub-rogação dos bens que o constituem em outros, ouvidos o instituidor e o Ministério Público"..

D) Incorreto. A dissolução da sociedade conjugal não extingue o bem de família, conforme disposto no artigo 1.721 do CC.

Resposta: letra D.

MPMG - 2012 (LII Concurso) *Questão 50 Direito Civil - Código Civil - Casamento - Legislação.*

Quanto ao processo de habilitação para o casamento, é INCORRETO afirmar que:

A) *a habilitação será feita pessoalmente perante o oficial do Registro Civil, com a audiência do Ministério Público. Caso haja impugnação do oficial, do Ministério Público ou de terceiro, a habilitação será submetida ao juiz.*

B) *é dever do oficial do registro esclarecer os nubentes a respeito dos fatos que podem ocasionar a invalidade do casamento, bem como sobre os diversos regimes de bens.*

C) *tanto os impedimentos quanto as causas suspensivas serão opostos em declaração escrita e assinada, instruída com as provas do fato alegado, ou com a indicação do lugar onde possam ser obtidas.*

D) *a eficácia da habilitação será de cento e vinte dias, a contar da data em que foi extraído o certificado.*

Comentários

A) Correto. Artigo 1.526, *caput* e parágrafo único, do CC/2002.

B) Correto. Artigo 1.528 do CC/2002.

C) Correto. Artigo 1.529 do CC/2002.

D) Incorreto. Artigo 1.532 do CC/2002: "A **eficácia da habilitação será de noventa dias**, a contar da data em que foi extraído o certificado." (destacamos).

Resposta: letra D.

MPMG 2014 (Concurso LIV). *Questão 45. Direito Civil/ Código Civil e ECA/ Família / Legislação.*

Assinale a alternativa INCORRETA:

A) *A fiel observância da sistemática imposta pelo art. 50 do Estatuto da Criança e do Adolescente, somente se deferindo a adoção a pessoas previamente cadastradas e habilitadas, pode ser relativizada excepcionalmente.*

B) *A família natural é a comunidade formada pelos pais ou qualquer deles e seus descendentes.*

C) *Nos termos do Código Civil de 2002, a união estável se equipara ao casamento para o efeito de cessação da incapacidade para os menores.*

D) *A separação de fato cessa o regime de bens entre os cônjuges.*

Comentários

(A) Correto. Nos termos do §13 do artigo 50, do ECA: " Somente poderá ser deferida adoção em favor de candidato domiciliado no Brasil **não cadastrado previamente** nos termos desta Lei quando: I - se tratar de pedido de adoção unilateral; II - for formulada por parente com o qual a criança ou adolescente mantenha vínculos de afinidade e afetividade; III - oriundo o pedido de quem detém a tutela ou guarda legal de criança maior de 3 (três) anos ou adolescente, desde que o lapso de tempo de convivência comprove a fixação de laços de afinidade e afetividade, e não seja constatada a ocorrência de má-fé ou qualquer das situações previstas nos arts. 237 ou 238 do ECA.

(B) Correto. Conforme artigo 25, do ECA:"Entende-se por família natural a comunidade formada pelos pais ou qualquer deles e seus descendentes".

(C) Errado. O o rol do Art. 5º, parágrafo único, CC/02 é taxativo e não prevê a hipótese de emancipação em caso de união estável. "Art. 5º A menoridade cessa aos dezoito anos completos, quando a pessoa fica habilitada à prática de todos os atos da vida civil. Parágrafo único. Cessará, para os menores, a incapacidade: II - pelo casamento".

(D) Correto. A separação de fato é razão para o fim do regime de bens, conforme orientação sedimentada do STJ. Assim, não se exige nem o divórcio nem a separação judicial ou extrajudicial para que o regime de bens acabe. "Nada obstante, a partir da separação de fato ou de corpos (marco final do regime de bens), os bens e direitos dos ex-consortes ficam em estado de mancomunhão - conforme salienta doutrina especializada -, formando uma massa juridicamente indivisível, indistintamente pertencente a ambos" REsp 1.274.639/SP, rel. ministro Luis Felipe Salomão, 4ª Turma, julgado em 12/9/2017, DJe 23/10/2017. No mesmo sentido: "Na partilha, comunicam-se não apenas o patrimônio líquido, mas também as dívidas e os encargos existentes até o momento da separação de fato". REsp 1.477.937/MG, rel. ministro Ricardo Villas Bôas Cueva, 3ª Turma, julgado em 27/4/2017, DJe 20/6/2017.

Resposta: A

***MPMG 2014 (Concurso LIV)**. Questão 46. Direito Civil/ Código Civil / Família, Sucessão e Propriedade / Legislação, doutrina e jurisprudência.*

Assinale a alternativa INCORRETA:

A) *A petição de herança é ação real e o termo inicial da prescrição é a abertura da sucessão.*

B) *O regime de bens pode ser modificado mediante pedido fundamentado de ambos os cônjuges mediante autorização judicial que acolha a procedência das razões invocadas, ressalvados os direitos de terceiros.*

C) *Os atos emulativos praticados pelo proprietário caracterizam os direitos de usar (ius utendi), gozar (jus fruendi) e dispor (ius abutendi), salvo quando ofensivos à função socioambiental da propriedade.*

D) *A incapacidade superveniente do testador não invalida o testamento.*

Comentários

(A) Correto. A ação de petição de herança é uma ação real imobiliária porque a herança é considerada, por força de lei (CC, art. 80, inciso II), uma coisa (res, na língua latina) imóvel (FARIAS e ROSENVALD, 2018, p. 255). Os autores citam os esclarecimentos de César Fernández Arce: "trata-se de ação real imobiliária proque a sua finalidade é a restituição dos bens hereditários". A ação de petição de herança possui natureza condenatória, com dois objetos: I) o reconhecimento da qualidade de herdeiro e II) o recebimento dos bens devidos. Quanto à prescrição, a doutrina diverge. Para a autora Giselda Hironaka, a ação de petição de herança é imprescritível. Já os autores Cristiano Chaves de Farias e Nelson Rosenvald (2018, p. 260-261) entendem que a tese da imprescritibilidade não merece prosperar, pois trata-se de uma pretensão condenatória e necessariamente, estará submtida a um prazo prescricional. Nesse sentido, o STF editou a súmula 149: "É imprescritível a ação de investigação de paternidade, mas não o é a de petição de herança". No que tange ao termo inicial da prescrição, o entendimento do STJ (REsp 17556/MG) era no sentido de que seria com a abertura da sucessão, o que tornava a alterantiva correta. No entanto, em 2016, o STJ alterou seu entendimento no sentido de que o prazo para reclamar a herança somente pode começar a fluir com o trânsito em julgado da investigação de paternidade post mortem cumulada com petição de herança Resp 1.475.759/DF.

(B) Correto. Segundo o artigo 1.639, § 2º, CC:"§ 2º É admissível alteração do regime de bens, mediante autorização judicial em pedido motivado de ambos os cônjuges, apurada a procedência das razões invocadas e ressalvados os direitos de terceiros."

(C) Errado. Usar, Gozar e dispor são elementos constitutivos do direito de propriedade, conforme artigo 1228, CC – "Art. 1.228. O proprietário tem a faculdade de usar, gozar e dispor da coisa, e o direito de reavê-la do poder de quem quer que injustamente a possua ou detenha". Da leitura do referido dispositivo, verifica-se que tais elementos constitutivos do direito de propriedade não se confundem com atos emulativos, pois esses são praticados com o intuito de prejudicar terceiro e não tem utilidade para o agente que o pratica. .

(D) Correto. Nos termos do artigo 1.861, CC: "A incapacidade superveniente do testador não invalida o testamento, nem o testamento do incapaz se valida com a superveniência da capacidade."

Resposta: C

MPMG 2017 (Concurso LV)*. Questão 45. Direito Civil/ Do direito de família/ Dos direitos reais/Da responsabilidade civil/legislação, jurisprudência e doutrina.*

QUESTÃO 45 Assinale a alternativa INCORRETA:

A) O jus in re (direito real) é o poder direto do titular sobre a coisa.

B) A socioafetividade é atributo do parentesco de outra origem.

C) Na indenização por ofensa à liberdade pessoal, não havendo involuntariamente prova material do prejuízo, o juiz fixará equitativamente o valor da reparação segundo as circunstâncias do caso.

D) Em qualquer caso, a quantificação dos alimentos advindos do parentesco por adoção se vincula apenas àqueles indispensáveis à subsistência do beneficiário.

Comentários

(A): Correta. Conforme a doutrina de Orlando Gomes, citada por TARTUCE (2020, p. 827) a teoria realisa ou clássica conceitua o direito real como "um poder imediato que a pessoa exerce sobre a coisa, com eficácia contra todos (*erga omnes*)".

(B): Correta. Segundo TARTUCE, (2020, p. 1287), são três as modalidades de parentesco admitidas pelo Direito Civil Brasileiro: I) **parentesco consaguíneo ou natural** – aquele existente entre pessoas que mantém entre si um vínculo biológico ou de sangue, por terem origem no mesmo tronco comum; II) **parentesco por afinidade** – existente entre um cônjuge ou companheiro e os parentes do outro cônjuge ou companheiro; III) **parentesco civil** - aquele decorrente de outra origem, que não seja a consaguinidade ou afinidade, conforme consta do artigo 1.593 do CC. São exemplos de parentesco ciivl a adoção, **a parentalidade socioafetiva**, da técnica de reprodução heteróloga. Nesse sentido, se manfestou o STJ: "1. A socioafetividade é contemplada pelo art. 1.593 do Código Civil, no sentido de que o parentesco é natural ou civil, conforme resulte da consanguinidade ou outra origem. [...] 3. A paternidade socioafetiva realiza a própria dignidade da pessoa humana por permitir que um indivíduo tenha reconhecido seu histórico de vida e a condição social ostentada, valorizando, além dos aspectos formais, como a regular adoção, a verdade real dos fatos. 4. A posse de estado de filho, que consiste no desfrute público e contínuo da condição de filho legítimo, restou atestada pelas instâncias ordinárias. [...] (REsp 1613641/MG, Rel. Ministro RICARDO VILLAS BÔAS CUEVA, TERCEIRA TURMA, julgado em 23/05/2017, DJe 29/05/2017)

(C): Correta. Conforme parágrafo único do artigo do CC: "Art. 953. A indenização por injúria, difamação ou calúnia consistirá na reparação do dano que delas resulte ao ofendido. Parágrafo único. Se o ofendido não puder provar prejuízo material, caberá ao juiz fixar, eqüitativamente, o valor da indenização, na conformidade das circunstâncias do caso".

(D): Incorreta – Não pode haver discriminação entre os alimentos provenientes de vínculo adotivo ou consanguíneo, na linha do que decidiu o STF quanto às licenças-maternidade (tema 782). Assim, imperativa a regra dos artigos 1694 e 1696, atendendo-se ao binômio necessidade- proporcionalidade (para alguns, deve se incluir a proporcionalidade também).

Resposta: Letra D

MPMG 2018. ***(CONCURSO LVI)*** *QUESTÃO 48. Direito Civil. Direito de Família. Doutrina e Jurisprudência.*

Em relação ao divórcio litigioso é de se afirmar, EXCETO:

A) *Trata-se de direito potestativo que independe de causa jurídica determinante do pedido ou de motivação fática.*

B) *É pretensão subordinada à arguição de culpa do outro em uma das formas previstas na separação judicial contenciosa.*

C) *Não requer a prévia divisão patrimonial ditada pelo regime de bens adotado no casamento.*

D) *Extingue a sociedade conjugal e o vínculo matrimonial, admitindo a modalidade desjudicializada.*

Comentários

A) CORRETO. Consoante ensinamentos de Cristiano Chaves de Farias, em artigo publicado no site do IBDFAM, "trata-se, aliás, de direito potestativo extintivo, uma vez que atribui-se ao cônjuge o poder de, mediante sua simples e exclusiva declaração de vontade, modificar a situação jurídica familiar existente, projetando efeitos em sua órbita jurídica, bem como de seu consorte. Enfim, trata-se de direito (potestativo) que submete-se apenas à vontade do cônjuge, a ele reconhecido com exclusividade e marcado pela característica da indisponibilidade, como corolário da afirmação de sua dignidade".

B) INCORRETO. Nos termos do Enunciado 602 – VII Jornada de Direito Civil-CJF: A culpa como requisito intrínseco a decretação da separação/divórcio foi praticamente extirpada do ordenamento jurídico brasileiro. Assim, com o advento da Emenda Constitucional n. 66 de 2010 e faculdade de propor a ação de separação judicial, a vontade (interesse de agir) de se divorciar é elemento suficiente para a concessão do divórcio. Portanto, a imediata expedição do mandado de averbação do divórcio não mais depende do trânsito em julgado da ação que discute demais elementos oriundos do matrimônio, como "culpa", alimentos, partilha de bens e guarda de eventual filho.

C) CORRETO. Ao teor da Súmula 197 STJ: O divórcio direto pode ser concedido sem que haja prévia partilha dos bens. (DJ 22/10/1997). Além disso, o STJ já decidiu que "tanto o divórcio direto como o indireto podem ser concedidos sem que haja prévia partilha de bens" (STJ REsp 1.281.236-SP, j. em 19/3/2013).

D) CORRETO. Conforme art. 733 do CPC, o divórcio consensual, a separação consensual e a extinção consensual de união estável, não havendo nascituro ou filhos incapazes e observados os requisitos legais, poderão ser realizados por escritura pública, da qual constarão as disposições de que trata o art. 731. O enunciado da questão se referiu à hipótese de **divórcio litigioso**, que enseja, em regra, **a judicialização da demanda**. No entanto, Nelson Rosenvald e Cristiano Chaves (2018, p. 442) ensinam que **há absoluto consenso quanto à possibilidade de aplicação do parágrafo único do artigo 731 do CPC nos procedimentos litigiosos**. Assim, considerando que o divórcio é um direito potestativo, o litígio não recai sobre a sua concessão, ou não, cingindo-se tão só, aos **elementos subjacentes da dissolução**, como a partilha de bens, guarda de filhos, pensionamento, visitação, etc, ele poderá ser feito em cartório e a partilha realizada posteriormente em juízo, nos termos da súmula 197 do STJ. Logo, a questão está correta pois, mesmo sendo divórcio litigioso, admite-se a possibilidade da modalidade desjudicializada.

Resposta: Letra B

25. DO DIREITO DAS SUCESSÕES

MPMG 2010 (Concurso L)*. Questão 42. Direito Civil / Direito das Sucessões / Responsabilidade Civil / Legislação e Jurisprudência.*

Analise as seguintes alternativas e assinale a assertiva INCORRETA.

A) *Consoante a teoria da responsabilidade subjetiva, em não havendo culpa do agente, não é o autor do ato responsabilizado pelo dano indenizável.*

B) *O esbulhador do alheio deve indenizar o dono da coisa pelo valor das deteriorações e o devido a título de lucros cessantes, se houver.*

C) *Absolvido de crime praticado contra seu pai, com sentença transitada em julgado, não produzirá efeito a disposição testamentária deserdando o ofensor.*

D) O herdeiro que tentou matar seu pai, citado em ação própria, seis anos após a abertura da sucessão, não recebe a herança, face ao despacho citatório do juiz.

Comentários

(A): Correta – TARTUCE,(2020, p. 508) ensina que "(...) a responsabilidade subjetiva constitui regra geral em nosso ordenamento jurídico, baseada na teoria da culpa. Dessa forma, para que o agente indenize, ou seja, para que responda civilmente, é necessária a comprovação da sua culpa genérica, que inclui o dolo (intenção de prejudicar) e a culpa em sentido estrito (imprudência, negligência ou imperícia)".

(B): Correta. Nos termos do artigo 952 do CC: "Havendo usurpação ou esbulho do alheio, além da restituição da coisa, a indenização consistirá em pagar o valor das suas deteriorações e o devido a título de lucros cessantes; faltando a coisa, dever-se-á reembolsar o seu equivalente ao prejudicado".

(C): Correta – "Em todos esses casos tampouco se exige a prévia condenação criminal. Contudo a sentença absolutória neste juízo impede a decretação de indignidade no juízo sucessório." (FIUZA; SÁ; NAVES, 2003).

(D): Incorreta –A exclusão do herdeiro ou legatário, em qualquer desses casos de indignidade, será declarada por sentença, nos termos do artigo 1.815, *caput*. e § 1º, do CC: "Art. 1.815. A exclusão do herdeiro ou legatário, em qualquer desses casos de indignidade, será declarada por sentença. § 1 o O direito de demandar a exclusão do herdeiro ou legatário extingue-se em quatro anos, contados da abertura da sucessão".

Resposta: Letra D

MPMG 2010 (Concurso L)*. Questão 43. Direito Civil / Direito de Família / Casamento e Regime de Bens / Tutela e Curatela / Alimentos / Direito das Sucessões / Sucessão Testamentária / Legislação.*

Analise as seguintes alternativas e assinale a assertiva INCORRETA.

A) Reconhecida a paternidade por sentença judicial, o herdeiro declarado requer o rompimento do testamento deixado por seu pai, que não o conhecia.

B) A meação do cônjuge, no regime de participação final nos aquestos, pode ser objeto de renúncia ou cedida a beneficiário na vigência do casamento.

C) Pais e filhos podem requerer a prestação de alimentos, reciprocamente, recaindo a obrigação nos mais próximos em grau, uns em falta dos outros.

D) *Emancipado o tutelado, deverá o tutor ter as contas aprovadas pelo juiz, não produzindo efeitos a quitação exarada pelo menor.*

Comentários

(A): Correta. Nos termos do artigo 1.973 do CC: "Sobrevindo descendente sucessível ao testador, que não o tinha ou não o conhecia quando testou, rompe-se o testamento em todas as suas disposições, se esse descendente sobreviver ao testador".

(B): Incorreta. O direito à meação não é renunciável, cedível ou penhorável na vigência do matrimonio, conforme artigo 1.682 do CC.

(C): Correta. Segundo o aartigo 1.696 do CC: "O direito à prestação de alimentos é recíproco entre pais e filhos, e extensivo a todos os ascendentes, recaindo a obrigação nos mais próximos em grau, uns em falta de outros".

(D): Correta. De acordo com o artigo 1.758 do CC: "Finda a tutela pela emancipação ou maioridade, a quitação do menor não produzirá efeito antes de aprovadas as contas pelo juiz, subsistindo inteira, até então, a responsabilidade do tutor"

Resposta: Letra B

***MPMG 2010 (Concurso L)**. Questão 50. Direito Civil / Direito de Família / Casamento / Pacto Antenupcial / Partilha e Inventário / Legislação. (Questão adaptada)*

Analise as seguintes alternativas e assinale a assertiva INCORRETA.

A) *Os nubentes podem eleger regime de bens que melhor lhes convenha; posteriormente, permite-lhes a lei alterar o regime, com autorização judicial, motivando os cônjuges comprovada inexistência de prejuízos a terceiros.*

B) *O pacto antenupcial é um contrato, feito, obrigatoriamente, por escritura pública, lavrada no cartório de registro de imóveis, no qual os nubentes escolhem livremente o regime de bens, e ineficaz se não lhe seguir o casamento.*

C) *Os nubentes, sem idade núbII, que dependerem de autorização judicial para casar, deverão adotar o regime de separação obrigatória de bens, embora contrariando suas vontades e existência de patrimônio próprio.*

D) *A partilha de bens no inventário ou no divórcio requer cuidados especiais, dividindo-os não só em igualdade de quantidade, mas de idêntica qualidade, evitando-se sentimentos menores como a inveja, o ciúme, o rancor e o ódio.*

Comentários - QUESTÃO DESATUALIZADA/ADAPTADA

(A): Correta - Artigo 1.639, *caput* e § 2°, do CC: "Art. 1.639. É lícito aos nubentes, antes de celebrado o casamento, estipular, quanto aos seus bens, o que lhes aprouver. § 2 o É admissível alteração do regime de bens, mediante autorização judicial em pedido motivado de ambos os cônjuges, apurada a procedência das razões invocadas e ressalvados os direitos de terceiros".

(B): Incorreta – O pacto antenupcial é lavrado em Cartório de Notas e deve ser registrado em livro especial no Cartório de Imóveis do domicilio dos cônjuges para que possa gerar efeito obre terceiros – Artigos 1.653 e 1.657 do CC: "Art. 1.653. É nulo o pacto antenupcial se não for feito por escritura pública, e ineficaz se não lhe seguir o casamento. "Art. 1.657. As convenções antenupciais não terão efeito perante terceiros senão depois de registradas, em livro especial, pelo oficial do Registro de Imóveis do domicílio dos cônjuges".

(C): Correta* **Atenção**, essa alteranativa foi considerada correta na ocasião do certame, com base no inciso III do artigo 1.641, do CC: "Art. 1.641. É obrigatório o regime da separação de bens no casamento: III - de todos os que dependerem, para casar, de suprimento judicial, pois aqueles sem idade núbil se enquadravam nessa hipótese. No entanto, a Lei 13.811/2019 alterou o artigo 1.520 do CC, passando a proibir o casamento de quem não atingiu a idade núbil Confira-se: Art. 1.520. Não será permitido, em qualquer caso, o casamento de quem não atingiu a idade núbil, observado o disposto no art. 1.517 deste Código. (Redação dada pela Lei nº 13.811, de 2019) .

(D): Correta. De acordo com o artigo 2.017 do CC: "No partilhar os bens, observar-se-á, quanto ao seu valor, natureza e qualidade, a maior igualdade possível.".

Resposta: Letra B

MPMG – 2011 (Concurso LI)*. Questão 50. Direito Civil / Código Civil / Direito das Sucessões / Legislação.*

Quanto ao Direito das Sucessões, é INCORRETO afirmar:

A) *Os herdeiros capazes, bem como os incapazes, mediante representação por instrumento público, poderão fazer partilha amigável, por escritura pública, termo nos autos do inventário, ou escrito particular, homologado pelo juiz.*

B) *Os herdeiros em posse dos bens da herança, o cônjuge sobrevivente e o inventariante são obrigados a trazer ao acervo os frutos que perceberam, desde a abertura da sucessão; têm direito ao reembolso das despesas necessárias e úteis que fizeram, e respondem pelo dano a que, por dolo ou culpa, deram causa.*

C) *Ficam sujeitos a sobrepartilha os bens sonegados e quaisquer outros bens da herança de que se tiver ciência após a partilha.*

D) *A partilha, uma vez feita e julgada, só é anulável pelos vícios e defeitos que invalidam, em geral, os negócios jurídicos.*

Comentários

a) Incorreta. Art. 2.015 e 2.016, CC/02. Se algum herdeiro for incapaz, bem como se houver divergência entre herdeiros capazes, a partilha será sempre judicial. "Art. 2.015. Se os herdeiros forem capazes, poderão fazer partilha amigável, por escritura pública, termo nos autos do inventário, ou escrito particular, homologado pelo juiz." "Art. 2.016. Será sempre judicial a partilha, se os herdeiros divergirem, assim como se algum deles for incapaz."

b) Correta. Art. 2020, CC/02: Os herdeiros em posse dos bens da herança, o cônjuge sobrevivente e o inventariante são obrigados a trazer ao acervo os frutos que perceberam, desde a abertura da sucessão; têm direito ao reembolso das despesas necessárias e úteis que fizeram, e respondem pelo dano a que, por dolo ou culpa, deram causa.

c) Correta. Art. 2022, CC/02: Ficam sujeitos a sobrepartilha os bens sonegados e quaisquer outros bens da herança de que se tiver ciência após a partilha.

d) Correta. A alternativa traz a literalidade do art. 2027, CC/02 antes de sua modificação pela Lei 13.105/2015. A atual redação consigna: "Art.2027. A partilha é anulável pelos vícios e defeitos que invalidam, em geral, os negócios jurídicos. Parágrafo único. Extingue-se em um ano o direito de anular a partilha."

Resposta: A

MPMG - 2012 (LII Concurso) *Questão 43 Direito Civil - Testamento - Legislação.*

Quanto ao testamento particular, é INCORRETO afirmar que:

A) pode ser escrito de próprio punho ou mediante processo mecânico. Se escrito de próprio punho, são requisitos essenciais à sua validade seja lido e assinado por quem o escreveu, na presença de pelo menos duas testemunhas, que o devem subscrever.

B) se as testemunhas forem contestes sobre o fato da disposição, ou, ao menos, sobre a sua leitura perante elas, e se reconhecerem as próprias assinaturas, assim como a do testador, o testamento será confirmado.

C) em circunstâncias excepcionais declaradas na cédula, o testamento particular de próprio punho e assinado pelo testador, sem testemunhas, poderá ser confirmado, a critério do juiz.

D) pode ser escrito em língua estrangeira, contanto que as testemunhas a compreendam.

Comentários

A) Incorreto. Em caso de testamento particular escrito de próprio punho, exige-se que seja lido e assinado na presença de pelo menos três testemunhas, conforme o disposto no §1º do artigo 1876, do CC: Se escrito de próprio punho, são requisitos essenciais à sua validade seja lido e assinado por quem o escreveu, na presença de pelo menos três testemunhas, que o devem subscrever. .

B) Correto. Artigo 1.878 do CC: "Se as testemunhas forem contestes sobre o fato da disposição, ou, ao menos, sobre a sua leitura perante elas, e se reconhecerem as próprias assinaturas, assim como a do testador, o testamento será confirmado".

C) Correto. Artigo 1.879 do CC. "Em circunstâncias excepcionais declaradas na cédula, o testamento particular de próprio punho e assinado pelo testador, sem testemunhas, poderá ser confirmado, a critério do juiz".

D) Correto. Artigo 1.880 do CC: "O testamento particular pode ser escrito em língua estrangeira, contanto que as testemunhas a compreendam"..

Resposta: letra A.

MPMG - 2013 (CONCURSO LIII) Questão 49. Direito Civil/ Direito das Sucessões/ Legislação.

Quanto ao direito das sucessões, analise as seguintes alternativas e assinale a assertiva ***INCORRETA****:*

A) *O renunciante à herança de uma pessoa poderá representá-la na sucessão de outra, estando na ordem de chamamento.*

B) *A lei pode chamar certos parentes do falecido a suceder em todos os direitos, como se ele vivo fosse, representando-o.*

C) *O direito de representação dá-se na linha reta descendente, uma exceção entre os colaterais, mas nunca na ascendente.*

D) *Na linha colateral, os filhos e netos de irmão do falecido representam-no quando com irmãos deste concorrerem.*

Comentários

A) Correta. Conforme artigo 1.856 do CC: "O renunciante à herança de uma pessoa poderá representá-la na sucessão de outra"..

B) Correta. De acordo com o artigo 1.851 do CC: "Dá-se o direito de representação, quando a lei chama certos parentes do falecido a suceder em todos os direitos, em que ele sucederia, se vivo fosse".

C) Correta. Consoante disposto nartigo 1.852 do Código Civil c/c artigo 1.853 do mesmo instituto. Confira: art. 1.852. O direito de representação dá-se na linha reta descendente, mas **nunca** na ascendente. O Código Civil traz uma possibilidade de representação entre os colaterais, nos termos do art. 1.853 do CC: Art. 1.853. Na linha transversal, somente se dá o direito de representação em favor dos filhos de irmãos do falecido, quando com irmãos deste concorrerem.

D) Incorreta. Conforme artigo 1.853 do CC: "Na linha transversal, somente se dá o direito de representação em favor dos filhos de irmãos do falecido, quando com irmãos deste concorrerem.".

Resposta: Letra D

MPMG 2018. (CONCURSO LVI) *QUESTÃO 41. Direito Civil. Direito da Personalidade. Direito de Família. Lei seca, doutrina e Jurisprudência.*

Assinale a alternativa INCORRETA:

A) A mudança de gênero deve observar a prévia cirurgia de redesignação sexual do interessado na alteração do registro público.

B) No casamento avuncular (entre colaterais de terceiro grau) in extremis ou articulo mortis (nuncupativo), o assentimento do nubente enfermo pode ser inferido por gestos, desde que confirmada a vontade pelas testemunhas.

C) A paternidade socioafetiva pode ser reconhecida voluntariamente na via administrativa, ainda que no assento de nascimento conste o vínculo paterno-filial biológico.

D) Na união estável envolvendo pessoa maior de setenta anos, a existência de pacto antenupcial excepciona a obrigatoriedade do regime de separação de bens.

Comentários

A) INCORRETA. Segundo entendimento do STF, "os transgêneros, que assim o desejarem, **independentemente da cirurgia de transgenitalização, ou da realização de tratamentos hormonais ou patologizantes,** possuem o direito à alteração do prenome e do gênero (sexo) diretamente no registro civil." STF. Plenário. ADI 4275/DF, rel. orig. Min. Marco Aurélio, red. p/ o acórdão Min. Edson Fachin, julgado em 28/2 e 1º/3/2018 (Info 892). No mesmo sentido, o STJ: O direito dos transexuais à retificação do prenome e do sexo/gênero no registro civil não é condicionado à exigência de realização da cirurgia de transgenitalização. STJ. 4ª Turma. REsp 1.626.739-RS, Rel. Min. Luis Felipe Salomão, julgado em 9/5/2017 (Info 608).

B) CORRETA. Casamento avuncular é o nome que se dá ao casamento entre tios e sobrinhos, ou seja, entre parentes colaterais em terceiro grau. Embora o Código Civil proíba o casamento entre colaterais de terceiro grau (art. 1.521, inciso IV), a doutrina, encabeçada por José Fernando Simão, entende que *o Código Civil não revogou o Decreto-lei 3200/41 que sobrevive, na qualidade de lei especial, já que não há expressa contrariedade entre a lei anterior especial (decreto-lei 3200/41) e a lei geral posterior (Código Civil de 2002). Francisco José Cahali (ao atualizar Silvio Rodrigues, v. 6, p. 43): "Considerando tratar-se a previsão de casamento entre colaterais de terceiro grau de regra específica, inserida em legislação própria de proteção à família, não terá sido revogada por codificação geral posterior".* Diante da unanimidade doutrinária, foi aprovado o Enunciado 98 do CJF: "98 – O inc. IV do art. 1.521 do novo Código Civil deve ser interpretado à luz do Decreto-Lei n. 3.200/41. O casamento **nuncupativo** ocorre quando algum dos contraentes estiver em iminente risco de vida, ao teor do artigo 1.540 do Código Civil. Art. 1.540. Quando algum dos contraentes estiver em iminente risco de vida, não obtendo a presença da autoridade à qual incumba presidir o ato, nem a de seu substituto, poderá o casamento ser celebrado na presença de seis testemunhas, que com os nubentes não tenham parentesco em linha reta, ou, na colateral, até segundo grau. A manifestação de vontade pode ocorrer através de palavras ou até mesmo gestos, desde que a pessoa em perigo de vida esteja em pleno juízo e que se declare livre e espontaneamente para contrair núpcias, nos termos do artigo 1.541 do CC. Assim, é possível o casamente nuncupativo avuncular, não havendo nenhum óbice quanto à manifestação por meio de gestos, desde que seja confirmada perante a autoridade judicial, no prazo de 10 dias.

C) CORRETA. Conforme Provimento Nº 63 de 14/11/2017 -CNJ -Art. 10. O reconhecimento voluntário da paternidade ou da maternidade socioafetiva de pessoa de qualquer idade será autorizado perante os oficiais de registro civil das pessoas naturais.

D) CORRETA. Para os maiores de 70 anos, o Código Civil determina que o regime seja da separação legal de bens. Por força da súmula 377 do STF e do entendimento do STJ, os bens adquiridos durante o casamento**, desde que comprovado o esforço comum**, serão comunicáveis entre os cônjuges. A presente questão apresenta uma hipótese em que o maior de 70 anos, através do pacto antenupcial, afasta o regime da separação obrigatória de bens, situação plenamente possível, desde que o regime adotado seja o da separação convencional de bens, que não implica em comunhão, em face da **ausência de meação e todos os bens do casal são considerados particulares**. Essa possibilidade decorre do objetivo da norma, **pois se o regime da separação de bens convencional é mais protetivo ao maior de 70 anos, não há nenhum impedimento para que seja escolhido.** Nesse sentido, José Fernando Simão: "Então surge uma pergunta: se a *ratio legis* é a proteção daquele que se casa e a súmula acaba por desproteger tais pessoas, pois gera uma comunhão dos aquestos, por que não se admitir um pacto antenupcial que estabeleça a separação total de bens? Se o pacto gerar comunhão quando a lei quer evitá-la, o pacto será nulo. Assim, se a avença por um regime de comunhão universal, parcial de bens ou participação final nos aquestos for estabelecida por pacto antenupcial, este será nulo. Em outras palavras, se os nubentes adotarem um regime misto, criando comunhão em hipótese que a lei proíbe, o pacto será nulo. Se, contudo, estabelecerem a separação total de bens, o espírito do Código Civil será observado. É por isso que a lei deve ser interpretada de acordo com sua finalidade. É válido e possível o pacto antenupcial que estabeleça separação mais radical que a obrigatória."

Resposta: Letra A

MPMG 2018. (CONCURSO LVI) *QUESTÃO 50. Direito Civil. Direito de Família. Lei Seca.*

Assinale a alternativa CORRETA:

A) É absoluto o impedimento relativo ao casamento dos colaterais até o terceiro grau inclusive.

B) É nulo o casamento contraído pelo enfermo mental sem o necessário discernimento para os atos da vida civil.

C) A gravidez por inseminação artificial antecedente supre o defeito de idade núbil para o casamento.

D) O Ministério Público pode promover a anulação do casamento por incompetência da autoridade celebrante.

Comentários - QUESTÃO DESATUALIZADA

A) INCORRETA. Não se trata de impedimento absoluto, pois o casamento entre colaterais até o terceiro grau pode ser válido se se houver laudo de 02 médicos atestando a viabilidade do casamento, conforme dispõe o decreto-lei 3200/41: "Art. 2º Os colaterais do terceiro grau, que pretendam casar-se, ou seus representantes legais, se forem menores, requererão ao juiz competente para a habilitação que nomeie dois médicos de reconhecida capacidade, isentos de suspensão, para examiná-los e atestar-lhes a sanidade, afirmando não haver inconveniente, sob o ponto de vista da sanidade, afirmando não haver inconveniente, sob o ponto de vista da saúde de qualquer deles e da prole, na realização do matrimônio."

B) INCORRETA. Com o advento do Estatuto da Pessoa com Deficiência, aqueles sem o necessário discernimento para os atos da vida civil, possuem capacidade para realizar atos da vida civil, eis que houve mudança impactante na teoria da incapacidades, revogando-se as hipóteses de incapacidade absoluta, por conseguinte, houve a revogação do inciso I do artigo 1548 do CC que tratava como causa de nulidade do casamento o casamento contraído pelo enfermo mental sem o necessário discernimento para os atos da vida civil.

C) CORRETA. Na ocasião do concurso, o art. 1.520, do CC/02 dispunha que "Excepcionalmente, será permitido o casamento de quem ainda não alcançou a idade núbil (art. 1517), para evitar imposição ou cumprimento de pena criminal ou em caso de gravidez. Conforme ensinamentos de Carlos Roberto Gonçalves: *Na hipótese de gravidez, prescinde-se de eventual cometimento de crime. Pode ela resultar de relacionamento sexual consentido* ***ou mesmo inseminação artificial autorizada pelo nubente****. Objetiva-se, com a antecipação da capacidade para o casamento, nesse caso, proteger a prole vindoura.* **Contudo**, com a alteração do artigo 1.520 pela Lei 13.811, de 2019, passou a ser vedado o casamento de pessoa menor de 16 anos. Confira-se: Art. 1.520. Não será permitido**, em qualquer caso**, o casamento de quem não atingiu a idade núbil, observado o disposto no art. 1.517 deste Código. Nesse caso, esta alternativa passou a ser incorreta.

D) INCORRETA. O Ministério Público não possui legitimidade para anular casamento por incompetência do celebrante. O Código Civil conferiu atribuição de promover ação de **nulidade** de casamento, por motivos previstos no artigo 1548, conforme artigo 1549: *A decretação de* ***nulidade*** *de casamento pode ser promovida mediante ação direta, por qualquer interessado, ou pelo* ***Ministério Público*** *SOMENTE em caso de* ***infringência de impedimento****.*

Resposta: Letra C

MPMG 2018. (CONCURSO LVI) QUESTÃO 42. Direito Civil. Direito da Personalidade. Negócio Jurídico. Direito das Sucessões. Direito de Família. Lei seca, doutrina e Jurisprudência.

Assinale a alternativa INCORRETA:

A) Os aspectos essenciais da personalidade humana são caracterizados pela imaterialidade.

B) O companheiro homoafetivo ocupa, na linha sucessória, a mesma condição jurídica do cônjuge.

C) A condição, o termo e o modo são elementos acidentais do negócio jurídico, cuja inclusão depende da vontade das partes.

D) Como causa de impossibilidade da comunhão de vida, a tentativa de morte observa o preceito constitucional da presunção de inocência.

Comentários

A) CORRETA. Os aspectos essenciais da personalidade humana são caracterizados pela imaterialidade ou extrapatrimonialidade, pois não são aferíveis economicamente, embora possam ser objeto de indenização por violação aos direitos da personalidade. Além disso, seriam extrapatrimonais, por não comportarem avaliação econômica. Para Cristiano Chaves de Farias e Nelson Rosenvald (2018, p. 200) **É certo e incontroverso que a honra, a privacidade e demais bens jurídicos da personalidade de uma pessoa não comportam avaliação pecuniária**. São valores existenciais e, por conseguinte, não são susceptíveis de aferição monetária. Entretanto, uma vez ocorrendo uma violação a esses valores da personalidade, independentemente de causar prejuízo material, surge a necessidade de reparação do dano moral caracterizado, como forma de diminuir o prejuízo da vítima e sancionar o lesante, inclusive com o caráter educativo (preventivo) de impedir novos atentados.

B) CORRETA. De acordo com o STF, "No sistema constitucional vigente, é inconstitucional a diferenciação de regimes sucessórios entre cônjuges e companheiros, devendo ser aplicado, em ambos os casos, o regime estabelecido no artigo 1.829 do Código Civil." STF. Plenário. RE 646721/RS, Rel. Min. Marco Aurélio, red. p/ o ac. Min. Roberto Barroso e RE 878694/MG, Rel. Min. Roberto Barroso, julgados em 10/5/2017 (repercussão geral) (Info 864). Segundo Maria Berenice Dias, "Foi o Supremo Tribunal Federal que colocou as coisas nos trilhos. Ao reconhecer como inconstitucional o artigo 1.790 do Código Civil, acabou com a odiosa diferenciação entre união estável e casamento – tanto heterossexual como homoafetiva –, no que se refere ao direito de concorrência sucessória. A julgamento dispõe de repercussão geral e tem efeito vinculante."

C) CORRETA. De acordo com os ensinamentos de Cristiano Chaves e Nelson Rosenvald (2018, p. 685), "(...) muito embora o negócio jurídico válido (e, por relação implicacional, existente) tenha vocação para a imediata produção de efeitos, ocorrem, não raro, fatores que bloqueiam tais efeitos ou servem como fonte liberatória deles, gerando uma eficácia pendente ou uma eficácia temporária. Surgem, assim, os fatores do negócio jurídico como elementos acidentais, extrínsecos ao negócio, dele não participando, não o integrando, mas contribuindo decisivamente para a obtenção do resultado almejado. Frise-se: **mesmo que convencionados voluntariamente pelas partes,** os fatos do negócio jurídico não o integram, apenas projetando-se sobre os seus efeitos." Assim, os elementos acidentais do negócio jurídico são pactuados entre as partes para modificar os seus efeitos normais, como por exemplo a imposição de uma condição ou estabelecimento de um termo futuro para que possa ser exigível, restringindo a eficácia do ato ou adequando às circunstâncias futuras.

D) INCORRETA. O Código Civil disciplina que a tentativa de morte pode caracterizar a impossibilidade da comunhão de vida (art. 1.573, inciso II), sendo inconcebível aguardar a decisão em segunda instância para que seja caracterizada a impossibilidade de comunhão de vida. Conforme ensinamentos de Milton Paulo de Carvalho Filho (2017, p. 1610), o seu reconhecimento não depende da condenação penal do agente.

Resposta: Letra D

26. REGISTROS PÚBLICOS

***MPMG 2017 (Concurso LV)**. Questão 44. Direito Civil / Da personalidade e da capacidade/Dos direitos reais/Da prescrição e da decadência/Registros públicos / legislação.*

Assinale a alternativa CORRETA:

A) A legitimidade do Ministério Público para o requerimento de registro tardio da pessoa relativamente incapaz internada ou abrigada pressupõe a prévia interdição do interessado.

B) A posse é o exercício pleno dos poderes inerentes à propriedade.

C) São consideradas lei nova as correções a texto legal em vigor.

D) É prescricional o direito de o doador revogar a doação por ingratidão.

Comentários

(A): Incorreta. A legitimidade do Ministério Público para o requerimento de registro tardio da pessoa relativamente incapaz internada ou abrigada independe da prévia interdição, conforme art.13 do Provimento 28 do CNJ: Nos casos em que o registrando for pessoa incapaz internada em hospital psiquiátrico, hospital de custódia e tratamento psiquiátrico (HCTP), hospital de retaguarda, serviços de acolhimento em abrigos institucionais de longa permanência, ou instituições afins, poderá o Ministério Público, **independente de prévia interdição,** requerer o registro diretamente ao Oficial de Registro Civil competente, fornecendo os elementos previstos no artigo 3º deste provimento, no que couber.

(B): Incorreta. Conforme art.1.196 do CC/02, caracteriza-se possuidor aquele que tem de fato o exercício, pleno ou não, de alguns dos poderes inerentes à propriedade

(C): Correta. Consoante artigo1º,§ 4º, da LINDB, "As correções a texto de lei já em vigor consideram-se lei nova".

(D): Incorreta. A revogação da doação por ingratidão é um **direito potestativo**, previsto no artigo 555 do CC/02: "A doação pode ser revogada por ingratidão do donatário, (...)" , conferido ao doador, para que seja pleiteada no prazo de 1 ano, a contar de quando chegue ao conhecimento do doador o fato que a autorizar (hipóteses previstas no artigo 557 do CC), e de ter sido o donatário o seu autor (art. 559 do CC/02).artigos 557 c/c 559 do CC/02:). Trata-se de prazo decadencial, pois as hipóteses e prazos prescricionais estão previstos nos artigos 205 e 206 do Código Civil e os prazos decadenciais nos artigos e também na parte especial do referido código.

Resposta: Letra C

MPMG 2019 (CONCURSO LVII). *QUESTÃO 41. Direito Civil. Direitos da Personalidade. Lei de Registros Públicos. Lei seca e doutrina.*

Sob a ótica da lei dos registros públicos, considere as assertivas e marque a opção correta:

I. O registro de nascimento deverá ser efetivado no Cartório de Registro Civil das Pessoas Naturais no lugar em que tiver ocorrido o parto ou no lugar da residência dos pais, sendo obrigados a fazer a declaração de nascimento, dentre outros, o pai ou a mãe, isoladamente ou em conjunto.

II. O adolescente maior de dezesseis e menor de dezoito anos pode pessoalmente requerer o registro de seu nascimento.

III. Devem ser lavrados dois assentos diferentes, o de nascimento e o de óbito, no caso do nascimento de uma criança com um mínimo sinal de vida que venha a morrer logo após o parto, desde que o fato seja atestado por médico.

IV. Podem os pais dar nome ao natimorto, apesar de tal prerrogativa não estar prevista textualmente na Lei dos Registro Públicos.

A) *Somente as assertivas I, II e IV estão corretas.*

B) *Somente as assertivas III e IV estão corretas.*

C) *Somente as assertivas II e III estão corretas.*

D) *As assertivas I, II, III e IV estão corretas.*

Comentários

(A): Correta. Nos termos dos artigo 50 da Lei de Registros Públicos, "Todo nascimento que ocorrer no território nacional deverá ser dado a registro, no **lugar em que tiver ocorrido o parto** ou **no lugar da residência dos pais**, dentro do **prazo de quinze dias**, que será **ampliado em até três meses** para os lugares distantes mais de trinta quilômetros da sede do cartório. O artigo 52 prevê aqueles que são obrigados a fazer a declaração de nascimento, dentre os quais, encontram-se no parágrafo primeiro, o pai ou a mãe, isoladamente ou em conjunto.

(B): Correta. A LRP em seu aritgo 50,§ 3° possibilita que os relativamente incapazes requeiram pessoalmente o registro do seu nascimento. Observe que a LRP entrou em vigor em 01/07/1975 e o artigo 50, §3° foi renumerado em 1995, prevendo que **"Os menores de vinte e um (21) anos e maiores de dezoito (18) anos poderão, pessoalmente e isentos de multa, requerer o registro de seu nascimento"** e o Código Civil teve sua vigência em 2003, logo, a alterativa está correta, tendo em vista que o **referido artigo da LRP deve ser lido à luz do artigo4° do Código Civil**, que reduziu a incapacidade relativa para os maiores de 16 e menores de 18 anos.

(C): Correta. Conforme art. 53, §2° da LRP: " § 2° No caso de a criança morrer na ocasião do parto, tendo, entretanto, respirado, serão feitos os dois assentos, o de nascimento e o de óbito, com os elementos cabíveis e com remissões recíprocas". Segundo Nelson Rosenvald e Cristiano Chaves (2018, p. 340), "Comprova-se o nascimento com vida através da presença de ar nos pulmões, pela respiração, **por meio de um procedimento médico** denominado *docimasia hidrostática de Galeno* ou *docimasia pulmonar*. Ou seja, é a presença do ar atmosférico nos pulmões que determina o início da personalidade". Assim, se a criança morre logo após o nascimento, será necessário lavrar dois assentos diferentes, um para o nascimento e outro para o óbito, desde que realizado por médico, pois será necessário atestar a presença de ar nos pulmões para que se reconheça o nascimento com vida.

(D): Correta. A LRP prevê que o assento de nascimento conterá o nome do recém nascido (art. 54, 4°). Com relação ao natimorto, ela é silente, mas a doutrina reconhece-lhe tutela jurídica. Assim, em face do respeito ao princípio da dignidade da pessoa humana, deve-se proteger o nome, a imagem e a memória daquele que nasceu morto, é o que prescreve o Enunciado n. 1 da I Jornada de Direito Civil: "Enunciado 1:A proteção que o Código defere ao nascituro alcança o natimorto no que concerne aos direitos da personalidade, tais como nome, imagem e sepultura".

Resposta: Letra D

27. DOS CONTRATOS IMOBILIÁRIOS - LEI 4.380/64 (SFH), LEI 9.514/97 (SFI), LEI 8.245/91

***MPMG 2019 (CONCURSO LVII)**. QUESTÃO 46. Lei nº 4.380/64 (Lei do SFH - Sistema Financeiro de Habitação. Lei Seca e Súmula.*

A respeito do direito à casa própria adquirida por meio do Sistema Financeiro de Habitação (SFH), considere as seguintes afirmativas e, à luz da lei, da doutrina e da jurisprudência, marque a resposta correta:

I. A hipoteca firmada entre a construtora e o agente financeiro, anterior ou posterior à celebração da promessa de compra e venda, não tem eficácia perante os adquirentes do imóvel.

II. A assinatura de contratos de fornecimento de crédito (mútuo) e contratos de compra e venda entre partes diferentes, através de formulários contratuais diferentes, em razão do princípio do efeito relativo dos contratos, dota o credor mutuante (agente financeiro) de garantia real hipotecária absoluta sobre a residência do comprador mutuário.

III. O sistema financeiro de habitação destina-se a facilitar e promover a construção e a aquisição da casa própria ou moradia, especialmente pelas classes de menor renda da população.

A) Somente as afirmativas I e III estão corretas.

B) Somente as afirmativas I e II estão corretas.

C) Somente as afirmativas II e III estão corretas.

D) As afirmativas I, II e III estão corretas.

Comentários

Afirmativa I. Correta. Conforme entendimento sumulado do STJ, verbete nº 308: A hipoteca firmada entre a construtora e o agente financeiro, anterior ou posterior à celebração da promessa de compra e venda, não tem eficácia perante os adquirentes do imóvel.

Afirmativa II. Incorreta. A hipoteca, garantia real, não é um direito absoluto, pois não recai sobre a residência do comprador mutuário, consoante súmula 308 do STJ, colacionada na afirmativa I.

Afirmativa III. Correta. Nos termos do artigo 8° da Lei n.° 4.380/64, "O sistema financeiro da habitação, destinado a facilitar e promover a construção e a aquisição da casa própria ou moradia, especialmente pelas classes de menor renda da população, será integrado".

Resposta: Letra A

28. DOS CONDOMÍNIOS EM EDIFICAÇÕES E INCORPORAÇÕES IMOBILIÁRIAS - LEI 4.591/64

MPMG 2019 (CONCURSO LVII). *QUESTÃO 45. Lei nº 4.591/1964 que trata das incorporações imobiliárias. Lei seca.*

O direito à moradia é um direito fundamental da pessoa humana. O acesso à moradia se dá muitas vezes por meio de contratos complexos, entre os quais o de incorporação imobiliária. Acerca disso, considere as seguintes assertivas e marque a opção correta:

I. A fim de evitar abusos ou práticas comerciais aventureiras, a lei prevê que somente determinadas pessoas nela qualificadas podem exercer o papel de incorporador.

II. O proprietário do terreno, o promitente comprador, o cessionário deste ou promitente cessionário com título, e o construtor, dentre outros, podem legalmente exercer o papel de incorporador.

III. O incorporador deve manter os adquirentes de unidades autônomas sempre informados, por escrito, sobre o estado de andamento das obras.

IV. A submissão da incorporação ao regime do patrimônio de afetação, segundo o qual o patrimônio afetado passa a responder apenas pelas dívidas e obrigações derivadas da respectiva incorporação imobiliária, é uma opção estabelecida a critério do incorporador.

A) Somente as assertivas I, II e IV estão corretas.

B) Somente as assertivas I, II e III estão corretas.

C) Somente as assertivas III e IV estão corretas.

D) As assertivas I, II, III e IV estão corretas.

Comentários

Assertiva I. Correta. Nos termos do artigo 31 da Lei 4.591/64, a iniciativa e a responsabilidade das incorporações mobiliárias caberão ao incorporador que somente poderá ser: a) o **proprietário** do terreno, o **promitente comprador**, o **cessionário dêste** ou **promitente cessionário** com título que satisfaça os requisitos da alínea a do art. 32; b) o **construtor** ou **corretor de imóveis** e c) o **ente da Federação imitido na posse** a partir de decisão proferida em processo judicial de desapropriação em curso ou o **cessionário deste**, conforme comprovado mediante registro no registro de imóveis competente.

Assertiva II. Correta. Conforme explicação da assertiva I.

Assertiva III. Correta. O dever de informação é imposto ao incorporador que contratar a entraga da unidade a prazo e preços certos, determinados ou determináveis, conforme previsto no inciso I do artigo 43, da Lei de Incorporações Imobiliárias: "Quando o incorporador contratar a entrega da unidade a prazo e preços certos, determinados ou determináveis, mesmo quando pessoa física, ser-lhe-ão impostas as seguintes normas: I - informar obrigatoriamente aos adquirentes, por escrito, no mínimo de 6 em 6 meses, o estado da obra";

Assertiva IV. Correta. Consoante disposto no artigo Art. 31-A. **A critério do incorporador**, **a incorporação poderá ser submetida ao regime da afetação**, pelo qual o terreno e as acessões objeto de incorporação imobiliária, bem como os demais bens e direitos a ela vinculados, **manter-se-ão apartados do patrimônio do incorporador e constituirão patrimônio de afetação**, destinado à consecução da incorporação correspondente e à entrega das unidades imobiliárias aos respectivos adquirentes.

Resposta: Letra D

29. DA REMOÇÃO DE ÓRGÃOS, TECIDOS E OUTRAS PARTES DO CORPO – LEI 9.434/1997

MPMG 2019 (CONCURSO LVII). *QUESTÃO 48. Direito Civil. Direitos da Personalidade, Ausência e . Código Civil e Lei n.º 9.434/97 (Lei do Transplante ou Tratamento). Lei seca.*

Analise as seguintes proposições sobre o fim da personalidade da pessoa natural e marque a alternativa correta:

I. A retirada post mortem de tecidos, órgãos ou partes do corpo humano destinados a transplante ou tratamento deverá ser precedida de diagnóstico de morte encefálica, constatada e registrada por dois médicos não participantes das equipes de remoção e transplante, mediante a utilização de critérios clínicos e tecnológicos definidos por resolução do Conselho Federal de Medicina.

II. Desaparecendo uma pessoa do seu domicílio sem dela haver notícia, se não houver deixado representante ou procurador a quem caiba administrar-lhe os bens, o juiz, a requerimento de qualquer interessado ou do Ministério Público, declarará a ausência, e nomear-lhe-á curador, que será, preferencialmente, o cônjuge, salvo se separado judicialmente ou de fato por mais de dois anos antes da declaração da ausência.

III. É facultado ao cônjuge sobrevivente, ou a qualquer parente em linha reta ou colateral até o quarto grau, exigir que cesse a ameaça, ou a lesão, a direito da personalidade de pessoa já falecida, e reclamar perdas e danos, sem prejuízo de outras sanções previstas em lei.

A) Apenas a assertiva I está correta.

B) Apenas as assertivas I e II estão corretas.

C) Apenas as assertivas II e III estão corretas.

D) As assertivas I, II e III estão corretas.

Comentários

(I): Correta. Conforme artigo 3º da Lei de Transplantes ou Tratamento, nº 9.434/97, "A retirada *post mortem* de tecidos, órgãos ou partes do corpo humano destinados a transplante ou tratamento deverá ser precedida de diagnóstico de **morte encefálica**, constatada e registrada por **dois médicos não participantes das equipes de remoção e transplante**, mediante a utilização de critérios clínicos e tecnológicos definidos por resolução do Conselho Federal de Medicina".

(II): Correta. Nos termos dos artigos 22 e 25 do Código Civil, "Art. 22. Desaparecendo uma pessoa do seu domicílio sem dela haver notícia, se não houver deixado representante ou procurador a quem caiba administrar-lhe os bens, **o juiz, a requerimento de qualquer interessado ou do Ministério Público, declarará a ausência, e nomear-lhe-á curador**. (...) Art. 25. O **cônjuge do ausente**, sempre que não esteja separado judicialmente, ou de fato por mais de dois anos antes da declaração da ausência, será o seu **legítimo curador"**. Pelo leitura do artigo 25 e seus parágrafos, observa-se que o **cônjuge do ausente será preferencialmente o curador**. No entanto, em sua falta, a curadoria dos bens do ausente incumbe aos pais ou aos descendentes, nesta ordem, não havendo impedimento que os iniba de exercer o cargo, conforme preceitua o §1º do artigo 25 do CC.

(III): Código Civil – O artigo 12 do Código Civil dispõe que: "Pode-se exigir que cesse a ameaça, ou a lesão, a **direito da personalidade**, e reclamar perdas e danos, sem prejuízo de outras sanções previstas em lei. Parágrafo único. Em se tratando de morto, terá legitimação para requerer a medida prevista neste artigo o **cônjuge sobrevivente, ou qualquer parente em linha reta, ou colateral até o quarto grau**". Lembrando que são legitimados para requerer a **tutela do direito à imagem do falecido**: cônjuge, ascendentes e descentes "**CAD**" e quanto à tutela do ***direito da personalidade*** do *de cujus*, o Código Civil aplia a legitimidade para requerer as medidas para cessar a ameaça, ou a lesão, incluindo parente em linha reta ou colateral **até 4º grau**.

Resposta: Letra D

30. DA PROTEÇÃO E DIREITOS DA PESSOA PORTADORA DE TRANSTORNO MENTAL – LEI 10.216/2001

MPMG 2019 (CONCURSO LVII)*. QUESTÃO 47. Direito Civil. Direitos da Personalidade e Lei 10.216/01. Lei seca e Jurisprudência.*

Analise as seguintes proposições sobre os direitos da personalidade e marque a alternativa correta:

I. É facultada a substituição do prenome por apelidos públicos notórios.

II. De acordo com entendimento sumulado no Superior Tribunal de Justiça, a indenização pela publicação não autorizada de imagem de pessoa com fins econômicos e comerciais depende de prova do prejuízo.

III. A internação psiquiátrica involuntária deverá, no prazo de setenta e duas horas, ser comunicada ao Ministério Público Estadual pelo responsável técnico do estabelecimento no qual tenha ocorrido, devendo esse mesmo procedimento ser adotado quando da respectiva alta.

A) Somente as proposições I e II estão corretas.

B) Somente as proposições II e III estão corretas.

C) Somente as proposições I e III estão corretas.

D) As proposições I, II e III estão corretas.

Comentários

(I): Correta. Conforme artigo 58 da Lei de Registros Públicos: " O prenome será definitivo, admitindo-se, todavia, a sua substituição por apelidos públicos notórios".

(II): Incorreta. A indenização independe da prova do prejuízo, consoante entendimento sumulado do ST, verberte 403: "Independe de prova do prejuízo a indenização pela publicação não autorizada de imagem de pessoa com fins econômicos ou comerciais".

(III): Correta. Conforme §1º do artigo 8º, da Lei 10.216/01, "A internação psiquiátrica involuntária deverá, no prazo de setenta e duas horas, ser comunicada ao Ministério Público Estadual pelo responsável técnico do estabelecimento no qual tenha ocorrido, devendo esse mesmo procedimento ser adotado quando da respectiva alta".

Resposta: Letra C

31. LEI N. 12.318/2010 – ALIENAÇÃO PARENTAL

MPMG 2017 (Concurso LV). *Questão 48. Direito Civil / Lei nº 10.741/2003 (Estatuto do Idoso)/ Lei nº 13.146/2015 (Lei Brasileira de Inclusão – Estatuto da pessoa com deficiência). / Lei nº 12.318/2010/Dos direitos reais/Do direito de família/ legislação.*

Assinale a alternativa CORRETA:

A) O benefício de prestação continuada concedido a qualquer membro da família do idoso tem o valor computado para o cálculo da renda mínima per capita.

B) A definição de curatela da pessoa com deficiência é medida protetiva extraordinária e indeterminada.

C) A alienação parental, praticada durante a conjugalidade, pode configurar causa inespecífica da separação judicial culposa.

D) A usucapião conjugal, entre outros requisitos, exige a posse direta com animus domini (intenção de ser dono) por 2 (dois) anos, contados do abandono voluntário do cônjuge desertor.

Comentários

(A): Incorreta. O valor relativo ao **benefício de prestação continuada** não será computado para fins de cálculo da renda mínima *per capita* , conforme art.34,§ 1°, do Estatuto do idoso: Parágrafo único. "O benefício já concedido a qualquer membro da família nos termos do *caput* não será computado para os fins do cálculo da renda familiar *per capita* a que se refere a LOAS".

(B): Incorreta. De acordo com o artigo 84,§ 3°, c/c 85 do Estatuto da Pessoa com Deficiência: "§ 3° A definição de curatela de pessoa com deficiência constitui medida protetiva extraordinária, proporcional às necessidades e às circunstâncias de cada caso, e durará o menor tempo possível".

(C): Correta – Resposta da banca: A culpa é elemento previsto na separação judicial (arts. 1.572 e 1.573, CC). O permissivo para a dissolução da sociedade conjugal sem a atribuição de responsabilidade (art. 1.573, parágrafo único, CC) é coexistente. Não bastasse, o simples desuso não revoga a norma legal. O art. 1.573, VI, do Código Civil assinala que o cônjuge, na separação judicial litigiosa, pode imputar ao outro conduta desonrosa que importe em impossibilidade da comunhão de vida. Trata-se de conceito jurídico indeterminado, mas identificável em qualquer comportamento imoral, ilícito ou antissocial. As situações descritas na Lei 12.318/10, ao reverso do que pretende o recorrente, se amoldam à conduta desonrosa.

(D): Incorreta – Resposta da banca: A usucapião mencionada na pergunta não inscreve como requisito a intenção de ser dono (*animus domini*), ao reverso da previsão de outras formas de aquisição da propriedade encampadas no Código Civil (arts. 1.238 a 1.240).

Resposta: Letra C

32. EMENDA CONSTITUCIONAL Nº 66/2010

*MPMG 2017 (Concurso LV). Questão 43. Direito Civil / Lei nº 11.101/2005 (Lei de Recuperação judicial, extrajudicial e a falência do empresário e da sociedade empresária)./ Emenda Constitucional nº 66/2010/Dos defeitos dos atos jurídicos/ Decreto-lei nº 4.657/1942 (com a redação da Lei 12.376/2010)/ legislação e jurisprudência.***

Assinale a alternativa CORRETA:

A) Segundo a Lei de Quebras (Lei nº 11.101/05), a intervenção do Ministério Público se efetiva mediante a fiscalização da ordem jurídica (art. 178, CPC), velando pela relevância dos interesses patrimoniais particulares.

B) Na analogia jurídica ou juris, amplia-se o sentido originário da norma (subsunção).

C) A lesão, como defeito do negócio jurídico, ocorre quando uma pessoa, sob premente necessidade, ou por inexperiência, se obriga a prestação manifestamente desproporcional, admitindo-se a revisão quando oferecido o suplemento suficiente, ou se a parte favorecida concordar com a redução do proveito.

D) O divórcio, na redação modificadora da Emenda Constitucional nº 66/2010, independe de lapso para o desfazimento do casamento, estando abolido, por incompatibilidade formal superveniente, o instituto da separação judicial.

Comentários

(A): Incorreta – Em vários dispositivos da lei 11.101/05 verifica-se que a atuação do Ministério Público como fiscal da ordem jurídica, como por exemplo, os artigos 8º, 19, 30, §2º, 59,§2º, 99, XIII, 132, 142, §7º, 143, 154, §3º, **visa a tutela do Interesse Público** e não de interesses particulares como afirma a alternativa. Não se trata de atuação obrigatória, conforme entendimento exposado no Resp 1.536.550: 4. A Lei de Falência e Recuperação de **Empresas não exige a atuação obrigatória do Ministério Público em todas as ações em que empresas em recuperação judicial figurem como parte**. 5. Hipótese concreta em que se verifica a ausência de interesse público apto a justificar a intervenção ministerial, na medida em que a ação em que a recuperanda figura como parte constitui processo marcado pela contraposição de interesses de índole predominantemente privada, versando sobre direitos disponíveis, sem repercussão relevante na ordem econômica ou social. (...) Percebe-se, a toda evidência, que se procurou alcançar solução que, ao mesmo tempo em que não sobrecarregasse a instituição com a obrigatoriedade de intervenção em ações "irrelevantes" (do ponto de vista do interesse público), garantisse a atuação do ente naquelas em que os reflexos da discussão extrapolassem a esfera dos direitos individuais das partes, assegurando-lhe requerer o que entendesse pertinente quando vislumbrada a existência de interesses maiores.(...) (REsp 1536550/RJ, Rel. Ministra NANCY ANDRIGHI, TERCEIRA TURMA, julgado em 08/05/2018, DJe 11/05/2018).

(B): Incorreta – Na analogia não há ampliação do sentido originário, mas aplicação deste em um contexto de lacuna. A dita subsunção acontece na interpretação extensiva.

(C): Correta – Conforme art.157 do CC/02 e enunciado do CJF 291: "Nas hipóteses de lesão previstas no art. 157 do Código Civil, pode o lesionado optar por não pleitear a anulação do negócio jurídico, deduzindo, desde logo, pretensão com vista à revisão judicial do negócio por meio da redução do proveito do lesionador ou do complemento do preço."

(D): Incorreta – A despeito da divergência na doutrina, prevalece na jurisprudência que a separação não foi abolida com EC 66/10 (STJ. 4ª Turma. REsp 1.247.098-MS, Rel. Min. Maria Isabel Gallotti, julgado em 14/3/2017 (Info 604)). Além disso, o CPC/15 prevê o instituto da separação em vários artigos: 53, I, 189, II,º2º, 693, 731, 732 e 733, demonstrando que a separação judicial não foi abolida, embora não seja requisito para o divórcio, trata-se de uma opção das partes.

Resposta: Letra C

33. DECRETO-LEI Nº 4.657/1942 (COM A REDAÇÃO DA LEI 12.376/2010)

MPMG – 2013 (CONCURSO LIII) Questão 41. Lei de Introdução às Normas Brasileiras – LINDB/ Casamento de estrangeiro/ Legislação.

*Quanto ao casamento de estrangeiros de mesma nacionalidade, domiciliados no exterior, e realizado no Brasil, analise as seguintes alternativas e assinale a assertiva **INCORRETA**:*

A) *Será aplicada a lei material do domicílio dos nubentes quanto aos impedimentos dirimentes e às formalidades da celebração.*

B) *Tendo os nubentes domicílio em diferentes países estrangeiros, regerá os casos de invalidade do matrimônio a lei material do primeiro domicílio conjugal.*

C) *Poderá celebrar-se perante autoridades diplomáticas ou consulares do país de ambos os nubentes.*

D) *Sendo os nubentes domiciliados no mesmo país estrangeiro, o regime de bens, legal ou convencional, obedece à lei material desse país.*

Comentários

A) Incorreta. Artigo 7º, § 1º, da LINDB. Em relação aos impedimentos dirimentes e às formalidades da celebração, aplica-se a lei brasileira, quando o casamento for realizado no Brasil.

B) Correta. Artigo 7º, § 3º, da LINDB. "§ 3º Tendo os nubentes domicílio diverso, regerá os casos de invalidade do matrimônio a lei do primeiro domicílio conjugal".

C) Correta. Artigo 7º, § 2º, da LINDB: "§ 2º O casamento de estrangeiros poderá celebrar-se perante autoridades diplomáticas ou consulares do país de ambos os nubentes"

D) Correta. Artigo 7º, § 4º, da LINDB: § 4º O regime de bens, legal ou convencional, obedece à lei do país em que tiverem os nubentes domicílio, e, se este for diverso, a do primeiro domicílio conjugal.

Resposta: Letra A

MPMG 2014 (Concurso LIV). *Questão 41. Direito Civil/ Decreto-lei nº 4.657/1942 (com a redação da Lei 12.376/2010) / Vigência, aplicação e fontes das normas/ Doutrina.*

Assinale a alternativa INCORRETA:

Em relação ao Decreto-Lei n° 4.657/42 (com a redação da Lei 12.376/2010) pode-se dizer que:

A) *Estabelece regras quanto à vigência das leis.*

B) *Dispõe sobre a aplicação da norma jurídica no tempo e no espaço.*

C) *Aponta as fontes do direito privado em complemento à própria lei.*

D) *Integra implicitamente o Código Civil.*

Comentários

(A, B, C e D) A LINDB disciplina normas em geral, tratando ainda da elaboração e vigência, da aplicação no tempo e no espaço, das fontes etc. Desse modo, considerando que trata de regras que regulam todo o ordenamento jurídico brasileiro, o Decreto-lei 4.657/42 não é parte integrante do Códigi Civil e, acertadamente, teve sua denomição alterada em 2010, passando a ser "Lei de Introdução às Normas de Direito Brasileiro".

Resposta certa: D

***MPMG 2014 (Concurso LIV)**. Questão 42. Direito Civil/ Código Civil e Decreto-lei nº 4.657/1942 (com a redação da Lei 12.376/2010) / Cláusulas Gerais/ Doutrina.*

Assinale a alternativa CORRETA:

É possível afirmar que a adoção do sistema de cláusulas gerais no Código Civil de 2002 reverencia:

A) O princípio da boa-fé objetiva.

B) O princípio da eticidade.

C) O princípio da sociabilidade.

D) O princípio da operabilidade.

Comentários

(A, B, C e D) O sistema aberto ou móvel é aquele que permite a interpretação por meio de cláusulas gerais e conceitos legais indeterminados, de forma a possibilitar margem de atuação ao juiz, no caso concreto, propiciando a adoção de solução mais justa que cada caso demandar, sendo corolário do princípio da operabilidade.

Resposta: D

***MPMG 2018. (CONCURSO LVI)** QUESTÃO 45. Direito Civil. LINDB/ Decreto-lei nº 4.657/1942 (com a redação da Lei 12.376/2010). Direito das Sucessões. Doutrina.*

Assinale a alternativa CORRETA:

A) A repristinação restabelece os efeitos da lei revogada com eficácia ex tunc (retroativa).

B) Com o advento da Emenda 66/10, o reconhecimento do divórcio realizado no estrangeiro não se subordina a prazo.

C) O casamento perante agente consular, de brasileiros que regressaram ao País, será provado, em regra, pelo traslado no cartório do registro civil do domicílio.

D) Na sucessão por comoriência serão reunidas, em acervo único, as heranças provindas da morte simultânea dos cônjuges.

Comentários

A) INCORRETA. O parágrafo 3º do art. 2º da LINDB estabelece que "Salvo disposição em contrário, a lei revogada não se restaura por ter a lei revogadora perdido a vigência." Assim, somente se houver expressa previsão a lei revogada restaura sua vigência a partir da revogação da lei revogadora, logo, os efeitos são *ex nunc*. Por outro lado, não confunda com o efeito **repristinatório**, que ocorre no controle de constitucionalidade, pois possui efeito *ex tunc*, pois com a declaração de inconstitucionalidade, a norma é considerada inexistente, salvo no caso de modulação dos efeitos (art. 27 da Lei 9.868/99).

B) CORRETA. Não obstante o artigo da LINDB prever a necessidade de observância do lapso temporal de 01 ano, o STJ entendeu que: "SENTENÇA ESTRANGEIRA CONTESTADA. DIVÓRCIO. REQUISITOS FORMAIS. CUMPRIMENTO. AUSÊNCIA DE OFENSA À SOBERANIA NACIONAL E À ORDEM PÚBLICA. DEFERIMENTO DO PEDIDO HOMOLOGATÓRIO. 1. Com a Emenda Constitucional 66, de 13 de julho de 2010, que instituiu o divórcio direto, a homologação de sentença estrangeira de divórcio para alcançar eficácia plena e imediata não mais depende de decurso de prazo, seja de um ou três anos, bastando a observância das condições gerais estabelecidas na Lei de Introdução às Normas do Direito Brasileiro (LINDB) e no Regimento Interno do STJ. (...)(SEC 4.445/EX, Rel. Ministro Raul Araújo, Corte Especial, julgado em 6/5/2015, publicado no Diário da Justiça Eletrônico em 17/6/2015). No mesmo sentido, Nelson Rosenvald e Cristiano Chaves (2018, p. 177) defendem que é preciso promover interpretação construtiva para o § 6º do art. 7º da LINDB, pois a "aludida regra, anterior à Emenda Constitucional 66/10, que dispensou os prazos para o divórcio, reclama uma interpretação conforme a Constituição para isentar a discussão de qualquer prazo para o divórcio. "

C) INCORRETA. No artigo 1544 do Código Civil encontra-se que: "o casamento de brasileiro celebrado no estrangeiro, perante as respectivas autoridades ou os cônsules brasileiros**, deverá ser registrado em cento e oitenta dias**, a contar da volta de um ou de ambos os cônjuges ao Brasil, no cartório do respectivo domicílio, ou, em sua falta, no 1º Ofício da Capital do Estado em que passaram a residir". Traslado não é sinônimo de registro, pois o primeiro é a cópia fiel e exata de uma escritura e, nos termos do artigo 1544 do CC, o casamento deve ser registrado no Brasil.

D) INCORRETA. Ensina Maria Berenice Dias (2010, p. 286): "Não havendo a possibilidade de saber quem é herdeiro de quem, a lei presume que as mortes foram concomitantes. Desaparece o vínculo sucessório entre ambos. Com isso, um não herda do outro e os bens de cada um passam aos seus respectivos herdeiros."

Resposta: Letra B

MPMG 2018. (CONCURSO LVI) *QUESTÃO 46. Direito Civil. Direitos Reais. Responsabilidade Civil. LINDB. Direito de Família.*

Assinale a alternativa CORRETA:

A) Na usucapião, a perda do direito de propriedade é forma de prescrição extintiva, salvo quanto à posse qualificada.

B) Nos termos do enunciado, é alternativa a responsabilidade civil pela reparação de danos acarretados pela publicação de matéria veiculada pela imprensa (Súmula nº 221/STJ: "São civilmente responsáveis pelo ressarcimento de dano, decorrente de publicação pela imprensa, tanto o autor do escrito quanto o proprietário do veículo de divulgação").

C) *A lei corretiva para o saneamento de imperfeições técnicas ou erros materiais havidos em texto vigente no ordenamento jurídico observa, no silêncio da cláusula de vigência, a vacatio legis (vacância da lei) de quarenta e cinco dias.*

D) *Com o advento do Estatuto do Idoso, a senilidade, por si, autoriza a proteção judicial da curatela no caso de abrigamento asilar.*

Comentários

A) INCORRETO. Na usucapião, a perda do direito de propriedade é forma de prescrição extintiva, pois o decurso do tempo implica na aquisição do direito de propriedade pelo possuidor, observados os requisitos legais de cada espécie de usucapião. A posse qualificada, conforme ensinamentos de Miguel Reale, citado por Teori Zavascki: **"posse qualificada", marcada por um elemento fático caracterizador da função social: é a posse exercida a título de moradia e enriquecida pelo trabalho ou por investimentos."** A questão está incorreta pois a posse qualificada é um elemento fático que reduz o prazo para aquisição da propriedade pela usucapião, tendo por consequência a extinção do direito de propriedade pelo descumprimento da função social por parte daquele que era o proprietário.

B) INCORRETO. A responsabilidade é solidária entre o autor do escrito e o proprietário do veículo de divulgação.

C) CORRETO. Nos termos do art. 1º da LINDB: Salvo disposição contrária, a lei começa a vigorar em todo o país quarenta e cinco dias depois de oficialmente publicada. § 4º As correções a texto de lei já em vigor consideram-se lei nova.

D) INCORRETO. A senilidade não é sinônimo de incapacidade e, portanto, não autoriza, por si, a proteção judicial da curatela no caso de abrigamento asilar.

Resposta: Letra C

34. LEI 8.069/1990 – ESTATUTO DA CRIANÇA E DO ADOLESCENTE

MPMG – 2013 (CONCURSO LIII) *Questão 42. Estatuto da Criança e do Adolescente/Adoção/ Legislação.*

Quanto ao instituto da adoção no Estatuto da Criança e do Adolescente, analise as seguintes alternativas e assinale a assertiva ***INCORRETA:***

A) *A guarda de fato autoriza, por si só, a dispensa da realização do estágio de convivência.*

B) *Poderá ser deferida ao adotante que, após inequívoca manifestação de vontade, vier a falecer no curso do procedimento, antes de prolatada a sentença.*

C) *O adotante há de ser, pelo menos, dezesseis anos mais velho que o adotando.*

D) *É recíproco o direito sucessório entre o adotado, seus descendentes, o adotante, seus ascendentes, descendentes e colaterais até o quarto grau, observada a ordem de vocação hereditária.*

Comentários

A) Incorreto. Artigo 46, § 2º, do ECA: A simples guarda de fato não autoriza, por si só, a dispensa da realização do estágio de convivência.

B) Correto. Art. 42, § 6º, do ECA: § 6º A adoção poderá ser deferida ao adotante que, após inequívoca manifestação de vontade, vier a falecer no curso do procedimento, antes de prolatada a sentença

C) Correto. Art. 42, § 3º, do ECA: § 3º O adotante há de ser, pelo menos, dezesseis anos mais velho do que o adotando.

D) Correto. Art. 41, § 2º, do ECA: § 2º É recíproco o direito sucessório entre o adotado, seus descendentes, o adotante, seus ascendentes, descendentes e colaterais até o 4º grau, observada a ordem de vocação hereditária.

Resposta: Letra A

***MPMG 2019 (CONCURSO LVII)**. QUESTÃO 43. Estatuto da Criança e Adolescente. Adoção Internacional. Lei Seca.*

A respeito da adoção internacional, considere as assertivas e marque a opção correta:

I) O pretendente deve possuir residência habitual em país-parte da Convenção de Haia, de 29 de maio de 1993, e desejar adotar criança em outro país-parte da Convenção.

II. A pessoa ou o casal estrangeiro, interessado em adotar criança ou adolescente brasileiro, deverá formular pedido de habilitação à adoção perante a Autoridade Central em matéria de adoção internacional no país de acolhida, a qual, após estudo jurídico, psicossocial e médico, emitirá relatório de habilitação e aptidão dos requerentes.

III. A lei exige que os documentos em língua estrangeira, dentre eles o relatório de habilitação proferido pela Autoridade Central do país de acolhida, sejam autenticados pela autoridade consular, e acompanhados da tradução por tradutor público juramentado, mediante os quais a Autoridade Central Estadual poderá dispensar a expedição de outro laudo de habilitação.

IV. Os organismos nacionais e estrangeiros encarregados de intermediar pedidos de habilitação à adoção internacional devem credenciar-se junto à Autoridade Central Federal Brasileira.

V. Uma mesma pessoa ou seu cônjuge não podem ser representados por mais de uma entidade credenciada para atuar na cooperação em adoção internacional.

A) Somente as afirmativas I, II, IV e V estão corretas.

B) Somente as afirmativas I, II, III e IV estão corretas.

C) Somente as afirmativas III e V estão corretas.

D) As afirmativas I, II, III, IV e V estão corretas.

Comentários

Afirmativa I. Correta. Nos termos do artigo Art. 51 do ECA: Considera-se adoção internacional aquela na qual o pretendente possui residência habitual em país-parte da Convenção de Haia, de 29 de maio de 1993, Relativa à Proteção das Crianças e à Cooperação em Matéria de Adoção Internacional, promulgada pelo Decreto n.º 3.087, de 21 de junho de 1999, e deseja adotar criança em outro país-parte da Convenção.

Afirmativa II. Correta. Conforme incisos I e II do artigo 52, do ECA: Art. 52, I - a pessoa ou casal estrangeiro, interessado em adotar criança ou adolescente brasileiro, deverá formular **pedido de habilitação à adoção perante a Autoridade Central em matéria de adoção internacional no país de acolhida**, assim entendido aquele onde está situada sua **residência habitual**; II - **se a Autoridade Central do país de acolhida considerar que os solicitantes <u>estão habilitados</u>** e aptos para adotar, **emitirá um relatório** que contenha informações sobre a identidade, a capacidade jurídica e adequação dos solicitantes para adotar, sua situação pessoal, familiar e médica, seu meio social, os motivos que os animam e sua aptidão para assumir uma adoção internacional;

Afirmativa III. Incorreta. Os documentos de língua estrangeira serão devidamente autenticados pela autoridade consular, conforme dispõe inciso V do artigo 52 do ECA. A alternativa está errada porque **<u>não há previsão de dispensa do laudo de habilitação</u>**. Assim, após estudo realizado pela Autoridade <u>Estadual</u>, havendo compatibilidade entre a legislação estrangeira e a nacional, além do preenchimento dos requisitos objetivos e subjetivos, à luz do que dispõe o ECA e a legislação do país de acolhida, **<u>será expedido laudo de habilitação à adoção internacional, que terá validade por, no máximo, 1 (um) ano</u>**, consoante disposto no inciso VII, do artigo 52, do ECA.

Afirmativa IV. Correta. Conforme artigo 52, § 2º do ECA: "Incumbe à Autoridade Central Federal Brasileira o credenciamento de organismos nacionais e estrangeiros encarregados de intermediar pedidos de habilitação à adoção internacional, com posterior comunicação às Autoridades Centrais Estaduais e publicação nos órgãos oficiais de imprensa e em sítio próprio da internet".

Afirmativa V. Correta. De acordo com o artigo 52, § 12, do ECA: "Uma mesma pessoa ou seu cônjuge não podem ser representados por mais de uma entidade credenciada para atuar na cooperação em adoção internacional".

Resposta: Letra A

35. LEI Nº 8.078/90 – CÓDIGO DE DEFESA DO CONSUMIDOR

MPMG 2019 (CONCURSO LVII). QUESTÃO 50. Responsabilidade Civil. Lei seca (Código Civil e CDC)/ Jurisprudência.

O atual Código Civil impõe a necessidade de reparação do dano causado por ato ilícito, inclusive com a obrigação de reparação do prejuízo, independentemente de culpa, nos casos especificados pela lei, ou quando a atividade normalmente desenvolvida pelo autor do dano implicar, por sua natureza, risco para os direitos de outrem. Trata-se da chamada teoria do risco, criada, principalmente, por juristas franceses no final do século XX, que deu caráter objetivo à responsabilidade civil, pelo qual "todo o prejuízo deve ser atribuído ao seu autor e reparado por quem o causou, independentemente de ter ou não agido com culpa." (CAVALIERI FILHO, Sérgio. Programa de responsabilidade civil. São Paulo: Atlas, 2009. p. 136).

Em relação à responsabilidade civil, marque a alternativa incorreta:

A) A legitimidade para pleitear a reparação por danos morais é, em regra, do próprio ofendido; no entanto, em certas situações, são colegitimadas também aquelas pessoas que, sendo muito próximas afetivamente à vítima, são atingidas indiretamente pelo evento danoso, reconhecendo-se, em tais casos, o chamado dano moral reflexo ou em ricochete.

B) O incapaz poderá ser demandado pelos prejuízos que causar, se as pessoas por ele responsáveis não tiverem obrigação de fazê-lo ou não dispuserem de meios suficientes.

C) A existência de licenciamento ambiental regular e a observância dos limites da atividade legitimamente autorizada exime o causador de degradação ambiental, se o fez de boa-fé. Em caso de má-fé, a reparação civil pode incluir a obrigação de fazer ou não fazer, cumulada com a de indenizar.

D) A responsabilidade civil consumerista é, por via de regra, de caráter objetivo, ressalvada a responsabilidade pessoal dos profissionais liberais, tendo o consumidor o direito de reclamar por vícios aparentes ou de fácil constatação em prazos fatais, os quais são obstados pela reclamação comprovadamente formulada pelo consumidor perante o fornecedor de produtos e serviços até a resposta negativa correspondente, que deve ser transmitida de forma inequívoca, e pela instauração de inquérito civil, até seu encerramento.

Comentários

(A): Correta. Conforme entendimento consolidado, publicado no "**Jurisprudência em teses, nº 125 do STJ**: "A legitimidade para pleitear a reparação por danos morais é, em regra, do próprio ofendido, no entanto, em certas situações, são colegitimadas também aquelas pessoas que, sendo muito próximas afetivamente à vítima, são atingidas indiretamente pelo evento danoso, reconhecendo-se, em tais casos, o chamado dano moral reflexo ou em ricochete".

(B): Correta. Nos termos do artigo 928 do Código Civil: "O incapaz responde pelos prejuízos que causar, se as pessoas por ele responsáveis não tiverem obrigação de fazê-lo ou não dispuserem de meios suficientes".

(C): Incorreta. Nos casos de **dano ambiental**, aplica-se a Teoria do risco integral, razão pela qual, nessa hipótese não há excludente de nexo de causalidade ou de responsabilidade civil a ser alegada, (art. 14, § 1.º, da Lei 6.938/1981). Conforme REsp repetitivo, o STJ entendeu que: "(...) 1. Para fins do art. 543-C do Código de Processo Civil: a) a responsabilidade por dano ambiental é **objetiva**, informada pela teoria do **risco integral**, sendo o nexo de causalidade o fator aglutinante que permite que o risco se integre na unidade do ato, **sendo descabida a invocação**, pela empresa responsável pelo dano ambiental, **de excludentes de responsabilidade civil** para afastar sua obrigação de indenizar; (...)". (REsp 1.374.284/MG, Rel. Min. Luis Felipe Salomão, 2ª SEÇÃO, j. em 27/08/2014, DJe 05/09/2014). Em 2020, o STJ enfrentou o tema relacionado à responsaiblidade ciivl ambiental em caso de licenciamento ambiental e decidiu que: " 6. Os danos ambientais são regidos pela **teoria do risco integral**, colocando-se aquele que explora a atividade econômica na posição de garantidor da preservação ambiental, sendo sempre considerado responsável pelos danos vinculados à atividade, **descabendo questionar sobre a exclusão da responsabilidade pelo suposto rompimento do nexo causal (fato exclusivo de terceiro ou força maior)**. Precedentes. 7. Na hipótese concreta, mesmo que se considere que a instalação do posto de combustíveis **somente tenha ocorrido em razão de erro na concessão da licença ambiental, é o exercício dessa atividade, de responsabilidade da recorrente, que gera o risco concretizado no dano ambiental, razão pela qual não há possibilidade de eximir-se da obrigação de reparar a lesão verificada".** (REsp 1612887/PR, Rel. Ministra NANCY ANDRIGHI, TERCEIRA TURMA, julgado em 28/04/2020, DJe 07/05/2020).

(D): Correta. Em regra, a resposabilidade civil no âmbito consumerista é objetiva, ressalvada a responsabilidade civil dos **profissionais liberais**, que, nos termos do artigo 14, §1º do CDC, é **subjetiva**, pois será apurada mediante verificação de culpa. No que tange à parte final da assertiva, a **reclamação** comprovadamente formulada pelo consumidor perante o fornecedor de produtos e serviços até a resposta negativa correspondente, que deve ser transmitida de forma inequívoca e a **instauração do inquérito civil obstam a decadência**, consoante disposto no artigo 26, §2º, incisos I e III do CDC.

Resposta: Letra C

36. LEI 8.560/1992 (COM A REDAÇÃO DA LEI 12.004/2009)

MPMG – 2012 (LII Concurso) *Questão 54 Direito Processual Civil / Lei n. 8.560 de 1992 / Legislação.*

A respeito da Lei n. 8.560/92, que regula a investigação de paternidade dos filhos havidos fora do casamento, assinale a alternativa INCORRETA:

A) *Em registro de nascimento de menor apenas com a maternidade estabelecida, o juiz, sempre que possível, ouvirá a mãe sobre a paternidade alegada e mandará, em qualquer caso, notificar o suposto pai, independente de seu estado civil, para que se manifeste sobre a paternidade que lhe é atribuída.*

B) *Se o suposto pai não atender no prazo de trinta dias a notificação judicial, ou negar a alegada paternidade, o juiz remeterá os autos ao representante do Ministério Público para que intente, havendo elementos suficientes, a ação de investigação de paternidade.*

C) *É dispensável o ajuizamento de ação de investigação de paternidade pelo Ministério Público se, após o não comparecimento ou a recusa do suposto pai em assumir a paternidade a ele atribuída, a criança for encaminhada para adoção.*

D) *Na ação de investigação de paternidade, todos os meios legais, bem como os moralmente legítimos, serão hábeis para provar a verdade dos fatos. A recusa do réu, entretanto, em se submeter ao exame de código genético – DNA gerará a presunção da paternidade, prescindindo-se da apreciação do conjunto probatório.*

Comentários

A) Correta. Artigo 2º, § 1º, da Lei 8.560/1992.

B) Correta. Artigo 2º, § 4º, da Lei 8.560/1992.

C) Correta. Artigo 2º, § 5º, da Lei 8.560/1992.

D) Incorreta. Parágrafo único, do artigo 2º-A, da Lei 8.560/1992: "A recusa do réu em se submeter ao exame de código genético – DNA gerará a presunção da paternidade, **a ser apreciada em conjunto com o contexto probatório.**" (destacamos).

Resposta: letra D.

37. LEI 11.101/2005 (LEI DE RECUPERAÇÃO JUDICIAL, EXTRAJUDICIAL E A FALÊNCIA DO EMPRESÁRIO E DA SOCIEDADE EMPRESÁRIA)

MPMG – 2013 (CONCURSO LIII) *Questão 43. Lei de falência. Administrador judicial/ Ação Revocatória/ Impugnação de Credores/ Legislação.*

Quanto à recuperação judicial, a extrajudicial e a falência do empresário e da sociedade empresária, analise as seguintes alternativas e assinale a assertiva INCORRETA:

A) *O devedor, qualquer credor ou o Ministério Público poderá requerer ao juiz a substituição do administrador judicial ou dos membros do Comitê de Credores nomeados em desobediência aos preceitos legais.*

B) *O administrador judicial, o Comitê de Credores, qualquer credor ou o representante do Ministério Público poderá, até o encerramento da recuperação judicial ou da falência, observado, no que couber, o procedimento ordinário previsto no CPC, pedir a exclusão, outra classificação ou a retificação de qualquer crédito, nos casos de descoberta de falsidade, dolo, simulação, fraude, erro essencial ou, ainda, documentos ignorados na época do julgamento do crédito ou da inclusão no quadro-geral de credores.*

C) *São revogáveis os atos praticados com a intenção de prejudicar credores, provando-se o conluio fraudulento entre o devedor e o terceiro que com ele contratar e o efetivo prejuízo sofrido pela massa falida, cabendo a interposição de ação revocatória que deverá ser proposta pelo administrador judicial, por qualquer credor ou pelo Ministério Público no prazo de cinco anos contado da decretação da falência.*

D) *No prazo e na forma legal, o Comitê de Credores, qualquer credor, o devedor ou seus sócios ou o Ministério Público podem apresentar ao juiz impugnação contra a relação de credores, apontando a ausência de qualquer crédito ou manifestando-se contra a legitimidade, importância ou classificação de crédito relacionado.*

Comentários

A) Correta. Art. 30, § 2º, da Lei 11.101/05. "O devedor, qualquer credor ou o Ministério Público poderá requerer ao juiz a substituição do administrador judicial ou dos membros do Comitê nomeados em desobediência aos preceitos desta Lei."

B) Correta. Artigo 19 da Lei 11.101/05. "O administrador judicial, o Comitê, qualquer credor ou o representante do Ministério Público poderá, até o encerramento da recuperação judicial ou da falência, observado, no que couber, o procedimento ordinário previsto no Código de Processo Civil, pedir a exclusão, outra classificação ou a retificação de qualquer crédito, nos casos de descoberta de falsidade, dolo, simulação, fraude, erro essencial ou, ainda, documentos ignorados na época do julgamento do crédito ou da inclusão no quadro-geral de credores."

C) Incorreta. Artigos 130 c/c 132 da Lei de Falências: O prazo para ação revocatória é de 3 anos, nos termos do art. 132 da Lei de Falências: "A ação revocatória, de que trata o art. 130 desta Lei, deverá ser proposta pelo administrador judicial, por qualquer credor ou pelo Ministério Público no **prazo de 3 (três) anos** contado da decretação da falência."

D) Correta. Art. 8º da Lei 11.101/05. "No prazo de 10 (dez) dias, contado da publicação da relação referida no art. 7º , § 2º , desta Lei, o Comitê, qualquer credor, o devedor ou seus sócios ou o Ministério Público podem apresentar ao juiz impugnação contra a relação de credores, apontando a ausência de qualquer crédito ou manifestando-se contra a legitimidade, importância ou classificação de crédito relacionado."

Resposta: Letra C

38. LEI 10.741/2003 (ESTATUTO DO IDOSO)

39. LEI 13.146/2015 (LEI BRASILEIRA DE INCLUSÃO – ESTATUTO DA PESSOA COM DEFICIÊNCIA)

***MPMG 2017 (Concurso LV)**. Questão 41. Direito Civil / Lei nº 13.146/2015 (Lei Brasileira de Inclusão – Estatuto da pessoa com deficiência)/. Das fundações/Do direito de família/Dos fatos, atos e negócios jurídicos. /legislação.*

Assinale a alternativa CORRETA:

A) Em caso de necessidade, a pessoa capaz, com deficiência, pode sujeitar-se à curatela relativamente aos atos patrimoniais e negociais.

B) A prestação de contas das fundações ao Ministério Público poderá ser suprida pelo juiz, a requerimento do interessado.

C) *A confissão feita pelo representante obriga necessariamente o representado.*

D) *A contestação da paternidade fundada em erro é privativa do pai registral.*

Comentários

(A): Correta – Conforme arts. 84 e 85 da Lei 13.146/15.

(B): Incorreta – De acordo com os arts. 66 e 67,III, do CC/02, não há previsão de suprimento judicial para prestação de contas, mas sim para alteração do estatuto para as hipóteses de denegação ou transcurso do prazo de 45 dias.

(C): Incorreta – A obrigação nem sempre acontece, conforme art.213 do CC. É necessário se atentar para os limites da representação.

(D): Incorreta – Conforme arts.1604 c/c 1615 do CC/02. Não é privativa.

Resposta: Letra A

MPMG 2018. (CONCURSO LVI) *QUESTÃO 47. Direito Civil. Prescrição. Estatuto da Pessoa com Deficiência. Lei Seca.*

Assinale a alternativa CORRETA:

A) *A Lei 13.146/15 (Estatuto da Pessoa com Deficiência – EPD) instituiu, com a curatela, o modelo protetivo de substituição da vontade no sistema de incapacidades.*

B) *A Lei 13.146/15 (Estatuto da Pessoa com Deficiência – EPD), embora qualifique a validade dos atos existenciais praticados pela pessoa com deficiência, não retroage para alcançar situações pretéritas.*

C) *a tomada de decisão apoiada é medida que visa à proteção da pessoa com deficiência capaz em situação de vulnerabilidade.*

D) *Não corre a prescrição contra o relativamente incapaz curatelado.*

Comentários

Resposta Banca Examinadora:

Em resposta ao recurso interposto contra gabarito e/ou conteúdo das questões da prova preambular do concurso para ingresso na carreira do Ministério Público do Estado de Minas Gerais – Edital do LVI, a Banca examinadora esclarece o que se segue:

A) INCORRETA. "Com o advento da Lei 13.146/15 (Estatuto da Pessoa com Deficiência) a curatela se vincula à necessidade, à subsidiariedade e à proporcionalidade, preservando a autodeterminação para os atos existenciais e submetida à regular revisão. A deficiência, por si, deixa de ser causa para a definição de curatela, que passa a ser subordinada ao discernimento.

B) INCORRETA. "Porquanto em se tratando de lei do estado da pessoa, a rega é a retroatividade, consoante a melhor doutrina estruturada sobre a matéria."

C) CORRETA. "A tomada de decisão apoiada é instituto protetivo da pessoa com deficiência em situação de vulnerabilidade, ou seja, que, embora apta para os atos da vida civil, carece do auxílio de terceiros para a efetivação da vontade."

D) INCORRETA. "A prescrição somente não corre contra os absolutamente incapazes. Com a alteração da Lei 13.146/15, reduzindo a incapacidade ao defeito da idade, há o inconveniente da fluência do prazo prescricional em desfavor do deficiente agora havido como relativamente incapaz."

Resposta: Letra C

MPMG 2019 (CONCURSO LVII)*. QUESTÃO 49. Direito Civil. Capacidade. Curatela. Estatuto da Pessoa com Deficiência. Lei nº 13.146/15. Lei Seca.*

Lei Brasileira de Inclusão da Pessoa com Deficiência busca assegurar e promover o exercício dos direitos e liberdades fundamentais, visando a inclusão social e a cidadania. A fim de dar efetividade aos institutos de proteção, foram previstas inovações legislativas relevantes.

A esse respeito, marque a alternativa correta:

A) A curatela poderá dar-se de forma compartilhada e proporcional às necessidades e circunstâncias de cada caso, a critério do Juízo.

B) Na Tomada de Decisão Apoiada, a decisão terá validade e efeitos sobre terceiros, com restrições, desde que inserida nos limites do apoio acordado, que será homologado pelo juiz, após oitiva do Ministério Público.

C) A incapacidade civil absoluta se restringe exclusivamente à idade inferior a 16 anos. A incapacidade relativa se aplica aos maiores de 16 anos e menores de 18 anos, aos pródigos, aos ébrios habituais, aos viciados em tóxicos e àqueles que, apenas de forma permanente, não puderem exprimir sua vontade.

D) A definição de curatela não alcança o direito ao próprio corpo, à sexualidade, à privacidade, à educação, à saúde, ao trabalho e ao voto, mas alcança o direito ao matrimônio.

Comentários

(A): Correta. Conforme artigo 1.775-A do Código Civil: "Na nomeação de curador para a pessoa com deficiência, o juiz poderá estabelecer **curatela compartilhada** a mais de uma pessoa".

(B): Incorreta. Os efeitos da tomada de decisão apoiada sobre terceiros serão **sem restrições**, desde que esteja inserida **nos limites** do apoio acordado, nos termos do §4º do artigo 1.783-A do Código Civil. A **oitiva do Ministério Público** ocorrerá antes de o juiz se pronunciar sobre o pedido de tomada de decisão apoiada, consoante disposto no artigo 1.783-A, §3º.

(C): Incorreta. Os menores de 16 (dezesseis) anos é a única hipótese de incapacidade absoluta. A incapacidade relativa se aplica aos maiores de 16 anos e menores de 18 anos, aos pródigos, aos ébrios habituais, aos viciados em tóxicos e àqueles que, apenas de forma permanente ou **transitória**, não puderem exprimir sua vontade, conforme inciso III do artigo 4º do Código Civil.

(D): Incorreta. Nos termos do artigo 85, *caput*, e º 1§: "Art. 85. A **curatela afetará tão somente** os atos relacionados aos **direitos de natureza patrimonial e negocial**. § 1º A definição da curatela **não alcança** o direito ao próprio corpo, à sexualidade, **ao matrimônio**, à privacidade, à educação, à saúde, ao trabalho e ao voto".

Resposta: Letra A

DIREITO PROCESSUAL CIVIL

Autora: Ana Paula Martins Costa

DIREITO PROCESSUAL CIVIL	Legislação	Doutrina	Jurisprudência
1. Lei processual. Interpretação das leis processuais			
2. Princípios informativos do Direito Processual Civil			
3. Jurisdição, ação, exceção e processo			
4. Partes e procuradores. Capacidade, deveres, responsabilidade, substituição, litisconsórcio e intervenção de terceiros. Incidente de desconsideração da personalidade jurídica. *Amicus curiae*.	2019:01 (Intervenção de terceiros)		
5. Ministério Público, Advocacia Pública e Defensoria Pública.	2018: 01		
6. Competência. Modificações da competência. Incompetência. Cooperação nacional.	2017: 01 2018: 01		
7. Juiz: poderes, deveres e sua responsabilidade. Impedimento e suspeição. Auxiliares da justiça	2019:01 (Impedimento e Suspeição)		
8. Atos processuais. Forma. Tempo e lugar. Prazos. Comunicações dos atos. Nulidades. Distribuição e registro. Valor da causa	2017: 03 (Atos processuais/ Nulidades) 2018: 01 (Citação) 2019: 01 (Comunicação dos atos)		

DIREITO PROCESSUAL CIVIL	Legislação	Doutrina	Jurisprudência
9. Tutela provisória: tutela de urgência e tutela da evidência.	2017: 01 2018:01 2019: 01		
10. Formação, suspensão e extinção do processo.			
11. Procedimento comum. Petição inicial. Improcedência liminar do pedido. Audiência de conciliação ou de mediação. Contestação e reconvenção. Revelia. Providências preliminares e saneamento. Julgamento conforme o estado do processo. Audiência de instrução e julgamento. Provas: disposições gerais e provas em espécie. Sentença. Remessa necessária. Coisa julgada. Liquidação de sentença.	2017: 01 (Provas e Coisa Julgada) 2018:01 (Provas) 2019:02 (Provas/ Saneamento)		
12. Cumprimento de sentença: disposições gerais, procedimentos em espécie e defesas do executado.	2017: 01 2018: 01		
13. Procedimentos especiais de jurisdição contenciosa: todos os procedimentos.	2017: 01 2018: 01		
14. Procedimentos de jurisdição voluntária: disposições gerais e todos os procedimentos em espécie.			
15. Processo de execução: execução em geral, diversas espécies de execução, embargos à execução, suspensão e extinção do processo de execução.	2017: 01		
16. Processos nos tribunais e os meios de impugnação das decisões judiciais: ordem dos processos, processos e incidentes de competência originária. Recursos: disposições gerais e recursos em espécie.	2017: 04 (Recursos e IRDR) 2018:01 (Recursos) 2019: 02 (Ação Rescisória/ Reclamação)		

DIREITO PROCESSUAL CIVIL	Legislação	Doutrina	Jurisprudência
17. Assistência judiciária.			
18. Juizados Especiais Cíveis e da Fazenda Pública.			
19. Mandado de segurança (individual e coletivo). Mandado de Injunção.	2010:01 (Mandado de segurança) 2014:01 (Mandado de segurança)		
20. Ação Civil Pública: ritos e medidas de urgência na proteção da probidade administrativa, patrimônio público e meio ambiente. Ação de ressarcimento ao erário. Ação Popular. *Habeas Data.*	2014:01 (Ação Popular)		
21. Processo Judicial Eletrônico. Lei de Informatização do Processo Judicial (Lei nº 11.419/2006 e Resolução 780/2014 do Tribunal de Justiça de Minas Gerais).			
22. Lei de Arbitragem (Lei nº 9.307/1996).	2018:01 2019: 01		
23. Lei de Mediação (Lei nº 13.140/2015)	2018:01 2019:01		
24. Outros diplomas normativos: Lei nº 1.060/1950. Lei n.º 7.347/1985. Lei n.º 8.069/1990. Lei n.º 8.078/1990. Lei n.º 8.429/1992. Lei n.º 8.560/1992. Lei n.º 9.099/1995. Lei nº 9.507/1997. Lei n.º 10.257/2001. Lei n.º 11.417/2006. Lei n.º 11.419/2006. Lei nº 12.016/2009. Lei nº 13.105/2015 (Código de Processo Civil). Lei nº 13.300/2016. (Atenção: todas as leis mencionadas devem ser observadas com suas respectivas atualizações).	2014:01 (CDC) 2014:01 (Improbidade) 2014:01 (ECA) 2018:01 (Improbidade)		2014:01 (Improbidade)

1. LEI PROCESSUAL E INTERPRETAÇÃO DAS LEIS PROCESSUAIS

2. PRINCÍPIOS INFORMATIVOS DO DIREITO PROCESSUAL CIVIL

3. JURISDIÇÃO, AÇÃO, EXCEÇÃO E PROCESSO

4. PARTES E PROCURADORES. CAPACIDADE, DEVERES, RESPONSABILIDADE, SUBSTITUIÇÃO, LITISCONSÓRCIO E INTERVENÇÃO DE TERCEIROS. INCIDENTE DE DESCONSIDERAÇÃO DA PERSONALIDADE JURÍDICA. *AMICUS CURIAE*

***MPMG 2019 (CONCURSO LVII)**. QUESTÃO 51. Direito Processual Civil / Da Intervenção de Terceiros / Legislação.*

Sobre as intervenções de terceiros, assinale a alternativa incorreta:

A) *É admissível a denunciação da lide, promovida por qualquer das partes: I - ao alienante imediato, no processo relativo à coisa cujo domínio foi transferido ao denunciante, a fim de que possa exercer os direitos que da evicção lhe resultam, e II - àquele que estiver obrigado, por lei ou pelo contrato, a indenizar, em ação regressiva, o prejuízo de quem for vencido no processo.*

B) *Admite-se uma única denunciação sucessiva, promovida pelo denunciado, contra seu antecessor imediato na cadeia dominial ou quem seja responsável por indenizá-lo, podendo o denunciado sucessivo promover nova denunciação, hipótese em que eventual direito de regresso será exercido na mesma ação.*

C) *É admissível o chamamento ao processo, requerido pelo réu: I - do afiançado, na ação em que o fiador for réu; II - dos demais fiadores, na ação proposta contra um ou alguns deles; III - dos demais devedores solidários, quando o credor exigir de um ou de alguns o pagamento da dívida comum. (Adaptada)*

D) *O incidente de desconsideração da personalidade jurídica será instaurado a pedido da parte ou do Ministério Público, quando lhe couber intervir no processo. O pedido de desconsideração da personalidade jurídica observará os pressupostos previstos em lei. O incidente de desconsideração é cabível em todas as fases do processo de conhecimento, no cumprimento de sentença e na execução fundada em título executivo extrajudicial.*

Comentários

(A): Correta. Artigo 125 do CPC/2015: "É admissível a denunciação da lide, promovida por qualquer das partes: I - ao alienante imediato, no processo relativo à coisa cujo domínio foi transferido ao denunciante, a fim de que possa exercer os direitos que da evicção lhe resultam; II - àquele que estiver obrigado, por lei ou pelo contrato, a indenizar, em ação regressiva, o prejuízo de quem for vencido no processo."

(B): Incorreta. Artigo 125, §2º, do CPC/2015: Admite-se uma única denunciação sucessiva, promovida pelo denunciado, contra seu antecessor imediato na cadeia dominial ou quem seja responsável por indenizá-lo, **não podendo o denunciado sucessivo promover nova denunciação,** hipótese em que eventual direito de regresso será exercido por ação autônoma.

(C): Correta. Artigo 130 do CPC/2015: "É admissível o chamamento ao processo, requerido pelo réu: I - do afiançado, na ação em que o fiador for réu; II - dos demais fiadores, na ação proposta contra um ou alguns deles; III - dos demais devedores solidários, quando o credor exigir de um ou de alguns o pagamento da dívida comum."

(D): Correta, conforme os artigos 133 e 134 do CPC/2015.

"Art. 133. O incidente de desconsideração da personalidade jurídica será instaurado a pedido da parte ou do Ministério Público, quando lhe couber intervir no processo. § 1º O pedido de desconsideração da personalidade jurídica observará os pressupostos previstos em lei. (...) Art. 134. O incidente de desconsideração é cabível em todas as fases do processo de conhecimento, no cumprimento de sentença e na execução fundada em título executivo extrajudicial."

Resposta: B.

5. MINISTÉRIO PÚBLICO, ADVOCACIA PÚBLICA E DEFENSORIA PÚBLICA

MPMG 2018. ***(CONCURSO LVI)*** *QUESTÃO 58. Direito Processual Civil / Ministério Público / Legislação.*

Analise as seguintes assertivas com relação ao papel do Ministério Público, nos termos do Código de Processo Civil:

I. O Ministério Público pode arguir incompetência relativa, pode suscitar conflito de competência e tem legitimidade para propor ação rescisória.

II. O Ministério Público, não sendo o requerente de incidente de resolução de demandas repetitivas, deverá intervir obrigatoriamente, assumindo a sua titularidade em caso de desistência ou de abandono. Pode, inclusive, proferir sustentação oral no julgamento desse incidente.

III. O Ministério Público pode interpor recurso na qualidade de fiscal da ordem jurídica. Também pode apresentar reclamação com o intuito, por exemplo, de preservar a competência do tribunal ou de garantir a autoridade das decisões do tribunal.

IV. O juiz poderá dispensar a produção das provas requeridas pela parte cujo advogado não tenha comparecido à audiência, aplicando-se a mesma regra ao Ministério Público.

É CORRETO o que se afirma em:

A) I, II, III e IV.

B) Apenas em I, II e III.

C) Apenas em I, III e IV.

D) Apenas em II e IV.

Comentários

I) Correta.

Art. 65, parágrafo único, do CPC: "A incompetência relativa pode ser alegada pelo Ministério Público nas causas em que atuar".

Art. 951, do CPC: "O conflito de competência pode ser suscitado por qualquer das partes, pelo Ministério Público ou pelo juiz".

Art. 967, do CPC: "Têm legitimidade para propor a ação rescisória: (...) III – o Ministério Público: a) se não foi ouvido no processo em que lhe era obrigatória a intervenção; b) quando a decisão rescindenda é o efeito de simulação ou de colusão das partes, a fim de fraudar a lei; c) em outros casos em que se imponha sua atuação".

II) Correta.

Art. 976, § 2º, do CPC: "Se não for o requerente, o Ministério Público intervirá obrigatoriamente no incidente e deverá assumir sua titularidade em caso de desistência ou de abandono".

Art. 984, do CPC: "No julgamento do incidente, observar-se-á a seguinte ordem: II – poderão sustentar suas razões, sucessivamente: a) o autor e o réu do processo originário e o Ministério Público, pelo prazo de 30 (trinta) minutos".

III) Correta.

Art. 996, do CPC: "O recurso pode ser interposto pela parte vencida, pelo terceiro prejudicado e pelo Ministério Público, como parte ou como fiscal da ordem jurídica."

Art. 988, do CPC: "Caberá reclamação da parte interessada ou do Ministério Público para: I – preservar a competência do tribunal; II – garantir a autoridade das decisões do tribunal".

IV) Correta.

Art. 362, § 2º, do CPC: "O juiz poderá dispensar a produção das provas requeridas pela parte cujo advogado ou defensor público não tenha comparecido à audiência, aplicando-se a mesma regra ao Ministério Público".

Resposta: A. Todas estão corretas.

6. COMPETÊNCIA. MODIFICAÇÕES DA COMPETÊNCIA. INCOMPETÊNCIA. COOPERAÇÃO NACIONAL

***MPMG 2017 (Concurso LV)**. Questão 51. Direito Processual Civil / Código de Processo Civil/ Competência / Cumprimento de Sentença / Recursos/ Legislação.*

Analise as seguintes assertivas em conformidade com as normas do CPC/2015:

I. Caberá ação rescisória, cujo prazo bienal será contado do trânsito em julgado da última decisão proferida no processo cujo pronunciamento se busca desconstituir, caso o plenário do Supremo Tribunal Federal considere inconstitucional lei ou ato normativo que serviu de fundamento único para a prolação da decisão.

II. Se o relator, no Superior Tribunal de Justiça, entender que o recurso especial versa sobre questão constitucional, deverá conceder prazo de 15 (quinze) dias para que o recorrente demonstre a existência de repercussão geral e se manifeste sobre a questão constitucional.

III. Declarada a incompetência absoluta, somente os atos decisórios serão nulos, remetendo-se os autos ao juízo competente.

Assinale a alternativa CORRETA:

A) Somente a assertiva I é verdadeira.

B) Somente a assertiva II é verdadeira.

C) Somente as assertivas I e II são verdadeiras.

D) Somente a assertiva III é verdadeira.

Comentários

I – Incorreta. O marco da contagem do prazo é o trânsito em julgado da decisão proferida pelo Supremo Tribunal Federal, conforme art. 525, §§ 12 e 15, do CPC:

"(...) § 12. Para efeito do disposto no inciso III do § 1º deste artigo, considera-se também inexigível a obrigação reconhecida em título executivo judicial fundado em lei ou ato normativo considerado inconstitucional pelo Supremo Tribunal Federal, ou fundado em aplicação ou interpretação da lei ou do ato normativo tido pelo Supremo Tribunal Federal como incompatível com a Constituição Federal , em controle de constitucionalidade concentrado ou difuso.(...) § 15. Se a decisão referida no § 12 for proferida após o trânsito em julgado da decisão exequenda, caberá ação rescisória, cujo prazo será contado do trânsito em julgado da decisão proferida pelo Supremo Tribunal Federal".

II – Correta – Conforme art.1.032 do CPC: "Se o relator, no Superior Tribunal de Justiça, entender que o recurso especial versa sobre questão constitucional, deverá conceder prazo de 15 (quinze) dias para que o recorrente demonstre a existência de repercussão geral e se manifeste sobre a questão constitucional".

III – Incorreta. A alternativa reproduziu o revogado art.113, § 2º, do CPC/73. Com o CPC/15, prevalece a regra do §4º do artigo 64 que dispõe: "Salvo decisão judicial em sentido contrário, conservar-se-ão os efeitos de decisão proferida pelo juízo incompetente até que outra seja proferida, se for o caso, pelo juízo competente."

Resposta: B

MPMG 2018. (CONCURSO LVI) *QUESTÃO 54. Direito Processual Civil / Competência/Legislação.*

Analise as assertivas abaixo:

I. O juiz não pode decidir, em grau algum de jurisdição, com base em fundamento a respeito do qual não se tenha dado às partes oportunidade de se manifestar, a exceção de matéria sobre a qual deva decidir de ofício.

II. Quando houver continência e a ação continente tiver sido proposta anteriormente, no processo relativo à ação contida será proferida sentença com resolução de mérito, caso contrário, as ações serão necessariamente reunidas.

III. Contra a decisão que indeferir a gratuidade ou a que acolher pedido de sua revogação caberá agravo de instrumento, ainda que a questão seja decidida na sentença.

IV. É admissível a assunção de competência quando o julgamento de recurso, de remessa necessária ou de processo de competência originária envolver relevante questão de direito, com grande repercussão social, sem repetição em múltiplos processos.

Somente está CORRETO o que se afirma em:

A) I, II, III e IV.

B) II e III.

C) I, II e IV.

D) IV.

Comentários

I) Incorreto Artigo 10, do CPC/2015: "O juiz não pode decidir, em grau algum de jurisdição, com base em fundamento a respeito do qual não se tenha dado às partes oportunidade de se manifestar, **ainda que se trate de matéria sobre a qual deva decidir de ofício**".

II) Incorreto Artigo 57, do CPC/2015: "Quando houver continência e a ação continente tiver sido proposta anteriormente, no processo relativo à ação contida será proferida sentença **sem resolução de mérito**, caso contrário, as ações serão necessariamente reunidas".

III) Incorreto. Artigo 101, do CPC/2015: "Contra a decisão que indeferir a gratuidade ou a que acolher pedido de sua revogação caberá agravo de instrumento, **exceto quando a questão for resolvida na sentença, contra a qual caberá apelação.**

D) Correto. Artigo 947, do CPC/2015: "É admissível a assunção de competência quando o julgamento de recurso, de remessa necessária ou de processo de competência originária envolver relevante questão de direito, com grande repercussão social, sem repetição em múltiplos processos".

Resposta: D

7. JUIZ: PODERES, DEVERES E SUA RESPONSABILIDADE. IMPEDIMENTO E SUSPEIÇÃO. AUXILIARES DA JUSTIÇA

***MPMG 2019 (CONCURSO LVII)**. QUESTÃO 52 Direito Processual Civil / Impedimento e Suspeição/ Legislação.*

Assinale a alternativa correta:

A) Há suspeição do juiz, sendo-lhe vedado exercer suas funções no processo: I - em que interveio como mandatário da parte, oficiou como perito, funcionou como membro do Ministério Público ou prestou depoimento como testemunha; II - de que conheceu em outro grau de jurisdição, tendo proferido decisão; III - quando nele estiver postulando, como defensor público, advogado ou membro do Ministério Público, seu cônjuge ou companheiro, ou qualquer parente, consanguíneo ou afim, em linha reta ou colateral, até o terceiro grau, inclusive.

B) Há impedimento do juiz: I-amigo íntimo ou inimigo de qualquer das partes ou de seus advogados; II - que receber presentes de pessoas que tiverem interesse na causa antes ou depois de iniciado o processo, que aconselhar alguma das partes acerca do objeto da causa ou que subministrar meios para atender às despesas do litígio; III - quando qualquer das partes for sua credora ou devedora, de seu cônjuge ou companheiro ou de parentes destes, em linha reta até o terceiro grau, inclusive.

C) *No prazo de 15 (quinze) dias, a contar do conhecimento do fato, a parte alegará o impedimento ou a suspeição, em petição específica dirigida ao juiz do processo, na qual indicará o fundamento da recusa, podendo instruí-la com documentos em que se fundar a alegação e com rol de testemunhas. Se reconhecer o impedimento ou a suspeição ao recebera petição, o juiz ordenará imediatamente a remessa dos autos a seu substituto legal; caso contrário, determinará a autuação em apartado da petição e, no prazo de 15 (quinze) dias, apresentará suas razões, acompanhadas de documentos e de rol de testemunhas, se houver, ordenando a remessa do incidente ao tribunal.*

D) *Distribuído o incidente, o relator deverá recebê-lo com efeito suspensivo, como regra.*

Comentários

(A): Incorreta. São **hipóteses de impedimento** do juiz, conforme artigo 144, incisos I, II e III, do CPC/2015:

"Art. 144. Há impedimento do juiz, sendo-lhe vedado exercer suas funções no processo: I - em que interveio como mandatário da parte, oficiou como perito, funcionou como membro do Ministério Público ou prestou depoimento como testemunha; II - de que conheceu em outro grau de jurisdição, tendo proferido decisão; III - quando nele estiver postulando, como defensor público, advogado ou membro do Ministério Público, seu cônjuge ou companheiro, ou qualquer parente, consanguíneo ou afim, em linha reta ou colateral, até o terceiro grau, inclusive".

(B): Incorreta. São **hipóteses de suspeição** do juiz, conforme artigo 145, incisos I, II e III, do CPC/2015:

"Art. 145. Há suspeição do juiz: I - amigo íntimo ou inimigo de qualquer das partes ou de seus advogados; II - que receber presentes de pessoas que tiverem interesse na causa antes ou depois de iniciado o processo, que aconselhar alguma das partes acerca do objeto da causa ou que subministrar meios para atender às despesas do litígio; III - quando qualquer das partes for sua credora ou devedora, de seu cônjuge ou companheiro ou de parentes destes, em linha reta até o terceiro grau, inclusive".

(C): Correta. Artigo 146, do CPC/2015: "No prazo de 15 (quinze) dias, a contar do conhecimento do fato, a parte alegará o impedimento ou a suspeição, em petição específica dirigida ao juiz do processo, na qual indicará o fundamento da recusa, podendo instruí-la com documentos em que se fundar a alegação e com rol de testemunhas. § 1º Se reconhecer o impedimento ou a suspeição ao receber a petição, o juiz ordenará imediatamente a remessa dos autos a seu substituto legal, caso contrário, determinará a autuação em apartado da petição e, no prazo de 15 (quinze) dias, apresentará suas razões, acompanhadas de documentos e de rol de testemunhas, se houver, ordenando a remessa do incidente ao tribunal".

(D): Incorreta. A concessão ou não do efeito suspensivo será avaliada no caso concreto, não se trata de efeito suspensivo *ope legis*.

Artigo 146, § 2º, do CPC/2015: "Distribuído o incidente, o relator deverá declarar os seus efeitos, sendo que, se o incidente for recebido: I - sem efeito suspensivo, o processo voltará a correr; II - com efeito suspensivo, o processo permanecerá suspenso até o julgamento do incidente."

Resposta: C.

8. ATOS PROCESSUAIS. FORMA. TEMPO E LUGAR. PRAZOS. COMUNICAÇÕES DOS ATOS. NULIDADES. DISTRIBUIÇÃO E REGISTRO. VALOR DA CAUSA

MPMG 2017 (Concurso LV)*. Questão 53. Direito Processual Civil / Atos processuais / Provas / Coisa julgada/ Legislação.*

Analise as seguintes assertivas:

I. Os litisconsortes que tiverem diferentes procuradores, de escritórios de advocacia distintos, nos processos em autos eletrônicos e não eletrônicos, terão prazos contados em dobro para todas as suas manifestações, em qualquer juízo ou tribunal, independentemente de requerimento.

II. As disposições de direito probatório do CPC/2015 somente se aplicam às provas requeridas ou determinadas de ofício a partir da data de início de sua vigência.

III. As decisões proferidas sob a vigência do CPC/2015 que julgarem questão prejudicial, decidida expressa e incidentemente no processo, têm força de lei, formando coisa julgada material, se dessa resolução depender o julgamento do mérito, se a seu respeito tiver havido contraditório prévio e efetivo, não se aplicando no caso de revelia, e se o juízo tiver competência em razão da matéria e da pessoa para resolvê-la como questão principal, mesmo em processos já em andamento quando de sua entrada em vigor.

Assinale a alternativa CORRETA:

A) Somente a assertiva I é verdadeira.

B) Somente a assertiva II é verdadeira.

C) Somente as assertivas I e II são verdadeiras.

D) Somente a assertiva III é verdadeira.

Comentários

I– Incorreta. Artigo 229, do CPC: "Os litisconsortes que tiverem diferentes procuradores, de escritórios de advocacia distintos, terão prazos contados em dobro para todas as suas manifestações, em qualquer juízo ou tribunal, independentemente de requerimento. (...) § 2º **Não se aplica o disposto no caput aos processos em autos eletrônicos**."

II – Correta. Artigo 1.047 do CPC: "As disposições de direito probatório adotadas neste Código aplicam-se apenas às provas requeridas ou determinadas de ofício a partir da data de início de sua vigência".

III – Incorreta.

Artigo 503, do CPC: "A decisão que julgar total ou parcialmente o mérito tem força de lei nos limites da questão principal expressamente decidida. § 1º O disposto no *caput* aplica-se à resolução de questão prejudicial, decidida expressa e incidentemente no processo, se: I - dessa resolução depender o julgamento do mérito; II - a seu respeito tiver havido contraditório prévio e efetivo, não se aplicando no caso de revelia; III - o juízo tiver competência em razão da matéria e da pessoa para resolvê-la como questão principal".

Artigo 1.054, do CPC: "**O disposto no art. 503, § 1º , somente se aplica aos processos iniciados após a vigência deste Código**, aplicando-se aos anteriores o disposto nos arts. 5º , 325 e 470 da Lei nº 5.869, de 11 de janeiro de 1973" .

Resposta: B.

MPMG 2017 (Concurso LV)*. Questão 58. Direito Processual Civil / Nulidades / Legislação.*

Com relação ao sistema de nulidades processuais analise as assertivas abaixo:

I. As nulidades devem ser alegadas na primeira oportunidade em que couber a parte falar nos autos, independente da natureza da nulidade, sob pena de preclusão.

II. É nulo o processo quando o membro do Ministério Público não for intimado a acompanhar o feito em que deva intervir. Se o processo tiver tramitado sem conhecimento do Ministério Público, o juiz invalidará os atos praticados a partir do momento em que tomar conhecimento.

III. A nulidade só poderá ser decretada após a intimação do Ministério Público, independente de real prejuízo a uma das partes.

IV. Anulado o ato, consideram-se de nenhum efeito todos os subsequentes que dele dependam, todavia, a nulidade de uma parte do ato não prejudicará as outras que dela sejam independentes.

Assinale a alternativa CORRETA:

A) *Todas as afirmativas são falsas.*

B) *Todas as afirmativas são verdadeiras.*

C) *Apenas a assertiva IV é verdadeira.*

D) *Apenas a assertiva III é verdadeira.*

Comentários

I – Incorreta – Não foram consideradas as exceções do parágrafo único do artigo 278, do CPC/2015.

Artigo 278, do CPC: "A nulidade dos atos deve ser alegada na primeira oportunidade em que couber à parte falar nos autos, sob pena de preclusão. Parágrafo único. **Não se aplica o disposto no *caput* às nulidades que o juiz deva decretar de ofício, nem prevalece a preclusão provando a parte legítimo impedimento.**"

II – Incorreta. Artigo 279, § 1º, do CPC: "Se o processo tiver tramitado sem conhecimento do membro do Ministério Público, o juiz invalidará os atos praticados **a partir do momento em que ele deveria ter sido intimado**".

III – Incorreta. Artigo 279, § 2º, do CPC: "A nulidade só pode ser decretada após a intimação do Ministério Público, **que se manifestará sobre a existência ou a inexistência de prejuízo**".

IV – Correta. Artigo 281, do CPC: "Anulado o ato, consideram-se de nenhum efeito todos os subsequentes que dele dependam, todavia, a nulidade de uma parte do ato não prejudicará as outras que dela sejam independentes".

Resposta: C.

***MPMG 2017 (Concurso LV)**. Questão 60. Direito Processual Civil / Atos processuais / Legislação.*

Assinale a alternativa INCORRETA sobre as normas processuais do CPC/2015:

A) *Versando o processo sobre direitos que admitam autocomposição, é lícito às partes plenamente capazes estipular mudanças no procedimento para ajustá-lo às especificidades da causa e convencionar sobre os seus ônus, poderes, faculdades e deveres processuais, antes ou durante o processo.*

B) *De comum acordo, o juiz e as partes podem fixar calendário para a prática de atos processuais, quando for o caso.*

C) *O calendário vincula as partes e o juiz, e os prazos nele previstos somente serão modificados em casos excepcionais, devidamente justificados.*

D) *Mesmo com a calendarização dos atos processuais, é indispensável a intimação das partes, sob pena de cerceamento de defesa.*

Comentários

(A): Correta. Artigo 190, do CPC: "Versando o processo sobre direitos que admitam autocomposição, é lícito às partes plenamente capazes estipular mudanças no procedimento para ajustá-lo às especificidades da causa e convencionar sobre os seus ônus, poderes, faculdades e deveres processuais, antes ou durante o processo".

(B): Correta. Artigo 191, *caput,* do CPC: "De comum acordo, o juiz e as partes podem fixar calendário para a prática dos atos processuais, quando for o caso."

(C): Correta – Artigo 191, § 1º, do CPC: "O calendário vincula as partes e o juiz, e os prazos nele previstos somente serão modificados em casos excepcionais, devidamente justificados".

(D): Incorreta – Artigo 191, § 2º, do CPC: "**Dispensa-se a intimação** das partes para a prática de ato processual ou a realização de audiência cujas datas tiverem sido designadas no calendário."

Resposta: D.

MPMG 2018. (CONCURSO LVI) QUESTÃO 55. Direito Processual Civil / Comunicação do Atos/ Tutela Provisória / Legislação.

Analise as seguintes assertivas:

I. Para a validade do processo, é indispensável a citação do réu ou do executado, mesmo se tratando de indeferimento da petição inicial ou de improcedência liminar do pedido.

II. O comparecimento espontâneo do réu ou do executado supre a falta ou a nulidade da citação, fluindo a partir desta data o prazo para apresentação de contestação ou de embargos à execução.

III. O juiz corrigirá, de ofício e por arbitramento, o valor da causa quando verificar que não corresponde ao conteúdo patrimonial em discussão ou ao proveito econômico perseguido pelo autor, caso em que se procederá ao recolhimento das custas correspondentes.

IV. Nos casos em que a urgência for contemporânea à propositura da ação, a petição inicial pode limitar-se ao requerimento da tutela antecipada e à indicação do pedido de tutela final, sem a necessidade de exposição da lide, do direito que se busca realizar e do perigo de dano ou do risco ao resultado útil do processo.

Somente está CORRETO o que se afirma em:

A) I, II, III, IV.

B) I, II.

C) II, III.

D) IV, III.

Comentários

I – Incorreta. Artigo 239, do CPC: "Para a validade do processo é indispensável a citação do réu ou do executado, **ressalvadas as hipóteses de indeferimento da petição inicial ou de improcedência liminar do pedido**".

II – Correta. Artigo 239, § 1º, do CPC: "O comparecimento espontâneo do réu ou do executado supre a falta ou a nulidade da citação, fluindo a partir desta data o prazo para apresentação de contestação ou de embargos à execução".

III – Correta. Artigo 292, § 3º, do CPC: "O juiz corrigirá, de ofício e por arbitramento, o valor da causa quando verificar que não corresponde ao conteúdo patrimonial em discussão ou ao proveito econômico perseguido pelo autor, caso em que se procederá ao recolhimento das custas correspondentes".

IV – Incorreta. Artigo 303, do CPC: "Nos casos em que a urgência for contemporânea à propositura da ação, a petição inicial pode limitar-se ao requerimento da tutela antecipada e à indicação do pedido de tutela final, **com a exposição da lide**, do direito que se busca realizar e do perigo de dano ou do risco ao resultado útil do processo".

Resposta: Letra C

MPMG 2019 (CONCURSO LVII)*. QUESTÃO 53 Direito Processual Civil / Atos Processuais / Legislação.*

Sobre os atos de comunicação processual, é INCORRETO afirmar:

A) *São requisitos das cartas de ordem, precatória e rogatória: I - a indicação dos juízes de origem e de cumprimento do ato; II - o inteiro teor da petição, do despacho judicial e do instrumento do mandato conferido ao advogado; III - a menção do ato processual que lhe constitui o objeto, e IV - o encerramento com a assinatura do juiz.*

B) *Não se fará a citação, salvo para evitar o perecimento do direito: I - de quem estiver participando de ato de culto religioso; II - de cônjuge, de companheiro ou de qualquer parente do morto, consanguíneo ou afim, em linha reta ou na linha colateral em segundo grau, no dia do falecimento e nos 7 (sete) dias seguintes; III - de noivos, nos 3 (três) primeiros dias seguintes ao casamento, e IV - de doente, enquanto grave o seu estado.*

C) *A citação válida, ainda quando ordenada por juízo incompetente, induz litispendência, torna litigiosa a coisa e constitui em mora o devedor, em qualquer circunstância. A interrupção da prescrição, operada pelo despacho que ordena a citação, ainda que proferido por juízo incompetente, retroagirá à data de propositura da ação.*

D) *Qualquer parte, o Ministério Público ou a Defensoria Pública poderá representar ao corregedor do tribunal ou ao Conselho Nacional de Justiça contra juiz ou relator que injustificadamente exceder os prazos previstos em lei, regulamento ou regimento interno.*

Comentários

(A): Correta. Artigo 260, do CPC/2015: "I - a indicação dos juízes de origem e de cumprimento do ato; II - o inteiro teor da petição, do despacho judicial e do instrumento do mandato conferido ao advogado; III - a menção do ato processual que lhe constitui o objeto; IV - o encerramento com a assinatura do juiz".

(B): Correta. Artigo 244, do CPC/2015: "Não se fará a citação, salvo para evitar o perecimento do direito: I - de quem estiver participando de ato de culto religioso; II - de cônjuge, de companheiro ou de qualquer parente do morto, consanguíneo ou afim, em linha reta ou na linha colateral em segundo grau, no dia do falecimento e nos 7 (sete) dias seguintes; III - de noivos, nos 3 (três) primeiros dias seguintes ao casamento; IV - de doente, enquanto grave o seu estado".

(C): Incorreta. O artigo 240, do CPC/2015 diz que a citação válida, ainda quando ordenada por juízo incompetente, induz litispendência, torna litigiosa a coisa e constitui em mora o devedor, **ressalvado o disposto nos arts. 397 e 398 da Lei nº 10.406, de 10 de janeiro de 2002 (Código Civil)**. Nos casos previstos nos artigos 397 e 398, do CC/2002 a mora independe da citação válida, pois decorre do próprio inadimplemento ou de interpelação (judicial ou extrajudicial).

(D): Correta. Artigo 235, do CPC/2015: "Qualquer parte, o Ministério Público ou a Defensoria Pública poderá representar ao corregedor do tribunal ou ao Conselho Nacional de Justiça contra juiz ou relator que injustificadamente exceder os prazos previstos em lei, regulamento ou regimento interno".

Resposta: C.

9. TUTELA PROVISÓRIA: TUTELA DE URGÊNCIA E TUTELA DA EVIDÊNCIA

*MPMG 2017 (**Concurso LV**). Questão 54. Direito Processual Civil / Tutela provisória / Legislação.*

QUESTÃO ANULADA.

Sobre a tutela provisória, é INCORRETO afirmar:

A) *A concessão de tutela provisória antecipada da evidência na sentença não inviabiliza a executividade imediata na sentença.*

B) *É possível a concessão de tutela antecipada em hipóteses de irreversibilidade recíproca, atendidos os demais requisitos para seu deferimento.*

C) *A decisão que concede a tutela não fará coisa julgada, mas a estabilidade dos respectivos efeitos só será afastada por decisão que a revir, reformar ou invalidar, proferida em ação ajuizada por uma das partes atingida pelo pronunciamento.*

D) *Efetivada a tutela de urgência e, posteriormente, sendo o processo extinto sem resolução do mérito e sem estabilização da tutela, será possível fase de liquidação para fins de responsabilização civil do requerente da medida e apuração de danos.*

Comentários

QUESTÃO ANULADA.

MPMG 2019 (CONCURSO LVII). *QUESTÃO 54 - Direito Processual Civil / Tutela Provisória/ Legislação.*

Assinale a alternativa incorreta:

A) *Nos casos em que a urgência for contemporânea à propositura da ação, a petição inicial pode limitar-se ao requerimento da tutela antecipada e à indicação do pedido de tutela final, com a exposição da lide, do direito que se busca realizar e do perigo de dano ou do risco ao resultado útil do processo.*

B) *A petição inicial da ação que visa à prestação de tutela cautelar em caráter antecedente indicará a lide e seu fundamento, a exposição sumária do direito que se objetiva assegurar e o perigo de dano ou o risco ao resultado útil do processo.*

C) *Desde que demonstrado o perigo de dano ou de risco ao resultado útil do processo, a tutela da evidência será concedida, quando: I - ficar caracterizado o abuso do direito de defesa ou o manifesto propósito protelatório da parte; II - as alegações de fato puderem ser comprovadas apenas documentalmente e houver tese firmada em julgamento de casos repetitivos ou em súmula vinculante; III - se tratar de pedido reipersecutório fundado em prova documental adequada do contrato de depósito, caso em que será decretada a ordem de entrega do objeto custodiado, sob cominação de multa.*

D) *Durante a suspensão é vedado praticar qualquer ato processual, podendo o juiz, todavia, determinar a realização de atos urgentes a fim de evitar dano irreparável, salvo no caso de arguição de impedimento e de suspeição.*

Comentários

(A): Correta. Artigo 303, do CPC/2015: Nos casos em que a urgência for contemporânea à propositura da ação, a petição inicial pode limitar-se ao requerimento da tutela antecipada e à indicação do pedido de tutela final, com a exposição da lide, do direito que se busca realizar e do perigo de dano ou do risco ao resultado útil do processo.

(B): Correta. Artigo 305, do CPC/2015: "A petição inicial da ação que visa à prestação de tutela cautelar em caráter antecedente indicará a lide e seu fundamento, a exposição sumária do direito que se objetiva assegurar e o perigo de dano ou o risco ao resultado útil do processo".

(C): Incorreta. Conforme o artigo 311 do CPC/2015 a tutela da evidência será concedida, **independentemente** da demonstração de perigo de dano ou de risco ao resultado útil do processo.

(D): Correta. Artigo 314, do CPC/2015: "Durante a suspensão é vedado praticar qualquer ato processual, podendo o juiz, todavia, determinar a realização de atos urgentes a fim de evitar dano irreparável, salvo no caso de arguição de impedimento e de suspeição".

Resposta: C.

10. FORMAÇÃO, SUSPENSÃO E EXTINÇÃO DO PROCESSO

11. PROCEDIMENTO COMUM. PETIÇÃO INICIAL. IMPROCEDÊNCIA LIMINAR DO PEDIDO. AUDIÊNCIA DE CONCILIAÇÃO OU DE MEDIAÇÃO. CONTESTAÇÃO E RECONVENÇÃO. REVELIA. PROVIDÊNCIAS PRELIMINARES E SANEAMENTO. JULGAMENTO CONFORME O ESTADO DO PROCESSO. AUDIÊNCIA DE INSTRUÇÃO E JULGAMENTO. PROVAS: DISPOSIÇÕES GERAIS E PROVAS EM ESPÉCIE. SENTENÇA. REMESSA NECESSÁRIA. COISA JULGADA. LIQUIDAÇÃO DE SENTENÇA

MPMG 2018. (CONCURSO LVI) QUESTÃO 59. Direito Processual Civil / Provas / Legislação (Questão Adaptada).

Assinale a alternativa INCORRETA sobre Provas:

A) *A teoria estática do ônus da prova continua sendo a regra geral do sistema probatório.*

A teoria dinâmica tem lugar quando, por exemplo, existir impossibilidade ou excessiva dificuldade de cumprir o encargo estabelecido pelo legislador como regra geral; todavia, é preciso que o magistrado assim o faça de forma fundamentada, e que permita que a parte possa produzir as provas necessárias de modo a se desincumbir do ônus que lhe foi atribuído. Além disso, tal decisão não pode gerar situação em que a desincumbência do encargo pela parte seja impossível ou excessivamente difícil.

B) A distribuição diversa do ônus da prova pode ocorrer por convenção das partes, exceto quando recair sobre direito indisponível da parte e quando tornar excessivamente difícil a uma parte o exercício do direito.

C) A produção antecipada da prova será admitida nos casos em que: I - haja fundado receio de que venha a tornar-se impossível ou muito difícil a verificação de certos fatos na pendência da ação; II - a prova a ser produzida seja suscetível de viabilizar a autocomposição ou outro meio adequado de solução de conflito; III - o prévio conhecimento dos fatos possa justificar ou evitar o ajuizamento de ação.

D) O modo de existir e a existência de algum fato podem ser atestados ou documentados, a requerimento do interessado, mediante ata lavrada por tabelião. Dados representados por imagem ou som gravados em qualquer tipo de mídia também poderão constar da ata notarial.

Comentários:

A) Correta. Artigo 373, do CPC: "O ônus da prova incumbe: I - ao autor, quanto ao fato constitutivo de seu direito; II - ao réu, quanto à existência de fato impeditivo, modificativo ou extintivo do direito do autor. § 1º Nos casos previstos em lei ou diante de peculiaridades da causa relacionadas à impossibilidade ou à excessiva dificuldade de cumprir o encargo nos termos do *caput* ou à maior facilidade de obtenção da prova do fato contrário, poderá o juiz atribuir o ônus da prova de modo diverso, desde que o faça por decisão fundamentada, caso em que deverá dar à parte a oportunidade de se desincumbir do ônus que lhe foi atribuído. § 2º A decisão prevista no § 1º deste artigo não pode gerar situação em que a desincumbência do encargo pela parte seja impossível ou excessivamente difícil."

B) Correta. Artigo 373, §3º, do CPC: "A distribuição diversa do ônus da prova também pode ocorrer por convenção das partes, salvo quando:I - recair sobre direito indisponível da parte; II - tornar excessivamente difícil a uma parte o exercício do direito".

C) Correta. Artigo 381, do CPC: "A produção antecipada da prova será admitida nos casos em que: I - haja fundado receio de que venha a tornar-se impossível ou muito difícil a verificação de certos fatos na pendência da ação; II - a prova a ser produzida seja suscetível de viabilizar a autocomposição ou outro meio adequado de solução de conflito; III - o prévio conhecimento dos fatos possa justificar ou evitar o ajuizamento de ação."

D) Incorreta. Artigo 384, do CPC: "A existência e o modo de existir de algum fato podem ser atestados ou documentados, a requerimento do interessado, mediante ata lavrada por tabelião. Parágrafo único. Dados representados por imagem ou som gravados **em arquivos eletrônicos** poderão constar da ata notarial."

Resposta: D.

MPMG 2019 (CONCURSO LVII). *QUESTÃO 55 Direito Processual Civil / Provas/ Legislação.*

Sobre as provas no processo civil, é incorreto afirmar:

A) *A confissão judicial faz prova contra o confitente, não prejudicando, todavia, os litisconsortes. Nas ações que versarem sobre bens imóveis ou direitos reais sobre imóveis alheios, a confissão de um cônjuge ou companheiro não valerá sem a do outro, salvo se o regime de casamento for o de separação absoluta de bens.*

B) *Considera-se autor do documento particular: I - aquele que o fez e o assinou; II - aquele por conta de quem ele foi feito, estando assinado; III - aquele que, mandando compô-lo, não o firmou porque, conforme a experiência comum, não se costuma assinar, como livros empresariais e assentos domésticos.*

C) *Cabe ao advogado da parte informar ou intimar a testemunha por ele arrolada do dia, da hora e do local da audiência designada, necessitando da intimação do juízo. A intimação poderá ser por carta simples ou outro meio hábil, cumprindo ao advogado juntar aos autos, com antecedência de pelo menos 10 (dez) dias da data da audiência, cópia da correspondência de intimação e do comprovante de recebimento.*

D) *As perguntas serão formuladas pelas partes diretamente à testemunha, começando pela que a arrolou, não admitindo o juiz aquelas que puderem induzir a resposta, não tiverem relação com as questões de fato objeto da atividade probatória ou importarem repetição de outra já respondida.*

Comentários

(A): Correta. Artigo 391 do CPC: "A confissão judicial faz prova contra o confitente, não prejudicando, todavia, os litisconsortes. Parágrafo único. Nas ações que versarem sobre bens imóveis ou direitos reais sobre imóveis alheios, a confissão de um cônjuge ou companheiro não valerá sem a do outro, salvo se o regime de casamento for o de separação absoluta de bens".

(B): Correta. Artigo 410 do CPC: "Considera-se autor do documento particular: I - aquele que o fez e o assinou; II - aquele por conta de quem ele foi feito, estando assinado; III - aquele que, mandando compô-lo, não o firmou porque, conforme a experiência comum, não se costuma assinar, como livros empresariais e assentos domésticos".

(C): Incorreta. Artigo 455 do CPC: "Cabe ao advogado da parte informar ou intimar a testemunha por ele arrolada do dia, da hora e do local da audiência designada, **dispensando-se a intimação do juízo**. §1° A intimação deverá ser realizada **por carta com aviso de recebimento,** cumprindo ao advogado juntar aos autos, com antecedência de pelo menos **3 (três) dias da data da audiência**, cópia da correspondência de intimação e do comprovante de recebimento".

(D): Correta. Artigo 459 do CPC: "As perguntas serão formuladas pelas partes diretamente à testemunha, começando pela que a arrolou, não admitindo o juiz aquelas que puderem induzir a resposta, não tiverem relação com as questões de fato objeto da atividade probatória ou importarem repetição de outra já respondida.

Resposta: C.

MPMG 2019 (CONCURSO LVII)*. QUESTÃO 59 Direito Processual Civil / Saneamento e organização do processo /Legislação.*

Assinale a alternativa incorreta sobre saneamento e organização do processo:

A) Caso tenha sido determinada a produção de prova testemunhal, o juiz fixará prazo sucessivo não superior a 15 (quinze) dias para que as partes apresentem rol de testemunhas.

B) O número de testemunhas arroladas não pode ser superior a 10 (dez), sendo 3 (três), no máximo, para a prova de cada fato. O juiz poderá limitar o número de testemunhas levando em conta a complexidade da causa e dos fatos individualmente considerados.

C) Não ocorrendo a extinção do processo, o julgamento antecipado do mérito e o julgamento antecipado parcial do mérito, deverá o juiz, em decisão de saneamento e de organização do processo: I - resolver as questões processuais pendentes, se houver; II - delimitar as questões de fato sobre as quais recairá a atividade probatória, especificando os meios de prova admitidos; III - definir a distribuição do ônus da prova, observado o art. 373 do CPC; IV - delimitar as questões de direito relevantes para a decisão do mérito; V - designar, se necessário, audiência de instrução e julgamento.

D) Se a causa apresentar complexidade em matéria de fato ou de direito, deverá o juiz designar audiência para que o saneamento seja feito em cooperação com as partes, oportunidade em que o juiz, se for o caso, convidará as partes a integrar ou esclarecer suas alegações.

Comentários

(A): Incorreta. Artigo 357, §4º, do CPC: "Caso tenha sido determinada a produção de prova testemunhal, o juiz fixará **PRAZO COMUM** não superior a 15 (quinze) dias para que as partes apresentem rol de testemunhas".

(B): Correta. Artigo 357 do CPC: "§ 6º O número de testemunhas arroladas não pode ser superior a 10 (dez), sendo 3 (três), no máximo, para a prova de cada fato. § 7º O juiz poderá limitar o número de testemunhas levando em conta a complexidade da causa e dos fatos individualmente considerados".

(C): Correta. É que dispõe o artigo 357, *caput e* incisos I a V, sobre a decisão de saneamento e de organização do processo, que deve ser feita no caso de não ocorrer extinção do processo, nos termos dos artigos 485 e 487, incisos II e III ou o julgamento antecipado do mérito ou o julgamento antecipado parcial do mérito.

(D): Correta. Artigo 357, §3º, do CPC: "Se a causa apresentar complexidade em matéria de fato ou de direito, deverá o juiz designar audiência para que o saneamento seja feito em cooperação com as partes, oportunidade em que o juiz, se for o caso, convidará as partes a integrar ou esclarecer suas alegações".

Resposta: A.

12. CUMPRIMENTO DE SENTENÇA: DISPOSIÇÕES GERAIS, PROCEDIMENTOS EM ESPÉCIE E DEFESAS DO EXECUTADO

MPMG 2018. (CONCURSO LVI) QUESTÃO 60 - Direito Processual Civil / Cumprimento de Sentença e Execução /Legislação.

Assinale a alternativa INCORRETA sobre Cumprimento de Sentença e/ou Processo de Execução:

A) O Código de Processo Civil não dispõe expressamente, nos Títulos e Capítulos destinados à disciplina do cumprimento de sentença e do processo de execução, se o prazo para pagamento espontâneo pelo devedor, seja no cumprimento da sentença que reconhece a exigibilidade de obrigação de pagar quantia certa, seja no processo de execução por quantia certa, deve ser contado em dias úteis ou corridos.

B) No cumprimento de sentença que reconheça a exigibilidade de obrigação de prestar alimentos, verificada a conduta procrastinatória do executado, o juiz deverá, se for o caso, dar ciência ao Ministério Público dos indícios da prática do crime de abandono material.

C) A alienação ou a oneração de bem é considerada fraude à execução quando, ao tempo da alienação ou da oneração, tramitava contra o devedor ação de conhecimento capaz de reduzi-lo à insolvência.

D) *O executado, independentemente de penhora, depósito ou caução, poderá se opor à execução por meio de embargos à execução. O prazo é de 15 (quinze) dias, e, quando houver mais de um executado, o prazo para cada um deles embargar conta-se a partir da juntada do respectivo comprovante da citação, salvo no caso de cônjuges ou de companheiros, quando será contado a partir da juntada do último. Por fim, se no polo passivo da execução existirem litisconsortes com diferentes procuradores, de escritórios de advocacia distintos, o prazo acima será contado em dobro.*

Comentários

A) Correto. O CPC/2015 realmente é omisso em relação à contagem do prazo para o pagamento espontâneo. Cumpre ressaltar, porém, que o STJ definiu que o prazo para o cumprimento voluntário da obrigação, possui natureza processual, devendo ser contado em dias úteis. (REsp 1.708.348-RJ, Rel. Min. Marco Aurélio Bellizze, Terceira Turma, DJe 01/08/2019 - Informativo 652)

B) Correto. Artigo 532, do CPC: "Verificada a conduta procrastinatória do executado, o juiz deverá, se for o caso, dar ciência ao Ministério Público dos indícios da prática do crime de abandono material".

C) Correto. Artigo 792, do CPC: "A alienação ou a oneração de bem é considerada fraude à execução: IV – quando, ao tempo da alienação ou da oneração, tramitava contra o devedor ação capaz de reduzi-lo à insolvência".

D) Incorreto. Artigo 915, do CPC: Os embargos serão oferecidos no prazo de 15 (quinze) dias, contado, conforme o caso, na forma do art. 231. § 1º Quando houver mais de um executado, o prazo para cada um deles embargar conta-se a partir da juntada do respectivo comprovante da citação, salvo no caso de cônjuges ou de companheiros, quando será contado a partir da juntada do último. § 3º Em relação ao prazo para oferecimento dos embargos à execução, **não se aplica o disposto no art. 229. (prazo em dobro)**

Resposta: D.

13. PROCEDIMENTOS ESPECIAIS DE JURISDIÇÃO CONTENCIOSA: TODOS OS PROCEDIMENTOS

MPMG 2017 (Concurso LV). *Questão 57. Direito Processual Civil / Procedimentos especiais de jurisdição contenciosa: todos os procedimentos/ Legislação.*

Analise as seguintes assertivas com relação aos procedimentos especiais:

I. A propositura de uma ação possessória em vez de outra não obstará a que o juiz conheça do pedido e outorgue a proteção legal correspondente àquela cujos pressupostos estejam ou não provados.

II. Cabe ao proprietário a ação de divisão, para obrigar o seu confinante a estremar os respectivos prédios, fixando-se novos limites entre eles ou aviventando-se os já apagados.

III. Quem, não sendo parte no processo, sofrer constrição ou a ameaça de constrição sobre bens que possua ou sobre os quais tenha direito incompatível com o ato constritivo, poderá requerer seu desfazimento ou sua inibição por meio de embargos de terceiro.

IV. Nas ações de família, o mandado de citação conterá os dados necessários à audiência e deverá estar acompanhando da cópia da inicial em respeito ao contraditório e a ampla defesa.

Assinale a alternativa CORRETA:

A) Todas as assertivas são falsas.

B) Apenas as assertivas II e III são falsas.

C) Somente a assertiva III é a verdadeira.

D) Todas as assertivas são verdadeiras.

Comentários

I– Incorreta – Artigo 554 do CPC: "A propositura de uma ação possessória em vez de outra não obstará a que o juiz conheça do pedido e outorgue a proteção legal correspondente àquela cujos **pressupostos estejam provados**".

II – Incorreta – Artigo 569, do CPC: "Cabe: I - **ao proprietário a ação de demarcação**, para obrigar o seu confinante a estremar os respectivos prédios, fixando-se novos limites entre eles ou aviventando-se os já apagados;II - **ao condômino a ação de divisão**, para obrigar os demais consortes a estremar os quinhões."

III – Correta – Artigo 674, do CPC: "Quem, não sendo parte no processo, sofrer constrição ou ameaça de constrição sobre bens que possua ou sobre os quais tenha direito incompatível com o ato constritivo, poderá requerer seu desfazimento ou sua inibição por meio de embargos de terceiro".

IV – Incorreta – Artigo 695, § 1º, do CPC: "O mandado de citação conterá apenas os dados necessários à audiência e deverá estar **desacompanhado de cópia da petição inicial**, assegurado ao réu o direito de examinar seu conteúdo a qualquer tempo".

Resposta: C.

MPMG 2018. (CONCURSO LVI) QUESTÃO 51. Direito Processual Civil / Procedimentos especiais de jurisdição contenciosa: todos os procedimentos/ Legislação.

Analise as seguintes assertivas sobre o procedimento especial previsto no CPC:

I. Estando a petição inicial devidamente instruída, o juiz deferirá, sem ouvir o réu, a expedição do mandado liminar de manutenção ou de reintegração, caso contrário, determinará que o autor justifique previamente o alegado, citando-se o réu para comparecer à audiência que for designada.

II. O inventariante removido entregará imediatamente ao substituto os bens do espólio e, caso deixe de fazê-lo, será compelido mediante mandado de busca e apreensão ou de imissão na posse, conforme se tratar de bem móvel ou imóvel, sem prejuízo da multa a ser fixada pelo juiz em montante não superior a três por cento do valor dos bens inventariados.

III. O juiz nomeará curador especial: ao ausente, se não o tiver; ao incapaz, se concorrer na partilha com o seu representante, desde que exista colisão de interesses.

IV. Admitido o processamento, a oposição será apensada aos autos e tramitará simultaneamente à ação originária, sendo ambas julgadas em sentença distinta.

Somente está CORRETO o que se afirma em:

A) I, II, III e IV

B) I, II, III

C) I, IV

D) IV

Comentários

I) Correto. Artigo 562, do CPC: "Estando a petição inicial devidamente instruída, o juiz deferirá, sem ouvir o réu, a expedição do mandado liminar de manutenção ou de reintegração, caso contrário, determinará que o autor justifique previamente o alegado, citando-se o réu para comparecer à audiência que for designada."

II) Correto. Artigo 625, do CPC: "O inventariante removido entregará imediatamente ao substituto os bens do espólio e, caso deixe de fazê-lo, será compelido mediante mandado de busca e apreensão ou de imissão na posse, conforme se tratar de bem móvel ou imóvel, sem prejuízo da multa a ser fixada pelo juiz em montante não superior a três por cento do valor dos bens inventariados."

III) Correto. Artigo 671, do CPC: "O juiz nomeará curador especial: I – ao ausente, se não o tiver; II – ao incapaz, se concorrer na partilha com o seu representante, desde que exista colisão de interesses."

IV) Incorreto. Artigo 685 do CPC, "Admitido o processamento, a oposição será apensada aos autos e tramitará simultaneamente à ação originária, sendo ambas julgadas pela mesma sentença."

Resposta: B.

14. PROCEDIMENTOS DE JURISDIÇÃO VOLUNTÁRIA: DISPOSIÇÕES GERAIS E TODOS OS PROCEDIMENTOS EM ESPÉCIE

15. PROCESSO DE EXECUÇÃO: EXECUÇÃO EM GERAL, DIVERSAS ESPÉCIES DE EXECUÇÃO, EMBARGOS À EXECUÇÃO, SUSPENSÃO E EXTINÇÃO DO PROCESSO DE EXECUÇÃO

MPMG 2017 (Concurso LV)*. Questão 55. Direito Processual Civil / Processo de execução: embargos à execução / Legislação.*

Acerca do sistema executivo, é CORRETO afirmar:

A) Após a expedição da carta de arrematação ou da ordem de entrega, a invalidação da arrematação poderá ser pleiteada pelos embargos do devedor de segunda fase.

B) Os embargos de terceiro podem ser opostos no cumprimento de sentença ou no processo de execução, até 5 (cinco) dias depois da adjudicação, da alienação por iniciativa particular, da arrematação ou de declaração de fraude à execução.

C) A decisão judicial ainda não transitada em julgado poderá ser levada a protesto, nos termos da lei, depois de transcorrido o prazo para pagamento voluntário de 15 (quinze) dias.

D) Na execução e cumprimento da sentença de alimentos, verificada a conduta procrastinatória do devedor, o juiz deverá, se for o caso, dar ciência ao Ministério Público dos indícios da prática do crime de abandono material.

Comentários

(A): Incorreta – Artigo 903,§ 4º, do CPC: "Após a expedição da carta de arrematação ou da ordem de entrega, a invalidação da arrematação poderá ser pleiteada por ação autônoma, em cujo processo o arrematante figurará como litisconsorte necessário".

(B): Incorreta – Artigo 675, do CPC: "Os embargos podem ser opostos a qualquer tempo no processo de conhecimento enquanto não transitada em julgado a sentença e, no cumprimento de sentença ou no processo de execução, até 5 (cinco) dias depois da adjudicação, da alienação por iniciativa particular ou da arrematação, mas sempre antes da assinatura da respectiva carta."

(C): Incorreta– Artigo 517, do CPC: "A decisão judicial transitada em julgado poderá ser levada a protesto, nos termos da lei, depois de transcorrido o prazo para pagamento voluntário previsto no art. 523."

(D): Correta – Artigo 532, do CPC: "Verificada a conduta procrastinatória do executado, o juiz deverá, se for o caso, dar ciência ao Ministério Público dos indícios da prática do crime de abandono material."

Resposta: D.

16. PROCESSOS NOS TRIBUNAIS E OS MEIOS DE IMPUGNAÇÃO DAS DECISÕES JUDICIAIS: ORDEM DOS PROCESSOS, PROCESSOS E INCIDENTES DE COMPETÊNCIA ORIGINÁRIA. RECURSOS: DISPOSIÇÕES GERAIS E RECURSOS EM ESPÉCIE

MPMG 2017 (Concurso LV)*. Questão 52. Direito Processual Civil/ Recursos / Legislação.*

Analise as seguintes assertivas:

I. Contra a decisão que julgar o incidente de distinção entre a questão a ser decidida no processo e aquela a ser julgada no recurso especial ou extraordinário afetado em primeiro grau, é cabível, por determinação legal, o agravo de instrumento.

II. A parte poderá desistir da ação em curso no primeiro grau de jurisdição, antes de proferida a sentença, se a questão nela discutida for idêntica à resolvida pelo recurso representativo da controvérsia.

III. Contra a decisão que negar seguimento a recurso extraordinário que discuta questão constitucional à qual o Supremo Tribunal Federal não tenha reconhecido a existência de repercussão geral, ou a recurso extraordinário interposto contra acórdão que esteja em conformidade com entendimento do Supremo Tribunal Federal exarado no regime de repercussão geral, caberá agravo em recurso extraordinário do art. 1042.

Assinale a alternativa CORRETA:

A) Somente a assertiva I é verdadeira.

B) Somente a assertiva II é verdadeira.

C) Somente as assertivas I e II são verdadeiras.

D) Somente a assertiva III é verdadeira.

Comentários

I – Correta. Conforme art. 1.037, §§ 9º e 13, do CPC: "§ 9º Demonstrando distinção entre a questão a ser decidida no processo e aquela a ser julgada no recurso especial ou extraordinário afetado, a parte poderá requerer o prosseguimento do seu processo. (...) § 13. Da decisão que resolver o requerimento a que se refere o § 9º caberá: I - agravo de instrumento, se o processo estiver em primeiro grau; II - agravo interno, se a decisão for de relator."

II – Correta – Conforme art.1.040,§ 1º, do CPC: "A parte poderá desistir da ação em curso no primeiro grau de jurisdição, antes de proferida a sentença, se a questão nela discutida for idêntica à resolvida pelo recurso representativo da controvérsia".

III – Incorreta. Será cabível agravo interno, conforme 1.030, inciso I, alínea "a" e § 2º, do CPC.

"Art. 1.030. (...) I – negar seguimento a) a recurso extraordinário que discuta questão constitucional à qual o Supremo Tribunal Federal não tenha reconhecido a existência de repercussão geral ou a recurso extraordinário interposto contra acórdão que esteja em conformidade com entendimento do Supremo Tribunal Federal exarado no regime de repercussão geral. (...) § 2º " Da decisão proferida com fundamento nos incisos I e III caberá agravo interno, nos termos do art. 1.021".

Resposta: C.

***MPMG 2017 (Concurso LV)**. Questão 56. Direito Processual Civil / Recursos / Legislação.*

Sobre os recursos cíveis, é INCORRETO afirmar:

A) O recurso pode ser interposto pela parte vencida, pelo terceiro prejudicado e pelo Ministério Público, como parte ou como fiscal do ordenamento jurídico.

B) O prazo para interposição do recurso conta-se da data em que os advogados, a sociedade de advogados, a Advocacia Pública, a Defensoria Pública ou o Ministério Público são intimados da decisão.

C) No ato de interposição do recurso, o recorrente comprovará, quando exigido pela legislação pertinente, o respectivo preparo, inclusive porte de remessa e de retorno, sob pena de deserção. A insuficiência no valor do preparo também implicará deserção, se o recorrente, intimado na pessoa do seu advogado, não vier a supri-lo no prazo de 5 (cinco) dias.

D) As questões resolvidas na fase de conhecimento, ainda que a decisão a seu respeito comporte agravo de instrumento, não são cobertas pela preclusão e podem ser suscitadas em preliminar de apelação, eventualmente interposta contra a decisão final, ou nas contrarrazões.

Comentários

(A): Correta – Artigo 996, do CPC: "O recurso pode ser interposto pela parte vencida, pelo terceiro prejudicado e pelo Ministério Público, como parte ou como fiscal da ordem jurídica."

(B): Correta – Artigo 1.003, do CPC: "O prazo para interposição de recurso conta-se da data em que os advogados, a sociedade de advogados, a Advocacia Pública, a Defensoria Pública ou o Ministério Público são intimados da decisão."

(C): Correta – Artigo 1.007, *caput* e §2°, do CPC: "No ato de interposição do recurso, o recorrente comprovará, quando exigido pela legislação pertinente, o respectivo preparo, inclusive porte de remessa e de retorno, sob pena de deserção. (...) § 2° A insuficiência no valor do preparo, inclusive porte de remessa e de retorno, implicará deserção se o recorrente, intimado na pessoa de seu advogado, não vier a supri-lo no prazo de 5 (cinco) dias".

(D): Incorreta – Artigo 1.009, §1°, do CPC: "As questões resolvidas na fase de conhecimento, se a decisão a seu respeito não comportar agravo de instrumento, **não são cobertas pela preclusão e devem ser suscitadas em preliminar de apelação**, eventualmente interposta contra a decisão final, ou nas contrarrazões".

Reposta: D.

MPMG 2017 (Concurso LV). *Questão 59. Direito Processual Civil / Incidente de Resolução de Demandas Repetitivas / Legislação.*

Sobre o incidente de resolução de demandas repetitivas, assinale a alternativa CORRETA:

A) *É cabível a instauração do incidente de resolução de demandas repetitivas quando houver, simultaneamente, a efetiva repetição de processos que contenham controvérsia sobre a mesma questão de fato e de direito e ainda risco de ofensa à isonomia e à segurança jurídica.*

B) *Se não for o requerente, o Ministério Público intervirá obrigatoriamente no incidente e deverá assumir a titularidade somente no caso de abandono.*

C) *É incabível o incidente de resolução de repetitivas quando um dos tribunais superiores, no âmbito de sua respetiva competência, já tiver afetado recurso para definição de tese sobre questão de direito material ou processual repetitiva.*

D) *São devidas custas processuais no incidente de resolução de demandas repetitivas.*

Comentários

(A): Incorreta. Não há o requisito da similitude fática.

Artigo 976, do CPC: "É cabível a instauração do incidente de resolução de demandas repetitivas quando houver, simultaneamente: I - efetiva repetição de processos que contenham controvérsia sobre a mesma questão unicamente de direito; II - risco de ofensa à isonomia e à segurança jurídica".

(B): Incorreta. Artigo 976 § 2º, do CPC: " Se não for o requerente, o Ministério Público intervirá obrigatoriamente no incidente e deverá assumir sua titularidade em caso de **desistência ou de abandono.**"

(C): Correta. Artigo 976 § 4º, do CPC: "É incabível o incidente de resolução de demandas repetitivas quando um dos tribunais superiores, no âmbito de sua respectiva competência, já tiver afetado recurso para definição de tese sobre questão de direito material ou processual repetitiva".

(D): Incorreta. Artigo 976 § 5º, do CPC: "Não serão exigidas custas processuais no incidente de resolução de demandas repetitivas".

Resposta: C.

MPMG 2018. (CONCURSO LVI) *QUESTÃO 52. Direito Processual Civil / Recursos / Legislação.*

Com relação aos recursos cíveis previstos no CPC é INCORRETO afirmar, EXCETO:

A) *Quando o resultado da apelação for não unânime, o julgamento terá prosseguimento em sessão a ser designada com a presença de outros julgadores, que serão convocados nos termos previamente definidos no regimento interno, em número suficiente para garantir a possibilidade de inversão do resultado inicial, assegurado às partes e a eventuais terceiros o direito de sustentar oralmente suas razões perante os novos julgadores.*

B) *O agravante poderá requerer a juntada, aos autos do processo, de cópia da petição do agravo de instrumento, do comprovante de sua interposição e da relação dos documentos que instruíram o recurso. Se o juiz comunicar que reformou inteiramente a decisão, o relator dará provimento liminar ao agravo de instrumento.*

C) *O recurso extraordinário e o recurso especial, nos casos previstos no CPC e na Constituição Federal, serão interpostos diretamente aos tribunais competentes para julgá-los, em petições distintas que conterão: a exposição do fato e do direito; a demonstração do cabimento do recurso interposto; as razões do pedido de reforma ou de invalidação da decisão recorrida.*

D) *O recurso interposto por um dos litisconsortes a todos aproveita, salvo se distintos ou opostos os seus interesses. Havendo solidariedade passiva, o recurso interposto por um devedor aproveitará aos outros ainda que as defesas sejam contrárias.*

Comentários

A) Correto: Artigo 942, do CPC: "Quando o resultado da apelação for não unânime, o julgamento terá prosseguimento em sessão a ser designada com a presença de outros julgadores, que serão convocados nos termos previamente definidos no regimento interno, em número suficiente para garantir a possibilidade de inversão do resultado inicial, assegurado às partes e a eventuais terceiros o direito de sustentar oralmente suas razões perante os novos julgadores."

B) Incorreto. Artigo 1.018, do CPC: "O agravante poderá requerer a juntada, aos autos do processo, de cópia da petição do agravo de instrumento, do comprovante de sua interposição e da relação dos documentos que instruíram o recurso.§ 1º Se o juiz comunicar que reformou inteiramente a decisão, **o relator considerará prejudicado o agravo de instrumento**".

C) Incorreto. Artigo 1.029, do CPC: "O recurso extraordinário e o recurso especial, nos casos previstos na Constituição Federal, **serão interpostos perante o presidente ou o vice-presidente do tribunal** recorrido em petições distintas que conterão: I – a exposição do fato e do direito; II – a demonstração do cabimento do recurso interposto; III – as razões do pedido de reforma ou de invalidação da decisão recorrida".

D) Incorreto. Artigo 1.005, do CPC: "O recurso interposto por um dos litisconsortes a todos aproveita, salvo se distintos ou opostos os seus interesses. Parágrafo único. Havendo solidariedade passiva, o recurso interposto por um devedor aproveitará aos outros quando **as defesas opostas ao credor lhes forem comuns**".

Resposta: A.

***MPMG 2019 (CONCURSO LVII)**. QUESTÃO 58 Direito Processual Civil / Ação Rescisória / Legislação.*

Assinale a alternativa incorreta sobre ação rescisória:

A) Não é possível o manejo de ação rescisória, com base na suposta violação à norma jurídica, contra decisão baseada em enunciado de súmula ou acórdão proferido em julgamento de casos repetitivos que não tenha considerado a existência de distinção entre a questão discutida no processo e o padrão decisório que lhe deu fundamento.

B) A decisão de mérito, transitada em julgado, pode ser rescindida quando for fundada em erro de fato verificável do exame dos autos. Há erro de fato quando a decisão rescindenda admitir fato inexistente ou quando considerar inexistente fato efetivamente ocorrido, sendo indispensável, em ambos os casos, que o fato não represente ponto controvertido sobre o qual o juiz deveria ter se pronunciado.

C) O Ministério Público tem legitimidade para propor a ação, se não foi ouvido no processo em que lhe era obrigatória a intervenção.

D) É lícito o pedido de tutela de urgência visando impedir o cumprimento da decisão rescindenda.

Comentários

(A): Incorreta. Artigo 966, inciso V e §5º, do CPC/2015. Cabe ação rescisória, com fundamento no inciso V (violar manifestamente norma jurídica), contra decisão baseada em enunciado de súmula ou acórdão proferido em julgamento de casos repetitivos que não tenha considerado a existência de distinção entre a questão discutida no processo e o padrão decisório que lhe deu fundamento

(B): Correta. Artigo 966, inciso VIII e §1º, do CPC/2015: "A decisão de mérito, transitada em julgado, pode ser rescindida quando: (...) VIII - for fundada em erro de fato verificável do exame dos autos.(...)§ 1º Há erro de fato quando a decisão rescindenda admitir fato inexistente ou quando considerar inexistente fato efetivamente ocorrido, sendo indispensável, em ambos os casos, que o fato não represente ponto controvertido sobre o qual o juiz deveria ter se pronunciado".

(C): Correta. Artigo 967, inciso III, do CPC/2015: Têm legitimidade para propor a ação rescisória: III - o Ministério Público: a) se não foi ouvido no processo em que lhe era obrigatória a intervenção;(...)."

(D): Correta. Artigo 969 do CPC/2015: "A propositura da ação rescisória não impede o cumprimento da decisão rescindenda, ressalvada a concessão de tutela provisória".

Resposta: A.

MPMG 2019 (CONCURSO LVII). *QUESTÃO 60 Direito Processual Civil / Reclamação / Legislação.*

Assinale a alternativa INCORRETA sobre reclamação:

A) *Caberá reclamação da parte interessada ou do Ministério Público para: I - preservar a competência do tribunal, e II - garantir a autoridade das decisões do tribunal.*

B) *Caberá reclamação da parte interessada ou do Ministério Público para: I - garantir a observância de enunciado de súmula vinculante e de decisão do Supremo Tribunal Federal em controle concentrado de constitucionalidade, e II - garantir a observância de acórdão proferido em julgamento de recursos repetitivos, incidente de resolução de demandas repetitivas ou de incidente de assunção de competência.*

C) *É inadmissível a reclamação: I - proposta após o trânsito em julgado da decisão reclamada, e II - proposta para garantir a observância de acórdão de recurso extraordinário com repercussão geral reconhecida ou de acórdão proferido em julgamento de recursos extraordinário ou especial repetitivos, quando não esgotadas as instâncias ordinárias.*

D) A reclamação pode ser proposta perante qualquer tribunal, e seu julgamento compete ao órgão jurisdicional cuja competência se busca preservar ou cuja autoridade se pretenda garantir. A reclamação deverá ser instruída com prova documental e dirigida ao presidente do tribunal.

Comentários

(A): Correta. Artigo 988, incisos I e II, do CPC.

Art. 988. Caberá reclamação da parte interessada ou do Ministério Público para:

I - preservar a competência do tribunal;

II - garantir a autoridade das decisões do tribunal;

III – garantir a observância de enunciado de súmula vinculante e de decisão do Supremo Tribunal Federal em controle concentrado de constitucionalidade;

IV – garantir a observância de acórdão proferido em julgamento de incidente de resolução de demandas repetitivas ou de incidente de assunção de competência;

(B): Incorreta. No artigo 988, inciso III, do CPC, citado acima, **não menciona recursos repetitivos.**

(C): Correta. Artigo 988, §5º, do CPC: "É inadmissível a reclamação: I – proposta após o trânsito em julgado da decisão reclamada; II – proposta para garantir a observância de acórdão de recurso extraordinário com repercussão geral reconhecida ou de acórdão proferido em julgamento de recursos extraordinário ou especial repetitivos, quando não esgotadas as instâncias ordinárias."

(D): Correta. Artigo 988 do CPC: "§1º A reclamação pode ser proposta perante qualquer tribunal, e seu julgamento compete ao órgão jurisdicional cuja competência se busca preservar ou cuja autoridade se pretenda garantir. § 2º A reclamação deverá ser instruída com prova documental e dirigida ao presidente do tribunal".

Resposta: B.

17. ASSISTÊNCIA JUDICIÁRIA

18. JUIZADOS ESPECIAIS CÍVEIS E DA FAZENDA PÚBLICA

19. MANDADO DE SEGURANÇA (INDIVIDUAL E COLETIVO). MANDADO DE INJUNÇÃO

MPMG 2010 (Concurso L). *Questão 60. Direito Processual Civil / Mandado de Segurança / Legislação.*

Em relação ao mandado de segurança, é CORRETO afirmar que

A) *o ingresso de litisconsorte ativo facultativo será admitido enquanto não vencido o prazo para a autoridade impetrada apresentar informações.*

B) *a notificação da autoridade impetrada para prestar informações supre a necessidade de se dar ciência do feito ao órgão de representação judicial da pessoa jurídica interessada.*

C) *a sentença concessiva em mandado de segurança de competência originária dos tribunais estaduais está sujeita a reexame necessário pelo Superior Tribunal de Justiça.*

D) *a interposição de agravo de instrumento em face da decisão que concede liminar não prejudica a formulação de pedido para a suspensão do respectivo cumprimento, dirigida ao presidente do tribunal ao qual caiba conhecer do recurso.*

Comentários

(A): Incorreta – O ingresso de litisconsorte ativo não será admitido após o despacho da petição inicial – Artigo 10, § 2º, da Lei nº 12.016/09.

(B): Incorreta – A notificação da autoridade **não** supre a necessidade de se dar ciência ao órgão de representação judicial – Artigo 7º, incisos I e II, da Lei nº 12.016/09.

(C): Incorreta – Artigo 18 da Lei nº 12.016/09: "Das decisões em mandado de segurança proferidas em única instância pelos tribunais cabe recurso especial e extraordinário, nos casos legalmente previstos, e recurso ordinário, quando a ordem for denegada".

(D): Correta – Artigo 15, § 3º, da Lei nº 12.016/09: "A interposição de agravo de instrumento contra liminar concedida nas ações movidas contra o poder público e seus agentes não prejudica nem condiciona o julgamento do pedido de suspensão a que se refere este artigo".

Resposta: D

MPMG 2014 (Concurso LIV)*. Questão 53. Direito Processual Civil / Mandado de Segurança / Legislação.*

Sobre as normas processuais aplicáveis ao Mandado de Segurança, pode-se afirmar,

EXCETO:

A) *É possível, a requerimento do Ministério Público e para evitar grave lesão à ordem, à saúde, à segurança e à economia públicas, que o presidente do tribunal ao qual couber o conhecimento do respectivo recurso suspenda, em decisão fundamentada, a execução da liminar e da sentença prolatada em Mandado de Segurança.*

B) *A interposição de agravo de instrumento contra liminar concedida nos mandados de segurança movidos contra o poder público e seus agentes prejudica o julgamento do pedido de suspensão de segurança em virtude do princípio da unirrecorribilidade.*

C) *Não cabem, no processo de mandado de segurança, a interposição de embargos infringentes e a condenação ao pagamento dos honorários advocatícios, sem prejuízo da aplicação de sanções no caso de litigância de má-fé.*

D) *O mandado de segurança coletivo não induz litispendência para as ações individuais, mas os efeitos da coisa julgada não beneficiarão o impetrante a título individual se não requerer a desistência de seu mandado de segurança no prazo de 30 (trinta) dias, a contar da ciência comprovada da impetração da segurança coletiva.*

Comentários

(A) Correto - Art. 15, Lei 12.016/09. "Art. 15. Quando, a requerimento de pessoa jurídica de direito público interessada ou do Ministério Público e para evitar grave lesão à ordem, à saúde, à segurança e à economia públicas, o presidente do tribunal ao qual couber o conhecimento do respectivo recurso suspender, em decisão fundamentada, a execução da liminar e da sentença, dessa decisão caberá agravo, sem efeito suspensivo, no prazo de 5 (cinco) dias, que será levado a julgamento na sessão seguinte à sua interposição."

(B) Incorreto. - Art. 15º, § 3º, Lei 12.016/09. "§ 3º A interposição de agravo de instrumento contra liminar concedida nas ações movidas contra o poder público e seus agentes **não prejudica nem condiciona o julgamento do pedido de suspensão a que se refere este artigo."**

(C) Correto - Art. 25, Lei 12.016/09. "Art. 25. Não cabem, no processo de mandado de segurança, a interposição de embargos infringentes e a condenação ao pagamento dos honorários advocatícios, sem prejuízo da aplicação de sanções no caso de litigância de má-fé."

(D) Correto - Art. 22, § 1º, Lei 12.016/09. "§ 1º O mandado de segurança coletivo não induz litispendência para as ações individuais, mas os efeitos da coisa julgada não beneficiarão o impetrante a título individual se não requerer a desistência de seu mandado de segurança no prazo de 30 (trinta) dias a contar da ciência comprovada da impetração da segurança coletiva."

Resposta: B

20. AÇÃO CIVIL PÚBLICA: RITOS E MEDIDAS DE URGÊNCIA NA PROTEÇÃO DA PROBIDADE ADMINISTRATIVA, PATRIMÔNIO PÚBLICO E MEIO AMBIENTE. AÇÃO DE RESSARCIMENTO AO ERÁRIO. AÇÃO POPULAR. *HABEAS DATA*

***MPMG 2014 (Concurso LIV)**. Questão 52. Direito Processual Civil/ Ação Popular (Lei 4.717/65) / Legislação.*

Sobre as normas processuais aplicáveis à Ação Popular, pode-se afirmar, EXCETO:

A) A ação será proposta contra as pessoas públicas ou privadas relacionadas ao ato lesivo, contra as autoridades, funcionários ou administradores que houverem autorizado, aprovado, ratificado ou praticado o ato impugnado, ou que, por omissas, tiverem dado oportunidade à lesão, e contra os beneficiários diretos do mesmo.

B) Se o autor desistir da ação, fica assegurado a qualquer cidadão, bem como ao representante do Ministério Público, dentro do prazo de 90 (noventa) dias da última publicação dos editais, promover o prosseguimento da ação.

C) A sentença que concluir pela carência ou pela improcedência da ação está sujeita ao duplo grau de jurisdição, não produzindo efeito senão depois de confirmada pelo tribunal; da que julgar a ação procedente caberá apelação, sem efeito suspensivo ope legis.

D) A sentença incluirá sempre, na condenação dos réus, o pagamento, ao autor, das custas e demais despesas, judiciais e extrajudiciais, diretamente relacionadas com a ação e comprovadas, bem como o dos honorários de advogado.

Comentários

(A) Correto – Art. 6º, Lei 4.717/65: "A ação será proposta contra as pessoas públicas ou privadas e as entidades referidas no art. 1º, contra as autoridades, funcionários ou administradores que houverem autorizado, aprovado, ratificado ou praticado o ato impugnado, ou que, por omissas, tiverem dado oportunidade à lesão, e contra os beneficiários diretos do mesmo."

(B) Correto – Art. 9º, Lei 4.717/65: "Se o autor desistir da ação ou der motiva à absolvição da instância, serão publicados editais nos prazos e condições previstos no art. 7º, inciso II, ficando assegurado a qualquer cidadão, bem como ao representante do Ministério Público, dentro do prazo de 90 (noventa) dias da última publicação feita, promover o prosseguimento da ação."

(C) Errado - Art. 19, Lei 4.717/65: "A sentença que concluir pela carência ou pela improcedência da ação está sujeita ao duplo grau de jurisdição, não produzindo efeito senão depois de confirmada pelo tribunal; da que julgar a ação procedente **caberá apelação, com efeito suspensivo.**"

(D) Correto - Art. 12, Lei 4.717/65: "A sentença incluirá sempre, na condenação dos réus, o pagamento, ao autor, das custas e demais despesas, judiciais e extrajudiciais, diretamente relacionadas com a ação e comprovadas, bem como o dos honorários de advogado."

Resposta: C

21. PROCESSO JUDICIAL ELETRÔNICO. LEI DE INFORMATIZAÇÃO DO PROCESSO JUDICIAL (LEI Nº 11.419/2006 E RESOLUÇÃO 780/2014 DO TRIBUNAL DE JUSTIÇA DE MINAS GERAIS)

22. LEI DE ARBITRAGEM (LEI Nº 9.307/1996)

MPMG 2018. (CONCURSO LVI) *QUESTÃO 56. Direito Processual Civil / Lei n° 9.307/96 - Arbitragem/ Legislação.*

Assinale a alternativa INCORRETA sobre a Arbitragem (Lei n. 9.307/96):

A) A arbitragem é um procedimento em contraditório, com observância à ampla defesa e à imparcialidade do árbitro, e que, ao final, é proferida sentença, que vincula as partes e é título executivo judicial.

B) O árbitro pode tomar o depoimento das partes, ouvir testemunhas e determinar a realização de perícias ou outras provas que julgar necessárias, mediante requerimento das partes, sendo vedado, pela lei, a determinação, de ofício, de produção de prova pericial.

C) A parte interessada poderá buscar a invalidação da sentença arbitral perante o Poder Judiciário. A ação deverá ser proposta no prazo de até 90 (noventa) dias após o recebimento da notificação da respectiva sentença, parcial ou final, ou da decisão do pedido de esclarecimentos.

D) A administração pública direta e indireta poderá utilizar-se da arbitragem para dirimir conflitos relativos a direitos patrimoniais disponíveis. Nesse caso, por exigência da própria lei, a arbitragem será sempre de direito e respeitará o princípio da publicidade.

Comentários

A - Correta - De fato, a arbitragem é um procedimento em contraditório, que observa o princípio da ampla defesa e a imparcialidade do juiz. Da mesma forma como ocorre com os juízes no Judiciário, um árbitro pode ser considerado impedido ou suspeito (art. 14, da Lei nº 9.307) e o processo arbitral deve obedecer aos princípios do contraditório e da ampla defesa, sob pena de nulidade (arts. 37, III, e 21, § 2º, da Lei nº 9.307). Além disso, a sentença arbitral é, de fato, título executivo judicial, por força do art. 515, VII.

B – Incorreta – Artigo 22, *caput*, da Lei nº 9.307:"Poderá o árbitro ou o tribunal arbitral tomar o depoimento das partes, ouvir testemunhas **e determinar a realização de perícias** ou outras provas que julgar necessárias, mediante requerimento das partes ou de ofício".

C – Correta – Artigo 33, *caput* e seu § 1º, da Lei nº 9.307: "A parte interessada poderá pleitear ao órgão do Poder Judiciário competente a declaração de nulidade da sentença arbitral, nos casos previstos nesta Lei. § 1º A demanda para a declaração de nulidade da sentença arbitral, parcial ou final, seguirá as regras do procedimento comum, previstas na Lei nº 5.869, de 11 de janeiro de 1973 (Código de Processo Civil), e deverá ser proposta no prazo de até 90 (noventa) dias após o recebimento da notificação da respectiva sentença, parcial ou final, ou da decisão do pedido de esclarecimentos".

D – Correta – Conforme Lei de Arbitragem, art. 1º, § 1º A administração pública direta e indireta poderá utilizar-se da arbitragem para dirimir conflitos relativos a direitos patrimoniais disponíveis. Art. 2, § 3º A arbitragem que envolva a administração pública será sempre de direito e respeitará o princípio da publicidade".

Resposta: B.

MPMG 2019 (CONCURSO LVII). *QUESTÃO 56 Direito Processual Civil / Lei n° 9.307/96 - Arbitragem/ Legislação.*

Assinale a alternativa INCORRETA sobre arbitragem (Lei n° 9.307/96):

A) *Quando a cláusula compromissória for vazia, e, pelo teor da sua redação, ficar claro que a arbitragem deverá ser institucional, e as partes não chegarem a um acordo sobre qual câmara de arbitragem ficará responsável por administrar o procedimento arbitrai, uma das partes deverá ajuizar ação judicial, buscando, com isso, a instituição da arbitragem. Trata-se de procedimento especial disciplinado pelos arts. 6º e 7º da Lei n° 9.307/96.*

B) *De acordo com o princípio da competência-competência, é o árbitro que tem competência, em primeiro lugar, para decidir sobre a sua própria competência.*

C) *No cumprimento da carta arbitrai, será observado o segredo de justiça, independentemente do teor da convenção de arbitragem, do termo de referência e do regulamento da instituição de arbitragem.*

D) *Estão impedidas de funcionar como árbitros as pessoas que tenham, com as partes ou com o litígio que lhes for submetido, algumas das relações que caracterizam os casos de impedimento ou suspeição de juízes.*

Comentários

(A): Correta. Nos casos de cláusula compromissória vazia na qual se determina que as disputas surgidas em razão do contrato serão resolvidas por arbitragem, mas não faz referência expressa às regras que a conduzirão, havendo divergência entre as partes, deverá ser proposta ação específica para este fim, como disposto na assertiva. Artigos 6º e 7º da Lei de Arbitragem.

(B): Correta. Conforme orientação do STJ: "Segundo a regra da Kompetenz-Kompetenz, o próprio árbitro é quem decide, com prioridade ao juiz togado, a respeito de sua competência para avaliar a existência, validade ou eficácia do contrato que contém a cláusula compromissória, nos termos dos arts. 8º, parágrafo único, e 20 da Lei nº 9.307/1996." (AgInt nos EDcl no AgInt no CC 170.233/SP, Rel. Ministro MOURA RIBEIRO, SEGUNDA SEÇÃO, DJe 19/10/2020)

(C): Incorreta. Artigo 22-C, parágrafo único, da Lei 9.307/1996: "No cumprimento da carta arbitral será observado o segredo de justiça, **desde que comprovada a confidencialidade estipulada na arbitragem**."

(D): Correta. Artigo 14 da Lei 9.307/1996: "Estão impedidos de funcionar como árbitros as pessoas que tenham, com as partes ou com o litígio que lhes for submetido, algumas das relações que caracterizam os casos de impedimento ou suspeição de juízes, aplicando-se-lhes, no que couber, os mesmos deveres e responsabilidades, conforme previsto no Código de Processo Civil".

Resposta: C.

23. LEI DE MEDIAÇÃO (LEI Nº 13.140/2015)

MPMG 2018. (CONCURSO LVI) *QUESTÃO 57. Direito Processual Civil / CPC / Lei nº 13.140/2015 - Mediação / Legislação.*

Assinale a alternativa INCORRETA sobre Mediação e/ou Conciliação (CPC e Lei n. 13.140/2015):

A) *A mediação e a conciliação são informadas pelos princípios da independência, da imparcialidade, da autonomia da vontade, da confidencialidade, da oralidade, da informalidade e da decisão informada. No tocante à confidencialidade, tem-se que ela é estendida a todas as informações produzidas no curso do procedimento, cujo teor não poderá ser utilizado para fim diverso daquele previsto por expressa deliberação das partes.*

B) A União, os Estados, o Distrito Federal e os Municípios criarão câmaras de mediação e conciliação, com atribuições relacionadas à solução consensual de conflitos no âmbito administrativo, tais como promover, quando couber, a celebração de termo de ajustamento de conduta.

C) Pode ser objeto de mediação o conflito que verse sobre direitos disponíveis ou sobre direitos indisponíveis que admitam transação. O consenso das partes envolvendo direitos indisponíveis, desde que sejam transigíveis, deve ser homologado em juízo, sendo dispensada a oitiva do Ministério Público.

D) De acordo com o Código de Processo Civil, a audiência de conciliação ou de mediação deverá ser realizada, salvo quando não se admitir a autocomposição, ou se ambas as partes manifestarem, expressamente, desinteresse na composição consensual. Nessa última hipótese, havendo litisconsórcio, o desinteresse na realização da audiência deve ser manifestado por todos os litisconsortes.

Comentários

A) Correto. Artigo 166, do CPC: "A conciliação e a mediação são informadas pelos princípios da independência, da imparcialidade, da autonomia da vontade, da confidencialidade, da oralidade, da informalidade e da decisão informada. § 1° A confidencialidade estende-se a todas as informações produzidas no curso do procedimento, cujo teor não poderá ser utilizado para fim diverso daquele previsto por expressa deliberação das partes".

B) Correto. Artigo 174, do CPC. "A União, os Estados, o Distrito Federal e os Municípios criarão câmaras de mediação e conciliação, com atribuições relacionadas à solução consensual de conflitos no âmbito administrativo, tais como: I – dirimir conflitos envolvendo órgãos e entidades da administração pública; II – avaliar a admissibilidade dos pedidos de resolução de conflitos, por meio de conciliação, no âmbito da administração pública; III – promover, quando couber, a celebração de termo de ajustamento de conduta".

C) Incorreto. Lei 13.140/2015:

"Art. 3° Pode ser objeto de mediação o conflito que verse sobre direitos disponíveis ou sobre direitos indisponíveis que admitam transação.

§ 1° A mediação pode versar sobre todo o conflito ou parte dele.

§ 2° O consenso das partes envolvendo direitos indisponíveis, mas transigíveis, deve ser homologado em juízo, **exigida a oitiva do Ministério Público**".

D) Correto. Artigo 334, do CPC: "(...) § 4° A audiência não será realizada: I - se ambas as partes manifestarem, expressamente, desinteresse na composição consensual; II - quando não se admitir a autocomposição. § 5° O autor deverá indicar, na petição inicial, seu desinteresse na autocomposição, e o réu deverá fazê-lo, por petição, apresentada com 10 (dez) dias de antecedência, contados da data da audiência. § 6° Havendo litisconsórcio, o desinteresse na realização da audiência deve ser manifestado por todos os litisconsortes".

Resposta: C.

MPMG 2019 (CONCURSO LVII). *QUESTÃO 57 Direito Processual Civil / Lei n° 13.140/2015 - Mediação / Legislação.*

Assinale a alternativa INCORRETA sobre mediação (CPC e Lei n° 13.140/2015):

A) O termo final de mediação, na hipótese de celebração de acordo, constitui título executivo extrajudicial e, quando homologado judicialmente, título executivo judicial.

B) O trâmite do procedimento de mediação não suspende o prazo prescricional.

C) No desempenho de sua função, o mediador poderá reunir-se com as partes, em conjunto ou separadamente, bem como solicitar das partes as informações que entender necessárias para facilitar o entendimento entre aquelas.

D) A mediação pode ser extrajudicial. Nesse caso, a previsão contratual de mediação deverá conter, no mínimo: I - prazo mínimo e máximo para a realização da primeira reunião de mediação, contado a partir da data de recebimento do convite; II - local da primeira reunião de mediação; III - critérios de escolha do mediador ou equipe de mediação; IV - penalidade em caso de não comparecimento da parte convidada à primeira reunião de mediação.

Comentários

(A): Correto. Artigo 20, parágrafo único, da Lei n° 13.140/2015: "O termo final de mediação, na hipótese de celebração de acordo, constitui título executivo extrajudicial e, quando homologado judicialmente, título executivo judicial."

(B): Incorreto. Artigo 17, parágrafo único, da Lei n° 13.140/2015: Enquanto transcorrer o procedimento de mediação, **ficará suspenso o prazo prescricional**.

(C): Correto. Artigo 19 da Lei n° 13.140/2015: "No desempenho de sua função, o mediador poderá reunir-se com as partes, em conjunto ou separadamente, bem como solicitar das partes as informações que entender necessárias para facilitar o entendimento entre aquelas".

(D): Correto. A Seção III da Lei de Mediação disciplina o procedimento de mediação que poderá ser extrajudicial (Subseção II) ou judicial (Subseção III). Os requisitos mínimos para mediação extrajudicial estão previstos no artigo 22 da

Lei nº 13.140/2015, são eles: "I - prazo mínimo e máximo para a realização da primeira reunião de mediação, contado a partir da data de recebimento do convite; II - local da primeira reunião de mediação; III - critérios de escolha do mediador ou equipe de mediação; IV - penalidade em caso de não comparecimento da parte convidada à primeira reunião de mediação".

Resposta: B.

24. OUTROS DIPLOMAS NORMATIVOS: LEI Nº 1.060/1950. LEI Nº 7.347/1985. LEI Nº 8.069/1990. LEI Nº 8.078/1990. LEI Nº 8.429/1992. LEI Nº 8.560/1992. LEI Nº 9.099/1995. LEI Nº 9.507/1997. LEI Nº 10.257/2001. LEI Nº 11.417/2006. LEI Nº 11.419/2006. LEI Nº 12.016/2009. LEI Nº 13.105/2015 (CÓDIGO DE PROCESSO CIVIL). LEI Nº 13.300/2016. (ATENÇÃO: TODAS AS LEIS MENCIONADAS DEVEM SER OBSERVADAS COM SUAS RESPECTIVAS ATUALIZAÇÕES)

MPMG 2014 (Concurso LIV). Questão 51. Direito Processual Civil / CDC / Ação coletiva / Legislação.

Dentro do microssistema de tutela coletiva, o qual inclui as normas processuais previstas no Código de Defesa do Consumidor, pode-se afirmar, EXCETO:

A) Na ação que tenha por objeto o cumprimento da obrigação de fazer ou não fazer, o juiz concederá a tutela específica da obrigação ou determinará providências que assegurem o resultado prático equivalente ao do adimplemento.

B) A conversão da obrigação em perdas e danos somente será admissível se por elas optar o autor ou se impossível a tutela específica ou a obtenção do resultado prático correspondente.

C) A indenização por perdas e danos se fará sem prejuízo das astreintes arbitradas.

D) O juiz poderá, na antecipação da tutela ou na sentença, impor multa diária ao réu, apenas em caso de expresso requerimento do autor, se for suficiente ou compatível com a obrigação, fixando prazo razoável para o cumprimento do preceito.

Comentários

(A) Correto – Art. 84, CDC. "Art. 84. Na ação que tenha por objeto o cumprimento da obrigação de fazer ou não fazer, o juiz concederá a tutela específica da obrigação ou determinará providências que assegurem o resultado prático equivalente ao do adimplemento."

(B) Correto - Art. 84, § 1º, CDC. "§ 1° A conversão da obrigação em perdas e danos somente será admissível se por elas optar o autor ou se impossível a tutela específica ou a obtenção do resultado prático correspondente."

(C) Correto - Art. 84, § 2º, CDC. " § 2° A indenização por perdas e danos se fará sem prejuízo da multa (...)."

(D) Incorreto - Art. 84, § 4º, CDC: "O juiz poderá, na hipótese do § 3° ou na sentença, impor multa diária ao réu, **independentemente de pedido do autor**, se for suficiente ou compatível com a obrigação, fixando prazo razoável para o cumprimento do preceito."

Resposta: D

MPMG 2014 (Concurso LIV). *Questão 54. Direito Processual Civil / Improbidade Administrativa (Lei 8.429/92) / Legislação e jurisprudência. (Questão Adaptada)*

Sobre as normas processuais aplicáveis à ação de improbidade administrativa, pode-se afirmar, EXCETO:

A) *A falta da notificação prevista para que o réu apresente manifestação por escrito antes do recebimento da petição inicial não invalida os atos processuais ulteriores em ação de improbidade administrativa, salvo quando comprovado prejuízo.*

B) *De acordo com a jurisprudência pacificada no âmbito do Superior Tribunal de Justiça, a ação de improbidade administrativa deve ser processada e julgada nas instâncias ordinárias, ainda que proposta contra deputado federal.*

C) *É vedada a transação, acordo ou conciliação nas ações de improbidade reguladas pelo rito da Lei n° 8.429/92.*

D) *Recebida a manifestação por escrito, o juiz, no prazo de trinta dias, em decisão fundamentada, rejeitará a ação, se convencido da inexistência do ato de improbidade, da improcedência da ação ou da inadequação da via eleita.*

Comentários

(A) Correto. Jurisprudência em teses do STJ, Edição nº 38, item 4: "A ausência da notificação do réu para a defesa prévia, prevista no art. 17, § 7º, da Lei de Improbidade Administrativa, só acarreta nulidade processual se houver comprovado prejuízo (pas de nullité sans grief)."

(B) Correto– "(...)5. A jurisprudência do Superior Tribunal de Justiça, alinhando-se à orientação do Supremo Tribunal Federal, firmou entendimento segundo o qual a ação de improbidade administrativa deve ser processada e julgada nas instâncias ordinárias, ainda que proposta contra agente político com foro privilegiado no âmbito penal e nos crimes de responsabilidade.6. A Corte Especial do STJ firmou-se no sentido de que "não existe foro privilegiado por prerrogativa de função para o processamento e julgamento da ação civil pública de improbidade administrativa" (AgRg na AIA 32/AM, Rel. Ministro João Otávio de Noronha, Corte Especial, DJe 13/5/2016)."(REsp 1457376/RJ, Rel. Ministro OG FERNANDES, Segunda Turma, DJe 15/09/2020)

(C) Errado – Tal vedação foi suprimida pela Lei 13964/2019. Atualmente, o artigo 17, § 1º, Lei 8.429/92 dispõe que "As ações de que trata este artigo admitem a celebração de acordo de não persecução cível, nos termos desta Lei".

(D) Correto – Art. 17, § 8º, Lei 8.429/92. "§ 8º Recebida a manifestação, o juiz, no prazo de trinta dias, em decisão fundamentada, rejeitará a ação, se convencido da inexistência do ato de improbidade, da improcedência da ação ou da inadequação da via eleita."

Resposta: C

***MPMG 2014 (Concurso LIV)**. Questão 56. Direito Processual Civil / Lei 8.069/1990 / Legislação.*

Sobre o procedimento previsto na Lei 8.069/90 para a perda do poder familiar, é CORRETO afirmar:

A) O procedimento para a perda ou a suspensão do poder familiar terá início por provocação do Ministério Público ou por qualquer pessoa.

B) Havendo motivo grave, poderá a autoridade judiciária, ouvido o Ministério Público, decretar a suspensão do poder familiar, liminar ou incidentemente, até o julgamento definitivo da causa, ficando a criança ou adolescente confiado a pessoa idônea, sem necessidade de termo de responsabilidade.

C) O requerido será citado para, no prazo de dez dias, oferecer resposta escrita, indicando as provas a serem produzidas e oferecendo desde logo o rol de testemunhas e documentos.

D) Não sendo contestado o pedido, o juiz decretará de plano a revelia do réu.

Comentários

(A) Errado – Art. 155, ECA: "O procedimento para a perda ou a suspensão do poder familiar terá início por provocação do Ministério Público **ou de quem tenha legítimo interesse**."

(B) Errado – Art. 157, ECA: "Havendo motivo grave, poderá a autoridade judiciária, ouvido o Ministério Público, decretar a suspensão do pátrio poder poder familiar, liminar ou incidentalmente, até o julgamento definitivo da causa, ficando a criança ou adolescente confiado a pessoa idônea, **mediante termo de responsabilidade**."

(C) Correto - Art. 158, *caput*, ECA: "O requerido será citado para, no prazo de dez dias, oferecer resposta escrita, indicando as provas a serem produzidas e oferecendo desde logo o rol de testemunhas e documentos."

(D) Errado - Art. 161, *caput*, ECA - "Se não for contestado o pedido e tiver sido concluído o estudo social ou a perícia realizada por equipe interprofissional ou multidisciplinar, a autoridade judiciária dará vista dos autos ao Ministério Público, por 5 (cinco) dias, salvo quando este for o requerente, e decidirá em igual prazo.".

Resposta: C

MPMG 2018. (CONCURSO LVI) *QUESTÃO 53. Direito Processual Civil / Improbidade Administrativa (Lei 8.429/92) / Legislação e jurisprudência.*

Com relação ao procedimento da Lei de Improbidade Administrativa, é CORRETO afirmar:

A) A propositura da ação prevenirá a jurisdição do juízo para todas as ações posteriormente intentadas mesmo que não possuam a mesma causa de pedir ou o mesmo objeto.

B) Recebida a manifestação, o juiz, no prazo que lhe couber, após intimação do Ministério Público, em decisão fundamentada, rejeitará a ação, se convencido da inexistência do ato de improbidade, da improcedência da ação ou da inadequação da via eleita.

C) A sentença que julgar procedente ação civil de reparação de dano ou decretar a perda dos bens havidos ilicitamente determinará o pagamento ou a reversão dos bens, conforme o caso, em favor da pessoa jurídica prejudicada pelo ilícito.

D) Para apurar qualquer ilícito previsto nesta lei, o Ministério Público, de ofício, a requerimento de autoridade administrativa ou mediante representação formulada de acordo com o disposto em lei, poderá requisitar a instauração de inquérito policial; e, com relação a procedimento administrativo, dependerá de ordem judicial.

Comentários

A) Incorreto. Art. 17, § 5º da LIA: A propositura da ação prevenirá a jurisdição do juízo para todas as ações posteriormente intentadas **que possuam a mesma causa de pedir ou o mesmo objeto.**

B) Incorreto. Art. 17, § 8º da LIA: Recebida a manifestação, o juiz, **no prazo de trinta dias**, em decisão fundamentada, rejeitará a ação, se convencido da inexistência do ato de improbidade, da improcedência da ação ou da inadequação da via eleita.

C) Correto. Art. 18, da LIA: A sentença que julgar procedente ação civil de reparação de dano ou decretar a perda dos bens havidos ilicitamente determinará o pagamento ou a reversão dos bens, conforme o caso, em favor da pessoa jurídica prejudicada pelo ilícito.

D) Incorreto. Art. 22, da LIA: Para apurar qualquer ilícito previsto nesta lei, o Ministério Público, de ofício, a requerimento de autoridade administrativa ou mediante representação formulada de acordo com o disposto no art. 14, **poderá requisitar a instauração de inquérito policial ou procedimento administrativo**.

Resposta: C.

DIREITO MATERIAL COLETIVO

Autor: Thiago Diniz Moura

DIREITO MATERIAL COLETIVO	Legislação	Doutrina	Jurisprudência
1. Bens coletivos e relações grupais - Direito subjetivo: gênese, evolução, limites. Dimensões constitucionais do Direito Coletivo. Direitos difusos, coletivos e individuais homogêneos. Princípios de interpretação e aplicação do Direito Coletivo. Racionalidade individual e racionalidade coletiva. Conflituosidade interna. Conflito entre interesse individual e direito coletivo. Conflito de paradigmas: coletivo x consequencialista. Rede contratual. Responsabilidade civil coletiva: prevenção e reparação.		2011: 2 2013: 1	
2. Direitos Humanos - Processos de luta: avanços e retrocessos. Catálogo de direitos. Direitos civis e políticos. Direitos econômicos e sociais. Superação do modelo antropocêntrico. Reconhecimento, respeito, reciprocidade, responsabilidade, redistribuição. Teorias feministas e patriarcalismo. Racismo. Homofobia. LGBT. População em situação de Rua. Ações afirmativas.	2014: 1 2018: 1 (pessoas em situação de rua) 2019: 1	2013: 2 2014: 1	2019: 1

DIREITO MATERIAL COLETIVO	Legislação	Doutrina	Jurisprudência
3. Infância e Juventude – Princípios. Proteção integral. Prioridade absoluta. Conselho Tutelar e Conselho de Direitos. Papel da família, do Estado e da Sociedade. Prevenção. Política de atendimento. Medidas de proteção. Assistência Social.	2012: 1 2013: 1 2018: 1		2013: 1
4. Idosos - Direitos fundamentais e princípios. Saúde. Educação, cultura, esporte e lazer. Autonomia, integração e participação social. Habitação. Mobilidade. Política e instituições de atendimento. Discriminação por motivo de idade. Medidas protetivas. Acessibilidade. Atendimento preferencial. Conselho do Idoso.	2012: 1 2013: 1 2017: 1		2019: 1
5. Pessoas com Deficiência – Convenção sobre os direitos das pessoas com deficiência. Impedimentos, barreiras e acessibilidade. Mobilidade. Discriminação por motivo de deficiência. Autonomia individual. Igualdade de oportunidades. Identidade. Desenvolvimento pessoal com equidade. Políticas de conscientização. Conselho das pessoas portadoras de Deficiência.	2010: 1 2017: 1 2018: 1		
Autonomia individual. Igualdade de oportunidades. Identidade. Desenvolvimento pessoal com equidade. Políticas de conscientização. Conselho das pessoas portadoras de Deficiência.			

DIREITO MATERIAL COLETIVO	Legislação	Doutrina	Jurisprudência
6. Educação - Educação infantil. Ensino fundamental e médio. Educação inclusiva. Papel da família, do Estado e da sociedade. Autonomia pedagógica e administrativa. Gestão democrática. Regimento escolar. Financiamento constitucional do Direito à Educação de Qualidade. Transporte escolar. Alimentação escolar. FUNDEB. Improbidade administrativa na educação.	2019: 1		
7. Saúde – SUS, saúde complementar e saúde suplementar. Princípios da integralidade, universalidade, gratuidade e descentralização. Normas operacionais e Pacto pela Saúde. Financiamento da Saúde. Programação Pactuada entre gestores. Política Nacional de medicamentos. Farmacovigilância. Regulação assistencial. Vigilância sanitária, epidemiológica e ambiental. Conselhos e Conferências de Saúde. Plano Nacional de Atuação do Ministério Público em Saúde Pública.	2010: 1 2013: 1 2017: 2 2018: 1	2018: 1	2018: 1 2019: 1
8. Saúde mental – Reforma psiquiátrica. Direitos básicos do portador de transtorno mental. Papel da família, do Estado e da Sociedade. Internação psiquiátrica. Rede de Atenção Psicossocial. Álcool e outras drogas no SUS. Redução de danos. Internação compulsória.	2014: 01		

DIREITO MATERIAL COLETIVO	Legislação	Doutrina	Jurisprudência
9. Consumidor - Objetivos, princípios e direitos básicos. Vulnerabilidade, hipervulnerabilidade e publicidade. Informação, tabaco e produtos transgênicos. Rotulagem de alimentos. Digitalização do consumo. Responsabilidade do fornecedor. Práticas Abusivas. Proteção contratual. Economia do compartilhamento. Superendividamento. Contratos eletrônicos. Proteção de dados pessoais do consumidor. Tempo e desvio produtivo. Autonomia privada e consumo sustentável.	2012: 2 2013: 1 2014: 1 2017: 2 2018: 1	2012: 4 2013: 1 2017: 1	2018: 1 2019: 2
10. Meio Ambiente – Princípios. Política Nacional do Meio Ambiente. Água. Fauna e flora. Mineração. Biossegurança. Espaços protegidos. Unidades de conservação. Licenciamento ambiental. Controle de agrotóxicos, produtos nocivos e tóxicos. Resíduos sólidos. Improbidade ambiental. Políticas florestal e de proteção à biodiversidade em Minas Gerais.	2011: 2(Lei 12.651) 2 (Lei 9605) 1 (lei 6938) 2012: 1 (12.305) 1 (6.938) 1 (Res. 01/86) 1 (Biossegurança) 2013: 2018:01 (Água) 2019: 3 1 Biossegurança 1 C. Florestal 1 Agrotóxicos 2014: 2 (Código Florestal).	2013: 1 princípios 2019: 1	2017: 2 2019: 1

DIREITO MATERIAL COLETIVO	Legislação	Doutrina	Jurisprudência
11. Habitação e urbanismo – Conflitos coletivos pela posse da terra rural e urbana. Princípios e objetivos da política urbana. Estatuto da Cidade. Parcelamento do solo urbano. Função social da propriedade e da posse. Programas habitacionais de inclusão. Direito de moradia – Plano Diretor e gestão democrática. Imposições e restrições urbanísticas. Parcelamento do solo urbano. Acessibilidade e mobilidade urbanas. Poluição visual. Regularização fundiária.	2011: 1 (CF) 1 (Estatuto da Terra) 2013: 2 (L. 10.257) 2 CR/88 2014: 1 (L. 6766/79); 2 (L. 10.257) 2017: 2 2018: 1 2019: 1		
12.Patrimônio cultural – Processos culturais e processos ideológicos. Imperialismo cultural. Identidade, ação e memória. Democratização do acesso aos bens culturais. Instrumentos de proteção. Diversidade étnica e regional. Comunidades e práticas tradicionais. Qullombos.	2018: 1 2019: 2	2013: 1 2018: 1 2019: 2	2013: 1 2019: 1
13.Patrimônio público – Espaço público e participação. Estado eficiente e administração gerencial. Direito regulatório. PPP, licitações e concessões. Convênios e consórcios. Poder de polícia e propriedade privada. Legalidade administrativa. Proteção da confiança. Moralidade. Publicidade. Impessoalidade. Improbidade administrativa.	2011: 2 (8.429/92) 2014: 1 (L. 8.429/92). 2018: 1 (L. 8.429/92)		2012: 2 2017: 1 2018: 1 (L. 8.429/92)
14.Súmulas e jurisprudência do STF e do STJ e legislação relacionada com os temas arrolados. Disposições constitucionais pertinentes ao Direito Material Coletivo.			2017: 3

1. BENS COLETIVOS E RELAÇÕES GRUPAIS - DIREITO SUBJETIVO: GÊNESE, EVOLUÇÃO, LIMITES. DIMENSÕES CONSTITUCIONAIS DO DIREITO COLETIVO. DIREITOS DIFUSOS, COLETIVOS E INDIVIDUAIS HOMOGÊNEOS. PRINCÍPIOS DE INTERPRETAÇÃO E APLICAÇÃO DO DIREITO COLETIVO. RACIONALIDADE INDIVIDUAL E RACIONALIDADE COLETIVA. CONFLITUOSIDADE INTERNA. CONFLITO ENTRE INTERESSE INDIVIDUAL E DIREITO COLETIVO. CONFLITO DE PARADIGMAS: COLETIVO X CONSEQUENCIALISTA. REDE CONTRATUAL. RESPONSABILIDADE CIVIL COLETIVA: PREVENÇÃO E REPARAÇÃO

MPMG - 2013 (CONCURSO LIII) *Questão 66. Direito Material Coletivo. Conflito de paradigmas coletivo x consequencialista.*

O Promotor de Justiça no exercício de suas atribuições, por vezes, depara-se com vicissitudes que exigem constante sopesamento, sendo comum o conflito entre situações jurídicas essenciais de acesso frente aos argumentos consequencialistas.

Nesse último viés, ganha relevo no plano da hermenêutica dos contratos de consumo o debate sobre as consequências econômicas das escolhas e das imposições jurídicas (análise econômica do direito).

Anote, entre os fundamentos abaixo, aquele ***INCORRETO****:*

A) Pelo teorema de Coase, o direito está focado em garantir que funcione o modelo de concorrência perfeita, mediante a redução da existência das falhas no mercado, como as externalidades, os monopólios bem como garantir as condições de liberdade e segurança. Deve, portanto, reduzir os custos da transação.

B) O individualismo metodológico rechaça a ideia de planificação, porque são os indivíduos os que melhor conhecem os valores dos bens que possuem. Cada sujeito ordena suas preferências, deixa algumas de lado, comparando os custos da decisão: é o que se chama de 'soberania do consumidor'.

C) A economia normativa tem por escopo descrever a realidade econômica a fim de construir um corpo conceitual quanto ao futuro. Cabe aos economistas explicitar os custos de alteração do estado das coisas e as consequências das diversas políticas. Nesse campo, o objetivo é a eficiência, sendo o direito mero coadjuvante para que o mercado funcione para alcançá-la.

D) Dentre os pressupostos da análise econômica do direito se encontra a utilização de modelos analíticos que permitem construções teóricas a partir da suposição de definições precisas, com semelhança à realidade. Nesse caso, trata-se de modelo teórico hipotético, como no exemplo da 'teoria dos jogos' de Von Neumann.

Comentários

A) Correto. Ronald Coase, citado por LORENZETTI (2010, p. 197), ensina que *através das proposições analíticas chamadas de teorema de Coase,e que pode ser resumido da seguinte maneira: em mercado em equilíbrio, onde existem condições de concorrência perfeita, e na ausência de custos de transação, as partes chegarão a uma solução eficiente. Disso se deduz que o direito está focado em garantir que funcione o modelo da concorrência perfeita: deve reduzir a existência de falhas do mercado, como as externalidades, os monopólios, bem como garantir as condições de liberdade e segurança. Deve, assim, reduzir os custos de transação.*

B) Correto. LORENZETTI (2010, p. 194) ensina que o pressuposto teórico básico da escola da análise econômica é o individualismo metodológico. Rechaça toda a ideia de planificação centralizada para se basear na análise da ação humana individual. Josué Rios (1998, p. 8) explica sobre a soberania do consumidor, como sendo uma iniciativa individual deste último, ocorrida *nos quadros do liberalismo, século XIX, que tinha o poder de ditar leis ao mercado, se pudesse falar em relações mais personalizadas entre fornecedores e consumidores, em menor distanciamento entre estes agentes econômicos, em maior conhecimento do processo de produção e nas especificidades dos próprios bens comercializados.* Desse modo, a planificação, criação de estratégias e planos eram rechaçados nesse momento histórico.

C) Falso. Em que pese a influência da economia do direito, ambas são ciências autônomas que se entrelaçam em determinados momentos, mas isso não significa estereotipar o direito como sendo mero coadjuvante. A eficiência deve observância ao ordenamento jurídico.

D) Correto. Von Neumann, citado por LORENZETTI (2010, p. 195), assinala que *os modelos de construções teóricas que supõe uma definição precisa, exaustiva e não demasiadamente complicada; devem ser também parecidos com a realidade em todos aqueles aspectos que têm importância para a investigação em curso (...).*

Resposta: Letra C

***MPMG 2018. (CONCURSO LVI)** QUESTÃO 77. Processo Coletivo. Direitos Individuais Homogêneos. Doutrina e Jurisprudência.*

A ação coletiva para tutela de direitos individuais homogêneos possui características próprias, que a distingue das demais ações coletivas. Analise as proposições a seguir e assinale a alternativa INCORRETA:

A) *Na sentença de mérito, a cognição será exauriente sobre o aspecto horizontal, e limitada, sob o aspecto vertical.*

B) *Na sentença de mérito, as questões enfrentadas são unicamente as que concernem ao núcleo de homogeneidade dos direitos individuais afirmados na demanda.*

C) *A repartição da atividade cognitiva é uma característica inerente ao respectivo procedimento.*

D) *A feição coletiva das ações para tutela de direitos individuais homogêneos somente se dá a partir da desconsideração das peculiaridades agregadas à situação pessoal e diferenciada de cada interessado.*

Comentários

A) INCORRETO. Entende-se por cognição sob o aspecto **horizontal** aquela que analisa os **elementos objetivos do processo**, a exemplo de pressupostos processuais, condições da ação e mérito, ela poderá ser **plena ou limitada**. Já a cognição vertical ocorre quando indicar a profundidade, podendo ser classificada em exauriente ou sumária. Nesse sentido, Watanabe, citado por Abudd (2001), "Emerge a cognição, portanto, e m suas diversas modalidades, como técnica central de adaptação do processo às especificidades dos direitos. Este conjunto de atividades intelectuais pode ser visto e m dois planos distintos, u m relativo à sua extensão (plano horizontal), outro à sua profundidade (plano vertical). Tomada horizontalmente, a cognição pode ser plena ou parcial (limitada), de acordo com os limites autorizados de sua abrangência. Já sob o plano vertical, a cognição pode ser classificada e m exauriente ou sumária, em correspondência ao grau de profundidade adotado. São as combinações dessas diversas modalidades de cognição que possibilitam a concepção de processos com procedimentos diferenciados." Observa-se que a questão inverteu os conceitos, atribuindo a cognição horizontal a classificação exauriente, sendo que ela se classifica em plena ou limitada.

B) CORRETO. No **RE 631.111**, o STF entendeu que: (...) Segundo o procedimento estabelecido nos artigos 91 a 100 da Lei 8.078/90, aplicável subsidiariamente aos direitos individuais homogêneos de um modo geral, **a tutela coletiva desses direitos se dá em duas distintas fases**: uma, a da ação coletiva propriamente dita, destinada a obter sentença genérica a respeito dos elementos que compõem o núcleo de homogeneidade dos direitos tutelados (*an debeatur, quid debeatur e quis debeat*)[1]; e outra, caso procedente o pedido na primeira fase, a da **ação de cumprimento da sentença genérica**, destinada (a) a complementar a

1. É importante saber o significado das expressões em latim: (a) de ser devido (*an debeatur*), (b) a quem é devido (*cui debeatur*), (c) de quem deve (*quis debeat*), (d) do que é devido (*quid debeatur*) e, finalmente, (e) em que quantidade é devido (*quantum debeatur*).

atividade cognitiva **mediante juízo específico sobre as situações individuais de cada um dos lesados** (= a margem de heterogeneidade dos direitos homogêneos, que compreende o *cui debeatur e o quantum debeatur*), bem como (b) a efetivar os correspondentes atos executórios.

C) CORRETO. Vide resposta da alternativa B.

D) CORRETO. As especificidades de cada interessado não são consideradas na ação coletiva, tendo em vista que os elementos da sentença genérica compõem o núcleo da homogeneidade. Por outro lado, as peculiaridades pessoais e diferenciadas de cada interessado são verificadas na ação de cumprimento da sentença genérica, como forma de complementar a atividade cognitiva, evidenciando a margem de heterogeneidade dos direitos homogêneos, que compreende *o cui debeatur* (a quem é devido) e o *quantum debeatur* (a quantidade que é devida).

Resposta: Letra A

***MPMG 2018. (CONCURSO LVI)** QUESTÃO 79. Processo Coletivo. Tutela de direitos individuais homogêneos. Lei Seca, Doutrina e Jurisprudência.*

Analise as proposições a seguir a respeito da prescrição nos processos coletivos para tutela de direitos individuais homogêneos e assinale a opção INCORRETA:

A) O despacho que ordena a citação do réu na ação coletiva interrompe a prescrição para as ações individuais dos titulares de direitos individuais homogêneos que atenderem ao edital de que trata o artigo 94 do Código de Defesa do Consumidor e ingressarem como litisconsortes do autor.

B) O despacho que ordena a citação do réu na ação coletiva interrompe a prescrição para as ações individuais dos titulares de direitos individuais homogêneos que não atenderem ao edital de que trata o artigo 94 do Código de Defesa do Consumidor e não ingressarem como litisconsortes do autor.

C) Uma vez interrompida pelo despacho que ordena a citação do réu em ação coletiva, a prescrição para as ações dos titulares de direitos individuais homogêneos retoma o curso com o trânsito em julgado da sentença que a encerra, exclusivamente nos casos em que houver enfrentamento do mérito.

D) Após o trânsito em julgado da decisão que encerrou a demanda coletiva, o prazo prescricional da pretensão do titular do direito individual retoma seu curso pela totalidade.

Comentários

A) CORRETO. Consoante ensinamentos de Teori Zavaski (2006, p. 202-204): "Relativamente à ação coletiva, a indagação que se faz é se a citação do réu, nela promovida, tem o efeito de interromper a prescrição para as ações individuais dos titulares dos direitos homogêneos. A resposta é indubitavelmente **positiva em relação àqueles que, atendendo ao edital de que trata o art. 94 da Lei 8.078/90, acorrerem ao processo e se litisconsorciarem ao demandante**."

B) CORRETO. Conforme respostas das alternativas A e C, o despacho que ordena a citação do réu na ação coletiva **interrompe a prescrição** para as ações individuais dos titulares de direitos individuais homogêneos que **não atenderem ao edital** de que trata o artigo 94 do Código de Defesa do Consumidor e **não ingressarem como litisconsortes do autor**.

C) INCORRETO. Segundo entendimento do STJ: (...) 7. O ajuizamento de ação versando interesse difuso tem o condão de interromper o prazo prescricional para a apresentação de demanda judicial que verse interesse individual homogêneo. (REsp 1.641.167 – RS, Relatora Ministra Nancy Andrighi, publicado em 20/03/2018). No mesmo sentido, a doutrina de Teori Zavaski (2006, p. 202-204): "Relativamente à ação coletiva, a indagação que se faz é se a citação do réu, nela promovida, tem o efeito de interromper a prescrição para as ações individuais dos titulares dos direitos homogêneos. (...) Mas igualmente positiva mesmo para os que não tomarem esse caminho e preferirem aguardar o resultado da ação coletiva. Não fosse assim, ficaria o titular do direito individual na contingência de, desde logo, promover a sua demanda individual, o que retiraria da ação coletiva uma das suas mais importantes funções: a de evitar a multiplicação de demandas autônomas semelhantes. Isso, portanto, não se harmoniza com o sistema do processo coletivo. [....] **O estímulo, claramente decorrente do sistema, é no sentido de que o titular do direito individual aguarde o desenlace da ação coletiva, para só depois, se for o caso, promover sua demanda. Nessa linha, a não-propositura imediata da demanda individual não pode ser tida como inércia ou desinteresse em demandar, passível de sofrer os efeitos da prescrição, mas sim como uma atitude consentânea e compatível com o sistema do processo coletivo.**

D) CORRETO. O despacho que ordena a citação na ação coletiva interrompe o prazo presricional para os titulares do direito individual homogêneo que aguardaram o resultado da ação coletiva, a partir dessa decisão, o prazo prescricional da ação coletiva começa a fluir, conforme artigo 202, parágrafo único: A *prescrição interrompida recomeça a correr da data do ato que a interrompeu*, ou do *último ato do processo para a interromper*.

Resposta: Letra C

2. DIREITOS HUMANOS - PROCESSOS DE LUTA: AVANÇOS E RETROCESSOS. CATÁLOGO DE DIREITOS. DIREITOS CIVIS E POLÍTICOS. DIREITOS ECONÔMICOS E SOCIAIS. SUPERAÇÃO DO MODELO ANTROPOCÊNTRICO. RECONHECIMENTO, RESPEITO, RECIPROCIDADE, RESPONSABILIDADE, REDISTRIBUIÇÃO. TEORIAS FEMINISTAS E PATRIARCALISMO. RACISMO. HOMOFOBIA. LGBT. POPULAÇÃO EM SITUAÇÃO DE RUA. AÇÕES AFIRMATIVAS

MPMG - 2013 (CONCURSO LIII) *Questão 61. Direito Material Coletivo. Direito Econômico. Doutrina.*

No que respeita a função social da empresa, é ***INCORRETO*** *dizer:*

A) *No Código Comercial do século XIX, já era possível observar a adoção pela norma de critério de objetivação da mercancia, com destaque aos atos de comércio, caso em que concedia-se maior relevância ao comportamento mercadológico do comerciante do que ao inerente registro ou filiação a alguma corporação de ofício.*

B) *A empresa pode ser compreendida como atividade juridicamente organizada, o que expressa grande relevância na aferição do nexo de imputação pelo risco quanto à responsabilidade civil pelos danos causados.*

C) *Consoante León Duguit, a noção de função social substitui completamente aquela de direito subjetivo, porque esse último é meramente individualista, possibilitando o exercício ilegítimo e inadmissível de posição jurídica, especialmente no campo da propriedade.*

D) *A função social da empresa corresponde à recente etapa de maior conscientização do empresariado no que diz respeito aos problemas sociais e ao seu potencial papel na resolução dos mesmos, principalmente em virtude da crescente falta de capacidade e de credibilidade do Estado.*

Comentários

A) Correto. A influência da era da codificação, sobretudo, do Código Napoleônico, fez surgir a busca pelo lucro, razão pela qual os atos de comércio possuíam maior relevância no comportamento mercadológico do que as formalidades de registro ou filiação a alguma corporação. Waldo Fazzio Júnior, com propriedade, afirma que, depois, como efeito residual do ideário liberal implantado pela burguesia, na Revolução Francesa (1789), o *Code de Commerce,* dos juristas de Napoleão Bonaparte, em 1808, marcou o abandono do subjetivismo corporativista e a implantação da objetividade dos atos legais de comércio. O diploma redigido por *Chaptal* tornou-se modelo das modernas codificações mercantis, inclusive do Código Comercial brasileiro de 1850. Segundo Hertz (2003, p. 116), "Ainda assim, sabe-se que o legislador brasileiro prestigiou, além do ato de comércio em si, a sua prática reiterada e com objetivo de lucro, noções que a doutrina consolidou a partir do Código Comercial francês, de 1807. De fato, no direito brasileiro o ato de comércio apto a caracterizar a sujeição ao CCom nunca foi o ato isolado. Na codificação de 1850 – tanto no CCom quanto no Regulamento n. 737 – valorizou-se sobremaneira o conceito e abrangência do termo mercancia, ou seja, o exercício de profissões consideradas de natureza mercantIl, caracterizadas justamente pela reiteração na prática de atos de comércio, no que viria a ser chamado, bem mais tarde, de atos de massa. Isso, notadamente, para justificar a existência de um contrato informal, próprio do dinamismo do comércio, em lugar do formalismo comum aos atos civis e dos praticados entre empresas como meio para consecução de seus fins.".

B) Correto. Artigo 927, parágrafo único, do CC. Cristiano Chaves de Farias e outros (2015, p. 518-519) defendem que na teoria objetiva os pressupostos para aferição da responsabilidade civil serão os seguintes: fato (ato ou atividade) do agente + dando + nexo causal + nexo de imputação. O nexo de imputação da obrigação objetiva de indenizar será duplo: a lei ou o risco da atividade. Lembramos que o nexo de imputação é a razão pela qual se atribui a alguém a obrigação de indenizar.

C) Correta: De acordo com Rochelle Jellinek: "A teoria de Duguit não é fundamentada em normas jurídicas, mas numa análise sociológica, que parte da concepção do Direito como resultado constante e espontâneo dos fatos e não como mera obra do legislador. Assim, ainda que leis e códigos permaneçam intactos, as necessidades surgidas na vida em sociedade acabam por formar constantemente novas instituições jurídicas. Nesse contexto, foi a necessidade de superar as concepções individualistas do direito privado, nas quais o homem é tomado isoladamente, que resultou na consagração da noção de função social da propriedade. Influenciado pela filosofia positivista de Augusto Comte, Leon Duguit chegou à conclusão de que a propriedade não tem mais um caráter absoluto e que nem o homem nem a coletividade têm direitos, mas cada indivíduo tem uma função a cumprir na sociedade. Estes seriam os fundamentos da regra de Direito que impõe deveres a todos, inclusive ao Estado. O conceito jurídico de função social revolucionou a exegese jurídica de valores como liberdade e propriedade. Ao passo que no sistema individualista a liberdade é entendida como o direito de fazer tudo o que não prejudicar a outrem e, portanto, também o direito de não fazer nada, de acordo com a teoria da função social todo indivíduo tem o dever de desempenhar determinada atividade, de desenvolver da melhor forma possível sua individualidade física, intelectual e moral, para com isso cumprir sua função social. Transportando essa teoria para o campo patrimonial, Duguit sustenta que a propriedade não tem mais um caráter absoluto e intangível e que o proprietário, pelo fato de possuir uma riqueza (propriedade), deve cumprir uma função social. Seus direitos de proprietário só estarão protegidos se ele cultivar a terra ou se não permitir a ruína de sua casa, caso contrário será legítima a intervenção do Estado no sentido de obrigar o cumprimento de sua função social. Ao sustentar a transformação geral da concepção jurídica da propriedade, que deixa de ser um direito subjetivo do proprietário para converter-se em função social do possuidor da riqueza, Leon Duguit parte da premissa de que a propriedade é uma instituição jurídica que, como qualquer outra, formou-se para responder a uma necessidade econômica, e estas necessidades, transformando-se em necessidades sociais, transformam a propriedade em função social, considerando a interdependência dos elementos sociais. Assim, a propriedade evolui de acordo com as modificações das necessidades econômicas. O conceito jurídico de propriedade dado por Leon Duguit reconhece a necessidade da evolução dos conceitos das instituições jurídicas de acordo com a evolução da própria realidade econômica. Ao referir-se à socialização do conceito de propriedade, Duguit na verdade estava adequando o Direito à realidade do início do século XX e reconhecendo que todas as propriedades mobiliárias ou imobiliárias – exceto dos objetos de consumo – evoluem num sentido social.".(2006, *online*).

D) Incorreta. Segundo Fábio Ulhoa Coelho, (2012, p. 362): "Cumpre sua função social a empresa que gera empregos, tributos e riqueza, contribui para o desenvolvimento econômico, social e cultural da comunidade em que atua, de sua região ou do país, adota práticas empresariais sustentáveis visando à proteção do meio ambiente e ao respeito aos direitos dos consumidores. Se sua atuação é consentânea com estes objetivos, e se desenvolve com estrita obediência às leis a que se encontra sujeita, a empresa está cumprindo sua função social; isto é, os bens de produção reunidos pelo empresário na organização do estabelecimento empresarial estão tendo o emprego determinado pela Constituição Federal.".

Resposta: Letra D

MPMG – 2013 (CONCURSO LIII) *Questão 68. Direito ambiental/ Responsabilidade Civil. Danos Sociais/ Doutrina.*

A macrorrelação ambiental e consumo pode ser geradora de responsabilidade civil pós-consumo. Neste sentido, assinale a alternativa ***INCORRETA:***

A) A interdisciplinaridade entre o Direito do Consumidor e o Direito Ambiental, de extensa comunicabilidade na sociedade pós-moderna com outras áreas científicas que não a jurídica é referencial à passagem da metodologia sistemática do Direito para a metodologia sistêmica.

B) Além do reconhecimento normativo explícito do chamado dano moral coletivo, também é possível verificar a ocorrência de danos sociais, os quais darão azo à indenização dissuasória quando por culpa grave o agente diminui o nível de segurança da sociedade ou à indenização punitiva considerando o ato do agente que diminui a qualidade de vida da população, podendo a indenização ser vertida à instituição de caridade, conforme parágrafo único do art. 883 do CCB. Trata-se da "função social da responsabilidade civil".

C) *Os danos ambientais não são danos comuns, pois se apresentam: despersonalizados ou anônimos, implicando a dificuldade de indicação do causador; em gradação elevada quanto à extensão (rua, bairro, cidade e país); originários de atividades especializadas que utilizam técnicas específicas desconhecidas para as vítimas; graves ao meio ambiente e às vezes sem repercussão atual ao ser humano.*

D) *Os danos ambientais complexos caracterizam-se pela invisibilidade do risco (que demandam tecnologia de ponta para apuração, nem sempre conclusiva), pela dificuldade temporal de sua reparação e pela irresponsabilidade organizada (a partir da própria indiferença do Poder Público).*

Comentários

A alternativa B está **incorreta** porque o dano moral coletivo não está positivado no ordenamento jurídico. Trata-se de construção doutrinária e jurisprudencial (STJ, REsp. 1328.753/MG e REsp 1.221.756/RJ).

Resposta: Letra B

MPMG 2014 – Questão 64. Direito Coletivo/ Estatuto da Igualdade Racial / Dimensão político-econômica das desigualdades / Legislação e doutrina.

Leia o texto a seguir:

"O dilema redistribuição/reconhecimento, como ficou amplamente conhecida a tese de (Nancy] Fraser, teve no contexto do final dos anos 1990 o papel de trazer de volta à cena dos debates a dimensão político-econômica das desigualdades, naquele momento relegada a segundo plano seja pelos movimentos, seja pelos teóricos do reconhecimento (onde Fraser enquadraria inclusive a contribuição de (lris Marion Young), que, preocupados com as injustiças advindas do não reconhecimento da diferença, a deixaram de lado. A desvalorização da questão econômica, no entender de Fraser, obscureceria o paradoxo que se esconde no dilema: demandas por reconhecimento têm o intuito de afirmar a diferença, enquanto lutas por redistribuição envolveriam a homogeneização dos grupos culturais, ao reivindicar uma redistribuição de bens equânime na sociedade. Assim, mesmo que pudéssemos distinguir as coletividades que defendem a redistribuição daquelas que demandam o reconhecimento, haveria ainda as coletividades ambivalentes – como aquelas fortemente associadas à raça e ao gênero –, que denunciariam os dois tipos de

injustiça simultaneamente e demandariam tanto redistribuição quanto reconhecimento, expondo esse paradoxo. [...]

Em desenvolvimentos posteriores, especialmente após a morte de Young (em 2001), Fraser vai incorporar suas críticas, em especial a necessidade de trazer à luz a importância dos processos políticos nas questões de justiça - seu problema passando a ser recolocado de forma a exigir um monismo normativo para a justiça que seria eminentemente político: o da paridade de participação. Recentemente, a autora passou a incorporar uma terceira perspectiva especificamente política em seu paradigma bidimensional, passando a considerar como terceira dimensão da justiça social a representação política. [...]

Podemos resumir então a nova proposta de reorganização do paradigma da justiça social de Fraser, destacando: a) que a dimensão da redistribuição se referiria aos obstáculos fornecidos pelas estruturas econômicas à participação igual de todos neste sistema de trocas materiais/econômicas; b) o reconhecimento referir-se-ia aos obstáculos promovidos por hierarquias simbólico-culturais institucionalizadas, que criariam os requisitos legitimados para essa participação (ou não); c) a dimensão do político na forma de representação se subdividiria em dois níveis de injustiças: a representação política ordinária (ordinary-political-misrepresentation), que é aquela representação efetivada nas instituições políticas (sendo que as correções das desigualdades, nesse nível geralmente envolveriam a discussão acerca de cotas, reserva de assentos ou outros mecanismos que promovam a inclusão democrática de grupos subrepresentados na política institucional e nas instâncias participativas da sociedade), e o problema do mau enquadramento (misframing) que aconteceria quando as questões de justiça são colocadas de forma a excluir alguns grupos de suas considerações." (MATOS, Marlise. Feminismo e teorias da Justiça. In: AVRITZER, Leonardo [e-t al], Dimensões politicas da justiça. Rio de Janeiro: Civilização brasileira, 2013, p.150/ 152)

UtIlize as definições estipulativas fixadas pelos debates entre Iris Marion Young e Nancy Fraser para interpretar os seguintes dispositivos do Estatuto da Igualdade Racial:

I. O direito à moradia adequada, para os efeitos desta Lei, inclui não apenas o provimento habitacional, mas também a garantia da infraestrutura urbana e dos equipamentos comunitários associados à função habitacional, bem como a assistência técnica e jurídica para a construção, a reforma ou a regularização fundiária da habitação em área urbana. (Art. 35, parágrafo único)

II. O direito à liberdade de consciência e de crença e ao livre exercício dos cultos religiosos de matriz africana compreende a comunicação ao Ministério Público para abertura de ação penal em face de atitudes e práticas de intolerância religiosa nos meios de comunicação e em quaisquer outros locais. (Art. 24 e inciso VIII)

III. O acesso universal e igualitário ao Sistema Único de Saúde (SUS) para promoção, proteção e recuperação da saúde da população negra será de responsabilidade dos órgãos e instituições públicas federais, estaduais, distritais e municipais, da administração direta e indireta (Art. 6°, § 1°)

IV. O poder público incentivará a celebração das personalidades e das datas comemorativas relacionadas à trajetória do samba e de outras manifestações culturais de matriz africana, bem como sua comemoração nas instituições de ensino públicas e privadas. (Art. 19)

V. A atividade de capoeirista será reconhecida em todas as modalidades em que a capoeira se manifesta, seja como esporte, luta, dança ou música, sendo livre o exercício em todo o território nacional. (Art. 22, § 1°)

VI. É assegurada a assistência religiosa aos praticantes de religiões de matrizes africanas internados em hospitais ou em outras instituições de internação coletiva, inclusive àqueles submetidos à pena privativa de liberdade. (Art. 25)

É CORRETO afirmar que:

A) As assertivas II, III e VI se orientam para o objetivo da redistribuição.

B) As assertivas I, III e IV se orientam para o objetivo do reconhecimento.

C) As assertivas I, V e VI se orientam para o objetivo da redistribuição.

D) As assertivas II, IV e V se orientam para o objetivo do reconhecimento.

Comentários

Objetivo de redistribuição: I, III.

Objetivo do reconhecimento: II, IV, V e VI.

Resposta certa: D

MPMG 2018. (CONCURSO LVI) *QUESTÃO 62. Direito Material Coletivo. População em situação de rua. Lei Seca.*

Assinale a alternativa INCORRETA:

A) A população em situação de rua pode ser conceituada como o grupo populacional heterogêneo que possui em comum a pobreza extrema, os vínculos familiares interrompidos ou fragilizados e a inexistência de moradia convencional regular, e que utiliza os logradouros públicos e as áreas degradadas como espaço de moradia e de sustento, de forma temporária ou permanente, bem como as unidades de acolhimento para pernoite temporário ou como moradia provisória.

B) A estruturação e reestruturação de serviços de acolhimento destinados à população em situação de rua devem ter como referência a necessidade de cada Município, considerando-se os dados das pesquisas de contagem do referido grupo.

C) *É competência específica dos Estados cofinanciar, por meio de transferência automática, o aprimoramento da gestão, os serviços, os programas e os projetos de assistência social em âmbito regional ou local.*

D) *As entidades privadas com finalidade lucrativa poderão firmar convênios com o Poder Executivo Federal para o desenvolvimento e a execução de projetos que beneficiem a população em situação de rua e estejam de acordo com os princípios, diretrizes e objetivos que orientam a Política Nacional para a População em Situação de Rua.*

Comentários

A) CORRETO. Art 1°, Paragrafo Único do Decreto n° 7.053/2009: " Para fins deste Decreto, considera-se população em situação de rua o grupo populacional heterogêneo que possui em comum a pobreza extrema, os vínculos familiares interrompidos ou fragilizados e a inexistência de moradia convencional regular, e que utiliza os logradouros públicos e as áreas degradadas como espaço de moradia e de sustento, de forma temporária ou permanente, bem como as unidades de acolhimento para pernoite temporário ou como moradia provisória."

B) CORRETO. Nos termos do artigo 8°, § 2° do Decreto 7.503/09: A estruturação e reestruturação de serviços de acolhimento devem ter como referência a necessidade de cada Município, considerando-se os dados das pesquisas de contagem da população em situação de rua.

C) CORRETO. Art. 13, inciso II da Lei 8.742/1993 (LOAS) Art. 13. Compete aos Estados: ... II – cofinanciar, por meio de transferência automática, o aprimoramento da gestão, os serviços, os programas e os projetos de assistência social em âmbito regional ou local; (Redação dada pela Lei n° 12.435, de 2011)

D) INCORRETO. O convênio com entidades privadas poderá ser firmado, desde que estas NÃO tenham finalidade lucrativa. Art. 4° do Decreto n° 7.053/2009: "O Poder Executivo Federal poderá firmar convênios com entidades públicas e privadas, sem fins lucrativos, para o desenvolvimento e a execução de projetos que beneficiem a população em situação de rua e estejam de acordo com os princípios, diretrizes e objetivos que orientam a Política Nacional para a População em Situação de Rua."

Resposta: Letra D

***MPMG (CONCURSO LVII)**. QUESTÃO 61. Direito material coletivo. Direitos humanos. Jurisprudência e doutrina.*

A propósito do direito ao reconhecimento, leia o texto a seguir:

"É possível falar em um direito fundamental ao reconhecimento, que é um direito ao igual respeito da identidade pessoal. Trata-se de um direito que tem tanto

uma faceta negativa como outra positiva. Em sua faceta negativa ele veda as práticas que desrespeitam as pessoas em sua identidade, estigmatizando-as. Na dimensão positiva, ele impõe ao Estado a adoção de medidas voltadas ao combate dessas práticas e à superação de estigmas existentes." (SARMENTO, Daniel. Dignidade da pessoa humana. 2. ed. Belo Horizonte: Fórum, 2016. p. 257).

De acordo com o posicionamento doutrinário acima, as assertivas seguintes harmonizam-se com o direito ao reconhecimento, exceto:

A) *As liberdades públicas são incondicionais, por isso devem ser exercidas de maneira absoluta, observadas as diretrizes definidas na própria Constituição Federal.*

B) *Há que se distinguir entre o discurso religioso (que é centrado na própria crença e nas razões da crença) e o discurso sobre a crença alheia, especialmente quando feito com o intuito de atingi-la, rebaixá-la ou desmerecê-la (ou a seus seguidores).*

C) *Para o transexual, ter uma vida digna importa em ver reconhecida a sua identidade sexual, sob a ótica psicossocial, a refletir a verdade real por ele vivenciada e que se reflete na sociedade.*

D) *Toda a axiologia constitucional é tutelar de segmentos sociais brasileiros historicamente desfavorecidos, culturalmente sacrificados e até perseguidos, como, por exemplo, o segmento dos negros e dos índios. Não por coincidência, os que mais se alocam nos patamares patrimonialmente inferiores da pirâmide social.*

Comentários

(A): **Incorreta**. A correta compreensão do enunciado proposto parte da premissa de que **não há direitos fundamentais absolutos**. Nesse contexto, como o próprio enunciado indica, o direito ao reconhecimento integra o plexo mais amplo e abrangente de vetores que compõem as liberdades públicas, que também se qualificam como direitos fundamentais. Desse modo, conjugando-se as proposições antereriores, chega-se à conclusão de que as liberdades públicas não são incondicionais, absolutas ou ilimitadas, submetendo-se à **técnica de ponderação** de interesses, em caso de conflito observado diante de um caso concreto. Nessa medida, a afirmação contida na assertiva "A" encontra-se **incorreta**, motivo pelo qual deveria ser assinalada.

(B): **Correta**. De fato, não se confundem, submetendo-se a consequências jurídicas distintas, o discurso religioso proferido pela pessoa que professa a sua própria crença e o discurso cujo alvo e objeto é a crença alheia. De um lado, assegura-se ao cidadão o direito de professar sua própria crença, admitindo-se a prática de discursos que busquem enaltecê-la e valorizá-la, inclusive com o objetivo de obter o maior número de fiéis (proselitismo religioso). Por outro lado, a mesma realidade não se observa quando o discurso dirige-se tão somente à crença alheia, sobretudo com o intuito de desmerecê-la, sem guardar nexo mínimo de pertinência com a própria religião professada por quem o prefere. Nesse sentido, confira-se o entendimento veiculado no Informativo 893 do STF: **A incitação ao ódio público contra quaisquer denominações religiosas e seus seguidores não está protegida pela cláusula constitucional que assegura a liberdade de expressão.** STF. 2ª Turma. RHC 146303/RJ, rel. Min. Edson Fachin, red. p/ o ac. Min. Dias Toffoli, julgado em 6/3/2018.

(C): **Correta.** A tutela jurídica do transexual tem sido objeto de recentes e importantes julgados dos Tribunais Superiores, tendo o STF firmado entendimento no sentido de que todo o regime de proteção decorre dos princípios da dignidade da pessoa humana, da personalidade e da isonomia, vista sempre sob a perspectiva material. Ademais, cumpre registrar que toda a tutela jurídica do transexual parte do chamado **direito ao reconhecimento**, do qual deriva a possibilidade de alteração do prenome e do gênero no registro civil, independentemente de cirurgia de transgenitalização (Informativo 608 do STJ) e de autorização judicial (Informativo 892 do STF). Para tanto, basta mera manifestação de vontade do indivíduo, pela via administrativa ou judicial. Ao Estado, portanto, cabe apenas o papel de **reconhecer** a condição pessoal do indivíduo – jamais o de constituí-la –, viabilizando, nos termos do enunciado da questão analisada, que a identidade sexual do sujeito possa se ver refletida na verdade real por ele vivenciada, com inegáveis reflexos na sociedade.

(D): **Correta.** De fato, entre os valores consagrados pela Constituição da República Federativa do Brasil ("axiologia constitucional"), certamente figura, em posição de destaque, a proteção dos segmentos sociais historicamente desfavorecidos, como se nota já no art. 3°, inciso III, do texto constitucional, que arrola como objetivo da República Federativa do Brasil "erradicar a probreza e a marginalização e reduzir as desigualdades sociais e regionais". Outras normas constitucionais materializam o mesmo objetivo, entre as quais destacam-se: a) proteção do mercado de trabalho da mulher (art. 7°, XX, da CF/88); b) proteção das manifestações culturais afro-brasileiras (art. 215, § 1°, da CF/88); c) disciplina jurídico-constitucional dos índios (arts. 231 e 232 da CF/88) etc.

Resposta: Letra A

3. INFÂNCIA E JUVENTUDE – PRINCÍPIOS. PROTEÇÃO INTEGRAL. PRIORIDADE ABSOLUTA. CONSELHO TUTELAR E CONSELHO DE DIREITOS. PAPEL DA FAMÍLIA, DO ESTADO E DA SOCIEDADE. PREVENÇÃO. POLÍTICA DE ATENDIMENTO. MEDIDAS DE PROTEÇÃO. ASSISTÊNCIA SOCIAL

***MPMG – 2012 (LII Concurso)** Questão 76 – Direito Material Coletivo – Lei 8069/1990 – Legislação.*

Em 13 de julho de 1990, foi publicada a Lei n. 8.069 a qual instituiu o Estatuto da Criança e Adolescente que veio regulamentar o artigo 227 da Constituição Federal.

Fundado, dentre outros, no Princípio da Proteção Integral, concebeu as crianças e adolescentes como pessoas em desenvolvimento, sujeitos de direitos e destinatários de proteção física, mental e moral. A Adoção, um dos institutos do ECA gera vínculo constituído por sentença judicial, a qual será inscrita no registro civil mediante mandado, do qual não se fornecerá certidão. Frente a tal assertiva, assinale a alternativa CORRETA.

A) *A adoção produz seus efeitos a partir do trânsito em julgado da sentença constitutiva, exceto quando o adotante que, após inequívoca manifestação de vontade, vier a falecer no curso do procedimento, antes de prolatada a sentença, caso em que terá força retroativa à data do óbito.*

B) *O novo registro somente poderá ser lavrado no Cartório do Registro Civil do Município em que foi proferida a sentença de adoção.*

C) *Apenas a observação sobre a origem do ato poderá constar nas certidões do registro.*

D) *A sentença conferirá ao adotado o nome do adotante, sendo defeso a modificação do prenome.*

Comentários

A) Correta. Artigo 47, § 7º, da Lei 8069/1990: "A adoção produz seus efeitos a partir do trânsito em julgado da sentença constitutiva, exceto na hipótese prevista no § 6º do art. 42 desta Lei, caso em que terá força retroativa à data do óbito".

B) Incorreta. Artigo 47, § 3º, da Lei 8069/1990: "A pedido do adotante, o novo registro poderá ser lavrado no Cartório do Registro Civil do Município de sua residência.".

C) Incorreta. Artigo 47, § 4º, da Lei 8069/1990: "Nenhuma observação sobre a origem do ato poderá constar nas certidões do registro.".

D) Incorreta. Artigo 47, § 5º, da Lei 8069/1990: "A sentença conferirá ao adotado o nome do adotante e, a pedido de qualquer deles, poderá determinar a modificação do prenome.".

Resposta: letra A.

MPMG – 2013 (CONCURSO LIII) *Questão 72. Direito Processual Coletivo. Estatuto da Criança e do Adolescente. Legislação e Jurisprudência.*

*É **CORRETO** afirmar-se que:*

A) *O prazo para apelação em ação civil pública proposta pelo Ministério Público contra município, visando ao atendimento especializado às crianças portadoras de deficiência, que tramita perante o Juízo da Infância e da Juventude, é de 10 (dez) dias, uma vez que se deve observar o artigo 198, inciso II do Estatuto da Criança e do Adolescente, o qual exclui qualquer norma que verse sobre prazo recursal do Código de Processo Civil.*

B) *A competência para o processamento da ação civil pública, proposta contra município, visando à obrigação de fazer consubstanciada na oferta regular do ensino fundamental a crianças e adolescentes, é da Vara da Fazenda Pública, mesmo que exista na comarca Vara Especializada da Infância e Juventude, pois o ente estatal possui juízo privativo e a competência da referida Vara Especializada é relativa.*

C) *Os valores referentes às multas cominatórias fixadas para o caso de descumprimento de decisão judicial que determine obrigação de fazer, em ação que tenha por objeto interesse individual homogêneo, coletivo ou difuso de crianças e adolescentes, deverão obrigatoriamente ser destinados ao fundo gerido pelo Conselho dos Direitos da Criança e do Adolescente do respectivo município ou, enquanto tal fundo não for regulamentado, deverão ser depositados em estabelecimento oficial de crédito, em conta com correção monetária.*

D) *A partir do teor da Súmula 383 do STF, é possível se concluir que, se os pais se encontram separados, a competência para processar e julgar as ações conexas de interesse de criança ou adolescente é, em princípio, do foro do domicílio de qualquer dos genitores, independentemente de quem possua a guarda.*

Comentários

A) Incorreta. Artigo 198, *caput* e inciso II, do ECA. O prazo de 10 dias é previsto para os procedimentos afetos à Justiça da Infância e da Juventude, inclusive os relativos à execução das medidas socioeducativas, adotar-se-á o sistema recursal do CPC, com as seguintes adaptações: II – em todos os recursos, salvo nos embargos de declaração, o prazo para o Ministério Público e para a defesa será sempre de 10 (dez) dias.

Com relação à ação civil pública, observar-se-á o prazo estabelecido no CPC, conforme decidiu STJ:

> Com efeito, verifico que o acórdão recorrido está em confronto com orientação desta Corte, segundo a qual o prazo recursal previsto no **art. 198, II, da Lei n. 8.069/90 é aplicável apenas aos procedimentos especificamente previstos nos arts. 152 a 197 do mesmo diploma legal**, devendo os prazos recursais dos procedimentos ordinários atenderem ao disposto no Código de Processo Civil. RECURSO ESPECIAL Nº 1.559.840 – MG (2015/0246617-6) (Ministra REGINA HELENA COSTA, 06/04/2017)

[...] 3. É consolidada a orientação desta Corte Superior no sentido de que: a) os prazos previstos no inciso II do art. 198 da Lei 8.069/90 somente são aplicáveis aos procedimentos especiais previstos nos arts. 152 a 197 do ECA; b) os prazos recursais dos procedimentos ordinários serão estabelecidos pelas regras gerais do Código de Processo Civil, nos termos do *caput* do art. 198 do ECA; c) a regra prevista no art. 188 do CPC, que confere prazo em dobro para o Ministério Público e a Fazenda Pública recorrerem, é aplicável aos procedimentos do Estatuto da Criança e do Adolescente. 4. Sobre o tema, os seguintes precedentes: REsp 851.947/RS, 2ª Turma, Rel. Min. Eliana Calmon, DJe de 19.5.2008; REsp 857.272/RJ, 1ª Turma, Rel. Min. Luiz Fux, DJe de 2.4.2008; REsp 784.285/RS, 1ª Turma, Rel. Min. Denise Arruda, DJe de 4.12.2006; REsp 727.134/SC, 2ª Turma, Rel. Min. Castro Meira, DJ de 22.8.2005. 5. Recurso especial parcialmente conhecido e, nessa parte, provido. (REsp 839.709/RS, Rel. Ministro MAURO CAMPBEII MARQUES, SEGUNDA TURMA, julgado em 02/09/2010, DJe 04/10/2010).

B) Incorreta. Artigo 209 do ECA c/c Art. 145. Os estados e o Distrito Federal poderão criar varas especializadas e exclusivas da infância e da juventude, cabendo ao Poder Judiciário estabelecer sua proporcionalidade por número de habitantes, dotá-las de infraestrutura e dispor sobre o atendimento, inclusive em plantões. Art. 209. As ações previstas neste Capítulo serão propostas no foro do local onde ocorreu ou deva ocorrer a ação ou omissão, cujo **juízo terá competência absoluta para processar a causa**, ressalvadas a competência da Justiça Federal e a competência originária dos tribunais superiores.

C) Correta. Art. 214, § 2º, do ECA: "Enquanto o fundo não for regulamentado, o dinheiro ficará depositado em estabelecimento oficial de crédito, em conta com correção monetária."

D) Incorreta. A súmula 383 é do STJ e não do STF, como afirmado na questão. Além disso, ela possui o seguinte enunciado: "A competência para processar e julgar as ações conexas de interesse de menor é, em princípio, do foro do domicílio do detentor de sua guarda." (destacamos). O NCPC também prevê que a competência é do domicílio do guardião do incapaz (art. 53, I, a)

Resposta: Letra C

MPMG 2017 (Concurso LV)*. Questão 63. Direito Material Coletivo. Infância e Juventude – Princípios. Proteção integral. Prioridade absoluta. Conselho Tutelar e Conselho de Direitos. Papel da família, do Estado e da Sociedade. Prevenção. Política de atendimento. Medidas de proteção. Assistência Social. / legislação.*

Assinale a alternativa INCORRETA: São direitos das gestantes e parturientes, garantidos pelo Estatuto da Criança e do Adolescente:

A) Atendimento pré-natal no estabelecimento em que será realizado o parto, garantido o direito de opção da mulher.

B) *Um acompanhante, de sua preferência, durante o período do pré-natal, do trabalho de parto e do pós-parto imediato.*

C) *Alta hospitalar responsável e contrarreferência na atenção primária, bem como o acesso a outros serviços e a grupos de apoio e amamentação.*

D) *Acompanhamento saudável durante toda a gestação, parto natural cuidadoso, aplicação de cesariana e outras intervenções cirúrgicas por motivos médicos.*

Comentários

(A): Incorreta – Não há essa garantia de realização do pré-natal no local onde será realizado o parto. Há uma garantia relativa ao último trimestre de gestação e o local do parte, conforme art.8º,§ 2º, da Lei 8.069/90.

(B): Correta – Conforme art. 8º, § 6º, da Lei 8.069/90. A gestante e a parturiente têm direito a 1 (um) acompanhante de sua preferência durante o período do pré-natal, do trabalho de parto e do pós-parto imediato.

(C): Correta – Conforme art. 8º, § 3º, da Lei 8.069/90. Os serviços de saúde onde o parto for realizado assegurarão às mulheres e aos seus filhos recém-nascidos alta hospitalar responsável e contrarreferência na atenção primária, bem como o acesso a outros serviços e a grupos de apoio à amamentação.

(D): Correta – Conforme art. 8º, § 8º, da Lei 8.069/90. A gestante tem direito a acompanhamento saudável durante toda a gestação e a parto natural cuidadoso, estabelecendo-se a aplicação de cesariana e outras intervenções cirúrgicas por motivos médicos.

Resposta: Letra A

MPMG 2018*. *(CONCURSO LVI) *QUESTÃO 67. Direito Material Coletivo. Direito da Criança e do Adolescente. Lei Seca.*

Assinale a alternativa CORRETA:

A) *Uma das diretrizes da política de atendimento dos direitos da criança e do adolescente é a federalização do atendimento.*

B) *O Conselho Tutelar é órgão permanente e autônomo, não jurisdicional, encarregado pela sociedade de zelar pelo cumprimento dos direitos da criança e do adolescente, sendo composto por 5 (cinco) membros, escolhidos pela população local para mandato de 3 (três) anos, permitida uma recondução.*

C) *Os estabelecimentos de atendimento à saúde, inclusive as unidades neonatais, de terapia intensiva e de cuidados intermediários, deverão proporcionar condições para a permanência em tempo integral de todos os titulares do poder familiar, de forma conjunta, nos casos de internação de criança ou adolescente.*

D) *Toda criança ou adolescente que estiver inserido em programa de acolhimento familiar ou institucional terá sua situação reavaliada, no máximo, a cada 3 (três) meses.*

Comentários

A) INCORRETA. A Federalização do atendimento se contrapõe ao inciso I do artigo 88 do ECA que dispõe que a municipalização do atendimento é uma diretriz da política do atendimento.

B) INCORRETA. O prazo do mandato é de 4 (quatro) anos, nos termos do art. 132 do ECA: Em cada Município e em cada Região Administrativa do Distrito Federal haverá, no mínimo, 1 (um) Conselho Tutelar como órgão integrante da administração pública local, composto de 5 (cinco) membros, escolhidos pela população local para mandato de 4 (quatro) anos, permitida 1 (uma) recondução, mediante novo processo de escolha.

C) INCORRETA. Artigo 12 do ECA. Os estabelecimentos de atendimento à saúde, inclusive as unidades neonatais, de terapia intensiva e de cuidados intermediários, deverão proporcionar condições para a **permanência em tempo integral de um dos pais ou responsável**, nos casos de internação de criança ou adolescente.

D) CORRETA. " Art. 19, § 1º Toda criança ou adolescente que estiver inserido em programa de acolhimento familiar ou institucional terá sua situação reavaliada, no máximo, a cada 3 (três) meses, devendo a autoridade judiciária competente, com base em relatório elaborado por equipe interprofissional ou multidisciplinar, decidir de forma fundamentada pela possibilidade de reintegração familiar ou pela colocação em família substituta, em quaisquer das modalidades previstas no art. 28 desta Lei. (Redação dada pela Lei nº 13.509, de 2017) "

Resposta: Letra D

4. IDOSOS - DIREITOS FUNDAMENTAIS E PRINCÍPIOS. SAÚDE. EDUCAÇÃO, CULTURA, ESPORTE E LAZER. AUTONOMIA, INTEGRAÇÃO E PARTICIPAÇÃO SOCIAL. HABITAÇÃO. MOBILIDADE. POLÍTICA E INSTITUIÇÕES DE ATENDIMENTO. DISCRIMINAÇÃO POR MOTIVO DE IDADE. MEDIDAS PROTETIVAS. ACESSIBILIDADE. ATENDIMENTO PREFERENCIAL. CONSELHO DO IDOSO

MPMG – 2012 (LII Concurso) *Questão 75 Direito Material Coletivo – Lei 10.741/2003 – Legislação.*

O Estatuto do Idoso, aprovado em 2003 sob o nº 10.741, ampliou os direitos dos cidadãos com idade acima de 60 anos reconhecidos anteriormente pela Lei 8.842/94.

Verificada a ameaça ou violação dos direitos reconhecidos aos idosos pelo Estatuto, o Ministério Público poderá determinar medidas, com EXCEÇÃO de:

A) *Encaminhamento do idoso à família ou curador, mediante termo de responsabilidade.*

B) *orientação, apoio e acompanhamento temporários ao idoso.*

C) *internação do idoso para tratamento de sua saúde, em regime, hospitalar.*

D) *inclusão em programa oficial ou comunitário de auxílio, orientação e tratamento a usuários dependentes de drogas lícitas ou ilícitas, ao próprio idoso ou à pessoa de sua convivência que lhe cause perturbação.*

Comentários

A) Correto. Artigo 45, I, do Estatuto do Idoso. Verificada qualquer das hipóteses previstas no art. 43, o Ministério Público ou o Poder Judiciário, a requerimento daquele, poderá determinar, dentre outras, as seguintes medidas: I – encaminhamento à família ou curador, mediante termo de responsabilidade;

B) Correto. Artigo 45, II, do Estatuto do Idoso. Verificada qualquer das hipóteses previstas no art. 43, o Ministério Público ou o Poder Judiciário, a requerimento daquele, poderá determinar, dentre outras, as seguintes medidas: II – orientação, apoio e acompanhamento temporários;

C) Incorreto. Artigo 45, III, do Estatuto do Idoso: requisição para tratamento de sua saúde, em regime ambulatorial, hospitalar ou domiciliar.

D) Correto. Artigo 45, IV, do Estatuto do Idoso. Verificada qualquer das hipóteses previstas no art. 43, o Ministério Público ou o Poder Judiciário, a requerimento daquele, poderá determinar, dentre outras, as seguintes medidas: IV – inclusão em programa oficial ou comunitário de auxílio, orientação e tratamento a usuários dependentes de drogas lícitas ou ilícitas, ao próprio idoso ou à pessoa de sua convivência que lhe cause perturbação.

Resposta: letra C.

MPMG – 2013 (CONCURSO LIII) *Questão 78. Direito Material Coletivo. Estatuto do Idoso / Legislação.*

Sobre a proteção constitucional e legal aos idosos, é ***CORRETO*** *afirmar-se que:*

A) *Aos idosos, a partir de 60 (sessenta) anos, é garantida a gratuidade nos transportes coletivos urbanos e semiurbanos (exceto nos serviços seletivos e especiais, quando prestados paralelamente aos serviços regulares).*

Aos de mesma idade, que não possuem meios para prover sua subsistência, nem de tê-la provida por sua família, é assegurado o benefício mensal de 1 (um) salário mínimo, nos termos da Lei Orgânica da Assistência Social - LOAS.

B) *Ao idoso internado ou em observação, é assegurado o direito a acompanhante, devendo o órgão de saúde proporcionar as condições adequadas para a sua permanência em tempo integral, segundo o critério médico, sendo que caberá ao profissional de saúde conceder autorização ou, na impossibilidade, justificá-la por escrito.*

C) *Os casos de suspeita ou confirmação de violência praticada contra idosos serão objeto de notificação facultativa pelos serviços de saúde públicos e privados à autoridade sanitária. Contudo, deverão obrigatoriamente ser notificados os seguintes órgãos: autoridade policial, Ministério Público, Conselho Municipal do Idoso, Conselho Estadual do Idoso e Conselho Nacional do Idoso.*

D) *Apesar das diversas atribuições do Ministério Público na defesa e proteção do idoso, não está entre elas a de promover a revogação de instrumento procuratório do idoso, mesmo que esteja ocorrendo ameaça ou violação dos seus direitos por falta, omissão ou abuso da família, curador ou entidade de atendimento, pois se trata de direito personalíssimo.*

Comentários

A) Incorreta. O transporte coletivo público urbano e semiurbano, exceto nos serviços coletivos e especiais, prestados paralelamente aos regulares, **é assegurado aos maiores de 65 anos** e o benefício mensal de assistência também é assegurado aos idosos, a partir de 65 anos (arts. 34, *caput*, e 39, *caput*, do Estatuto do Idoso).

B) Correta. O direito a acompanhante é assegurado ao idoso internado ou em observação, conforme critério médico (art. 16, *caput* do Estatuto do Idoso). A autorização para acompanhamento será concedida pelo profissional de saúde. Em caso de impossibilidade, o profissional de saúde deverá justificar por escrito, nos termos do parágrafo único do art. 16 do Estatuto do Idoso.

C) Incorreta. Em caso de suspeita ou confirmação de violência praticada contra idosos, a notificação será compulsória pelos serviços de saúde públicos e privados à autoridade sanitária, bem como serão obrigatoriamente comunicados por eles quaisquer dos seguintes órgãos: a autoridade policial, o Ministério Público, o Conselho Municipal do Idoso, o Conselho Estadual do Idoso, ou Conselho Nacional do Idoso., conforme artigo 19 do Estatuto do Idoso.

D) Incorreta. Uma das atribuições do Ministério Público é promover a revogação de instrumento procuratório do idoso, em caso de os direitos ameaçados ou violados por ação ou omissão da sociedade ou do Estado; por falta, omissão ou abuso da família, curador ou entidade de atendimento; em razão de sua condição pessoal (art. 43 do Estatuto do Idoso), quando necessário ou o interesse público justificar (art. 74, inciso IV do Estatuto do Idoso).

Resposta: Letra B

MPMG 2017 (Concurso LV). *Questão 61. Direito Material Coletivo / Idosos - Direitos fundamentais e princípios. Autonomia, integração e participação social. Política e instituições de atendimento. Discriminação por motivo de idade. Medidas protetivas. Acessibilidade. Atendimento preferencial. Conselho do Idoso. Conselho de Assistência Social/Pessoas com Deficiência - Convenção sobre os direitos das pessoas com deficiência. Impedimentos, barreiras e acessibilidade. Mobilidade. Discriminação por motivo de deficiência. Autonomia individual. Igualdade de oportunidades. Identidade. Desenvolvimento pessoal com equidade. Políticas de conscientização. Conselho das pessoas portadoras de Deficiência /legislação.*

Assinale a alternativa INCORRETA:

A) A atenção devida às pessoas com deficiência inclui a adoção e a efetiva execução de normas que garantam a funcionalidade das edificações e vias públicas, que evitem ou removam os óbices às pessoas portadoras de deficiência, permitam o acesso destas a edifícios, a logradouros e a meios de transporte.

B) O atendimento prioritário às pessoas com deficiência, aos idosos com idade igual ou superior a 60 (sessenta) anos, às gestantes, às lactantes, às pessoas com crianças de colo e aos obesos inclui a acessibilidade nos meios de transporte.

C) A acessibilidade consiste na possibilidade e condição de alcance para utilização, com segurança e autonomia, de espaços, mobiliários, equipamentos urbanos, edificações, transportes, informação e comunicação, inclusive seus sistemas e tecnologias, bem como de outros serviços e instalações abertos ao público, de uso público ou privados de uso individual, tanto na zona urbana como na rural, por pessoa com deficiência ou com mobilidade reduzida.

D) Nos programas habitacionais, públicos ou subsidiados com recursos públicos, será observada a eliminação de barreiras arquitetônicas e urbanísticas, para garantia de acessibilidade ao idoso.

Comentários

(A): Correta - Conforme art. 1º da Lei 10.098/00. Esta Lei estabelece normas gerais e critérios básicos para a promoção da acessibilidade das pessoas portadoras de deficiência ou com mobilidade reduzida, mediante a supressão de barreiras e de obstáculos nas vias e espaços públicos, no mobiliário urbano, na construção e reforma de edifícios e nos meios de transporte e de comunicação.

(B): Correta – Conforme arts. 1º e 3º da Lei 10.098/00. Art. 3º O planejamento e a urbanização das vias públicas, dos parques e dos demais espaços de uso público deverão ser concebidos e executados de forma a torná-los acessíveis para todas as pessoas, inclusive para aquelas com deficiência ou com mobilidade reduzida.

(C): Incorreta – Trocou-se a expressão " uso coletivo" por "uso individual", conforme art. 3º, inciso I, da Lei 13.146/15.

(D): Correta – Conforme art. 38, III, da Lei 10.741/03. Nos programas habitacionais, públicos ou subsidiados com recursos públicos, o idoso goza de prioridade na aquisição de imóvel para moradia própria, observado o seguinte: [...] III - eliminação de barreiras arquitetônicas e urbanísticas, para garantia de acessibilidade ao idoso.

Resposta: Letra C

***MPMG 2019 (CONCURSO LVII)**. QUESTÃO 63. Direito material coletivo. Idoso. Jurisprudência.*

Considere o seguinte posicionamento da doutrina: "A pessoa idosa é hipervulnerável numa relação de consumo [...]. As alterações biológicas (físicas e neuropsíquicas) habitualmente sofridas pelo idoso lhe desencadeiam doenças em potência maior do que na juventude. [...] O direito à saúde na velhice possui ordem de prioridade, pois envelhecer e morrer devem ser processos naturais, contudo, amainados por cuidados paliativos. Com a prosperidade da medicina hodierna, não há razão para o envelhecimento se acompanhar de dores e sofrimentos. [...] Visa-se, por meio da garantia do direito fundamental à saúde da pessoa idosa, o direito fundamental à vida em sua finitude em condições de dignidade. O princípio da dignidade da pessoa humana previsto em várias constituições que abraçaram os direitos humanos orienta no sentido de se garantir saúde à pessoa envelhecida, especialmente pelas reservas escassas da velhice, momento em que ela evoluirá em resistência ante as vicissitudes e, em regra, adoecerá antes de morrer. [...] Embora se reconheça que os idosos adoecem mais, há um princípio do melhor interesse do idoso, do seu atendimento integral e em absoluta prioridade, logo, ululante, que sua saúde é um direito de ordem prioritária e que, embora na seara contratual a mutualidade (divisão mútua de ônus) faça sentido, as gerações jovens podem arcar com um pouco mais, pois os idosos um dia o fizeram antes de envelhecer e porque o Estatuto do Idoso existe para ter eficácia." (BARLETA, Fabiana Rodrigues e GOODMAN, Soraya Victoria. Reflexões sobre direitos humanos e a atual jurisprudência do STJ sobre o direito à saúde da pessoa idosa em contratos privados de planos de saúde. In: Revista de Direito do Consumidor, v. 120, ano 27, p. 309- 340, São Paulo: Ed. RT, nov.-dez. 2018).

A atual jurisprudência do STJ, sintetizada no REsp 1.568.244/RJ (repetitivo), se harmoniza com a posição doutrinária acima transcrita, exceto quanto á assertiva seguinte:

A) Os gastos de tratamento médico-hospitalar de pessoas idosas são geralmente mais altos do que os de pessoas mais jovens, isto é, o risco assistencial varia consideravelmente em função da idade.

B) A norma do Estatuto do Idoso que veda "a discriminação do idoso nos planos de saúde pela cobrança de valores diferenciados em razão da idade" apenas inibe o reajuste que consubstanciar discriminação desproporcional ao idoso, ou seja, aquele sem pertinência alguma com o incremento do risco assistencial acobertado pelo contrato.

C) O ordenamento jurídico brasileiro acolheu o princípio da solidariedade intergeracional, a forçar que os de mais tenra idade suportassem parte dos custos gerados pelos mais velhos, originando, assim, subsídios cruzados.

D) Tratando-se de consumidor idoso, os reajustes excessivamente elevados das contraprestações pecuniárias dos planos de saúde poderão, de forma discriminatória, impossibilitar a sua permanência no plano.

Comentários

(A): **Correta**. A afirmação contida na assertiva "A" enuncia uma constatação empírica retirada, em sua literalidade, da ementa do REsp 1.568.244/RJ (destaque-se a imporância dos recursos repetitivos): "**Os gastos de tratamento médico-hospitalar de pessoas idosas são geralmente mais altos do que os de pessoas mais jovens, isto é, o risco assistencial varia consideravelmente em função da idade**. Com vistas a obter maior equilíbrio financeiro ao plano de saúde, foram estabelecidos preços fracionados em grupos etários a fim de que tanto os jovens quanto os de idade mais avançada paguem um valor compatível com os seus perfis de utilização dos serviços de atenção à saúde". Nenhum conteúdo estritamente jurídico foi exigido nesse item da questão. De fato, a experiência revela que os gastos despendidos com o adequado tratamento médico das pessoas mais idosas, em média, revelam-se mais onerosos que aqueles demandados por pessoas mais jovens, circunstância que se reflete no "risco assistencial" e, via de consequência, no valor da respectiva mensalidade do plano de saúde.

(B): **Incorreta**. Embora a assertiva "B" conste de modo expresso e literal da ementa do REsp 1.568.244/RJ, o que ali se afirma não guarda pertinência com o texto que introduziu a questão analisada, sobretudo no trecho destacado na sequência: "embora na seara contratual a mutualidade (divisão mútua de ônus) faça sentido, **as gerações jovens podem arcar com um pouco mais, pois os idosos um dia o fizeram antes de envelhecer e porque o Estatuto do Idoso existe para ter eficácia**". A passagem doutrinária vai além do conteúdo normativo, para consignar que ao incremento do risco assistencial não há de corresponder, necessária e matematicamente, a cobrança de valores diferenciados da população mais idosa, sendo legítimo, a partir de uma noção de equidade intergeracional, que os jovens assumam parcela desse ônus financeiro.

(C): **Correta**. Na mesma linha do texto reproduzido na questão em análise, que bem expressa a noção de **equidade intergeracional**, consta da ementa do REsp 1.568.244/RJ a seguinte construção: "Para que as contraprestações financeiras dos idosos não ficassem extremamente dispendiosas, o ordenamento jurídico pátrio acolheu o princípio da solidariedade intergeracional, a forçar que os de mais tenra idade suportassem parte dos custos gerados pelos mais velhos, originando, assim, subsídios cruzados (mecanismo do community rating modificado)".

(D): **Correta**. A assertiva "D", que também se encontra em harmonia com o sentido do texto transcrito, integra a tese fixada para fins de recursos repetitivos (arts. 1036 e seguintes do CPC), que, por sua relevância, segue reproduzida: "O reajuste de mensalidade de plano de saúde individual ou familiar fundado na mudança de faixa etária do beneficiário é **válido desde que** (i) haja previsão contratual, (ii) sejam observadas as normas expedidas pelos órgãos governamentais reguladores e (iii) **não sejam aplicados percentuais desarrazoados ou aleatórios que, concretamente e sem base atuarial idônea, onerem excessivamente o consumidor ou discriminem o idoso**".

Resposta: Letra B

5. PESSOAS COM DEFICIÊNCIA – CONVENÇÃO SOBRE OS DIREITOS DAS PESSOAS COM DEFICIÊNCIA. IMPEDIMENTOS, BARREIRAS E ACESSIBILIDADE. MOBILIDADE. DISCRIMINAÇÃO POR MOTIVO DE DEFICIÊNCIA. AUTONOMIA INDIVIDUAL. IGUALDADE DE OPORTUNIDADES. IDENTIDADE. DESENVOLVIMENTO PESSOAL COM EQUIDADE. POLÍTICAS DE CONSCIENTIZAÇÃO. CONSELHO DAS PESSOAS PORTADORAS DE DEFICIÊNCIA

MPMG 2018. (CONCURSO LVI) QUESTÃO 63. Direito Material Coletivo. Pessoas com deficiência. Lei Seca.

Assinale a alternativa INCORRETA:

A) Ao acompanhante da pessoa com deficiência ou ao seu atendente pessoal é garantida prioridade na tramitação processual judicial ou administrativa, em todos os atos e diligências.

B) A pessoa com deficiência tem direito à moradia digna, no seio da família natural ou substituta, com seu cônjuge ou companheiro ou desacompanhada, ou em moradia para a vida independente da pessoa com deficiência, ou, ainda, em residência inclusiva.

C) As pessoas com deficiência farão jus, em igualdade de oportunidades com as demais pessoas, a que sua identidade cultural e linguística específica seja reconhecida e apoiada, incluindo as línguas de sinais e a cultura surda.

D) A não discriminação, a igualdade de oportunidades e o respeito pelo desenvolvimento das capacidades das crianças com deficiência e pelo direito das crianças com deficiência de preservar sua identidade são princípios previstos na Convenção sobre os Direitos das Pessoas com Deficiência.

Comentários

A) INCORRETO. O direito ao atendimento prioritário conferido à pessoa com deficiência, previsto no artigo 9º do EPD, é extensivo ao acompanhante, ressalvadas as hipóteses de recebimento de restituição de imposto de renda e tramitação processual e procedimentos judiciais e administrativos em que for parte ou interessada, em todos os atos e diligências, nos termos do parágrafo primeiro do artigo 9º.

B) CORRETO. Conforme art. 31, Lei 13.146/15 – A pessoa com deficiência tem direito à moradia digna, no seio da família natural ou substituta, com seu cônjuge ou companheiro ou desacompanhada, ou em moradia para a vida independente da pessoa com deficiência, ou, ainda, em residência inclusiva;

C) CORRETO. Segundo o Decreto 6.949/09 (Convenção Sobre Os Direitos Das Pessoas Com Deficiência) – art. 30, parágrafo 4º – As pessoas com deficiência farão jus, em igualdade de oportunidades com as demais pessoas, a que sua identidade cultural e linguística específica seja reconhecida e apoiada, incluindo as línguas de sinais e a cultura surda.

D) CORRETO. De acordo com o Decreto 6.949/09 (Convenção Sobre Os Direitos Das Pessoas Com Deficiência) – Art. 3º Os princípios da presente Convenção são: b) A não-discriminação; e) A igualdade de oportunidades; h) O respeito pelo desenvolvimento das capacidades das crianças com deficiência e pelo direito das crianças com deficiência de preservar sua identidade.

Resposta: Letra A

6. EDUCAÇÃO - EDUCAÇÃO INFANTIL. ENSINO FUNDAMENTAL E MÉDIO. EDUCAÇÃO INCLUSIVA. PAPEL DA FAMÍLIA, DO ESTADO E DA SOCIEDADE. AUTONOMIA PEDAGÓGICA E ADMINISTRATIVA. GESTÃO DEMOCRÁTICA. REGIMENTO ESCOLAR. FINANCIAMENTO CONSTITUCIONAL DO DIREITO

À EDUCAÇÃO DE QUALIDADE. TRANSPORTE ESCOLAR. ALIMENTAÇÃO ESCOLAR. FUNDEB. IMPROBIDADE ADMINISTRATIVA NA EDUCAÇÃO

MPMG 2019 (CONCURSO LVII)*. QUESTÃO 62. Direito material coletivo. Direito à educação. Legislação.*

São atribuições dos estabelecimentos de ensino, exceto:

A) elaborar e executar sua proposta pedagógica, assegurada a participação dos profissionais da educação.

B) informar o Conselho Tutelar do Município sobre a frequência e rendimento dos alunos, bem como sobre a execução da proposta pedagógica da escola.

C) promover medidas de conscientização, de prevenção e de combate a todos os tipos de violência, especialmente a intimidação sistemática (bullying), no âmbito das escolas.

D) estabelecer ações destinadas a promover a cultura de paz nas escolas e articular-se com as famílias e a comunidade, criando processos de integração da sociedade com a escola.

Comentários

(A): **Correta**. Art. 12, inciso I, da Lei 9.394/96. Os estabelecimentos de ensino, respeitadas as normas comuns e as do seu sistema de ensino, terão a incumbência de: I - elaborar e executar sua proposta pedagógica [...].

(B): **Incorreta**. Art. 12, inciso VII, da Lei 9.394/96. Os estabelecimentos de ensino, respeitadas as normas comuns e as do seu sistema de ensino, terão a incumbência de: [...] VII - informar pai e mãe, conviventes ou não com seus filhos, e, se for o caso, os responsáveis legais (a questão trouxe o "Conselho Tutelar do Município"), sobre a frequência e rendimento dos alunos, bem como sobre a execução da proposta pedagógica da escola.

(C): **Correta**. Art. 12, inciso IX, da Lei 9.394/96. Os estabelecimentos de ensino, respeitadas as normas comuns e as do seu sistema de ensino, terão a incumbência de: [...] IX - promover medidas de conscientização, de prevenção e de combate a todos os tipos de violência, especialmente a intimidação sistemática (bullying), no âmbito das escolas.

(D): **Correta**. Art. 12, incisos VI e X, da Lei 9.394/96. Os estabelecimentos de ensino, respeitadas as normas comuns e as do seu sistema de ensino, terão a incumbência de: [...] VI - articular-se com as famílias e a comunidade, criando processos de integração da sociedade com a escola; X - estabelecer ações destinadas a promover a cultura de paz nas escolas.

Resposta: Letra B

7. SAÚDE – SUS, SAÚDE COMPLEMENTAR E SAÚDE SUPLEMENTAR. PRINCÍPIOS DA INTEGRALIDADE, UNIVERSALIDADE, GRATUIDADE E DESCENTRALIZAÇÃO. NORMAS OPERACIONAIS E PACTO PELA SAÚDE. FINANCIAMENTO DA SAÚDE. PROGRAMAÇÃO PACTUADA ENTRE GESTORES. POLÍTICA NACIONAL DE MEDICAMENTOS. FARMACOVIGILÂNCIA. REGULAÇÃO ASSISTENCIAL. VIGILÂNCIA SANITÁRIA, EPIDEMIOLÓGICA E AMBIENTAL. CONSELHOS E CONFERÊNCIAS DE SAÚDE. PLANO NACIONAL DE ATUAÇÃO DO MINISTÉRIO PÚBLICO EM SAÚDE PÚBLICA (CNPG, 2006)

MPMG 2017 (Concurso LV). *Questão 62. Direito Material Coletivo / Saúde - SUS, saúde complementar e saúde suplementar. Princípios da integralidade, universalidade, gratuidade e descentralização. Normas operacionais e Pacto pela Saúde. Financiamento da Saúde. Programação Pactuada entre gestores. Política Nacional de medicamentos. Farmacovigilância. Regulação assistencial. Vigilância sanitária, epidemiológica e ambiental. Conselhos e Conferências de Saúde. Plano Nacional de Atuação do Ministério Público em Saúde Pública /legislação.*

Assinale a alternativa INCORRETA:

A) A participação da comunidade se inclui entre as diretrizes do Sistema Único de Saúde.

B) O Conselho de Saúde é composto por representantes do governo, prestadores de serviço, profissionais e usuários.

C) O gestor do SUS apresentará, trimestralmente, ao Conselho de Saúde relatório detalhado contendo, dentre outros, dados sobre a oferta de serviços na rede assistencial.

D) O mandato dos conselheiros de saúde deve coincidir com o mandato do governo municipal.

Comentários

ANULADA

MPMG 2018. (CONCURSO LVI) *QUESTÃO 61. Direito Material Coletivo. Direito à saúde. Lei Seca e Doutrina.*

Assinale a alternativa CORRETA:

A) A internação domiciliar não está incluída no âmbito dos programas disponibilizados pelo Sistema Único de Saúde, porquanto sua execução demanda procedimentos médicos, de enfermagem, fisioterapêuticos, psicológicos e de assistência social de alto custo.

B) *A internação psiquiátrica involuntária da pessoa portadora de transtorno mental depende de decisão judicial, que será proferida após pedido formulado por terceiro que tenha legitimidade para promover a interdição do paciente e definirá a instituição asilar adequada ao tratamento.*

C) *A participação complementar da iniciativa privada no Sistema Único de Saúde não pode compreender atos de gestão e administração de unidades públicas ou quaisquer estabelecimentos de saúde com equipamentos, funcionários e recursos públicos, mas apenas a execução de determinadas ações e serviços públicos onde tais unidades não forem suficientes para a cobertura assistencial.*

D) *É permitida a destinação de subvenções e auxílios a instituições prestadoras de serviços de saúde com finalidade lucrativa, tendo em vista que o Estado utiliza-se da iniciativa privada para aumentar e complementar a sua atuação em benefício da saúde da população.*

Comentários

A) INCORRETA, Conforme artigo 19, I da Lei 8080/90 - a internação domiciliar está incluída.

B)INCORRETA. Segundo o artigo 6º da Lei 10.216/01, " A internação psiquiátrica somente será realizada mediante laudo médico circunstanciado que caracterize os seus motivos. Parágrafo único: São considerados os seguintes tipos de internação psiquiátrica: I – internação voluntária: aquele que se dá com o consentimento do usuário; II – internação involuntária: aquela que se dá sem o consentimento do usuário e a pedido de terceiro; e III – internação compulsória: aquela determinada pela Justiça. Além disso, o final da assertiva também está errado, pois de acordo com o art. 4º, § 3º: É vedada a internação de pacientes portadores de transtornos mentais em instituições com características asilares.

C) CORRETA. A alternativa é cópia exata do Enunciado nº 5 aprovado pela Comissão Permanente de Defesa da Saúde (COPEDS) do Grupo Nacional de Direitos Humanos (GNDH) do Conselho Nacional de Procuradores Gerais do Ministério Público dos Estados e da União (CNPG). Veja: "Enunciado nº 5. A participação complementar da iniciativa privada no Sistema Único de Saúde (SUS) não pode compreender atos de gestão e administração de unidades públicas ou quaisquer estabelecimentos de saúde com equipamentos, funcionários e recursos públicos, mas apenas a execução de determinadas ações e serviços públicos onde tais unidades não forem suficientes para a cobertura assistencial". (II Reunião Ordinária COPEDS – 09/06/2011 – Vitória/ES). Segundo justificativa da Banca Examinadora, O enunciado é relativo ao ponto 7 do Programa- Direito Material Coletivo: SUS_ saúde complementar e saúde suplementar. O fato de o texto ter sido extraído do

"Enunciados aprovados pela COPEDS do Grupo Nacional de Direitos Humanos do Conselho Nacional dos Procuradores Gerais do MP dos Estados e da União" não o invalida, uma vez que ele reflete a interpretação dada aos artigos 196 e 199 da CF e art.4 e 24 da Lei 8080/90, estando amparado pelo entendimento doutrinário e jurisprudencial sobre o seguinte tema: como se opera a participação complementar da iniciativa privada na saúde. Assim, respeitado o art. 29° Regulamento.

Doutrina: "É importante realçar que a Constituição, no dispositivo citado, permite a participação de instituições privadas "de forma complementar", o que afasta a possibilidade de que o contrato tenha por objeto o próprio serviço de saúde, como um todo, de tal modo que o particular assuma a gestão de determinado serviço. Não pode, por exemplo, o Poder Público transferir a uma instituição privada toda a administração e execução das atividades de saúde prestadas por um hospital público ou por um centro de saúde; o que pode o Poder Público é contratar instituições privadas para prestar atividades-meio, como limpeza, vigilância, contabilidade, ou mesmo determinados serviços técnicos-especializados, como os inerentes aos hemocentros, realização de exame médicos, consultas, etc.; nesses casos, estará transferindo apenas a execução material de determinadas atividades ligadas ao serviço de saúde, mas não sua gestão operacional" (Maria Sylvia Zanella Di Pietro- Parcerias na Administração Pública, 5ª edição-Atlas 2011, pg 243). Ainda: Celso Antônio Bandeira de Melo(Curso de Direito Administrativo) e Alexandre de Moraes (Constituição do Brasil Interpretada).

Jurisprudência: "O serviço público de saúde não pode, e não deve, ser terceirizado, admitindo o art.197 da CF, em caráter complementar, permitir a execução dos serviços através de terceiros. O caráter complementar não pode significar a transferência do serviço à pessoa jurídica de direito privado"(Ag. REG. no RE 445.167/RJ-Min Cesar Peluzo-19/9/2012).

D) INCORRETA. Segundo art. 38, da Lei n° 8.080, "Não será permitida a destinação de subvenções e auxílios a instituições prestadoras de serviços de saúde com finalidade lucrativa".

Resposta: Letra C

MPMG 2019 (CONCURSO LVII)*. QUESTÃO 75 - Direito material coletivo. Direito à saúde. Jurisprudência.*

Assinale a alternativa correta:

A) *Os entes da federação, em decorrência da competência comum, são solidariamente responsáveis nas demandas prestacionais na área da saúde, e, diante dos critérios constitucionais de centralização e hierarquização, compete à autoridade judicial direcionar o cumprimento conforme as regras de repartição de competências e determinar o ressarcimento a quem suportou o ônus financeiro.*

B) *O Ministério Público, após a citação do ente público em ação civil pública que visa ao fornecimento de medicamento a paciente doente, não pode pedir a alteração do fármaco pretendido na inicial, sob pena de violação do princípio da estabilidade objetiva da demanda.*

C) *A aplicação de multa contra o ente público omisso no cumprimento de ordem liminar que determinou fornecimento de medicamento, nos autos de ação civil pública ajuizada pelo Ministério Público, apresenta-se como o único meio de garantir o direito fundamental à saúde do paciente.*

D) *Não obstante a irreversibilidade da medida, o atendimento, pelo ente público, da tutela antecipada que lhe determinou a transferência de paciente para hospital especializado, nos autos da ação civil pública ajuizada pelo Ministério Público, não retira o interesse de agir da parte, nem impõe a conseguinte extinção terminativa do feito por perda de objeto.*

Comentários

(A): **Incorreta**. Extrai-se do RE 855.178 ED/SE que "[...] A fim de otimizar a compensação entre os entes federados, compete à autoridade judicial, diante dos critérios constitucionais de descentralização (a questão trouxe "centralização") e hierarquização, direcionar, caso a caso, o cumprimento conforme as regras de repartição de competências e determinar o ressarcimento a quem suportou o ônus financeiro [...]".

(B): **Incorreta**. Na espécie, a pretensão veiculada por meio da ação civil pública é a disponibilização do adequado tratamento médico a quem dele necessita, o que se faz, obviamente, por meio das intervenções e dos fármacos necessários <u>em cada estágio desse tratamento</u>. Nesse sentido é o entendimento firmado pelo STJ: "[...] 2. Esta Corte Superior tem firmada a jurisprudência de que a simples alteração de alguns medicamentos postulados na inicial não incorre em modificação do pedido, nos termos do art. 264 do CPC/1973. É comum durante um tratamento médico que haja alteração de medicações, bem como dos procedimentos adotados à garantia de saúde do paciente, o que não resulta, com isso, em qualquer ofensa ao referido dispositivo legal, pois a ação em comento encontra-se fulcrada no art. 196 da CF/1988, o qual garante o direito à saúde à população. (AgRg no REsp 1377162/RS).

(C): **Incorreta**. Incide, aqui, o princípio da atipicidade dos meios executivos, aplicando-se, também, o poder geral de cautela do juiz, nos termos do art. 139, IV, do CPC: O juiz dirigirá o processo conforme as disposições deste Código, incumbindo-lhe: [...] IV - determinar todas as medidas **indutivas, coercitivas, mandamentais** ou **sub-rogatórias** necessárias para assegurar o cumprimento de ordem judicial, inclusive nas ações que tenham por objeto prestação pecuniária.

(D): **Correta**. O deferimento da antecipação da tutela em caráter liminar, em razão de sua própria provisoriedade, não acarreta a extinção do feito por perda superveniente do objeto, tendo em vista que somente a análise do mérito, em juízo de cognição plena, proporciona inteira eficácia ao comando judicial. Nesse sentido é o entendimento firmado pelo TJMG: "[...] A concessão da liminar, de caráter nitidamente sumário e provisório, depende de análise do mérito para sua inteira eficácia, de tal sorte que, mesmo ocorrendo o cumprimento da medida determinada em sede liminar, não se justifica a extinção do feito pela perda superveniente do objeto [...]" (TJMG, Apelação Cível 1.0045.12.004579-9/002).

Resposta: Letra D

8. SAÚDE MENTAL – REFORMA PSIQUIÁTRICA. DIREITOS BÁSICOS DO PORTADOR DE TRANSTORNO MENTAL. PAPEL DA FAMÍLIA, DO ESTADO E DA SOCIEDADE. INTERNAÇÃO PSIQUIÁTRICA. REDE DE ATENÇÃO PSICOSSOCIAL. ÁLCOOL E OUTRAS DROGAS NO SUS. REDUÇÃO DE DANOS

MPMG 2014 – Questão 63. Direito Coletivo/ Portaria n. 3.088/11 do Ministério da Saúde/ Direito Sanitário – Uso de crack, álcool e outras drogas / Legislação.

A estrutura coletiva de cuidados para pessoas com necessidades decorrentes do uso de crack, álcool e outras drogas é definida pelo Ministério da Saúde por meio da Portaria n. 3.088, de 23.12.2011.

Na fiscalização do cumprimento desta política pública, o Promotor de Justiça deve observar os pontos seguintes, EXCETO:

A) *Na Atenção Básica, a rede de atenção à saúde mental deve contar com as Unidades Básicas de Saúde, os Núcleos de Apoio à Saúde da Família, os Consultórios de Rua e os Centros de Convivência.*

B) *Na Atenção Especializada, o sistema deve oferecer Centros de Atenção Psicossocial (CAPS), que se dividem em CAPS I, II, III, CAPS AD (álcool e drogas) e CAPS I (infantil e juvenil).*

C) *Na Atenção Hospitalar; deve ser ampliada a oferta de leitos destinados a internações de longa duração em situações assistenciais que evidenciarem comodidades de ordem clínica e/ou psíquica.*

D) *A Reabilitação Psicossocial deve incluir iniciativas de geração de trabalho e renda visando à melhoria das condições concretas de vida e inclusão social dos usuários da rede e seus familiares.*

Comentários

(A) Correto – Anexo I, portaria n. 3.088/11 do Ministério da Saúde. "Art. 5º A Rede de Atenção Psicossocial é constituída pelos seguintes componentes:

I – atenção básica em saúde, formada pelos seguintes pontos de atenção: a) Unidade Básica de Saúde; b) equipe de atenção básica para populações específicas: 1. Equipe de Consultório na Rua; 2. Equipe de apoio aos serviços do componente Atenção Residencial de Caráter Transitório; c) Centros de Convivência;

(B) Correto – Anexo I, portaria n. 3.088/11 do Ministério da Saúde. "art. 7º, O ponto de atenção da Rede de Atenção Psicossocial na atenção psicossocial especializada é o Centro de Atenção Psicossocial. § 4º Os Centros de Atenção Psicossocial estão organizados nas seguintes modalidades: I – CAPS I: atende pessoas com transtornos mentais graves e persistentes e também com necessidades decorrentes do uso de crack, álcool e outras drogas de todas as faixas etárias; indicado para Municípios com população acima de vinte mil habitantes; II – CAPS II: atende pessoas com transtornos mentais graves e persistentes, podendo também atender pessoas com necessidades decorrentes do uso de crack, álcool e outras drogas, conforme a organização da rede de saúde local, indicado para Municípios com população acima de setenta mil habitantes; III – CAPS III: atende pessoas com transtornos mentais graves e persistentes. Proporciona serviços de atenção contínua, com funcionamento vinte e quatro horas, incluindo feriados e finais de semana, ofertando retaguarda clínica e acolhimento noturno a outros serviços de saúde mental, inclusive CAPS Ad, indicado para Municípios ou regiões com população acima de duzentos mil habitantes; IV – CAPS AD: atende adultos ou crianças e adolescentes, considerando as normativas do Estatuto da Criança e do Adolescente, com necessidades decorrentes do uso de crack, álcool e outras drogas. Serviço de saúde mental aberto e de caráter comunitário, indicado para Municípios ou regiões com população acima de setenta mil habitantes; V – CAPS AD III: atende adultos ou crianças e adolescentes, considerando as normativas do Estatuto da Criança e do Adolescente, com necessidades de cuidados clínicos contínuos. Serviço com no máximo doze leitos leitos para observação e monitoramento, de funcionamento 24 horas, incluindo feriados e finais de semana; indicado para Municípios ou regiões com população acima de duzentos mil habitantes; e VI – CAPS I: atende crianças e adolescentes com transtornos mentais graves e persistentes e os que fazem uso de crack, álcool e outras drogas. Serviço aberto e de caráter comunitário indicado para municípios ou regiões com população acima de cento e cinquenta mil habitantes.

(B) Errado – Art. 11, § 2º, portaria n. 3.088/11 do Ministério da Saúde – "O hospital psiquiátrico pode ser acionado para o cuidado das pessoas com transtorno mental nas regiões de saúde enquanto o processo de implantação e expansão da Rede de Atenção Psicossocial ainda não se apresenta suficiente, devendo estas regiões de saúde priorizar a expansão e qualificação dos pontos de atenção da Rede de Atenção Psicossocial para dar continuidade ao processo de substituição dos leitos em hospitais psiquiátricos.".

(D) Correto - Art. 12, portaria n. 3.088/11 do Ministério da Saúde. "Art. 12. O componente Reabilitação Psicossocial da Rede de Atenção Psicossocial é composto por iniciativas de geração de trabalho e renda/empreendimentos solidários/cooperativas sociais. § 1° As ações de caráter intersetorial destinadas à reabilitação psicossocial, por meio da inclusão produtiva, formação e qualificação para o trabalho de pessoas com transtorno mental ou com necessidades decorrentes do uso de crack, álcool e outras drogas em iniciativas de geração de trabalho e renda/empreendimentos solidários/ cooperativas sociais. § 2° As iniciativas de geração de trabalho e renda/empreendimentos solidários/cooperativas sociais de que trata o § 1° deste artigo devem articular sistematicamente as redes de saúde e de economia solidária com os recursos disponíveis no território para garantir a melhoria das condições concretas de vida, ampliação da autonomia, contratualidade e inclusão social de usuários da rede e seus familiares."

Resposta: Letra C

9. CONSUMIDOR - OBJETIVOS, PRINCÍPIOS E DIREITOS BÁSICOS. VULNERABILIDADE, HIPERVULNERABILIDADE E PUBLICIDADE. INFORMAÇÃO, TABACO E PRODUTOS TRANSGÊNICOS. ROTULAGEM DE ALIMENTOS. DIGITALIZAÇÃO DO CONSUMO. RESPONSABILIDADE DO FORNECEDOR. PRÁTICAS ABUSIVAS. PROTEÇÃO CONTRATUAL. ECONOMIA DO COMPARTILHAMENTO. SUPERENDIVIDAMENTO. CONTRATOS ELETRÔNICOS. PROTEÇÃO DE DADOS PESSOAIS DO CONSUMIDOR. TEMPO E DESVIO PRODUTIVO. AUTONOMIA PRIVADA E CONSUMO SUSTENTÁVEL

***MPMG - 2011 (Concurso LI)**. Questão 61. Direitos Difusos / Código de Defesa do Consumidor / Teoria Geral /Doutrina.*

A tutela jurisdicional dos interesses difusos, coletivos e individuais homogêneos é considerada pela doutrina uma das conquistas mais expressivas do Direito brasileiro, dada sua relevância política e inegável dimensão social. Em relação aos direitos individuais homogêneos, definidos no artigo 81, III, da Lei nº 8.078/90, pode-se afirmar que

I. o adjetivo "homogêneos" indica que o fato gerador é único, já que a dimensão qualitativa ou quantitativa do direito pode variar em razão do indivíduo.

II. a origem comum caracterizadora dos direitos individuais homogêneos é identificada com maior intensidade nas causas remotas e diz respeito às circunstâncias de fato comuns às pessoas a elas ligadas.

III. a categoria dos interesses e direitos individuais homogêneos guarda semelhança em relação aos interesses coletivos, na medida em que em ambas as espécies os titulares são identificados ou identificáveis.

IV. os direitos difusos e coletivos são indivisíveis e seus titulares são indeterminados ou apenas determináveis, ao passo que os individuais homogêneos são divisíveis e seus titulares são determinados.

V. a característica da divisibilidade significa, em termos práticos, que a satisfação do direito de um só dos titulares implica a satisfação de todos, assim como a lesão de um só constitui a lesão de toda a coletividade.

Apenas estão CORRETAS as opções:

A) I, IV e V.

B) II, III, e V.

C) I, III e IV.

D) II, III e IV.

Comentários

Direitos Difusos: Art. 81, parágrafo único, I, CDC. Objeto Indivisível/Titulares Indeterminados /ligação por circunstância fática.

Direitos Coletivos: Art. 81, parágrafo único, II, CDC. Objeto Indivisível/Titulares determináveis /ligação por relação jurídica base.

Direitos individuais homogêneos: Art. 81, parágrafo único, III, CDC. Objeto Divisível/Titulares determinados /ligação por origem comum.

i) Incorreta. Nos direitos individuais homogêneos, os direitos são individuais, com objetos divisíveis. A reunião em uma ação coletiva ocorre exclusivamente por interesse do sistema. O traço comum é a homogeneidade na sua origem. "A origem comum pode ser de fato ou de direito, e a expressão **não significa, necessariamente, uma unidade factual e temporal**. As vítimas de uma publicidade enganosa veiculada por vários órgãos de imprensa e em repetidos dias de produto nocivo à saúde adquirido por vários consumidores em um largo espaço de tempo e em várias regiões, têm, como causa de seus danos, fatos com homogeneidade tal que os tornam a origem comum de todos eles." (WATANABE, p. 806). Não implica, assim, a homogeneidade, que o fato gerador seja único e no mesmo momento.

II) Correta.

III) Correta.

IV) Correta.

V) Incorreta. A própria relação entre as orações da frase já demonstra onde está o erro. O examinar afirmou que a divisibilidade significa que a satisfação de um implica na satisfação de todos. Na verdade, a indivisibilidade ensejaria nessa consequência, não a divisibilidade.

Resposta certa: D

__MPMG - 2011 (Concurso LI)__. Questão 62. Direitos Difusos / Código de Defesa do Consumidor / Teoria Geral / Doutrina.

Direitos difusos são direitos metaindividuais, que, não tendo atingido o grau de agregação e organização necessário à sua afetação institucional junto a certas entidades ou órgãos representativos dos interesses já socialmente definidos, restam em estado fluido, dispersos pela sociedade civil como um todo. A respeito dessa categoria jurídica, é CORRETO afirmar:

I. Na conceituação de interesses difusos, optou o Código de Defesa do Consumidor pelos critérios da indeterminação dos titulares, existência entre eles de relação jurídica base, no aspecto subjetivo, e indivisibilidade do bem jurídico, no aspecto objetivo.

II. Um dos traços que distingue direitos e interesses difusos dos individuais homogêneos é a indeterminação dos titulares.

III. A relação jurídica base que liga o grupo, categoria ou classe de pessoas que titularizam os direitos difusos há que ser preexistente à lesão ou ameaça de lesão do interesse ou direito.

IV. A indivisibilidade que caracteriza tanto direitos difusos como coletivos implica que, satisfeita a pretensão de um, todos os demais titulares serão beneficiados, na medida do dano sofrido por cada um.

V. A veiculação de propaganda enganosa pode ser considerada ofensa a direitos difusos, uma vez que não é possível identificar as pessoas atingidas e, uma vez coibida a prática ilegal, todos se beneficiarão da mesma forma.

Apenas estão CORRETAS as opções:

A) I, II e V.

B) I, IV e V.

C) III e IV.

D) II e V.

Comentários

I) Incorreta. Art. 81, parágrafo único, I, CDC. Objeto Indivisível/Titulares Indeterminados /ligação por circunstância fática. Não há existência entre eles de uma relação jurídica base. As demais partes da assertiva estão corretas.

II) Correta. Art. 81, parágrafo único, I e III, CDC.

III) Incorreta. Apenas direitos coletivos exigem essa relação jurídica base. Art. 81, parágrafo único, II, CDC. Objeto Indivisível/Titulares determináveis/ligação por relação jurídica base.

IV) Incorreta. Começou bem a assertiva ao afirmar que a indivisibilidade é uma característica tanto dos interesses difusos quanto coletivos. Trata-se do objeto indivisível. No entanto, a satisfação de um não acarreta, necessariamente, a satisfação de todos os demais titulares, notadamente nos interesses difusos em que há uma alta conflituosidade interna reminiscente a eles. Explico com um exemplo: Fechar uma fábrica em operação poderá beneficiar o meio ambiente e todos aqueles que tem contato com aquela atmosfera poluída, porém não beneficiará os trabalhadores que perderão o emprego.

V) Correta. Art. 81, parágrafo único, I, CDC.

Resposta certa: D

MPMG – 2012 (LII Concurso) *Questão 65 Direito do Consumidor – Responsabilidade Pelo Fato do Produto – Doutrina.*

Indique abaixo o nexo de imputação mais adequado à responsabilidade pelo fato do produto com espeque no art. 12 do CDC:

A) *risco integral.*

B) *risco criado.*

C) *risco proveito.*

D) *risco mitigado.*

Comentários

Teoria do risco mitigado: o fornecedor pode alegar excludentes de responsabilidade, devendo provar que não existe defeito ou que o dano decorreu de culpa exclusiva do consumidor ou de terceiro, conforme disposto no artigo 12, § 3º, do CDC.

Resposta: letra D.

MPMG – 2012 (LII Concurso) *Questão 66 Direito do Consumidor – Teoria do Diálogo das Fontes.*

A formação dos Estados Democráticos, para além da conformação do monismo normativo, transformou a vida das pessoas no reconhecimento dos novos valores sociais e na convivência com as diferenças, propiciando novo corte na hermenêutica do Direito no que respeita ao pluralismo jurídico. Sobre a técnica de coordenação das diferentes fontes jurídicas, revelada na aproximação do CDC com o Código Civil de 2002, é CORRETO dizer:

A) *Pela dimensão da complementaridade, compreende-se que determinada lei sirva de base à outra, de forma que os conceitos básicos de uma codificação sejam utilizados por codificação congênere.*

B) *Pela dimensão da subsidiariedade revela-se a adoção de topoi em determinada legislação que estende seu conceito à legislação afim.*

C) *Pela dimensão coerência, para evitar contradições, os princípios de determinada norma são utilizados em caráter complementar por outra.*

D) *Pela dimensão coordenação, há a possibilidade de transposição da reflexão doutrinária e jurisprudencial de uma codificação para outra codificação mais recente.*

Comentários

A) Incorreta. Pela dimensão coerência compreende-se que determinada lei sirva de base à outra, de forma que os conceitos básicos de uma codificação sejam utilizados por codificação congênere. Segundo Cláudia Lima Marques, em havendo aplicação simultânea das duas leis, se uma lei servir de base conceitual para a outra, estará presente o diálogo sistemático de coerência. Exemplo: os conceitos dos contratos de espécie podem ser retirados do Código Civil mesmo sendo o contrato de consumo, caso de uma compra e venda (art. 481 do CC). Já a dimensão de complementariedade pressupõe aplicação coordenada, em que uma lei pode completar a outra de forma direta.

B) Incorreta. Pela dimensão da coerência revela-se a adoção de *topoi* em determinada legislação que estende seu conceito à legislação afim. A dimensão da subsidiariedade pressupõe uma aplicação coordenada de duas leis e quando uma lei completa a outra de forma indireta, dá-se o nome de dimensão subsidiária.

C) Incorreta. De acordo com Cláudia Lima Marques, se o caso for de aplicação coordenada de duas leis, uma norma pode completar a outra, de forma direta (diálogo de complementaridade) ou indireta (diálogo de subsidiariedade). O exemplo típico ocorre com os contratos de consumo que também são de adesão. Em relação às cláusulas abusivas, pode ser invocada a proteção dos consumidores constante do art. 51 do CDC e ainda a proteção dos aderentes constante do art. 424 do CC

D) Correta. Conforme ensinamentos de Cláudia Lima Marques, se o caso for de aplicação coordenada de duas leis, uma norma pode completar a outra, de forma direta (diálogo de complementaridade) ou indireta (diálogo de subsidiariedade). O exemplo típico ocorre com os contratos de consumo que também são de adesão. Em relação às cláusulas abusivas, pode ser invocada a proteção dos consumidores constante do art. 51 do CDC e ainda a proteção dos aderentes constante do art. 424 do CC

Resposta: letra D.

MPMG – 2012 (LII Concurso) *Questão 68 Direito do Consumidor – Superendividamento – Doutrina – Legislação.*

A passagem da história econômica na sociedade divide-se em três grandes etapas: a troca imediata, a moeda e o crédito. Esse último, prevalente na sociedade pós-moderna, vai além do valor, contemplando prazo, volume de operações e expansão nos setores de produção. Contudo, a utilização desenfreada do crédito pode gerar o flagelo do superendividamento. Aponte a alternativa incorreta sobre o tema:

A) A boa-fé objetiva amolda-se como ferramenta jurídica essencial para a prevenção do superendividamento, pois exige a partir do empreendedor os deveres de informação, lealdade e veracidade quanto ao compromisso assumido pelo devedor.

B) Para evitar a crise da efetividade do processo de execução e ao mesmo tempo proteger o patrimônio mínimo do consumidor endividado, o legislador brasileiro permitiu, através do art. 655-A do CPC, penhora na modalidade dinheiro caso em que o juiz poderá requisitar informações da autoridade supervisora do sistema bancário determinando indisponibilidade parcial em conta-corrente, respeitado o percentual de trinta por cento nas hipóteses de vencimento, subsídio, soldo ou aposentadoria;

C) O superendividamento passivo decorre de fatos inesperados que oneram excessivamente a situação econômica do devedor observado certos acidentes da vida (desemprego, morte, divórcio etc.); o superendividamento ativo decorre de abusos intencionais do consumidor (conscientemente) ou porque Iludido pelo sistema de marketing que o leva a contratar de forma reiterada (inconscientemente);

D) Os titulares de benefícios de aposentadoria e pensão do Regime Geral de Previdência Social poderão autorizar o Instituto Nacional do Seguro Social - INSS a proceder aos descontos em seus estipêndios, bem como autorizar, de forma irrevogável e irretratável, que a instituição financeira na qual recebam seus benefícios retenha, para fins de amortização, valores referentes ao pagamento mensal de empréstimos, financiamentos e operações de arrendamento mercantIl por ela concedidos, quando previstos em contrato, sendo vedado ao titular de benefício que realizar qualquer das operações referidas solicitar a alteração da instituição financeira pagadora, enquanto houver saldo devedor em amortização.

Comentários

A) Correto. (...) a boa-fé objetiva, conceituada como sendo exigência de conduta leal dos contratantes, está relacionada com os deveres anexos ou laterais de conduta, que são ínsitos a qualquer negócio jurídico, não havendo sequer a necessidade de previsão no instrumento negocial. São considerados deveres anexos, entre outros: Dever de cuidado em relação à outra parte negocial; Dever de respeito; Dever de informar a outra parte sobre o conteúdo do negócio; Dever de agir conforme a confiança depositada; Dever de lealdade e probidade; Dever de colaboração ou cooperação; Dever de agir com honestidade; Dever de agir conforme a razoabilidade, a equidade e a boa razão. (TARTUCE, 2016, p. 466).

B) Incorreto. Penhora não pode recair sobre vencimentos, subsídio, soldo ou aposentadoria, conforme determina o artigo 649, IV, do CPC/1973 (art. 833, IV, do CPC/2015).

C) Correto. Conceitos extraídos do artigo[2] "Superendividamento e a necessidade de proteger o consumidor dele mesmo", de autoria de Fernando Martins Rodrigues, promotor de justiça do MPMG e examinador do concurso.

D) Correto. Artigo 6°, *caput* e § 3°, da Lei 10.820/2003. Art. 6° Os titulares de benefícios de aposentadoria e pensão do Regime Geral de Previdência Social poderão autorizar o Instituto Nacional do Seguro Social - INSS a proceder aos descontos referidos no art. 1° e autorizar, de forma irrevogável e irretratável, que a instituição financeira na qual recebam seus benefícios retenha, para fins de amortização, valores referentes ao pagamento mensal de empréstimos, financiamentos, cartões de crédito e operações de arrendamento mercantil por ela concedidos, quando previstos em contrato, nas condições estabelecidas em regulamento, observadas as normas editadas pelo INSS. § 3°. É vedado ao titular de benefício que realizar qualquer das operações referidas nesta Lei solicitar a alteração da instituição financeira pagadora, enquanto houver saldo devedor em amortização.

Resposta: letra B.

MPMG - 2012 (LII Concurso) *Questão 69 Direito do Consumidor - Lei 12.414/2011 - Legislação.*

O adimplemento das obrigações pelos consumidores nas relações jurídicas de consumo está umbilicalmente ligado ao plano da eficácia (e efetividade) dos contratos massificados. O cumprimento da 'palavra dada' ganha status de informação em destaque na sociedade atual, desfrutando de relevante valor econômico, pois permite ao fornecedor proceder à segura análise de risco no mercado de consumo nas diversas operações de crédito do dia a dia. Para tanto, regulamentando o acesso e registro dessas informações, houve estratégia normativa no sentido de criar cadastros restritivos e cadastros positivos. Quanto aos últimos versados na Lei Federal nº 12.414/2011, é INCORRETO dizer:

A) o consulente (pessoa natural ou jurídica que conceda crédito ou realize venda a prazo ou outras transações comerciais e empresariais que lhe impliquem risco financeiro) recolhe os dados da fonte (pessoa jurídica responsável pela administração de banco de dados, bem como pela coleta,

2. <http://www.cartaforense.com.br/conteudo/artigos/superendividamento-e-a-necessidade-de-proteger-o-consumidor-dele-mesmo/6323>.

armazenamento, análise e acesso de terceiros aos dados armazenados) sobre a vida econômica e creditícia do cadastrado (pessoa natural ou jurídica que tenha autorizado inclusão de suas informações no banco de dados).

B) *são informações excessivas aquelas que não estiverem vinculadas à análise de risco de crédito ao consumidor.*

C) *são informações sensíveis aquelas pertinentes à origem social e étnica, à saúde, à informação genética, à orientação sexual e às convicções políticas, religiosas e filosóficas.*

D) *dentre os direitos do cadastrado, encontram-se: a obtenção do cancelamento do cadastro quando solicitado; acesso gratuito às informações sobre ele existentes no banco de dados, inclusive o seu histórico; solicitação de impugnação de qualquer informação sobre ele erroneamente anotada em banco de dados e ter, em até 7 (sete) dias, sua correção ou cancelamento e comunicação aos bancos de dados com os quais ele compartilhou a informação; conhecimento dos principais elementos e critérios considerados para a análise de risco, resguardado o segredo empresarial; ter os seus dados pessoais utilizados somente de acordo com a finalidade para a qual eles foram coletados.*

Comentários

A) Incorreta. Consulente: pessoa natural ou jurídica que acesse informações em bancos de dados para qualquer finalidade. Artigo 2º, V, da Lei 12414/2011.

B) Correto. Artigo 3º, § 3º, I, da Lei 12.414/2011. Os bancos de dados poderão conter informações de adimplemento do cadastrado, para a formação do histórico de crédito, nas condições estabelecidas nesta Lei. § 3º Ficam proibidas as anotações de: I - informações excessivas, assim consideradas aquelas que não estiverem vinculadas à análise de risco de crédito ao consumidor.

C) Correto. Artigo 3º, § 3º, II, da Lei 12.414/2011: informações sensíveis, assim consideradas aquelas pertinentes à origem social e étnica, à saúde, à informação genética, à orientação sexual e às convicções políticas, religiosas e filosóficas.

D) Correto. Artigo 5º da Lei 12.414/2011. Art. 5º São direitos do cadastrado: I - obter o cancelamento ou a reabertura do cadastro, quando solicitado; II - acessar gratuitamente, independentemente de justificativa, as informações sobre ele existentes no banco de dados, inclusive seu histórico e sua nota ou pontuação de crédito, cabendo ao gestor manter sistemas seguros, por telefone ou por meio eletrônico, de consulta às informações pelo cadastrado; III - solicitar a impugnação de qualquer informação sobre ele erroneamente anotada em banco de dados e ter, em até 10 (dez) dias, sua correção ou seu cancelamento em todos os bancos de dados que compartilharam a informação; IV - conhecer os principais elementos e critérios considerados para a análise de risco, resguardado o segredo empresarial; V - ser informado previamente sobre a identidade do gestor e sobre o armazenamento e o objetivo do tratamento dos dados pessoais; VI - solicitar ao consulente a revisão de decisão realizada exclusivamente por meios automatizados; e VII - ter os seus dados pessoais utilizados somente de acordo com a finalidade para a qual eles foram coletados.

Resposta: letra A.

MPMG - 2012 (LII Concurso) *Questão 70 - Responsabilidade Civil Consumerista - Doutrina.*

A vigência do Código de Defesa do Consumidor possibilitou nova estruturação e funcionalização da responsabilidade civil. Atento a tal colocação observe-se:

I. A dicotomia clássica entre responsabilidade civil contratual e responsabilidade civil extracontratual não se mostrou apta aos dias atuais, sendo necessário romper esta summa divisio para a proteção do consumidor, permitindo a responsabilização direta do fabricante pelo dano ao destinatário final, bem como a proteção do bystander.

II. Acidente, ligado à teoria do vício por inadequação, é todo o fato capaz de atingir a incolumidade física do consumidor.

III. A função preventiva na responsabilidade civil consumerista prescinde o dano-evento e exige o dano-prejuízo.

IV. É na ordem pública procedimental - além da ordem pública de proteção à parte débII, ordem pública de coordenação e ordem pública de direção - que aloca a teoria da qualidade, ensejando, inclusive, a cobertura contra os vícios aparentes.

Faça a opção:

A) as assertivas I e II são INCORRETAS.

B) as assertivas II e III são CORRETAS.

C) as assertivas III e IV são INCORRETAS.

D) as assertivas I e IV são CORRETAS

Comentários

I. Correto. "O tratamento que o Código confere a matéria teve por objetivo superar, de uma vez por todas, a dicotomia clássica entre responsabilidade contratual e extracontratual. Isso porque o fundamento da responsabilidade civil do fornecedor deixa de ser a relação contratual ou o fato ilícito, para se materializar em função da existência de um outro tipo de vínculo: a relação jurídica de consumo, contratual ou não." (BENJAMIN, Antônio Herman V.; MARQUES, Cláudia Lima;

BESSA, Leonardo Roscoe. Manual de direito do consumidor. São Paulo: Revista dos Tribunais, 2007, p. 113).

II. Incorreto. Vício por inadequação relaciona-se coma incolumidade econômica do consumidor.

III. Incorreto. "Dano-evento, portanto, é a lesão ao direito subjetivo ou ao interesse protegido por uma norma. Já o dano-prejuízo é a consequência dessa lesão. Para a caracterização do fenômeno jurídico do dano, pressuposto da responsabilidade civil, e do dever de ressarcir, **ambos precisam estar presentes**." (FLUMIGNAN, 2009, p.204) (destacamos).

IV. Correto. Afirmação extraída do artigo[3] "Superendividamento e a necessidade de proteger o consumidor dele mesmo", de autoria de Fernando Martins Rodrigues, promotor de justiça do MPMG e examinador do concurso.

Resposta: letra D.

MPMG – 2013 (CONCURSO LIII) Questão 64. Direito Material Coletivo/ Direito do Consumidor/ Teoria Geral dos Contratos/ Doutrina.

Em referência à teoria geral dos contratos no CDC, assinale a alternativa INCORRETA:

A) *Para além das coisas corporais ou imateriais, ganha relevância como objeto dos negócios jurídicos de consumo o prometido e o esperado (o sinalagma da relação), o que modifica o sistema de garantia do direito privado quanto à sujeição do patrimônio do devedor, pois o essencial é o cumprimento da obrigação publicitária e não as eventuais perdas e danos.*

B) *O vínculo da relação jurídica de consumo é comunicativo impondo, independentemente da obrigação de dar ou entregar o produto, sempre obrigação de fazer.*

C) *A doutrina distingue três tipos de contratos conexos: grupos de contratos (em cada contrato tem sucessivamente por objeto a mesma coisa, o mesmo serviço, o mesmo objeto de prestação); rede de contratos (contratos vários que incidem de forma paralela e cooperativa para o mesmo fim); e contratos conexos stricto sensu (contratos autônomos fixados por nexo funcional entre as mesmas partes ou partes diferentes com vínculo de finalidade econômica supracontratual).*

D) *A dogmática pós-moderna tendo por escopo a prevenção e tratamento ao superendividamento não discrepa da tutela do necessitado a partir da teoria romana de exceção de ruína.*

3. <http://www.cartaforense.com.br/conteudo/artigos/superendividamento-e-a-necessidade-de-proteger-o-consumidor-dele-mesmo/6323>.

Comentários

A alternativa C está incorreta, conforme conceitua Cláudia Lima Marques, (2002, p. 93 e 94): **Grupos de contratos**: contratos vários que incidem de forma paralela e cooperativa para realização do mesmo fim. Cada contrato (por exemplo, contratos com um banco múltiplo popular e um consumidor com conta corrente) tem um objetivo diferente (cartão de extratos, crédito imediato limitado ao cheque especial, depósito bancário simples), mas todos concorrem para um mesmo objetivo (conta corrente especial do consumidor) e somente unidos podem prestar adequadamente. **Rede de contratos**: cada contrato tem sucessivamente por objeto a mesma coisa, o mesmo serviço, o mesmo objeto da prestação. **Contratos conexos *stricto sensu***: contratos autônomos, que, por virarem a realização de um negócio único (nexo funcional), celebram-se entre as mesmas partes ou entre partes diferentes e vinculam-se por esta finalidade econômica supracontratual comum, identificável seja na causa, no consentimento, no objeto ou nas bases do negócio. Verifica-se que na questão houve a inversão dos conceitos de grupos de contratos por redes de contrato.

Com relação à teoria romana de exceção da ruína, LORENZETTI, citado por MARQUES, (2002, p. 244), esclarece que "parece-nos uma nova conscientização da função social do contrato como operação econômica distributiva na sociedade atual, e a tentar evitar a exclusão social e o superendividamento através de uma visão mais social e controlada do contrato". A autora (2002, p. 245) também cita Martinek: "Em especial, merece análise a tendência da doutrina alemã atual, com base nos deveres de cooperação da boa-fé e na antiga exceção da ruína, que está ativamente estudando a existência de um dever geral de renegociação nos contratos de longa duração. Desse modo, a tutela do consumidor em situação de superendividamento busca flexibilizar os contratos de modo a evitar a sua ruína.". O STJ também se manifestou sobre a exceção da ruína: "De fato, pela exceção da ruína – instituto que, conforme definição doutrinária, representa a circunstância liberatória decorrente da situação de ruína em que o devedor poderia incorrer, caso a execução do contrato, atingida por alterações fácticas, não fosse sustida –, o vínculo contratual original pode sofrer ação liberatória e adaptadora às novas circunstâncias da realidade, com a finalidade de manter a relação jurídica sem a quebra do sistema, sendo imprescindível a cooperação mútua para modificar o contrato do modo menos danoso às partes. É por isso que, nos contratos cativos de longa duração, também chamados de relacionais, baseados na confiança, o rigorismo e a perenidade do vínculo existente entre as partes podem sofrer, excepcionalmente, algumas flexibilizações, a fim de evitar a ruína do sistema e da empresa, devendo ser respeitados, em qualquer caso, a boa-fé, que é bilateral, e os deveres de lealdade, de solidariedade (interna e externa) e de cooperação recíprocos." (REsp 1.479.420-SP, Rel. Min. Ricardo Villas Bôas Cueva, julgado em 1°/9/2015, DJe 11/9/2015).

Resposta: Letra C

MPMG – 2013 (CONCURSO LIII) Questão 69/ Direito Material Coletivo/ Direito do Consumidor.

Temas como superendividamento e responsabilidade civil ambiental são recorrentes na sociologia e epistemologia da contemporaneidade que tentam compreender o quadro da hipercomplexidade social e as causas de tantas patologias que exigem atuação combativa do Ministério Público. Edgar Morin e Zygmunt Bauman são grandes pensadores que enfrentam essa linha de pesquisa. Assinale abaixo a alternativa que ***não corresponda ao pensamento*** *de Zygmunt Bauman:*

A) *Complexidade é sinônimo de transdisciplinaridade, sendo necessário unificar duas culturas (exatas e humanas), conservando a capacidade analítica das ciências exatas juntamente com a capacidade sintética das ciências humanas.*

B) *O indivíduo consumidor vive em estado de perene incerteza, pois deve adequar-se aos padrões de grupo para não ser excluído, o que o difere do homem do mundo moderno que encontrava na produção sólidos esquemas de referência.*

C) *Uma sociedade pode ser definida como líquido-moderna se as situações nas quais os homens atuam se modificam antes que seus modos de agir consigam se consolidar em hábitos e procedimentos.*

D) *A visão pós-moderna do mundo é a de um número ilimitado de modelos de ordem, cada qual gerado por um conjunto relativamente autônomo de práticas. A ordem não precede as práticas e, por conseguinte, não pode servir como medida externa de sua validade.*

Comentários

A alternativa A está incorreta conforme ensinamentos de Neves & Samios, 1997, citados por Clarissa Eckert Baeta Neves; Fabrício Monteiro Neves: "Este "ambiente conceitual" de profundas transformações epistemológicas nas ciências serviu de substrato para a teoria dos sistemas sociais de Niklas Luhmann. Neste sentido, não parte da ideia de unidade, mas de diferença. Busca na ideia de complexidade a superação da relação causa-efeito, do conceito, caro aos clássicos, de totalidade, argumenta a favor da fragmentação, da lógica do indivíduo e de sua ação, passa à análise da comunicação e sistema, e finalmente, da dualidade sujeito/objeto oportuna, por sua vez, à diferença sistema/entorno".

Resposta: Letra A

MPMG 2014 – Questão 69. Direito Coletivo/ CDC / Abuso no CDC / Legislação.

Antecipando-se ao novo Código Civil, que resgatou a importância do abuso de direito, qualificando-o como ilícito, o Código do Consumidor adotou a palavra "abuso" como um de seus conceitos-chave.

A propósito, é CORRETO afirmar que:

A) O reconhecimento do abuso de direito exige demonstração do elemento subjetivo (dolo) na conduta do fornecedor.

B) Há publicidade abusiva quando o fornecedor apresenta dados total ou parcialmente falsos e induz em erro o consumidor.

C) Nos contratos e nas práticas comerciais, a noção de abuso constitui ao mesmo tempo limite e medida para o exercício dos direitos subjetivos.

D) Prevalecer-se da fraqueza do consumidor exigindo vantagem manifestamente excessiva constitui prática abusiva que exige demonstração de vulnerabilidade.

Comentários

(A) Errado - Enunciado 37 CJF: "A responsabilidade civil decorrente do abuso do direito independe de culpa e fundamenta-se somente no critério objetivo-finalístico.".

(B) Errado - Art. 37, § 1°, CDC - publicidade enganosa. "Art. 37. É proibida toda publicidade enganosa ou abusiva. § 1° É enganosa qualquer modalidade de informação ou comunicação de caráter publicitário, inteira ou parcialmente falsa, ou, por qualquer outro modo, mesmo por omissão, capaz de induzir em erro o consumidor a respeito da natureza, características, qualidade, quantidade, propriedades, origem, preço e quaisquer outros dados sobre produtos e serviços. § 2° É abusiva, dentre outras a publicidade discriminatória de qualquer natureza, a que incite à violência, explore o medo ou a superstição, se aproveite da deficiência de julgamento e experiência da criança, desrespeita valores ambientais, ou que seja capaz de induzir o consumidor a se comportar de forma prejudicial ou perigosa à sua saúde ou segurança.

(C) Correto.

(D) Errado - Art. 4°, I, CDC - a vulnerabilidade do consumidor é presumida. " Art. 39. É vedado ao fornecedor de produtos ou serviços, dentre outras práticas abusivas: V - exigir do consumidor vantagem manifestamente excessiva;"

Resposta: Letra C

***MPMG 2017 (Concurso LV)**. Questão 68. Direito Material Coletivo / Consumidor - Objetivos, princípios e direitos básicos. Responsabilidade do fornecedor. Práticas*

Abusivas. Proteção contratual. Superendividamento. Contratos eletrônicos. Consumo sustentável /legislação.

Assinale a alternativa INCORRETA. A Lei nº 8.078, de 1990, afetou os princípios da teoria geral dos contratos, afastando a relatividade das convenções nos seguintes casos:

A) *Responsabilidade do fabricante, do produtor, do construtor, nacional ou estrangeiro, e do importador.*

B) *Responsabilidade solidária dos fornecedores de produtos de consumo duráveis ou não duráveis.*

C) *Responsabilidade pessoal do profissional liberal apurada mediante a verificação de culpa.*

D) *Responsabilidade solidária dos fornecedores de produtos e serviços pelos atos de seus prepostos.*

Comentários

(A): Correta – A alternativa traz exceção à relatividade (responsabilidade envolvendo terceiro alheio à relação contratual) prevista no art. 12 do CDC.

(B): Correta – A alternativa traz exceção à relatividade (solidariedade envolvendo terceiro alheio à relação contratual) prevista no art. 18 do CDC.

(C): Incorreta – Não há exceção à relatividade. A responsabilidade subjetiva está no art. 14, § 1º, do CDC.

(D): Correta – A alternativa traz exceção à relatividade (solidariedade envolvendo terceiro alheio à relação contratual) prevista no art. 34 do CDC.

Resposta: Letra C

MPMG 2017 (Concurso LV)*. Questão 69. Direito Material Coletivo / Consumidor – Objetivos, princípios e direitos básicos. Responsabilidade do fornecedor. Práticas Abusivas. Proteção contratual. Superendividamento. Contratos eletrônicos. Consumo sustentável / legislação e doutrina.*

Assinale a alternativa INCORRETA:

A) *Nos acidentes de consumo, a responsabilidade do comerciante é subsidiária.*

B) *Tratando-se de produto pré-medido, a responsabilidade pelo vício de quantidade é do fornecedor imediato.*

C) *O fabricante é responsável pelos defeitos de projeto, fórmulas e apresentação dos produtos.*

D) *O comerciante responde solidariamente pelos atos de seus prepostos e representantes autônomos.*

Comentários

ANULADA

MPMG 2018. (CONCURSO LVI) *QUESTÃO 64. Direito do Consumidor. Responsabilidade civil, cláusulas abusivas. Lei Seca/ Jurisprudência.*

Considerando as disposições da Lei 8078/90 e a jurisprudência sobre direito do consumidor, é INCORRETO afirmar que:

A) É garantida ao consumidor a possibilidade de exigir o abatimento proporcional do preço sempre que, respeitadas as variações decorrentes de sua natureza, a quantidade de conteúdo líquido do produto for inferior às indicações constantes do recipiente, da embalagem, rotulagem ou de mensagem publicitária.

B) É solidária a responsabilidade entre aqueles que veiculam publicidade enganosa e os que dela se aproveitam na comercialização de seu produto ou serviço.

C) É possível a incidência do Código de Defesa do Consumidor, nas hipóteses em que a parte (pessoa física ou jurídica), apesar de não ser a destinatária final do produto ou serviço, apresenta-se em situação de vulnerabilidade.

D) O elenco de cláusulas abusivas indicado no art. 51 do Código de Defesa do Consumidor é taxativo, não se exigindo, contudo, a comprovação de má-fé ou dolo do fornecedor para caracterização da abusividade.

Comentários

A) CORRETO. Nos termos do art. 19 do CDC. Os fornecedores respondem solidariamente pelos vícios de quantidade do produto sempre que, respeitadas as variações decorrentes de sua natureza, seu conteúdo líquido for inferior às indicações constantes do recipiente, da embalagem, rotulagem ou de mensagem publicitária, podendo o consumidor exigir, alternativamente e à sua escolha: (i) o abatimento do preço, (ii) a complementação do peso ou medida, (iii) a substituição do produto por outro da mesma espécie, marca ou modelo, sem os aludidos vícios ou (iv) a restituição imediata da quantia paga, monetariamente atualizada, sem prejuízo de eventuais perdas e danos.

B) CORRETO. Segundo o STJ, [...] Responsabilidade solidária por publicidade enganosa. [...] Há relação de consumo entre o adquirente de refrigerante cujas tampinhas contém impressões gráficas que dão direito a concorrer a prêmios e o fornecedor do produto. A ausência de informação sobre a existência de tampinhas com defeito na impressão, capaz de retirar o direito ao prêmio, configura-se como publicidade enganosa por omissão, regida pelo Código de Defesa do

Consumidor.[...]- **É solidária a responsabilidade entre aqueles que veiculam publicidade enganosa e os que dela se aproveitam, na comercialização de seu produto**. [...] (REsp 327.257/SP, Rel. Ministra NANCY ANDRIGHI, TERCEIRA TURMA, julgado em 22/06/2004, DJ 16/11/2004, p. 272)

C) CORRETO. Nos termos do entendimento do STJ, "1. A Segunda Seção desta Corte consolidou a aplicação da teoria subjetiva (ou finalista) para a interpretação do conceito de consumidor. **No entanto, em situações excepcionais**, esta Corte tem mitigado os rigores da teoria finalista para autorizar a incidência do CDC nas hipóteses em que a parte (pessoa física ou jurídica), embora não seja propriamente a destinatária final do produto ou do serviço, apresenta-se em situação de vulnerabilidade ou submetida a prática abusiva." [...] (AgRg no AREsp 415.244/SC, Rel. Ministro ANTONIO CARLOS FERREIRA, QUARTA TURMA, julgado em 07/05/2015, DJe 19/05/2015)

D) INCORRETO. O artigo 51 do CDC elenca cláusulas abusivas, mas apresenta a expressão entre outras, tornando o rol exemplificativo. Confira-se: Art. 51. São nulas de pleno direito, **entre outras**, as cláusulas contratuais relativas ao fornecimento de produtos e serviços que: (...)

Resposta: Letra D

***MPMG 2019 (CONCURSO LVII)**. QUESTÃO 64. Direito material coletivo. Direito do consumidor. Jurisprudência.*

No julgamento do REsp 1.558.086/SP, o Ministro Humberto Martins emitiu o juízo seguinte:

"É abusivo o marketing (publicidade ou promoção de venda) de alimentos dirigido, direta ou indiretamente, às crianças. A decisão de compra e consumo de gêneros alimentícios, sobretudo em época de crise de obesidade, deve residir com os pais. Daí a ilegalidade, por abusivas, de campanhas publicitárias de fundo comercial que utilizem ou manipulem o universo lúdico infantil."

No que diz respeito a esse juízo, integram o fundamento legal da decisão os dispositivos seguintes, exceto:

A) *É abusiva, dentre outras, a publicidade que se aproveite da deficiência de julgamento e experiência da criança ou que seja capaz de induzir o consumidor a se comportar de forma prejudicial ou perigosa à sua saúde ou segurança.*

B) *É direito básico do consumidor a proteção contra a publicidade enganosa e abusiva, métodos comerciais coercitivos ou desleais, bem como contra práticas abusivas no fornecimento de produtos e serviços.*

C) *É vedado ao fornecedor de produtos e serviços prevalecer-se da fraqueza ou ignorância do consumidor, tendo em vista sua idade, saúde, conhecimento ou condição social, para impingir-lhe seus produtos ou serviços.*

D) *É vedado ao fornecedor de produtos ou serviços condicionar o fornecimento de produto ou de serviço ao fornecimento de outro produto ou serviço, bem como, sem justa causa, a limites quantitativos.*

Comentários

(A): **Correto**. À evidência, a deficiência de julgamento e a inexperiência da criança figuram entre os fundamentos do entendimento jurisprudencial consolidado no REsp 1.558.086/SP, em que se buscou coibir o *marketing* abusivo de alimentos dirigido especificamente às crianças. Portanto, trata-se de fundamento que guarda pertinência com a tese afirmada no jugado referido na questão.

(B): **Correto**. O item "B" enuncia direito básico do consumidor, previsto no art. 6°, IV, do CDC, que assegura a "proteção contra a publicidade enganosa e abusiva, métodos comerciais coercitivos ou desleais, bem como contra práticas e cláusulas abusivas ou impostas no fornecimento de produtos e serviços". Nesse contexto, considerando que a publicidade dirigida às crianças traduz prática comercial inequivocamente desleal, em razão da própria inexperiência do público alvo, conclui-se que a norma mencionada constitui fundamento apto a sustentar a proteção reconhecida no REsp 1.558.086/SP.

(C): **Correto**. Trata-se, aqui, de exemplo de prática abusiva consignada no art. 39, IV, do CDC, nos seguintes termos: "Art. 39. É vedado ao fornecedor de produtos ou serviços, dentre outras práticas abusivas: IV - prevalecer-se da fraqueza ou ignorância do consumidor, tendo em vista sua idade, saúde, conhecimento ou condição social, para impingir-lhe seus produtos ou serviços". Mais uma vez, revela-se manifesta a pertinência entre o fundamento normativo (situação de fraqueza ou ignorância derivada da idade) e o teor do trecho destacado do REsp 1.558.086/SP.

(D): **Incorreto**. Embora a afirmação figure entre as hipóteses de prática abusiva (art. 39, I, do CDC), deveria ser assinalada por <u>não guardar relação de pertinência</u> com a proteção estabelecida no REsp 1.558.086/SP contra o *marketing* abusivo de alimentos dirigido especificamente às crianças. De fato, embora seja certo afirmar que o fornecedor não pode "condicionar o fornecimento de produto ou de serviço ao fornecimento de outro produto ou serviço, bem como, sem justa causa, a limites quantitativos", a regra que impede a chamada "venda casada" não constitui fundamento idôneo a obstar o *marketing* abusivo dirigido ao público infantil.

Resposta: Letra D

***MPMG 2019 (CONCURSO LVII)**. QUESTÃO 66. Direito material coletivo. Direito do consumidor. Jurisprudência.*

Assinale a alternativa incorreta:

A) *O dever de veracidade, na publicidade comparativa, proíbe a comparação falsa, inexata, ambígua, omissiva ou que, por qualquer meio, possa induzir o consumidor em erro quanto às reais características e vantagens dos bens e serviços comparados.*

B) *É vedada a publicidade comparativa implícita quando, embora seja possível identificar os concorrentes, não há menção explícita à marca.*

C) *É vedada, na publicidade comercial a Comparação que não tem suporte em dados comprováveis, porque viola o direito do consumidor a receber informação correta e verdadeira sobre o produto ou serviço comparado.*

D) *É vedada a publicidade comparativa que gere confusão acerca da origem e da qualidade dos produtos e serviços anunciados, porque lhe falta clareza e pode induzir o consumidor em erro.*

Comentários

(A): **Correto**. De acordo com a jurisprudência do STJ, a publicidade comparativa não é vedada pelo Código de Defesa do Consumidor, desde que obedeça ao **princípio da veracidade das informações, seja objetiva e não abusiva** (REsp 1377911/SP).

(B): **Incorreto**. A jurisprudência do STJ não veda, de modo absoluto, a propaganda comparativa implícita, como se extrai do seguinte julgado: "A publicidade comparativa pode ser definida como método ou técnica de confronto empregado para enaltecer as qualidades ou o preço de produtos ou serviços anunciados em relação a produtos ou serviços de um ou mais concorrentes, explícita ou **implicitamente**, com o objetivo de diminuir o poder de atração da concorrência frente ao público consumidor".

(C): **Correto**. Mais uma vez, o princípio da veracidade se apresenta como limite à promoção de propaganda comparativa. Para que seja observado o direito do consumidor a receber informação correta e verdadeira, impõe-se, naturalmente, que a comparação tenha suporte em dados comprováveis, motivo pelo qual o enunciado contido na assetiva "C" revela-se correto.

(D): **Correto**. À luz da jurisprudência do STJ, "a publicidade comparativa, apesar de ser de utilização aceita, encontra limites na vedação à propaganda (i) enganosa ou abusiva; (ii) que denigra a imagem ou **gere confusão entre os produtos ou serviços comparados**, acarretando degenerescência ou desvio de clientela; (iii) que configure hipótese de concorrência desleal e (iv) que peque pela subjetividade e/ou falsidade das informações".

Resposta: Letra B

10. MEIO AMBIENTE – PRINCÍPIOS. POLÍTICA NACIONAL DO MEIO AMBIENTE. ÁGUA. FAUNA E FLORA. MINERAÇÃO. BIOSSEGURANÇA. ESPAÇOS PROTEGIDOS. UNIDADES DE CONSERVAÇÃO. LICENCIAMENTO AMBIENTAL. CONTROLE DE AGROTÓXICOS, PRODUTOS NOCIVOS E TÓXICOS. RESÍDUOS SÓLIDOS. IMPROBIDADE AMBIENTAL. POLÍTICAS FLORESTAL E DE PROTEÇÃO À BIODIVERSIDADE EM MINAS GERAIS

MPMG 2010 (Concurso L)*. Questão 68. Direito Ambiental Conceitos Gerais / Áreas de Preservação Permanente / Unidades de Proteção Integral e de Uso Sustentável / Código Florestal – Lei nº 12.651/2012 / Lei nº 9.985/2000 / Decreto nº 4.340/2002 / Legislação.*

A legislação de proteção ao meio ambiente é uma ferramenta de conhecimento e de consulta obrigatória ao membro do Ministério Público. Os conceitos mais importantes dos institutos da proteção ambiental estão previstos nas principais leis ambientais do País, cujo prévio conhecimento é necessário para a atuação diligente e profícua do Promotor de Meio Ambiente. A esse respeito, analise as seguintes afirmativas e assinale a alternativa INCORRETA.

A) O conceito de meio ambiente foi definido pelo artigo 3º, I, da Lei n. 6.938/81 (que dispõe sobre a política nacional de meio ambiente), como sendo "[...] o conjunto de condições, leis, influências e interações de ordem física, química e biológica que permite, abriga e rege a vida em todas as suas formas".

B) Área de Preservação Permanente é "[...] a área protegida nos termos do artigo 2º e 3º da Lei 4.771/65 (que institui o Código Florestal) coberta ou não por vegetação nativa, com a função de preservar os recursos hídricos, a paisagem, a estabilidade geológica, a biodiversidade, o fluxo gênico da fauna e flora, proteger o solo e assegurar o bem-estar das populações humanas".

C) Nos termos do artigo 1º, § 2º, inciso III, da Lei n. 9.985/2000 (que regulamenta o artigo 225, § 1º, I, II, III e IV, da CF, institui o sistema nacional de unidades de conservação da natureza), reserva legal é "[...] a área localizada no interior de uma propriedade ou posse rural, excetuada a de preservação permanente, necessária ao uso sustentável dos recursos naturais, à conservação e reabilitação dos processos ecológicos, à conservação da biodiversidade e ao abrigo de fauna e flora nativas".

D) O legislador define que "[...] área de proteção ambiental é uma área em geral extensa, com um certo grau de ocupação humana, adotada de atributos abióticos, bióticos, estéticos ou culturais especialmente importantes para a qualidade de vida e bem-estar das populações humanas, e tem como objetivos básicos proteger a diversidade biológica, disciplinar o processo de ocupação e assegurar a sustentabilidade dos recursos naturais, conforme artigo 15, "caput", da Lei n. 9.985/2000, que dispõe sobre o sistema nacional de unidades de conservação da natureza".

Comentários

(A): Correta.

(B): Correta. A Lei 4.771/65 foi revogada pela Lei 12.651/2012, mas o conceito de Área de Preservação Permanente permaneceu o mesmo, conforme o artigo 3º, inciso II.

(C): Incorreta – Artigo 3º, III, da Lei nº 12.651/2012 (Código Florestal). Para os efeitos desta Lei, entende-se por: [...] III - Reserva Legal: área localizada no interior de uma propriedade ou posse rural, delimitada nos termos do art. 12, com a função de assegurar o uso econômico de modo sustentável dos recursos naturais do imóvel rural, auxiliar a conservação e a reabilitação dos processos ecológicos e promover a conservação da biodiversidade, bem como o abrigo e a proteção de fauna silvestre e da flora nativa;

(D): Correta.

Resposta: Letra C

MPMG 2010 (Concurso L). *Questão 71. Direito Ambiental / Política Nacional de Recursos Hídricos / Proteção do Meio Ambiente / Lei nº 9.433/97 / Legislação.*

A respeito do regime jurídico da água, considere as seguintes proposições.

I. A água é um bem de domínio público.

II. O valor econômico da água é reconhecido expressamente pela lei.

III. A lei recomenda a cobrança pelo uso dos recursos hídricos, mesmo que subterrâneos.

IV. O direito à água tem natureza jurídica de direito fundamental, incumbindo ao Estado assegurar o acesso livremente a esse recurso ambiental essencial.

Pode-se concluir que estão CORRETAS

A) apenas as proposições I e II.

B) apenas as proposições II e III.

C) apenas as proposições I, II e IV.

D) todas as proposições.

Comentários

(I): Correta – Artigo 1º, inciso I, da Lei nº 9.433/97. Art. 1º A Política Nacional de Recursos Hídricos baseia-se nos seguintes fundamentos: I - a água é um bem de domínio público.

(II): Correta – Artigo 1º, inciso II, da Lei nº 9.433/97. Art. 1º A Política Nacional de Recursos Hídricos baseia-se nos seguintes fundamentos: II - a água é um recurso natural limitado, dotado de valor econômico.

(III): Correta – Artigos 5º, inciso IV, e 19 a 21 da Lei nº 9.433/97.

Art. 5º São instrumentos da Política Nacional de Recursos Hídricos: [...] IV - a cobrança pelo uso de recursos hídricos [...].

Art. 19. A cobrança pelo uso de recursos hídricos objetiva: I - reconhecer a água como bem econômico e dar ao usuário uma indicação de seu real valor; II - incentivar a racionalização do uso da água; III - obter recursos financeiros para o financiamento dos programas e intervenções contemplados nos planos de recursos hídricos.

(IV): Correta – A natureza jurídica de direito fundamental do direito à água decorre da sua intima relação com a dignidade da pessoa humana e os direitos à vida, à saúde e ao meio ambiente, que são assegurados pela Constituição. Artigo 1º, inciso I, da Lei nº 9.433/97 e artigos 1º, 5º, 6º e 225 da CF/88.

Resposta: Letra D

MPMG 2018. (CONCURSO LVI) *QUESTÃO 70. Direito Material Coletivo. Direito Ambiental. Recursos Hídricos. Lei Seca.*

Sobre o Sistema Nacional de Gerenciamento de Recursos Hídricos:

I. A criação de uma Agência de Água está condicionada à viabilidade financeira assegurada pela cobrança do uso dos recursos hídricos em sua área de atuação.

II. Os Planos de Recursos Hídricos são planos de longo prazo, com horizonte de planejamento compatível com o período de implantação de seus programas e projetos e conterão, entre outras questões obrigatórias, propostas para a criação de áreas sujeitas a restrição de uso, com vistas à proteção dos recursos hídricos.

III. Compete ao Conselho Estadual de Recursos Hídricos propor aos Comitês de Bacia Hidrográfica os valores a serem cobrados pelo uso de recursos hídricos, bem como o plano de aplicação dos recursos arrecadados com a cobrança pelo uso de recursos hídricos.

IV. O número de representantes do poder executivo nos órgãos colegiados do Sistema Nacional de Gerenciamento de Recursos Hídricos não poderá exceder à metade do total dos seus membros.

Assinale a alternativa CORRETA:

A) Os itens I e IV estão corretos.

B) Os itens II e III estão incorretos.

C) Os itens III e IV estão incorretos.

D) Todos os itens estão corretos.

Comentários

I. CORRETO. Nos termos da Lei nº 9.433/1997, art. 43: "A criação de uma Agência de Água é condicionada ao atendimento dos seguintes requisitos: I – prévia existência do respectivo ou respectivos Comitês de Bacia Hidrográfica;"

II. CORRETO. O art. 7º da Lei Nº 9.433/1997, os Planos de Recursos Hídricos são planos de longo prazo, com horizonte de planejamento compatível com o período de implantação de seus programas e projetos e terão o seguinte conteúdo mínimo: X – propostas para a criação de áreas sujeitas a restrição de uso, com vistas à proteção dos recursos hídricos.

III. INCORRETO. Conforme artigo 44, inciso XI da Lei nº 9.433/1997, Art. 44. Compete às Agências de Água, no âmbito de sua área de atuação: XI – propor ao respectivo ou respectivos Comitês de Bacia Hidrográfica b) os valores a serem cobrados pelo uso de recursos hídricos; c) o plano de aplicação dos recursos arrecadados com a cobrança pelo uso de recursos hídricos;

IV. INCORRETO. Nos termos do artigo 34 da Lei nº 9.433/1997: O Conselho Nacional de Recursos Hídricos é composto por: I – representantes dos Ministérios e Secretarias da Presidência da República com atuação no gerenciamento ou no uso de recursos hídricos; II – representantes indicados pelos Conselhos Estaduais de Recursos Hídricos; III – representantes dos usuários dos recursos hídricos; IV – representantes das organizações civis de recursos hídricos. Parágrafo único. O número de representantes do Poder Executivo Federal não poderá exceder à metade mais um do total dos membros do Conselho Nacional de Recursos Hídricos.

Resposta: Letra C

MPMG 2010 (Concurso L). *Questão 78. Direito Ambiental / Avaliação de Impacto Ambiental / Estudo de Impacto Ambiental (EIA) / Relatório de Estudo de Impacto Ambiental (RIMA) / Instrumentos da Política Nacional do Meio Ambiente / Lei nº 6.938/81 / Resolução CONAMA nº 237/97 / Resolução CONAMA nº 1/86 / Resolução CNMP nº 23/07 / Legislação.*

Em relação à ordem jurídica de proteção do meio ambiente, avalie as seguintes assertivas.

I. Nem toda atividade econômica capaz de interferir no meio ambiente sujeita-se ao licenciamento ambiental.

II. A avaliação de impacto ambiental nem sempre é realizada por meio de Estudo de Impacto Ambiental (EIA).

III. Os Municípios são competentes para exigir a realização de Estudo de Impacto Ambiental (EIA), mas não podem aprová-lo.

IV. O Ministério Público tem atribuição para expedir recomendação à Administração Pública para que ela elabore Estudo de Impacto Ambiental (EIA), podendo fundamentar-se em juízos de legalidade, de conveniência e oportunidade.

Pode-se concluir que estão CORRETAS

A) apenas as assertivas I e II.

B) apenas as assertivas I, II e III.

C) apenas as assertivas III e IV.

D) todas as assertivas.

Comentários

(I): Correta – Licenciamento ambiental é o procedimento administrativo pelo qual o órgão ambiental competente licencia a localização, instalação, ampliação e a operação de empreendimentos e atividades utilizadoras de recursos ambientais, consideradas efetiva ou potencialmente poluidoras, ou daquelas que, sob qualquer forma, possam causar degradação ambiental, considerando as disposições legais e regulamentares e as normas técnicas aplicáveis ao caso (Resolução CONAMA nº 237/97). Dessa forma, não serão todas as atividades econômicas capazes de interferir no meio ambiente que se sujeitam ao licenciamento ambiental.

(II): Correta – O EIA não é o único instrumento para avaliação de impacto ambiental – Artigo 9º da Lei nº 6.938/81 (Lei da Política Nacional do Meio Ambiente).

(III): Correta – Artigo 2º da Resolução CONAMA nº 1/86.

(IV): Correta – Artigo 15, *caput* e parágrafo único, da Resolução CNMP nº 23/07: "O Ministério Público, nos autos do inquérito civil ou do procedimento preparatório, poderá expedir recomendações devidamente fundamentadas, visando à melhoria dos serviços públicos e de relevância pública, bem como aos demais interesses, direitos e bens cuja defesa lhe caiba promover. Parágrafo único. É vedada a expedição de recomendação como medida substitutiva ao compromisso de ajustamento de conduta ou à ação civil pública.".

Resposta: Letra D

***MPMG – 2011 (Concurso LI)**. Questão 80. Direitos Difusos / Lei 6938.81 / Legislação.*

A Lei nº 6.938/81 dispôs sobre a Política Nacional do Meio Ambiente, seus fins e mecanismos de formulação e aplicação. Dentre as questões normativas inseridas, tem-se:

I. O IBAMA é órgão executor, com a finalidade de executar e fazer executar, como órgão federal, a política e diretrizes governamentais fixadas para o meio ambiente.

II. Compete ao CONAMA determinar, quando julgar necessário, a realização de estudos das alternativas e das possíveis consequências ambientais de projetos públicos ou privados, requisitando aos órgãos federais, estaduais e municipais, bem assim a entidades privadas, as informações indispensáveis para apreciação dos estudos de impacto ambiental, e respectivos relatórios, no caso de obras ou atividades de significativa degradação ambiental, especialmente nas áreas consideradas patrimônio nacional.

III. Mediante anuência do órgão ambiental competente, o proprietário rural pode instituir servidão ambiental, pela qual voluntariamente renúncia, em caráter permanente ou temporário, total ou parcialmente, a direito de uso, exploração ou supressão de recursos naturais existentes na propriedade. A servidão ambiental aplica-se às áreas de preservação permanente e de reserva legal.

IV. São alguns dos instrumentos da Política Nacional do Meio Ambiente: o estabelecimento de padrões de qualidade ambiental; o zoneamento ambiental; a avaliação de impactos ambientais; o licenciamento e a revisão de atividades efetiva ou potencialmente poluidoras; os incentivos à produção e instalação de equipamentos e a criação ou absorção de tecnologia, voltados para a melhoria da qualidade ambiental; a criação de espaços territoriais especialmente protegidos pelo Poder Público federal, estadual e municipal, tais como áreas de proteção ambiental, de relevante interesse ecológico e reservas extrativistas; o sistema nacional de informações sobre o meio ambiente; o Cadastro Técnico Federal de Atividades e Instrumentos de Defesa Ambiental.

Está INCORRETA a afirmação:

A) I.

B) II.

C) III.

D) IV.

Comentários

a) Correta. Art. 6º, IV, Lei 6938/81. "IV – órgãos executores: o Instituto Brasileiro do Meio Ambiente e dos Recursos Naturais Renováveis – IBAMA e o Instituto Chico Mendes de Conservação da Biodiversidade – Instituto Chico Mendes, com a finalidade de executar e fazer executar a política e as diretrizes governamentais fixadas para o meio ambiente, de acordo com as respectivas competências"

b) Correta. Art. 8º, II, Lei 6938/81. "Art. 8º Compete ao CONAMA: II - determinar, quando julgar necessário, a realização de estudos das alternativas e das possíveis conseqüências ambientais de projetos públicos ou privados, requisitando aos órgãos federais, estaduais e municipais, bem assim a entidades privadas, as informações indispensáveis para apreciação dos estudos de impacto ambiental, e respectivos relatórios, no caso de obras ou atividades de significativa degradação ambiental, especialmente nas áreas consideradas patrimônio nacional."

c) Incorreta. Art. 9º, § 2º, Lei 6938/81. "§ 2º A servidão ambiental não se aplica às Áreas de Preservação Permanente e à Reserva Legal mínima exigida."

d) Correta. Art. 9º, I a VIII, Lei 6938/81. "Art. 9º - São Instrumentos da Política Nacional do Meio Ambiente: I - o estabelecimento de padrões de qualidade ambiental; II - o zoneamento ambiental; (Regulamento) III - a avaliação de impactos ambientais; IV - o licenciamento e a revisão de atividades efetiva ou potencialmente poluidoras; V - os incentivos à produção e instalação de equipamentos e a criação ou absorção de tecnologia, voltados para a melhoria da qualidade ambiental; VI - a criação de espaços territoriais especialmente protegidos pelo Poder Público federal, estadual e municipal, tais como áreas de proteção ambiental, de relevante interesse ecológico e reservas extrativistas; (Redação dada pela Lei nº 7.804, de 1989) VII - o sistema nacional de informações sobre o meio ambiente; VIII - o Cadastro Técnico Federal de Atividades e Instrumento de Defesa Ambiental;"

Resposta certa: C

MPMG - 2011 (Concurso LI)*. Questão 65. Direitos Difusos / Direito Ambiental / Código Florestal / Lei 9605.98 / Legislação.*

O meio ambiente ecologicamente equilibrado é considerado bem de uso comum do povo e essencial à sadia qualidade de vida. A Constituição Federal impõe ao Poder Público e à coletividade o dever de defendê-lo e preservá-lo para as presentes e futuras gerações. Tradicionalmente inserido entre os direitos chamados de terceira geração, por seu senso coletivo ou de solidariedade, o direito a um meio ambiente preservado já é considerado, por respeitáveis vozes na doutrina, como também de quarta geração, por atender não apenas às necessidades atuais, mas também as das gerações vindouras. Nesse contexto, o Código Florestal brasileiro (Lei nº 4.771/65) estabelece limitações administrativas da exploração plena das propriedades rurais, a saber: áreas de preservação permanente e áreas de reserva legal nos imóveis rurais. A respeito das áreas de preservação permanente, pode-se afirmar:

I. Pode haver supressão de vegetação em área de preservação permanente.

II. O adquirente de imóvel rural que possua área de preservação permanente degradada pelo proprietário ou possuidor anterior é responsável pelos danos, mesmo sem ter dado causa a eles, respondendo o alienante de forma subsidiária.

III. Ao demarcar a reserva legal em seu imóvel rural, pode o proprietário utilizar área situada ao longo de rio cuja largura é de dez metros desde o seu nível mais alto em faixa marginal, desde que respeite a distância mínima de trinta metros.

IV. Cortar árvores em florestas de preservação permanente, sem permissão da autoridade competente, é contravenção penal punível com detenção de três meses a um ano, ou multa de uma a cem vezes o salário mínimo mensal, ou ambas as penas cumulativamente.

V. Na implantação de reservatório artificial, é obrigatória a desapropriação ou aquisição, pelo empreendedor, das áreas de preservação permanente criadas no seu entorno, cujos parâmetros e regime de uso serão definidos por resolução do CONAMA.

Apenas estão CORRETAS as assertivas:

A) II e III.

B) I e V.

C) II e IV.

D) I e III.

Comentários

Atenção: o Código Florestal vigente é a Lei 12.651/12.

I) Correta. Art. 3º, § 1º, Lei 4.771/65 e art. 8º Lei 12.651/12. "Art. 8º A intervenção ou a supressão de vegetação nativa em Área de Preservação Permanente somente ocorrerá nas hipóteses de utilidade pública, de interesse social ou de baixo impacto ambiental previstas nesta Lei."

II) Incorreta. O alienante responde de forma solidária. REsp 1644195 / SC "2. Corretamente, o Tribunal de origem afirma que a jurisprudência do STJ primeiro reconhece a imprescritibilidade da pretensão reparatória de dano ao meio ambiente, e, segundo, atribui, sob o influxo da teoria do risco integral, natureza objetiva, **solidária** e ***propter rem*** à **responsabilidade** civil ambiental, considerando irrelevante, portanto, qualquer indagação acerca de caso fortuito ou força maior, assim como sobre a boa ou a má-fé do titular atual do bem imóvel ou móvel em que recaiu a degradação." Ele é o causador do dano, portanto, não deixa de ser responsável pelos seus atos, assim, não há a subsidiariedade que a alternativa incluiu.

III) Incorreta. A assertiva diz que é possível demarcar área de reserva legal em uma situada ao longo de um rio que tem largura de 10 metros, desde que seja respeitada uma distância mínima de 30 metros. Nesse local, conforme art. 4º, I, "b", Lei 12.651/12, a APP é de 50 (cinquenta) metros. Não se trata de APP de 30 metros, pois a alínea "a" limite aos rios com largura de menos de 10 metros. Logo, não é possível demarcar a reserva legal dentro dessa área que é APP.

IV) Incorreta. Art. 39, Lei 9.605/98. Trata-se de crime, não mera contravenção penal.

V) Correta. Art. 4°, § 6°, Lei 4.771/65 e art. 5°, Lei 12.651/12. "§ 6° Na implantação de reservatório artificial é obrigatória a desapropriação ou aquisição, pelo empreendedor, das áreas de preservação permanente criadas no seu entorno, cujos parâmetros e regime de uso serão definidos por resolução do CONAMA."

Resposta certa: B

***MPMG - 2011 (Concurso LI)**. Questão 66. Direitos Difusos / Direito Ambiental / Código Florestal / Legislação.*

As áreas de reserva legal são limitações impostas imperativamente pelo poder de polícia do Estado, com fundamento no princípio da supremacia do interesse público, não cabendo ao particular nenhuma medida, administrativa ou judicial, visando impedir sua incidência, salvo quando a Administração aja com abuso de poder, extravasando os limites legais. A respeito delas, é CORRETO afirmar:

I. A vegetação da reserva legal não pode ser suprimida.

II. Uma das medidas que, alternativamente, poderá adotar o proprietário ou possuidor de imóvel rural com área de floresta nativa, natural, primitiva ou regenerada ou outra forma de vegetação nativa em extensão inferior ao mínimo estabelecido pelo Código Florestal, é a compensação da reserva legal por outra área equivalente em importância ecológica e extensão, desde que pertença ao mesmo ecossistema e esteja localizada no mesmo Estado em que se situe a propriedade.

III. Uma das medidas que, alternativamente, poderá adotar o proprietário ou possuidor de imóvel rural com área de floresta nativa, natural, primitiva ou regenerada ou outra forma de vegetação nativa em extensão inferior ao mínimo estabelecido pelo Código Florestal, é o plantio, a cada três anos, de no mínimo 1/10 da área total necessária à sua complementação, com espécies nativas, de acordo com critérios estabelecidos pelo órgão ambiental estadual competente.

IV. Não será admitido o cômputo das áreas relativas à vegetação nativa existente em área de preservação permanente no cálculo do percentual de reserva legal.

V. Para cumprimento da manutenção ou compensação da área de reserva legal em pequena propriedade ou posse rural familiar, podem ser computados os plantios de árvores frutíferas ornamentais ou industriais, compostos por espécies exóticas, cultivadas em sistema intercalar ou em consórcio com espécies nativas.

Somente estão CORRETAS as opções:

A) I, II e III.

B) II, III e IV.

C) I, III e V.

D) I, IV e V.

Comentários

Comentários (desatualizada) Ver, principalmente, art. 66, Lei 12.651/12

Atenção: o Código Florestal vigente é a Lei 12.651/12.

I) Correta. Art. 16, § 2º, Lei 4.771/65 e art. 17, Lei 12.651/12. Atualmente admite-se a exploração mediante manejo sustentável, assim é de se considerar que há erro na atualidade. "§ 1º Admite-se a exploração econômica da Reserva Legal mediante manejo sustentável, previamente aprovado pelo órgão competente do Sisnama, de acordo com as modalidades previstas no art. 20."

II) Incorreta. Art. 44, III, Lei 4.771/65. Mesma microbacia, não necessariamente no mesmo Estado. Art. 66, Lei 12.651/12. "§ 7º A definição de áreas prioritárias de que trata o § 6º buscará favorecer, entre outros, a recuperação de bacias hidrográficas excessivamente desmatadas, a criação de corredores ecológicos, a conservação de grandes áreas protegidas e a conservação ou recuperação de ecossistemas ou espécies ameaçados."

III) Correta. Art. 44, I, Lei 4.771/65. Art. 66, Lei 12.651/12. "§ 2º A recomposição de que trata o inciso I do *caput* deverá atender os critérios estipulados pelo órgão competente do Sisnama e ser concluída em até 20 (vinte) anos, abrangendo, a cada 2 (dois) anos, no mínimo 1/10 (um décimo) da área total necessária à sua complementação."

IV) Incorreta. Art. 16, § 6º, Lei 4.771/65. Art. 15, Lei 12.651/12. "Art. 15. Será admitido o cômputo das Áreas de Preservação Permanente no cálculo do percentual da Reserva Legal do imóvel, desde que:"

V) Correta. Art. 16, § 3º, Lei 4.771/65. Art. 66, Lei 12.651/12. Não há artigo correspondente no atual Código Florestal.

Resposta certa: C

MPMG – 2011 (Concurso LI)*. Questão 68. Direito Agrário / Constituição Federal / Função Social / Legislação.*

A Reforma Agrária visa a estabelecer um sistema de relações entre o homem, a propriedade rural e o uso da terra, capaz de promover a justiça social, o progresso e o bem-estar do trabalhador rural e o desenvolvimento econômico do país. Nesse contexto, a função social da propriedade pode ser entendida como um limite encontrado pelo legislador para delinear a propriedade, em obediência ao princípio da prevalência do interesse público sobre o interesse particular. A função social é cumprida quando a propriedade rural atende, simultaneamente, segundo critérios e graus de exigência estabelecidos em lei, aos seguintes requisitos, EXCETO:

I. exploração que favoreça o bem-estar dos proprietários.

II. utilização econômica dos recursos naturais disponíveis e preservação do meio ambiente.

III. observância das disposições que regulam as relações de trabalho.

IV. elevada produtividade.

Marque a opção CORRETA.

A) I está correta.

B) II e III estão corretas.

C) I e IV estão corretas.

D) IV está correta.

Comentários

Art. 186. A função social é cumprida quando a propriedade rural atende, simultaneamente, segundo critérios e graus de exigência estabelecidos em lei, aos seguintes requisitos: I - aproveitamento racional e adequado; II - utilização adequada dos recursos naturais disponíveis e preservação do meio ambiente; III - observância das disposições que regulam as relações de trabalho; IV - exploração que favoreça o bem-estar dos proprietários e dos trabalhadores.

I) Correta. Artigo 186, IV, CF/88.

II) Correta. Artigo 186 II, CF/88.

III) Correta. Artigo 186, III, CF/88.

IV) Incorreta. Artigo 186, I, CF/88. Aproveitamento deve ser racional e adequado.

Resposta certa: D

MPMG - 2011 (Concurso LI). Questão 69. Direito Agrário / Estatuto da Terra / Desapropriação /Legislação.

As desapropriações a serem realizadas pelo Poder Público, nas áreas prioritárias, recairão sobre

Marque a alternativa ***INCORRETA.***

A) os minifúndios e latifúndios.

B) as áreas já beneficiadas ou a serem por obras públicas de vulto.

C) as áreas destinadas a empreendimentos de colonização, quando estes não tiverem logrado atingir seus objetivos.

D) as áreas que apresentem reduzida incidência de arrendatários, parceiros e posseiros.

Comentários

a) Correta. Art. 20, I, Lei 4.504/64. "Art. 20. As desapropriações a serem realizadas pelo Poder Público, nas áreas prioritárias, recairão sobre: I – os minifúndios e latifúndios;"

b) Correta. Art. 20, II, Lei 4.504/64. "II – as áreas já beneficiadas ou a serem por obras públicas de vulto;"

c) Correta. Art. 20, IV, Lei 4.504/64. " IV – as áreas destinadas a empreendimentos de colonização, quando estes não tiverem logrado atingir seus objetivos;"

d) Incorreta. Art. 20, V, Lei 4.504/64. Elevada incidência de arrendatários, parceiros e posseiros.

Art. 20. As desapropriações a serem realizadas pelo Poder Público, nas áreas prioritárias, recairão sobre: I – os minifúndios e latifúndios; II – as áreas já beneficiadas ou a serem por obras públicas de vulto; III – as áreas cujos proprietários desenvolverem atividades predatórias, recusando-se a pôr em prática normas de conservação dos recursos naturais; IV – as áreas destinadas a empreendimentos de colonização, quando estes não tiverem logrado atingir seus objetivos; V – as áreas que apresentem **elevada** incidência de arrendatários, parceiros e posseiros; VI – as terras cujo uso atual, estudos levados a efeito pelo Instituto Brasileiro de Reforma Agrária comprovem não ser o adequado à sua vocação de uso econômico.

Resposta certa: D

***MPMG – 2012 (LII Concurso)** Questão 62 Direito Ambiental – Lei 12.305/2010 – Legislação.*

A Lei Federal nº 12.305/2010 tem expressiva importância no contexto ambiental brasileiro. Neste sentido, é INCORRETO manifestar:

A) *os padrões sustentáveis de produção e consumo são exigíveis considerando a produção e consumo de bens e serviços de forma a atender as necessidades das atuais gerações e permitir melhores condições de vida, sem comprometer a qualidade ambiental e o atendimento das necessidades das gerações futuras.*

B) *os materiais, substâncias, objetos e bens descartados resultantes de atividades humanas em sociedade, a cuja destinação final se procede, propõe-se proceder ou se está obrigado a proceder, nos estados sólido ou semissólido, bem como gases contidos em recipientes e líquidos cujas particularidades tornem inviável o seu lançamento na rede pública de esgotos ou em corpos d'água, ou exijam para isso soluções técnicas ou economicamente inviáveis em face da melhor tecnologia disponível, gozam de proteção jurídica difusa já que reconhecidos como de valor social.*

C) *o gerenciamento de resíduos sólidos consiste no conjunto de ações voltadas para a busca de soluções para esses resíduos, de forma a considerar as dimensões política, econômica, ambiental, cultural e social, com controle social e sob a premissa do desenvolvimento sustentável.*

D) *a destinação final ambientalmente adequada consiste na reutilização, na reciclagem, na compostagem, na recuperação e no aproveitamento energético de resíduos ou outras destinações admitidas pelos órgãos competentes do SISNAMA, do SNVS e do SUASA, observando normas operacionais específicas de modo a evitar danos ou riscos à saúde pública e à segurança e a minimizar os impactos ambientais adversos.*

Comentários

A) Correto. Artigo 3º, XIII, da Lei 12.305/2010. Para os efeitos desta Lei, entende-se por: [...] XIII - padrões sustentáveis de produção e consumo: produção e consumo de bens e serviços de forma a atender as necessidades das atuais gerações e permitir melhores condições de vida, sem comprometer a qualidade ambiental e o atendimento das necessidades das gerações futuras;

B) Correto. Artigo 3º, XVI, da Lei 12.305/2010. Para os efeitos desta Lei, entende-se por: [...] XVI - padrões sustentáveis de produção e consumo: resíduos sólidos: material, substância, objeto ou bem descartado resultante de atividades humanas em sociedade, a cuja destinação final se procede, se propõe proceder ou se está obrigado a proceder, nos estados sólido ou semissólido, bem como gases contidos em recipientes e líquidos cujas particularidades tornem inviável o seu lançamento na rede pública de esgotos ou em corpos d'água, ou exijam para isso soluções técnica ou economicamente inviáveis em face da melhor tecnologia disponível;

C) Incorreto. Artigo 3º, X, da Lei 12.305/2010 – gerenciamento de resíduos sólidos: conjunto de ações exercidas, direta ou indiretamente, nas etapas de coleta, transporte, transbordo, tratamento e destinação final ambientalmente adequada dos resíduos sólidos e disposição final ambientalmente adequada dos rejeitos, de acordo com plano municipal de gestão integrada de resíduos sólidos ou com plano de gerenciamento de resíduos sólidos, exigidos na forma desta Lei. O disposto na assertiva refere-se à gestão integrada de resíduos sólidos, disciplinada no inciso IX, do artigo 3º, da Lei 12.305/2010.

D) Correto. Artigo 3º, VII, da Lei 12.305/2010. Para os efeitos desta Lei, entende-se por: [...] VII - destinação final ambientalmente adequada: destinação de resíduos que inclui a reutilização, a reciclagem, a compostagem, a recuperação e o aproveitamento energético ou outras destinações admitidas pelos órgãos competentes do Sisnama, do SNVS e do Suasa, entre elas a disposição final, observando normas operacionais específicas de modo a evitar danos ou riscos à saúde pública e à segurança e a minimizar os impactos ambientais adversos.

Resposta: letra C.

MPMG – 2012 (LII Concurso) *Questão 63 Direito Ambiental – Lei 6.938/1981 e Resolução 01/1986 – Legislação.*

Grandes construções, empreendimentos urbanos engajados, projetos habitacionais, contingenciamento de área urbana para distrito industrial, entre outras situações, revelam potencial desequilíbrio ao meio ambiente e transferem, na prática, o risco do empreendedor à população. A legislação nacional preventivamente exige em tais iniciativas o estudo de impacto ambiental. Considerando os requisitos do EIA para projetos que afetam o meio ambiente, é INCORRETO concluir:

A) *dentre os requisitos de conteúdo, devem ser observadas: as alternativas tecnológicas e de implantação do projeto; os impactos ambientais gerados na fase de implantação e de operação; a área geográfica a ser diretamente atingida; os programas e planos governamentais; bem como os impactos sociais e humanos, esclarecendo que esses últimos, muito embora não elencados na Resolução nº 1/86 do CONAMA, devem ser abordados, considerando interpretação sistemática abrangente da Constituição Federal e da Lei federal nº 6.938/81.*

B) *dentre os requisitos técnicos o EIA, deverá: desenvolver, no mínimo, as alternativas relativas ao diagnóstico da área de influência do empreendimento com completa descrição e análise dos recursos ambientais e suas interações caracterizando a situação ambiental da área; proceder às análises e alternativas do impacto a ser produzido pelo projeto, considerando aspectos positivos e negativos, a médio e longo prazo; expressar preceitos relativos à equipe técnica, às despesas do estudo, à independência e responsabilidade da equipe técnica e o relatório de impacto ambiental.*

C) *o diagnóstico da área de influência deverá observar: o meio físico (subsolo, as águas, o ar e o clima); o meio biológico e os ecossistemas naturais (fauna, flora, espécies indicadoras de qualidade ambiental); e o meio socioeconômico (uso e ocupação do solo, os usos da água e a socioeconomia).*

D) *A audiência pública faz parte do processo instrutório para pleno conhecimento da comunidade interessada quanto ao EIA e ao RIMA, com previsão expressa na Resolução do CONAMA nº 9/87, Lei Federal nº 9.784/99 (processo administrativo) e Lei Federal nº 11.105/05 (Biossegurança).*

Comentários

A) Correto, conforme normatização citada.

B) Incorreto. Últimos requisitos contidos na assertiva não constam no artigo 6º da Resolução 01/1986 do CONAMA.

C) Correto. Artigo 6º, inciso I, alíneas "a", "b" e "c", da Resolução 01/1986 do CONAMA.

D) Correto. A realização de Audiências Públicas está disciplinada na resolução nº09/1987 do CONAMA, nos artigos 32 e 34, da Lei 9.784/1999 e no artigo 15 da Lei de Biossegurança.

Resposta: letra B.

MPMG - 2012 (LII Concurso) *Questão 64 - Lei de Biossegurança - Legislação.*

Em 1953, Watson e Crick descobriram a hélice dupla do ácido desoxirribonucléico, o que possibilitou a incorporação no genoma de uma espécie de genes de outra espécie, sem o concurso da reprodução sexual, originando os organismos denominados transgênicos, o que mais tarde redundou em regramento normativo no Brasil. Nesse viés, é INCORRETO asseverar:

A) *desde que não impliquem a utilização de OGM como receptor ou doador, não haverá incidência da Lei Federal nº 11.105/05 quando a modificação genética for obtida por meio das técnicas de: mutagênese; formação e utilização de células somáticas de hibridoma animal; fusão nuclear (inclusive a de protoplasma) de células vegetais, que possa ser produzida mediante métodos tradicionais de cultivo; e autoclonagem de organismos não-patogênicos que se processe de maneira natural.*

B) *é da competência da Comissão Interna de Biossegurança, no âmbito da instituição onde foi constituída: manter informados os trabalhadores e demais membros da coletividade, quando suscetíveis de serem afetados pela atividade, sobre as questões relacionadas com a saúde e a segurança, bem como sobre os procedimentos em caso de acidentes; estabelecer programas preventivos e de inspeção para garantir o funcionamento das instalações sob sua responsabilidade, dentro dos padrões e normas de biossegurança, definidos pela CTNBio; encaminhar à CTNBio os documentos secundariamente exigidos, para efeito de análise, registro ou autorização do órgão competente; manter registro do acompanhamento individual de cada atividade ou projeto em desenvolvimento que envolvam OGM ou seus derivados; notificar à CTNBio, aos órgãos e entidades de registro e fiscalização e às entidades de trabalhadores o resultado de avaliações de risco a que estão submetidas as pessoas expostas, bem como qualquer acidente ou incidente que possa provocar a disseminação de agente biológico; investigar a ocorrência de acidentes e as enfermidades possivelmente relacionados à OGM e seus derivados e notificar suas conclusões e providências à CTNBio.*

C) *a autorização normativa para pesquisa e manipulação genética tem assento no art. 225, § 1º, inciso II da Constituição Federal, no entanto, mediante fiscalização do Poder Público para assegurar a efetividade do direito ao meio ambiente ecologicamente equllibrado, sendo certo que o princípio da prevenção – já que ausente certeza absoluta científica de ameaça de danos – ganha destacada utilização.*

D) *referente à manipulação e pesquisa do OGM, são vedadas as seguintes condutas: implementação de projeto relativo à OGM sem a manutenção de registro de seu acompanhamento individual; engenharia genética em organismo vivo ou o manejo in vitro de ADN/ARN natural ou recombinante, realizado em desacordo com as normas previstas; engenharia genética em célula germinal humana, zigoto humano e embrião humano; clonagem humana; destruição ou descarte no meio ambiente de OGM e seus derivados em desacordo com as normas estabelecidas pela CTNBio, pelos órgãos e entidades de registro e fiscalização; liberação no meio ambiente de OGM ou seus derivados, no âmbito de atividades de pesquisa, sem a decisão técnica favorável da CTNBio e, nos casos de liberação comercial, sem o parecer técnico favorável da CTNBio, ou sem o licenciamento do órgão ou entidade ambiental responsável, quando a CTNBio considerar a atividade como potencialmente causadora de degradação ambiental, ou sem a aprovação do Conselho Nacional de Biossegurança – CNBS, quando o processo tenha sido por ele avocado; a utilização, a comercialização, o registro, o patenteamento e o licenciamento de tecnologias genéticas de restrição do uso.*

Comentários

A) Correto, Artigo 4º, incisos I a IV, da Lei 11.105/2005. Art. 4º Esta Lei não se aplica quando a modificação genética for obtida por meio das seguintes técnicas, desde que não impliquem a utilização de OGM como receptor ou doador: I – mutagênese; II – formação e utilização de células somáticas de hibridoma animal; III – fusão celular, inclusive a de protoplasma, de células vegetais, que possa ser produzida mediante métodos tradicionais de cultivo; IV – autoclonagem de organismos não-patogênicos que se processe de maneira natural.

B) Correto. Artigo 18, incisos I a VI, da Lei 11.105/2005. Art. 18. Compete à CIBio, no âmbito da instituição onde constituída: I – manter informados os trabalhadores e demais membros da coletividade, quando suscetíveis de serem afetados pela atividade, sobre as questões relacionadas com a saúde e a segurança, bem como sobre os procedimentos em caso de acidentes; II – estabelecer programas preventivos e de inspeção para garantir o funcionamento das instalações sob sua responsabilidade, dentro dos padrões e normas de biossegurança, definidos pela CTNBio na regulamentação desta Lei; III – encaminhar à CTNBio os documentos cuja relação será estabelecida na regulamentação desta Lei, para efeito de análise, registro ou autorização do órgão competente, quando couber; IV – manter registro do acompanhamento individual de cada atividade ou projeto em desenvolvimento que envolvam OGM ou seus derivados; V - notificar à CTNBio, aos órgãos e entidades de registro e fiscalização, referidos no art. 16 desta Lei, e às entidades de trabalhadores o resultado de avaliações de risco a que estão submetidas as pessoas expostas, bem como qualquer acidente ou incidente que possa provocar a disseminação de agente biológico; VI - investigar a ocorrência de acidentes e as enfermidades possivelmente relacionados a OGM e seus derivados e notificar suas conclusões e providências à CTNBio.

C) Incorreto. Conforme o artigo 1° da Lei 11.105/2005, deve-se observar o princípio da precaução.

D) Correto. Artigo 6°, incisos I a VII, da Lei 11.105/2005. Art. 18. Compete à CIBio, no âmbito da instituição onde constituída: I - manter informados os trabalhadores e demais membros da coletividade, quando suscetíveis de serem afetados pela atividade, sobre as questões relacionadas com a saúde e a segurança, bem como sobre os procedimentos em caso de acidentes; II - estabelecer programas preventivos e de inspeção para garantir o funcionamento das instalações sob sua responsabilidade, dentro dos padrões e normas de biossegurança, definidos pela CTNBio na regulamentação desta Lei; III - encaminhar à CTNBio os documentos cuja relação será estabelecida na regulamentação desta Lei, para efeito de análise, registro ou autorização do órgão competente, quando couber; IV - manter registro do acompanhamento individual de cada atividade ou projeto em desenvolvimento que envolvam OGM ou seus derivados; V - notificar à CTNBio, aos órgãos e entidades de registro e fiscalização, referidos no art. 16 desta Lei, e às entidades de trabalhadores o resultado de avaliações de risco a que estão submetidas as pessoas expostas, bem como qualquer acidente ou incidente que possa provocar a disseminação de agente biológico; VI - investigar a ocorrência de acidentes e as enfermidades possivelmente relacionados a OGM e seus derivados e notificar suas conclusões e providências à CTNBio.

Resposta: letra C.

MPMG – 2013 (CONCURSO LIII) *Questão 63. Direito Material Coletivo. Direito Ambiental/ Princípio da Precaução/Doutrina.*

Assinale a alternativa ***INCORRETA*** *quanto ao princípio da precaução de larga utilização no Direito Ambiental e de Consumo:*

A) Apresenta como requisitos a probabilidade (de que condutas humanas possam causar danos coletivos) e a incerteza científica; portanto serve para enfrentar a crescente subordinação da pesquisa científica aos interesses das corporações conformando a ciência à objetividade, neutralidade e autonomia.

B) *Constatada a existência do risco, cabe realizar uma simbiose ainda desconhecida, não explorada atualmente, entre as ciências naturais e as ciências humanas, entre a racionalidade da vida cotidiana e racionalidade dos peritos, entre o interesse e a realidade.*

C) *Na operabilidade do princípio da precaução, exige-se a conjunção de demais princípios como a proporcionalidade e não-discriminação, sem a necessidade de alcançar risco zero, pois se trata de gestão de riscos.*

D) *Os elementos psicossociais do princípio da precaução são: incerteza, ignorância e medo.*

Comentários

A **alternativa A está incorreta** pois de acordo com o princípio da precaução, diante da ameaça de danos sérios ou irreversíveis, a ausência de absoluta certeza científica não deve ser utilizada como razão para postergar medidas eficazes e economicamente viáveis, mas para precaver a degradação ambiental. Assim, a ação para eliminar possíveis impactos danosos ao meio ambiente deve ser tomada antes de um nexo causal ter sido estabelecido com evidência científica absoluta. É a defesa contra o perigo ambiental iminente; afastando ou diminuído o risco para o ambiente. Está diretamente relacionado à incerteza e à abstração, portanto, do intérprete, em especial quando envolver o mecanismo de ponderação, assentado no possível sopesamento de situações colidentes. Esse princípio não visa impedir ou inviabilizar o desenvolvimento técnico-científico. Pelo contrário, seu objetivo é que os industriais, fabricantes sejam mais zelosos na fabricação de seus produtos, preocupando-se com a existência de riscos de ocorrência de danos à saúde e à segurança do meio ambiente e dos consumidores em geral. Ou seja, a finalidade do princípio não é tornar a ciência objetiva, neutra e autônoma, mas sim que ela se desenvolva de forma responsável.

Resposta: Letra A

MPMG – 2013 (CONCURSO LIII) *Questão 75. Direito Material Coletivo. Direito Ambiental. Lei de Biossegurança/ Legislação.*

*É **INCORRETO** afirmar-se que:*

A) *Encontra-se entre as competências da Comissão Técnica Nacional de Biossegurança-CTNBio, instância colegiada multidisciplinar de caráter consultivo e deliberativo que integra o Ministério da Ciência e da Tecnologia, estabelecer normas para as pesquisas, atividades e projetos relacionados com organismos geneticamente modificados e seus derivados, e estabelecer, no âmbito de suas competências, critérios de avaliação e monitoramento de risco de organismos geneticamente modificados e seus derivados.*

B) *Constitui crime, punível com reclusão de dois a cinco anos e multa, realizar clonagem humana, conforme o artigo 26 da Lei Federal 11.105/2005, que dispõe sobre a Política Nacional de Biossegurança.*

C) *Toda instituição que utilizar técnicas e métodos de engenharia genética ou realizar pesquisas com organismos geneticamente modificados e seus derivados deverá criar uma Comissão Interna de Biossegurança-CIBio, além de indicar um técnico principal responsável para cada projeto específico.*

D) *É permitida, para fins de pesquisa e terapia, a utilização de células-tronco embrionárias obtidas de embriões humanos viáveis produzidos por fertilização in vitro e não utilizados no respectivo procedimento, desde que estejam congelados há menos de três anos e haja consentimento dos genitores.*

Comentários

A) Correta. Artigo 10 e 14, inciso I, II e III, da Lei 11.105/05.

Art. 10. A CTNBio, integrante do Ministério da Ciência e Tecnologia, é instância colegiada multidisciplinar de caráter consultivo e deliberativo, para prestar apoio técnico e de assessoramento ao Governo Federal na formulação, atualização e implementação da PNB de OGM e seus derivados, bem como no estabelecimento de normas técnicas de segurança e de pareceres técnicos referentes à autorização para atividades que envolvam pesquisa e uso comercial de OGM e seus derivados, com base na avaliação de seu risco zoofitossanitário, à saúde humana e ao meio ambiente. Parágrafo único. A CTNBio deverá acompanhar o desenvolvimento e o progresso técnico e científico nas áreas de biossegurança, biotecnologia, bioética e afins, com o objetivo de aumentar sua capacitação para a proteção da saúde humana, dos animais e das plantas e do meio ambiente.

Art. 14. Compete à CTNBio: I - estabelecer normas para as pesquisas com OGM e derivados de OGM; II - estabelecer normas relativamente às atividades e aos projetos relacionados a OGM e seus derivados; III - estabelecer, no âmbito de suas competências, critérios de avaliação e monitoramento de risco de OGM e seus derivados;

B) Correta. Artigo 26 da Lei 11.105/05. Art. 26. Realizar clonagem humana: Pena - reclusão, de 2 (dois) a 5 (cinco) anos, e multa.

C) Correta. Artigo 17 da Lei 11.105/05. Toda instituição que utilizar técnicas e métodos de engenharia genética ou realizar pesquisas com OGM e seus derivados deverá criar uma Comissão Interna de Biossegurança - CIBio, além de indicar um técnico principal responsável para cada projeto específico.

D) Incorreta. Art. 5º É permitida, para fins de pesquisa e terapia, a utilização de células-tronco embrionárias obtidas de embriões humanos produzidos por fertilização in vitro e não utilizados no respectivo procedimento, atendidas as seguintes condições: I – sejam embriões inviáveis; ou II – sejam embriões congelados há 3 (três) anos ou mais, na data da publicação desta Lei, ou que, já congelados na data da publicação desta Lei, depois de completarem 3 (três) anos, contados a partir da data de congelamento.

Resposta: Letra D

MPMG – 2013 (CONCURSO LIII) *Questão 76. Direito Material Coletivo. Direito Ambiental/ Agrotóxicos/ Lei 7.802/89/ Legislação.*

Sobre os agrotóxicos, podemos afirmar o seguinte, ***EXCETO****:*

A) O usuário tem a obrigatoriedade de efetuar a devolução das embalagens vazias dos produtos aos estabelecimentos comerciais em que foram adquiridos, de acordo com as instruções previstas nas respectivas bulas, no prazo de um ano, contado da data da compra, ou prazo superior, se autorizado pelo órgão registrante. Pode a devolução ser intermediada por postos ou centros de recolhimento, desde que autorizados e fiscalizados pelo órgão competente. As empresas produtoras e comercializadoras dos produtos, seus componentes e afins, são responsáveis pela destinação das referidas embalagens após a devolução pelos usuários, com vistas à sua reutilização, reciclagem ou inutilização, obedecidas as normas e instruções dos órgãos registrantes e sanitário-ambientais competentes.

B) A venda de agrotóxicos e afins aos usuários somente poderá ser feita através de receituário próprio, prescrito por profissionais legalmente habilitados, salvo casos excepcionais que forem previstos na regulamentação da Lei Federal 7.802/89.

C) Quando organizações internacionais responsáveis pela saúde, alimentação ou meio ambiente, das quais o Brasil seja membro integrante ou signatário de acordos e convênios, alertarem para riscos ou desaconselharem o uso de agrotóxicos, seus componentes e afins, caberá à autoridade competente tomar imediatas providências, sob pena de responsabilidade.

D) O fracionamento e a reembalagem de agrotóxicos e afins com o objetivo de comercialização poderão ser efetuados pelo comerciante, desde que devidamente registrado no órgão competente e obedecidos condições e requisitos exigidos em regulamentação conjunta da Agência Nacional de Vigilância Sanitária (ANVISA) e Secretaria Nacional de Defesa Agropecuária, órgão do Ministério da Agricultura.

Comentários

A) Correta. Artigo 6º, § 2º e § 5º, da Lei 7.802/89. § 2º Os usuários de agrotóxicos, seus componentes e afins deverão efetuar a devolução das embalagens vazias dos produtos aos estabelecimentos comerciais em que foram adquiridos, de acordo com as instruções previstas nas respectivas bulas, no prazo de até um ano, contado da data de compra, ou prazo superior, se autorizado pelo órgão registrante, podendo a devolução ser intermediada por postos ou centros de recolhimento, desde que autorizados e fiscalizados pelo órgão competente. § 5º As empresas produtoras e comercializadoras de agrotóxicos, seus componentes e afins, são responsáveis pela destinação das embalagens vazias dos produtos por elas fabricados e comercializados, após a devolução pelos usuários, e pela dos produtos apreendidos pela ação fiscalizatória e dos impróprios para utilização ou em desuso, com vistas à sua reutilização, reciclagem ou inutilização, obedecidas as normas e instruções dos órgãos registrantes e sanitário-ambientais competentes.

B) Correta. Artigo 13 da Lei 7.802/89. A venda de agrotóxicos e afins aos usuários será feita através de receituário próprio, prescrito por profissionais legalmente habilitados, salvo casos excepcionais que forem previstos na regulamentação desta Lei.

C) Correta. Artigo 3º, § 4º, da Lei 7.802/89. Quando organizações internacionais responsáveis pela saúde, alimentação ou meio ambiente, das quais o Brasil seja membro integrante ou signatário de acordos e convênios, alertarem para riscos ou desaconselharem o uso de agrotóxicos, seus componentes e afins, caberá à autoridade competente tomar imediatas providências, sob pena de responsabilidade.

D) Incorreta. Artigo 6º, § 1º, da Lei 7.802/89: "O fracionamento e a reembalagem de agrotóxicos e afins com o objetivo de comercialização somente poderão ser realizados pela empresa produtora, ou por estabelecimento devidamente credenciado, sob responsabilidade daquela, em locais e condições previamente autorizados pelos órgãos competentes." (destacamos).

Resposta: Letra D

***MPMG – 2013 (CONCURSO LIII)** Questão 80. Direito Material Coletivo. Direito Ambiental. Código Florestal. Legislação.*

*Sobre o novo Código Florestal (Lei Federal 12.651/2012), é **INCORRETO** afirmar-se:*

A) Os empreendimentos de abastecimento público de água e tratamento de esgoto estão sujeitos à constituição de Reserva Legal.

B) O proprietário, possuidor ou ocupante a qualquer título de área de preservação permanente desmatada sem autorização anteriormente a 22 de julho de 2008, poderá obter novas autorizações de supressão sem a condição de prévia recomposição da área ilegalmente suprimida.

C) *Para a implementação de reservatório d'água artificial destinado à geração de energia ou abastecimento público, é obrigatória a aquisição, desapropriação ou instituição de servidão administrativa pelo empreendedor das Áreas de Preservação Permanente criadas em seu entorno, conforme estabelecido no licenciamento ambiental, observando-se a faixa mínima de 30 (trinta) metros e máxima de 100 (cem) metros em área rural, e a faixa mínima de 15 (quinze) metros e máxima de 30 (trinta) metros em área urbana.*

D) *É permitido o uso de fogo na vegetação em locais ou regiões cujas peculiaridades justifiquem o seu emprego em práticas agropastoris ou florestais, mediante prévia aprovação do órgão estadual ambiental competente do SISNAMA, para cada imóvel rural ou de forma regionalizada, que estabelecerá os critérios de monitoramento e controle.*

Comentários

A) Incorreta – O Código Florestal não exige a constituição de Reserva Legal para os empreendimentos de abastecimento público de água e tratamento de esgoto, conforme seu artigo 12, § 6º.

B) Correta – Conforme artigo 7º, § 3º, do Código Florestal, nos casos de supressão não autorizada de vegetação realizada após 22 de julho de 2008, é vedada a concessão de novas autorizações de supressão de vegetação enquanto não cumpridas as obrigações de recomposição da vegetação em APP, ressalvados os usos autorizados previstos em Lei.

C) Correta – A implantação de reservatório d'água artificial destinado a geração de energia ou abastecimento público deve observar as exigências do artigo 5º do Código Florestal.

D) Correta – É proibido o uso de fogo na vegetação, exceto em situações elencadas no artigo 38 do Código Florestal. Uma das exceções é a possibilidade de usar fogo em locais ou regiões cujas peculiaridades justifiquem o seu emprego em práticas agropastoris ou florestais, mediante prévia aprovação do órgão estadual ambiental competente do SISNAMA, para cada imóvel rural ou de forma regionalizada, que estabelecerá os critérios de monitoramento e controle.

Resposta: Letra A.

MPMG 2014 – Questão 65. Direito Coletivo/ Código Florestal / Área de Preservação Permanente / Legislação.

Leia o texto a seguir, extraído de ementa de Acórdão do Superior Tribunal de Justiça:

"*Objetivamente falando, a vegetação ripária exerce tarefas de proteção assemelhadas às da pele em relação ao corpo humano: faltando uma ou outra, a vida até pode continuar por algum tempo, mas, no cerne, muito além de trivial mutilação do sentimento de plenitude e do belo do organismo, o que sobra não passa de um ser majestoso em estado de agonia terminal. Compreensível que, com base nessa ratio ético-ambiental, o legislador caucione a APP ripária de maneira quase absoluta, colocando-a no ápice do complexo e numeroso panteão dos espaços protegidos, ao prevê-la na forma de superfície intocável, elemento cardeal e estruturante no esquema maior do meio ambiente ecologicamente equilibrado. Por tudo isso, a APP ciliar qualifica-se como território non aedificandi. Não poderia ser diferente, hostil que se acha à exploração econômica direta, desmatamento ou ocupação humana (com as ressalvas previstas em lei, de caráter totalmente excepcional e em numerus clausus, v.g., utilidade pública, interesse social, intervenção de baixo impacto). Causa dano ecológico in re ipsa, presunção legal definitiva que dispensa produção de prova técnica de lesividade específica, quem, fora das exceções legais, desmata, ocupa ou explora APP, ou impede sua regeneração, comportamento de que emerge obrigação propter rem de restaurar na sua plenitude e indenizar o meio ambiente degradado e terceiros afetados, sob regime de responsabilidade civil objetiva. Precedentes do STJ". (REsp 1245149 / Ms, Relator Ministro HERMAN BENJAMIN, 09/10/2012) O juízo mencionado se ajusta com precisão e pode ser invocado para afirmar a ocorrência de dano ambiental, independente de perícia, no seguinte caso:*

A) *Imóvel rural localizado no Município de Uberlândia, com área de reserva legal averbada no Município de Januária, em imóvel que integra outra microbacia.*

B) *Abertura de lagoa artificial medindo 80m2, por meio de derivação resultante da abertura de um canal de 25m a partir do Córrego Lucas, sem autorização.*

C) *Desmatamento em 2,00ha em área comum, sem licença prévia, com extração de 240 st de lenha, apreendida depois de transformada em carvão vegetal.*

D) *Queima indiscriminada de canaviais, com risco de incêndio, inclusive em áreas de reserva legal indevidamente utilizadas.*

Comentários

(A, B, C e D)

Art. 4º, II, Código Florestal – área de preservação permanente.

"Art. 4º Considera-se Área de Preservação Permanente, em zonas rurais ou urbanas, para os efeitos desta Lei: II – as áreas no entorno dos lagos e lagoas naturais, em faixa com largura mínima de: a) 100 (cem) metros, em zonas rurais, exceto para o corpo d'água com até 20 (vinte) hectares de superfície, cuja faixa marginal será de 50 (cinquenta) metros; b) 30 (trinta) metros, em zonas urbanas;

"Art. 7º A vegetação situada em Área de Preservação Permanente deverá ser mantida pelo proprietário da área, possuidor ou ocupante a qualquer título, pessoa física ou jurídica, de direito público ou privado. § 1º Tendo ocorrido supressão de vegetação situada em Área de Preservação Permanente, o proprietário da área, possuidor ou ocupante a qualquer título é obrigado a promover a recomposição da vegetação, ressalvados os usos autorizados previstos nesta Lei. § 2º A obrigação prevista no § 1º tem natureza real e é transmitida ao sucessor no caso de transferência de domínio ou posse do imóvel rural. § 3º No caso de supressão não autorizada de vegetação realizada após 22 de julho de 2008, é vedada a concessão de novas autorizações de supressão de vegetação enquanto não cumpridas as obrigações previstas no § 1º."

Resposta: Letra B

MPMG 2014 - Questão 67. Direito Coletivo/ Código Florestal / Área de Preservação Permanente e Reserva legal/ Legislação.

Proprietário do Sitio Boa Vista, em Pitangui-MG, José da Silva foi autuado pela Polícia Florestal porque desmatou 5ha de área de preservação permanente (APP), suprimindo totalmente a cobertura vegetal em torno de três nascentes e do Ribeirão Soberbo, além de utilizar sua água para irrigação, sem autorização. O fato foi confirmado em pericias e depoimentos colhidos no inquérito civil. Composição amigável do dano foi tentada, sem sucesso. Como consequência, a Promotoria prepara-se para elaborar a petição inicial de ação civil pública, deduzindo pedidos que decorrem dos fatos comprovados.

Dentre as seguintes, a única pretensão impertinente, por fugir ao suporte fático amparado na prova colhida, é a seguinte:

A) Imediata cessação das intervenções não autorizadas na APP.

B) Imposição da obrigação de realizar a recomposição vegetal.

C) Obtenção de outorga para utilização dos recursos hídricos.

D) Instituição, demarcação e registro da área de reserva legal.

Comentários

(A) Errado - Art. 8º, § 4º, Código Florestal. "§ 4º Não haverá, em qualquer hipótese, direito à regularização de futuras intervenções ou supressões de vegetação nativa, além das previstas nesta Lei."

(B) Correto - Art. 7º, § 1º, Código Florestal. "§ 1º Tendo ocorrido supressão de vegetação situada em Área de Preservação Permanente, o proprietário da área, possuidor ou ocupante a qualquer título é obrigado a promover a recomposição da vegetação, ressalvados os usos autorizados previstos nesta Lei."

(C) Correto – Art. 9º, Código Florestal. "Art. 9º É permitido o acesso de pessoas e animais às Áreas de Preservação Permanente para obtenção de água e para realização de atividades de baixo impacto ambiental."

(D) Errado – A questão não informa se houve violação da área de reserva legal.

Resposta certa: D

MPMG 2017 (Concurso LV). *Questão 64. Direito Material Coletivo / Súmulas e jurisprudência do STF e do STJ e legislação relacionada com os temas arrolados / Meio Ambiente - Princípios. Política Nacional do Meio Ambiente. Água. Fauna e flora. Mineração. Biossegurança. Espaços protegidos. Unidades de conservação. Licenciamento ambiental. Controle de agrotóxicos, produtos nocivos e tóxicos. Resíduos sólidos. Improbidade ambiental. Políticas florestal e de proteção à biodiversidade em Minas Gerais. / jurisprudência.*

Assinale a alternativa INCORRETA. Conforme jurisprudência recente do Superior Tribunal de Justiça:

A) A responsabilidade por dano ambiental é objetiva, informada pela teoria do risco integral, sendo o nexo de causalidade o fator aglutinante que permite que o risco se integre na unidade do ato, sendo descabida a invocação, pela empresa responsável pelo dano ambiental, de excludentes de responsabilidade civil para afastar sua obrigação de indenizar.

B) A alegação de culpa exclusiva de terceiro pelo acidente, como excludente de responsabilidade, deve ser afastada, ante a incidência da teoria do risco integral e da responsabilidade objetiva ínsita ao dano ambiental, responsabilizando-se o degradador em decorrência do princípio do poluidor-pagador.

C) A responsabilidade por danos ambientais é solidária entre o poluidor direto e o indireto, o que permite que a ação seja ajuizada contra qualquer um deles, sendo facultativo o litisconsórcio.

D) O termo inicial da contagem do prazo prescricional, para ajuizamento de ação de reparação de dano decorrente de prejuízos à saúde advindos do acidente ambiental, é a data da notificação pública da poluição ambiental.

Comentários

(A): Correta – Nesse sentido:

RESPONSABILIDADE CIVIL POR DANO AMBIENTAL. RECURSO ESPECIAL REPRESENTATIVO DE CONTROVÉRSIA. ART. 543-C DO CPC. DANOS DECORRENTES

DE VAZAMENTO DE AMÔNIA NO RIO SERGIPE. ACIDENTE AMBIENTAL OCORRIDO EM OUTUBRO DE 2008.

1. Para fins do art. 543-C do Código de Processo Civil: a) para demonstração da legitimidade para vindicar indenização por dano ambiental que resultou na redução da pesca na área atingida, o registro de pescador profissional e a habilitação ao benefício do seguro-desemprego, durante o período de defeso, somados a outros elementos de prova que permitam o convencimento do magistrado acerca do exercício dessa atividade, são idôneos à sua comprovação; b) a responsabilidade por dano ambiental é objetiva, informada pela teoria do risco integral, sendo o nexo de causalidade o fator aglutinante que permite que o risco se integre na unidade do ato, sendo descabida a invocação, pela empresa responsável pelo dano ambiental, de excludentes de responsabilidade civil para afastar a sua obrigação de indenizar; c) é inadequado pretender conferir à reparação civil dos danos ambientais caráter punitivo imediato, pois a punição é função que incumbe ao direito penal e administrativo;

d) em vista das circunstâncias específicas e homogeneidade dos efeitos do dano ambiental verificado no ecossistema do rio Sergipe – afetando significativamente, por cerca de seis meses, o volume pescado e a renda dos pescadores na região afetada , sem que tenha sido dado amparo pela poluidora para mitigação dos danos morais experimentados e demonstrados por aqueles que extraem o sustento da pesca profissional, não se justifica, em sede de recurso especial, a revisão do quantum arbitrado, a título de compensação por danos morais, em R$ 3.000,00 (três mil reais); e) o dano material somente é indenizável mediante prova efetiva de sua ocorrência, não havendo falar em indenização por lucros cessantes dissociada do dano efetivamente demonstrado nos autos; assim, se durante o interregno em que foram experimentados os efeitos do dano ambiental houve o período de "defeso" – incidindo a proibição sobre toda atividade de pesca do lesado –, não há cogitar em indenização por lucros cessantes durante essa vedação; f) no caso concreto, os honorários advocatícios, fixados em 20% (vinte por cento) do valor da condenação arbitrada para o acidente – em atenção às características específicas da demanda e à ampla dilação probatória –, mostram-se adequados, não se justificando a revisão, em sede de recurso especial.

2. Recursos especiais não providos. (REsp 1354536/SE, Rel. Ministro LUIS FELIPE SALOMÃO, SEGUNDA SEÇÃO, julgado em 26/03/2014, DJe 05/05/2014)

(B): Correta – Nesse sentido:

AÇÃO DE INDENIZAÇÃO – DANOS MATERIAIS E MORAIS A PESCADORES CAUSADOS POR POLUIÇÃO AMBIENTAL POR VAZAMENTO DE NAFTA, EM DECORRÊNCIA DE COLISÃO DO NAVIO N-T NORMA NO PORTO DE PARANAGUÁ – [...]; 2) TEMAS: a) CERCEAMENTO DE DEFESA INEXISTENTE NO JULGAMENTO ANTECIPADO,ANTE OS ELEMENTOS DOCUMENTAIS SUFICIENTES; b) LEGITIMIDADE DE PARTE DA PROPRIETÁRIA DO NAVIO TRANSPORTADOR DE CARGA PERIGOSA,

DEVIDO A RESPONSABILIDADE OBJETIVA. PRINCÍPIO DO POLUIDOR-PAGADOR; c) INADMISSÍVEL A EXCLUSÃO DE RESPONSABILIDADE POR FATO DE TERCEIRO; d) DANOS MORAL E MATERIAL CARACTERIZADOS; e) JUROS MORATÓRIOS: INCIDÊNCIA A PARTIR DA DATA DO EVENTO DANOSO - SÚMULA 54/STJ; f) SUCUMBÊNCIA. 3) IMPROVIMENTO DO RECURSO, COM OBSERVAÇÃO.

[...] c) Inviabilidade de alegação de culpa exclusiva de terceiro, ante a responsabilidade objetiva.- **A alegação de culpa exclusiva de terceiro pelo acidente em causa, como excludente de responsabilidade, deve ser afastada, ante a incidência da teoria do risco integral e da responsabilidade objetiva ínsita ao dano ambiental (art. 225, § 3°, da CF e do art. 14, § 1°, da Lei n° 6.938/81), responsabilizando o degradador em decorrência do princípio do poluidor-pagador.** [STJ. REsp 1114398 / PR (recurso repetitivo). Rel. Min. Sidnei Beneti. Segunda Seção. Julgamento: 08/02/2012, DJe 16/02/2012]

(C): Correta – Nesse sentido: PROCESSUAL CIVIL. REPARAÇÃO E PREVENÇÃO DE DANOS AMBIENTAIS E URBANÍSTICOS. DESLIZAMENTOS EM ENCOSTAS HABITADAS. FORMAÇÃO DO POLO PASSIVO. INTEGRAÇÃO DE TODOS OS RESPONSÁVEIS PELA DEGRADAÇÃO. RESPONSABILIDADE SOLIDÁRIA. DESNECESSIDADE.

1. Hipótese em que a pretensão recursal apresentada pelo Município de Niterói se refere à inclusão do Estado do Rio de Janeiro no polo passivo da Ação Civil Pública que visa a reparação e prevenção de danos ambientais causados por deslizamentos de terras em encostas habitadas.

2. No dano ambiental e urbanístico, a regra geral é a do litisconsórcio facultativo. Segundo a jurisprudência do STJ, nesse campo a "responsabilidade (objetiva) é solidária" (REsp 604.725/PR, Rel. Ministro Castro Meira, Segunda Turma, DJ 22.8.2005, p. 202);

logo, mesmo havendo "múltiplos agentes poluidores, não existe obrigatoriedade na formação do litisconsórcio", abrindo-se ao autor a possibilidade de "demandar de qualquer um deles, isoladamente ou em conjunto, pelo todo" (REsp 880.160/RJ, Rel. Ministro Mauro Campbell Marques, Segunda Turma, DJe 27.5.2010). No mesmo sentido: EDcl no REsp 843.978/SP, Rel. Ministro Heman Benjamin, Segunda Turma, DJe 26.6.2013. REsp 843.978/SP, Rel. Ministro Herman Benjamin, Segunda Turma, DJe 9.3.2012; REsp 1.358.112/SC, Rel. Ministro Humberto Martins, Segunda Turma, DJe 28.6.2013.

3. Agravo Regimental não provido. (AgRg no AREsp 432.409/RJ, Rel. Ministro HERMAN BENJAMIN, SEGUNDA TURMA, julgado em 25/02/2014, DJe 19/03/2014)

(D): Incorreta – O termo inicial é a data da ciência inequívoca dos efeitos danosos. Nesse sentido: AGRAVO REGIMENTAL NO AGRAVO (ART. 544 DO CPC) - AÇÃO DE INDENIZAÇÃO - DANO AMBIENTAL - PRESCRIÇÃO - DECISÃO MONOCRÁTICA QUE NEGOU PROVIMENTO AO RECLAMO. INSURGÊNCIA DOS DEMANDADOS. 1. **O termo inicial do prazo prescricional para a propositura da**

ação de indenização por dano pessoal em razão do desenvolvimento de doença grave decorrente de contaminação do solo e das águas subterrâneas é a data da ciência inequívoca dos efeitos danosos à saúde, e não a do acidente ambiental. Precedentes. 2. "Não se conhece do recurso especial pela divergência, quando a orientação do Tribunal se firmou no mesmo sentido da decisão recorrida" - Súmula n. 83/STJ. 3. Agravo regimental desprovido. [STJ. AgRg no AREsp 233914 / RS. Rel. Min. Marco Buzzi. 4ª Turma. Julgado em 03/12/2015, DJe 11/12/2015].

Resposta: Letra D

MPMG 2017 (Concurso LV). Questão 65. Direito Material Coletivo / Meio Ambiente - Princípios. Política Nacional do Meio Ambiente. Água. Fauna e flora. Mineração. Biossegurança. Espaços protegidos. Unidades de conservação. Licenciamento ambiental. Controle de agrotóxicos, produtos nocivos e tóxicos. Resíduos sólidos. Improbidade ambiental. Políticas florestal e de proteção à biodiversidade em Minas Gerais. / jurisprudência.

No caso de dano ambiental, é CORRETO afirmar:

A) *Incide a correção monetária a partir do ato ilícito.*

B) *Não incide a correção monetária.*

C) *Incide a correção monetária a partir da data da sentença.*

D) *Incide a correção monetária a partir da data do acórdão.*

Comentários

(A): Correta - O termo inicial da correção monetária é a data do evento danoso, conforme súmula 43 do STJ. Nesse sentido:

PROCESSUAL CIVIL. AGRAVO INTERNO. EMBARGOS DE DIVERGÊNCIA. RESPONSABILIDADE CIVIL OBJETIVA. **INDENIZAÇÃO POR DANO AMBIENTAL. TERMO INICIAL DA CORREÇÃO MONETÁRIA**. SÚMULA 43 DO STJ. 1. **A indenização por dano material oriunda de responsabilidade civil objetiva extracontratual, tem, como termo inicial da correção monetária, a data do evento danoso, nos termos da Súmula 43 do STJ**. Precedentes. 2. Agravo interno não provido. [STJ. AgInt nos EDcl nos EREsp 1312355 / MS. Rel. Min. Luis Felipe Salomão. Corte Especial. Data de julgamento: 05/10/2016. Publicação DJe: 21/10/2016]

(B): Incorreta - Conforme justificativa do item I.

(C): Incorreta - Conforme justificativa do item I.

(D): Correta - Conforme justificativa do item I.

Resposta: Letra A

MPMG 2019 (CONCURSO LVII). *QUESTÃO 69. Direito material coletivo. Direito ambiental. Legislação.*

Assinale a alternativa incorreta:

A) A supressão de vegetação inicial, em Mata Atlântica, somente poderá ser autorizada em caso de utilidade pública, enquanto a vegetação secundária em estágio médio de regeneração poderá ser suprimida nos casos de utilidade pública e interesse social.

B) O corte, a supressão e a exploração da vegetação secundária em estágio avançado de regeneração do Bioma Mata Atlântica poderá ser autorizado em caráter excepcional, quando necessários à execução de obras, atividades ou projetos de utilidade pública, pesquisa científica e práticas preservacionistas.

C) A definição legal da Área de Preservação Permanente, no caso de vereda - fitofisionomia de savana é a faixa marginal, em projeção horizontal, com largura mínima de 50 metros, a partir do espaço permanentemente brejoso e encharcado.

D) A vegetação secundária em qualquer estágio de regeneração do Bioma Mata Atlântica não perderá esta classificação nos casos de incêndio, desmatamento ou de qualquer outro tipo de intervenção não autorizada ou não licenciada.

Comentários

(A): **Incorreta.** Art. 14 da Lei 11.428/06. A supressão de vegetação primária e secundária no **estágio avançado de regeneração** (a questão trouxe "inicial") somente poderá ser autorizada em caso de utilidade pública, sendo que a vegetação secundária em estágio médio de regeneração poderá ser suprimida nos casos de utilidade pública e interesse social, em todos os casos devidamente caracterizados e motivados em procedimento administrativo próprio, quando inexistir alternativa técnica e locacional ao empreendimento proposto, ressalvado o disposto no inciso I do art. 30 e nos §§ 1º e 2º do art. 31 desta Lei.

(B): **Correta.** Art. 21 da Lei 11.428/06. O corte, a supressão e a exploração da vegetação secundária em estágio avançado de regeneração do Bioma Mata Atlântica somente serão autorizados: I - em caráter excepcional, quando necessários à execução de obras, atividades ou projetos de utilidade pública, pesquisa científica e práticas preservacionistas.

(C): **Correta.** Art. 4º, XI, da Lei 12.651/12. Art. 4º Considera-se Área de Preservação Permanente, em zonas rurais ou urbanas, para os efeitos desta Lei: XI - em veredas, a faixa marginal, em projeção horizontal, com largura mínima de 50 (cinquenta) metros, a partir do espaço permanentemente brejoso e encharcado.

(D): **Correta**. Art. 5° da Lei 11.428/06. A vegetação primária ou a vegetação secundária em qualquer estágio de regeneração do Bioma Mata Atlântica não perderão esta classificação nos casos de incêndio, desmatamento ou qualquer outro tipo de intervenção não autorizada ou não licenciada.

Resposta: Letra A

***MPMG 2019 (CONCURSO LVII)**. QUESTÃO 70 - Direito material coletivo. Direito ambiental. Legislação.*

Assinale a alternativa incorreta:

A) É condição de validade dos contratos que tenham por objeto a prestação de serviços públicos de saneamento básico a existência de plano de saneamento básico.

B) A área de uma unidade de conservação é considerada zona rural, para os efeitos legais, e sua zona de amortecimento, uma vez definida formalmente, não pode ser transformada em zona urbana.

C) Os Municípios que pretendam ampliar o seu perímetro urbano deverão elaborar projeto específico que contenha, entre outras exigências, a definição de mecanismos para garantir a justa distribuição dos ônus e benefícios decorrentes do processo de urbanização do território de expansão urbana e a recuperação para a coletividade da valorização imobiliária resultante da ação do poder público.

D) A inserção do imóvel rural em perímetro urbano definido mediante lei municipal não desobriga o proprietário ou posseiro da manutenção da área de Reserva Legal, que só será extinta concomitantemente ao registro do parcelamento do solo para fins urbanos aprovado segundo a legislação específica e consoante as diretrizes do plano diretor.

Comentários

(A): **Correta**. Art. 11, I, da Lei 11.445/07. São condições de validade dos contratos que tenham por objeto a prestação de serviços públicos de saneamento básico: I - a existência de plano de saneamento básico.

(B): **Incorreta**. Art. 49 da Lei 9.985/00. A área de uma unidade de conservação **do Grupo de Proteção Integral** é considerada zona rural, para os efeitos legais. Parágrafo único. A zona de amortecimento **das unidades de conservação de que trata este artigo**, uma vez definida formalmente, não pode ser transformada em zona urbana. O erro da questão está na generalização d as unidades de conservação, independentemente da categoria, sendo que o dispositivo transcrito limita apenas às áreas que compõe o grupo de proteção integral (aquelas referidas no art. 9° da Lei 9.885/00).

(C): **Correta**. Art. 42-B da Lei 10.257/01. Os Municípios que pretendam ampliar o seu perímetro urbano após a data de publicação desta Lei deverão elaborar projeto específico que contenha, no mínimo: VII - definição de mecanismos para garantir a justa distribuição dos ônus e benefícios decorrentes do processo de urbanização do território de expansão urbana e a recuperação para a coletividade da valorização imobiliária resultante da ação do poder público.

(D): **Correta**. Art. 19 da Lei 12.651/12. A inserção do imóvel rural em perímetro urbano definido mediante lei municipal não desobriga o proprietário ou posseiro da manutenção da área de Reserva Legal, que só será extinta concomitantemente ao registro do parcelamento do solo para fins urbanos aprovado segundo a legislação específica e consoante as diretrizes do plano diretor de que trata o § 1º do art. 182 da Constituição Federal.

Resposta: Letra B

MPMG 2019 (CONCURSO LVII). *QUESTÃO 73 - Direito material coletivo. Direito ambiental. Legislação, doutrina e jurisprudência.*

Com relação ao processo coletivo ambiental, assinale a alternativa incorreta:

A) O ativismo judicial é privilegiado, sendo inafastável a aplicação do princípio da congruência, a fim de que a decisão a ser proferida seja a mais efetiva e adequada à tutela do direito ambiental.

B) Admite-se a distribuição dinâmica do ônus da prova, em função das peculiaridades da causa, com atribuição diversa do ônus probatório, quando for impossível ou excessivamente difícil à parte sobre a qual recairia normalmente o ônus da prova cumprir o encargo, ou quando for mais fácil à outra parte a produção da prova do fato contrário.

C) Admite-se a possibilidade de inversão do ônus da prova pela aplicação dos princípios da precaução e do in dubio pro natura, hipótese que reclama prévia e expressa decisão judicial, com oportunidade ao réu de se desincumbir do referido encargo.

D) As normas relativas à distribuição dos ônus probatórios servem para orientar as partes a respeito da necessidade de prova de suas alegações de fato e advertir sobre os riscos decorrentes de não se desincumbirem desse encargo.

Comentários

(A): **Incorreta**. Em razão da especial relevância do conferida pelo texto constitucional ao meio ambiente (art. 225 da CF/88), bem de uso comum, de natureza difusa e caráter intergeracional, essencial à sadia qualidade de vida, deve-se admitir relativa flexibilização do princípio da congruência ou da correlação, com vistas ao alcance da tutela mais efetiva possível, considerando a irreversibilidade muitas vezes observada em casos de danos ambientais. Privilegia-se, assim, o ativismo judicial, visto aqui não como ingerência excessiva e inoportuna do Poder Judiciário sobre questões primariamente afetas a outras esferas de poder, mas, isto sim, como a participação mais ampla, intensa e efetiva do Magistrado na concretização dos mais relevantes valores e fins constitucionais (a exemplo do meio ambiente).

(B): **Correta**. Art. 373, § 1°, CPC. Nos casos previstos em lei ou **diante de peculiaridades da causa** relacionadas à impossibilidade ou à excessiva dificuldade de cumprir o encargo nos termos do *caput* ou à maior facilidade de obtenção da prova do fato contrário, poderá o juiz atribuir o ônus da prova de modo diverso, desde que o faça por decisão fundamentada, caso em que deverá dar à parte a oportunidade de se desincumbir do ônus que lhe foi atribuído.

(C): **Correta**. Na esteira da jurisprudência do STJ (reafirmada no Resp 1.818.008/RO, DJe 22/10/2020), "Como corolário do princípio in dubio pro natura, 'justifica-se a inversão do ônus da prova, transferindo para o empreendedor da atividade potencialmente perigosa o ônus de demonstrar a segurança do empreendimento, a partir da interpretação do art. 6º, VIII, da Lei 8.078/1990 c/c o art. 21 da Lei 7.347/1985, conjugado ao Princípio Ambiental da Precaução' (REsp 972.902/RS, Rel. Min. Eliana Calmon, Segunda Turma, DJe 14.9.2009)".

(D): **Correta**. De fato, a existência de um sistema prévio de repartição do ônus da prova faz-se realmente necessária para que, em um primeiro momento, as partes possam se orientar e conduzir sua atuação conforme os respectivos encargos que se lhes incumbem no processo. Prestigia-se, assim, o princípio da não surpresa (derivado da cláusula geral da boa-fé processual), já que as partes sabem de antemão as consequências de eventual atuação desidiosa ou negligente na produção da prova em juízo.

Resposta: Letra A

11. HABITAÇÃO E URBANISMO – CONFLITOS COLETIVOS PELA POSSE DA TERRA RURAL E URBANA. PRINCÍPIOS E OBJETIVOS DA POLÍTICA URBANA. ESTATUTO DA CIDADE. PARCELAMENTO DO SOLO URBANO. FUNÇÃO SOCIAL DA PROPRIEDADE E DA POSSE. PROGRAMAS HABITACIONAIS DE INCLUSÃO. DIREITO DE MORADIA – PLANO DIRETOR E GESTÃO DEMOCRÁTICA. IMPOSIÇÕES E RESTRIÇÕES URBANÍSTICAS. PARCELAMENTO DO SOLO URBANO. ACESSIBILIDADE E MOBILIDADE URBANAS. POLUIÇÃO VISUAL. REGULARIZAÇÃO FUNDIÁRIA

***MPMG – 2013 (CONCURSO LIII)** Questão 74. Direito Material Coletivo. Direito Urbanístico. Política urbana/ Plano Diretor/ Legislação. Constituição Federal e Estatuto da Cidade.*

*É **INCORRETO** afirmar-se:*

A) *Constam como instrumentos jurídicos e políticos que objetivam atender aos fins visados pelo Estatuto da Cidade, entre outros, os institutos das servidões e limitações administrativas, do tombamento de imóveis ou de mobiliário urbano, da utilização compulsória, da transferência do direito de construir e o da assistência técnica e jurídica gratuita para as comunidades e grupos sociais menos favorecidos.*

B) *A política urbana, prevista constitucionalmente nos artigos 182 e 183 da Constituição da República, tem por objetivo ordenar o pleno desenvolvimento das funções econômicas da cidade e da propriedade urbana.*

C) *Lei municipal definirá os empreendimentos e atividades, privados ou públicos, em área urbana que dependerão de elaboração de estudo prévio de impacto de vizinhança (EIV) para se obter licenças ou autorizações de construção, ampliação ou funcionamento a cargo do Poder Público municipal.*

D) *O plano diretor, instrumento básico da política de desenvolvimento e expansão urbana, é obrigatório para as cidades com mais de vinte mil habitantes. O mesmo acontece para as integrantes de regiões metropolitanas e aglomerações urbanas e para as cidades onde o Poder Público municipal pretenda exigir, nos termos da lei federal, do proprietário do solo urbano não edificado, subutilizado ou não utilizado, que promova seu adequado aproveitamento, sob pena de parcelamento ou edificação compulsória, IPTU progressivo no tempo ou desapropriação com pagamento mediante títulos da dívida pública. Essa obrigação é também válida para aquelas integrantes de áreas de especial interesse turístico ou que estejam inseridas na área de influência de empreendimentos ou atividades com significativo impacto ambiental de âmbito regional ou nacional.*

Comentários

A) Correta. Artigo 4º, inciso V, alíneas b, c, d, i, o, r do Estatuto da Cidade. Para os fins desta Lei, serão utilizados, entre outros instrumentos: [...] V – institutos jurídicos e políticos: b) servidão administrativa; c) limitações administrativas; d) tombamento de imóveis ou de mobiliário urbano; i) parcelamento, edificação ou utilização compulsórios; o) transferência do direito de construir; r) assistência técnica e jurídica gratuita para as comunidades e grupos sociais menos favorecidos;

B) Incorreta. CR/88. Art. 182, *caput*: "A política de desenvolvimento urbano, executada pelo poder público municipal, conforme diretrizes gerais fixadas em lei, tem por objetivo ordenar o pleno desenvolvimento das **funções <u>sociais</u> da cidade e garantir o bem-estar de seus habitantes**."

C) Correta. Nos exatos termos do artigo 36 do Estatuto da cidade.

D) Correta. Artigo 182, § 1º e § 4º, da CR/88, combinado com o artigo 41, incisos I, II, III, IV, do Estatuto da Cidade.

Art. 182, § 1º, CR/88. O plano diretor, aprovado pela Câmara Municipal, obrigatório para cidades com mais de vinte mil habitantes, é o instrumento básico da política de desenvolvimento e de expansão urbana. § 4º É facultado ao Poder Público municipal, mediante lei específica para área incluída no plano diretor, exigir, nos termos da lei federal, do proprietário do solo urbano não edificado, subutilizado ou não utilizado, que promova seu adequado aproveitamento, sob pena, sucessivamente, de: I - parcelamento ou edificação compulsórios; II - imposto sobre a propriedade predial e territorial urbana progressivo no tempo; III - desapropriação com pagamento mediante títulos da dívida pública de emissão previamente aprovada pelo Senado Federal, com prazo de resgate de até dez anos, em parcelas anuais, iguais e sucessivas, assegurados o valor real da indenização e os juros legais.

Art. 41. O plano diretor é obrigatório para cidades: I – com mais de vinte mil habitantes; II – integrantes de regiões metropolitanas e aglomerações urbanas; III – onde o Poder Público municipal pretenda utilizar os instrumentos previstos no § 4º do art. 182 da Constituição Federal; IV – integrantes de áreas de especial interesse turístico [...].

Resposta: Letra B

MPMG – 2013 (CONCURSO LIII) Questão 79. Direito Fundamental à moradia. Direito Fundamental à propriedade e a sua função social. Legislação: Constituição Federal e Estatuto da Cidade.

A Declaração Universal dos Direitos Humanos, em seu artigo XXV, nº1, diz: "Toda pessoa tem direito a um padrão de vida capaz de assegurar a si e a sua família saúde e bem-estar, inclusive alimentação, vestuário, ***habitação****, cuidados médicos e os serviços sociais indispensáveis, e direito à segurança em caso de desemprego, doença, invalidez, viuvez, velhice ou outros casos de perda dos meios de subsistência fora de seu controle". Expressamente, a Constituição da República Federativa do Brasil, em seu artigo 6º, por introdução da Emenda Constitucional nº 26, prevê a* ***moradia*** *como direito social, no mesmo patamar da educação, da saúde, do trabalho, do lazer, da segurança, da previdência social, da proteção à maternidade e à infância e da assistência aos desamparados.*

Com base no ordenamento constitucional brasileiro, pode-se afirmar, ***EXCETO****:*

A) O direito de moradia possui aplicação imediata, uma vez que é direito fundamental social, fazendo parte do mínimo existencial, e a Constituição da República não o condiciona a nenhuma regulamentação específica, motivo pelo qual não pode o Poder Público se eximir de implementar políticas públicas para o seu atendimento, em face de obrigação constitucional.

B) A política de desenvolvimento urbano, executada pelo Poder Público municipal, tem por diretriz geral, entre outras, a garantia do direito a cidades sustentáveis, onde está inserido o direito à moradia.

C) Cabe à União estabelecer diretrizes para o desenvolvimento urbano, inclusive a habitação, mas somente ao município compete promover programas de construção de moradias e a melhoria das condições habitacionais.

D) Pelo ordenamento constitucional brasileiro, a propriedade é um direito fundamental, mas não possui um caráter absoluto, pois deve cumprir uma função social, que se dá, entre outras formas, pelo atendimento das exigências fundamentais de ordenamento das cidades, expressadas nos planos diretores, podendo estes estabelecerem áreas para que o Poder Público municipal, mediante lei específica, exija do proprietário do solo urbano não edificado, subutilizado ou não utilizado, que promova o seu adequado aproveitamento, sob pena, sucessivamente de parcelamento ou edificação compulsórios, imposto sobre a propriedade predial e territorial urbana progressivo no tempo e desapropriação com pagamento mediante títulos da dívida pública.

Comentários

A) Correta. Os direitos fundamentais são obrigações constitucionais de aplicação imediata, conforme preceitua o artigo 5º, § 1º, da CR/88.

B) Correta. A política urbana tem por objetivo ordenar o pleno desenvolvimento das funções sociais da cidade e da propriedade urbana, tendo como diretriz geral o direito a cidades sustentáveis, estando incluído o direito à moradia, conforme artigo 2º, inciso I, do Estatuto da Cidade.

C) Incorreta. A competência para editar normas gerais é da União, nos termos do artigo 21, XX, mas a competência para promover programas de construção de moradias e a melhoria das condições habitacionais e de saneamento básico é comum a todos os entes da Federação, nos termos do artigo 23, IX, da CR/88.

D) Correta. A Constituição traz em seu catálogo de direitos fundamentais o direito à propriedade, mas também estabelece que ela deverá atender a sua função social, nos termos do artigo 5º, incisos XXII e XXIII e § 2º, do art. 182 CR/88. O cumprimento da função social da propriedade urbana está atrelado ao atendimento das exigências fundamentais de ordenação da cidade expressas no plano diretor. Os instrumentos fomentadores do cumprimento da função social podem ser exigidos do proprietário de solo urbano não edificado, subutilizado ou não utilizado, através de lei específica para área incluída no plano diretor, nos termos do artigo 182, § 4º, da CR/88.

Resposta: Letra C

MPMG 2014 – Questão 66. Direito Coletivo/ Lei 6.766/79 (Parcelamento do Solo Urbano) *e provimento 44 do CNJ / Parcelamento do Solo Urbano / Legislação.*

Ao investigar possíveis irregularidades no parcelamento do solo urbano, em gleba não loteada, o Promotor de Justiça constatou que diversas áreas, na Cidade de Carlos Chagas-MG, demandam regularização. A área central, doada pelo Governo de Minas Gerais, em 1938, nunca foi loteada. O Bairro Amin El Aoar também nunca foi loteado e situa-se em área transferida ao Município, por doação. Os Bairros Lagoinha, Cruzeiro II e III e parte do Bairro Colina Verde fazem parte do registro da Fazenda Sagres, pertencente ao espólio de Carolina Leal do Norte. O Município compareceu à Promotoria e informou o início de providências visando a regularização dos loteamentos.

O Inquérito Civil instaurado busca solução para problemas em diversas áreas: meio ambiente, registros públicos, proteção ao patrimônio público, habitação e urbanismo etc. Dentre essas áreas, os objetivos arrolados a seguir apresentam propósitos que visam à adequação registrária, EXCETO:

A) Regularização de áreas onde o parcelamento do solo se deu mediante desmembramento, sem prévio registro das vias de circulação.

B) Verificação da conformidade do Indicador Real, do Registro de Imóveis, com o cadastro municipal usado para a cobrança de tributos.

C) Abertura de Matrícula em relação às áreas cujo registro de origem é anterior à vigência da Lei n. 6.015, de 1973.

D) Regularização e registro de imóveis situados nos loteamentos clandestinos localizados na Fazenda Sagres.

Comentários

(A) Correto – Arts. 10, I, e 18, V, Lei 6.766/79 (Parcelamento do Solo Urbano) e Art. 5º, III, provimento 44 do CNJ. " Art. 10. Para a aprovação de projeto de desmembramento, o interessado apresentará requerimento à Prefeitura Municipal, ou ao Distrito Federal quando for o caso, acompanhado de certidão atualizada da matrícula da gleba, expedida pelo Cartório de Registro de Imóveis competente, ressalvado o disposto no § 4º do art. 18, e de planta do imóvel a ser desmembrado contendo: I – a indicação das vias existentes e dos loteamentos próximos;" "Art. 18. Aprovado o projeto de loteamento ou de desmembramento, o loteador deverá submetê-lo ao registro imobiliário dentro de 180 (cento e oitenta) dias, sob pena de caducidade da aprovação, acompanhado dos seguintes documentos: V – cópia do ato de aprovação do loteamento e comprovante do termo de verificação pela Prefeitura Municipal ou pelo Distrito Federal, da execução das obras exigidas por legislação municipal, que incluirão, no mínimo, a execução das vias de circulação do loteamento, demarcação dos lotes, quadras e logradouros e das obras de escoamento das águas pluviais ou da aprovação de um cronograma, com a duração máxima de quatro anos, acompanhado de competente instrumento de garantia para a execução das obras;"

(B) Errado - não há previsão.

(C) Correto - Arts. 22 e. 27, provimento 44 do CNJ. "Art. 22. Tratando-se de áreas parceladas antes da vigência da Lei 6.766, de 19 de dezembro de 1979, o registro da regularização fundiária será feito a requerimento do interessado, dirigido ao oficial de registro de imóveis e acompanhado dos seguintes documentos:" "Art. 27. Quando não for verificada irregularidade alguma das mencionadas no art. 22 deste Provimento, e faltar apenas a abertura de matrícula, o oficial de registro poderá abri-la com base em planta, memorial descritivo ou documento oficial que indique a posição do lote e da quadra, bem como suas medidas perimetrais."

(D) Correto - Art. 14, IV, provimento 44 do CNJ.

Resposta certa: B

MPMG 2014 - Questão 68. Direito Coletivo/ Estatuto da Cidade (Lei n. 10.257, de 10 de julho de 2001) */ Instrumentos da política Urbana / Legislação.*

Visando ao cumprimento do Estatuto da Cidade (Lei n. 10.257, de 10 de julho de 2001), a Promotoria de Habitação e Urbanismo poderá instaurar inquérito civil em face do seguinte fato:

A) *A ordenação e o controle do uso do solo devem evitar a retenção especulativa de imóvel urbano, que resulte na sua subutilização ou não utilização.*

B) *A notícia de instalação de empreendimento comercial que funcione como polo de tráfego, sem a infraestrutura correspondente.*

C) *O planejamento das atividades econômicas do Município deve evitar e corrigir as distorções do crescimento urbano e seus efeitos negativos.*

D) *A oferta de equipamentos urbanos e comunitários, transporte e serviços públicos devem ser adequados aos interesses e necessidades da população.*

Comentários

(A) Errado - nesse caso, deve-se utilizar os instrumentos da política urbana, a exemplo de parcelamento, edificação ou utilização compulsórios - arts. 4° e seguintes, Estatuto da Cidade;

(B) Correto - a aprovação de projeto sem estudo do impacto de vizinhança ou cujo estudo demonstre que o empreendimento gerará tráfego e demanda por transporte público, sem a infraestrutura correspondente não deve ser aprovado.

Sendo aprovado, o MP deverá adotar as providências extrajudiciais ou até judiciais (propor Ação Civil Pública) por violação ao art. 2º, VI, "d", Estatuto da Cidade;

(C) Errado – nesse caso, deve-se utilizar os instrumentos da política urbana de planejamento – Art. 4º, III, Estatuto da Cidade;

(D) Errado – nesse caso, deve haver previsão no plano diretor, o qual é elaborado com a participação pública – arts. 39 e seguintes, Estatuto da Cidade.

Resposta certa: B

***MPMG 2017 (Concurso LV)**. Questão 66. Direito Material Coletivo / Habitação e urbanismo – Conflitos coletivos pela posse da terra rural e urbana. Princípios e objetivos da política urbana. Estatuto da Cidade. Parcelamento do solo urbano. Função social da propriedade e da posse. Programas habitacionais de inclusão. Direito de moradia – Plano Diretor e gestão democrática. Imposições e restrições urbanísticas. Parcelamento do solo urbano. Acessibilidade e mobilidade urbanas. Poluição visual. Regularização fundiária. / legislação.*

Assinale a alternativa CORRETA:

A) Todos os municípios que pretendam ampliar ou diminuir seu perímetro urbano ou rural necessitam, obrigatoriamente, do Plano Diretor para tal finalidade.

B) O Plano Diretor é obrigatório para todos os municípios brasileiros, uma vez que se trata de instrumento de política urbana e sua ausência pode, em tese, ensejar ato de improbidade administrativa para o gestor público municipal.

C) O município que, por força de lei, possua Plano Diretor poderá ampliar seu perímetro urbano, desde que elabore projeto específico que contemple, dentre outras situações, a inclusão de diretrizes e instrumentos específicos para proteção ambiental e do patrimônio histórico e cultural.

D) Nenhuma das anteriores.

Comentários

(A): Incorreta – Não há previsão para o perímetro rural e deve haver projeto específico, conforme art.42-B da Lei 10.257/01. De todo modo, o § 1º do mesmo artigo deixa claro que o plano diretor não é condição obrigatória.

(B): Incorreta – O plano diretor não é obrigatório para todos os municípios. As hipóteses obrigatórias estão no art.41 da Lei 10.257/01.

(C): Correta – Conforme art.42-B da Lei 10.257/01. Art. 42-B. Os Municípios que pretendam ampliar o seu perímetro urbano após a data de publicação desta Lei deverão elaborar projeto específico que contenha, no mínimo: I - demarcação do novo perímetro urbano; II - delimitação dos trechos com restrições à urbanização e dos trechos sujeitos a controle especial em função de ameaça de desastres naturais; III - definição de diretrizes específicas e de áreas que serão utilizadas para infraestrutura, sistema viário, equipamentos e instalações públicas, urbanas e sociais; IV - definição de parâmetros de parcelamento, uso e ocupação do solo, de modo a promover a diversidade de usos e contribuir para a geração de emprego e renda; V - a previsão de áreas para habitação de interesse social por meio da demarcação de zonas especiais de interesse social e de outros instrumentos de política urbana, quando o uso habitacional for permitido; VI - definição de diretrizes e instrumentos específicos para proteção ambiental e do patrimônio histórico e cultural; e VII - definição de mecanismos para garantir a justa distribuição dos ônus e benefícios decorrentes do processo de urbanização do território de expansão urbana e a recuperação para a coletividade da valorização imobiliária resultante da ação do poder público.

(D): Incorreta.

Resposta: C

MPMG 2017 (Concurso LV)*. Questão 67. Direito Material Coletivo/ Habitação e urbanismo – Conflitos coletivos pela posse da terra rural e urbana. Princípios e objetivos da política urbana. Estatuto da Cidade. Parcelamento do solo urbano. Função social da propriedade e da posse. Programas habitacionais de inclusão. Direito de moradia – Plano Diretor e gestão democrática. Imposições e restrições urbanísticas. Parcelamento do solo urbano. Acessibilidade e mobilidade urbanas. Poluição visual. Regularização fundiária. /legislação.*

Assinale a alternativa INCORRETA. A fiscalização da regularidade do uso do solo urbano deverá observar as seguintes exigências previstas na Lei nº 6.766, de 1979:

A) *Lei municipal específica para área incluída no Plano Diretor poderá determinar o parcelamento compulsório do solo urbano não edificado, subutilizado ou não utilizado, devendo fixar as condições e os prazos para implementação da referida obrigação.*

B) *Considera-se loteamento a subdivisão de gleba em lotes destinados a edificação, com abertura de novas vias de circulação, de logradouros públicos ou prolongamento, modificação ou ampliação das vias existentes.*

C) *Os loteamentos deverão incluir áreas destinadas a sistemas de circulação, à implantação de equipamento urbano e comunitário, bem como a espaços livres de uso público, proporcionais à densidade de ocupação prevista pelo Plano Diretor ou aprovada por lei municipal para a zona em que se situem.*

D) *O Poder Público poderá exigir, em cada loteamento, a reserva de faixa non aedificandi destinada a equipamentos públicos de abastecimento de água, serviços de esgotos, energia elétrica, coletas de águas pluviais, rede telefônica e gás canalizado.*

Comentários

(A): Incorreta – A alternativa traz o conteúdo do art. 5º da Lei 10.257/01 e não da Lei 6.766/79.

(B): Correta – Conforme art. 2º, § 1º, da Lei 6.766/79. Considera-se loteamento a subdivisão de gleba em lotes destinados a edificação, com abertura de novas vias de circulação, de logradouros públicos ou prolongamento, modificação ou ampliação das vias existentes.

(C): Correta – Conforme art. 4º, I, da Lei 6.766/79. Art. 4º Os loteamentos deverão atender, pelo menos, aos seguintes requisitos: I - as áreas destinadas a sistemas de circulação, a implantação de equipamento urbano e comunitário, bem como a espaços livres de uso público, serão proporcionais à densidade de ocupação prevista pelo plano diretor ou aprovada por lei municipal para a zona em que se situem.

(D): Correta – Conforme art. 5º da Lei 6.766/79. Art. 5º O Poder Público competente poderá complementarmente exigir, em cada loteamento, a reserva de faixa non aedificandi destinada a equipamentos urbanos. Parágrafo único - Consideram-se urbanos os equipamentos públicos de abastecimento de água, serviços de esgotos, energia elétrica, coletas de águas pluviais, rede telefônica e gás canalizado.

Resposta: Letra A

MPMG 2018. (CONCURSO LVI) *QUESTÃO 69. Direito Urbanístico. Regularização Fundiária (Lei 13.465/17). Lei seca.*

Assinale a alternativa INCORRETA:

A) A Regularização Fundiária Urbana abrange medidas jurídicas, urbanísticas, ambientais e sociais destinadas à incorporação dos núcleos urbanos informais ao ordenamento territorial urbano e à titulação de seus ocupantes.

B) A legitimação fundiária é mecanismo de reconhecimento da aquisição derivada do direito real de propriedade sobre unidade imobiliária objeto da Regularização Fundiária Urbana.

C) Constitui um dos objetivos da Regularização Fundiária Urbana, a ser observado pela União, Estados, Distrito Federal e Municípios, garantir a efetivação da função social da propriedade.

D) Os poderes públicos formularão e desenvolverão no espaço urbano as políticas de suas competências de acordo com os princípios de sustentabilidade econômica, social e ambiental e ordenação territorial, buscando a ocupação do solo de maneira eficiente, combinando seu uso de forma funcional.

Comentários

A) CORRETA. Lei 13.465/17, Art. 9 – Ficam instituídas no território nacional normas gerais e procedimentos aplicáveis à Regularização Fundiária Urbana (Reurb), a qual abrange medidas jurídicas, urbanísticas, ambientais e sociais destinadas à incorporação dos núcleos urbanos informais ao ordenamento territorial urbano e à titulação de seus ocupantes.

B) INCORRETA – Lei 13.465/17, Art. 11, VII: Legitimação fundiária: mecanismo de reconhecimento da aquisição originária do direito real de propriedade sobre unidade imobiliária objeto da Reurb;

C) CORRETA – Lei 13.465/17, Art. 10. Constituem objetivos da Reurb, a serem observados pela União, Estados, Distrito Federal e Municípios: VII – garantir a efetivação da função social da propriedade.

D) CORRETA – Lei 13.465/17, Art. 9, § 1 – Os poderes públicos formularão e desenvolverão no espaço urbano as políticas de suas competências de acordo com os princípios de sustentabilidade econômica, social e ambiental e ordenação territorial, buscando a ocupação do solo de maneira eficiente, combinando seu uso de forma funcional.

Resposta: Letra B

12. PATRIMÔNIO CULTURAL – PROCESSOS CULTURAIS E PROCESSOS IDEOLÓGICOS. IMPERIALISMO CULTURAL. IDENTIDADE, AÇÃO E MEMÓRIA. DEMOCRATIZAÇÃO DO ACESSO AOS BENS CULTURAIS. INSTRUMENTOS DE PROTEÇÃO. DIVERSIDADE ÉTNICA E REGIONAL. COMUNIDADES E PRÁTICAS TRADICIONAIS. QUILOMBOS. ESPORTE E LAZER COMO FORMA DE PROMOÇÃO SOCIAL. ESTATUTO DO TORCEDOR

***MPMG – 2013 (CONCURSO LIII)** Questão 71. Patrimônio cultural. Doutrina e Jurisprudência.*

*Sobre o patrimônio cultural, é **INCORRETO** afirmar-se que:*

A) *A responsabilidade civil decorrente de danos ao patrimônio cultural é de natureza subjetiva, uma vez que a responsabilidade civil objetiva somente se aplica aos danos causados ao meio ambiente.*

B) *As coisas tombadas, que pertençam à União, aos Estados ou aos Municípios, inalienáveis por natureza, só poderão ser transferidas de uma à outra das referidas entidades.*

C) *A proteção do patrimônio cultural poderá se dar através do instituto da desapropriação.*

D) *Constituem crime a destruição, a inutilização ou a deterioração, seja na forma dolosa ou culposa, de bem cultural protegido por lei, ato administrativo ou decisão judicial.*

Comentários

A) Incorreta. Considerando que o patrimônio cultural integra o conceito de meio ambiente e que a responsabilidade civil por dano ao meio ambiente é objetiva, não é possível sustentar a regra apresentada na assertiva, pois se deve aplicar o preceito constitucional de sua preservação para as gerações presentes e futuras, assim como a regra insculpida no artigo 14, § 1º, da Lei 6.6938/81, que impõe a aplicação das penalidades, independentemente de culpa. Nesse mesmo sentido, foi aprovado o enunciado 33 da Carta de Goiânia, segundo a qual a responsabilidade por danos ao Patrimônio Cultural é objetiva.

B) Correta. Nos exatos termos do art. 11 Decreto-lei 25/1937. Art. 11. As coisas tombadas, que pertençam à União, aos Estados ou aos Municípios, inalienáveis por natureza, só poderão ser transferidas de uma à outra das referidas entidades. Parágrafo único. Feita a transferência, dela deve o adquirente dar imediato conhecimento ao Serviço do Patrimônio Histórico e Artístico Nacional.

C) Correta. A desapropriação figura como um dos instrumentos de proteção do Patrimônio Cultural, nos termos do artigo 216, § 1º, da CR/88: § 1º O Poder Público, com a colaboração da comunidade, promoverá e protegerá o patrimônio cultural brasileiro, por meio de inventários, registros, vigilância, tombamento e desapropriação, e de outras formas de acautelamento e preservação.

D) Correta. A lei dos crimes ambientais (L. 9.605/98), prevê o crime de dano na modalidade culposa e dolosa em seu artigo 62: *Destruir, inutilizar ou deteriorar: I – bem especialmente protegido por lei, ato administrativo ou decisão judicial; [...] Parágrafo único. Se o crime for culposo, a pena é de seis meses a um ano de detenção, sem prejuízo da multa.*

Resposta: Letra A

MPMG 2018. (CONCURSO LVI) *QUESTÃO 68. Direitos Difusos. Patrimônio Cultural. Tombamento. Lei seca, Doutrina.*

Assinale a alternativa CORRETA:

A) *O inventário e o tombamento são instrumentos que auxiliam a preservação do patrimônio cultural, sendo que quando há o tombamento definitivo do bem, o proprietário fica impedido de locá-lo.*

B) *O proprietário de coisa tombada, que não possuir recursos para proceder às obras de conservação e reparação necessárias ao bem, mandará executar tais medidas, de imediato, com posterior direito de regresso contra o poder público.*

C) *O tombamento de coisa pertencente à pessoa física ou jurídica de direito privado se fará voluntária ou compulsoriamente, somente podendo ser cancelado em caso de perecimento do bem protegido.*

D) *Não se poderá, na vizinhança da coisa tombada, fazer construção que lhe impeça ou reduza a visibilidade, nem nela colocar anúncios ou cartazes, sob pena de ser mandada destruir a obra ou retirar o objeto, salvo se houver autorização do órgão competente.*

Comentários

A) INCORRETO. A questão está incorreta porque o tombamento não impede o proprietário de usar, gozar e dispor do imóvel. Segundo Marcos Paulo de Souza Miranda (2014, p. 5), membro do Ministério Público de Minas Gerais, o DL n. 25/37 guarda a natureza de lei especial, limitadora do direito de propriedade, complementando o disposto no artigo 1.228, § 1º do Código Civil brasileiro. (...) O promotor defende que "os bens tombados, **por serem bens de interesse público**, ficam subordinados a um especial regime jurídico que lhes impõe vínculos de destinação, de imodificabilidade e de restrição à alienabilidade. Assim, não há nenhum óbice em locar ou vender o imóvel tombado. Prova disso é o que dispõe no artigo 13, § 1º do Decreto-lei 25/37: Art. 13. O tombamento definitivo dos bens de propriedade particular será, por iniciativa do órgão competente do Serviço do Patrimônio Histórico e Artístico Nacional, transcrito para os devidos efeitos em livro a cargo dos oficiais do registro de imóveis e averbado ao lado da transcrição do domínio. § 1º No caso de transferência de propriedade dos bens de que trata este artigo, deverá o adquirente, dentro do prazo de trinta dias, sob pena de multa de dez por cento sobre o respectivo valor, fazê-la constar do registro, ainda que se trate de transmissão judicial ou causa mortis.

B) INCORRETO. Segundo o Decreto 25/37, art. 19. o proprietário de coisa tombada, que **não dispuser de recursos** para proceder às obras de conservação e reparação que a mesma requerer, levará ao conhecimento do Serviço do Patrimônio Histórico e Artístico Nacional a necessidade das mencionadas obras, sob pena de multa correspondente ao dobro da importância em que for avaliado o dano sofrido pela mesma coisa. § 1º Recebida a comunicação, e consideradas necessárias as obras, **o diretor do Serviço do Patrimônio Histórico e Artístico**

Nacional mandará executá-las, a expensas da União, devendo as mesmas ser iniciadas dentro do prazo de seis meses, ou providenciará para que seja feita a desapropriação da coisa.

C) INCORRETO. Além da hipótese de cancelamento do tombamento em caso de ausência de providências estatais para executar obras necessárias à conservação e reparação requeridas pelo proprietário de coisa tombada que não dispuser de recursos, prevista no § 2º do artigo 19 do DL 25/37, segundo Marcos Paulo de Souza Miranda (2014, p. 55-56) existe a possibilidade de cancelamento por ato do Presidente da República, nos termos do Decreto-lei n. 3.866/41, segundo o qual, o Presidente da República, atendendo a motivos de interesse público, poderá determinar, de ofício ou em grau de recurso, interposto por qualquer legitimado interessado, seja cancelado o tombamento de bens pertencentes à União, aos Estados, aos Municípios ou a pessoas naturais ou jurídicas de direito privado, feito no Serviço do Patrimônio Histórico e Artístico Nacional de acordo com o Decreto-Lei n. 25/37 . Art. 19. O proprietário de coisa tombada, que não dispuser de recursos para proceder às obras de conservação e reparação que a mesma requerer, levará ao conhecimento do Serviço do Patrimônio Histórico e Artístico Nacional a necessidade das mencionadas obras, sob pena de multa correspondente ao dobro da importância em que for avaliado o dano sofrido pela mesma coisa. § 1º Recebida a comunicação, e consideradas necessárias as obras, o diretor do Serviço do Patrimônio Histórico e Artístico Nacional mandará executá-las, a expensas da União, devendo as mesmas ser iniciadas dentro do prazo de seis meses, ou providenciará para que seja feita a desapropriação da coisa. § 2º **À falta de qualquer das providências previstas no parágrafo anterior, poderá o proprietário requerer que seja cancelado o tombamento da coisa.**

D) CORRETO. Conforme art. 18 do DL 25/37: Sem prévia autorização do Serviço do Patrimônio Histórico e Artístico Nacional, não se poderá, na vizinhança da coisa tombada, fazer construção que lhe impeça ou reduza a visibilidade, nem nela colocar anúncios ou cartazes, sob pena de ser mandada destruir a obra ou retirar o objeto, impondo-se neste caso a multa de cinquenta por cento do valor do mesmo objeto.

Resposta: Letra D

MPMG 2019 (CONCURSO LVII). *QUESTÃO 67. Direito material coletivo. Patrimônio cultural. Legislação, doutrina e jurisprudência.*

Há, no Município de Tutu Caramujo, uma casa antiga, sede de fazenda, construída no século XIX. Alguns herdeiros mobilizaram-se e o casarão foi tombado. Há recursos disponíveis, no orçamento municipal, para as obras de recuperação do imóvel, os quais, todavia, não foram liberados devido à falta de um projeto técnico cuja elaboração, conforme a legislação municipal, cabe aos proprietários. A falta de consenso entre os titulares do domínio, herdeiros netos e bisnetos do construtor, deu causa à propositura de Ação Civil Pública, visando a imposição da obrigação de fazer consistente na apresentação de projeto técnico de revitalização da sede do imóvel, no prazo de 90 dias.

Aplicam-se ao caso as teses seguintes, exceto:

A) A aprovação do tombamento impõe aos proprietários uma série de encargos para a conservação e preservação do bem e para a manutenção das características que motivaram o ato que lhe confere proteção como patrimônio histórico e cultural.

B) O tombamento é uma das formas de intervenção do poder público na propriedade privada e se justifica pela necessidade de proteção do patrimônio histórico cultural, razão pela qual aos proprietários incumbe o dever de conservação do bem.

C) A legitimidade passiva dos herdeiros decorre do princípio da saisine (artigo 1.784 do Código Civil), bem como do negócio jurídico pelo qual alguns receberam seus direitos por meio de contrato de doação.

D) O herdeiro que mantém a posse sobre a casa sede da fazenda é o único responsável pelo custeio do projeto de recuperação - responsabilidade aquiliana - porque a solidariedade não se presume, resulta da lei ou da vontade das partes.

Comentários

(A): **Correto**. Art. 17 do Decreto-Lei 25/37: As coisas tombadas não poderão, em caso nenhum ser destruidas, demolidas ou mutiladas, nem, sem prévia autorização especial do Serviço do Patrimônio Histórico e Artistico Nacional, ser reparadas, pintadas ou restauradas, sob pena de multa de cincoenta por cento do dano causado. Art. 19 do Decreto-Lei 25/37: O proprietário de coisa tombada, que não dispuzer de recursos para proceder às obras de conservação e reparação que a mesma requerer, levará ao conhecimento do Serviço do Patrimônio Histórico e Artístico Nacional a necessidade das mencionadas obras, sob pena de multa correspondente ao dobro da importância em que fôr avaliado o dano sofrido pela mesma coisa.

(B): **Correto**. Define-se o tombamento como o ato administrativo (ou procedimento administrativo, para parcela da doutrina) destinado a declarar o valor histórico, paisagístico, turístico, cultural ou científico de coisas ou locais que devem ser preservados, de acordo com inscrição em livro próprio.

(C): **Correto**. O enunciado do item "C", assim como as demais assertivas, foi retirado de acórdão proferido pelo TJMG (n° 1.0317.14.020333-0/002), em cuja ementa se encontra o seguinte "Os apelantes possuem legitimidade para figurar no polo passivo da ação em razão do princípio da saisine (artigo 1.784 do

Código Civil), bem como porquanto juntada aos autos escritura pública de doação em seu favor".

(D): **Incorreto**. A responsabilidade pelo custeio do projeto de recuperação não recai somente sobre o herdeiro que mantém a posse do bem tombado. Como decidiu o TJMG nos autos da apelação de n° 1.0317.14.020333-0/002, os demais herdeiros também assumem o dever de preservar e recuperar o bem, já que, pelo princípio de saisine, opera-se a transmissão da propriedade no exato instante do falecimento do autor da herança, que permanece como monte indiviso enquanto não efetuada a partilha dos bens.

Resposta: Letra D

MPMG 2019 (CONCURSO LVII). QUESTÃO 68. Direito material coletivo. Patrimônio cultural. Legislação e doutrina.

Assinale a alternativa incorreta:

A) *É possível afirmar que os bens culturais inventariados estão submetidos a especial regime protetivo, a fim de evitar o seu perecimento ou degradação, promover sua preservação e segurança e divulgar a respectiva existência.*

B) *Em razão da natureza fundamental, difusa, indisponível e intergeracional do patrimônio cultural, a determinação pelo Poder Judiciário de medidas tendentes a fazer com que o Legislativo e o Executivo cumpram a missão constitucional de promover a adequada tutela dos bens de valor cultural não implica violação à separação de Poderes.*

C) *O tombamento é um ato administrativo de caráter constitutivo, através do qual um bem de valor cultural ou natural passa a ser digno de preservação após sua inscrição no Livro Tombo.*

D) *É dispensável o prévio tombamento de um bem para viabilizar o acesso à jurisdição em sua defesa.*

Comentários

(A): **Correto**. Art. 39, § 2°, da Lei 11.904/09: Os bens inventariados ou registrados gozam de proteção com vistas em evitar o seu perecimento ou degradação, a promover sua preservação e segurança e a divulgar a respectiva existência.

(B): **Correto**. Trata-se de enunciado aprovado no III Congresso Brasileiro da Magistratura e do Ministério Público para o Meio Ambiente (Araxá, agosto de 2019). De fato, na linha dos arts. 215 e 216 da CF/88 (cuja leitura é importante para provas de MP), o patrimônio cultural é bem jurídico fundamental, de titularidade indeterminada e indeterminável, cujo acesso deve ser assegurado às presentes e às futuras gerações, motivo pelo qual dele não se pode dispor. Ademais, a determinação proferida pelo Poder Judiciário no sentido de efetivar o encargo de preservar os bens culturais não constitui ofensa ao princípio da separação dos poderes, porque, em primeiro plano, trata-se de um **comando de matriz constitucional**. Se a própria Constituição impõe a preservação, razões não há para se cogitar de ofensa à separação dos poderes, que, entre nós, vê-se submetida ao sistema de freios e contrapesos.

(C): **Incorreto**. De acordo com a doutrina absolutamente majoritária, o tombamento possui natureza meramente **declaratória** – e não constitutiva –, já que apenas reconhece o valor cultural, histórico, artístico, paisagístico, turístico ou científico que determinado bem já possui.

(D): **Correto**. O tombamento constitui apenas uma das formas de proteção do patrimônio cultural. Nesse sentido, prevê o art. 216, § 1°, da CF/88, que o "Poder Público, com a colaboração da comunidade, promoverá e protegerá o patrimônio cultural brasileiro, por meio de inventários, registros, vigilância, tombamento e desapropriação, e de outras formas de acautelamento e preservação". Assim, independentemente da inscrição do bem no Livro do Tombo, admite-se o acionamento do Poder Judiciário para que se efetive a proteção de bens que constituam o patrimônio cultural brasileiro, não havendo sequer mínina razão para que a judicialização da tutela se restrinja aos bens tombados.

Resposta: Letra C

13. PATRIMÔNIO PÚBLICO – ESPAÇO PÚBLICO E PARTICIPAÇÃO. ESTADO EFICIENTE E ADMINISTRAÇÃO GERENCIAL. DIREITO REGULATÓRIO. PPP, LICITAÇÕES E CONCESSÕES. CONVÊNIOS E CONSÓRCIOS. PODER DE POLÍCIA E PROPRIEDADE PRIVADA. LEGALIDADE ADMINISTRATIVA. PROTEÇÃO DA CONFIANÇA. MORALIDADE. PUBLICIDADE. IMPESSOALIDADE. IMPROBIDADE ADMINISTRATIVA

***MPMG – 2011 (Concurso LI)**. Questão 63. Direito Material Coletivo / Patrimônio Público / Lei 8.429.92 / Legislação.*

O combate à improbidade administrativa é, indiscutivelmente, uma das prioridades da atuação do Ministério Público, na medida em que a malversação do dinheiro público mostra-se altamente nociva à consecução dos interesses da sociedade brasileira. A Lei nº 8.429/92 dedica um capítulo à definição e tipificação das condutas consideradas ímprobas e, por isso mesmo, passíveis de sancionamento. Analise as proposições a seguir.

I. A utilização, em obra ou serviço particular, de veículos, máquinas, equipamentos ou material de qualquer natureza, de propriedade ou à disposição da administração direta, indireta ou fundacional de qualquer dos Poderes da União, dos Estados, do Distrito Federal, dos Municípios, de Território, de empresa incorporada ao patrimônio público ou de entidade para cuja criação ou custeio o erário haja concorrido ou concorra com até cinquenta por cento do patrimônio ou da receita anual é conduta tipificada como ato de improbidade administrativa que importa enriquecimento ilícito.

II. Frustrar a licitude de processo licitatório ou dispensá-lo indevidamente é ato de improbidade administrativa tipificado entre aqueles que causam prejuízo ao erário.

III. Permitir, facilitar ou concorrer para que terceiro se enriqueça ilicitamente é conduta tipificada entre os atos de improbidade administrativa que importam enriquecimento ilícito.

IV. Ordenar ou permitir a realização de despesas não autorizadas em lei ou regulamento é conduta tipificada entre os atos de improbidade administrativa que importam prejuízo ao erário.

V. Revelar ou permitir que chegue ao conhecimento de terceiro, antes da respectiva divulgação oficial, teor de medida política ou econômica capaz de afetar o preço de mercadoria, bem ou serviço, é conduta tipificada entre aquelas que causam enriquecimento ilícito.

Apenas estão CORRETAS as opções:

A) II e IV.

B) III e V.

C) I e V.

D) IV e V.

Comentários

I) Incorreta. Arts. 1º, *caput*, e 9º, IV, da Lei 8.429/92. A questão apresenta conduta que enseja ato de improbidade administrativa que importa em enriquecimento ilícito. Porém, o inciso IV do art. 9º da Lei 8.429/92 remete sua redação ao artigo 1º, *caput*, deste diploma legal, não ao parágrafo único, o qual é referido na assertiva.

II) Correta. Art. 10, VIII, Lei 8.429/92. "VIII – frustrar a licitude de processo licitatório ou de processo seletivo para celebração de parcerias com entidades sem fins lucrativos, ou dispensá-los indevidamente; (Redação dada pela Lei nº 13.019, de 2014)"

III) Incorreta. Art. 10, XII, Lei 8.429/92. Conduta importa em prejuízo ao erário. Imprescindível, sempre, analisar a conduta do agente público, não do terceiro.

IV) Correta. Art. 10, IX, Lei 8.429/92. " IX – ordenar ou permitir a realização de despesas não autorizadas em lei ou regulamento;"

V) Incorreta. Art. 11, VII, Lei 8.429/92. Conduta atenta contra princípios da Administração pública.

Resposta certa: A

MPMG – 2011 (Concurso LI). Questão 64. Direito Material Coletivo / Patrimônio Público / Lei 8.429.92 / Legislação.

O artigo 12 da Lei nº 8.429/92 (Lei de Improbidade Administrativa) estabelece que, independentemente das sanções penais, civis e administrativas, sujeita-se o responsável pelo ato de improbidade administrativa às cominações ali estipuladas, que podem ser aplicadas isolada ou cumulativamente, de acordo com a gravidade do fato. A respeito de tais sanções, é CORRETO afirmar:

I. Na fixação das penas, o juiz levará em conta a extensão do dano e o proveito patrimonial obtido pelo agente.

II. Todas as modalidades de improbidade administrativa podem implicar restrição temporária de direitos (suspensão de direitos políticos e proibição temporária de recebimento de benefícios ou incentivos fiscais ou creditícios) e interdição definitiva de direitos (perda da função pública).

III. Permitir, facilitar ou concorrer para que terceiro se enriqueça ilicitamente é ato de improbidade administrativa que pode ser sancionado com suspensão dos direitos políticos de cinco a oito anos e pagamento de multa civil de até três vezes o valor do acréscimo patrimonial.

IV. Adquirir para si ou para outrem, no exercício de mandato, cargo, emprego ou função pública, bens de qualquer natureza cujo valor seja desproporcional à evolução do patrimônio ou à renda do agente público é ato de improbidade administrativa punível, entre outras sanções, com perda da função pública, suspensão dos direitos políticos de oito a dez anos e pagamento de multa civil de até três vezes a remuneração percebida pelo agente.

V. Frustrar a licitude de concurso público é ato de improbidade administrativa que sujeita o responsável ao pagamento de multa civil de até cem vezes o valor da remuneração percebida pelo agente.

Apenas estão CORRETAS as assertivas

A) I, IV e V.

B) I, II e V.

C) II, III e IV.

D) I, II e III.

Comentários

I) Correta. Art. 12, parágrafo único, Lei 8.429/92. "Parágrafo único. Na fixação das penas previstas nesta lei o juiz levará em conta a extensão do dano causado, assim como o proveito patrimonial obtido pelo agente."

II) Correta. Art. 12, I, II e III, Lei 8.429/92.

III) Incorreta. Arts. 10, XII, e 12, II, Lei 8.429/92. A conduta que cause **prejuízo ao erário** pode redundar em multa civil de **02 (duas) vezes o valor do dano**, não 03 (três) vezes o valor do acréscimo patrimonial.

IV) Incorreta. Arts. 9º, VII, e 12, I, Lei 8.429/92. A conduta que importe em enriquecimento ilícito pode gerar o pagamento de multa civil de **03 (três) vezes o valor do acréscimo patrimonial**, não tendo como base de cálculo a remuneração percebida pelo agente.

V) Correta. Arts. 11, V, e 12, III, Lei 8.429/92. "V – frustrar a licitude de concurso público;"

Resposta certa: B

MPMG – 2012 (LII Concurso) *Questão 67 Direito Administrativo – Controle do Patrimônio Público – Doutrina.*

Referente à tutela dos bens públicos para o escorreito controle do patrimônio público, indique a alternativa INCORRETA:

A) No Código Civil, lei de caráter eminentemente privatista, radica o conceito jurídico de bens públicos (natureza subjetiva), bem como a classificação dos bens de acordo com a respectiva destinação.

B) A venda de bens públicos imóveis é permitida pelo ordenamento, desde sejam observados os seguintes requisitos: interesse público, avaliação justa, autorização legislativa, licitação na modalidade concorrência, escritura pública (ou outra forma efetiva publicidade do ato), além daqueles indicados em legislação específica.

C) Afetação é a atribuição de finalidade específica ao bem público, funcionalizando-o a determinada destinação pública a bem da coletividade, enquanto desafetação é a modificação do destino dos bens públicos de uso comum, especial ou dominicais.

D) Os bens públicos podem ser classificados em bens de domínio público, bens do patrimônio administrativo (bens patrimoniais indisponíveis) e bens do patrimônio fiscal (bens patrimoniais disponíveis).

Comentários

A) Correto. Afirmação extraída do livro do examinador do concurso, Fernando Rodrigues Martins, "Controle do Patrimônio Público", 5. edição, p. 112.

B) Correto Afirmação extraída do livro do examinador do concurso, Fernando Rodrigues Martins, "Controle do Patrimônio Público", 5. edição, final da página 114 e início da página 115.

C) Incorreto. Desafetação relaciona-se com ausência de destinação pública ao bem.

D) Correto. Afirmação extraída do livro do examinador do concurso, Fernando Rodrigues Martins, "Controle do Patrimônio Público", 5. edição, p. 112.

Resposta: letra C.

MPMG - 2013 (CONCURSO LIII) *Questão 77. Lei de Acesso à informação/ Legislação.*

Visando regular os procedimentos a serem observados pela União, Estados, Distrito Federal e Municípios, quanto ao acesso a informações previsto no inciso XXXIII do artigo 5º, no inciso II do § 3º do artigo 37 e no § 2º do artigo 216, todos da Constituição da República, foi editada a Lei Federal 12.527/2011, que prevê, ***EXCETO****:*

A) As informações ou documentos que versem sobre condutas que impliquem violação dos direitos humanos praticada por agentes públicos ou a mando de autoridades públicas não poderão ser objeto de restrição de acesso.

B) A informação em poder dos órgãos e entidades públicas, observado o seu teor em razão de sua "imprescindibilidade à segurança da sociedade ou do Estado", poderá sofrer restrição de acesso, de acordo com a classificação de ultrassecreta, secreta, confidencial e reservada e nos prazos máximos respectivos de 25, 20, 15 e 5 anos.

C) O disposto na referida lei não exclui as demais hipóteses legais de sigilo e de segredo de justiça, nem as hipóteses de segredo industrial decorrentes da exploração direta de atividade econômica pelo Estado ou por pessoa física ou entidade privada que tenha qualquer vínculo com o poder público.

D) Os cinco princípios que regem a Lei de Acesso à Informação são: observância da publicidade como preceito geral e do sigilo como exceção; divulgação de informações de interesse público, independentemente de solicitações; utilização de meios de comunicação viabilizados pela tecnologia da informação; fomento ao desenvolvimento da cultura de transparência na administração pública; e desenvolvimento do controle social da administração pública.

Comentários

A) **Correta**. Não poderão ser objeto de restrição as informações ou documentos que versem sobre condutas que impliquem violação dos direitos humanos praticadas por agentes públicos ou a mando de autoridades públicas (artigo 21, parágrafo único, da Lei 12.527/11).

B) Incorreta. Não existe classificação confidencial conforme artigo 24, *caput* e § 1º, da Lei 12.527/11: ultrassecreta – 25 anos, secreta – 15 anos e reservada – 5 anos, a depender do teor da informação e a sua imprescindibilidade à segurança da sociedade ou do Estado. No entanto, através do Decreto 9.637/2018, foi instituída a Política Nacional de Segurança da Informação, com a finalidade de assegurar a disponibilidade, a integridade, a **confidencialidade** e a autenticidade da informação a nível nacional.

C) Correta. Conforme artigo 22 da Lei 12.527/11. O disposto nesta Lei não exclui as demais hipóteses legais de sigilo e de segredo de justiça nem as hipóteses de segredo industrial decorrentes da exploração direta de atividade econômica pelo Estado ou por pessoa física ou entidade privada que tenha qualquer vínculo com o poder público.

D) Correta. Nos exatos termos do artigo 3º da Lei 12.527/11. Art. 3º Os procedimentos previstos nesta Lei destinam-se a assegurar o direito fundamental de acesso à informação e devem ser executados em conformidade com os princípios básicos da administração pública e com as seguintes diretrizes: I - observância da publicidade como preceito geral e do sigilo como exceção; II - divulgação de informações de interesse público, independentemente de solicitações; III - utilização de meios de comunicação viabilizados pela tecnologia da informação; IV - fomento ao desenvolvimento da cultura de transparência na administração pública; V - desenvolvimento do controle social da administração pública.

Resposta: Letra B

MPMG 2014 – Questão 70. Direito Coletivo / Lei de Probidade Administrativa (L. 8.429/92) */ Probidade Administrativa e Ação Civil Pública / Doutrina.*

Sentindo-se lesados em decorrência de fraude na realização de concurso público municipal, 227 cidadãos protocolaram um abaixo-assinado na Promotoria de Justiça narrando diversos eventos observados durante a realização da avaliação escrita: não exigência de documento de identidade dos candidatos, falta de fiscalização e quebra do sigilo das provas. Instaurado o inquérito civil, constatou-se que o Município contratou uma cooperativa, mediante dispensa de licitação, para a realização do concurso, sob a justificativa de que a remuneração se daria exclusivamente com os valores oriundos das inscrições dos candidatos. As inscrições geraram, para a cooperativa, a receita total de R$ 95.880,00, montante superior ao previsto para a dispensa de licitação. A investigação constatou também que o edital não incluiu a previsão dos casos de isenção do pagamento da taxa de inscrição prevista na Lei Estadual n. 13.392, de 1999, a qual atende aos dispositivos das Constituições estadual e federal que garantem o direito de ampla acessibilidade aos cargos públicos. Ficou provado também que todas as despesas necessárias à realização da prova, inclusive os recursos humanos, foram custeados pelo Município.

Daí, em ação civil pública, foram formulados os pedidos seguintes:

I. Reembolso individual dos valores pagos a título de inscrição, a todos os candidatos.

II. Nulidade dos contratos entre Município e cooperativa, por falta de prévia licitação.

III. Nulidade do concurso público por quebra do sigilo das provas.

IV. Restituição integral do valor da remuneração da cooperativa aos cofres públicos.

Tendo em vista a relação de prejudicialidade, referidos pedidos devem ser analisados na seguinte ordem:

A) I, IV, III e II.

B) IV, I, II, III.

C) II, III, IV, I.

D) III, II, IV, I.

Comentários

(A, B, C e D) Devem ser priorizados os pedidos mais abrangentes, bem como a ordem dos acontecimentos.

Resposta certa: C

MPMG 2017 (Concurso LV)*. Questão 70. Direito Material Coletivo/ Súmulas e jurisprudência do STF e do STJ e legislação relacionada com os temas arrolados. Disposições constitucionais pertinentes ao Direito Material Coletivo/Patrimônio público – Espaço público e participação. Estado eficiente e administração gerencial. Direito regulatório. PPP, licitações e concessões. Convênios e consórcios. Poder de polícia e propriedade privada. Legalidade administrativa. Proteção da confiança. Moralidade. Publicidade. Impessoalidade. Improbidade administrativa./ jurisprudência.*

Assinale a alternativa INCORRETA. Conforme jurisprudência recente do Superior Tribunal de Justiça:

A) O afastamento cautelar do agente público de seu cargo, previsto no parágrafo único do art. 20 da Lei nº 8.429/92, é medida excepcional, que pode perdurar por até 180 (cento e oitenta) dias.

B) A aplicação de pena de demissão por improbidade administrativa é exclusividade do Judiciário, não sendo passível a sua incidência no âmbito do processo administrativo disciplinar.

C) A indisponibilidade de bens prevista na Lei de Improbidade Administrativa pode alcançar tantos bens quantos necessários a garantir as consequências financeiras da prática de improbidade, excluídos os bens impenhoráveis assim definidos em lei.

D) *Os bens de família podem ser objeto de medida de indisponibilidade prevista na Lei de Improbidade Administrativa, uma vez que há apenas a limitação de eventual alienação do bem.*

Comentários

(A): Correta – Conforme tese 6 da edição 40 do " Jurisprudência em teses" do STJ:"O afastamento cautelar do agente público de seu cargo, previsto no parágrafo único, do art. 20, da Lei n. 8.429/92, é medida excepcional que pode perdurar por até 180 dias"

(B): Incorreta – Não há exclusividade de aplicação de pena de demissão pelo Poder Judiciário e pode ela ocorrer via processo administrativo disciplinar. Conforme tese 4 da edição 40 do " Jurisprudência em teses" do STJ:"A aplicação da pena de demissão por improbidade administrativa **não é exclusividade do Judiciário**, sendo passível a sua incidência no âmbito do processo administrativo disciplinar"

(C): Correta – Conforme tese 8 da edição 40 do " Jurisprudência em teses" do STJ: "A indisponibilidade de bens prevista na LIA pode alcançar tantos bens quantos necessários a garantir as consequências financeiras da prática de improbidade, excluídos os bens impenhoráveis assim definidos por lei"

(D): Correta – Conforme tese 9 da edição 40 do " Jurisprudência em teses" do STJ: "Os bens de família podem ser objeto de medida de indisponibilidade prevista na Lei de Improbidade Administrativa, uma vez que há apenas a limitação de eventual alienação do bem"

Resposta: Letra B

MPMG 2018. (CONCURSO LVI) *QUESTÃO 65. Improbidade Administrativa. Jurisprudência.*

Assinale a alternativa CORRETO. Conforme jurisprudência do Superior Tribunal de Justiça:

A) *Na ação de improbidade administrativa proposta contra vários réus, a contagem do prazo prescricional quinquenal (art.23, I, da Lei 8429/92) será única para todos os demandados e terá como termo inicial a data em que o último requerido deixar o exercício do respectivo cargo ou mandato.*

B) *Tratando-se de providência que envolve o patrimônio do réu, a medida cautelar de indisponibilidade de bens prevista no art. 7º da Lei 8429/92 não se aplica aos atos de improbidade administrativa que impliquem somente violação dos princípios da administração pública.*

C) *Os bens de família não podem ser objeto de medida de indisponibilidade prevista na Lei de Improbidade Administrativa, prevalecendo as disposições da Lei 8009/90 que impedem a alienação de imóvel onde se estabelece a residência familiar.*

D) *Nos casos de improbidade administrativa, a concessão da medida cautelar de indisponibilidade de bens não exige a delimitação da responsabilidade de cada agente, sendo tal responsabilidade solidária até, ao menos, a instrução final do feito em que se poderá definir a quota de cada réu para o ressarcimento.*

Comentários

A) INCORRETO. Consoante entendimento do STJ: "Recurso Especial. Administrativo. Improbidade. Concurso de agentes. Prazo prescricional quinquenal. Termo inicial. Art. 23, I, da Lei n. 8.429/1992. Término do mandato. Contagem individualizada. (STJ. 2ª Turma. REsp 1.230.550/PR, rel. Min. Og Fernandes, J. 28.02.2018).

B) INCORRETO. Qualquer modalidade de improbidade administrativa é capaz de ensejar a decretação de indisponibilidade de bens, segundo o STJ (STJ. 2ª Turma. REsp 1.299.936/RJ, rel. Min. Mauro Campbell Marques, DJ 23.04.2013)

C) INCORRETO. A medida cautelar de indisponibilidade só não pode atingir os bens absolutamente impenhoráveis, sendo certa a possibilidade de sua decretação sobre bens de família (STF. 2ª Turma. ED no AgRg no REsp 1.351.825/BA, rel. Min, Og Fernandes, j. 22.09.2015).

D) CORRETA. " 2. A jurisprudência do Superior Tribunal de Justiça orienta-se no sentido de que, "nos casos de improbidade administrativa, a responsabilidade é solidária até, ao menos, a instrução final do feito em que se poderá delimitar a quota de responsabilidade de cada agente para o ressarcimento. Precedentes."(STJ. 1ª Turma. AgRg no AREsp 698.259/CE, rel. Min. Benedito Gonçalves, DJ 04.12.2015)

Resposta: Letra D

MPMG 2018. (CONCURSO LVI) *QUESTÃO 66. Direito Material Coletivo. Improbidade Administrativa. Lei Seca e Jurisprudência.*

Assinale a alternativa INCORRETA. Conforme o texto da Lei 8429/92 e a jurisprudência do STJ:

A) *Os agentes públicos de qualquer nível ou hierarquia são obrigados a velar pela estrita observância dos princípios de legalidade, impessoalidade, moralidade e publicidade no trato dos assuntos que lhe são afetos.*

B) *Não pode participar de procedimento licitatório a empresa que possua em seu quadro de pessoal servidor público, efetivo ou ocupante de cargo em comissão, ou dirigente do órgão contratante ou responsável pela licitação, salvo se ficar comprovado que à época do certame tal servidor estivesse licenciado.*

C) *O termo inicial da prescrição em improbidade administrativa em relação a particulares que se beneficiam do ato ímprobo é idêntico ao do agente público que praticou a ilicitude.*

D) *A alegação de nulidade contratual fundamentada na ausência de licitação não exime o dever de a administração pública pagar pelos serviços efetivamente prestados ou pelos prejuízos decorrentes da administração, quando comprovados, ressalvadas as hipóteses de má-fé ou de haver o contratado concorrido para a nulidade.*

Comentários

A) CORRETO. Nos exatos termos do artigo 4º da Lei de Improbidade Administrativa.

B) INCORRETA. "6. Consigne-se que, consoante o entendimento do STJ, "não pode participar de procedimento licitatório a empresa que possuir em seu quadro de pessoal servidor ou dirigente do órgão ou entidade contratante ou responsável pela licitação (...) O fato de estar o servidor licenciado, à época do certame, não ilide a aplicação do referido preceito legal, eis que não deixa de ser funcionário o servidor em gozo de licença" (REsp 254.115/SP, Rel. Min. Garcia Vieira, Primeira Turma, julgado em 20.6.2000, DJ de 14.8.2000, p. 154.) Acórdão citado no REsp 1.607.715 – AL 07/03/2017.

C) CORRETO. Conforme entendimento do STJ: "1. Esta Corte Superior entende que o termo inicial da prescrição em improbidade administrativa em relação a particulares que se beneficiam de ato ímprobo é idêntico ao do agente público que praticou a ilicitude, a teor do disposto no art. 23, I e II, da Lei n. 8.429/92. Precedentes." (STJ. 2ª Turma. REsp 1.433.552/SP, rel. Min. Humberto Martins, j. 25.11.2014).

D) CORRETO. "Realmente, o fato de um contrato administrativo ter sido considerado nulo por ausência de prévia licitação não exime, em princípio, a Administração do dever de indenizar o contratado pelos serviços por ele prestados. Todavia, em consideração ao disposto no art. 59 da Lei 8.666/1993, devem ser ressalvadas as hipóteses de má-fé ou de ter o contratado concorrido para a nulidade do contrato." (STJ. 2ª Turma. AgRg no REsp 1.394.161-SC, rel. Min. Herman Benjamin, ju. 08.10.2013).

Resposta: Letra B

MPMG 2018. (CONCURSO LVI) *QUESTÃO 73. Processo Coletivo. Improbidade Administrativa. Lei Seca.*

O § 1º do artigo 17 da Lei n.º 8.429/92, que veda expressamente a transação, acordo ou conciliação nas ações que busquem a responsabilização por atos de improbidade administrativa, foi expressamente revogado pela Medida Provisória n.º 703/2015 (art. 2º, I). Assinale a alternativa CORRETA:

A) Em razão da Medida Provisória referida, tal dispositivo não tem mais vigência no plano do direito positivo, sendo permitida a autocomposição de litígio que verse sobre improbidade administrativa.

B) Referido dispositivo ainda vige, e se consubstancia em óbice à autocomposição de litígios que versarem sobre improbidade administrativa.

C) A discussão sobre a vigência ou não do dispositivo em questão é irrelevante, pois a autocomposição de litígios que versarem sobre improbidade administrativa é inviável, dada a natureza indisponível dos interesses discutidos.

D) Referido dispositivo ainda vige, mas não é óbice à autocomposição de litígios que versarem sobre improbidade administrativa.

Comentários

A) INCORRETA. A medida provisória nº 703/15 perdeu a vigência e o § 1º do artigo 17 da Lei de Improbidade Administrativa continua vigente.

B) INCORRETA. A medida provisória nº 703/15 perdeu a vigência e o § 1º do artigo 17 da Lei de Improbidade Administrativa continua vigente.

C) INCORRETA. A discussão é relevante, pois é possível a autocomposição de litígios que versam sobre improbidade administrativa, mesmo possuindo interesses de natureza indisponível, quanto ao tempo e modo de cumprimento da obrigação assumida por meio da autocomposição.

D) CORRETA. Referido dispositivo ainda vige, mas não é óbice à autocomposição de litígios que versarem sobre improbidade administrativa. Nos termos da Resolução do CNMP n. 179/2017, art. 1º: "(...). § 2º: É cabível o compromisso de ajustamento de conduta nas hipóteses configuradoras de improbidade administrativa, sem prejuízo do ressarcimento ao erário e da aplicação de uma ou algumas das sanções previstas em lei, de acordo com a conduta ou o ato praticado. § 3º: A celebração do compromisso de ajustamento de conduta com o Ministério Público não afasta, necessariamente, a eventual responsabilidade administrativa ou penal pelo mesmo fato, nem importa, automaticamente, no reconhecimento de responsabilidade para outros fins que não os estabelecidos expressamente no compromisso.

Resposta: Letra D

DIREITO PROCESSUAL COLETIVO

Autor: Thiago Diniz Moura

DIREITO PROCESSUAL COLETIVO	Legislação	Doutrina	Jurisprudência
1. Surgimento e evolução da tutela coletiva.			
2. Ondas renovatórias do acesso à justiça.			
3. Direito processual coletivo, conceito, princípios e institutos fundamentais.	2013: 1 2019: 1	2013: 2 2017: 2 2019: 1	2018: 1
4. Microssistema de tutela jurisdicional coletiva.		2013: 1	
5. Espécies de ações coletivas.			
6. Representação adequada.	2017: 1		2017: 1
7. Legitimidade coletiva ativa e legitimidade passiva.	2017: 1		2017: 1
8. Pedido e causa de pedir nas ações coletivas.			
9. Provas no processo coletivo.	2014: 1 2017: 1	2014: 1 2017: 1	
10. Competência, litispendência, conexão e continência nos processos coletivos.	2017: 1		2018: 1
11. Intervenção de terceiros nos processos coletivos.	2017: 1		

DIREITO PROCESSUAL COLETIVO	Legislação	Doutrina	Jurisprudência
12. Autocomposição nos direitos coletivos.			
13. Audiências públicas.	2018: 1		
* Decisões interlocutórias, Sentenças e acórdãos nos processos coletivos. (ponto que não constou do Edital do 57º Concurso)	2011: 1		
14. Prescrição e decadência.			
15. Recursos nos processos coletivos.			
16. Responsabilidade pelas despesas processuais provisórias e definitivas.	2011: 1 2017: 1		
17. Coisa julgada coletiva.	2017: 1		
18. Liquidação da sentença coletiva. Execução de sentença coletiva.	2011: 1		2019: 1
19. Execução coletiva de títulos extrajudiciais.			
20. Fundos dos direitos difusos e coletivos.			
21. Ministério Público no direito processual coletivo.	2019: 1		
22. Compromisso de ajustamento de conduta às exigências legais.	2014: 2 2018: 2	2014: 2 2018: 2	2014: 1
23. Inquérito civil e recomendação.	2014: 1 2019: 1	2014: 1 2019: 1	2019: 1
24. Ação civil pública (Lei nº 7.347/1985).	2011: 3 2012: 1 2014: 1 2017: 1		2014: 2 2017: 1

DIREITO PROCESSUAL COLETIVO	Legislação	Doutrina	Jurisprudência
25. Ação coletiva para a reparação de danos a direitos individuais homogêneos dos consumidores (Lei n° 8.078/1990).	2011: 1 2014: 1 2018: 2	2018: 1	2014: 1 2018: 1
26. Ação popular (Lei nº 4.717/1965).	2011: 1 2012: 2 2014: 1 2018: 1 2019: 1	2019: 1	2014: 1 2019: 1
27. Mandado de segurança coletivo (Lei nº 12.016/2009).	2010: 1 2012: 1 2018: 1		
28. Mandado de injunção coletivo.	2019: 1		
29. Ação civil pública de improbidade administrativa (Lei nº 8.429/1992).	2010: 5 2011: 2 2017: 2 2018: 1 2019: 3	2018: 1 2019: 1	2017: 2 2018: 1 2019: 4
30. Tutela processual coletiva no código de defesa do consumidor (Lei nº 8.078/1990).	2010: 2 2017: 1	2017: 1	2019: 1
31. Tutela processual coletiva no estatuto da criança e do adolescente (Lei nº 8.069/1990).	2010: 2 2014: 1		
32. Tutela processual coletiva no estatuto do idoso (Lei nº 10.741/2003).			
33. Ação civil pública para a defesa dos deficientes (Lei nº7.853/1989).	2010: 1 2012: 1		
34. Ação civil pública para proteção dos investidores no mercado de valores mobiliários (Lei nº 7.913/1989).	2012: 1		

DIREITO PROCESSUAL COLETIVO	Legislação	Doutrina	Jurisprudência
35. Ação civil pública na prevenção e repressão às infrações contra a ordem econômica (Lei nº 12.529/11).	2010: 1 2012: 1 2019: 1	2019: 1	2019: 1
36. Ação civil pública na defesa de outros direitos ou interesses difusos e coletivos.	2010: 2 2014: 1	2010: 1	
37. Súmulas e jurisprudências do STF e do STJ.			2017: 2
38. Disposições constitucionais pertinentes ao direito processual coletivo.			
39. Tutela de urgência, tutela de segurança, tutela de evidência e tutela inibitória no processo coletivo.	2010: 1 2018: 1		

1. SURGIMENTO E EVOLUÇÃO DA TUTELA COLETIVA

2. ONDAS RENOVATÓRIAS DO ACESSO À JUSTIÇA

3. DIREITO PROCESSUAL COLETIVO, CONCEITO, PRINCÍPIOS E INSTITUTOS FUNDAMENTAIS

MPMG – 2013 (CONCURSO LIII) *Questão 62. Direito processual coletivo/conceito/ princípios e institutos fundamentais/Doutrina.*

Quanto à participação do juiz na condução do processo, inclusive naquele de dimensão coletiva, verifique as seguintes assertivas:

I. No modelo adversarial, partindo-se da premissa de intensa disputa, às partes de forma mais acendrada são tocados os deveres de condução do processo, ganhando evidência o princípio inquisitivo, porquanto grassa com intensidade direitos de natureza indisponível;

II. O 'neoprivatismo' processual tem por base a utilização da boa-fé e de seus desdobramentos na verificação da dimensão ética do processo, onde as partes de modo civilizado, e sob a supervisão do juiz, se comportem com lealdade;

III. Os modelos inquisitivo e dispositivo podem coexistir em idêntico sistema jurídico, em diversos programas processuais (a saber: instauração do processo; produção de provas; delimitação do objeto litigioso; análise de questões de fato e de direito; recursos), nada impedindo que o legislador, em relação a determinado tema, encampe um ou outro;

IV. A delimitação do objeto litigioso exprime a dimensão processual de dispositividade/inquisitividade, enquanto a estrutura interna do processo permite a visualização da dimensão substancial de dispositividade/inquisitividade;

V. No processo comparticipativo de perspectiva policêntrica, corolário do Estado Democrático de Direito, os princípios do devido processo legal, boa-fé processual e contraditório espargem deveres de condutas não só para as partes, mas também ao juiz, a quem caberá conduzir o processo de forma dialógica e assimétrica, mediante constante busca de equilíbrio.

Escolha a alternativa:

A) são incorretas as assertivas I e III;

B) são corretas as assertivas I, II e III;

C) são corretas as assertivas I, III e V;

D) são incorretas as assertivas I e IV.

Comentários

I) **Incorreta**. No modelo adversarial, há disputa, mas quem resolve o conflito é o órgão jurisdicional. Em suma, o modelo adversarial assume a forma de competição ou disputa, desenvolvendo-se como um conflito entre dois adversários diante de um órgão jurisdicional relativamente passivo, cuja principal função é a de decidir. DAMAŠKA, Mirjan R., citada por Didier Jr. (2016), ensina que "O modelo inquisitorial (não adversarial) organiza-se como uma pesquisa oficial, sendo o órgão jurisdicional o grande protagonista do processo.". No primeiro sistema, a maior parte da atividade processual é desenvolvida pelas partes; no segundo, cabe ao órgão judicial esse protagonismo.

II) **Correta**. Conforme ensinamentos de Didier Jr. (2016, p. 125-126), o garantismo processual tem por objetivo proteger o cidadão dos abusos do Estado, caracterizado, no caso, pelo aumento dos poderes do juiz. Há ardorosos defensores desta concepção, destacando-se Juan Montero Aroca (Espanha), Luis Correia de Mendonça (Portugal) e Franco Cipriani (Itália). Esse pensamento já foi denominado no Brasil de "neoprivatismo processual". Para essa corrente, a própria discussão sobre a boa-fé no processo revela traços autoritários. Há evidente exagero. Se mesmo na guerra a ética há de ser preservada, como não defender a existência de um princípio da boa-fé processual, em que, ainda que apenas metaforicamente, de modo civilizado e sob supervisão do juiz, as partes "guerreiam" por seus interesses? Ademais, bem aplicado, esse princípio serve com certeza mais adequadamente ao processo liberal, já que destinado à proteção dos direitos subjetivos dos litigantes, tendo em vista que a eficácia das garantias fundamentais do processo impõe um juiz tolerante e partes que se comportem com lealdade.

III) **Correta**. Fredie Didier Jr. (2016, p. 123) defende que "A "dispositividade" e a "inquisitividade" podem manifestar-se em relação a vários temas: a) instauração do processo; b) produção de provas; c) delimitação do objeto litigioso (questão discutida no processo); d) análise de questões de fato e de direito; e) recursos etc".

IV) **Incorreta**. Convém transcrever o pensamento de Barbosa Moreira, citado por Didier Jr. (2016, p. 123): "...fala-se de princípio dispositivo a propósito de temas como o da iniciativa de instauração do processo, o da fixação do objeto litigioso, o da tarefa de coletar provas, o da possibilidade de autocomposição do litígio, o da demarcação da área coberta pelo efeito devolutivo do recurso, e assim por diante. Nada força o ordenamento a dar a todas essas questões, com inflexível postura, respostas de idêntica inspiração".

V) **Correta**. O modelo cooperativo parece ser o mais adequado para uma democracia. Dierle José Coelho Nunes, citado por Didier Jr. (2016, p. 126), fala em modelo comparticipativo de processo como técnica de construção de um processo civil democrático em conformidade com a constituição, destacando que "a comunidade de trabalho deve ser revista em perspectiva policêntrica e coparticipativa, afastando qualquer protagonismo e se estruturando a partir do modelo constitucional de processo". Disso surgem deveres de conduta tanto para as partes como para o órgão jurisdicional, que assume uma "dupla posição": "mostra-se paritário na condução do processo, no diálogo processual", e "assimétrico" no momento da decisão; não conduz o processo ignorando ou minimizando o papel das partes na "divisão do trabalho", mas, sim, em uma posição paritária, com diálogo e equilíbrio. (Daniel MITIDIERO, também citado por Didier Jr., 2016, p. 127).

Resposta: Letra D

MPMG - 2013 (CONCURSO LIII) Questão 70/ Direito processual coletivo/ conceito/ princípios e institutos fundamentais/Legislação e Doutrina.

A importância do Direito Romano decorre não apenas da fixação das estruturas do sistema civil law, mas essencialmente da influência das técnicas da 'interpretatio' de grande valia até hoje aos operadores do direito, inclusive nas questões relativas aos microssistemas.

Assinale a alternativa ***INCORRETA:***

A) *A regra ambiguitas contra stipulatorem ou ambiguitas contra proferentem, verdadeiro guia de interpretação no direito contratual de massa não encontra positivação no direito brasileiro.*

B) *Regras de favorecimento têm por escopo a inversão de ônus ou a proteção de interesses privados de acordo com as partes envolvidas; dentre elas destacam-se favor debitoris, favor debilis, favor defensionis, favores libertatis, testamentii.*

C) *O maior legado da interpretatio romana no direito privado atual refere-se à boa-fé, enquanto para o direito internacional prende-se à valorização dos direitos humanos.*

D) *Regras de flexibilização humanitas interpretatio são ensejadoras do combate à usura, de fixação dos limites do mandato, exceção de dolo, proteção da confiança e da boa-fé.*

Comentários

A) Incorreta. A regra *ambiguitas contra stipulatorem* ou *ambiguitas contra proferentem* significa que em caso de cláusulas ambíguas, deve-se interpretar de maneira mais favorável ao consumidor. **A regra está positivada no ordenamento brasileiro no artigo 47 do CDC e no art. 423 do CC**. APELAÇÃO CÍVEL – AÇÃO DE COBRANÇA – CONTRATO DE SEGURO DE VIDA E ACIDENTES PESSOAIS – PRELIMINAR – CERCEAMENTO DE DEFESA – INOCORRÊNCIA – QUESTÃO DE FATO E DE DIREITO – ELEMENTOS SUFICIENTES À FORMAÇÃO DO CONVENCIMENTO DO MAGISTRADO – JULGAMENTO ANTECIPADO DA LIDE – VIABILIDADE (CPC , ART. 330 , I)- APOSENTADORIA POR INVALIDEZ TOTAL E PERMANENTE POR DOENÇA – SUBMISSÃO À JUNTA MÉDICA – APOSENTADORIA CONCEDIDA PELO ÓRGÃO OFICIAL – APLICAÇÃO DO PRINCÍPIO DO INTERPRETATIO CONTRA STIPULATOREM – INDENIZAÇÃO DEVIDA. I – Não incorre em cerceamento de defesa o julgamento antecipado da lide quando a controvérsia recair sobre matéria passível de solução mediante o simples exame dos documentos carreados aos autos. II – Nas relações contratuais regidas pela legislação consumerista (Lei n. 8.078 /90) deve-se aplicar o princípio do *interpretatio contra stipulatorem* quando se constatar a existência de cláusulas ambíguas, vagas ou contraditórias, impondo-se sua interpretação de maneira mais favorável ao consumidor (CDC , art. 47 [...]" (Ap.Cív n. , de Palhoça, rel. Des. Wilson Augusto do Nascimento, j. em 30-4-2003).

B) Correta. Em caso de dúvida, ambiguidade, as regras de interpretação buscam favorecer o devedor (*debitoris*); no âmbito do direito das sucessões, é também aplicável como forma de observar a vontade do testador.

C) Correta. A mudança do paradigma patrimonial para o da dignidade da pessoa humana implicou no fortalecimento de princípios como a boa-fé, na esfera privada, assim como no reconhecimento dos direitos humanos no plano internacional.

D) Correta. Em tempos do *ius civile*, não havendo revogação das leis, surgiram as regras de flexibilização *humanitas intepretatio* como forma de buscar maior temperança na aplicação das normas, evitando-se abusos. A partir dessa compreensão mais flexível, tais regras são ensejadoras do combate à usura, exceção de dolo, de fixação dos limites do mandato e da proteção da confiança e da boa-fé.

Resposta: Letra A

MPMG 2017 (Concurso LV)*. Questão 71. Direito Processual Coletivo / Direito processual coletivo, conceito, princípios e institutos fundamentais. / doutrina.*

Dentre os princípios do processo coletivo a seguir mencionados, é CORRETO afirmar que se trata de corolário lógico do princípio constitucional da universalidade da jurisdição:

A) *Princípio da atipicidade da tutela coletiva.*

B) *Princípio do interesse jurisdicional no conhecimento do mérito do processo coletivo.*

C) *Princípio da indisponibilidade da ação coletiva.*

D) *Princípio da máxima efetividade do processo coletivo.*

Comentários

(A): Correta – O art.5º, XXXV, da CF/88 é, para muitos, o mais importante direito fundamental, uma vez que o acesso à justiça possibilita a garantia e a implementação dos demais direitos fundamentais. E, dentre os princípios próprios do processo coletivo, é o da atipicidade da tutela coletiva que mais garante o seu exercício. Ora, a infinitude de meios de tutelar direitos coletivos *lato sensu* (art.83 do CDC) demonstra e concretiza o acesso à justiça.

(B): Incorreta – O princípio em comento não está diretamente ligado ao da universalidade da jurisdição, já que visa uma maior aplicação do princípio da instrumentalidade e de flexibilização processual como forma de se garantir o julgamento do mérito da ação coletiva. Tem caráter posterior ao acesso à justiça.

(C): Incorreta – O princípio em comento não está diretamente ligado ao da universalidade da jurisdição, já que impõe a impossibilidade de desistência imotivada das ações coletivas em função da relevância social de seu objeto. Tem caráter posterior ao acesso à justiça.

(D): Incorreta – O princípio em comento não está diretamente ligado ao da universalidade da jurisdição, já que é relacionado à prioridade da tutela coletiva e ao máximo benefício da tutela jurisdicional coletiva comum. Tem caráter posterior ao acesso à justiça.

Resposta: Letra A

MPMG 2017 (Concurso LV)*. Questão 72. Direito Processual Coletivo / Direito processual coletivo, conceito, princípios e institutos fundamentais. / doutrina.*

Em função do objeto material, o processo coletivo brasileiro é dividido em comum e especial. Em relação a esse último, é CORRETO afirmar:

A) *O direito processual coletivo especial não se presta à tutela de direitos subjetivos.*

B) *O direito processual coletivo especial destina-se à resolução de conflitos coletivos diante de casos concretos.*

C) *O direito processual coletivo especial possibilita o controle incidental de constitucionalidade da lei ou ato normativo.*

D) *O mandado de segurança coletivo é uma ação típica do direito processual coletivo especial.*

Comentários

(A): Correta – Na classificação de Gregório Assagra de Almeida, o direito processual coletivo comum busca resolver o conflito relativo ao direito coletivo no plano concreto. Há inúmeras opções para tanto: Ação Civil Pública, Ação Popular, Mandado de Injunção Coletivo, Mandado de Segurança Coletivo,etc..) Por sua vez, para o mesmo autor, o direito processual coletivo comum não se presta à tutela de direitos subjetivos e busca resolver o conflito relativo ao direito coletivo no plano abstrato, utilizando-se os institutos legais e constitucionais (ADI, ADC, ADPF, etc...). Ressalta-se que nesse último e cabível o controle incidental de constitucionalidade, conforme jurisprudência dos Tribunais Superiores.

(B): Incorreta – Conforme justificativa da letra A.

(C): Incorreta – Conforme justificativa da letra A.

(D): Incorreta – Conforme justificativa da letra A.

Resposta: Letra A

MPMG 2019 (CONCURSO LVII). QUESTÃO 80 – Direito processual coletivo. Institutos fundamentais. Legislação e doutrina.

Assinale a alternativa correta sobre a desconsideração da personalidade jurídica:

I. Para a teoria menor da desconsideração da personalidade jurídica, acolhida pelo Código Civil, notadamente após o advento da chamada Lei da Liberdade Econômica, além da prova da insolvência da pessoa jurídica, é necessária a demonstração do desvio de finalidade ou da confusão patrimonial entre a pessoa jurídica e seus sócios.

II. A desconsideração inversa da personalidade jurídica se dá quando o credor busca estender a uma determinada pessoa jurídica – de cujo devedor seja sócio – a responsabilidade patrimonial por dívida da pessoa física.

III. Considerando o interesse em proteger bens jurídicos específicos e socialmente relevantes, o Código de Defesa do Consumidor e a legislação ambiental afastam, em todos os casos por eles regulados, a discussão acerca do desvio de finalidade.

IV. A desconsideração da pessoa jurídica somente pode ser decretada em incidente obrigatório, conforme legislação processual pertinente, assegurando-se amplos contraditório e defesa, de modo a evitar a prática de abusos.

A) O item III está correto.

B) Os itens I e II estão corretos.

C) O item IV está incorreto.

D) O item II está incorreto.

Comentários

(I): **Incorreto.** O Código Civil, em seu art. 50, adota a teoria **maior** da desconsideração da personalidade jurídica, em que se exige mais requisitos para que a medida seja adotada. Art. 50. Em caso de abuso da personalidade jurídica, caracterizado pelo desvio de finalidade ou pela confusão patrimonial, pode o juiz, a requerimento da parte, ou do Ministério Público quando lhe couber intervir no processo, desconsiderá-la para que os efeitos de certas e determinadas relações de obrigações sejam estendidos aos bens particulares de administradores ou de sócios da pessoa jurídica beneficiados direta ou indiretamente pelo abuso. A teoria menor, a seu turno, que se contenta com requisitos mais brandos, foi adotada no Código de Defesa do Consumidor.

(II): **Correto**. A chamada desconsideração inversa da personalidade jurídica conta, agora, com previsão expressa no CPC/15 (art. 133, § 2°), consistindo no "afastamento da autonomia patrimonial da sociedade, para, contrariamente do que ocorre na desconsideração da personalidade jurídica propriamente dita, atingir o ente coletivo e seu patrimônio social, de modo a responsabilizar a pessoa jurídica por obrigações do sócio (REsp 1.236.916/RS). Em resumo, portanto: a) na desconsideração tradicional, atinge-se **bens do sócio**; b) na desconsideração inversa, busca-se **bens da pessoa jurídica**.

(III): **Incorreto**. O equívoco da assertiva está na generalização produzida pela expressão "**em todos os casos por eles regulados**". Isso porque o CDC consagra a desconsideração da personalidade jurídica em dois dispositivos que, segundo a doutrina, devem ser lidos de maneira autônoma: no art. 28, *caput*, a desconsideração vê-se condicionada à demonstração de **abuso de direito**, excesso de poder, entre outras situações, sendo certo que o desvio de finalidade, de fato, constitui-se como uma das formas por meio da quais pode se materializar o abuso de direito; já no art. 28, § 5°, consagra-se em toda a sua plenitude a teoria **menor** da desconsideração da personalidade jurídica, que passa a ser admitida "sempre que sua personalidade for, de alguma forma, obstáculo ao ressarcimento de prejuízos causados aos consumidores".

(IV): **Incorreto**. Art. 133, § 2°, CPC/2015. Dispensa-se a instauração do incidente se a desconsideração da personalidade jurídica for requerida na petição inicial, hipótese em que será citado o sócio ou a pessoa jurídica.

Resposta: Letra C

4. MICROSSISTEMA DE TUTELA JURISDICIONAL COLETIVA

MPMG – 2011 (Concurso LI)*. Questão 71. Direito Processual Coletivo / Código de Processo Civil / Prazos /Legislação.*

Em Ação Civil Pública proposta pelo órgão de execução do Ministério Público na Comarca de Belo Horizonte, foi requerida e deferida a intimação por edital dos quase 500 litisconsortes nos cânones do artigo 94 do CDC. Assinando pelo Juiz o prazo de dilação em 30 dias e levando-se em consideração a multiplicidade de manifestações a serem apresentadas, os prazos para oferecimento de contestações contam-se: Marque a opção CORRETA.

A) de 15 dias a partir da publicação.

B) de 15 dias a partir do término do prazo dilatório.

C) de 30 dias a partir da publicação.

D) de 30 dias a partir do término do prazo dilatório.

Comentários

Consoante ditames legais do processo coletivo, não há regras acerca da citação por edital, ou seja, tendo em vista a previsão do artigo 21, LACP, e artigo 90, CDC, são aplicadas as regras do CPC.

CPC/73. A citação por edital, no CPC/73, estava prevista nos artigos 231 e seguintes. O juiz determinava o prazo entre 20 e 60 dias, requisito da citação por edital, o qual corria da data da primeira publicação (art. 232, IV). A contestação, embora tivesse o prazo de 15 dias (art. 297), no caso de litisconsórcios com advogados diferentes tinha o prazo em dobro (art. 191). Por fim, o prazo começava a correr apenas quando finda a dilação assinada pelo juiz (art. 241, V).

Conclusão: o prazo será de 30 dias após o término do prazo dilatório.

NCPC:

Art. 257 – requisitos da citação por edital. "III – a determinação, pelo juiz, do prazo, que variará entre 20 (vinte) e 60 (sessenta) dias, fluindo da data da publicação única ou, havendo mais de uma, da primeira; "

Art. 335 – contestação. "Art. 335. O réu poderá oferecer contestação, por petição, no prazo de 15 (quinze) dias, cujo termo inicial será a data:"

Art. 229 – litisconsortes com procuradores diferentes. "Art. 229. Os litisconsortes que tiverem diferentes procuradores, de escritórios de advocacia distintos, terão prazos contados em dobro para todas as suas manifestações, em qualquer juízo ou tribunal, independentemente de requerimento. § 1º Cessa a contagem do prazo em dobro se, havendo apenas 2 (dois) réus, é oferecida defesa por apenas um deles. § 2º Não se aplica o disposto no *caput* aos processos em autos eletrônicos."

Art. 231, IV – início do prazo. "Art. 231. Salvo disposição em sentido diverso, considera-se dia do começo do prazo: IV – o dia útil seguinte ao fim da dilação assinada pelo juiz, quando a citação ou a intimação for por edital;"

a) Incorreta. b) Incorreta. c) Incorreta. d) Correta.

Resposta certa: D

MPMG – 2013 (CONCURSO LIII) Questão 67. Direito Processual Coletivo. Microssistema de tutela jurisdicional coletiva.

Sobre as cláusulas gerais tão comuns nos microssistemas, é ***INCORRETO*** *dizer:*

A) Caracterizam-se pela adaptação diacrônica.

B) São normas-tipo dúctII.

C) Caracterizam-se pela adaptação sincrônica.

D) São técnicas legislativas de reenvio intrassistemáticas.

Comentários

A) Correto. A adaptação diacrônica consiste no estudo do objeto ao longo do tempo, possibilitando uma demonstração de sua evolução anterior e posterior.

B) Correto. A norma-tipo dúctil é flexível e pode subsumir-se a diversos tipos-comportamentos. Considerando que os direitos coletivos *lato sensu* são tutelados através dos microssistemas, é possível afirmar que as cláusulas gerais são dotadas de flexibilidade (são normas tipo-dúctil) como modo de alcançarem a maior gama de direitos relacionados ao caso concreto.

C) Correto. As transformações socioeconômicas e políticas implicam na necessidade de adaptação do Direito. Essa adaptabilidade da ordem jurídica ao contexto social pode ser observada por meio dos princípios, cláusulas gerais ou conceitos jurídicos indeterminados, que viabilizam a sincronia da ciência do Direito à dinamicidade do tecido social. (Leide Santos, 2008, *online*).

D) Incorreto. As técnicas de reenvio têm por objetivo estabelecer interrelação e integração dos institutos através da referência da aplicação de outra lei no texto normativo, como ocorre com o artigo 21 da ACP e o artigo 91 do CDC. A proposição está incorreta porque a **visão kelseniana de que o direito e a moral não se misturam**, reconhecendo que o direito é intrassistemático e segue a ordem escalonada de normas até a norma hipotética, não traduz o pensamento pós-positivista, tendo em vista que a interação normativa é dotada de transversalidade e, por, conseguinte, não há um escalonamento de observância, vez que a integração ocorre entre normas de mesma hierarquia e até mesmo entre normas internacionais, como a integração do ordenamento jurídico brasileiro às normas internacionais, consoante estipulado no artigo 5º, § 2º, da CR/88, e também através da busca da resolução de problemas ambientais e consumeristas em outras ciências.

Resposta: Letra D

5. ESPÉCIES DE AÇÕES COLETIVAS

6. REPRESENTAÇÃO ADEQUADA

7. LEGITIMIDADE COLETIVA ATIVA E LEGITIMIDADE PASSIVA

MPMG 2017 (Concurso LV)*. Questão 76. Direito Processual Coletivo/ Representação adequada. / Legitimidade coletiva ativa e legitimidade passiva/ legislação e jurisprudência.*

Em relação à atuação das associações no polo ativo do processo coletivo, na defesa dos interesses individuais homogêneos de seus filiados, é CORRETO afirmar que:

A) Dá-se por substituição processual, e não por representação, em qualquer hipótese.

B) Dá-se por substituição processual, e não por representação, salvo nos casos de mandado de segurança coletivo.

C) Dá-se por representação, e não por substituição processual, salvo nos casos de mandado de segurança coletivo.

D) Dá-se por representação, e não por substituição processual, em qualquer hipótese.

Comentários

(A): Incorreta – Em regra, a associação age enquanto representante processual dos associados, ou seja, é necessária autorização para tanto (art. 5º, XXI, da CF/88). A exceção se dá no mandado de segurança coletivo, quando é desnecessária a autorização (Súmula 629 do STF e art.21 da Lei 12.016/09) e ocorre a substituição processual. Ver ainda: "A autorização estatutária genérica conferida à associação não é suficiente para legitimar a sua atuação em juízo na defesa de direitos de seus filiados. Para cada ação, é indispensável que os filiados autorizem de forma expressa e específica a demanda. Exceção: no caso de impetração de mandado de segurança coletivo, a associação não precisa de autorização específica dos filiados" STF. Plenário. RE 573232/SC, rel. orig. Min. Ricardo Lewandowski, red. p/ o acórdão Min. Marco Aurélio, julgado em 14/5/2014.

(B): Incorreta– Conforme justificativa da alternativa A.

(C): Correta – Conforme justificativa da alternativa A.

(D): Incorreta – Conforme justificativa da alternativa A.

Resposta certa: C

8. PEDIDO E CAUSA DE PEDIR NAS AÇÕES COLETIVAS

9. PROVAS NO PROCESSO COLETIVO

MPMG 2014 – Questão 80. Direito Processual Coletivo/ Ação Civil Pública (L. 7.347/85) / *Provas no processo coletivo / Doutrina e Legislação.*

Na ação civil pública, a sentença fará coisa julgada erga omnes, nos limites da competência territorial do órgão do Poder Judiciário prolator, EXCETO:

A) *Se o pedido for julgado improcedente, por insuficiência de provas, hipótese em que qualquer legitimado poderá intentar outra ação com idêntico fundamento.*

B) *Se o pedido for julgado improcedente, por insuficiência de provas, hipótese em que qualquer legitimado poderá intentar outra ação com idêntico fundamento, valendo-se de nova prova.*

C) *Se o pedido for julgado improcedente, por insuficiência de provas, hipótese em que qualquer legitimado poderá intentar outra ação com fundamento diverso.*

D) *Se o pedido for julgado improcedente, por insuficiência de provas, hipótese em que qualquer legitimado poderá intentar outra ação, desde que com fundamento diverso e nova prova.*

Comentários

(A, B, C e D) Art. 16, Lei de Ação Civil Pública. "Art. 16. A sentença civil fará coisa julgada erga omnes, nos limites da competência territorial do órgão prolator, exceto se o pedido for julgado improcedente por insuficiência de provas, hipótese em que qualquer legitimado poderá intentar outra ação com idêntico fundamento, valendo-se de nova prova."

Resposta certa: B

10. COMPETÊNCIA, LITISPENDÊNCIA, CONEXÃO E CONTINÊNCIA NOS PROCESSOS COLETIVOS

MPMG 2017 (Concurso LV)*. Questão 77. Direito Processual Coletivo / Competência, litispendência, conexão e continência nos processos coletivos. / legislação.*

Parte integrante da Cadeia do Espinhaço, a Serra do Carretão, situada na região do Campo das Vertentes, estende-se pelo território de municípios, distritos e povoados pertencentes a duas comarcas distintas, a saber: Desterro de Entre Rios e Resende Costa. Em virtude do acesso dificultado pela inexistência de vias pavimentadas, ainda é refúgio para diversas espécies raras da fauna silvestre, algumas delas ameaçadas de extinção, tais como lobo-guará, bugio, veado-campeiro, etc., além de vegetação típica do bioma de mata atlântica. Dono de uma propriedade rural voltada para a criação de bovinos situada ao pé da referida serra, no município de Entre Rios de Minas, o Sr. Juquinha promoveu uma queimada com a intenção de limpar e propiciar a rebrota de pastos, técnica agrícola rudimentar altamente nociva, mas, infelizmente, ainda muito em uso em Minas Gerais. Como resultado de sua desídia em não providenciar um aceiro, as chamas se alastraram de forma descontrolada, devastando uma ampla área da referida serra, sendo contida pelos bombeiros, todavia, atingindo o território das duas comarcas mencionadas. Como resultado, verificou-se elevada mortandade de animais silvestres e queima de espécies vegetais nativas típicas de mata atlântica. Nesse contexto, é CORRETO afirmar que a competência para processar e julgar a ação civil pública para reparação dos danos ambientais e morais:

A) É absoluta, em atenção ao critério territorial, fixando-se pelo local da prática da conduta ilícita (forum delicti commissi).

B) É relativa, em atenção ao critério funcional, fixando-se pelo local da prática da conduta ilícita (forum delicti commissi).

C) É absoluta, em atenção à concomitância dos critérios territorial e funcional, e definida pelo local do dano, fixando-se pela prevenção.

D) É relativa, em atenção ao critério territorial, e definida pelo local do dano, fixando-se pela prevenção.

Comentários

(A): Incorreta – Conforme art.2º da Lei 7.347/85. Art. 2º As ações previstas nesta Lei serão propostas no foro do local onde ocorrer o dano, cujo juízo terá competência funcional para processar e julgar a causa. Parágrafo único A propositura da ação prevenirá a jurisdição do juízo para todas as ações posteriormente intentadas que possuam a mesma causa de pedir ou o mesmo objeto.

(B): Incorreta – Conforme art.2º da Lei 7.347/85.

(C): Correta – Conforme art.2º, "*caput*" e parágrafo único, da LACP, a competência é territorial e funcional, pelo que é absoluta e gera prevenção.

(D): Incorreta – Conforme justificativa da alternativa C.

Resposta certa: Letra C

MPMG 2018. (CONCURSO LVI) *QUESTÃO 75. Processo Coletivo. Competência. Lei seca e Jurisprudência.*

A mata atlântica, um dos mais importantes biomas do território brasileiro, dada sua riquíssima biodiversidade, foi erigida, pelo § 4º do artigo 225 da Constituição Federal, à condição de patrimônio nacional, juntamente com a Floresta Amazônica, a Serra do Mar, o Pantanal Mato-Grossense e a Zona Costeira.

O Promotor de Justiça com atribuições para a defesa do meio ambiente da comarca de Manhumirim recebeu relatório da Polícia Militar Florestal local, dando conta da ocorrência de grave dano ambiental na zona rural do Município de Alto Caparaó, integrante da Comarca, consistente no desmatamento de considerável área de mata atlântica no interior do Parque Nacional do Caparaó, unidade de preservação criada pelo Decreto Federal n.º 50.646/61. Nesse contexto, sabendo-se que Manhumirim não é sede de juízo federal, assinale a medida CORRETA a ser adotada pelo órgão de execução ministerial:

A) instaurar inquérito civil público para apurar os fatos e ajuizar a ação civil pública, uma vez que, por não ser a comarca de Manhumirim sede do juízo federal, a ação deve ser processada e julgada na justiça estadual, nos termos do § 3º do artigo 109 da Constituição Federal.

B) encaminhar o relatório da polícia ambiental para o Ministério Público Federal com atuação junto à Subseção Judiciária da Justiça Federal mais próxima, para conhecimento e adoção das medidas cabíveis, por se tratar de dano ambiental causado no interior de parque nacional.

C) instaurar inquérito civil público para apurar os fatos e ajuizar a ação civil pública, já que o fato de tratar-se a mata atlântica de patrimônio nacional, ou do dano ter ocorrido no interior de parque nacional, não atrai a competência da Justiça Federal.

D) encaminhar o relatório da polícia ambiental para o Ministério Público Federal com atuação junto à Subseção Judiciária da Justiça Federal mais próxima, para conhecimento e adoção das medidas cabíveis, por se tratar de dano à mata atlântica, considerada patrimônio nacional pela Constituição Federal.

Comentários

Para responder à questão o candidato deveria estar atento à controvérsia sobre o § 3º do artigo 109 da CR/88 e o artigo 2º da Lei de Ação Civil Pública.

O art. 109, § 3º dispõe que: "Serão processadas e julgadas na justiça estadual, no foro do domicílio dos segurados ou beneficiários, as causas em que forem parte instituição de previdência social e segurado, sempre que a comarca não seja sede de vara do juízo federal, e, se verificada essa condição, a lei poderá permitir que outras causas sejam também processadas e julgadas pela justiça estadual."; já o art. 2º da Lei da Ação Civil Pública determina: "As ações previstas nesta Lei serão propostas no foro do local onde ocorrer o dano, cujo juízo terá competência funcional para processar e julgar a causa."

Depois da divergência, o STJ editou a Súmula 183: Compete ao juiz estadual, nas Comarcas que não sejam sede de Vara da Justiça Federal, processar e julgar Ação Civil Pública, ainda que a União figure no processo.

Contudo, o STF, ao julgar o RE nº 228.955-9, pelo Pleno, adotou entendimento contrário e, em virtude disso, o STJ, no julgamento dos Embargos de Declaração interpostos no CC 27.676/BA, cancelou a Súmula 183.

Assim, não há delegação de competência da justiça Federal para a Justiça estadual em matéria de Ação Civil Pública, a medida correta a ser adotada pelo membro do Ministério Público seria encaminhar o relatório da polícia ambiental para o Ministério Público Federal com atuação junto à Subseção Judiciária da Justiça Federal mais próxima, para conhecimento e adoção das medidas cabíveis, por se tratar de dano ambiental causado no interior de parque nacional.

Tratando-se de "unidade de preservação criada pelo Decreto Federal n.º 50.646/61", o STJ decidiu que "Crime cometido dentro ou no entorno de unidade de conservação federal: Trata-se de competência da Justiça Federal considerando que há, no caso, interesse direto e específico da União." STJ. 3ª Seção. CC 100.852/RS, Rel. Min. Jorge Mussi, julgado em 28/04/2010.

No mesmo sentido, o STF decidiu que (...) 10. Como assentado pelo Procurador-Geral da República, nos termos do art. 1º da Resolução Conama n. 428/2010, a simples potencialidade de o empreendimento causar dano à Unidade de Conservação ou sua Zona de Amortecimento condiciona o licenciamento à autorização do órgão responsável pela administração da Unidade de Conservação, bastando, consequentemente, definir a atribuição inicial nas investigações do Ministério Público Federal para as investigações. (ACO 2663 / PR. Relatora Ministra Cármen Lúcia. Julgamento 25/10/2015).

Resposta: Letra B

11. INTERVENÇÃO DE TERCEIROS NOS PROCESSOS COLETIVOS

MPMG 2017 (Concurso LV). *Questão 78. Direito Processual Coletivo / Intervenção de terceiros nos processos coletivos /legislação.*

Em relação à intervenção de terceiros no processo coletivo, é INCORRETO afirmar:

A) O processo coletivo de tutela dos direitos do consumidor admite, em ação de responsabilidade civil do fornecedor de produtos e serviços, o chamamento ao processo pelo réu que houver contratado seguro de responsabilidade.

B) O processo coletivo admite a nomeação à autoria, devendo, previamente, ser ouvidos a respeito tanto o autor, quanto o nomeado.

C) O processo coletivo para defesa de direitos difusos admite o litisconsórcio ativo, mas somente entre legitimados concorrentes.

D) O processo coletivo para tutela de direitos individuais homogêneos admite litisconsórcio ativo de interessados que atenderem ao edital publicado após o ajuizamento da ação.

Comentários

(A): Correta – Conforme art. 101, II, do CDC. Art. 101. Na ação de responsabilidade civil do fornecedor de produtos e serviços, sem prejuízo do disposto nos Capítulos I e II deste título, serão observadas as seguintes normas: I - a ação pode ser proposta no domicílio do autor; II - o réu que houver contratado seguro de responsabilidade poderá chamar ao processo o segurador, vedada a integração do contraditório pelo Instituto de Resseguros do Brasil. Nesta hipótese, a sentença que julgar procedente o pedido condenará o réu nos termos do art. 80 do Código de Processo Civil. Se o réu houver sido declarado falido, o síndico será intimado a informar a existência de seguro de responsabilidade, facultando-se, em caso afirmativo, o ajuizamento de ação de indenização diretamente contra o segurador, vedada a denunciação da lide ao Instituto de Resseguros do Brasil e dispensado o litisconsórcio obrigatório com este.

(B): Incorreta – A nomeação a autoria, enquanto hipótese de intervenção de terceiros, foi extinta no NCPC. Agora há previsão similar no art.339 do mesmo *codex*, que, conforme Enunciado 42 do Fórum Permanente de Processualistas Civis, trata-se mecanismo saneador do processo. Ressalta-se que, nessa hipótese, não ha previsão de previa oitiva do nomeado.

(C): Correta– A legitimação para as ações coletivas é concorrente e disjuntiva. Todavia, um ou mais colegitimados podem as ajuizar conjuntamente, sendo caso de litisconsórcio facultativo e unitário. Acrescenta-se que admite-se até o litisconsórcio ulterior, conforme art. 5.º, § 2.º, da Lei 7347/85.

(D): Correta – Conforme art. 94 do CDC: Proposta a ação, será publicado edital no órgão oficial, a fim de que os interessados possam intervir no processo como litisconsortes, sem prejuízo de ampla divulgação pelos meios de comunicação social por parte dos órgãos de defesa do consumidor.

Resposta: Letra B

12. AUTOCOMPOSIÇÃO NOS DIREITOS COLETIVOS

13. AUDIÊNCIAS PÚBLICAS

MPMG 2018. (CONCURSO LVI) QUESTÃO 74. Processo Coletivo. Audiência Pública. Lei Seca.

A realização, pelo Ministério Público, de audiências públicas extrajudiciais para a tutela de interesses coletivos lato sensu, tem por finalidade coletar, junto à sociedade e ao Poder Público, elementos que embasem a decisão quanto à matéria objeto da convocação.

Assinale a alternativa INCORRETA a respeito desse instrumento cada vez mais utilizado na atuação do Parquet:

A) Para custear a realização de audiências públicas, o Ministério Público pode receber auxílio de entidades públicas e privadas, mediante termo de cooperação ou procedimento específico, com a devida prestação de contas.

B) As deliberações emitidas na audiência pública não terão caráter vinculante, destinando-se a zelar pelo princípio da eficiência e assegurar a participação popular na condução dos interesses públicos.

C) Se o objeto da audiência pública for fato que possa ensejar providências por parte de mais de um membro do Ministério Público, aquele que teve a iniciativa do ato terá o prazo de 10 (dez) dias para participar sua realização aos demais membros.

D) A ata da audiência pública e seu extrato deverão ser encaminhadas ao Procurador-Geral de Justiça, ou a quem este indicar, para conhecimento, no prazo de 30 (trinta) dias.

Comentários

A) INCORRETA. Nos termos do art. 1º , § 2º, da Resolução nº 82 do CNMP. O Ministério Público poderá receber auxílio de entidades públicas para custear a realização das audiências referidas no *caput* deste artigo, mediante termo de cooperação ou procedimento específico, com a devida prestação de contas.

B) CORRETA. Conforme a Resolução nº 82, do CNMP, art. 7º: As deliberações, opiniões, sugestões, críticas ou informações emitidas na audiência pública ou em decorrência desta terão caráter consultivo e não-vinculante, destinando-se a subsidiar a atuação do Ministério Público, zelar pelo princípio da eficiência e assegurar a participação popular na condução dos interesses públicos.

C) CORRETA. Consoante a Resolução nº 82, do CNMP, art. 5º: Se o objeto da audiência pública consistir em fato que possa ensejar providências por parte de mais de um membro do Ministério Público, aquele que teve a iniciativa do ato participará sua realização aos demais membros, com antecedência mínima de 10 (dez) dias úteis, podendo a audiência pública ser realizada em conjunto.

D) CORRETA. De acordo com a Resolução nº 82, do CNMP, art. 4º [...]: § 1º A ata e seu extrato serão encaminhadas ao Procurador-Geral de cada unidade, ou a quem estes indicarem, no prazo de 30 (trinta) dias após sua lavratura para fins de conhecimento.

Resposta: A

*** Decisões interlocutórias, Sentenças e acórdãos nos processos coletivos (ponto não incluído no edital do 57° Concurso)**

14. PRESCRIÇÃO E DECADÊNCIA

15. RECURSOS NOS PROCESSOS COLETIVOS

16. RESPONSABILIDADE PELAS DESPESAS PROCESSUAIS PROVISÓRIAS E DEFINITIVAS

MPMG – 2011 (Concurso LI). *Questão 75. Direito Processual Coletivo / CPC.73 / Lei 7.347.85 / Despesas Processuais / legislação.*

A exemplo do que ocorre com a ação popular, o mandado de segurança, a ação civil pública e o rito descrito no Código de Defesa do Consumidor, foi instituída a isenção das custas judiciais e dos ônus da sucumbência, salvo em face de comprovada má-fé. Em caso de condenação por litigância de má-fé, afirma-se:

I. A associação autora e os diretores responsáveis pela propositura da ação serão solidariamente condenados em honorários advocatícios.

II. A associação autora e os diretores responsáveis pela propositura da ação poderão ser condenados ao décuplo das custas, sem prejuízo da responsabilidade por perdas e danos.

III. Nas ações civis públicas, quando forem dois ou mais os litigantes de má-fé, o juiz condenará cada um na proporção do seu respectivo interesse na causa, ou solidariamente aqueles que se coligaram para lesar a parte contrária.

IV. Nas ações civis públicas, não haverá condenação da associação autora, salvo comprovada má-fé, em honorários de advogado, custas e despesas processuais.

V. O valor da indenização pela litigância de má-fé será desde logo fixado pelo juiz, em quantia não superior a 20% (vinte por cento) sobre o valor da causa, ou liquidado por arbitramento.

São CORRETAS as alternativas:

A) *I e III.*
B) *I, II e IV.*
C) *II, IV e V.*
D) *Todas.*

Comentários

Conforme artigo 21, LACP, e artigo 90, CDC, são aplicadas as regras do CPC.

I) Correta. Art. 17, LACP.

II) Correta. Art. 17, LACP. "Art. 17. Em caso **de litigância de má-fé**, a associação autora e os diretores responsáveis pela propositura da ação serão solidariamente condenados em honorários advocatícios e ao décuplo das custas, sem prejuízo da responsabilidade por perdas e danos."

III) Correta. Art. 18, § 1°, CPC/73. Art. 81, § 1°, NCPC. "§ 1° Quando forem 2 (dois) ou mais os litigantes de má-fé, o juiz condenará cada um na proporção de seu respectivo interesse na causa ou solidariamente aqueles que se coligaram para lesar a parte contrária."

IV) Correta. Art. 18, LACP. "Art. 18. Nas ações de que trata esta lei, não haverá adiantamento de **custas, emolumentos, honorários** periciais e quaisquer **outras despesas**, nem condenação da associação autora, salvo comprovada má-fé, em **honorários de advogado, custas e despesas processuais**"

V) Correta. Art. 18, § 2°, CPC/73. Art. 81, *caput* e § 3°, NCPC. Com o atual CPC a assertiva se torna errada. "Art. 81. De ofício ou a requerimento, o juiz condenará o **litigante de má-fé a pagar multa**, que deverá ser **superior a um por cento e inferior a dez por cento do valor corrigido da causa**, a indenizar a parte contrária pelos prejuízos que esta sofreu e a arcar com os honorários advocatícios e com todas as despesas que efetuou. § 1° Quando forem 2 (dois) ou mais os litigantes de má-fé, o juiz condenará cada um na proporção de seu respectivo interesse na causa ou solidariamente aqueles que se coligaram para lesar a parte contrária. § 2° Quando o valor da causa for irrisório ou inestimável, a multa poderá ser fixada em até 10 (dez) vezes o valor do salário-mínimo. § 3° O valor da indenização será **fixado pelo juiz** ou, caso não seja possível mensurá-lo, liquidado por arbitramento ou pelo procedimento comum, nos próprios autos."

Resposta certa: D

17. COISA JULGADA COLETIVA

MPMG – 2011 (Concurso LI)*. Questão 73. Direito Processual Coletivo / Código de Defesa do Consumidor / Coisa Julgada /Legislação.*

No que tange à coisa julgada, nas ações coletivas de que trata o Código de Defesa do Consumidor, pode-se afirmar que

I. os efeitos da coisa julgada erga omnes e ultra partes prejudicarão interesses e direitos individuais dos integrantes da coletividade, do grupo, categoria ou classe.

II. na hipótese de efeito erga omnes da coisa julgada em ação de interesses ou direitos individuais homogêneos, em caso de improcedência do pedido, os interessados que não tiverem intervindo no processo como litisconsortes poderão propor ação de indenização a título individual.

III. a sentença civil nas ações coletivas de interesses difusos fará coisa julgada erga omnes, nos limites da competência territorial do órgão prolator. Havendo condenação em dinheiro, essa prejudicará as ações de indenização por danos pessoalmente sofridos, propostas individualmente ou na forma prevista no Código de Defesa do Consumidor.

IV. os efeitos da coisa julgada erga omnes ou ultra partes beneficiarão os autores das ações individuais, se requerida sua suspensão no prazo de trinta dias, a contar da ciência nos autos do ajuizamento da ação coletiva.

Apenas está ***CORRETO*** *o que se afirma em:*

A) III.

B) II e IV.

C) II e III.

D) I, II e III.

Comentários

I) Incorreta. Art. 103, § 1°, CDC. Tais efeitos não prejudicam interesses individuais da coletividade. "§ 1° Os efeitos da coisa julgada previstos nos incisos I e II não prejudicarão interesses e direitos individuais dos integrantes da coletividade, do grupo, categoria ou classe."

II) Correta. Art. 103, § 2°, CDC. " § 2° Na hipótese prevista no inciso III, em caso de improcedência do pedido, os interessados que não tiverem intervindo no processo como litisconsortes poderão propor ação de indenização a título individual."

III) Incorreta. Art. 16, LACP. Primeira afirmativa correta. No entanto, condenação em dinheiro não prejudicará as ações individuais, conforme preconizado no artigo 103, § 3°, CDC. "§ 3° Os efeitos da coisa julgada de que cuida o art. 16, combinado com o art. 13 da Lei n° 7.347, de 24 de julho de 1985, não prejudicarão as ações de indenização por danos pessoalmente sofridos, propostas individualmente ou na forma prevista neste código, mas, se procedente o pedido, beneficiarão as vítimas e seus sucessores, que poderão proceder à liquidação e à execução, nos termos dos arts. 96 a 99.

IV) Correta. Art. 104, CDC. "Art. 104. As ações coletivas, previstas nos incisos I e II e do parágrafo único do art. 81, não induzem litispendência para as ações individuais, mas os efeitos da coisa julgada erga omnes ou ultra partes a que aludem os incisos II e III do artigo anterior não beneficiarão os autores das ações individuais, se não for requerida sua suspensão no prazo de trinta dias, a contar da ciência nos autos do ajuizamento da ação coletiva."

Resposta certa: B

MPMG 2017 (Concurso LV)*. Questão 80. Direito Processual Coletivo/ Coisa julgada coletiva. / legislação.*

Erigida à categoria de garantia fundamental pelo inciso XXXVI da Constituição Federal, a autoridade que torna imutável e indiscutível a decisão de mérito não mais sujeita a recurso, no processo coletivo, recebe tratamento diverso quanto aos seus limites subjetivos, em relação ao que lhe é dispensado no processo individual. Tal circunstância é corolário da própria configuração das ações coletivas, nas quais o interesse em discussão é titularizado por uma coletividade de pessoas. Analise as proposições a seguir, e assinale a alternativa CORRETA. A sentença proferida no processo coletivo fará coisa julgada:

A) erga omnes, se o pedido for julgado improcedente por insuficiência de provas, hipótese em que qualquer legitimado poderá intentar outra ação, com idêntico fundamento, valendo-se de nova prova, quando se tratar de interesses transindividuais, de natureza indivisível, de que sejam titulares pessoas indeterminadas e ligadas por circunstâncias de fato.

B) ultra partes, apenas no caso de procedência do pedido, para beneficiar todas as vítimas e seus sucessores, quando se tratar de interesses decorrentes de origem comum (artigo 81, parágrafo único, III, da Lei nº 8.078/90).

C) erga omnes, mas limitadamente ao grupo, categoria ou classe, salvo improcedência por insuficiência de provas, quando se tratar de interesses transindividuais, de natureza indivisível de que seja titular grupo, categoria ou classe de pessoas ligadas entre si ou com a parte contrária por uma relação jurídica base.

D) ultra partes, mas limitadamente ao grupo, categoria ou classe, salvo improcedência por insuficiência de provas, quando se tratar de interesses transindividuais, de natureza indivisível de que seja titular grupo, categoria ou classe de pessoas ligadas entre si ou com a parte contrária por uma relação jurídica base.

Comentários

(A): Incorreta – Conforme art. 83, p. u., I, c/c art.103,I, do CDC. Faltou a palavra "exceto".

(B): Incorreta - Conforme art. 83, p. u., III, c/c art.103,III, do CDC. É *erga omnes*, e não *ultra partes*.

(C): Incorreta - Conforme art. 83, p. u., II, c/c art.103,II, do CDC. É *ultra partes*, e não *erga omnes*.

(D): Correta - Conforme art. 83, p. u., II, c/c art.103,II, do CDC.

Resposta: Letra D

18. LIQUIDAÇÃO DA SENTENÇA COLETIVA. EXECUÇÃO DE SENTENÇA COLETIVA

MPMG - 2011 (Concurso LI)*. Questão 72. Direito Processual Coletivo / Código de Processo Civil / Medidas Executivas /Legislação.*

É lícito ao julgador, diante de cada caso concreto, aferir qual é o modo mais adequado para tornar efetiva a tutela, tendo em vista o fim da norma e a impossibilidade de previsão legal de todas as hipóteses fáticas. Tratando-se da possibilidade de retorno da desídia do ente estatal frente a uma decisão judicial emitida, podendo resultar em grave lesão à sociedade por falta de assistência médica, a fixação de multa cominatória é medida que se impõe.

I. É facultado ao juiz determinar as medidas necessárias, tais como a imposição de multa por tempo de atraso para a efetivação da tutela específica ou a obtenção do resultado prático equivalente.

II. É defeso ao juiz modificar o valor ou a periodicidade da multa, caso verifique que se tornou insuficiente ou excessiva.

III. É lícito ao juiz conceder a tutela liminarmente com imposição de multa diária ao réu, independentemente de pedido do autor, sendo relevante o fundamento da demanda e havendo justificado receio de ineficácia do provimento final.

IV. É defeso ao juiz, ao impor multa diária ao réu, fixar prazo razoável para o cumprimento do preceito.

Estão ***INCORRETAS*** *as alternativas:*

A) I e II.

B) I, II e IV.

C) III e IV.

D) II e IV.

Comentários

I) **Correta**. Art. 84, § 5, CDC. Art. 461, § 5°, CPC/73. Art. 536, NCPC. "Art. 536. No cumprimento de sentença que reconheça a exigibilidade de obrigação de fazer ou de não fazer, o juiz poderá, de ofício ou a requerimento, para a efetivação da tutela específica ou a obtenção de tutela pelo resultado prático equivalente, determinar as medidas necessárias à satisfação do exequente."

II) **Incorreta**. Não é defeso (vedado) ao juiz a modificação do valor ou a periodicidade da multa. Art. 461, § 6, CPC/73. Artigo 537, § 1º, NCPC. "Art. 537. A multa independe de requerimento da parte e poderá ser aplicada na fase de conhecimento, em tutela provisória ou na sentença, ou na fase de execução, desde que seja suficiente e compatível com a obrigação e que se determine prazo razoável para cumprimento do preceito. § 1º O juiz poderá, de ofício ou a requerimento, modificar o valor ou a periodicidade da multa vincenda ou excluí-la, caso verifique que: I – se tornou insuficiente ou excessiva; II – o obrigado demonstrou cumprimento parcial superveniente da obrigação ou justa causa para o descumprimento.

III) **Correta**. Art. 84, §§ 3º e 4º, CDC. "§ 3º Sendo relevante o fundamento da demanda e havendo justificado receio de ineficácia do provimento final, é lícito ao juiz conceder a tutela liminarmente ou após justificação prévia, citado o réu. § 4º O juiz poderá, na hipótese do § 3º ou na sentença, impor multa diária ao réu, independentemente de pedido do autor, se for suficiente ou compatível com a obrigação, fixando prazo razoável para o cumprimento do preceito."

IV) **Incorreta**. Art. 83, § 4º, CDC. Não é defeso (vedado) fixar prazo razoável para cumprimento do preceito. "§ 4º O juiz poderá, na hipótese do § 3º ou na sentença, impor multa diária ao réu, independentemente de pedido do autor, se for suficiente ou compatível com a obrigação, fixando prazo razoável para o cumprimento do preceito."

Resposta certa: D

MPMG 2019 (CONCURSO LVII). *QUESTÃO 77. Direito Processual Coletivo. Liquidação da sentença coletiva. Execução de sentença coletiva. Jurisprudência.*

Assinale a alternativa incorreta, de acordo com a jurisprudência do STJ:

A) A liquidação e a execução individual de sentença prolatada em ação civil pública relativa a direitos individuais homogêneos pode ser ajuizada no foro do domicílio do beneficiário, porquanto os efeitos e a eficácia da sentença não estão circunscritos a lindes geográficos, mas aos limites objetivos e subjetivos do que foi decidido, levando-se em conta, para tanto, sempre a extensão do dano e a qualidade dos interesses metaindividuais postos em juízo.

B) O Ministério Público tem legitimidade subsidiária para promover a execução de sentença proferida em ação coletiva que envolva interesses individuais homogêneos, na hipótese de os interessados lesados se desinteressarem do seu cumprimento individual, sendo os valores apurados revertidos ao Fundo de Interesses Difusos.

C) *O termo inicial para a contagem dos juros de mora, decorrentes de sentença proferida em ação coletiva sujeita à liquidação, tem início a partir da citação do devedor na fase de conhecimento, quando a ação se fundar em responsabilidade contratual, cujo inadimplemento já produza a mora, salvo a configuração da mora em momento anterior.*

D) *A divulgação ampla, pelos meios de comunicação social impressos, da sentença de procedência proferida em ação coletiva de consumo relacionada a interesses individuais homogêneos é a forma mais adequada e efetiva para garantir aos eventuais beneficiados pela decisão o acesso à jurisdição.*

Comentários

(A): **Correta**. Trata-se de tese fixada sob a sistemática dos recursos repetitivos, no REsp 1.243.887/PR, em que ficou consignado o seguinte: "É possível o ajuizamento no foro do domicílio do consumidor de liquidação e execução individual de sentença proferida em ação civil pública, pois, caso todas as execuções individuais de ações coletivas para defesa de direitos individuais homogêneos de consumidores, que comportam, por vezes, milhares de consumidores prejudicados, tivessem de ser propostas no mesmo juízo em que proferida a sentença transitada em julgado, inviabilizar-se-ia o trabalho desse foro, com manifesto prejuízo à administração da justiça".

(B): **Correta**. Trata-se do instituto do *fluid recovery*, previsto no art. 100 do CDC: "Decorrido o prazo de um ano sem habilitação de interessados em número compatível com a gravidade do dano, poderão os legitimados do art. 82 promover a liquidação e execução da indenização devida".

(C): **Correta**. Transcreveu-se, na assetiva "C", a tese fixada sob a sistemática dos recursos repetitivos no REsp 1.370.899/SP: "Os juros de mora incidem a partir da citação do devedor na fase de conhecimento da Ação Civil Pública, quando esta se fundar em responsabilidade contratual, se que haja configuração da mora em momento anterior".

(D): **Incorreta**. No REsp 1.821.688, de Relatoria da Ministra Nancy Andrighi, ficou consignado que "Sob a égide do CPC/15, foi estabelecida a regra de que a **publicação de editais pela rede mundial de computadores** é o meio mais eficaz da informação atingir um grande número de pessoas, devendo prevalecer, por aplicação da razoabilidade e da proporcionalidade, sobre a onerosa publicação em jornais impressos". O erro da assertiva "D", portanto, está na afirmação de que é a publicação em jornais impressos a forma mais eficiente de se conferir a necessária publicidade à sentença da ação coletiva.

Resposta: Letra D

19. EXECUÇÃO COLETIVA DE TÍTULOS EXTRAJUDICIAIS

20. FUNDOS DOS DIREITOS DIFUSOS E COLETIVOS

21. MINISTÉRIO PÚBLICO NO DIREITO PROCESSUAL COLETIVO

22. COMPROMISSO DE AJUSTAMENTO DE CONDUTA ÀS EXIGÊNCIAS LEGAIS

MPMG 2014 - Questão 73. Direito Processual Coletivo/ Lei de Ação Civil Pública (Lei nº7.347/1985)*, ECA e Lei 9.307/96 (lei de arbitragem) / Meios extrajudiciais de solução de conflitos de interesses coletivos. Lei / Doutrina, Jurisprudência e Legislação.*

Sobre meios extrajudiciais de solução de conflitos de interesses coletivos, está CORRETO afirmar:

A) A assinatura do termo de ajustamento de conduta, previsto no artigo 5°, § 6° da Lei de Ação Civil Pública e no artigo 211 do Estatuto da Criança e Adolescente, é um direito subjetivo do particular.

B) A mediação e a conciliação são a mesma coisa, pois que se utilizam de um terceiro para auxiliar as partes na busca de uma solução satisfatória para ambas, sem, contudo, opinar diretamente sobre a lide em questão, utilizando-se de técnicas que propiciem oportunidades para que elas possam tomar decisões, auxiliando de forma construtiva o restabelecimento da comunicação, aproximando-as de tal modo que a decisão tomada seja do agrado de todos.

C) A arbitragem é um instrumento de solução de conflitos que pode envolver direitos disponíveis e indisponíveis e sempre se dará por equidade.

D) A negociação se dá sem a participação de terceiros, sendo as próprias partes interessadas as responsáveis pela resolução do conflito, em autocomposição.

Comentários

(A) Errado - STJ, REsp 596764/MG - não é direito subjetivo. "PROCESSUAL CIVIL. RECURSO ESPECIAL. AÇÃO CIVIL PÚBLICA. TERMO DE AJUSTAMENTO DE CONDUTA. NÃO OBRIGATORIEDADE DE O MINISTÉRIO PÚBLICO ACEITÁ-LO OU DE NEGOCIAR SUAS CLÁUSULAS. INEXISTÊNCIA DE DIREITO SUBJETIVO DO PARTICULAR"

(B) Errado - A mediação é instituto em que um terceiro, imparcial, auxilia as partes a chegarem, elas próprias, a um acordo entre si, através de um processo estruturado. Na conciliação, por sua vez, há a presença de um terceiro (conciliador) que funcionará como intermediário entre as partes. O conciliador não tem o poder de decidir o conflito, mas pode desarmar os espíritos e levar as partes a exercerem suas vontades no caso concreto para resolução do conflito de interesses.

(C) Errado – Art. 1°, Lei 9.307/96 – apenas direitos disponíveis. "Art. 1° As pessoas capazes de contratar poderão valer-se da arbitragem para dirimir litígios relativos a direitos patrimoniais disponíveis."

(D) Correto.

Resposta certa: D

MPMG 2014 – Questão 77. Direito Processual Coletivo/ Lei de Ação Civil Pública (L. 7.347/85) */ TAC / Doutrina e Legislação.*

O compromisso de ajustamento previsto na Lei de Ação Civil Pública:

A) Pode ser tomado por todos os legitimados para a propositura da ação civil pública ou coletiva.

B) Tem natureza jurídica de contrato, uma vez que tem como características ser bilateral e consensual.

C) Quando tomado pelo Ministério Público, deve sempre esgotar todo o objeto da investigação em curso no inquérito civil e impede que outros colegitimados tomem outro compromisso ou proponham ação civil pública ou coletiva sobre os mesmos fatos, mesmo que versem sobre outras prestações, se entenderem as primeiras insuficientes ou incorretas;

D) Quando firmado no bojo de uma ação civil pública, mesmo não sendo o Ministério Público parte, deverá ser ouvido antes de eventual homologação.

Comentários

(A) Errado – Art.5°, § 6°, Lei de Ação Civil Pública – " § 6° Os órgãos públicos legitimados poderão tomar dos interessados compromisso de ajustamento de sua conduta às exigências legais, mediante cominações, que terá eficácia de título executivo extrajudicial."

A assertiva deve sofrer uma releitura a partir de precedente do Supremo Tribunal Federal: "A associação privada autora de uma ação civil pública pode fazer transação com o réu e pedir a extinção do processo, nos termos do art. 487, III, "b", do CPC. STF. Plenário. ADPF 165/DF, Rel. Min. Ricardo Lewandowski, julgado em 1°/3/2018 (Info 892)."

(B) Errado – É possível conceituar o compromisso de ajustamento de conduta como sendo o ato jurídico pelo qual a pessoa, reconhecendo implicitamente que sua conduta ofende interesse difuso ou coletivo, assume o compromisso de eliminar a ofensa através da adequação de seu comportamento às exigências legais. A natureza jurídica do instituto é, pois, de ato jurídico unilateral quanto à manifestação volitiva e bilateral somente quanto à formalização, eis que nele intervêm o órgão público e o promitente.

(C) Errado – Não é necessário que o MP esgote todo o objeto da investigação em curso, além de não se impedir que outros colegitimados tomem outro compromisso ou proponham ação civil pública ou coletiva sobre os mesmos fatos, ainda que versem sobre outras prestações, se entenderem as primeiras insuficientes ou incorretas.

(D) Correto – Art. 5º, § 1º, Lei de Ação Civil Pública. "§ 1º O Ministério Público, se não intervier no processo como parte, atuará obrigatoriamente como fiscal da lei."

Resposta certa: D

***MPMG 2018. (CONCURSO LVI)** QUESTÃO 72. Direito Processual Coletivo/ Meios extrajudiciais de solução de conflitos de interesses coletivos. Lei / Doutrina.*

A autocomposição de litígios encontra sua validade na necessidade de acesso aos direitos pela via adequada de composição, e rompe com o paradigma da justiça estatal como único ou superior meio para solução de conflitos. No que concerne à utilização da autocomposição para a tutela dos direitos supraindividuais, assinale a alternativa INCORRETA:

A) A regra do artigo 841 do novo Código de Processo Civil, que estabelece a possibilidade de transação exclusivamente quanto a direitos patrimoniais de caráter privado, não é óbice à autocomposição nos litígios de massa.

B) O processo duplamente coletivo admite autocomposição, mas não admite a renúncia ao direito sobre o que se funda a ação coletiva.

C) Associações podem valer-se do compromisso de ajustamento de conduta como meio de autocomposição extrajudicial de litígios que versem sobre direitos transindividuais, ou fazê-lo no curso da ação coletiva (autocomposição judicial), desde que estejam constituídas há pelo menos 1 (um) ano nos termos da lei civil e incluam, entre suas finalidades institucionais, a proteção ao patrimônio público e social, ao meio ambiente, ao consumidor, à ordem econômica, à livre concorrência, aos direitos de grupos raciais, étnicos ou religiosos ou ao patrimônio artístico, estético, histórico, turístico e paisagístico.

D) No compromisso de ajustamento de conduta, instrumento de autocomposição de litígios coletivos, podem ser pactuados deveres e obrigações tanto para os legitimados ativos quanto para os legitimados passivos.

Comentários

A) INCORRETA. O erro da assertiva – que, inclusive, ensejou a anulação da questão – diz respeito à indicação equivocada do Código de Processo Civil. Na realidade, o artigo 841 do Código Civil estabelece a possibilidade de transação exclusivamente quanto a direitos patrimoniais de caráter privado. Ocorre que ele igualmente não configura óbice à autocomposição nos litígios de massa. A autocomposição não se resume à transação, instituto pelo qual ambas as partes envolvidas renunciam a direitos para compor a lide. Em que pese haver discordâncias, prevalece que, de fato, isso não seria possível em se tratando de processos coletivos, eis que os direitos em discussão não são de titularidade do legitimado coletivo. No entanto, o compromisso de ajustamentos de conduta não diz respeito à renúncia de direitos, mas à solução autocompositiva do litígio, no sentido de se dar uma tutela efetiva e adequada ao direito em discussão, a partir de compromissos espontâneos da parte em adequar sua conduta às exigências legais e constitucionais. A respeito do tema, Freddie Didier Jr. e Hermes Zaneti Jr. (2018, pp. 336-337). lecionam: "(...)podemos afirmar que é possível aplicar, então, por analogia, o regramento da autocomposição aos chamados direitos coletivos (lato sensu), basicamente, mas não só, pelas seguintes razões, enumeradas pela doutrina: a) no memento em que se reconhece constitucionalmente a tutela dos direitos coletivos, não se pode impedir a efetivação deles, cerceando a atuação de quem por eles compete lutar, especialmente se a autocomposição se mostrar o meio mais adequado; b) a indisponibilidade não será afetada, na medida em que visa, com a autocomposição, a sua maior efetivação; c) a efetivação dos direitos exige sua concretização mediante interpretação e aplicação do direito ao caso concreto."

B) CORRETA. Isso porque há grupos em ambos os polos, representados por substitutos processuais. Assim sendo, como dito nos comentários acima, não é possível a renúncia ao direito sobre o que se funda a ação coletiva, eis que os direitos em discussão não são de titularidade do legitimado coletivo (DIDIER JR., Fredie; ZANETI JR., Hermes. 2018, p. 336).

C) INCORRETA. A teor do art. 5º, § 6º, da Lei nº 7.347/85, somente órgãos públicos possuem legitimidade para propor aos interessados compromisso de ajustamento de conduta às exigências legais. As associações poderiam somente aceitar compromissos de ajustamento de conduta propostos por um legitimado para tanto. A assertiva, na realidade, expõe as condições para associação deter legitimidade ativa em ação civil pública. Sobre o tema, convém ressaltar que a homologação de acordo celebrado por associação no âmbito da ADPF nº 165/DF, julgada em 01/03/2018 (Inf. 892), não tem o condão de infirmar a incorreção da assertiva. Isso porque se trata de caso singular, sem outros precedentes, extremamente questionado pela doutrina, no qual o STF chancelou verdadeira transação – e não Compromisso de Ajustamento de Condutas -, contendo disposições patrimoniais, e envolvendo um conflito intersubjetivo subjacente implícito no âmbito de ação de controle de constitucionalidade concentrado abstrato. Outrossim, referido precedente peculiar tratou somente de um incidente processual, no âmbito de um processo judicial, e não de autocomposição extrajudicial, tal como consta da assertiva.

D) CORRETA. Não há nenhum óbice. É até salutar que os envolvidos unam esforços no sentido da tutela efetiva e adequada dos direitos coletivos em discussão, com a disponibilização de serviços técnicos, por exemplo.

Resposta: Anulada.

23. INQUÉRITO CIVIL E RECOMENDAÇÃO

MPMG 2014 - Questão 76. Direito Processual Coletivo/ Resolução 23 do CNMP / Inquérito Civil / Doutrina e Legislação.

É correto concluir, quanto ao inquérito civil, EXCETO:

A) Eventual irregularidade praticada em seu bojo não é capaz de inquinar de nulidade ação civil pública se observadas as garantias do devido processo legal, da ampla defesa e do contraditório.

B) O habeas corpus não se presta para impedir o seu prosseguimento pelo fato de apurar eventual ato de improbidade administrativa.

C) Cabe a aplicação, em seu bojo, da inversão do "ônus da prova", em analogia ao inciso VIII do artigo 6° do Código de Defesa do Consumidor.

D) Sujeita-se, em regra, ao princípio da publicidade, salvo se o Ministério Público teve acesso a informações sigilosas que passaram a integrar os autos ou se da publicidade resultar prejuízo à investigação ou ao interesse da sociedade ou do Estado, quando poderá ser decretado o sigilo parcial ou integral sobre o seu conteúdo.

Comentários

(A) Correto - O inquérito civil possui caráter inquisitorial e, assim como no inquérito policial, eventual irregularidade praticada em seu bojo não é capaz de inquinar de nulidade a ação civil pública se observadas as garantias do devido processo legal, da ampla defesa e do contraditório.

(B) Correto - De um lado, o *habeas corpus* é a ação autônoma de impugnação que visa tutelar a liberdade de locomoção; de outro lado, as sanções aplicáveis pela prática de ato de improbidade não têm o condão de cercear o direito de locomoção. Logo, de fato, não é cabível *habeas corpus* na hipótese em tela.

(C) Errado - Inversão do ônus da prova é regra processual que não se aplica no procedimento administrativo do Inquérito Civil.

(D) Correto - Art. 7º, Resolução 23/2007 do CNMP. "Art. 7º. Aplica-se ao inquérito civil o princípio da publicidade dos atos, com exceção dos casos em que haja sigilo legal ou em que a publicidade possa acarretar prejuízo às investigações, casos em que a decretação do sigilo legal deverá ser motivada."

Resposta certa: C

***MPMG 2019 (CONCURSO LVII)**. QUESTÃO 76 - Direito Processual coletivo. Inquérito civil. Legislação, doutrina e jurisprudência.*

Assinale a alternativa incorreta:

A) Na hipótese de indeferimento do pedido de instauração de inquérito civil, o representante será pessoalmente cientificado da decisão e poderá interpor recurso, cujas razões serão protocoladas junto ao órgão ministerial que indeferiu o pedido.

B) O inquérito civil é instrumento de atuação exclusiva do Ministério Público, tratando-se de procedimento administrativo, onde não se aplica nenhuma sanção ao acusado, deduzindo-se apenas, em seu objeto, pretensão de direito material, sem alterar a esfera jurídica do cidadão.

C) Admite-se a produção antecipada de prova proposta pelos legitimados ao ajuizamento das ações coletivas, inclusive para facilitar a autocomposição ou permitir a decisão sobre o ajuizamento ou não da demanda.

D) É possível a utilização de mandado de segurança para trancamento de inquérito civil instaurado para apuração de ato de improbidade administrativa.

Comentários

(A): **Correta**. Art. 5° da Resolução 23/07 do CNMP. Em caso de evidência de que os fatos narrados na representação não configurem lesão aos interesses ou direitos mencionados no artigo 1° desta Resolução ou se o fato já tiver sido objeto de investigação ou de ação civil pública ou se os fatos apresentados já se encontrarem solucionados, **o membro do Ministério Público, no prazo máximo de trinta dias, indeferirá o pedido de instauração de inquérito civil, em decisão fundamentada, da qual se dará ciência pessoal ao representante e ao representado**. § 1° Do indeferimento **caberá recurso administrativo**, com as respectivas razões, no prazo de dez dias. § 2° As **razões de recurso serão protocoladas junto ao órgão que indeferiu o pedido**, devendo ser remetidas, caso não haja reconsideração, no prazo de três dias, juntamente com a representação e com a decisão impugnada, ao Conselho Superior do Ministério Público ou à Câmara de Coordenação e Revisão respectiva para apreciação.

(B): **Incorreta**. De acordo com a doutrina, "como procedimento administrativo, o inquérito civil não aplica nenhuma sanção, razão pela qual não há acusado; muito menos extingue, modifica ou cria direito, já que **não se deduz, em seu objeto, nenhuma pretensão de direito material**" (QUEIROZ, Ronaldo Pinheiro de. *A eficácia probatória do inquérito civilno processo judicial de combate à corrupção*. Juspodivm. 2015, p. 423). O inquérito civil visa, portanto, à colheita de informações para a adequada composição de eventual interesse que se encontra no amplo rol de atribuições do Ministério Público. Concluído o inquérito, então é que será deduzida a pretensão em face do responsável, seja pela via extrajudicial (por meio de um compromisso de ajustamento de conduta, por exemplo), seja pela via judicial (mediante o ajuizamento da correspondente ação civil pública, a título ilustrativo).

(C): **Correta**. Nos termos do art. 381, II, do CPC, aplicável às ações coletivas, a "produção antecipada da prova será admitida nos casos em que: II - a prova a ser produzida seja suscetível de viabilizar a autocomposição ou outro meio adequado de solução de conflito".

(D): **Correta**. De acordo com a jurisprudência do STJ, ainda que em situações excepcionais, admite-se o emprego do mandado de segurança para o trancamento do inquérito civil. Veja-se: "Somente em situações excepcionais, quando comprovada, de plano, atipicidade de conduta, causa extintiva da punibilidade ou ausência de indícios de autoria, é possível o trancamento de inquérito civil" (RMS 30.510/RJ).

Resposta: Letra B

24. AÇÃO CIVIL PÚBLICA (LEI Nº 7.347/1985)

MPMG - 2012 (LII Concurso) *Questão 80 - Direito Processual Coletivo - Lei 7347/1985 - Legislação.*

No princípio da década de 80, a Ação Civil Pública ingressou no ordenamento jurídico pátrio através da Lei Complementar nº 40/81 que instituiu a Lei Orgânica do Ministério Público. Dentre as funções dos representantes ministeriais, foi inserida a promoção da ação civil pública disposta no artigo 3º inciso III. Naquele mesmo ano, a Política Nacional do meio ambiente foi regulamentada pela Lei 6.938 e previa como atributo do Ministério Público, da União e dos Estados a propositura de ação de responsabilidade civil para reparação dos danos causados ao meio ambiente. Porém, somente em 1985, foi publicada a Lei 7.347 que disciplinou a ação civil pública de responsabilidade por danos, inserindo no ordenamento jurídico o Inquérito Civil Público. Tratando-se do procedimento do Inquérito Civil, é CORRETO afirmar que:

A) *Os autos do inquérito civil ou das peças de informação arquivadas serão remetidos, sob pena de se incorrer em falta grave, no prazo de 10 (dez) dias, ao Conselho Superior do Ministério Público.*

B) *Até 15 (quinze) dias antes da sessão do Conselho Superior do Ministério Público, na qual o Inquérito Civil seja homologada ou rejeitada a promoção de arquivamento, poderão as associações legitimadas apresentar razões escritas ou documentos, que serão juntados aos autos do inquérito ou anexados às peças de informação.*

C) *A promoção de arquivamento será submetida a exame e deliberação do Conselho Superior do Ministério Público.*

D) *Deixando o Conselho Superior de homologar a promoção de arquivamento, remeterá os autos do Inquérito Civil para que o órgão do Ministério Público que o presidiu, a fim de que ajuíze a ação.*

Comentários

A) Incorreta. Artigo 9º, § 1º, da Lei 7.347/1985: § 1º Os autos do inquérito civil ou das peças de informação arquivadas serão remetidos, sob pena de se incorrer em falta grave, no prazo de 3 (três) dias, ao Conselho Superior do Ministério Público. Atenção ao prazo de 03 dias.

B) Incorreta. Artigo 9º, § 2º, da Lei 7.347/1985: **"Até que, em sessão do Conselho Superior do Ministério Público, seja homologada ou rejeitada a promoção de arquivamento, poderão as associações legitimadas apresentar razões escritas** ou documentos, que serão juntados aos autos do inquérito ou anexados às peças de informação." (destacamos).

C) Correta. Artigo 9º, § 3º, da Lei 7.347/1985: A promoção de arquivamento será submetida a exame e deliberação do Conselho Superior do Ministério Público, conforme dispuser o seu Regimento.

D) Incorreta. Artigo 9º, § 4º, da Lei 7.347/1985: "Deixando o Conselho Superior de homologar a promoção de arquivamento, designará, **desde logo, outro órgão do Ministério Público** para o ajuizamento da ação." (destacamos).

Resposta: letra C.

MPMG 2014 – Questão 71. Direito Processual Coletivo/ Lei de Ação Civil Pública (Lei nº7.347/1985) */ Ação Civil Pública / Jurisprudência.*

Sobre as ações civis públicas, levando em conta a atual jurisprudência dos tribunais superiores, é correto afirmar, EXCETO:

A) *Quando proposta pelo Ministério Público ação civil pública por ato de improbidade administrativa, ocorrerá nulidade caso não se dê a citação da pessoa jurídica de direito público cuja probidade foi violada, para integrar o polo ativo.*

B) *Há litisconsórcio passivo facultativo, nas ações civis públicas por dano ambiental em loteamento irregular, entre os responsáveis primários pelos atos ilícitos, os terceiros adquirentes de lotes e seus ocupantes.*

C) *Não é possível a propositura de ação civil pública por ato de improbidade administrativa somente contra o particular, ainda que este tenha induzido, concorrido ou se beneficiado do ato.*

D) *Sendo o Ministério Público autor e requerendo a realização de prova pericial no bojo da ação civil pública, o encargo financeiro deve recair sobre a Fazenda Pública do ente federativo a que estiver vinculado.*

Comentários

(A) Errado – O Ministério Público tem legitimidade autônoma para propor AIA. "Art. 17, § 3º No caso de a ação principal ter sido proposta pelo Ministério Público, aplica-se, no que couber, o disposto no § 3º do art. 6º da Lei nº 4.717, de 29 de junho de 1965." "§ 3º A pessoas jurídica de direito público ou de direito privado, cujo ato seja objeto de impugnação, poderá abster-se de contestar o pedido, ou poderá atuar ao lado do autor, desde que isso se afigure útil ao interesse público, a juízo do respectivo representante legal ou dirigente."

(B) Correto – STJ, REsp 1.328.874 /SP. "AMBIENTAL. AÇÃO CIVIL PÚBLICA. VIOLAÇÃO DO ART. 535 DO CPC/73. ALEGAÇÕES GENÉRICAS. SÚMULA N. 284/STF. DANOS AMBIENTAIS. CONSTRUÇÃO IRREGULAR. CITAÇÃO DOS POSSUIDORES E PROPRIETÁRIOS. LITISCONSÓRCIO PASSIVO FACULTATIVO. RESPONSABILIDADE SOLIDÁRIA DOS POLUIDORES DIRETOS E INDIRETOS. PRECEDENTES."

(C) Correto – STJ,. 1ª Turma. DIREITO ADMINISTRATIVO E PROCESSUAL CIVIL. AÇÃO DE IMPROBIDADE ADMINISTRATIVA AJUIZADA APENAS EM FACE DE PATICULAR. Não é possível o ajuizamento de ação de improbidade administrativa exclusivamente em face de particular, sem a concomitante presença de agente público no polo passivo da demanda. De início, ressalta-se que os particulares estão sujeitos aos ditames da Lei 8.429/1992 (LIA), não sendo, portanto, o conceito de sujeito ativo do ato de improbidade restrito aos agentes públicos. Entretanto, analisando-se o art. 3º da LIA, observa-se que o particular será incurso nas sanções decorrentes do ato ímprobo nas seguintes circunstâncias: a) induzir, ou seja, incutir no agente público o estado mental tendente à prática do ilícito; b) concorrer juntamente com o agente público para a prática do ato; e c) quando se beneficiar, direta ou indiretamente do ato ilícito praticado pelo agente público. Diante disso, é inviável o manejo da ação civil de improbidade exclusivamente contra o particular. Precedentes citados: REsp 896.044-PA, Segunda Turma, DJe 19/4/2011; REsp 1.181.300-PA, Segunda Turma, DJe 24/9/2010. REsp 1.171.017-PA, Rel. Min. Sérgio Kukina, julgado em 25/2/2014.

(D) Correto – STJ, AgRg no REsp 1372697/SE. "ADMINISTRATIVO E PROCESSUAL CIVIL. AGRAVO REGIMENTAL NO RECURSO ESPECIAL. AÇÃO CIVIL PÚBLICA PROPOSTA PELO MINISTÉRIO PÚBLICO. PERÍCIA. ENCARGO FINANCEIRO. ÔNUS A SER SUPORTADO PELA FAZENDA PÚBLICA. ENTENDIMENTO CONSOLIDADO. PRIMEIRA SEÇÃO. RECURSO REPETITIVO. 1. A Primeira Seção desta Corte firmou o entendimento de que o encargo financeiro para a realização da prova pericial deve recair sobre a Fazenda Pública a que o Ministério Público estiver vinculado, por meio da aplicação analógica da Súmula 232/

STJ (Recurso Especial Repetitivo 1.253.844/SC, Rel. Ministro Mauro Campbell, Maruqes, Primeira Seção, julgado em 13/3/2013, DJe de 17/10/2013). 2. Agravo Regimental a que se nega provimento."

Resposta certa: A

MPMG 2014 - Questão 72. Direito Processual Coletivo/ Lei de Ação Civil Pública (Lei nº7.347/1985) */ Prescrição nas ações coletivas / Jurisprudência e Legislação.*

Quanto ao instituto da prescrição nas ações coletivas, segundo a atual jurisprudência dos tribunais superiores, é INCORRETO afirmar:

A) No caso de servidor público federal ocupante de cargo efetivo, a contagem de prescrição, para as sanções previstas na Lei de Improbidade Administrativa, tem como termo a quo a data em que o fato se tornou conhecido.

B) O fato de existir execução coletiva não influencia no prazo prescricional para o ajuizamento da pretensão executória individual.

C) Não se aplica a prescrição intercorrente nas ações civis públicas por atos de improbidade administrativa.

D) É de cinco anos o prazo prescricional para ajuizamento da execução individual em pedido de cumprimento de sentença proferida em ação civil pública.

Comentários

(A) Correto - Art. 23, II, Lei 8.429/92 c/c art. 142, I, § 1º, Lei 8.112/90. " Art. 23. As ações destinadas a levar a efeitos as sanções previstas nesta lei podem ser propostas: II - dentro do prazo prescricional previsto em lei específica para faltas disciplinares puníveis com demissão a bem do serviço público, nos casos de exercício de cargo efetivo ou emprego."

(B) Errado - STJ, AgRg no REsp 1.133.526/PR - "Tratando-se de demanda coletiva, o prazo de prescrição para a execução individual do título é interrompido pela propositura da execução coletiva, voltando a correr pela metade a partir do último ato processual da causa interruptiva.";

(C) Correto - STJ, REsp 1289993/RO."ADMINISTRATIVO E PROCESSUAL CIVIL. AÇÃO CIVIL PÚBLICA. IMPROBIDADE ADMINISTRATIVA. DESVIO DE DINHEIRO. ART. 23, I E II, DA LEI 8.429/1992. PRESCRIÇÃO INTERCORRENTE. NÃO OCORRÊNCIA. ELEMENTO SUBJETIVO. AUSÊNCIA DE PREQUESTIONAMENTO. SÚMULA 282/STF. 1. O art. 23 da Lei 8.429/1992, que regula o prazo prescricional para propositura da ação de improbidade administrativa, não possui comando a permitir a aplicação da prescrição intercorrente nos casos de sentença proferidas há mais de 5 (cinco) anos do ajuizamento ou do ato citatório na demanda. Precedente."

(D) Correto – STJ, "ADMINISTRATIVO E PROCESSUAL CIVIL. RECURSO ESPECIAL REPRESENTATIVO DE CONTROVÉRSIA. AÇÃO CIVIL PÚBLICA. INÍCIO DA FLUÊNCIA DO PRAZO PRESCRICIONAL DA EXECUÇÃO SINGULAR. INÍCIO. TRÂNSITO EM JULGADO DA SENTENÇA PROFERIDA NA DEMANDA COLETIVA. DESNECESSIDADE DA PROVIDÊNCIA DE QUE TRATA O ART. 94 DO CDC. TESE FIRMADA SOB O RITO DO ART. 543-C DO CPC. PRESCRIÇÃO RECONHECIDA NO CASO CONCRETO. Após a divulgação da sentença na mídia, em 13/4/2010, Elsa Pipino Maciel promoveu ação de execução contra o Estado. 3. O acórdão recorrido declarou prescrita a execução individual da sentença coletiva, proposta em maio de 2010, assentando que o termo inicial do prazo de prescrição de 5 (cinco) anos seria a data da publicação dos editais em 10 e 11 de abril de 2002, a fim de viabilizar a habilitação dos interessados no procedimento executivo. 4. A exequente alega a existência de contrariedade ao art. 94 do Código de Defesa do Consumidor, ao argumento de que o marco inicial da prescrição deve ser contado a partir da publicidade efetiva da sentença, sob pena de tornar inócua a finalidade da ação civil pública. 5. Também o Ministério Público Estadual assevera a necessidade de aplicação do art. 94 do CDC ao caso, ressaltando que o instrumento para se dar amplo conhecimento da decisão coletiva não é o diário oficial – como estabelecido pelo Tribunal paranaense -, mas a divulgação pelos meios de comunicação de massa. 6. O art. 94 do Código de Defesa do Consumidor disciplina a hipótese de divulgação da notícia da propositura da ação coletiva, para que eventuais interessados possam intervir no processo ou acompanhar seu trâmite, nada estabelecendo, porém, quanto à divulgação do resultado do julgamento. Logo, a invocação do dispositivo em tela não tem pertinência com a definição do início do prazo prescricional para o ajuizamento da execução singular. 7. Note-se, ainda, que o art. 96 do CDC – cujo teor original era "Transitada em julgado a sentença condenatória, será publicado edital, observado o disposto no art. 93" – foi objeto de veto pela Presidência da República, o que torna infrutífero o esforço de interpretação analógica realizado pela Corte estadual, ante a impossibilidade de o Poder Judiciário, qual legislador ordinário, derrubar o veto presidencial ou, eventualmente, corrigir erro formal porventura existente na norma. 8. Em que pese o caráter social que se busca tutelar nas ações coletivas, não se afigura possível suprir a ausência de previsão legal de ampla divulgação midiática do teor da sentença, sem romper a harmonia entre os Poderes. 9. Fincada a inaplicabilidade do CDC à hipótese, deve-se firmar a tese repetitiva no sentido de que o prazo prescricional para a execução individual é contado do trânsito em julgado da sentença coletiva, sendo desnecessária a providência de que trata o art. 94 da Lei n. 8.078/90. 10. Embora não tenha sido o tema repetitivo definido no REsp 1.273.643/PR, essa foi a premissa do julgamento do caso concreto naquele feito. 11. Em outros julgados do STJ, encontram-se, também, pronunciamentos na direção de que o termo a quo da prescrição para que se possa aforar execução individual de sentença coletiva é o trânsito em julgado, sem qualquer ressalva à necessidade de efetivar medida análoga à do art.

94 do CDC: AgRg no AgRg no REsp 1.169.126/RS, Rel. Ministro Jorge Mussi, Quinta Turma, DJe 11/2/2015; AgRg no REsp 1.175.018/RS, Rel. Ministro Rogério Schietti Cruz, Sexta Turma, DJe 1°/7/2014; AgRg no REsp 1.199.601/AP, Rel. Ministro Sérgio Kukina, Primeira Turma, DJe 4/2/2014; EDcl no REsp 1.313.062/PR, Rel. Ministro João Otávio de Noronha, Terceira Turma, DJe 5/9/2013. 12. Considerando o lapso transcorrido entre abril de 2002 (data dos editais publicados no diário oficial, dando ciência do trânsito em julgado da sentença aos interessados na execução) e maio de 2010 (data do ajuizamento do feito executivo) é imperativo reconhecer, no caso concreto, a prescrição. 13. Incidência da Súmula 83/STJ, que dispõe: "Não se conhece do recurso especial pela divergência, quando a orientação do Tribunal se firmou no mesmo sentido da decisão recorrida". 14. Recursos especiais não providos. Acórdão submetido ao regime estatuído pelo art. 543-C do CPC e Resolução STJ 8/2008. (REsp 1388000/PR, Rel. Ministro NAPOLEÃO NUNES MAIA FILHO, Rel. p/ Acórdão Ministro OG FERNANDES, PRIMEIRA SEÇÃO, julgado em 26/08/2015, DJe 12/04/2016)

Resposta certa: B

***MPMG 2017 (Concurso LV)**. Questão 79. Direito Processual Coletivo / Ação civil pública (Lei nº7.347/1985). / legislação e jurisprudência.*

A responsabilidade pelas despesas na ação civil pública é disciplinada pelo artigo 18 da Lei nº 7.347/85, que estabelece, verbis: "Nas ações de que trata esta lei, não haverá adiantamento de custas, emolumentos, honorários periciais e quaisquer outras despesas, nem condenação da associação autora, salvo comprovada má-fé, em honorários de advogado, custas e despesas processuais". Assinale a alternativa INCORRETA:

A) Atuando no polo ativo da ação civil pública, o Ministério Público não é responsável pelo pagamento de honorários periciais, os quais devem ser suportados pela Fazenda Pública.

B) Atuando no polo passivo da ação civil pública, o Município não é responsável pelo adiantamento de honorários periciais quando requerer a realização de perícia.

C) Atuando como autora, a associação somente pagará honorários periciais ao final, caso venha a ser sucumbente.

D) O Ministério Público será condenado ao pagamento de honorários advocatícios somente na hipótese de comprovada má-fé.

Comentários

(A): Correta – O Ministério Público não tem personalidade jurídica. Logo, quem suporta o pagamento de tais verbas é a Fazenda Pública a que ele se vincula. Nesse sentido: "Esta Corte Superior, por meio do julgamento do REsp.1.253.844/SC, submetido à sistemática do art. 543-C do CPC/1973, consolidou entendimento de que cabe à Fazenda Pública à qual se encontrar vinculado o Ministério Público, o custeio do depósito prévio de honorários periciais em sede de Ação Civil Pública, conforme aplicação analógica do disposto na Súmula 232/STJ. Precedentes: AgInt no REsp. 1.420.102/RS, Rel. Min. REGINA HELENA COSTA, DJe 30.3.2017; REsp. 1.582.602/SC, Rel. Min. HERMAN BENJAMIN, DJe 2.9.2016.

2. Agravo Interno da UNIÃO desprovido. (AgInt no AREsp 925.542/SC, Rel. Ministro NAPOLEÃO NUNES MAIA FILHO, PRIMEIRA TURMA, julgado em 28/11/2017, DJe 05/12/2017)"

(B): Incorreta – A regra do art. 18 não se aplica ao réu da ação coletiva. A isenção somente se aplica aos autores da ação coletiva. Logo, o Município é responsável pelo adiantamento de honorários periciais quando requerer a perícia no polo passivo. Nesse sentido:

"A jurisprudência desta Corte é assente no sentido de que a isenção do art. 18 da Lei n. 7.347/85 aplica-se unicamente à parte autora, não sendo aplicável à ré da ação civil pública. No caso em apreço, os recorrentes não são os autores da ação, e sim os réus, não se lhe aplicando o referido dispositivo legal. Precedentes. Súmula 83/STJ. Agravo regimental improvido. (AgRg no AREsp 312.238RN, Rel. Ministro HUMBERTO MARTINS, SEGUNDA TURMA, DJe 24/05/13).

Ver ainda art.91 do CPC.

(C): Correta – Conforme art.18 da Lei 7.347/85. Nas ações de que trata esta lei, não haverá adiantamento de custas, emolumentos, honorários periciais e quaisquer outras despesas, nem condenação da associação autora, salvo comprovada má-fé, em honorários de advogado, custas e despesas processuais.

(D): Correta – Nesse sentido: AGRAVO REGIMENTAL EM RECURSO ESPECIAL. ARTS. 458 E 535 DO CPC. OMISSÃO, CONTRADIÇÃO OU OBSCURIDADE. INEXISTÊNCIA. FUNDAMENTAÇÃO SUFICIENTE. AÇÃO CIVIL PÚBLICA. MINISTÉRIO PÚBLICO. CONDENAÇÃO. DESPESAS E HONORÁRIOS. MÁ-FÉ COMPROVADA. ASSOCIAÇÃO OU ÓRGÃO DA ADMINISTRAÇÃO. VERBETE N. 83 DA SÚMULA DO STJ.

– Inexiste violação dos arts. 458 e 535 do CPC quando o acórdão recorrido decide as questões de forma fundamentada.

– O STJ possui entendimento de que, em ação civil pública, a condenação do Ministério Público ao pagamento de honorários advocatícios somente é cabível na hipótese de comprovada má-fé do Parquet.

– Nos termos do art. 18 da LIA, "a proibição de condenação em despesas e honorários beneficia o autor da ação civil pública, qualquer que seja sua natureza, isto é privada (associação) ou estatal (Ministério Público ou órgão da Administração)" (AgRg no Ag 842.768/PR).

– "Não se conhece do recurso especial pela divergência, quando a orientação do Tribunal se firmou no mesmo sentido da decisão recorrida" (verbete n. 83 da Súmula do STJ).

Agravo regimental improvido. (AgRg no REsp 1261212/PR, Rel. Ministro CESAR ASFOR ROCHA, SEGUNDA TURMA, julgado em 28/02/2012, DJe 07/03/2012)

Resposta: B

25. AÇÃO COLETIVA PARA A REPARAÇÃO DE DANOS A DIREITOS INDIVIDUAIS HOMOGÊNEOS DOS CONSUMIDORES (LEI Nº 8.078/1990)

MPMG 2014 – Questão 75. Direito Processual Coletivo/ CDC / Defesa do Consumidor / Jurisprudência e Legislação.

Tomando-se por base os aspectos processuais introduzidos pelo Código de Defesa do Consumidor, e que fazem parte do microssistema de tutela jurisdicional coletiva, está CORRETO afirmar que:

A) Por ser a legitimidade ativa para a defesa de interesse coletivo disjuntiva, não sendo o Ministério Público parte na ação, é despiciendo sua presença no processo.

B) Tomando-se por base que para a defesa dos interesses coletivos "são admissíveis todas as espécies de ações capazes de propiciar sua adequada e efetiva tutela", a aplicação do Código de Processo Civil é integrada.

C) Quando o objeto material do processo for direito ou interesse difuso ou direito ou interesse coletivo stricto sensu, é de se aplicar as disposições que constam dos artigos 91 a 100 do Código de Defesa do Consumidor e, no que couber, as normas dos outros capítulos do Título III desse mesmo código, da Lei de Ação Civil Pública e do Código de Processo Civil. Quando o objeto material for direitos ou interesses individuais homogêneos, aplicar-se-ão as disposições processuais previstas na Lei de Ação Civil Pública e, no que couber, as constantes do referido Título III do Código de Defesa do Consumidor, além do Código de Processo Civil.

D) A sentença de procedência na ação coletiva tendo por causa de pedir danos referentes a direitos individuais homogêneos será, em regra, genérica, de modo que depende de superveniente liquidação, não apenas para apuração do quantum debeatur, mas também para aferir a titularidade do crédito, por isso denominada "liquidação imprópria".

Comentários

(A) Errado – Art. 92, CDC, e art. 5º, § 1º, LACP ("O Ministério Público, se não ajuizar a ação, atuará sempre como fiscal da lei.");

(B) Errado – Aplicação do CPC é residual, apenas quando o microssistema for omisso;

(C) Errado – Quando o objeto material do processo for direitos ou interesses individuais homogêneos, devem ser aplicadas as disposições que constam dos artigos 91 a 100 do CDC e, no que couber, as normas dos outros capítulos do Título III desse mesmo Código, da Lei da Ação Civil Pública e do CPC. Quando o objeto material for direito ou interesse difuso ou direito ou interesse coletivo *stricto sensu*, aplicar-se-ão as disposições processuais previstas na Lei da Ação Civil Pública e, no que couber, as constantes do referido Título III do CDC, além do próprio CPC.

(D) Correto – STJ, AgRg no REsp 1.348.512-DF. "2. A sentença de procedência na ação coletiva tendo por causa de pedir danos referentes a direitos individuais homogêneos, nos moldes do disposto no artigo 95 do Código de Defesa do Consumidor, será, em regra, genérica, de modo que depende de superveniente liquidação, não apenas para apuração do quantum debeatur, mas também para aferir a titularidade do crédito, por isso denominada pela doutrina "liquidação imprópria".

Resposta certa: D

26. AÇÃO POPULAR (LEI Nº 4.717/1965)

***MPMG – 2011 (Concurso LI)**. Questão 79. Direito Processual Coletivo / Lei 8.429.92 / Lei 4717.65 /Legislação / Jurisprudência.*

Sob o enfoque das Ações Popular e de Improbidade, afirma-se:

I. A ação popular visa anular ato lesivo ao patrimônio público ou de entidade de que o Estado participe, à moralidade administrativa, ao meio ambiente e ao patrimônio histórico e cultural. A ação de improbidade, diferente disso, visa apenas à aplicação de sanções.

II. A ação de improbidade administrativa poderá ser proposta mesmo já havendo sentença de procedência transitada em julgado em ação popular que anulou ato lesivo e determinou o ressarcimento do dano ao patrimônio público. Isso porque deve ser buscada a aplicação de sanções, observado o prazo decadencial.

III. Assim como na ação popular, na ação que visa apurar ato de improbidade administrativa proposta pelo Ministério Público, as pessoas jurídicas de direito público ou de direito privado, cujo ato seja objeto de impugnação, poderá abster-se de contestar o pedido, ou poderá atuar ao lado do autor, desde que isso se afigure útil ao interesse público, a juízo do respectivo representante legal ou dirigente.

IV. A ação popular prescreve em 5 (cinco) anos, assim como a ação de improbidade destinada a levar a efeitos as sanções. As sanções previstas na Lei de Improbidade Administrativa são: ressarcimento integral do dano, perda da função pública, suspensão dos direitos políticos, pagamento de multa civil e proibição de contratar com o Poder Público ou receber benefícios ou incentivos fiscais ou creditícios, direta ou indiretamente, ainda que por intermédio de pessoa jurídica da qual seja sócio majoritário.

Estão ***INCORRETOS*** *os itens:*

A) I e II.

B) I e III.

C) II e III.

D) I e IV.

Comentários

I) Incorreta. Art. 5º, LXXIII, CF/88. A primeira parte da assertiva está correta. O erro está na limitação do campo de abrangência do pedido da ação de improbidade administrativa, pois, além de aplicar sanções, nela também é possível o ressarcimento previsto no artigo 37, § 4º, CF/88, e a anulação de atos e contratos (entendimento extraído do STJ-CC 138068). "CONFLITO NEGATIVO DE COMPETÊNCIA. JUÍZOS FEDERAIS VINCULADOS A TRIBUNAIS REGIONAIS FEDERAIS DISTINTOS. AÇÃO CIVIL PÚBLICA SOB A IMPUTAÇÃO DA PRÁTICA DE ATOS DE IMPROBIDADE ADMINISTRATIVA CUMULADA COM PEDIDO DE ANULAÇÃO DE ATOS E CONTRATOS FIRMADOS PELA ADMINISTRAÇÃO PÚBLICA. ALEGAÇÃO DE OCORRÊNCIA DE DANO EM MAIS DE UM LUGAR E ATINGINDO ENTIDADES INTEGRADAS EM NÍVEIS DISTINTOS DE GOVERNO. SITUAÇÃO DOTADA DE SINGULARIDADE. DEFINIÇÃO DO JUÍZO COMPETENTE PARA A COGNIÇÃO E JULGAMENTO DA DEMANDA. COMPETÊNCIA JURISDICIONAL QUE SE DEFINE EM RAZÃO DA ORIGEM DOS ALEGADOS EFEITOS DANOSOS. ART. 2º. DA LEI 7.347/85. APLICABILIDADE. CONFLITO DE COMPETÊNCIA CONHECIDO PARA DECLARAR COMPETENTE O DOUTO JUÍZO DA 1a. VARA FEDERAL DA SEÇÃO JUDICIÁRIA DO ESTADO DO RIO DE JANEIRO, DE ACORDO COM O PARECER DO DOUTO MINISTÉRIO PÚBLICO FEDERAL."

II) Correta. Art. 12, *caput*, Lei 8.429/92. "Independentemente das sanções penais, civis e administrativas"

III) Correta. Art. 17, § 3º, Lei 8.429/92. Aplicação do art. 6º, § 3º, Lei 4.717/65.

IV) Incorreta. Além de não ter incluído o ressarcimento, previsto nos incisos do artigo 12 da Lei 8.429/92, este é hipótese de pretensão imprescritível. "São imprescritíveis as ações de ressarcimento ao erário fundadas na prática de ato doloso tipificado na Lei de Improbidade Administrativa. STF. Plenário. RE 852475/SP, Rel. orig. Min. Alexandre de Moraes, Rel. para acórdão Min. Edson Fachin, julgado em 08/08/2018 (repercussão geral) (Info 910)."

Resposta certa: D

MPMG – 2012 (LII Concurso) *Questão 71 – Direito Processual Coletivo – Ação Popular – Legislação.*

A ação popular, nascida no Direito Romano, encontrou, pela vez primeira, assento constitucional no Brasil na Carta de 1934, disposta no n. 38 do art. 113, introduzindo inovação pela legitimidade do cidadão para pleitear apenas a declaração de nulidade ou anulação dos atos lesivos do patrimônio da União, dos Estados ou dos Municípios. Em 1965, foi regulada pela Lei nº 4.717 e, hoje, se encontra disposta no inciso LXXIII do artigo 5º da Carta de 1988 com a seguinte redação: "qualquer cidadão é parte legítima para propor ação popular que vise a anular ato lesivo ao patrimônio público ou de entidade de que o Estado participe, à moralidade administrativa, ao meio ambiente e ao patrimônio histórico e cultural, ficando o autor, salvo comprovada má-fé, isento de custas judiciais e do ônus da sucumbência". Em matéria de ação popular, é INCORRETO afirmar:

A) A invalidez dos atos lesivos de empresas privadas subvencionadas por verbas públicas será limitada a repercussão que eles causarem sobre as contribuições dos cofres públicos.

B) Poderá o processo correr em segredo de justiça, que cessará com o trânsito em julgado de sentença condenatória.

C) É nulo o ato jurídico cujo valor real do bem dado em hipoteca ou penhor for inferior ao constante de escritura, contrato ou avaliação.

D) O desvio de finalidade se verifica quando o agente pratica o ato visando a fim diverso daquele não previsto na regra de competência.

Comentários

A) Correto. Artigo 1º, § 2º, da Lei 4.717/1965. Em se tratando de instituições ou fundações, para cuja criação ou custeio o tesouro público concorra com menos de cinqüenta por cento do patrimônio ou da receita ânua, bem como de pessoas jurídicas ou entidades subvencionadas, as conseqüências patrimoniais da invalidez dos atos lesivos terão por limite a repercussão deles sobre a contribuição dos cofres públicos.

B) Correto. Artigo 1º, § 7º, da Lei 4.717/1965. Ocorrendo a hipótese do parágrafo anterior, a ação poderá ser proposta desacompanhada das certidões ou informações negadas, cabendo ao juiz, após apreciar os motivos do indeferimento, e salvo em se tratando de razão de segurança nacional, requisitar umas e outras; feita a requisição, o processo correrá em segredo de justiça, que cessará com o trânsito em julgado de sentença condenatória.

C) Correto. Artigo 4º, II, "b", da Lei 4.717/1965. Art. 4º. São também nulos os seguintes atos ou contratos, praticados ou celebrados por quaisquer das pessoas ou entidades referidas no art. 1º. II - A operação bancária ou de crédito real, quando: b) o valor real do bem dado em hipoteca ou penhor for inferior ao constante de escritura, contrato ou avaliação.

D) Incorreto. Artigo 2º, parágrafo único, "e", da Lei 4.717/1965: "O desvio de finalidade se verifica quando o **agente pratica o ato visando a fim diverso daquele previsto, explícita ou implicitamente, na regra de competência**." (destacamos).

Resposta: letra D.

MPMG 2014 - Questão 74. Direito Processual Coletivo/ Ação popular (Lei nº 4.717/1965) */ Ação Popular / Jurisprudência e Legislação.*

Sobre a ação popular, é correto dizer, EXCETO:

A) *É cabível para a proteção da moralidade administrativa, ainda que inexistente o dano material ao patrimônio público, ou seja, a lesão tanto pode ser efetiva quanto legalmente presumida, pois que a lei estabelece casos de presunção de lesividade, para os quais basta a prova da prática do ato naquelas circunstâncias para considerar-se lesivo e nulo de pleno direito.*

B) *O Ministério Público, mesmo não sendo parte no processo, poderá juntar documentos e requerer a produção de provas.*

C) *Possui legitimidade ativa ad causam apenas o cidadão eleitor no município onde se aduz terem ocorrido as supostas ilegalidades.*

D) *A manifestação de interesse da União no feito após a prolação da sentença na Justiça Estadual faz com que a competência de eventual apelação seja do Tribunal Regional Federal, não se anulando, todavia, os atos praticados anteriormente.*

Comentários

(A) Correto - STJ, REsp 1559292/ES/"ADMINISTRATIVO E PROCESSUAL CIVIL. TRANSPORTE URBANO COLETIVO DE PASSAGEIROS. AUSÊNCIA DE LICITAÇÃO. CABIMENTO DA AÇÃO POPULAR. PREJUÍZO AO ERÁRIO IN RE IPSA. ADMITIDA A DECLARAÇÃO INCIDENTAL DE INCONSTITUCIONALIDADE DA LEI MUNICIPAL. VIOLAÇÃO DA CLÁSULA DE RESERVA DO PLENÁRIO. OFENSA AOS ARTIGOS 480 E 481 DO CPC. SÚMULA VINCULANTE 10/STF."

(B) Correto - Art. 6º, § 4º, Lei 4.717/65. "§ 4º O Ministério Público acompanhará a ação, cabendo-lhe apressar a produção da prova e promover a responsabilidade, civil ou criminal, dos que nela incidirem, sendo-lhe vedado, em qualquer hipótese, assumir a defesa do ato impugnado ou dos seus autores."

(C) Errado - STJ, REsp 1.242.800-MS - a condição de eleitor é prova da cidadania, sendo irrelevante seu domicílio eleitoral para fixar sua legitimidade para propor ação popular;

(D) Correto – STJ, REsp 1111159/RJ. "3. O pedido de intervenção da União realizado após a prolação da sentença enseja tão somente o deslocamento do processo para o Tribunal Regional Federal, para que examine o requerimento de ingresso na lide e prossiga (se for o caso) seu julgamento, sem a automática anulação da sentença proferida pelo juízo estadual."

Resposta certa: C

MPMG 2019 (CONCURSO LVII). *QUESTÃO 72 – Direito Processual Coletivo. Ação popular. Legislação, doutrina e jurisprudência.*

Assinale a alternativa incorreta:

A) É dispensável a demonstração de prejuízo material ao erário para o ajuizamento da ação popular, sendo suficiente a verificação da ilegalidade do ato administrativo por ofensa a normas específicas ou desvios dos princípios da Administração Pública.

B) É possível que um cidadão intervenha em ação coletiva, ajuizada por uma associação que atenda aos requisitos legais, assumindo o polo ativo na hipótese de desistência do autor.

C) Na ação popular, o deslocamento de pessoa jurídica de Direito Público do polo passivo para o polo ativo é possível, desde que útil ao interesse público, inexistindo preclusão para que ocorra tal migração.

D) A admissão da intervenção de terceiro em ação popular, na qualidade de assistente litisconsorcial do autor, pressupõe a presença de interesse jurídico na causa, o qual será aferido à luz do objeto litigioso do processo.

Comentários

(A): **Correta**. Nos termos do art. 5°, LXXIII, da CF/88, "qualquer cidadão é parte legítima para propor ação popular que vise a anular ato lesivo ao patrimônio público ou de entidade de que o Estado participe, à **moralidade administrativa**, ao **meio ambiente** e ao **patrimônio histórico e cultural**, ficando o autor, salvo comprovada má-fé, isento de custas judiciais e do ônus da sucumbência". Como se vê da leitura do dispositivo transcrito, a ação popular visa à tutela de bens jurídicos de espécies distintas, alguns desprovidos de dimensão econômica mensurável, como é o caso da moralidade administrativa. Assim, a própria norma já indica que o ajuizamento da ação popular dispensa a demonstração do prejuízo material ao erário. Nesse sentido é a consolidade jurisprudência do STJ: "[...] 1. O Superior Tribunal de Justiça possui firme orientação de que um dos pressupostos da Ação Popular é a lesão ao patrimônio público. Ocorre que a Lei 4.717/1965 deve ser interpretada de forma a possibilitar, por meio de Ação Popular, a mais ampla proteção aos bens e direitos associados ao patrimônio público, em suas várias dimensões (cofres públicos, meio ambiente, moralidade administrativa, patrimônio artístico, estético, histórico e turístico). 2. Para o cabimento da Ação Popular, basta a ilegalidade do ato administrativo por ofensa a normas específicas ou desvios dos princípios da Administração Pública, dispensando-se a demonstração de prejuízo material [...]" (AgInt no AREsp 949.377/MG).

(B): **Incorreta**. No campo das ações coletivas, a legitimidade ativa do cidadão restringe-se à ação popular (art. 1°, *caput*, da Lei 4.717/65). Sobre o tema, confira-se a lição de Daniel Assumpção: "A legitimidade do cidadão na tutela coletiva é limitada à ação popular, em decorrência da previsão contida no art. 1°, *caput*, da Lei 4.717/1965, não havendo qualquer indicação de legitimidade em leis subsequentes que versam sobre tutela coletiva, em especial os arts. 5° da LACP e 82 do CDC. Ao menos no que toca à previsão legal expressa, realmente o único texto legal que atribui legitimação ao cidadão é o art. 1° da LAP, que inclusive exclui outros sujeitos dessa legitimação, salvo na excepcional hipótese de sucessão processual pelo Ministério Público, nos termos do art. 9° da mesma lei" (NEVES, Daniel Amorim Assumpção Neves. *Manual de Processo Coletivo*. 4ª ed. Juspodivm, 2020, p. 198).

(C): **Correta**. Assertiva em conformidade com a jurisprudência do STJ: "2. O deslocamento de pessoa jurídica de Direito Público do pólo passivo para o ativo na Ação Popular é possível, desde que útil ao interesse público, a juízo do representante legal ou do dirigente, nos moldes do art. 6º, § 3º, da Lei 4.717/1965. 3. Não há falar em preclusão do direito, pois, além de a mencionada lei não trazer limitação quanto ao momento em que deve ser realizada a migração, o seu art. 17 preceitua que a entidade pode, ainda que tenha contestado a ação, proceder à execução da sentença na parte que lhe caiba, ficando evidente a viabilidade de composição do pólo ativo a qualquer tempo. Precedentes do STJ". (REsp 945.238/SP).

(D): **Correta**. Nos termos do art. 6°, § 5°, da Lei 4.717/65, "É facultado a qualquer cidadão habilitar-se como litisconsorte ou assistente do autor da ação popular". Conjugando-se o dispositivo transcrito com o art. 119 do CPC ("Pendendo causa entre 2 (duas) ou mais pessoas, o terceiro **juridicamente interessado** em que a sentença seja favorável a uma delas poderá intervir no processo para assisti-la"), necessária a conclusão de que a existência de interesse jurídico condiciona a intervenção do terceiro na ação popular, sob pena de tumultuar-se, sem qualquer proveito processual (nem mesmo sob a ótica da legitimação democrática do processo), o regular andamento da ação, em prejuízo da proteção efetiva dos relevantes bens jurídicos tutelados.

Resposta: Letra B

27. MANDADO DE SEGURANÇA COLETIVO (LEI Nº 12.016/2009)

MPMG – 2012 (LII Concurso) *Questão 78 – Direito Processual Coletivo – Lei 12.016 /1990 – Legislação.*

O Mandado de Segurança tornou-se Cláusula Pétrea na Constituição de 1988, elencado como garantia fundamental. Eficaz na proteção de direito liquido e certo individual, passou a ser reconhecido como capaz de ser impetrado de modo coletivo nos termos do inciso LXX do art. 5º da Carta Magna Brasileira. Em matéria de Mandado de Segurança Coletivo, é CORRETO afirmar:

A) É permitido, observados os requisitos legais, impetrar mandado de segurança por telegrama, radiograma, fax ou outro meio eletrônico de autenticidade comprovada.

B) Será concedida medida liminar que tenha por objeto a compensação de créditos tributários, a entrega de mercadorias e bens provenientes do exterior, a reclassificação ou equiparação de servidores públicos e a concessão de aumento ou a extensão de vantagens ou pagamento de qualquer natureza.

C) O ingresso de litisconsorte ativo será admitido após o despacho da petição inicial.

D) Da denegação ou concessão do mandado, cabe apelação.

Comentários

A) Incorreto. Art. 4º, *caput*, da Lei 12.016/2009: "**Em caso de urgência,** é permitido, observados os requisitos legais, impetrar mandado de segurança por telegrama, radiograma, fax ou outro meio eletrônico de autenticidade comprovada." (destacamos).

B) Incorreto. Art. 7º, § 2 o, da Lei 12.016/2009: "**Não será concedida medida liminar** que tenha por objeto a compensação de créditos tributários, a entrega de mercadorias e bens provenientes do exterior, a reclassificação ou equiparação de servidores públicos e a concessão de aumento ou a extensão de vantagens ou pagamento de qualquer natureza." (destacamos).

C) Incorreto. Art. 10, § 2 o, da Lei 12.016/2009: "**O ingresso de litisconsorte ativo não será admitido após o despacho da petição inicial.**" (destacamos).

D) Correto. Art. 14 da Lei 12.016/2009: Da sentença, denegando ou concedendo o mandado, cabe apelação.

Resposta: letra D.

28. MANDADO DE INJUNÇÃO COLETIVO

MPMG 2019 (CONCURSO LVII). QUESTÃO 71 - Processo coletivo. Mandado de injunção coletivo. Legislação.

Assinale a alternativa incorreta:

A) *O mandado de injunção coletivo pode ser promovido por partido político com representação no Congresso Nacional, para assegurar o exercício de direitos, liberdades e prerrogativas de seus integrantes ou relacionados com a finalidade partidária.*

B) *O mandado de injunção coletivo não induz litispendência em relação aos individuais, mas os efeitos da coisa julgada não beneficiarão o impetrante que não requerer a suspensão da demanda individual no prazo de 30 (trinta) dias a contar da notificação do órgão impetrado.*

C) *Os direitos, as liberdades e as prerrogativas protegidos por mandado de injunção coletivo são os pertencentes, indistintamente, a uma coletividade indeterminada de pessoas ou determinada por grupo, classe ou categoria.*

D) *No mandado de injunção coletivo, a sentença fará coisa julgada limitadamente às pessoas integrantes da coletividade, do grupo, da classe ou da categoria substituídos pelo impetrante, sem prejuízo de que, transitada em julgado a decisão, seus efeitos possam ser estendidos aos casos que lhe forem análogos.*

Comentários

(A): **Correto**. Art. 12 da Lei 13.300/16. O mandado de injunção coletivo pode ser promovido: II - por partido político com representação no Congresso Nacional, para assegurar o exercício de direitos, liberdades e prerrogativas de seus integrantes ou relacionados com a finalidade partidária.

(B): **Incorreto**. Art. 13, § único, da Lei 13.300/16. O mandado de injunção coletivo não induz litispendência em relação aos individuais, mas os efeitos da coisa julgada não beneficiarão o impetrante que não requerer a **desistência** (a questão trouxe "suspensão") da demanda individual no prazo de 30 (trinta) dias a contar da **ciência comprovada da impetração coletiva** (a questão trouxe "notificação do órgão impetrado").

(C): **Correto**. Art. 12, § único, da Lei 13.300/16. Os direitos, as liberdades e as prerrogativas protegidos por mandado de injunção coletivo são os pertencentes, indistintamente, a uma coletividade indeterminada de pessoas ou determinada por grupo, classe ou categoria.

(D): **Correto**. Art. 13 da Lei 13.300/16. No mandado de injunção coletivo, a sentença fará coisa julgada limitadamente às pessoas integrantes da coletividade, do grupo, da classe ou da categoria substituídos pelo impetrante, sem prejuízo do disposto nos §§ 1º e 2º do art. 9º. Art. 9º da Lei 13.300/16. A decisão terá eficácia subjetiva limitada às partes e produzirá efeitos até o advento da norma regulamentadora. § 1º Poderá ser conferida eficácia **ultra partes** ou **erga omnes** à decisão, quando isso for inerente ou indispensável ao exercício do direito, da liberdade ou da prerrogativa objeto da impetração. § 2º Transitada em julgado a decisão, seus efeitos poderão ser estendidos aos casos análogos por decisão monocrática do relator.

Resposta: Letra B

29. AÇÃO CIVIL PÚBLICA DE IMPROBIDADE ADMINISTRATIVA (LEI Nº 8.429/1992)

MPMG – 2011 (Concurso LI)*. Questão 78. Direito Processual Coletivo / CPC.73 / Lei 8429.92 / Lei 7347.85 / Legislação.*

A fim de garantir o resultado útil do processo coletivo, tem-se a aplicabilidade da indisponibilidade de bens. Ela não conduz à perda da posse, não retira os direitos de usar e usufruir de seu proprietário. Apenas impede o exercício do direito de dispor desses bens. Nestes termos, tem-se que:

I. O juiz poderá determinar as medidas provisórias que julgar adequadas, quando houver fundado receio de que uma parte, antes do julgamento da lide, cause ao direito da outra lesão grave e de difícil reparação, inclusive ordenar depósito de bens.

II. Quando o ato de improbidade causar lesão ao patrimônio público ou ensejar enriquecimento ilícito, caberá à autoridade administrativa responsável pelo inquérito representar ao Ministério Público, para a indisponibilidade dos bens do indiciado.

III. A indisponibilidade de bens recairá sobre bens que assegurem o pagamento integral da multa, ou sobre o acréscimo patrimonial resultante do enriquecimento ilícito.

IV. Desde que provada a prática de ato lesivo ao meio ambiente, justificável a concessão do Magistrado singular de medida tutelar de indisponibilidade de tantos bens quanto necessário à reparação do dano.

Estão INCORRETOS os itens:

A) I, II e IV.

B) III e IV.

C) II e III.

D) I, III e IV.

Comentários

I) Correta. Arts. 798 e 799, CPC/73. Arts. 294 e seguintes, NCPC. O artigo 139, IV, NCPC, atribui ao juiz a possibilidade de medidas para assegurar o cumprimento de ordem judicial.

II) Correta. Art. 7º, *caput*, Lei 8.429/92. " Art. 7° Quando o ato de improbidade causar lesão ao patrimônio público ou ensejar enriquecimento ilícito, caberá a autoridade administrativa responsável pelo inquérito representar ao Ministério Público, para a indisponibilidade dos bens do indiciado."

III) Incorreta. Art. 7º, parágrafo único, Lei 8.429/92. O erro da alternativa é incluir a multa. Embora a jurisprudência se posicione no sentido de o valor da multa ser incluído no quantum a ser indisponível (STJ-RESP 1637831/SP), a redação literal do dispositivo legal apenas inclui a indisponibilidade para assegurar o integral ressarcimento do dano ou o acréscimo patrimonial resultante do enriquecimento.

IV) Incorreta. Art. 4º, LACP. Arts. 294 e seguintes, NCPC. A alternativa incidiu em erro ao exigir a prova do ato lesivo para justificar a indisponibilidade de bens, sendo que, por se tratar de medida cautelar, basta a **verossimilhança** ou *fumus boni iuris.*

Resposta certa: B

MPMG 2017 (Concurso LV). *Questão 74. Direito Processual Coletivo / Ação civil pública de improbidade administrativa (Lei nº 8.429/1992)/Súmulas e jurisprudência do STF e do STJ / legislação e jurisprudência.*

A Lei nº 8.429/92, que dispõe sobre as sanções aplicáveis aos agentes públicos nos casos de enriquecimento ilícito no exercício de mandato, cargo, emprego ou função na Administração Pública Direta, Indireta ou Fundacional, consubstancia-se em importante instrumento legal por meio do qual o Ministério Público exerce seu munus constitucional de defender o patrimônio público. Dentre as peculiaridades processuais da ação civil por ato de improbidade administrativa, é INCORRETO citar:

A) A necessidade de integração da lide por parte da pessoa jurídica de direito público cujo ato seja objeto de impugnação, sob pena de nulidade.

B) A inquirição, se o réu for Prefeito em exercício, se dará em local, dia e hora previamente ajustados entre ele e o juiz.

C) A exigência de notificação do requerido para, querendo, oferecer manifestação por escrito, que poderá ser instruída com documentos e justificações, dentro do prazo de 15 (quinze) dias, após o que o juiz deliberará sobre o recebimento da inicial.

D) A possibilidade de apresentação de petição inicial desacompanhada de documentos ou justificação que contenham indícios suficientes da existência do ato de improbidade.

Comentários

(A): Incorreta – Não há nulidade, conforme art.17,§ 3º, da Lei 8.426/92 c/c art.6º,§ 3º, da Lei 4.717/65. Nesse sentido: PROCESSUAL CIVIL. RECURSO ESPECIAL. AÇÃO DE IMPROBIDADE ADMINISTRATIVA PROPOSTA PELO MINISTÉRIO PÚBLICO.

CITAÇÃO DA PESSOA JURÍDICA EM TESE LESADA. POSSIBILIDADE DE INTERVENÇÃO POSTERIOR. A reclamação constitucional é uma ação autônoma que tem por objetivo preservar a competência e garantir a autoridade das decisões dos tribunais - Artigo 102, inciso I, alínea "l", da CF/88.

ART. 17, § 3°, DA LEI DE IMPROBIDADE (LEI 8.429/92) E ART. 6°, § 3°, DA LEI DA AÇÃO POPULAR (LEI 4.717/65) 1. A pessoa jurídica em tese lesada deve ser intimada da existência de Ação de Improbidade proposta pelo Ministério Público, pelo que ela deve ser incluída no polo passivo da lide, aplicando-se, por analogia, o *caput* do art. 6° da Lei da Ação Popular. Citado o ente público, porém, ele poderá se abster de contestar ou requerer seu ingresso no polo ativo, aderindo à pretensão ministerial (art. 6°, § 6°, da Lei 4.717/65 c/c art. 17, § 3°, da Lei 8.429/92).

2. Os precedentes do STJ que apontam não haver nulidade pelo fato de a pessoa jurídica não ter participado do processo como litisconsorte devem ser entendidos à luz do espírito da Lei de Improbidade e do interesse público protegido. Não há nulidade porque inexiste prejuízo para o ente público quando ato de improbidade praticado em seu detrimento vem a ser punido sem a sua participação. Prejuízo, aliás, haveria na hipótese contrária, ou seja, se condenação por improbidade fosse anulada por a pessoa jurídica lesada não ter participado do processo.

3. Se a pessoa jurídica não foi intimada da existência do processo desde o seu início, nada impede que se permita sua intervenção em momento posterior, recebendo ela o processo no estado em que se encontra.

4. Não estando o ente público participando do processo *ab initio*, fato que, em tese, conduziria à incompetência da Vara de Fazenda Pública, deveria o Juízo, antes de declinar a competência, intimar a pessoa jurídica supostamente lesada para dizer se tinha ou não interesse no feito.

5. Recurso Especial provido. (REsp 1283253/SE, Rel. Ministro HERMAN BENJAMIN, SEGUNDA TURMA, julgado em 09/08/2016, DJe 10/10/2016)

(B): Correta - Conforme art. 17,§ 12, da Lei 8.429/92 c/c art. 221 do CPP.

Art. 17, § 12, da Lei 8.429/92: Aplica-se aos depoimentos ou inquirições realizadas nos processos regidos por esta Lei o disposto no art. 221, *caput* e § 1°, do Código de Processo Penal.

Art. 221 do Código de Processo Penal. O Presidente e o Vice-Presidente da República, os senadores e deputados federais, os ministros de Estado, os governadores de Estados e Territórios, os secretários de Estado, os prefeitos do Distrito Federal e dos Municípios, os deputados às Assembléias Legislativas Estaduais, os membros do Poder Judiciário, os ministros e juízes dos Tribunais de Contas da União, dos Estados, do Distrito Federal, bem como os do Tribunal Marítimo serão inquiridos em local, dia e hora previamente ajustados entre eles e o juiz. § 1° O Presidente e o Vice-Presidente da República, os presidentes do Senado Federal, da Câmara dos Deputados e do Supremo Tribunal Federal poderão optar pela prestação de depoimento por escrito, caso em que as perguntas, formuladas pelas partes e deferidas pelo juiz, lhes serão transmitidas por ofício.

(C): Correta – Conforme art. 17, § 7º, da Lei 8.429/92. Estando a inicial em devida forma, o juiz mandará autuá-la e ordenará a notificação do requerido, para oferecer manifestação por escrito, que poderá ser instruída com documentos e justificações, dentro do prazo de quinze dias.

(D): Correta – Conforme art. 17, § 6º, da Lei 8.429/92. A ação será instruída com documentos ou justificação que contenham indícios suficientes da existência do ato de improbidade ou com razões fundamentadas da impossibilidade de apresentação de qualquer dessas provas, observada a legislação vigente, inclusive as disposições inscritas nos arts. 16 a 18 do Código de Processo Civil.

Resposta: Letra A

MPMG 2017 (Concurso LV)*. Questão 75. Direito Processual Coletivo / Ação civil pública de improbidade administrativa (Lei nº 8.429/1992)/Súmulas e jurisprudência do STF e do STJ / legislação e jurisprudência.*

Eleito para exercer o cargo de Prefeito durante o exercício de 2009 a 2012, o agente logrou ser reeleito em 2012, para ocupar a chefia do Executivo Municipal de 2013 a 2016. No ano de 2010, o referido alcaide utilizou-se indevidamente de máquinas, equipamentos e servidores do Município para construir tanques de criação de peixe na propriedade rural dele. De tal fato somente se teve conhecimento inequívoco em 2016, quando a Câmara Municipal local instaurou uma Comissão Parlamentar de Inquérito, e o Ministério Público um inquérito civil público, o qual foi ultimado no início de 2017. Convencido da prática de ato de improbidade administrativa que causou prejuízo ao erário, entre as alternativas que se apresentam ao Promotor de Justiça, assinale a CORRETA:

A) O Promotor de Justiça deverá propor ao Conselho Superior do Ministério Público o arquivamento do inquérito civil público, tendo-se em vista que o prazo prescricional para o ajuizamento da ação é de 5 (cinco) anos após o término do exercício do mandato do Prefeito no qual o fato ocorreu.

B) O Promotor de Justiça deverá propor ação civil pública objetivando o ressarcimento dos danos ao erário, por ser imprescritível a ação em tal caso, por força do artigo 37, § 5º, da Constituição Federal, sem, contudo, cogitar da aplicação das sanções pelo ato de improbidade administrativa, por causa da ocorrência de sua prescrição.

C) O Promotor de Justiça deverá propor ação civil pública objetivando o ressarcimento dos danos ao erário e a aplicação das sanções pelo ato de improbidade administrativa, porque o termo inicial do prazo prescricional iniciou-se a partir do conhecimento inequívoco do fato.

D) *O Promotor de Justiça deverá propor ação civil pública objetivando o ressarcimento dos danos ao erário e a aplicação das sanções pelo ato de improbidade administrativa, porque, em caso de reeleição, o prazo prescricional se inicia ao término do exercício do segundo mandato do agente.*

Comentários

(A): Incorreta – O prazo prescricional de cinco anos inicia-se após o fim do último mandato, em caso de reeleição. Nesse sentido, a tese 14 da edição 38 do "Jurisprudência em teses" do STJ: "No caso de agentes políticos reeleitos, o termo inicial do prazo prescricional nas ações de improbidade administrativa deve ser contado a partir do término do último mandato".

(B): Incorreta – O pedido de ressarcimento é, de fato, imprescritível, com base no art.37,§ 5º, da CF/88. Já quanto às sanções, impõe-se a observância do prazo prescricional de 05 anos, a contar do término do último mandato, como visto acima.

(C): Incorreta – Conforme justificativas das alternativas A e B.

(D): Correta – Conforme justificativas das alternativas A e B.

Resposta: Letra D

MPMG 2018. (CONCURSO LVI) *QUESTÃO 76. Processo Coletivo. Improbidade Administrativa. Jurisprudência.*

A indisponibilidade de bens do agente a quem se imputa a prática de ato de improbidade administrativa revelou-se medida extremamente útil à efetividade da pretensão de ressarcimento ao erário dos prejuízos causados pela malversação da coisa pública. A respeito dela, é CORRETO afirmar:

A) *tem natureza de tutela cautelar de evidência, sendo desnecessário, para sua decretação, demonstrar o perigo de dano ou o risco ao resultado útil do processo.*

B) *tem natureza de tutela cautelar de urgência, sendo desnecessário, para sua decretação, demonstrar o perigo de dano ou o risco ao resultado útil do processo.*

C) *tem natureza de tutela cautelar de evidência, sendo necessário, para sua decretação, demonstrar a probabilidade do direito e o perigo de dano ou o risco ao resultado útil do processo.*

D) *tem natureza de tutela cautelar de urgência sendo necessário, para sua decretação, demonstrar a probabilidade do direito e o perigo de dano ou o risco ao resultado útil do processo.*

Comentários

A) CORRETO. A Primeira Seção do STJ, no julgamento do REsp 1.366.721/BA, sob a sistemática dos recursos repetitivos (art. 1.036 do Novo Código de Processo

Civil), consolidou o entendimento de que o decreto de indisponibilidade de bens em Ação Civil Pública por ato de improbidade administrativa constitui TUTELA DE EVIDÊNCIA e dispensa a comprovação de dilapidação iminente ou efetiva do patrimônio do legitimado passivo, uma vez que o periculum in mora está implícito no art. 7º da Lei 8.429/1992.

Resposta: Letra A

MPMG 2018. (CONCURSO LVI) *QUESTÃO 78. Processo coletivo. Ação Civil de Improbidade administrativa. Doutrina.*

Em relação à ação de improbidade administrativa, é INCORRETO afirmar:

A) Possui dupla face, sendo repressivo-reparatória naquilo que concerne ao ressarcimento ao erário e repressivo-punitiva no que respeita à aplicação de sanções.

B) Não comporta pedido isolado de condenação ao ressarcimento de danos ao erário.

C) O pedido principal é o de ressarcimento dos prejuízos ao patrimônio público.

D) Não ocorrerá coisa julgada material quanto ao pedido de ressarcimento ao erário quando houver sido reconhecida a ausência de dolo.

Comentários

A) CORRETO. Conforme ensinamento de Teori Albino Zavascki (2017, p. 116: "A característica fundamental da ação de improbidade administrativa, repita-se, é a de ser uma ação tipicamente repressiva: destina-se a impor sanções. Todavia, é uma ação de dupla face: é repressivo-reparatória, no que se refere à sanção de ressarcimento ao erário; e é repressivo-punitiva, no que se refere às demais sanções

B) CORRETO. Teori Zavascki (2017, p. 116) explica que: "Ademais, é importante destacar que a ação de improbidade não comporta pedido isolado de condenação ao ressarcimento de danos ao erário. Para essa espécie de pretensão já existe a ação civil pública, regida pela Lei 7.347/85, que oferece meios muito mais adequados e eficientes. Ressarcir danos, já ficou asseverado, não é propriamente uma punição ao infrator, mas sim uma medida de satisfação ao lesado, e a ação de improbidade destina-se prioritariamente a aplicar penalidades, não a recompor patrimônios" (ob. cit., p. 116).

C) INCORRETA. Toma-se emprestado a doutrina de Teori Zavascki (2017, p. 116) no sentido de que o principal escopo da ação de improbidade é a aplicação de sanções, pois o ressarcimento ao erário pode ser pleiteado na ação civil pública. Confira-se: **Ressarcir danos, já ficou asseverado, não é propriamente uma punição ao infrator, mas sim uma medida de satisfação ao lesado, e a ação**

de improbidade destina-se prioritariamente a aplicar penalidades, não a recompor patrimônios"

D) CORRETA. O regime da coisa julgada é *secundum eventum litis*. Conforme doutrina de Teori Zavasck (2017, p. 116)i: "Relativamente a esse pedido acessório, portanto, há de se lhe dar, no que couber, o tratamento processual próprio da ação civil pública, especialmente no que diz respeito ao regime da coisa julgada, que será *secundum eventum litis*, nos termos do artigo 16 da Lei 7.347/85". [...] **"Aliás, não teria sentido algum imaginar a ocorrência de coisa julgada material, apta a inibir um novo pedido de ressarcimento, nos casos em que a ação de improbidade tivesse sido julgada improcedente por ausência de dolo (como, v.g., nos ilícitos de que tratam os arti. 9º e 11 da Lei 8.429/92). A existência desse requisito é condição para a aplicação da sanção punitiva, mas não para a obrigação de reparar danos, que, em qualquer caso, depende apenas da culpa"** .

Resposta: Letra C

MPMG 2019 (CONCURSO LVII)*. QUESTÃO 65 - Processo coletivo. Ação Civil de Improbidade Administrativa. Legislação e Jurisprudência.*

Em agosto de 2017, por meio da rede social Facebook, o professor B.L.W. passou a assediar sexualmente a aluna L.Y.N., à época com 14 anos de idade, encaminhando-lhe mensagens de cunho lascivo. A adolescente saiu da escola devido ao sofrimento psicológico e constrangimento decorrentes do assédio, e o professor, reconhecida a falta grave, em procedimento administrativo, foi punido com a rescisão dos dois contratos que mantinha com o Estado. Em face do mesmo fato, foi movida ação de improbidade administrativa pela Promotoria. Durante o curso da ação, em 2018, o professor foi aprovado em concurso público para o cargo de professor, na rede estadual de ensino. Aplicam-se ao caso as teses seguintes, exceto:

A) A Lei de Improbidade Administrativa objetiva coibir, punir e/ou afastar da atividade pública os agentes que demonstrem caráter incompatível com a natureza da atividade desenvolvida.

B) Aprovado em concurso público, o professor não pode ser impedido de contratar com a administração antes do trânsito em julgado de condenação por improbidade administrativa.

C) É possível a responsabilização por improbidade administrativa, ainda que tenham sido aplicadas previamente, em decorrência do mesmo fato, sanções administrativas e penais.

D) O assédio sexual, assim como o assédio moral, é passível de enquadramento na Lei de Improbidade Administrativa como violador do princípio da moralidade.

Comentários

(A): **Correto**. Nos termos do art. 37, § 4°, da CF/88, os "atos de improbidade administrativa importarão a suspensão dos direitos políticos, a perda da função pública, a indisponibilidade dos bens e o ressarcimento ao erário, na forma e gradação previstas em lei, sem prejuízo da ação penal cabível". Concretizando o comando constitucional, a análise das sanções especificadas no art. 12 da Lei 8.429/92 deixa evidentes os objetivos de *(a)* impedir a prática ou a continuação de atos de improbidade (aspecto preventivo), de *(b)* punir o agente ímprobo, por meio da imposição das sanções previstas, bem como de *(c)* afastá-lo dos quadros da administração pública, o que se alcança, por exemplo, com a perda da função pública e a proibição de contratar com o Poder Público.

(B): **Incorreto**. Nos termos do art. 20 da Lei 8.429/92, a "perda da função pública e a suspensão dos direitos políticos só se efetivam com o trânsito em julgado da sentença condenatória". Assim, apenas as sanções listadas no art. 20 da Lei de Improbidade Administrativa dependem do trânsito em julgado da sentença condenatória, exigência que não se impõe às demais penalidades cominadas no referido dispositivo, entre elas a proibição de contratar com o Poder Público (nesse sentido: STJ, REsp 1.523.385/PE).

(C): **Correto.** Art. 12 da Lei 8.429/92. **Independentemente das sanções penais, civis e administrativas previstas na legislação específica**, está o responsável pelo ato de improbidade sujeito às seguintes cominações, que podem ser aplicadas isolada ou cumulativamente, de acordo com a gravidade do fato [...].

(D): **Correto**. À luz da jurisprudência do STJ, a prática de assédio moral, assim como o cometimento de assédio sexual, configura ato de improbidade administrativa violador dos princípios da Administração Pública (art. 11 da Lei 8.249/92). Nesse sentido: "É possível a responsabilização do agente público, no âmbito do art. 11 da Lei 8.429/1992, ainda que este responda pelos mesmos fatos nas demais searas, em consideração à autonomia da responsabilidade jurídica por atos de improbidade administrativa em relação as demais esferas. Precedentes envolvendo **assédio sexual e moral**." (REsp 1219915/MG).

Resposta: Letra B

MPMG 2019 (CONCURSO LVII)*. QUESTÃO 78. Direito Processual Coletivo. Ação civil pública de improbidade administrativa (Lei nº 8.429/1992). Legislação e jurisprudência.*

Assinale a alternativa correta:

A) *A sentença proferida em ação fundada em inquérito civil onde se busca a anulação de ato administrativo e ressarcimento ao erário somente será anulada em razão da falta de notificação prévia do réu, se caracterizado prejuízo para a defesa.*

B) *O valor a ser atribuído à causa na ação de improbidade administrativa deve corresponder ao conteúdo econômico da pretensão, de modo a compreender o ressarcimento integral do dano causado ao erário, excluindo-se o valor da multa civil, que tem caráter punitivo e não indenizatório.*

C) *Nos autos de ação de improbidade administrativa, na hipótese de interposição de agravo de instrumento cujo objeto seja a concessão de medida cautelar de indisponibilidade de bens, inaudita altera pars, não é obrigatória, para que seja proferida a decisão, a intimação da parte agravada para apresentação de contrarrazões.*

D) *O juízo de delibação, previsto na Lei de Improbidade Administrativa, a ser exercido pelo magistrado após o recebimento da manifestação escrita do réu, limitar-se-á, de acordo com cada caso concreto, à avaliação da inexistência do ato de improbidade ou da improcedência da ação.*

Comentários

(A): **Incorreta**. Para a correta compreensão da questão, faz-se necessário perceber que não se trata de uma ação de improbidade administrativa, mas, isto sim, de uma ação fundada em inquérito civil cujos objetivos são a anulação de ato administrativo e o ressarcimento ao erário. Partindo-se dessa premissa, percebe-se que não se aplica a regra prevista no art. 17, § 7°, da Lei 8.429/92, que consagra o chamado "juízo de delibação", aplicável somente às ações de improbidade administrativa (na esteira da jurisprudência do STJ). Assim, não versando a questão sobre ação de improbidade administrativa, não há que se falar em vício – e, via de consequência, em nulidade – pela falta de notificação prévia do réu.

(B): **Incorreta**. De acordo com a jurisprudência do STJ, o valor econômico da causa deve corresponder a todo o conteúdo econômico que se pretende auferir, levando-se em conta a pretensão integral do autor com a propositura da demanda, inclusive a multa civil, em razão de sua inegável dimensão econômica.

(C): **Correta**. Assertiva em plena conformidade com a jurisprudência do STJ, conforme se vê a partir do seguinte julgado: 2. "Nos casos em que o agravo de instrumento tem por objeto a concessão de medida liminar inaudita altera pars - tal como se verifica no presente recurso -, não existe obrigatoriedade de intimação da parte agravada para apresentar contrarrazões, **porquanto a relação processual ainda não formada**. 3. Em sendo possível a concessão de medida cautelar sem a prévia oitiva da parte contrária, não há óbice a que, em sede de agravo de instrumento, seja dado provimento ao recurso para o fim de conceder a medida restritiva, momento a partir do qual a parte prejudicada terá ciência do processo e estará habilitada a praticar os meios processuais cabíveis" (AgInt no AREsp 720.582/MG).

(D): **Incorreta**. Art. 17, § 8°, da Lei 8.429/92: Recebida a manifestação, o juiz, no prazo de trinta dias, em decisão fundamentada, rejeitará a ação, se convencido da inexistência do ato de improbidade, da improcedência da ação ou da **inadequação da via eleita**. A assertiva omitiu a possibilidade de reconhecimento da inadequação da via eleita, o que a tornou incorreta.

Resposta: Letra C

MPMG 2019 (CONCURSO LVII)*. QUESTÃO 79 - Direito Processual Coletivo. Ação civil pública de improbidade administrativa (Lei nº 8.429/1992). Jurisprudência.*

Assinale a alternativa correta, de acordo com a jurisprudência do STJ:

I. No caso de agentes políticos reeleitos, o termo inicial do prazo prescricional nas ações de improbidade administrativa deve ser contado a partir do término do mandato em que foi praticado o ato.

II. O Ministério Público estadual possui legitimidade recursal para atuar como parte no Superior Tribunal de Justiça nas ações de improbidade administrativa, reservando-se ao Ministério Público Federal a atuação como fiscal da lei.

III. Na ação de improbidade, a decretação de indisponibilidade de bens não pode recair sobre aqueles adquiridos anteriormente ao suposto ato, além de levar em consideração o valor de possível multa civil como sanção autônoma.

IV. Não é possível a decretação da indisponibilidade de bens do promovido em ação civil pública por ato de improbidade administrativa, quando ausente (ou não demonstrada) a prática de atos (ou a sua tentativa) que induzam a conclusão de dilapidação patrimonial de bens do acionado, de modo a dificultar ou impossibilitar o eventual ressarcimento futuro.

A) O item II está correto.

B) O item I está correto.

C) O item IV está correto.

D) Todos os itens estão incorretos.

Comentários

(I) **Incorreto**. De acordo com consolidado entendimento do STJ, a contagem do prazo prescricional inicia-se com o fim do segundo mandato (REsp 1.414.757/RN, divulgado no Informativo 571).

(II) **Correto**. De acordo com a jurisprudência do STF, em tese fixada sob o regime de repercussão geral no RE 985.392, os Ministérios Públicos dos Estados e do Distrito Federal têm legitimidade para propor e atuar em recursos e meios de impugnação de decisões judiciais em trâmite no STF e no STJ, oriundos de processos de sua atribuição, sem prejuízo da atuação do Ministério Público Federal. Fundamentam a posição firmada pelo STF: a) a inexistência de hierarquia entre o MPU e o MPE; b) o princípio federativo; c) a autonomia do MPE; d) a constatação de que MPU e MPE não são unos entre si; e) a possibilidade de existência de interesses conflitantes entre MPU e MPE; f) a paridade de armas.

(III) **Incorreto**. Reside o equívoco na afirmação de que a medida de indisponibilidade de bens não pode recair sobre bens adquiridos anteriormente ao ato apurado. Ao contrário do que se afirma, a indisponibilidade pode, sim, recair sobre os adquiridos pelo agente em data anterior ao ato de ímprobo, tendo como objetivo a garantia da futura execução na hipótese de procedência da ação de improbidade. (A): Apenas o item II está correto. De acordo com a jurisprudência do STF, em tese fixada sob o regime de repercussão geral no RE 985.392, os Ministérios Públicos dos Estados e do Distrito Federal têm legitimidade para propor e atuar em recursos e meios de impugnação de decisões judiciais em trâmite no STF e no STJ, oriundos de processos de sua atribuição, sem prejuízo da atuação do Ministério Público Federal. Fundamentam a posição firmada pelo STF: a) a inexistência de hierarquia entre o MPU e o MPE; b) o princípio federativo; c) a autonomia do MPE; d) a constatação de que MPU e MPE não são unos entre si; e) a possibilidade de existência de interesses conflitantes entre MPU e MPE; f) a paridade de armas.

(IV) **Incorreto**. Segundo tranquilo entendimento do STJ, a indisponibilidade de bens a que se refere o art. 7° da Lei 8.429/92 constitui hipótese de tutela de evidência, que não exige, para seu deferimento, a prova de que esteja o réu dilapidando seu patrimônio.

Resposta: Letra A

30. TUTELA PROCESSUAL COLETIVA NO CÓDIGO DE DEFESA DO CONSUMIDOR (LEI Nº 8.078/1990)

MPMG 2010 (Concurso L)*. Questão 72. Direito do Consumidor / Cláusulas Abusivas / Inversão do Ônus da Prova / Código de Defesa do Consumidor / Legislação.*

Nos termos do Código de Defesa do Consumidor, considere as seguintes assertivas.

I. O consumidor tem direito à revisão do contrato, no caso de onerosidade excessiva decorrente de fato superveniente ao negócio, não havendo necessidade de que esse fato seja extraordinário e imprevisível.

II. A nulidade das cláusulas abusivas pode ser alegada a qualquer tempo e em qualquer grau de jurisdição e não é atingida pela preclusão.

III. É vedada a inserção, nos contratos de consumo, de cláusulas limitativas de direito do consumidor.

IV. É permitida a cláusula resolutória nos contratos de consumo.

V. O profissional liberal, de nível universitário ou não, responde a título de culpa pelo fato do serviço, sendo possível a inversão do ônus da prova em favor do consumidor.

A esse respeito, pode-se concluir que estão CORRETAS

A) apenas as assertivas I, II, III e V.

B) apenas as assertivas I, II, IV e V.

C) apenas as assertivas II, IV e V.

D) apenas as assertivas III e IV.

Comentários

(I): Correta – Artigo 6º, inciso IV, do CDC. São direitos básicos do consumidor: [...] a proteção contra a publicidade enganosa e abusiva, métodos comerciais coercitivos ou desleais, bem como contra práticas e cláusulas abusivas ou impostas no fornecimento de produtos e serviços.

(II): Correta – Trata-se de nulidade absoluta e, por isso, não preclui – Artigo 51, *caput*, do CDC.

(III): Incorreta – Existe a possibilidade de cláusulas limitativas de direito, desde que não contrariem o CDC e destaquem as informações.

(IV): Correta – O contrato de adesão admitirá cláusula resolutória, desde que por escolha do consumidor – Artigos 54, §§ 2º e 4º, do CDC.

(V): Correta – Artigo 14, § 4º, do CDC. A responsabilidade pessoal dos profissionais liberais será apurada mediante a verificação de culpa.

Resposta: Letra B

MPMG 2010 (Concurso L). *Questão 77. Direito do Consumidor / Responsabilidade Civil / Crimes contra a Relação de Consumo / Defesa do Consumidor / Inversão do Ônus da Prova / Legislação e Jurisprudência.*

Nos termos da ordem jurídica de proteção do consumidor, considere as seguintes afirmativas.

I. A facilitação da defesa dos direitos do consumidor, com a inversão do ônus da prova, a seu favor, no processo civil, enquanto direito básico, pode se fundar em critério judicial de verossimilhança e pode ser realizada, inclusive, de ofício pelo Juiz.

II. Em ação de ressarcimento fundada em responsabilidade pelo fato do produto, o ônus da prova da inexistência do defeito incumbe ao fabricante, ao construtor, ao produtor ou ao importador.

III. A responsabilidade civil solidária é imposta tanto em relação aos defeitos de concepção quanto aos defeitos de produção, o que não ocorre nos casos de defeitos de informação ou apresentação de produtos ou serviços.

IV. Para a configuração do crime de exposição ou depósito de mercadoria destinada à venda com prazo de validade vencido, é dispensável a realização de perícia para atestar a efetiva impropriedade do produto para consumo.

Pode-se concluir que estão CORRETAS

A) apenas as afirmativas I, II e IV.

B) apenas as afirmativas II e III.

C) apenas as afirmativas III e IV.

D) todas as afirmativas.

Comentários

(I): Correta - Artigo 6°, inciso VIII, do CDC. São direitos básicos do consumidor: [...] VIII - a facilitação da defesa de seus direitos, inclusive com a inversão do ônus da prova, a seu favor, no processo civil, quando, a critério do juiz, for verossímil a alegação ou quando for ele hipossuficiente, segundo as regras ordinárias de experiências.

(II):Correta - Artigos 6°, inciso VIII, e 12, § 3° do CDC. § 3° O fabricante, o construtor, o produtor ou importador só não será responsabilizado quando provar: I - que não colocou o produto no mercado; II - que, embora haja colocado o produto no mercado, o defeito inexiste; III - a culpa exclusiva do consumidor ou de terceiro.

(III): Incorreta - Tanto nos defeitos de concepção e de produção, quanto nos defeitos de informação ou apresentação de produtos e serviços, respondem solidariamente o fabricante, o construtor, o importador e o produtor. - Artigo 12, *caput*, do CDC.

(IV): Correta - Artigo 7°, IX, da Lei 8.137/90 e artigo 18, § 6°, do CDC. "AGRAVO REGIMENTAL NO AGRAVO INTERNO NO RECURSO ESPECIAL. EXPOSIÇÃO À VENDA DE MERCADORIA COM PRAZO DE VALIDADE VENCIDO. ARTS. 7°, INCISO IX, DA LEI N° 8.137/90 C/C O ART. 16, § 6°, INCISO I, DA LEI N° 8.078/90. AGRAVO REGIMENTAL DESPROVIDO. A conduta do comerciante que expõe à venda a matéria-prima ou mercadoria, com o prazo de validade vencido, configura, em princípio, a figura típica do art. 7°, inciso IX da Lei n° 8.137/90 c/c o art. 18 § 6°, inciso I, da Lei n° 8.078/90, sendo despicienda, para tanto, a verificação pericial, após a apreensão do produto, de ser este último realmente impróprio para o consumo. O delito em questão é de perigo presumido (precedentes do STJ e do c. Pretório Excelso). Agravo regimental desprovido." (AgRg no AgInt no REsp 1538154/SC, Rel. Ministro FELIX FISCHER, QUINTA TURMA, DJe 15/02/2017).

Resposta: Letra A

MPMG 2017 (Concurso LV)*. Questão 73. Processual Coletivo/ 9. Provas no processo coletivo/Tutela processual coletiva no código de defesa do consumidor (Lei nº 8.078/1990)./ legislação e doutrina.*

A distribuição dinâmica das provas, instituto típico do processo coletivo, mostrou-se altamente eficaz ao longo do tempo, a ponto de ter sido encampada expressamente pelo Código de Processo Civil de 2015. Analise as proposições a seguir e assinale a que estiver INCORRETA:

A) Tanto no novo Código de Processo Civil, quanto no Código de Defesa do Consumidor, a distribuição estática do ônus da prova é a regra, ao passo que a distribuição dinâmica é a exceção, já que somente é viável na presença dos requisitos estabelecidos em lei, e mediante decisão judicial fundamentada.

B) Para fazer jus à inversão do ônus da prova, o consumidor que se alega vítima de publicidade enganosa deve, alternativamente, demonstrar a verossimilhança da alegação ou hipossuficiência.

C) A hipossuficiência que pode dar ensejo à inversão do ônus da prova não é apenas a econômica, mas também a técnica, decorrente tanto da dificuldade de acesso do consumidor ao sistema produtivo, quanto do conhecimento do funcionamento do produto.

D) A verossimilhança, para efeito de inversão do ônus da prova, é menos que a probabilidade, a qual é a situação decorrente da preponderância dos motivos convergentes à aceitação de determinada proposição, sobre os motivos divergentes.

Comentários

(A): Correta – A distribuição estática continua a regra, conforme art. 373 do CPC. Todavia, é possível a redistribuição *ope legis* (art. 38 do CDC) ou ope *judicis* (art. 373, § 1º, do CPC C/C art. 6º, VIII, do CDC).

(B): Incorreta – Nesse caso, a inversão é *ope legis*, conforme art. 38 do CDC.

(C): Correta – Todas as modalidades de hipossuficiência (técnica, jurídica, econômica, informacional) possibilitam a inversão do ônus da prova.

(D): Correta – Nesse sentido: A probabilidade "é a situação decorrente da preponderância dos motivos convergentes à aceitação de determinada proposição, sobre os motivos divergentes. As afirmativas pesando mais sobre o espírito da pessoa, o fato é provável (Malatesta). A probabilidade, assim conceituada, é menos que a certeza, porque lá os motivos divergentes não ficam afastados, mas somente suplantados; e é mais que a credibilidade, ou verossimilhança, pela qual na mente do observador os motivos convergentes e os divergentes comparecem em situação de equivalência e, se o espírito não se anima a afirmar, também não ousa negar." (CANDIDO RANGEL DINAMARCO, A reforma do Código de Processo

Civil. 5. ed., São Paulo: Malheiros, 1995. p. 145).[...] (AC 979 MC, Relator(a): Min. CEZAR PELUSO, julgado em 14/10/2005, publicado em DJ 20/10/2005 PP-00006)

Resposta: Letra B

31. TUTELA PROCESSUAL COLETIVA NO ESTATUTO DA CRIANÇA E DO ADOLESCENTE (LEI Nº 8.069/1990)

***MPMG 2010 (Concurso L)**. Questão 69. Direito da Criança e do Adolescente / Estatuto da Criança e do Adolescente - ECA (Lei nº 8.069/90) / Adoção / Ministério Público / Legislação.*

O Ministério Público atuará como substituto processual nas seguintes situações, EXCETO,

A) nas ações coletivas de um modo geral.

B) nas ações de adoção, quando for do interesse do incapaz.

C) em defesa dos interesses e direitos do idoso em situação de risco.

D) para adoção das medidas protetivas de urgência que visem coibir a violência doméstica e familiar contra a mulher.

Comentários

(A): Correta - Artigos 127 e 129, inciso III, da CF/88.

Art. 127. O Ministério Público é instituição permanente, essencial à função jurisdicional do Estado, incumbindo-lhe a defesa da ordem jurídica, do regime democrático e dos interesses sociais e individuais indisponíveis.

Art. 129. São funções institucionais do Ministério Público: [...] III - promover o inquérito civil e a ação civil pública, para a proteção do patrimônio público e social, do meio ambiente e de outros interesses difusos e coletivos.

(B): Incorreta - Nas ações de adoção, o Ministério Público não atua como substituto processual, mas sim como representante ou fiscal da lei/da ordem jurídica, não sendo parte no processo.

(C): Correta - Artigo 74, inciso III, da Lei nº 10.741/2003. Compete ao Ministério Público: [...] III - atuar como substituto processual do idoso em situação de risco, conforme o disposto no art. 43 desta Lei.

(D): Correta - Artigo 19 da Lei nº 11.340/2006. As medidas protetivas de urgência poderão ser concedidas pelo juiz, a requerimento do Ministério Público ou a pedido da ofendida.

Resposta: Letra B

***MPMG 2010 (Concurso L)**. Questão 75. Direito da Criança e do Adolescente / Estatuto da Criança / Remissão / Legislação e Jurisprudência.*

Nos termos do Estatuto da Criança e do Adolescente, considere as seguintes proposições.

I. O fato de o adolescente atingir os dezoito anos de idade depois da prática de ato infracional obsta a sua inserção em qualquer das medidas socioeducativas previstas na lei.

II. A aplicação de medida socioeducativa ao adolescente infrator é de competência exclusiva do juiz.

III. Ao homologar a remissão concedida pelo Ministério Público, o juiz poderá aplicar simultaneamente ao adolescente infrator a medida de prestação de serviços à comunidade.

IV. Uma vez oferecida a representação, a remissão poderá ser concedida a qualquer tempo antes da sentença, dispensando-se a audiência judicial de apresentação do adolescente.

Pode-se concluir que estão CORRETAS

A) apenas as proposições I e II.

B) apenas as proposições II e III.

C) apenas as proposições II e IV.

D) todas as proposições.

Comentários

(I): Incorreta – A idade do adolescente é aferida à data do fato – Artigo 104, parágrafo único, do ECA.

(II): Correta – Artigos 146 e 148, inciso I, do ECA e Súmula 108 do STJ.

Art. 146. A autoridade a que se refere esta Lei é o Juiz da Infância e da Juventude, ou o juiz que exerce essa função, na forma da lei de organização judiciária local.

Art. 148. A Justiça da Infância e da Juventude é competente para: I - conhecer de representações promovidas pelo Ministério Público, para apuração de ato infracional atribuído a adolescente, aplicando as medidas cabíveis.

Súmula 108 do STJ: A aplicação de medidas sócio-educativas ao adolescente, pela prática de ato infracional, é da competência exclusiva do Juiz.

(III): Correta – Artigo 127 do ECA: A remissão não implica necessariamente o reconhecimento ou comprovação da responsabilidade, nem prevalece para efeito de antecedentes, podendo incluir eventualmente a aplicação de qualquer das medidas previstas em lei, exceto a colocação em regime de semi-liberdade e a internação.

(IV): Incorreta - Oferecida a representação, a autoridade judiciária designará audiência de apresentação - Artigo 184, *caput*, do ECA.

Resposta: Letra B

MPMG 2014 - Questão 78. Direito Processual Coletivo/ ECA / Recurso / Legislação.

Com relação ao sistema recursal previsto no Estatuto da Criança e do Adolescente, assinale a alternativa CORRETA:

A) É o mesmo previsto no Código de Processo Civil, garantindo, todavia, o juízo de retratação pelo magistrado de primeira instância.

B) É híbrido, pois trata de questões civis e penais, aplicando-se no primeiro caso o Código de Processo Civil e, no segundo, o Código de Processo Penal, sem a garantia do juízo de retratação pelo magistrado de primeira instância.

C) Não há sistema recursal, uma vez que o magistrado de primeira instância não está adstrito à legalidade estrita, motivo pelo qual as decisões não fazem coisa julgada material.

D) Todas as alternativas anteriores estão incorretas.

Comentários

A) Art. 198, VII, ECA - "Antes de determinar a remessa dos autos à superior instância, no caso de apelação, ou do instrumento, no caso de agravo, a autoridade judiciária proferirá despacho fundamentado, mantendo ou reformando a decisão, no prazo de cinco dias".

B) Errada. "Art. 198. Nos procedimentos afetos à Justiça da Infância e da Juventude, inclusive os relativos à execução das medidas socioeducativas, adotar-se-á o sistema recursal da Lei nº 5.869, de 11 de janeiro de 1973 (Código de Processo Civil), com as seguintes adaptações"

C) Errada. "Capítulo IV. Dos Recursos"

D) Errada. A assertiva da letra a encontra-se correta.

Resposta certa: A

32. TUTELA PROCESSUAL COLETIVA NO ESTATUTO DO IDOSO (LEI Nº 10.741/2003)

33. AÇÃO CIVIL PÚBLICA PARA A DEFESA DOS DEFICIENTES (LEI Nº 7.853/1989)

MPMG 2010 (Concurso L). *Questão 74. Estatuto da Pessoa com Deficiência / Lei nº 10.098/2000 / Lei nº 7.853/89 / Lei nº 13.146/2015 / Legislação.*

Nos termos das normas de proteção das pessoas portadoras de deficiência, considere as seguintes afirmativas.

I. O MP deve atuar em toda ação judicial em que seja parte uma pessoa portadora de deficiência.

II. O MP está legitimado para proteger judicialmente direitos coletivos de pessoas que temporariamente tenham limitadas as suas capacidades de relacionarem-se com o meio e de utilizá-lo.

III. A construção de edifícios públicos destinados ao uso coletivo deverá ser realizada de modo que sejam acessíveis às pessoas portadoras de deficiência ou com mobilidade reduzida.

IV. A ampliação ou reforma de edifícios públicos ou privados destinados ao uso coletivo deverão ser executadas de modo que se tornem acessíveis às pessoas portadoras de deficiência ou com mobilidade reduzida.

Pode-se concluir que estão CORRETAS

A) as afirmativas I, II, III e IV.

B) apenas as afirmativas I e III.

C) apenas as afirmativas I, II e IV.

D) apenas as afirmativas II, III e IV.

Comentários

(I): Incorreta – O Ministério Público deve intervir obrigatoriamente nas ações públicas, coletivas ou individuais, em que se discutam interesses relacionados à deficiência das pessoas e não em toda ação na qual uma pessoa portadora de deficiência seja parte – Artigo 5º da Lei nº 7.853/89.

(II): Correta – Artigo 3º da Lei nº 7.853/89 e artigos 127 e 129, inciso III, da CF/88.

Art. 3º da Lei 7.853/89: As medidas judiciais destinadas à proteção de interesses coletivos, difusos, individuais homogêneos e individuais indisponíveis da pessoa com deficiência poderão ser propostas pelo Ministério Público, pela Defensoria Pública, pela União, pelos Estados, pelos Municípios, pelo Distrito Federal, por associação constituída há mais de 1 (um) ano, nos termos da lei civil, por autarquia, por empresa pública e por fundação ou sociedade de economia mista que inclua, entre suas finalidades institucionais, a proteção dos interesses e a promoção de direitos da pessoa com deficiência.

(III): Correta – Artigo 11 da Lei nº 10.098/2000: A construção, ampliação ou reforma de edifícios públicos ou privados destinados ao uso coletivo deverão ser executadas de modo que sejam ou se tornem acessíveis às pessoas portadoras de deficiência ou com mobilidade reduzida.

(IV): Correta – Artigo 11 da Lei nº 10.098/2000.

Resposta: Letra D

MPMG - 2012 (LII Concurso) *Questão 74 - Direito Processual Coletivo - Lei 7.853/1989 - Legislação.*

Os portadores de deficiência somente no século XX passaram a ser vistos como cidadãos detentores de direitos e deveres como os demais. A impulsão desse movimento inclusivo se deu pela Declaração Universal dos Direitos Humanos em 1948. Nas ações civis públicas destinadas à proteção de interesses coletivos ou difusos de pessoas portadoras de deficiência, é INCORRETO afirmar que:

A) *Para instruir a inicial, o interessado poderá requerer às autoridades competentes as certidões e informações que julgar necessárias.*

B) *As certidões e informações necessárias deverão ser fornecidas dentro de 15 (quinze) dias da entrega, sob recibo, dos respectivos requerimentos, e só poderão ser utilizadas para a instrução da ação civil.*

C) *Somente nos casos em que o interesse público, devidamente justificado, impuser sigilo, poderá ser negada a certidão ou informação.*

D) *É facultado a qualquer cidadão habilitar-se como litisconsorte ou assistente do autor da ação.*

Comentários

A) Correto. Artigo 3º, § 1º, da Lei 7.853/1989: Para instruir a inicial, o interessado poderá requerer às autoridades competentes as certidões e informações que julgar necessárias.

B) Correto. Artigo 3º, § 2º, da Lei 7.853/1989: As certidões e informações a que se refere o parágrafo anterior deverão ser fornecidas dentro de 15 (quinze) dias da entrega, sob recibo, dos respectivos requerimentos, e só poderão se utilizadas para a instrução da ação civil.

C) Correto. Artigo 3º, § 3º, da Lei 7.853/1989: Somente nos casos em que o interesse público, devidamente justificado, impuser sigilo, poderá ser negada certidão ou informação.

D) Incorreto. Artigo 3º, § 5º, da Lei 7.853/1989: "Fica **facultado aos demais legitimados ativos** habilitarem-se como litisconsortes nas ações propostas por qualquer deles." (destacamos).

Resposta: letra D.

34. AÇÃO CIVIL PÚBLICA PARA PROTEÇÃO DOS INVESTIDORES NO MERCADO DE VALORES MOBILIÁRIOS (LEI Nº 7.913/1989)

MPMG - 2012 (LII Concurso) *Questão 73 Direito Processual Coletivo - Lei 7.913/1989 - Legislação.*

A Lei 7.913, publicada em 1989, tem como um de seus fundamentos o princípio da proteção da transparência de informações concebido como sendo o franqueamento das mesmas informações a todos aqueles que têm interesse em realizar investimentos no mercado de capitais, com o intuito de impedir que poucos sejam beneficiados em prejuízo dos demais. Em matéria de defesa dos investidores no mercado de valores mobiliários, é INCORRETO afirmar:

A) *Decairá do direito à habilitação o investidor que não o exercer no prazo de 2 (dois) anos, contado da data da publicação do edital, devendo a quantia correspondente ser recolhida como receita da União.*

B) *O Ministério Público, apenas quando solicitado pela Comissão de Valores Mobiliários - CVM, adotará as medidas judiciais necessárias para evitar prejuízos ou obter ressarcimento de danos causados aos titulares de valores mobiliários e aos investidores do mercado.*

C) *As importâncias decorrentes da reparação do dano reverterão aos investidores lesados, na proporção de seu prejuízo, e ficarão depositadas em juízo até que o investidor, convocado mediante edital, habilite-se ao recebimento da parcela que lhe couber.*

D) *Sem prejuízo da ação de indenização do prejudicado, a defesa dos investidores no mercado de valores mobiliários poderá realizar-se através de ação civil pública.*

Comentários

A) Correto. Artigo 2°, § 2°, da Lei 7.913/1989: Decairá do direito à habilitação o investidor que não o exercer no prazo de dois anos, contado da data da publicação do edital a que alude o parágrafo anterior, devendo a quantia correspondente ser recolhida ao Fundo a que se refere o art. 13 da Lei nº 7.347, de 24 de julho de 1985.

B) Incorreto. Artigo 1°, *caput*, da Lei 7.913/1989. Sem prejuízo da ação de indenização do prejudicado, o Ministério Público, de ofício ou por solicitação da Comissão de Valores Mobiliários — CVM, adotará as medidas judiciais necessárias para evitar prejuízos ou obter ressarcimento de danos causados aos titulares de valores mobiliários e aos investidores do mercado.

C) Correto. Artigo 2°, § 1°, da Lei 7.913/1989: As importâncias a que se refere este artigo ficarão depositadas em conta remunerada, à disposição do juízo, até que o investidor, convocado mediante edital, habilite-se ao recebimento da parcela que lhe couber.

D) Correto. Artigo 1°, *caput*, da Lei 7.913/1989. Sem prejuízo da ação de indenização do prejudicado, o Ministério Público, de ofício ou por solicitação da Comissão de Valores Mobiliários — CVM, adotará as medidas judiciais necessárias para evitar prejuízos ou obter ressarcimento de danos causados aos titulares de valores mobiliários e aos investidores do mercado, especialmente quando decorrerem de: I – operação fraudulenta, prática não eqüitativa, manipulação de preços ou criação de condições artificiais de procura, oferta ou preço de valores mobiliários; II – compra ou venda de valores mobiliários, por parte dos administradores e acionistas controladores de companhia aberta, utilizando-se de informação relevante, ainda não divulgada para conhecimento do mercado ou a mesma operação realizada por quem a detenha em razão de sua profissão ou função, ou por quem quer que a tenha obtido por intermédio dessas pessoas; III – omissão de informação relevante por parte de quem estava obrigado a divulgá-la, bem como sua prestação de forma incompleta, falsa ou tendenciosa.

Resposta: Letra B

35. AÇÃO CIVIL PÚBLICA NA PREVENÇÃO E REPRESSÃO ÀS INFRAÇÕES CONTRA A ORDEM ECONÔMICA (LEI Nº 12.529/11)

MPMG 2010 (Concurso L)*. Questão 76. Direito Econômico / Lei nº 12.529/2011 / Legislação.*

A respeito do regime da livre concorrência, considere as seguintes assertivas.

I. Na defesa da livre concorrência, o Ministério Público Estadual poderá propor ação civil pública para obter a cessação de práticas que constituem infrações da ordem econômica definidas na Lei n. 8.884/94, bem como para o recebimento de indenização por lesão a direitos transindividuais.

II. As empresas ou entidades integrantes de grupos econômicos, de direito ou de fato, que cometem infração da ordem econômica definida na lei antitruste são solidariamente responsáveis.

III. A prática de infração à ordem econômica definida na lei antitruste provoca a responsabilidade da empresa e acarreta a responsabilidade individual e solidária de seus dirigentes ou administradores.

IV. As empresas públicas e as empresas de economia mista sujeitam-se ao regime jurídico das empresas privadas, no que se refere aos direitos e obrigações civis e concorrenciais.

Pode-se concluir que estão CORRETAS

A) apenas as assertivas I e II.

B) apenas as assertivas II e IV.

C) apenas as assertivas I e IV.

D) todas as assertivas.

Comentários

(I): Correta - Artigos 5º, inciso I, e 13, da Lei nº 7.347/85, e artigos 127 e 129, inciso III, da Constituição Federal.

Art. 5° Têm legitimidade para propor a ação principal e a ação cautelar: I - o Ministério Público;

(II): Correta – Artigo 33 da Lei nº 12.529/2011. Serão solidariamente responsáveis as empresas ou entidades integrantes de grupo econômico, de fato ou de direito, quando pelo menos uma delas praticar infração à ordem econômica.

(III): Correta – Artigo 32 da Lei 12.529/2011. As diversas formas de infração da ordem econômica implicam a responsabilidade da empresa e a responsabilidade individual de seus dirigentes ou administradores, solidariamente.

(IV): Correta – Artigo 173, § 1º, inciso II, da CF/88. A lei estabelecerá o estatuto jurídico da empresa pública, da sociedade de economia mista e de suas subsidiárias que explorem atividade econômica de produção ou comercialização de bens ou de prestação de serviços, dispondo sobre: [...] II - a sujeição ao regime jurídico próprio das empresas privadas, inclusive quanto aos direitos e obrigações civis, comerciais, trabalhistas e tributários.

Resposta: Letra D

MPMG – 2012 (LII Concurso) *Questão 72 – Direito Processual Coletivo – Lei Antitruste – Legislação.*

Os princípios gerais da atividade econômica inseridos na Carta de 1988, no parágrafo 4.º do artigo 173 asseveram que: "a lei reprimirá o abuso do poder econômico que vise à dominação do mercado, à eliminação da concorrência e ao aumento arbitrário dos lucros". Tal dispositivo constitucional foi regulamentado pela Lei nº 8.884, de 11 de julho de 1994, denominada "Lei Antitruste", a qual tem por escopo prevenir e reprimir as infrações contra a ordem econômica. Assinale a alternativa INCORRETA:

A) Se aplica às pessoas físicas ou jurídicas de direito público ou privado, bem como a quaisquer associações de entidades ou pessoas, constituídas de fato ou de direito, ainda que temporariamente, com ou sem personalidade jurídica, mesmo que exerçam atividade sob regime de monopólio legal.

B) As diversas formas de infração da ordem econômica implicarão responsabilidade da empresa e responsabilidade individual de seus dirigentes ou administradores, de modo solidário.

C) A responsabilidade das empresas ou entidades integrantes de grupo econômico, de fato ou de direito, que praticarem infração da ordem econômica, não se opera solidariamente.

D) A personalidade jurídica do responsável por infração da ordem econômica poderá ser desconsiderada quando houver da parte deste abuso de direito, excesso de poder, infração da lei, fato ou ato ilícito ou violação dos estatutos ou contrato social. A desconsideração também será efetivada quando houver falência, estado de insolvência, encerramento ou inatividade da pessoa jurídica provocados por má administração.

Comentários

A) Correta. Art. 31 da Lei 12.529/2011: Esta Lei aplica-se às pessoas físicas ou jurídicas de direito público ou privado, bem como a quaisquer associações de entidades ou pessoas, constituídas de fato ou de direito, ainda que temporariamente, com ou sem personalidade jurídica, mesmo que exerçam atividade sob regime de monopólio legal.

B) Correta. Art. 32 da Lei 12.529/2011: As diversas formas de infração da ordem econômica implicam a responsabilidade da empresa e a responsabilidade individual de seus dirigentes ou administradores, solidariamente.

C) Incorreta. Art. 33 da Lei 12.529/2011: "**Serão solidariamente** responsáveis as empresas ou entidades integrantes de grupo econômico, de fato ou de direito, quando pelo menos uma delas praticar infração à ordem econômica." (destacamos).

D) Correta. Art. 34 da Lei 12.529/2011. A personalidade jurídica do responsável por infração da ordem econômica poderá ser desconsiderada quando houver da parte deste abuso de direito, excesso de poder, infração da lei, fato ou ato ilícito ou violação dos estatutos ou contrato social. Parágrafo único. A desconsideração também será efetivada quando houver falência, estado de insolvência, encerramento ou inatividade da pessoa jurídica provocados por má administração.

OBS.: Lei 12.529/2011 revogou a Lei 8.884/1994.

Resposta: letra C.

MPMG 2019 (CONCURSO LVII). *QUESTÃO 74.*

Assinale a alternativa correta:

A) *Na esfera judicial, em defesa de seus interesses individuais ou individuais homogêneos, os prejudicados pela prática de infração que constitua violação da ordem tributária somente poderão pleitear a indenização pelos prejuízos por eles sofridos com o ajuizamento de ação civil pública promovida pelos legitimados legais.*

B) *O ajuizamento da ação civil pública, destinada a cessar prática que constitua infração da ordem econômica, suspende a tramitação do correspondente inquérito ou processo administrativo, instaurado no âmbito Conselho Administrativo de Defesa Econômica (CADE).*

C) *O juízo cível é incompetente para apreciar ação civil pública que visa à cessação de atividade que tem por base a exploração de jogos de azar, pois, apesar dos prejuízos produzidos à ordem econômica, prevalece a necessidade de apuração da atipicidade e antijuridicidade da referida prática, que só poderá ser feita no juízo criminal.*

D) *Na ação civil pública que busca o pagamento de indenização às pessoas prejudicadas pela prática de infração da ordem econômica não se exige a formação de litisconsórcio passivo entre todos os responsáveis pela infração.*

Comentários

(A): **Incorreta**. Art. 47 da Lei 12.529/11. Os **prejudicados, por si** ou pelos legitimados referidos no art. 82 da Lei nº 8.078, de 11 de setembro de 1990 , poderão ingressar em juízo para, em defesa de seus interesses individuais ou individuais homogêneos, obter a cessação de práticas que constituam infração da ordem econômica, bem como o recebimento de indenização por perdas e danos sofridos, independentemente do inquérito ou processo administrativo, que não será suspenso em virtude do ajuizamento de ação. A questão poderia ser respondida também a partir do princípio da inafastabilidade da jurisdição, previsto no art. 5°, XXXV, CF/88, segundo o qual "a lei não excluirá da apreciação do Poder Judiciário lesão ou ameaça a direito".

(B): **Incorreta**. De acordo com o **princípio da independência das instâncias** (expressamente consagrado no art. 12 da Lei 8.429/92, que integra o microssistema de tutela coletiva), são autônomas e distintas as resposabilidades imputáveis nas esferas civil, administrativa e penal. Assim, servindo a objetivos evidentemente diversos, não havendo que se cogitar de sobreposição de penalidades decorrentes de um mesmo fato, o ajuizamento de ação civil pública não suspende nem afeta a tramitação do correspondente inquérito ou procedimento administrativo deflagrado no âmbito do Conselho Administrativo de Defesa Econômica (CADE).

(C): **Incorreta**. O mero fato de a conduta, em tese, ajustar-se a determinado tipo penal não afasta a competência do juízo cível para processar e julgar pretensão de natureza essencialmente privada, que em nada se confunde com a pretensão punitiva estatal, como é o caso da cessação de atividade exploradora de jogos de azar. A propósito, essa vem a ser a orientação do STJ: "O juízo penal define uma conduta como crime ou não aplicando a pena ou deixando de aplicá-la, conforme o caso; circunstância que, desde logo, o afasta da competência para processar e julgar a ação sub judice, cujo pedido visa à suspensão da atividade de exploração de jogos de azar. A questão de saber se ele pode prosperar nesse âmbito ou se é caso de polícia deve, conseqüentemente, ser decidida pelo juízo cível, porque foi provocado por viés que não é o do juízo penal, a saber, o de ação ordinária proposta pelo Ministério Público, com requerimento de antecipação de tutela (CC 47.366/RS).

(D): **Correta**. É **facultativo** o litisconsórcio passivo entre os responsáveis pela infração da ordem econômica objeto de ação civil pública. Nos termos do art. 114 do CPC, o "litisconsórcio será necessário por **disposição de lei** ou **quando, pela natureza da relação jurídica controvertida, a eficácia da sentença depender da citação de todos que devam ser litisconsortes**". Não se apresentando nenhuma das hipóteses previstas no dispositivo transcrito, não se pode exigir que o autor da ação inclua no polo passivo todos os sujeitos responsáveis pela infração da ordem econômica.

Resposta: Letra D

36. AÇÃO CIVIL PÚBLICA NA DEFESA DE OUTROS DIREITOS OU INTERESSES DIFUSOS E COLETIVOS

MPMG 2010 (Concurso L). *Questão 67. Decreto-Lei nº 25/37 / Patrimônio Histórico e Artístico / Legislação.*

Sobre Patrimônio Cultural, é INCORRETO afirmar que

A) constituem patrimônio cultural brasileiro as formas de expressão; os modos de criar, fazer e viver; as criações científicas, artísticas e tecnológicas; as obras; objetos, documentos, edificações e demais espaços destinados às manifestações artístico-culturais e os conjuntos urbanos e sítios de valor histórico, paisagístico, artístico, arqueológico, paleontológico, ecológico e científico.

B) o Poder Público promoverá e protegerá o patrimônio cultural por meio de ação civil pública, termo de ajustamento de condutas, recomendação, inventários, registros, vigilância, tombamento e desapropriação.

C) o tombamento é um ato administrativo originário do Poder Executivo, mas o Poder Legislativo (no caso, poder constituinte originário) tombou os documentos e os sítios detentores de reminiscências históricas dos antigos quilombos.

D) pode o Poder Judiciário, em ação civil pública promovida pelo Ministério Público, declarar o valor cultural de um bem, decretar o seu tombamento e determinar a inscrição no livro de tombo respectivo.

Comentários

(A): Correta - Artigo 216 da CF/88. Constituem patrimônio cultural brasileiro os bens de natureza material e imaterial, tomados individualmente ou em conjunto, portadores de referência à identidade, à ação, à memória dos diferentes grupos formadores da sociedade brasileira, nos quais se incluem: I - as formas de expressão; II - os modos de criar, fazer e viver; III - as criações científicas, artísticas e tecnológicas; IV - as obras, objetos, documentos, edificações e demais espaços destinados às manifestações artístico-culturais; V - os conjuntos urbanos e sítios de valor histórico, paisagístico, artístico, arqueológico, paleontológico, ecológico e científico.

(B): Correta – Artigo 129, III, da CF/88. São funções institucionais do Ministério Público: [...] III - promover o inquérito civil e a ação civil pública, para a proteção do patrimônio público e social, do meio ambiente e de outros interesses difusos e coletivos;

(C): Correta – Artigo 216, § 5º, da CF/88. Ficam tombados todos os documentos e os sítios detentores de reminiscências históricas dos antigos quilombos.

(D): Incorreta – Cabe ao Poder Executivo realizar o tombamento. Artigo 4º do Decreto-lei nº 25/37.

Resposta: Letra D

MPMG 2010 (Concurso L). *Questão 73. Direito Urbanístico / Parcelamento do Solo / Projeto de Loteamento / Plano Diretor / Estatuto da Cidade (Lei nº 10.257/2001) / Lei nº 6.766/79 / Legislação.*

Nos termos do Direito Urbanístico, considere as seguintes proposições.

I. Os planos urbanísticos devem ser aprovados por lei.

II. O plano diretor deverá englobar a zona rural do Município.

III. Antes da elaboração do projeto de loteamento, o interessado deve requerer ao poder competente a definição de diretrizes para o uso do solo, salvo se esse requerimento for dispensado por lei.

IV. A aprovação do projeto de loteamento depende de apresentação de certidão atualizada de propriedade da gleba, salvo quando se tratar de parcelamento popular.

Pode-se concluir que estão CORRETAS

A) apenas as proposições I e II.

B) apenas as proposições II e III.

C) apenas as proposições II, III e IV.

D) todas as proposições.

Comentários

(I): Correta – Artigo 40, *caput*, da Lei nº 10.257/2001. O plano diretor, aprovado por lei municipal, é o instrumento básico da política de desenvolvimento e expansão urbana.

(II): Correta – O plano deverá englobar o território do Município como um todo – Artigo 40, § 2º, da Lei nº 10.257/2001.

(III): Correta – Artigo 6º da Lei nº 6.766/79. Art. 6º Antes da elaboração do projeto de loteamento, o interessado deverá solicitar à Prefeitura Municipal, ou ao Distrito Federal quando for o caso, que defina as diretrizes para o uso do solo, traçado dos lotes, do sistema viário, dos espaços livres e das áreas reservadas para equipamento urbano e comunitário, apresentando, para este fim, requerimento e planta do imóvel contendo, pelo menos [...].

(IV): Correta – Artigo 9º da Lei nº 6.766/79: 9º Orientado pelo traçado e diretrizes oficiais, quando houver, o projeto, contendo desenhos, memorial descritivo e cronograma de execução das obras com duração máxima de quatro anos, será apresentado à Prefeitura Municipal, ou ao Distrito Federal, quando for o caso, acompanhado de certidão atualizada da matrícula da gleba, expedida pelo Cartório de Registro de Imóveis competente, de certidão negativa de tributos municipais e do competente instrumento de garantia, ressalvado o disposto no § 4º do art. 18.

Resposta: Letra D

MPMG 2010 (Concurso L). *Questão 80. Decreto-Lei nº 25/37 / Patrimônio Histórico e Artístico / Legislação e Doutrina.*

Analise as seguintes afirmativas e assinale a alternativa CORRETA.

A) O tombamento é instrumento constitucional mais eficaz para a preservação do patrimônio cultural, protegendo indistintamente bens móveis, imóveis e imateriais.

B) Apesar de a doutrina divergir sobre a natureza jurídica do bem tombado, a legislação brasileira optou claramente pela intitulada Domínio Eminente do Estado.

C) O Direito Constitucional brasileiro não contempla a possibilidade da efetivação do denominado Tombamento por Lei.

D) Quanto aos efeitos, o tombamento ostenta natureza dúplice ou mista, pois, juntamente com efeitos constitutivos, apresenta importante nota declaratória.

Comentários

(A): Incorreta – Os bens imateriais não se sujeitam ao tombamento. Além disso, não existe hierarquia entre os diversos instrumentos de proteção do patrimônio cultural, sendo a escolha do mais adequado feita através da análise do caso concreto. – Artigo 216, § 1º, da Constituição Federal.

(B): Incorreta – "Na doutrina moderna, domínio eminente é considerado como parcela da soberania estatal incidente sobre a totalidade de bens existentes sobre o território do Estado. (...) A interferência do Estado sobre os bens privados vai desde o ordenamento do solo à desapropriação, passando pelas limitações administrativas, ocupação temporária, requisição, servidão administrativa e tombamento." (FARIA, 2007). Acontece que a legislação não optou claramente pelo Domínio Eminente do Estado, já que preferiu um tratamento diferenciado entre os bens públicos e os privados. Enquanto que os bens privados estão sujeitos ao tombamento compulsório, os bens públicos estão sujeitos a tombamento que só pode ser realizado verticalmente (a União pode tombar os bens pertencentes aos Estados e Municípios, os Estados só podem tombar os bens pertencentes aos Municípios e os Municípios só podem tombar bens pertencentes a si próprios e à sua administração indireta).

(C): Incorreta – Artigos 7º e 8º do Decreto-Lei nº 25/37.

Art. 7º. Proceder-se-à ao tombamento voluntário sempre que o proprietário o pedir e a coisa se revestir dos requisitos necessários para constituir parte integrante do patrimônio histórico e artístico nacional, a juízo do Conselho Consultivo do Serviço do Patrimônio Histórico e Artístico Nacional, ou sempre que o mesmo proprietário anuir, por escrito, à notificação, que se lhe fizer, para a inscrição da coisa em qualquer dos Livros do Tombo.

Art. 8º. Proceder-se-á ao tombamento compulsório quando o proprietário se recusar a anuir à inscrição da coisa.

(D): Correta – "Insta distinguir, como põe em relevo José Cretella Junior, a decisão sobre o tombamento da inscrição do bem num Livro do Tombo. O tombamento, como processo administrativo, é um iter que tem início com a individuação do bem, passando pela manifestação do proprietário, decisão da autoridade competente, e, finalmente, a inscrição no livro público. Sob este aspecto (final), o tombamento é um fato administrativo (ato material praticado por funcionário público responsável, no exercício da administração), mas a decisão de tombar é um ato administrativo. Trata-se, ademais, de uma intervenção na propriedade privada realizada pelo Estado, uma limitação parcial, onde a desapropriação ocupa o grau extremo." (ALVES, 2008).

Resposta: Letra D

***MPMG 2014 – Questão 79. Direito Processual Coletivo/ Estatuto da Cidade (L. 10.257/01)** / Plano Diretor / Legislação.*

Após expedir recomendação ao Sr. Prefeito do Município de Olimpo, cuja população é de 19.000 (dezenove mil) habitantes e integrante de área reconhecidamente de especial interesse turístico, no sentido de que tomasse as providências para a elaboração de Plano Diretor, assegurada ampla participação popular, obteve o Ministério Público como resposta a alegação de ser desnecessário, uma vez que a população não atinge 20.000 (vinte mil) pessoas.

Assinale a resposta CORRETA:

A) Se insistir o Ministério Público em seu intento, com a propositura de ação civil pública de obrigação de fazer, faltar-lhe-á interesse de agir, uma vez que, realmente, não se exige Plano Diretor para municípios com população menor que 20.000 (vinte mil) pessoas.

B) *O pedido do Ministério Público em eventual ação civil pública deverá ser julgado improcedente, uma vez que se trata de ato discricionário do Prefeito Municipal a elaboração ou não de Plano Diretor, além de implicar ferimento ao Princípio da Separação dos Poderes.*

C) *Existirá legitimidade, adequação e pertinência na propositura de ação civil pública para compelir o Município de Olimpo a promover a elaboração de Plano Diretor, pois a legislação de regência determina a sua elaboração para os municípios declarados e integrantes de áreas de especial interesse turístico.*

D) *Existirá legitimidade, adequação e pertinência na propositura de ação civil pública para compelir o Município de Olimpo a promover a elaboração de Plano Diretor, pois a legislação de regência não exclui a sua obrigatoriedade em relação a todos os municípios brasileiros.*

Comentários

(A, B, C e D) Art. 41, IV, Estatuto da cidade – Independentemente do número de habitantes, o Estatuto da Cidade exige a elaboração de Plano Diretor para cidades que tenham áreas de especial interesse turístico. "Art. 41. O plano diretor é obrigatório para cidades: I – com mais de vinte mil habitantes; II – integrantes de regiões metropolitanas e aglomerações urbanas; III – onde o Poder Público municipal pretenda utilizar os instrumentos previstos no § 4º do art. 182 da Constituição Federal; IV – integrantes de áreas de especial interesse turístico; V – inseridas na área de influência de empreendimentos ou atividades com significativo impacto ambiental de âmbito regional ou nacional. VI – incluídas no cadastro nacional de Municípios com áreas suscetíveis à ocorrência de deslizamentos de grande impacto, inundações bruscas ou processos geológicos ou hidrológicos correlatos."

Resposta: C

37. SÚMULAS E JURISPRUDÊNCIAS DO STF E DO STJ

38. DISPOSIÇÕES CONSTITUCIONAIS PERTINENTES AO DIREITO PROCESSUAL COLETIVO

39. TUTELA DE URGÊNCIA, TUTELA DE SEGURANÇA, TUTELA DE EVIDÊNCIA E TUTELA INIBITÓRIA NO PROCESSO COLETIVO

MPMG 2010 (Concurso L). *Questão 79. Direito Constitucional / Direitos Sociais / Saúde / Ordem Social / Suspensão da Tutela Antecipada nº 175/2010 / Jurisprudência.*

No julgamento da Suspensão de Tutela Antecipada n. 175, em março de 2010, o Supremo Tribunal Federal interpretou o desenho constitucional do direito à saúde a partir das experiências e dos dados colhidos na Audiência Pública – Saúde, realizada nos dias 27, 28 e 29 de abril, e 4, 6 e 7 de maio de 2009. Nos termos do voto condutor, do Ministro Gilmar Mendes, considere as seguintes assertivas.

I. Os direitos sociais são direitos fundamentais, e a saúde é um direito subjetivo público.

II. Não há um direito absoluto a todo e qualquer procedimento necessário para a proteção, promoção e recuperação da saúde.

III. A União, os Estados, o Distrito Federal e os Municípios são responsáveis solidários pela saúde, tanto do indivíduo quanto da coletividade.

IV. É absoluta a regra de que o registro na ANVISA constitui requisito para que o SUS possa incorporar um medicamento.

V. O Estado pode ser condenado a fornecer tratamentos experimentais conforme normas que regulam a pesquisa médica.

Pode-se concluir que estão CORRETAS

A) apenas as assertivas I, III e IV.

B) apenas as assertivas I, II e III.

C) apenas as assertivas II, IV e V.

D) todas as assertivas.

Comentários

(I): Correta – "A dimensão individual do direito à saúde foi destacada pelo Ministro Celso de Mello, relator do AgR-RE n.º 271.286-8/RS, ao reconhecer o direito à saúde como um direito público subjetivo assegurado à generalidade das pessoas, que conduz o indivíduo e o Estado a uma relação jurídica obrigacional." (STF AgR 175, voto do rel. min. Gilmar Mendes, j. 17-3-2010, DJE de 30-4-2010).

(II): Correta – "Não obstante, esse direito subjetivo público é assegurado mediante políticas sociais e econômicas, ou seja, não há um direito absoluto a todo e qualquer procedimento necessário para a proteção, promoção e recuperação da saúde, independentemente da existência de uma política pública que o concretize. Há um direito público subjetivo a políticas públicas que promovam, protejam e recuperem a saúde." (STF AgR 175, voto do rel. min. Gilmar Mendes, j. 17-3-2010, DJE de 30-4-2010).

(III): Correta – "A competência comum dos entes da Federação para cuidar da saúde consta do art. 23, II, da Constituição. União, Estados, Distrito Federal e Municípios são responsáveis solidários pela saúde, tanto do indivíduo quanto da coletividade e, dessa forma, são legitimados passivos nas demandas cuja causa de pedir é a negativa, pelo SUS (seja pelo gestor municipal, estadual ou federal), de prestações na área de saúde." (STF AgR 175, voto do rel. min. Gilmar Mendes, j. 17-3-2010, DJE de 30-4-2010).

(IV): Incorreta – "Como ficou claro nos depoimentos prestados na Audiência Pública, é vedado à Administração Pública fornecer fármaco que não possua registro na ANVISA. Por tudo isso, o registro na ANVISA configura-se como condição necessária para atestar a segurança e o benefício do produto, sendo o primeiro requisito para que o Sistema Único de Saúde possa considerar sua incorporação. Claro que essa não é uma regra absoluta. Em casos excepcionais, a importação de medicamento não registrado poderá ser autorizada pela ANVISA. A Lei n.º 9.782/99, que criou a Agência Nacional de Vigilância Sanitária (ANVISA), permite que ela dispense de "registro" medicamentos adquiridos por intermédio de organismos multilaterais internacionais, para uso de programas em saúde pública pelo Ministério da Saúde." (STF AgR 175, voto do rel. min. Gilmar Mendes, j. 17-3-2010, DJE de 30-4-2010).

(V): Incorreta – "Os tratamentos experimentais (sem comprovação científica de sua eficácia) são realizados por laboratórios ou centros médicos de ponta, consubstanciando-se em pesquisas científicas. A participação nesses tratamentos rege-se pelas normas que regulam a pesquisa médica e, portanto, o Estado não pode ser condenado a fornecê-los. (...) essas drogas não podem ser compradas em nenhum país, porque nunca foram aprovadas ou avaliadas, e o acesso a elas deve ser disponibilizado apenas no âmbito de estudos clínicos ou programas de acesso expandido, não sendo possível obrigar o SUS a custeá-las." (STF AgR 175, voto do rel. min. Gilmar Mendes, j. 17-3-2010, DJE de 30-4-2010).

Resposta: Letra B

MPMG 2018. (CONCURSO LVI) *QUESTÃO 80. Direito Processual Coletivo. Tutela Inibitória. Lei seca.*

A tutela inibitória é instrumento processual de extrema utilidade para o processo coletivo, na medida em que os interesses tuteláveis possuem, por natureza, grande magnitude e, por vezes, ser difícil ou impossível a restauração ao estado anterior (statu quo ante).

Analise as afirmativas a seguir e assinale a alternativa CORRETA:

A) A concessão da tutela específica tem, como um de seus pressupostos, a demonstração da ocorrência de dolo.

B) A concessão da tutela específica prescinde da demonstração da ocorrência de culpa e dolo.

C) A concessão da tutela específica tem como um de seus pressupostos a demonstração da ocorrência de dano.

D) A concessão da tutela específica tem como um de seus pressupostos a demonstração da ocorrência de culpa.

Comentários

Nos termos do artigo Art. 497. parágrafo único do CPC: "Para a concessão da tutela específica destinada a inibir a prática, a reiteração ou a continuação de um ilícito, ou a sua remoção, **é irrelevante a demonstração da ocorrência de dano ou da existência de culpa ou dolo.**"

Resposta: Letra C

REFERÊNCIAS BIBLIOGRÁFICAS

__________. **Técnicas Adequadas à Litigiosidade Coletiva e Repetitiva**. Disponível em: http://www.mpsp.mp.br/portal/page/portal/documentacao_e_divulgacao/doc_biblioteca/bibli_servicos_produtos/bibli_boletim/bibli_bol_2006/RPro_n.248.09.PDF. Acesso 11/08/2019.

ALVES, Alex Andre Ferreira de Assumpção. **O Tombamento como instrumento de proteção ao patrimônio cultural**. *Revista Brasileira de Estudos Políticos*. Belo Horizonte, vol. 98.

ANDRADE, Adriano; MASSON, Cleber; ANDRADE, Landolfo. **Interesses Difusos e Coletivos Esquematizado**: Método, 2011.

BARATTA, Alessandro. **Criminologia crítica e crítica do direito penal**: introdução à sociologia do direito penal. 3. ed. Rio de Janeiro: Revan, 2002.

BAUMAN, Z. **Vida para Consumo**: a transformação das pessoas em mercadoria. Rio de Janeiro: Jorge Zahar Ed, 2008.

BENJAMIN, Antônio Herman V.; MARQUES, Cláudia Lima; BESSA, Leonardo Roscoe. **Manual de direito do consumidor**. São Paulo: Revista dos Tribunais, 2007.

BUSATO, Paulo César – **Direito Penal**. 2015.

CARVALHO FILHO, José dos Santos. **Ação civil pública**: comentários por artigo (Lei nº 7.347, de 24/7/85). 7. ed. Rio de Janeiro: Lumen Juris, 2009.

CARVALHO FILHO. Milton Paulo de**. Código Civil comentado: doutrina e jurisprudência: coordenador Cezar Peluso**. 11. ed. rev. E atual. Barueri, SP: Manole, 2017.

COELHO, Fábio Ulhoa. **Curso de direito comercial**: direito de empresa. 16. ed. São Paulo: Saraiva, v. 1, 2012.

CONSELHO NACIONAL DO MINISTÉRIO PÚBLICO. **Manual de negociação e mediação para membros do Ministério Público / Conselho Nacional do Ministério Público**. 2. ed. Brasília: CNMP, 2015.

CUNHA, Rogério Sanches. **Manual de Direito Penal**: parte especial, 8ª ed. Salvador: Juspodivm, 2016

DI PIETRO, Maria Sylvia Zanella. **Direito Administrativo**. São Paulo: Atlas. 21. ed., 2007.

DIAS. Maria Berenice. **Supremo acertou ao não diferenciar união estável de casamento**. Disponível em: https://www.conjur.com.br/2017-jun-14/berenice-dias--stf-acertou-igualar-uniao-estavel-casamento Acesso: 23/07/2019.

DIDIER JR., Fredie; ZANETI JR., Hermes. **Curso de direito processual civil: processo coletivo**. 12. ed. Salvador: Ed. Juspodivm, 2018.

FARIA, Edimur Ferreira de. **Curso de direito administrativo positivo**. Belo Horizonte: Del Rey, 2007.

FARIAS, Cristiano Chaves de. Curso de Direito Civil: parte geral e LINDB / Cristiano Chaves de Farias, Nelson Rosenvald, 16.ed.rev., ampl. e atual. – Salvador: Ed. Juspodivm, 2018.

FARIAS, Cristiano Chaves de**. Redesenhando os contornos da dissolução do casamento (casar e permanecer casado: eis a questão)** . Disponível em: http://www.ibdfam.org.br/assets/upload/anais/93.pdf Acesso em 26/07/2019.

FARIAS, Cristiano Chaves de; NETTO, Felipe Peixoto Braga; ROSENVALD, Nelson. **Novo Tratado de responsabilidade civil**. São Paulo: Atlas, 2015.

FERNANDES, Bernardo Gonçalves. **Curso de Direito Constitucional**. 8. ed. Salvador: Juspodivm. 2016.

Fiuza, César; Sá, Maria de Fátima Freire de; Naves Bruno Oliveira Torquato de. **Direito civil**: atualidades. 11. ed. Belo Horizonte. Del Rey, 2003.

FLUMIGNAN, Silvano José Gomes. **Dano-evento e dano-prejuízo**. Dissertação (Mestrado em Direito Civil) – Faculdade de Direito, Universidade de São Paulo, São Paulo, 2009. 231.p Disponível em: <http://www.teses.usp.br/teses/disponiveis/2/2131/tde-18112011-131559/pt-br.php>. Acesso em: 03/02/2017.

GOMES, José Jairo. **Direito Eleitoral**. 12. ed. São Paulo: Atlas. 2016.

GOMES, Luiz Flávio. **Direito Penal**: parte geral. Teoria Constitucionalista do Delito. São Paulo: Revista dos Tribuais, IELF, 2004.

GONÇALVES, Carlos Roberto. **Direito Civil Brasileiro**. 5. ed. rev e atual. São Paulo: Saraiva, 2008. v. 6.

GONDIM, Reno Feitosa. **Epistemologia Quântica & Direito Penal**: Fundamentos para uma Teoria da Imputação Objetiva do Direito Penal. Juruá Editora, 2005.

HENTZ, Luiz Antonio Soares. **A teoria da empresa no novo direito de empresa**. Rev. Em Tempo. v. 5, p. 111-132, ago. 2003.

JELINEK, Rochelle. **O Princípio da Função Social da Propriedade e sua Repercussão Sobre o Sistema do Código Civil**. Disponível em: <http://www.mprs.mp.br/areas/urbanistico/arquivos/rochelle.pdf>.

JESUS, Damásio. **Direito Penal**: Parte Geral. 30. ed. São Paulo: Saraiva, 2009.

LIMA, Renato Brasileiro de. **Manual de processo penal**: volume único. 6. ed. rev. atual. e ampl. Salvador: Juspodivm, 2018.

______. **Manual de processo penal**: volume único. 4. ed. rev. atual. e ampl. Salvador: Juspodivm, 2016.

______. **Legislação Criminal Especial Comentada**.: volume único. 6. ed. rev. atual. e ampl. Salvador: Juspodivm, 2018.

MALUF, Carlos Alberto Dabus, **Limitações ao Direito de Propriedade**. Disponível em: http://www.cartaforense.com.br/conteudo/entrevistas/limitacoes--ao-direito-de-propriedade/8639. Acesso: 03/8/2019.

MARQUES, Cláudia Lima. **Contratos no Código de Defesa do Consumidor**: o novo regime das relações contratuais. 4. ed. rev., atual. e ampl., incluindo mais de 1.000 decisões jurisprudenciais. São Paulo: Revista dos Tribunais, 2002.

MARTINS, Fernando Rodrigues. **Controle do Patrimônio Público**. 5. ed. São Paulo: Revista dos Tribunais, 2013.

MARTINS, Fernando Rodrigues. **Controle do patrimônio público**: improbidade administrativa, princípios normativos, inadimplemento das obrigações constitucionais. 5. ed. rev., atual. e ampl. São Paulo: Revista dos Tribunais, 2013.

MARTINS, Fernando Rodrigues. **Superendividamento e a necessidade de proteger o consumidor dele mesmo.** Disponível em: <http://www.cartaforense.com.br/conteudo /artigos/superendividamento-e-a-necessidade-de-proteger-o-consumidor-dele-mesmo/6323>. Acesso em: 03.02.2017.

MASSON, Cleber. **Direito Penal Esquematizado**: Parte Geral. 8. ed. São Paulo: Método, 2014.

MASSON, Cleber. **Direito Penal Esquematizado**: Parte Geral.. 10. ed. São Paulo: Método, 2016.

MEIIO, Celso Antonio Bandeira de. **Curso de Direito Administrativo**. São Paulo: Malheiros, 2015.

MIRANDA, Marcos Paulo de Souza. **Lei do tombamento comentada: Decreto-lei n. 25/1937 – doutrina e jurisprudência e normas complementares.** Belo Horizonte: Del Rey, 2014.

OLIVEIRA, Eugênio Pacelli de. **Curso de processo penal**. 16. ed. atual. São Paulo: Atlas, 2012.

OLIVEIRA, Rafael Carvalho Rezende. **Curso de Direito Administrativo**. 4. ed. rev. atual. e ampl. São Paulo: Método: 2016. p. 65-97. 2008.

PENTEADO FILHO, Nestor Sampaio. **Manual esquemático de criminologia.** 2. ed. São Paulo: Saraiva, 2012.

QUEIROZ, Paulo. **Curso de Direito Penal**: Parte Geral. 10. ed., rev. ampl. atual. Salvador: Juspodivm. 2014.

RIOS, Josué. **A defesa do consumidor e o direito como instrumento de mobilização social**. Rio de Janeiro: Mauad, 1998.

SALIM, Alexandre; Marcelo André de Azevedo. **Direito Penal**: Parte Geral. 3. ed. rev. atual. e ampl. Salvador: Juspodivm. 2013.

SANTOS, Leide Maria Gonçalves. **A Boa-Fé Objetiva no Processo Civil**: A Teoria dos Modelos de MIGUEL REALE aplicada à Jurisprudência Brasileira Contemporânea. Dissertação apresentada ao Programa de Pós-Graduação em Direito da Universidade Federal do Espírito Santo, como requisito para obtenção do grau de Mestre em Direito, na área de concentração Direito Processual. 2008. Disponível em: <http://www.dominiopublico.gov.br/download/teste/arqs/cp087247.pdf>.

SIIVA, Raíssa Zago Leite da. **Labelling Approach**: o etiquetamento social relacionado à seletividade do sistema penal e ao ciclo da criminalização. Revista Liberdades, IBCCRIM Criminais | nº 18 – janeiro/abril de 2015, p. 101-109.

SIMÃO. José Fernando. **Casamento avuncular homoafetivo? casamentos entre tios e sobrinhos**. Disponível em: http://www.cartaforense.com.br/conteudo/colunas/casamento-avuncular-homoafetivo—casamentos-entre-tios-e-sobrinhos/12387. Acesso 23/07/2019.

SIMÃO. José Fernando. **Separação obrigatória com pacto antenupcial? Sim, é possível**. Disponível em: https://www.conjur.com.br/2018-fev-11/processo-familiar-separacao-obrigatoria-pacto-antenupcial-sim-possivel. Acesso 23/07/2019.

SOUZA, Márcio Luís Dutra de. **O Princípio da Boa-Fé na Administração Pública e sua Repercussão na Invalidação Administrativa**. Disponível em: <http://www.agu.gov.br/page/download/index/id/10399422>.

TARTUCE, Flávio. **Manual de direito civil**: volume único. 6. ed. rev., atual. e ampl. São Paulo: Método, 2016.

TARTUCE, Flávio; NEVES, Daniel Amorim Assumpção. **Manual de direito do consumidor**: direito material e processual. 5. ed., rev., atual. e ampl. São Paulo: Método, 2016.

TAVARES, Juarez. **Teoria do Injusto Penal**. 3.ed., Belo Horizonte: Del Rey, 2003.

TOLEDO, Francisco Assis. **Princípios básicos de direito penal**. 5. Ed. São Paulo: Saraiva, 1994, p 282-283.

VITORELLI, Edilson, **Tipologia dos litígios transindividuais: um novo ponto de partida para a tutela coletiva**. In: Hermes Zaneti Jr (coord.) Repercussões do novo CPC – Processo Coletivo. Salvador: Juspodivm, 2016.

WATANABE, Kazuo. **Código Brasileiro de Defesa do Consumidor Comentado pelos Autores do Anteprojeto**. Rio de Janeiro: Forense Universitária, 2007.

ZAFFARONI, Eugenio Raúl. **Em busca das penas perdidas**: a perda de legitimidade do sistema penal. Rio de Janeiro: Revan, 1991.

ZAFFARONI, Eugenio Raúl; PIERANGELI, José Henrique. **Manual de Direito Penal Brasileiro**: Parte Geral. V. 1. 8 ed. rev. e atual. São Paulo: Revista dos Tribunais, 2009.

ZAVASCKI, Teori Albino. **A Tutela da Posse na Constituição e no Novo Código Civil.** Revista de Ciências Jurídicas (ULBRA), Salvador, nº. 01, Jan. a Jun, 2004. Disponível na internet: <http://www.ulbra.br/direito/files/direito-e-democracia-v5n1.pdf> Acesso em: 02 de dezembro de 2013. Acesso em 24/07/2019.

ZAVASCKI, Teori Albino. **Processo Coletivo. Tutela de direitos coletivos e tutela coletiva de direitos**. 7ª ed. São Paulo: Revista dos Tribunais, 2017.

ZAVASCKI, Teori Albino. **Processo Coletivo: tutela de direitos coletivos e tutela coletiva de direitos**. São Paulo, Revista dos Tribunais, 2006.

Wikipedia:

i) Kant, Immanuel (1784).

ii) Corentin de Salle. *A Tradição da Liberdade – Grandes Obras do Pensamento Liberal.* Movimento Liberal Social; ISBN 978-989-97083-1-0. p. 18.

iii) FERRAJOLI, Luigi. **Direito e Razão**: Teoria do Garantismo Penal. Tradução Ana Paula Zomer Sica e outros. São Paulo: Revista dos Tribunais, 2006. p. 852.

<https://pt.wikipedia.org/wiki/Garantismo>.

<https://pt.wikipedia.org/wiki/Liberalismo#cite_note-Salle-6>.

<https://pt.wikipedia.org/wiki/Liberalismo>.#

EDITORA
*Jus*PODIVM
www.editorajuspodivm.com.br

Impressão e Acabamento
PlenaPrint
Indústria Gráfica